新版 世界各国史 26

ラテン・アメリカ史

II 南アメリカ

増田義郎 編

山川出版社

インカの首都クスコの北の丘に建てられたサクサイワマンの砦　スペイン人がクスコ市をつくるときに、この砦の石を大量に取り外したため、原型は失われているが、それでもインカの巨石文化の偉容をうかがうことができる。

モチェ文化の彩色土器　西暦紀元直後からペルー北海岸に栄えたモチェ文化の彩色土器。航海と船にかんする神話的主題をあらわしている。

17世紀半ばのクスコ派の絵画　インカのニュスタ(皇女)とその従者が描かれている。

リマの中心部のアルマス広場　左手に大聖堂と大統領官邸の一部がみえる。右手はリマ市役所。手前にペルー征服者フランシスコ・ピサロの銅像が立っているが，そこには「リマ建設者ピサロ」と記されている。

ブラジルの首都ブラジリア　ブラジルを海岸部から内陸に向かって開発するために、1960年に建設された首都である。

アルゼンティンの首都ブエノス・アイレス　19世紀末から20世紀初めにかけて繁栄したブエノス・アイレスは「南米のパリ」と呼ばれたが、いまでもその面影を残している。

アルゼンティン、ブラジルの境にあるイグアスーの滝　平均落差70mで、北アメリカのナイアガラ、南アフリカのヴィクトリアとともに、世界の三大瀑布に数えられる。

マゼラン海峡の一部から、チリ・アンデスの南端トレ・デ・パイネを遠く望んだ風景　この地域には、ラクダ科の野生動物グァナコが保護されてたくさん生息している。

まえがき

日本人が南アメリカ大陸の存在に気がついたのは十六世紀のことであろう。それまで日本人は、西方の対馬海峡や東シナ海にばかり目を奪われて、自分たちの国土の東に広がる膨大な海についてはなんら積極的関心をもたなかった。おそらく日本人が太平洋の存在を意識し、その彼方にあるアメリカ大陸についておぼろげにでも知識をもち始めたのは、一五七一年にスペイン人がフィリピンのマニラ市を建設し、そこからヌエバ・エスパニャ(メキシコ)のアカプルコに向けて定期船がかようようになってからであろう。その定期船、いわゆるマニラ・ガレオンは、一五六五年にアンドレス・デ・ウルダネータがはじめて開いた大圏航路によって、毎年マニラを出帆し、日本の近海をとおって太平洋を横断したから、当時の日本の支配者たちも太平洋に注意を払わざるを得なくなったのである。

ウルダネータの乗っていたガレオン船サン・パブロ号は、少量のフィリピン産シナモンを積んでいた。一五二九年のサラゴーサ条約によってモルッカ(マルク)諸島を失ったスペインにとって、太平洋横断により東洋の貴重な香料を得ることは非常に重要であった。しかもそれだけでなく、マニラのスペイン人たちは、中国の絹や陶磁器などの貴重品も有利な価格で入手できることを発見したので、メキシコやペルーの銀の一部がガレオン船航路のために投資され、スペイン人の太平洋通商路が確立されたのである。はじめは毎年三ないし四隻のガレオン船が就航したが、一五九三年のフェリペ二世の勅令によって、一年二隻に制限された。とはいうものの、ガレオン船は行きには大量の銀を積み、帰りには東洋の高価な産物を運ぶ宝船だった。したがって、それがドレイク、キャヴェンディシュをはじめとするイギリスの海賊たちの絶好の標的になったのも不思議ではない。

そうした宝船の一隻であるサン・フェリペ号が、一五九六年十月なかば、海難にあって土佐の浦戸沖に漂着したことがある。領主長宗我部元親《ちょうそかべもとちか》の通報によって、秀吉は、五奉行のひとり増田長盛《ましたながもり》を派遣し、結局は積み荷の大量の絹を没収したわけだが、このとき航海長ランダが、長盛に世界図を示して、スペインの広大な領土を誇示したといわれている。おそらく秀吉は、この事件によってメキシコや南アメリカの存在をはっきりと意識したのではあるまいか。

それから一三年後の一六〇九年九月、アカプルコに向かうサン・フランシスコ号が下総《しもうさ》の岩和田に難破して、乗っていたもとマニラの長官代理のロドリーゴ・デ・ビベロが徳川幕府に迎えられ、駿府《すんぷ》で家康と会見したとき、ヌエバ・エスパニャとの通交を求められた。家康はこれにかなりの熱意を示し、その意をうけて京都の商人田中勝介《しょうすけ》以下二十数名がビベロとともにメキシコに渡航したが、当然彼の視野には南アメリカもはいっていたことだろう。家康は、世界図南蛮屏風を枕元に置いて寝たという。

こうして日本人が、十七世紀初めまでに、太平洋とその彼方にある広大な大陸について知るようになったことは確実だが、一般人がどのくらいの知識をメキシコや南アメリカについてもったかは疑問である。

鎖国時代に出版された書は、いずれも南アメリカについて触れているが、内容はほとんどない。宝永六年(一七〇九年)に書かれた西川如見《じょけん》の『増補華夷《かい》通商考』巻の五に、南アメリカではペルウ国とハラジイル(ブラジル)およびチイカ(パタゴニア)が紹介されており、ペルーについては「土地金銀多しとぞ」、「油膏《ゆこう》江河《こうが》より涌出《ゆうしゅつ》す。是を燈とす(石油のこと)」、「一国文字なし。縄を結んで事を識《しる》す」などとあり、ブラジルについては「人物男子は多は裸にて女子は常に乱髪にて、身を蔽へり。国米麦なし。草の根を晒《さら》し乾し、粉にして餅(キャッサバのパン)に作りて朝夕の食とす」とあって、いずれも正確な情報といえるが、全体としてはごく簡単な紹介にすぎない。宝永五年(一七〇八年)、屋久《やく》に潜入した宣教師シドッチを訊問して新井白石《あらいはくせき》が編纂した『西洋紀聞』には、「ソイデ・アメリカ(南アメリカ)諸国」の項はあるが、バラシリア(ブラジル)、ヘツルウ(ペルー)などの名が記されているていどである。

幕末の享和《きょうわ》二年(一八〇二年)に、山村才助《さいすけ》が白石の地理書を改訂して編纂した『訂正増訳采覧異言《さいらんいげん》』は、巻之十一が全巻ソイデアメリカに宛てられ、蘭学派の著者にふさわしく、それまでのどの地理書にもまさる内容をもっている。たとえばペリュウ(ペルー)の項目を見ると、アレク井パ(アレキーパ)、トルギロ(トルヒヨ)、サンミギュアル(サン・ミゲル・デ・ピウラ)などの地名があげられ、むかしフランシスコ・ピサロが国王アタバリパを征服して金を奪ったことまで記されている。

しかし、世があらたまって明治時代になっても、山村才助を大きく越える南アメリカの知識は日本に入ってこなかったようである。明治五年(一八七二年)に起こったペルー船のマリア・ルス号事件が契機となって、翌年ペルーとのあいだに国交が始まり、これは南アメリカ諸国との最初の外交関係となったが、日本側の熱意は薄く、ペルー政府がファン・フェデリコ・エルモレを特命全権公使に任命したのに、メキシコ駐箚《ちゅうさつ》の弁理公使室田《むろた》義文《よしふみ》にペルーを兼任せしめたにとどまった。その後結ばれたペルー以外の南アメリカの国々との国交も、あまり実を伴わなかった。

結局日本が南アメリカに目を向け始めたのは、一八九九年に始まるペルー移住、一九〇八年に始まるブラジル移住以後であろう。それ以外の面で交流はほとんど起こらなかった。第二次世界大戦前の日本にとって、南アメリカ大陸との関係は、移住とわずかな貿易につきた、といっていいだろう。

この状況は、第二次世界大戦後もあまり変わっていない。移住が先細りになった一方、経済面ではどうかというと、わが国の世界貿易でラテン・アメリカの占める割合は、現在輸出入とも数%にすぎず、直接投資も二〇%を超えることはめったにない。日本はまだ北アメリカ、アジア、ヨーロッパに顔を向けているのである。キューバ革命、アイェンデ政権、ペルーの日系大統領などに関するニュースが伝えられることはあっても、われわれに与えられるラテン・アメリカの情報はごく限られている。日本人のラテン・アメリカ認識は、山村才助の時代とさして変わっていないといってもいいのではないか。

しかし、未来に思いをいたすと、われわれはこのままでいてはいけないと思う。ラテン・アメリカ、とくに南アメリカ大陸は、資源の宝庫として、二十一世紀の人類にとって、重要な意味をもっている。とくに食糧供給において、南アメリカ大陸のはたす役割は時代とともに大きくなるだろう。この巻は、世界各国史25『ラテン・アメリカ史Ⅰ　メキシコ・中央アメリカ・カリブ海』とともに、ラテン・アメリカについて少しでも関心をもっていただきたいという、われわれのささやかな願望から生まれたものである。

われわれの念願は、従来のラテン・アメリカ史とちがって、アメリカ大陸の本来の住民についても十分な注意をはらって通史を書くことであった。その意図が完全に実現されているとはけっして思わないが、これからのラテン・アメリカ史において、この点がさらに追求されることを期待したい。

なお、スペイン語、ポルトガル語の表記については、原則として原音主義をとったが、国名でアルゼンティン(アルヘンティーナ)、チリ(チレ)、スペイン(エスパニャ)など、日本の慣用にしたがったものもある。ベネズエラはベネスエラと表記した。またスペイン語の ll を濁音で表記する(例：Castilla→カスティジャ)研究者もいるが、本書ではすべて「ヤ」行の音で統一した(例：Castilla→カスティヤ、Callao→カヤオ)。

二〇〇〇年六月

増田義郎

目次

ラテン・アメリカ史　II

序章　南アメリカと世界

南アメリカ大陸の自然

南アメリカ大陸には、スペイン語を公用語とする九つの共和国——北からベネスエラ、コロンビア、エクアドル、ペルー、ボリビア、チリ、パラグァイ、アルゼンティン、ウルグァイ——と、ポルトガル語を公用語とするブラジル連邦共和国があり、さらに英語圏に属するガイアナ協同共和国、オランダ語圏のスリナム共和国、およびフランス植民地のギアナが含まれる。総面積は一七八一万八五〇〇平方キロあり、日本の約四七倍、しかし人口はわずか三億一〇〇〇万人で、日本の約二・五倍にすぎない。最大の国はブラジル連邦共和国。面積八五五万平方キロで日本の二三倍あり、人口は約一億六〇〇〇万人。最小の国はスリナム共和国で、面積一六万三〇〇〇平方キロ、人口四三万七〇〇〇人である。大陸の北端はコロンビアのグアヒラ半島ガイーナス岬で、北緯一二度二八分、南端はティエラ・デル・フエゴ諸島のホーン(オルノス)岬で、南緯五五度五九分。大陸の南部の幅がしだいに狭まっているため、約三分の二が両回帰線のなかにあり、熱帯性の気候だが、大陸の南部では、温暖な地中海性気候から、冷寒多雨な西岸海洋性気候に転ずる。

南アメリカ大陸の地体構造は比較的単純である。西部には、南北八五〇〇キロにわたって走るアンデス山脈があり、最高峰のアコンカグア(六九六〇メートル)はじめ五〇〇〇、六〇〇〇メートル級の高山が多い。並走する山脈のあいだには、多くの河谷、盆地、高原がよこたわり、熱帯高地のため雪線が高いので、一年を通じて人間居住が可能であり、かつて中央アンデスには、人口数百万を擁する古代国家が存在した。現在でも多くの都市が高地にある。東部には、いずれも先カンブリア紀にさかのぼる古い地層のギアナ高原、ブラジル高原、パタゴニア台地が広がり、アンデス山脈とのあいだには、新世代の地層が堆積した広い平地が形成されている。そこに、オリノコ、アマゾン、ラ・プラタの三つの水系があるが、そのうち最大のアマゾン川は、延長六三〇〇キロでナイル川にやや劣るが、流域面積では世界一である。川の勾配は非常にゆるやかで、河口から三四五〇メートル上流のイキートスでも、海抜一〇〇メートルにすぎない。ネグロ川以西の流域の大部分は、高温多湿の熱帯雨林帯で、標高二〇〇メートル以下の平地が広がっている。東のブラジル高原に近づくにしたがってサバンナ気候に移行する。また、南に向かうと、熱帯半乾燥気候のグラン・チャコ地方、さらにその南には、アルゼンティンの温帯草原、いわゆるパンパが広がっている。アンデス山脈の西の狭い平地のうち、ペルー北部からチリ北部にかけては、雨のほとんどふらない砂漠地帯で、アンデス山脈から太平洋に流れでる川の流域だけが、人間居住の可能な場所である。

南アメリカの歴史において重要な意味をもってきたのが、その地理的位置である。南アメリカ大陸の西部にあるペルーの首都リマ(西経七七・〇三度)は、北アメリカ合衆国の東部にある首都ワシントン(西経七七・〇一度)とほぼ同経度にある。つまり、南アメリカ大陸は、北アメリカ大陸より遥かに西に位置し、それだけヨーロッパに近いわけである。このことは、コロンブスのアメリカ航路発見以後、南アメリカ諸地域、とくに大西洋岸諸地域をヨーロッパと密接に結びつける結果となった。

孤立と従属

南アメリカの歴史のひとつの特色は、西暦一五〇〇年を境に、対蹠《たいせき》的な二つの時期にはっきりと分かれ

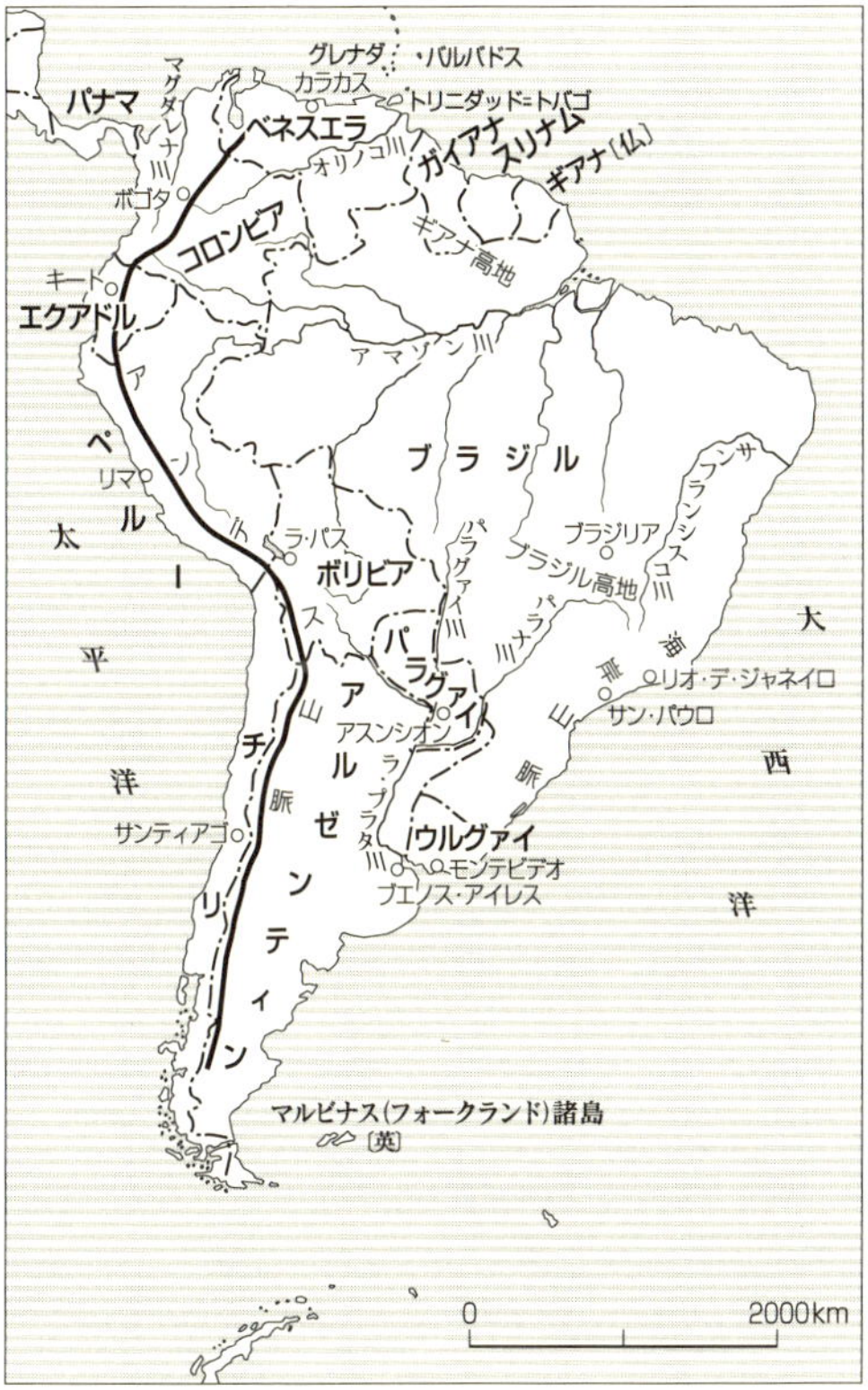

南アメリカの地勢

ることである。

一五〇〇年より前の時期は、先スペイン期、または先コロンブス期と呼ばれ、外の世界との接触をほとんどもたず、南アメリカ大陸の本来の住民たちが、独力で自分たちの文化を発展させた時代である。南アメリカに人類が出現したのは、更新世の末期の冷寒な時代であり、その時期に東北アジアから野生の動物とともに渡来したモンゴロイドのホモ・サピエンス・サピエンスの狩猟民が、気候の温暖化・乾燥化によって変化する環境に適応しながら、農耕を発明し、やがて文明の名に値する神殿文化をつくりあげたわけだが、その結果、中央アンデスを中心として数百万の人口を擁する大国家ができあがった。この国家は、タワンティンスーユ、すなわち四つの地方と呼ばれ、現ペルー南部高原のクスコにおかれた首都から、インカの王朝によっておさめられていた。そこに突然一群の白人があらわれて、一瞬のうちにこれを征服してしまったのである。

南アメリカ大陸にはじめて接触したヨーロッパ人はコロンブスである。彼は、一四九八年の第三回航海において、ヴェルデ岬諸島からオリノコ河口まで航海した。大陸との接触はほんの短期間でしかなかったが、翌一四九九年から一五〇〇年にかけて、知られているかぎりでも、五つのスペインの探険船隊が南アメリカ北部に渡来して、ベネスエラ海岸で真珠を集め、現コロンビア沿岸で奴隷狩りをおこない、またその地方に金が産出するらしいことを敏感にかぎとって、この未知の大陸に関心をもった。スペイン人たちは、一五一〇年十一月、現コロンビア北端のウラバ湾西岸近くに、南アメリカ大陸最初の町ダリエンを建設した。スペイン人たちは、それ以後財宝を求めてこの大陸の各地に探険と征服の旅を続けた。といって

ブラジル，リオ・デ・ジャネイロ港入口の岩山パン・デ・アスカル

もそれは私的な略奪行ではなく、王室の裁可と後援のもとにおこなわれた国家的事業だったので、征服された土地は、すべてスペイン王国の新しい領土と宣言され、パナマ以南の広大な土地は、リマ市に首府をおくペルー副王領として再編成された。

他方、ポルトガル人は、一五〇〇年、アジアに向かう航海の途中で偶然ブラジルを発見し、一四九四年にトルデシヤスにおいてスペインと結んだ世界分割協定に基づいて、その領土化を企てた。はじめアジアの香料貿易に熱中するポルトガル王室は、ブラジルを放置していたが、やがて大西洋の諸島やアフリカで生産され、好成績をあげていたサトウキビの栽培がブラジルの風土に適していることを発見し、砂糖の生産を大々的に開始した。その中心地はブラジル北東部沿岸地方であり、バイーアを首都とするポルトガルの王領植民地が新大陸に成立した。

スペインは、初期の略奪の時代が終わりに近づいていたころ、メキシコと上ペルー(現ボリビア)で優良な銀山を発見し、水銀アマルガム法の導入によって銀の生産に実績をあげ、それをスペイン本国にたいする植民地の主要輸出品とした。

こうして、一五〇〇年をさかいとして、それまで世界の他地域から隔絶して自由を楽しんでいた南アメリカ大陸は、またたくまにイベリア半島の二つの国に従属の絆で結びつけられ、拘束と強制の政治組織のなかに閉じ込められてしまった。

重商主義と自由貿易

アメリカ大陸における銀の生産は、いわゆる重金主義の時代を生み出した。もともと西ヨーロッパは、香料、絹などを購入するための東方貿易で大量の貴金属を必要としていたが、十六世紀にはいって、官僚機構や軍事制度の整備拡大にしたがって、多額の貨幣による支払いを必要とするようになり、さらに貴金属を求めた。一つの方法は貿易による貴金属の獲得であり、西ヨーロッパ毛織物の輸出により、地中海経由の西アフリカの金や、南ドイツ、ボヘミアの銀などが吸い上げられたが、それだけではとてもたりなかった。一五四五、四六年のペルー、メキシコの大銀山の発見は、その意味でヨーロッパ経済にとって革命的な意味をもった。西ヨーロッパ諸国は、スペインに輸入される莫大な量の銀を、マニュファクチャー製品の輸出によって獲得すると同時に、掠奪によって横領した。戦時だけでなく、非交戦時でも私掠船が、輸送される銀を襲って強奪したのである。これに対抗して、スペインはアメリカ貿易を厳重な国家管理のもとにおき、年一回の大護送船団をアメリカ大陸に派遣して、銀の輸送を守ろうとつとめた。

十七世紀にはいって、この情勢に変化が起こった。イギリス人、フランス人、オランダ人などが、カリブ海の島々を占拠して、植民地をつくり始めたからである。彼らは、私掠船活動はやめなかったが、他方カリブ海の気候に適した商品作物を栽培・輸出して利益をあげようとした。最初、タバコの栽培が試みられたが、値崩れして、綿、ショウガなどにきりかえられた。一六四〇年代からサトウキビ栽培が始まり、当時ヨーロッパでコーヒー、茶、ココアなどを喫する習慣が普及しつつあったため、砂糖の生産が急激に上昇した。アジアの貿易も順調だった。そこで、西ヨーロッパの国々では重商主義が国策となった。クロムウェルが一六五一年にだした航海法、五四年にだした「西方計画」、同じ年のジャマイカ占領などは、いずれもその意味で重要である。イギリスを例にとれば、内乱以前には、ほとんどヨーロッパ大陸に限られていた貿易が、アジアやアメリカに急に伸び始めた。十七世紀末までに、輸入の三分の一はアジア、アメリカからであり、その再輸出の三分の一はアジア、アメリカ向けだった。

砂糖のほんとうのブームは十八世紀になってからきた。イギリス人は、自国のマニュファクチャー商品をアフリカにもたらして奴隷を買い、それをアメリカ大陸で売って砂糖を仕入れてヨーロッパで売る、という、いわゆる三角貿易で莫大な利潤をあげ、それをまたアジア貿易に投資して、資本の蓄積につとめたのである。またイギリス人は各地でさかんに密輸をおこなった。

大西洋貿易の発展は、スペイン、ポルトガルの王室統制経済にも影響を与えざるをえなかった。なによりも王室をなやませたのは、日増しに盛んになっていくイギリス人の密輸と、自由貿易を求める植民地人の声だった。十七世紀以後、本国の厳しい規制にもかかわらずアメリカ植民地で発達し始めた産業を背景として、クリオーヨ(アメリカ生まれのスペイン系人)たちは、セビーヤやカディスの特権商人に独占された統制貿易のかわりに、植民地と本国間、および植民地の港間の自由な貿易、のみならず外国との自由な貿易と交流を求めたのである。この声は、十八世紀になるとますます強くなり、さらにハプスブルク朝にかわって立ったボルボン(ブルボン)朝が、アメリカ植民地の行政を能率化して本国の歳入を増加させようとしておこなった一連の改革が、逆に植民地社会内の緊張と対立を深め、十九世紀初め、ナポレオンのイベリア半島侵入を契機に、中南米各地で本国の支配を離脱しようという運動が起こったのだった。

ラテン・アメリカの第二次征服

独立運動の結果、南アメリカでは、九つの共和国が成立し、ブラジルはまず帝国として独立、のち共和制に移行した。これらの国々は、政治的には自由になったが、世界のあらゆる国々と自由に関係をもったのではない。対外関係の相手は、もっぱらヨーロッパに限られ、しかもその強い政治的意向と経済的要請にこたえるかたちで関係が結ばれたのである。もっとも強力な影響をおよぼしたのはイギリスであった。産業革命期にはいり、工業原料の確保と製品の販路を求めて、強力な海軍力を背景に世界市場の支配をめざすイギリスは、ラテン・アメリカにおける独立運動の背後にひかえていたのであり、各国の独立と同時に、最恵国待遇のもとに通商条約を結び、イギリス商人がリオ・デ・ジャネイロにもブエノス・アイレスにもモンテビデオにもサンティアゴにもリマにもどっと押し寄せた。イギリスは、独立直後の中南米への直接投資には慎重な態度をとったが、商業と貿易には熱意を示し、各国から農産物、畜産物、鉱産物を大量に買い入れ、またあらゆるマニュファクチャー製品を売りまくった。

またフランスの文化的影響も大きかった。神学的な保守思想や宗教芸術が卓越していた植民地時代の文化にかわって、十九世紀ブルジョワ文化の花咲いたフランスの絵画、文学、思想などが、クリオーヨたちの羨望と尊敬のまととなり、フランス語が教養人の言語とされて、富裕な家の子弟はパリに留学した。パリをはじめとするヨーロッパのあらゆる流行が直輸入された。

こうして中南米におけるヨーロッパの経済的・文化的影響力は圧倒的になったが、ほんとうにその支配下におかれたのは、十九世紀後半、とくに一八七〇年以降であった。ある研究者たちは、この時期のラテン・アメリカは、ヨーロッパによる第二の征服を体験した、といっている。西ヨーロッパの資本主義社会の急激な発展により、産業化と都市化が進み、人口が爆発的に増加して、諸原料や食料の需要が増し、ラテン・アメリカにも大量の資本が投下されて、本格的な経済開発が始まった。そして、その結果増産・輸出された一次産品がラテン・アメリカに富をもたらしたのである。一八五二年から六〇年間に、ラテン・アメリカの輸出は、一〇倍以上にはねあがった。ラテン・アメリカは、世界市場のために、コーヒー、砂糖、小麦、牛肉、綿、ゴム、硝石、ヘネッケン、銅、石油などを輸出し、あらゆる種類の工業製品を欧米から輸入した。そして、このような生産は、植民地時代以来の古い、拘束的な社会関係に基づく生産組織によっておこなわれたので、輸出によってえられた富の分配はすこぶる不公平であり、富や土地を独占する少数の者と、半農奴的な生活にあまんずる貧しい大衆のあいだの亀裂は大きかった。どこの国でも、大土地所有制がおこなわれていた。

十九世紀後半は、ヨーロッパをはじめとする世界各地から数百万の移住者が、ブラジル、アルゼンティンをはじめ各国に渡来し、定住した時期であり、とくに、スペイン、ポルトガル、イタリアからの移住が多かった。それについで、中部および東ヨーロッパからも多くの移住者が到着した。ブラジルにはドイツからの移住者も多かった。だが、これらの人々も、現地のピラミッド型の不平等社会のなかで自由な市民社会をつくりあげることは不可能だった。しかし、これらの移住者たちの流入は、ラテン・アメリカとヨーロッパとの結びつきをいよいよ強いものにした。中国、日本、インドなどからのアジア系の移住者の数は全体の一%程度にすぎなかった。二十世紀になってから、ラテン・アメリカは二つの大戦の戦禍をこうむることなく、国際政治においては比較的平和な地域として終始した。そのため、両大戦およびそのあいだの期間にヨーロッパから多くの政治的亡命者を受け入れたことも、この地の文化に大きな影響を与えた。

世界システムのなかで

十九世紀も終わりに近づくにつれて、イギリスの独占力は弱まり、中南米の諸先進国との関係は多様化した。なかでも、輸出、輸入の両面にわたって大きな伸びをみせたのは、アメリカ合衆国だった。第一次世界大戦の末、国力が衰退して、世界市場における支配力が後退したイギリスにかわり、アメリカ合衆国はゆるぎない地位を獲得し、第二次世界大戦後は、テクノロジーの発達によってますます緊密化する世界システムの頂点に立った。ラテン・アメリカも、この「北の巨人」の経済的支配を受けながら、現代世界のあらゆる政治と経済の波に洗われることになった。南アメリカ諸国は、カリブ海や中米諸国ほどはアメリカ合衆国の直接干渉を受けなかったが、二十世紀初め、パナマ運河建設のため、コロンビアがパナマ地方を奪われたことは、アメリカ合衆国の力の大きさを思い知らせる事件だった。アメリカ合衆国の「棍棒《こんぼう》政策」にたいする反発は、ラテン・アメリカ諸国に根強い反米感情を植えつけ、第一次世界大戦のときにも、大部分の国は参戦しなかった。この情勢を改善するため、一九三三年、フランクリン・ローズヴェルト大統領は汎アメリカ会議を開いて、ラテン・アメリカ諸国と「善隣《ぜんりん》外交」の調印をおこない、関係を改善しようとした。一九四八年、発足した汎アメリカ連合(英語でOAS、スペイン語でOEA)は、米州における安全保障を目的に掲げていたが、アメリカ合衆国の主導のもとに西半球の国際秩序を維持しようとするのがその真の意図であった。

アルゼンティン，ブエノス・アイレス市にある国会議事堂

両大戦中、ラテン・アメリカは戦場とならず、軍需物資の供給地としてかえって利益をえた。中南米の第一次産品の輸出は、一九二〇年代まで好調を続けたが、一九二九年の世界大恐慌によって需要が激減し、国際収支も危機に陥った。各国とも輸入を制限して、保護貿易をおこない、従来の輸入工業製品を国産製品によって肩がわりさせる、いわゆる輸入代替工業が起こった。この傾向は、第二次世界大戦によって先進工業国からの製品輸入が困難になった時期にさらに強まり、戦後、多くの国々が、大戦中に蓄積した外貨を利用して、国家によって保護された工業化を進めようとする政策をとった。しかしこれは一九七〇年代までにすべて失敗であったことがわかり、八〇年代から市場開放型のいわゆる「新自由主義」が経済路線の基調となった。こう

して、二十一世紀にむけて、ラテン・アメリカはふたたび世界市場にたいする原料供給地としての役割に戻りつつある。

とはいうものの、二十一世紀の中南米は、過去の一次産品供給地とは違った情勢のもとにおかれている。もはやカウディーヨ(政治ボス)による寡頭《かとう》政治は不可能であり、大衆を納得させる政治姿勢なしには統治は不可能であろう。そしてそのためには、思いきった社会改革が必要である。アメリカ合衆国の独占的な経済支配にたいする反発も強く、地域連帯の経済機構もつぎつぎにつくられている。アメリカ合衆国は、北アメリカ自由貿易協定(NAFTA)をラテン・アメリカにも拡大して、米州自由貿易連合(FTAA)をつくろうとしているが、ラテン・アメリカ各国の多くは、アメリカ合衆国に無条件には従わない姿勢を明らかにしている。また、原料供給国といっても、かつてのようなモノカルチャー、すなわち国際市場のための大規模な単品生産を避け、生産物を多様化して輸出経済の安定をはかろうとする傾向も著しい。さらにブラジルのように、すでにかなりの工業化をとげ、国内市場も広く、国際競争力もある国の影響力も無視できない。最近のひとつの注目すべき傾向は、中南米諸国の太平洋圏への関心である。南アメリカのうちで、チリとペルーはすでにAPECに加盟している。

おそらく二十一世紀の南アメリカは、各種原料の生産地としての重要性を増していくだろう。とくに、世界のための食料供給地としてのブラジルやアルゼンティンなどの役割は、大きくなるだろう。反面、南アメリカ大陸は、先進諸国をなやましている麻薬の主要生産地であるという問題をかかえている。また、環境、人権、原子力なども、世界の他地域と共有している大きな課題である。

I

ラテン・アメリカの形成

第一章

先スペイン期の南アメリカ

1　アンデス文明の基礎

人間の登場と農耕の起源

地質時代の中生代白亜紀に、南半球のゴンドワナ大陸が、アフリカ＝インドと南アメリカ＝オーストラリア＝南極の塊に分かれ、やがて後者から南アメリカ大陸が分離した。したがって南アメリカ大陸はアフリカと地質が似ているといわれる。北アメリカ大陸は、もともとは北半球のローラシアという陸塊の一部だった。パナマ地峡ができて南北アメリカがつながったのは、新生代第三紀の鮮新世の終わり、つまり約三五〇〇万年前だった。

南北アメリカには、それぞれ特有の植物や動物が発生したが、両大陸が連結されたことにより、それらの移動が起こり、とくに動物相においては、多くの交換がおこなわれた。また、ベーリンジアを経由したアジアとの動物の交流もあった。人類は、更新世末期に、ベーリンジアを東に向かう動物たちのあとを追う狩猟民として、東北アジアから北アメリカ大陸に到着したのであり、パナマ地峡経由で南アメリカ大陸にはいって、各地に拡散し、今から約一万年前までに、マゼラン海峡地帯にまで南下したのであった。

人類が南アメリカ大陸に姿をあらわしたのは、おそらく一万一〇〇〇年前前後であり、かなり早い速度で大陸全体に拡散したのだろうと想像される。ベネスエラ、ブラジル、チリなどから、一万四〇〇〇年前より古い年代の放射性炭素測定による年代がえられているが、北アメリカ大陸の初期狩猟民の遺跡の年代から考えて疑念が残る。最初の人間たちが狩猟の対象としたのは、マストドン、オオナマケモノ、大アルマジロ(グリプトドン)、原生馬(エウクス)などの大型哺乳動物や、ラクダ科の動物その他の小動物であった。大型哺乳類のほとんどすべては、完新世にはいってからの気候の温暖化、乾燥化と人間による乱獲のため絶滅した。南アメリカ大陸に残った動物のうち、ラクダ科のリャマ(ラマ)とアルパカ、およびテンジクネズミ、バリケン(アヒルの一種)などが家畜化された。旧世界に比べて家畜の種類が限られていたことが、新世界文化の特徴をつくりだす一因子となった。

狩猟は、スペイン人侵入時代まで、南アメリカ大陸各地でおこなわれたが、いくつかの地方で、後氷期の温暖化の過程で植物栽培への試みが始まり、紀元前二〇〇〇年ころから、トウモロコシやイモ類を栽培する本格的な農耕社会があらわれた。農耕の影響がおよばず、最後まで狩猟生活が残ったのは、現アルゼンティンの大平原地方だった。ここには、スペイン人侵入当時、ペウェルチェ、テウェルチェ、ケランディ、チャルーアなどの狩猟民が住み、アメリカダチョウやグァナコなどを狩って生活していた。そのほかアマゾニア低地やチャコ地方などにも狩猟民の社会が残存していた。

栽 培 植 物	中央アンデス	北アンデス	南アンデス	熱帯低地
トウモロコシ *Zea mays*	○	○	○	○
キノア *Chenopodium quinoa*	○		○	
カニャワ *Chenopodium pallidicaule*	○			
ジャガイモ *Solanum batatas*	○	○	○	
オカ *Oxalis tuberosa*	○	○	○	
オユコ *Ullucus tuberosus*	○	○	○	
マシュア *Tropaeolum tuberosum*	○			
アチラ *Canna edulis*	○			
アラカチャ *Arracacia xanthorrhiza*	○	○		○
サツマイモ *Ipomoea batatas*	○	○	○	○
マニオク *Manihot utilssima*				○
ライマメ *Phaseolus lunatus*	○	○	○	○
ナタマメ *Canavalia ensiformis*	○			○
インゲンマメ *Phaseolus vulgaris*	○	○	○	○
カボチャ *Lagenaria siceraria*	○	○		○
ヒョウタン *Crescentia cuiete*	○	○	○	○
トウガラシ *Capsicum annuum*	○	○	○	○
コカ *Erythroxylon coca*	○	○		○
ワタ *Gossypium barbadense*	○	○		○

南アメリカのおもな栽培植物

農耕が起こった地方は三つに大別することができる。トウモロコシが栽培された北アンデス、中央アンデス、南アンデスの一部、ジャガイモその他が栽培されたアンデス高地、および、マニオックまたはキャッサバが栽培された熱帯低地である。

トウモロコシは、おそらくメキシコ起源の栽培植物で、北アンデスで早くから栽培されたという説と、中央アンデスでも古くから栽培されていたという説があり、いずれとも決めがたい。エクアドルのバルディビア文化では紀元前二五〇〇年ころ、すでに本格的に栽培されていたとされるが、ペルーでは海岸地方で最初に栽培され、だんだんと普及して、しまいには海抜三〇〇〇メートルあたりの高地まで達した。また豆類、ヒョウタン、カボチャの栽培もおこなわれた。他方三〇〇〇メートル以上の高地では、ジャガイモ、オカ、オユコ、マシュア、アチラなどの根菜、およびキノア、カニャワなどの穀類が栽培化され、とくにジャガイモは食生活の中心になった。また、高地の農民は、海抜四〇〇〇メートル以上の高地に住むリャマ、アルパカの牧民と補完的関係を結び、農民自身もリャマを蛋白質食料源とするため、多数のリャマを飼育した。

ペルー海岸は、雨の降らない乾燥した砂漠地帯であり、アンデス山脈から流れ出る川の流域だけが生物の生息できる場所だが、そこには、フンボルト海流の豊富な漁労資源を利用して定住生活を営む人々が、五五〇〇年程前からいたことがわかっている。彼らは同時に海岸のオアシスで狩猟や植物採集をおこない、その人々のあいだから、トウガラシ、ヒョウタン、カボチャ、豆、綿などを栽培する初期農耕民があらわれ、やがて紀元前二〇〇〇年以後のある時期にトウモロコシを受け入れて集約農耕を開始した。

いずれにせよ、南アメリカ大陸の住民たちは、麦や米をつくり、牛、馬、豚、鶏、羊、山羊などを飼育するユーラシアの農民、牧民や、アジアの稲作農耕民などとはまったく違った植物の栽培化、動物の家畜化をおこなって、狩猟時代から農耕時代への移行をはたしたのである。

神殿文化の発生

古代文明の発生には、神殿を中心とした体系的宗教の発生が必要である。なぜならば、閉鎖的な農民共同体をこえる広汎で大規模な社会協力の体制は、宗教の統合力によってのみ可能だからである。

中央アンデスでは、集約農耕が成立するよりも早く、神殿ないし公共建造物があらわれる、という注目すべき現象が起こっている。ペルー海岸地方のラ・ガルガーダ、アスペロ、中部高地のコトシュ、ワリコトなどでは、神殿とはっきり断定できないまでも、なにか集会などに用いられたと推定される特別な建物が、今から四〇〇〇年以上前に建てられている。神の表象がはっきりと表現され、明確に神殿と目される大建造物は、紀元前二千年紀以後になってあらわれる。その代表的なものは、中部高原のチャビン・デ・ワンタルである。チャビン文化の起源についてはいろいろな説があり、最近ではペルー北海岸が注目されているが、なにかある宗教観念が一時期にチャビン・デ・ワンタルの神殿に集約され、強力な宗教センターが形成されたと考えられている。チャビン宗教は、中央アンデスでまだ天水農耕が主流を占めていた時代の産物であり、蛇、カイマン、ジャガーなど水の豊かな熱帯林の動物が神格化されているので、水神信仰が中心になっていたものと想像される。

このようにして、紀元前一千年紀に、中央アンデスとその他の地域とのあいだには、大きな文化的隔りが生じ始めた。北アンデスでは、サン・アグスティンやティエラデントロのような、ある種の祭祀センターはいくつかできたが、強力な石造の神殿社会は発生しなかった。そして、政治的発展も、国家形成以前の首長制社会の段階に達するにとどまり、十六世紀のスペイン人の到来とともにあっけなく消滅してしまった。南アンデスにも大きな祭祀センターや神殿は発達せず、小規模な農耕社会が発生したにすぎなかった。またアンデスの東の広大なアマゾン、オリノコ低地の熱帯降雨林には、焼畑農耕をするマニオックのイモ栽培民が住んだが、大家屋に居住する親族集団の集合以上の組織をつくらなかった。

一般にイモ栽培の農耕では、蓄積が不可能なので、穀類栽培民でなければ国家のような大組織はつくれないといわれる。その点では、トウモロコシを栽培するアンデス地帯の農民はみな同じ資格をもっていたのに、なぜそのなかで中央アンデスだけが神殿文化を早くから発達させ、インカのようなまぎれもない国家をつくったのかは問題である。

中央アンデスで、先農耕期に、神殿ないしはかなりの規模の公共建造物が発生した理由はよくわからな

南アメリカ大陸の文化領域　生産形態からいえば，狩猟採集と農耕に大別され，後者は熱帯雨林型根菜農耕と，天水農耕，灌漑農耕に分けられる。また，灌漑農耕は，北アンデス，環カリブ地帯の小規模灌漑と，中央アンデス地帯の大規模灌漑に分けられる。それらの生産の基礎のうえに，図のような文化領域が成立した。

いが、海岸地方では豊富な漁労資源を利用し、海抜二〇〇〇メートル以下の高地ではモンターニャのマニオック栽培を利用した定住生活が早くから成立し、その基礎のうえに初期神殿文化がつくられたのかもしれない。そして、初期神殿文化の発生が、生産活動を刺激して、トウモロコシとジャガイモの栽培化が普及し、リャマ、アルパカの家畜化も進んで、本格的集約農耕の時代にはいり、チャビン・デ・ワンタルのような強力な神殿センターが出現した、と考えることができよう。

アンデス文明の食料源としては、三つのものが重要である。第一は、長さ二〇〇〇キロにおよぶ海岸地方の世界的にも有数の豊富な海産物、第二は高原地方で飼育された無数のラクダ科の家畜、第三は低地のトウモロコシ、マニオックと高地のジャガイモ。ジャガイモは、高地の寒気を利用して水分をぬき、チューニョと呼ばれる半永久的な保存形態にして蓄積することができた。したがって、食料源として穀類と同じ価値をもったのである。また、トウモロコシは、低地のみならず、山中の険しい渓谷に階段畑を築き、灌漑《かんがい》水路をめぐらせて栽培されたので、これがアンデス文明に「灌漑文明」的な性格を与えることになった。この三つの基本要素をあわせて開発することによって、中央アンデスは、神殿文明を達成するうえに必要な巨大なエネルギーを貯えることができたのである。

チャビンの神殿にあらわれる、きわめて個性にとんだ宗教美術の表象様式は、ペルー北部、中部、南部の海岸や、北部、中部の高地に広くひろがっていることが認められるので、チャビンの宗教が中央アンデスに文化的統一をもたらした、と考えられてきた。しかし、チャビン・デ・ワンタルという大センターからチャビン宗教が中央アンデス各地に放射して中央アンデスを統一した、という見方は、現在では支持されない。いわゆるチャビン・スタイルなるものも地域によってかなりの違いをみせ、チャビンの宗教観念を受け入れた各地域が、それぞれの固有の政治・社会体制を守り、地域文化の個性を失わなかったことは確かである。

チャビン文明が栄えたのは、西暦一千年紀だが、それが消滅してから数百年後に、ワリと呼ばれる文化スタイルが、ふたたび中央アンデスのほとんど全域を覆った時代があった。たしかに新しいスタイルの土器が普及し、地域によっては、建造物配置のパターンも著しい変化をみせたので、それらが「ワリ帝国」という政治的統合体の成立を証拠立てるものと解釈されたこともあった。しかし、最近の研究によれば、いわゆる「ワリ期」の各地域の様態はかなりさまざまであり、征服によって一律に政治的統一がおこなわれたとは考えにくくなっている。

ワリ消滅後、数百年して三度中央アンデスにあらわれた統一は、インカ帝国である。インカの実態については、かなりの量のスペイン人の観察記録があり、その歴史や文化についても、ワリやチャビンよりも遥かに具体的な内容がわかっている。インカの場合にも、かつては、征服と同化政策によるインカ国家が成立したと疑いなく信じられていたが、研究が進むにつれて、けっして一枚岩のインカ国家なるものは存在せず、さまざまな性格をもった各地域が、さまざまな形式で束ねられたものが、インカ人のいうタワンティンスーユ(四つの地方)であったことが明らかになりつつある。

2　国家の時代

アンデス世界における国家の発達

文字がなかったアンデス世界の歴史には、あまりにも不明、不明確な点が多いので、研究上の仮説や説明はきわめて多様であり、それを簡潔なかたちで要約することはむずかしい。しかし、スペイン人の征服以後の歴史を理解するうえに、アンデス人たちが、どのような政治社会の発展の歴史をもっていたか考えることは重要であろう。

チャビン文明の消滅後、中央アンデス世界には、いくつかの地域に特色ある地方文化があらわれた。巨大な地上絵で有名な南海岸のナスカ文化、中央海岸のニエベリーア文化、南高地のティワナク文化などが代表的なものだが、のちの政治社会の発展のためには、北海岸が重要である。北海岸は、水量豊かな河川と広い平地にめぐまれていたため、チャビンの衰退後、サリナール、ガイナソ、ビクスなどの新しい土器スタイルがあらわれたが、この時代の建造物配置のパターンから、人口の急激な膨張が起こったことがわかっており、おそらく灌漑の発達による砂漠の緑地化、およびそれにともなう農業生産の拡大があったのだろうと推測されている。人口の増大は、灌漑、公共建築などの実行を可能にし、またそのための労働力を統御する政治システムの発達をうながして、成層社会への道を開く。他方、灌漑農耕の発達は、天水農耕の時代とは異なった種類の宗教を生み出す。つまり、伝統的な水神とともに、世俗的な政治・宗教上の権威を裏づける神々のパンテオンがつくられたと想像される。このことは、西暦紀元一世紀から北海岸で展開するモチェ(またはモチーカ)文化においてはっきりと示されている。

サリナール、ガイナソの時代の社会の考察は、もっぱら建造物や集落の型の分析によっておこなわれたが、モチェの場合にはこれに図像学的な資料が加わる。モチェの土器は、世界の古代土器のなかでも、具

モチェの彩色土器と絵の展開図(上)　土器表面に描かれた図像は，モチェの生け贄奉納の過程をあらわしている。まず儀式的な戦闘によって捕虜が捕えられ，生け贄として捧げられて，その血が神に奉納されるのである。

象的な表現において群をぬいている。人、動植物、神々の像などが、土器の器形に造形され、また群像や場面が器面に描き出されている。そこでわれわれは、それらの図像の分析を通じてモチェ社会の実態を推測することができる。といっても、モチェ芸術の表象が、彼らの社会の「写実的」な表現だと解してはならない。モチェの図像は、彼らの神話的世界の表現であり、宗教的儀式の意味の説明なのである。

モチェ芸術の示すところによれば、モチェは、生け贄《にえ》奉納の儀式を重要視し、神々に取り入って、自然の実りが順調に授けられることを願い、自然の災害が人間におよぼされないように祈った。生け贄に捧げる捕虜を捕えるため、軍隊が組織されて、戦闘をおこなった。モチェ社会には、神官王や神聖首長が君臨して、貴族や戦士を統率し、また一般平民に農耕をおこなわせ、公共事業に動員した。現在残る、モチェ川流域の太陽や月のピラミッドや、灌漑、水道、運河、貯水池などの跡をみても、モチェの指導者たちが、非常な数の人力を動員できる政治的権威をもっていたことは明らかである。モチェとともに、中央アンデス世界に、はじめてしっかりとした構造をもつ成層社会ができあがったといっていい。多くの人類学者は、モチェの政治社会が、共同体を超越した法的・軍事的・政治的強制力を備えた政府によって統治される国家と規定していいと考えている。

モチェ文化は、ペルー北辺のトゥンベス川流域から南は中部海岸のワルメイ川流域まで広がった。しかし、これは、統一的なモチェ王国がその範囲で成立したということを必ずしも意味しない。むしろ、政治的にはそれぞれ独立した地域が、モチェの宗教イデオロギーと祭式およびそれにともなう宗教芸術のスタイルを共有した、と考えたほうがいい。ただしモチェⅣ期と呼ばれる時代、つまり西暦紀元六〇〇年ころ、南北にわたって統一的なモチェ国家が成立したと考える研究者もいる。しかし、終末期のモチェは、南北に分裂し、南から迫ってきたワリ文化の影響を受けながら、八世紀なかばに滅亡し、一世紀をへて、九世紀にはいってからシカンと呼ばれる新しい文化が登場する。シカン文化は、アドベの大ピラミッドの建造や、金細工などの冶金技術などにおいてモチェ文化の衣鉢を継ぎながら、土器、金属器などにあらわれた芸術表象にみるかぎり、モチェとは異なる新しい宗教イデオロギーを奉じていたようである。モチェは、天体や動植物など、自然現象の多くを神格化したのにたいして、シカンは、双頭の蛇の王冠を戴いた万能の最高神を繰り返しいろいろな媒体に表現し、強化された王権の確立を暗示している。

シカンのあとに台頭したチムーは、モチェ川流域を中心に、北海岸全域と中部海岸の一部にわたって政治支配をおこなった。特徴あるチムーの黒色土器は、中部海岸のチヨン川流域まで分布しているが、チムーの首都チャンチャンの有効な支配がおよんだ範囲はもっと限定されていただろう。しかし、チムーがモチェ以来の北海岸の伝統の延長線上に、国家と呼ぶに値する強固な政治社会を築いたことは確かである。

チムーとタワンティンスーユ

いわゆるインカ帝国は、中央アンデス南部高原のクスコ盆地に興り、一四三〇年代から急速な拡大を開始して、十五世紀後半までに、北はエクアドル、コロンビア国境のアンカスマユ川から南は北西アルゼンティン、およびチリ中部まで版図を広げたことはよく知られている。インカ人はこの広い国を四つに分けて、タワンティンスーユ、すなわち四つの地方と呼んだ。南部高地の一民族が、なぜそのような帝国建設をおこなったかは謎とされている。しかしインカは、海抜三四〇〇メートルのクスコ盆地だけに閉じこもった小勢力ではなく、長年にわたり、周囲の諸地方にも勢力を伸ばし、とくにウルバンバ、アプリマックの流域の温暖なトウモロコシの産地も支配下にいれて、豊富な食料と資源を蓄積していた実力者だった。クスコは、一四三〇年代に、北西のアンダワイラス地方に住むチャンカ人の攻撃を受け、これに反撃して版図を広めたことが引き金となり、大膨張を開始したとされている。チャンカがクスコを襲ったのも、インカの豊かな富に目をつけたからであろう。

インカの最初の征服を指揮したのは、パチャクテク・インカだったといわれる。インカの伝承に基づいて年代記を書いたスペイン人たちによれば、彼は中部高原のフニンまで支配下におさめ、いったんクスコに帰って太陽神殿を改造し、市の改造計画を立ててから、子のトゥパク・ユパンキに命じて、ペルー海岸地方、エクアドルを征服させ、さらに南に転じて現アルゼンティン、チリまで遠征させた、という。この大征服のなかでもっとも重要だったのは、北海岸チムーの征服だった。

インカは、初期の征服においては、もっぱら略奪に専念し、征服地の行政をどのようにして確立し、その住民にどのような義務を課するかは決まっていなかった。インカ人たちは、チムーを征服したとき、チムー大王たちが、各地の首長たちを支配し、彼らのもとにある農民たちに領地を耕作させ、税を取り立てているのを見た。またチムーの大王たちが、代がかわるごとに王宮をあらたに建設し、先王の一家眷属《けんぞく》や従者たちはもとのまま旧王宮に生活するさまを見た。チムー人が道路を整備し、飛脚によって通信をおこなっていることも知った。とくにインカの目を引いたのは、北海岸のモチェ以来の伝統である金銀細工や青銅の製品だった。インカは、大王ミンチャンサマンはじめチムーの支配層や技術者をクスコに移住させて、彼らから学ぶところが多かった。スペイン人が略奪した有名なインカの黄金製品も、チムーの工匠なしにはありえなかったろう。スペインがクスコに到着したとき、まだ多くのチムー人を見ることができたという。インカ国家は、モチェ以来の北海岸の文化伝統を引き継いで実現されたといっていい。

インカ国家の構造

インカ国家を、近代世界におけるような、まんべんなく主権のゆきわたる領土国家と考えてはならない。中央アンデスでは、不毛な砂漠地帯や高山がいたるところにあり、人間が住める土地は限られていた。そこで、中央アンデスでは、領土を確保することよりも、一定地域に限定されて住む人間を把握することが重要だった。インカの征服事業は、すべてこの原則のもとにおこなわれた。つまり、人間の居住する砂漠地帯のオアシスや、高原の孤立した盆地をおさえていき、それぞれの土地の首長にクスコの政治的権威と宗教を認めさせればよかったのである。そこで、征服の結果できあがったインカ帝国とは、国境線を厳密に定めてその隅から隅までをもれなく支配する一枚岩の国家ではなく、数多くの点状の政治社会の総合にすぎなかった。しかも、支配下におかれた各地方が、クスコと結ぶ政治関係は多様なかたちをとった。さらに、敵の頑強な抵抗にぶつかったり、なにかの都合で征服の軍隊を派遣できなかったりすると、広大なタワンティンスーユのなかには、空白地帯が点々と残されることになった。

インカ国家を点の集合体とすると、それらの点を国家中枢のクスコ市に結びつけていたのが、いわゆるカッパクニャン、すなわちインカ王道だった。タワンティンスーユを南北に縦断する海岸、高地の二つの幹線と、それらをつなぐ多くの支道よりなるこの大道路網は、じつはインカの独創ではなく、すでにインカ以前から地域的にかなり発達していた道路の拡大であり、体系化であった。ここでも模範を示したのは北海岸だった。インカ人たちは、既成の道路を全国的組織に改造し、各地にタンボという宿場兼倉庫を設けて、そこに飛脚を待機させ、駅伝方式で情報や命令を伝達させたのである。

王道とともに、インカが政治支配の道具として利用したのが、人口統計だった。インカ王は、毎年各地にトコイリコックという巡察使を派遣し、人口調査をおこなわせた。海岸のオアシスや高原の盆地にかたまって住む人口の把握は容易であり、トコイリコックは、毎年死亡者と出生児を含む人口の動態を詳しく調査して、クスコに報告した。そこで、クスコ政府は、支配下にある全人口を、ほとんど一人のもれなく統御することができ、それを十進法によって区分して、動員や徴税のために利用した。

この特色ある人口統御は、キープと呼ばれる結節縄の操作によって可能になった。キープは色分けして、各種の統計に利用され、文字を知らなかったインカの国家運営のために不可欠な道具となった。これは、もともと、アンデス高地で飼われていた多数のリャマ、アルパカなどを管理するために考え出された手段であり、それが人口一〇〇〇万をこしたといわれるインカ国家の統治のために、人間に適用されたのだ、という説もある。

インカの政治は、物理的な力と同時に、より多く宗教的権威によるものであり、アフリカ、アジア、オセアニア、古代日本などにもみられるように、神聖王が、臣下や民衆を畏敬させて支配したのである。そのため、首都クスコの太陽神殿や、そこでおこなわれる祭祀が征服地でも再現され、儀式を通じて地方首長たちに、衣料、装身具、彩色土器などの贈与が惜しみなくおこなわれて、インカの権威と恩恵が強調された。また、支配下の土地の首長たちは、江戸時代の参勤交代のように、一年の一定期間クスコに住むことを強制され、その子弟たちは、定められた年限クスコにとどまって、賢人たちから、インカの宗教や言語について教育を受けた。彼らは、郷里に戻ってから、祭祀を通じて神聖王インカとその父である太陽神

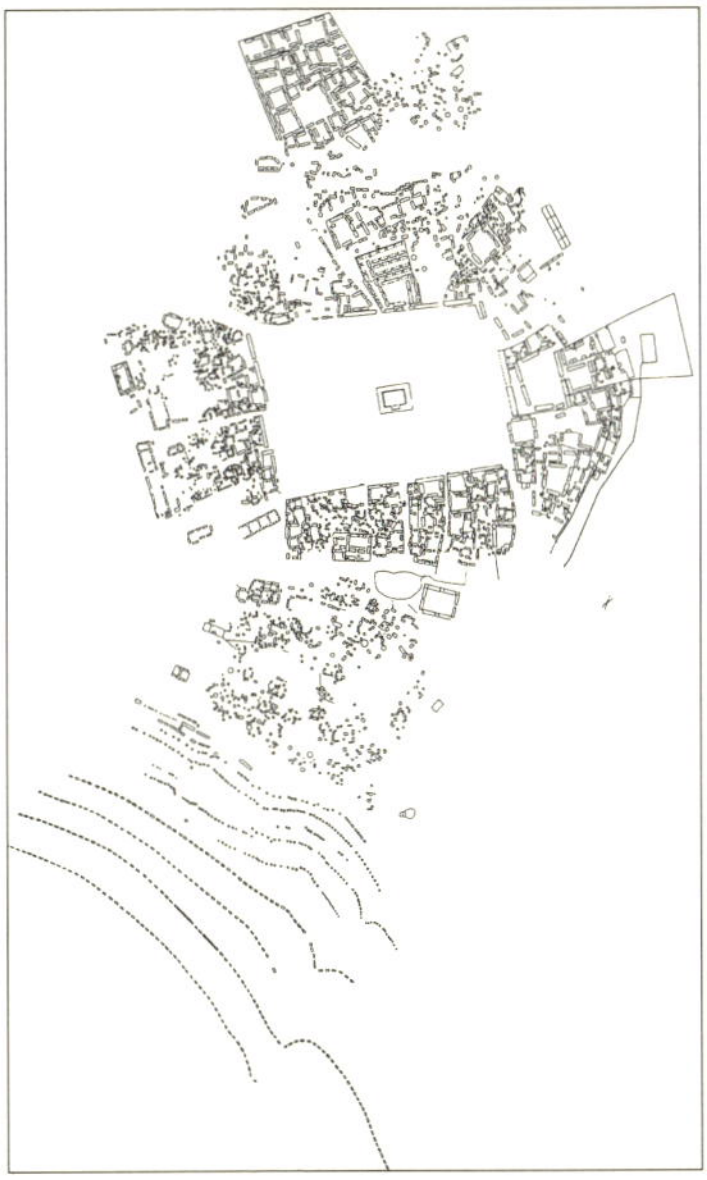

ワヌコ・パンパの遺構と平面図
ワヌコ・パンパはペルー中部高原に築かれたインカの行政センターで，海抜3800mのなにもない高原に一挙に建設された。

の超自然的な力を、首長や民衆に伝える役目をはたしたのである。首都クスコをはじめ、インカが建設した諸都市、祭祀センターの配置は、インカの宇宙観、世界観を象徴する意味づけを与えられている。

インカが、その一〇〇年にも満たない統治の歴史においてなしとげた最大の業績は、長年にわたってアンデス各地で発達してきた生産体系を統合し、各種の生産物を国家が統御して、社会資産として蓄積するためのインフラストラクチャーを整備したことであった。キープによって管理された人口にみあった貢納が各地に割りあてられ、生産物は一部はその地方に設けられた倉庫に、一部はクスコに輸送され、国の倉庫におさめられた。貢納品の輸送は、地域ごとに分担され、たとえば海岸平地の住民が最寄りの高地まで輸送すると、あとは山に住民が輸送するように決められていた、とあるスペイン人記録者は書いている。荷役にはリャマが利用され、王道にそって設けられたタンボには、宿泊設備、食料、燃料が用意されて、輸送に従事する者たちに便宜を与えた。スペイン人たちがペルーに到着したとき、クスコをはじめ各地に蓄積された物資の量に驚きを示し、たとえばひとつの大倉庫にあまりに大量のリャマの毛皮がおさめられていたので、いくら取り出しても空間ができなかった、と驚嘆している。クスコ市は大倉庫である、と書いた記録者もいる。皮肉なことに、このように整然と整備された道路や物資の蓄積が、スペイン人侵入者たちの軍事行動を助け、インカ国家の征服を容易にした。そして、スペイン人が南アメリカ大陸に植民帝国を建設することになったときも、インカの進んだ行政組織と、豊かな経済力および人的資源をそっくりそのまま利用して、ペルーを統治の中心にすえることにしたのである。

第二章　ヨーロッパ人の南アメリカ侵入

1　インカ帝国征服まで

コロンブスとアメリゴ・ヴェスプッチ

南アメリカ大陸にはじめて接触したヨーロッパ人はコロンブスだった。彼は、その第三回航海で、一四九八年七月三十一日トリニダー島に到着したが、オリノコ川から押し出される大量の淡水を見て、それが地上の天国から湧き出た川の水であると確信し、翌年一月十八日付の国王宛書簡で、自分の突きあたった土地がインディアス、すなわちアジアの東端にあって赤道の遥か南まで延びる大陸である、と断言した。注目されるのは、彼が「今回あらたに発見された土地」ということばを使っていることである。いいかえると、コロンブスは新大陸を発見したと考えたらしい。ところが、その新大陸は、コロンビアと呼ばれずに、あとからきたアメリゴ・ヴェスプッチというフィレンツェ人の名にちなんでアメリカと呼ばれることになってしまった。そのいきさつは以下のとおりである。

コロンブスのあとを追って、少なくとも五つの探検船隊が、一四九九年から一五〇〇年のあいだに南アメリカ大陸北部に航海している。まず、アロンソ・デ・オヘーダが、ファン・デ・ラ・コサおよびアメリゴ・ヴェスプッチとともに、一四九九年ベネスエラを沿岸航海し、ビセンテ・ヤニェス・ピンソンが赤道をこえてアマゾン河口まで航海している。ロドリーゴ・デ・バスティダスはベネスエラからパナマまで航海し、ディエゴ・デ・レペはピンソンよりさらにブラジル沿岸を南下したらしい。いちばん大きな収穫をえたのは、ペドロ・アロンソ・ニーニョとクリストバル・ゲーラであり、彼らは五〇トンのカラベラ船に三五人を乗り組ませて、オヘーダより数日早くベネスエラ海岸に着き、のち真珠海岸と呼ばれることになった地方で、大粒の真珠を大量に手にいれた。

これらの航海者のうちで、アメリゴ・ヴェスプッチが、一五〇三年に、おそらくフィレンツェとパリで『新世界』という小冊子を刊行し、一五〇一年五月十四日リスボア(リスボン)を出帆し、同年八月七日新しい世界に到達した、と述べた。そこに記された住民や自然の記述は、ブラジル海岸を思わせる。ところがそれから二年ないしは三年たって、フィレンツェで『四回の航海においてあらたに発見した土地にかんするアメリゴ・ヴェスプッチの書簡』と題するパンフレットが発行された。そこには、アメリゴが一四九七年、九九年、一五〇一年、〇三年に南アメリカ大陸に航海したことが記され、とくに第三回航海では、南回帰線を遥かにこえて航海した旨が記されている。ただし、『四回の航海』が、アメリゴの意志によって出版されたものかどうかはわからない。また、その書では、新世界ということばは一言も使われていない。また、『新世界』においても、アメリゴのいう世界の第四の新しい大陸が、旧世界から地形的に独立

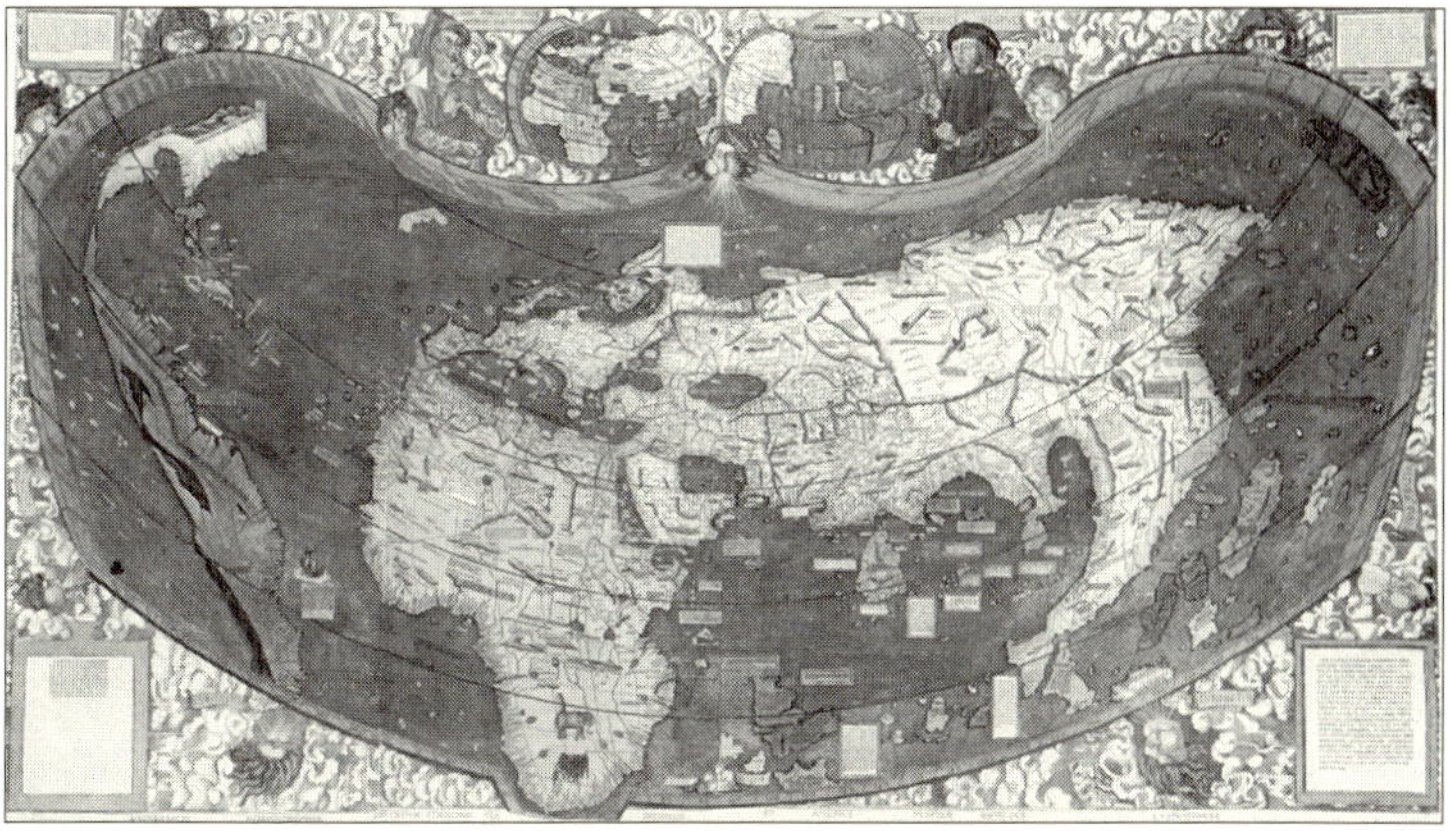
マルティン・ヴァルトゼーミュラーの世界図(1507年)　新世界がはじめて描き込まれた。

しているかどうかについては、なにもいっていない。

アメリカ大陸が、独立した世界であることをはじめて唱えたのは、ドイツ人の人文主義者マルティン・ヴァルトゼーミュラーである。彼は、ロートリンゲン地方の領主ルネ二世のために、プトレマイオスの『世界誌入門』に、付録として『四回の航海』を付けてラテン語訳し、一五〇七年サン・ディエで刊行したが、「世界の第四の地方」について言及し、この新世界はアメリクス・ヴェスプシウスによって発見されたのだから、アメリカと呼ぶことにしよう、と提案している。そして、付録の世界図のなかに、はじめて新世界を南北に細長く描き出し、その南アメリカ大陸にあたる部分にアメリカという字を書き込んだ(図参照)。つまり、アメリゴがコロンブスの一年前に南アメリカ大陸に到達し、新世界宣言をしたから、コロンブスを差しおいて、アメリカという地名を提案したわけである。

ところが、これで南アメリカ大陸発見にかんするすべての問題が片づいたかというと、そうではなかった。だいたい、十六世紀初めのヨーロッパ人の地理的知識では、アメリカ大陸はその大西洋岸のごく一部がわかっていたにすぎず、とてもそれが独立した大陸などと断言できる材料はなかった。アメリゴにしても、新世界が旧世界と切り離されているかどうかについては、沈黙を守っている。にもかかわらずヴァルトゼーミュラーが彼の世界図にアメリカを書き込んだのは、大胆な仮定としかいいようがない。問題なのは、『四回の航海』によれば、アメリゴの第一回航海が、コロンブスよりも一年早く、一四九七年におこなわれている点である。九七年にスペイン、あるいはポルトガルの船が南アメリカ大陸に航海したことを証明する文書記録はなにも残っていない。そこでアメリゴは、自分が南アメリカ大陸に最初に到達したことにするため、偽りの手紙を作製したのではないかという疑いが、同時代からもたれていた。興味深いのは、ヴァルトゼーミュラーは、六年後の一五一三年に作製した世界図では、新世界独立説を放棄し、アメリカ大陸とアジアの関係はぼやかしておく、当時一般的だった図法に戻っていることである。十六世紀ヨーロッパの地図製作者は、アジア東北部とアメリカ大陸北西部の関係にはふれないか、両者をくっつけて描くかのどちらかが普通だった。ところがおもしろいことに、ドイツ系の地図製作者たちは、アメリカ大陸を独立した大陸として描く傾向があり、彼らは初めのうち南アメリカ大陸だけにアメリカの文字を書き入れていたが、一五三八年にメルカトルが、北アメリカ Americae pars Septentrionalis と、南アメリカ Americae pars Meridionalis の文字を分けた世界図を製作した。

アメリゴの一四九七年の航海については、その後十八世紀に、ロレンツォ・デ・メディチ宛の三通の彼の書簡が発見され、最初にアメリゴが南アメリカ大陸に航海したのは一四九九年であることが裏づけられた。内容的に書簡を分析してみると、『四回の航海』のうちの第一回航海と第二回航海の内容がひとつにまとめられている。つまり、裏返せば、一四九九年におこなった航海を二つの内容に分けて別々の航海として書いたことになる。この改作がアメリゴ自身によるものかどうかはわからない。しかし一五〇三年の『新世界』、一五〇五年か〇六年の『四回の航海』、そして〇七年のヴァルトゼーミュラーのアメリカ宣言という連鎖の背後に、なにかしら人為的な作意と操作があったことは、疑うことができるかもしれない。

ダリエンとパナマ

一四九九年から翌年にかけて、南アメリカ大陸北部にたいしておこなわれたスペイン人の探検航海は、その地方にたいするスペイン人たちの関心を引きつけた。さらに探検が繰り返されたが、いずれも現地でスペイン人たちが略奪と殺戮《さつりく》をおこない、白い人間たちにたいする強い警戒心を植えつけた。また、真珠海岸の貿易を独占して一五〇一年にベネスエラ沿岸に航海したクリストバル・ゲーラが、ボナイレ島で奴隷狩りをおこなったことは、悪い先例となった。ファン・デ・ラ・コサとオヘーダは別個に探検隊を組織することになって、コサは、一五〇〇年、ロドリーゴ・デ・バスティダスとともに現コロンビアからパナマにかけて沿岸航海し、交易によってかなりの金製品を手にいれた。この地方は、シャーマンや首長たちが金製品を用い、首長や貴族の埋葬には、副葬品として大量の金製品が埋められる習慣があった。彼らは一五〇二年九月にスペインに戻ったが、現コロンビア北西のウラバ湾付近が、シヌー川流域の金産地をひかえ、探検の基地をつくるのに好適であると判断し、一五〇四年二月に王室の許可をえてふたたび同地に渡航した。しかし、現地で奴隷狩りをおこなったため、原住民は強く反発した。

一五〇二年から〇四年にかけてコロンブスがおこなった第四回航海は、中央アメリカ地峡部に、香料諸島に達する海峡を求めることをひとつの目的としていたが、これがスペインのフェルナンド王の注意を喚起し、その結果一五〇五年にトロで、〇八年にはブルゴスで航海者や有識者の会議が開かれ、パナマ、ウラバ地方を含む広い範囲に、本格的な探検と植民がおこなわれることになった。そして、ディエゴ・デ・ニクエサにウラバ湾から西のベラグア地方が、アロンソ・デ・オヘーダにウラバから現ベネスエラ沿岸のコデーラ島までが割りあてられた。コサはオヘーダの副司令官として参加することになった。

ニクエサとオヘーダは、一五〇九年十二月、ほんの数日の差でサント・ドミンゴを出発し、現地に向かったが、いずれの探検もみじめな失敗に終わった。

オヘーダは約三〇〇名を率いて現コロンビア海岸に向かったが、いたるところで住民の反撃をくらい、コサは毒矢を射られて戦死した。オヘーダはウラバ湾の東岸に上陸して、基地をつくろうとしたが、食料不足と住民の攻撃のために多くの人員を失い、補給のためと称してサント・ドミンゴに向かい、そのまま帰らなかった。残留部隊は、フランシスコ・ピサロを指揮官として七週間頑張ったが、撤収を決意したとき、ニクエサの増援部隊と出会い、その指揮官マルティン・フェルナンデス・デ・エンシソと協力して、ウラバ湾の西岸の内陸に、サンタ・マリア・ラ・アンティグァ・デル・ダリエンという町を建設した。これは、アメリカ大陸本土に建設された最初のヨーロッパ人の町である。建設の日付は不明だが、一五一〇年十一月であったろうと推定される。

一方ニクエサは、七八五人を五隻の船にのせて出帆したが、初めから指揮に不手際が多く、船団はパナマ沿岸で四散して、ニクエサは数十人の部下とともにウラバ湾に避難した。彼は、ウラバ湾が自分の権利のおよぶ地域内にあると主張したが、ダリエンに定着した勢力に圧倒されて、ウラバ湾から退去し、そのまま行方不明になった。

ニクエサが去ったあと、ダリエンの支配をめぐってスペイン人たちのあいだに紛争が起こったが、バスコ・ヌニェス・デ・バルボアという実力者がエンシソをおさえて実権をにぎったので、エンシソはサント・ドミンゴに去った。

バルボアは、シヌー地方をはじめとして、ダリエンの北西のカレータからポンカ、コモグレ、ポコロー

バスコ・ヌニェス・デ・バルボア　南スペイン，エストレマドゥーラのバダホス，またはヘレス・デ・ロス・カバエロス出身。1500年のバスティダスの航海に参加し，エスパニョラ島に植民したが，エンシソの船に隠れてダリエンに渡った。

サにいたる首長制社会と接触し、多量の金を入手しただけでなく、東西にはしるパナマ地峡の山脈のかなたに、「南の海」があるとの情報をえた。これがスペイン人が耳にした太平洋の最初の情報である。バルボアは国王にパナマ地方の豊かな金資源について報告するとともに、一〇〇〇人の援軍を要請した。彼の報告によってスペインではこの地方にたいする関心が高まり、パナマ地方は「黄金のカスティヤ」と呼ばれるようになった。一五一三年七月二十七日、フェルナンド王は、ペドラリアス・ダビラを、黄金のカスティヤ総督兼総司令官に任命した。宮廷内には、バルボアを任命しようとする動きがあったが、帰国していたエンシソと親密な関係にあった実力者ロドリゲス・デ・フォンセカの反対があって、国王が翻意したのである。バルボアにたいしては、その後しばらくして、「南の海の沿岸地方のアデランタード」の称号が与えられたが、総督ペドラリアスには従属するものとされた。当時バルボアは、太平洋岸にあるとうわさされていた黄金国に強い関心をいだいていた。

　総督ペドラリアスが着任する七カ月前に、バルボアはパナマ地峡を横断して、南の海に達した。一五一三年九月二十七日、彼はある山の頂から海を望見し、山をくだって、二日後海岸にでてから、カスティヤ王の名においてその海の領有を宣言した。これがいわゆる「太平洋の発見」だが、バルボアが見たのはサン・ミゲル湾の一部にすぎず、太平洋の全貌や大きさは、その後一五二〇年にマゼラン船隊がそこを航海するまでわからなかった。その間に、ペドラリアスは一五〇〇人、十数隻の大船団で一五一四年スペインを出帆し、六月二十九日ダリエンに到着した。エンシソが大警吏《アルグアシル・マヨール》の資格で参加していた。到着と同時に、ペドラリアスはさっそくバルボアの査察審査をおこない、王室にたいする貢献は認めたが、エンシソを追放したことにたいしては、賠償金を払うように命令した。それから四年間、ペドラリアスとバルボアの関係は表面上は悪くないようにみえ、総督は、スペインにいる自分の娘をバルボアの嫁にすることを約束しさえした。しかし、彼はつねにバルボアの声望と実力に不安を感じていた。

ペドラリアスとともにダリエンにきたスペイン人たちは、到着から五年間に、金を求めて各地の首長を脅迫し、拷問や虐殺をおこなって、パナマ地方の首長制社会をことごとく崩壊に追いやった。ペドラリアスの時代に、「通告《レケリミエント》」という奇妙な手続きがおこなわれるようになった。これは、軍事行動に先立ち、スペイン国王が教皇から許された権限により土地を占領し、キリスト教の布教をおこなう旨の文書を、現地住民に向かって一方的に読み上げ、軍事征服を形式的に正当化する行為だった。このとき以後一五四〇年代まで、スペイン人の征服がおこなわれるたびに、この茶番劇が演じられることになった。

ペドラリアスが国王から受けた命令のひとつに、パナマ地峡の横断通路の建設があった。これは香料諸島への道を確保するためだった。太平洋側の基地はまだ決まっていなかったが、大西洋側は、バルボアが整備したアクラの港が使われる予定だった。この港から、一五一八年八月ころ、バルボアは南の海探検のための船の材料を太平洋岸のサン・ミゲル湾に送り、翌年五月に建造がほぼ終了した。彼が南の海の探検に乗り出すばかりになったとき、突然ペドラリアスから召喚され、逮捕、監禁された。そして一カ月におよぶ裁判の末、反逆罪の名のもとに死刑判決を受け、一九年一月なかばに処刑された。ペドラリアスは、後任総督ロペ・デ・ソサが到着し、前任総督の監査をおこなうことになっていたので、彼の行政に批判的だったバルボアの口をふさごうとしたのであろう。

しかし、ペドラリアスは悪運が強かった。ソサは五月ダリエン到着の二日後に急死し、翌年九月七日付でペドラリアスはふたたび総督に任命された。それより早く、一五一九年八月十五日にパナマ市が太平洋岸に建設され、彼はそこに移ったが、パナマから南の地方にはあまり関心をもたず、しきりに部下を北西のコスタ・リカ、ニカラグァ地方に送って探検させた。これは一九～二一年におこなわれたフェルナンド・コルテスのアステカ征服に刺激されたためであろうと思われる。ペドラリアスは、二七年ニカラグァ総督に任ぜられ、四年後、在任のまま九十歳に近い高齢で病没した。

タワンティンスーユの征服

バルボアが南の海に興味をもったのは、その遥かかなたに黄金の豊かな国があるとの噂を聞いたからだった。ペドラリアスの部下たちは、北西の中央アメリカ地方に財宝豊かな土地があるのではないかと期待して探検をおこなったが、少数ではあるが、南の海の南方に注目した探検者もいた。その一人、パスクアル・デ・アンダゴーヤは、一五二二年にパナマから南東に向かい、チンチャマ地方をとおって、現コロンビア北西部のビルー地方まで探検した。その情報に基づいて、パナマ市でエンコミエンダ(六三ページ以下参照)をもっていたフランシスコ・ピサロとディエゴ・デ・アルマグロが、フェルナンド・デ・ルケという神父と盟約を結んで、太平洋沿岸を南に探検航海する計画を立てた。彼らがペドラリアスの許可をえて第一回の探検を始めたのは二四年十一月であった。南アメリカ大陸太平洋岸の風や潮の状態がまだよくわかっていなかったので、パナマから約三〇〇キロ程しか前進できなかった。いったんパナマに帰ったピサロとアルマグロは、改めて資金を集め、ペドラリアスの許可をとったうえで、二六年三月十日、ルケの家に集まって契約書を取り交わした。ピサロとアルマグロは字が書けなかったので、代人が署名した。
第二回探検も難航したが、偵察にだしておいたバルトロメ・ルイスの船がエクアドル海岸まで到達して、ペルー沿岸を交易のために巡航する原住民のバルサ船に出会ったという知らせをもって帰ってきたので、

フランシスコ・ピサロの銅像　ピサロの生地スペイン，エストレマドゥーラのトルヒーヨ市の広場に建つ。正面は，彼の弟エルナンドがペルーでえた財産で建てた館。

これに勇気づけられたピサロたちはさらに前進した。しかし、現コロンビアの南岸で糧食がつき、補給を求めてパナマに戻ったアルマグロの救援を待たねばならなかった。救援が到着してふたたび前進が開始されたが、エクアドル沿岸にきて急に人口の多い集落が続き、原住民の抵抗も激しくなったので、またアルマグロがパナマに救援を求めて出発し、残留者はガヨという島で待機した。アルマグロがパナマに着くと、新総督ペドロ・デ・ロス・リオスは救援船を派遣したが、探検の打ち切りを命じた。しかし、ピサロはじめ一三人が命令に応ぜず、さらに七カ月頑張った末、アルマグロの救援をえてまた前進を開始し、ついに現ペルーの北端にあるトゥンベス港に到着した。隊員の一人が上陸して、豪華に飾られた太陽神殿があることを報告したので、そこにひとつの文明があるこ

とを知って、スペイン人たちは喜び、いったんパナマに引き上げた。ピサロはスペインに帰国して、一五二九年七月二十六日に国王と征服の協約を結び、人員と資金をつのりパナマに戻った。ピサロが一八〇人の兵と二七頭の馬を三隻の船に分乗させてパナマを出発したのは三一年の一月二十日だった。

ピサロは、エクアドルの北岸のアタカメスで兵員の一部を上陸させ、船隊と平行して南進させた。彼は、ゆっくり前進しながら、その土地の事情をよく調査し、情報を集めた。途中エクアドル中部海岸のコアケには約六カ月滞在して、隊員たちを休息させ、食料を集めて十分な準備を整えた。それから、グアヤス湾のなかにあるプナ島に移ったが、そこを作戦基地にしようという計画は、住民の反抗にあって放棄され、いったんトゥンベスに移ってから、一五三二年五月十六日に南に向かって出発した。ピウラ川に着いて、ピサロは、七月なかばにペルー最初のスペイン都市サン・ミゲル・デ・ピウラを建設した。このころまでに、その土地がサパ・インカと呼ばれる神聖王を戴き、クスコに首都をおく大帝国の一部であることが明らかになり、しかもその国では、北のキートに拠るアタワルパ・インカと、クスコに拠るワスカール・インカとのあいだの内戦の最中であることが判明した。ピサロはこの状況を利用する決心を固め、あえてアタワルパ・インカに会いにいくことにした。

ピサロは九月二十四日にピウラを出発して、「荷車が二台ならんでとおれるくらい広く、舗装され、両側を土塀で囲った」道にそって南下した。いたるところに、いろいろな補給品をいっぱいおさめた倉庫があった。これらのおかげで、スペイン軍は順調に進むことができ、サーニャという町からアンデス山脈に登り始めて十一月十五日の夕刻、カハマルカの盆地にでた。反対側の斜面一帯に、多数の白いテントが見えた。アタワルパ・インカが、二万の兵に囲まれて、スペイン人たちを待ち受けていたのである。

カハマルカの町には人気がなかった。スペイン人たちは大広場のまわりの大きな家屋に宿営した。ピサロはただちにアタワルパのもとに使いをだし、翌日会見を申し込んだ。そして、十一月十六日の夕刻、数千の部下を引き連れて大広場にやってきたインカに不意打ちをくらわせ、約二〇〇〇人のインカ兵を殺戮《さつりく》してアタワルパを捕虜にした。

監禁されたアタワルパは、スペイン人に殺されることを恐れて、大量の金銀を提供することを約束した。翌年六月までに、国中から多くの荷物が到着し、純金一三二万六五三九ペソ、銀二六万二二五九マルコが計量された。これらは、スペイン皇帝への上納金を除いて、すべて一六八人のスペイン人たちに分配された。約束ははたされたにもかかわらず、アタワルパの部下たちの反乱を恐れるスペイン人たちは、ピサロに迫ってインカの処刑を主張した。その圧力に屈したピサロは、七月二十六日、略式の裁判をおこなわせて、反逆罪その他の罪で死刑を宣告し、その日の晩にインカを絞首刑に処した。

インカがおさめる国はタワンティンスーユと呼ばれたが、これは先述したように「四つの州」の意味である。それぞれの州に長がおかれていたが、彼らは実際に現地に赴任することなく、首都クスコに住み、トコイリコックという巡察使を派遣して行政をおこなった。ただし大部分の地方では、インカの征服以前からいた首長たちが、クスコの主権に従うことを誓うかぎりにおいて、自治をおこなうことが許された。そこで、クスコによく同化されていた地方を除くと、地方勢力がクスコにたいして反乱を起こす可能性があった。ピサロは、タワンティンスーユのこの弱点をすぐに理解し、エクアドル・インカとクスコ・イン

クスコ市ロレート通り　左右にインカ時代の宮殿の石壁が続いている。右側が太陽の処女の館と伝えられている。

カの対立、闘争を利用するだけでなく、反インカ的傾向をもつ地方の民族集団を味方につけて、全アンデス世界を征服することをねらった。当面ピサロが方針としたのは、クスコ・インカの勢力を支持して、アタワルパの武将のキスキス、ルミニャウイなどに率いられたエクアドル・インカを殲滅《せんめつ》することだった。そこで彼は、アタワルパ処刑後ただちにクスコ派のトゥパク・ワルパ(またはトパルカ)を即位させ、クスコの兵力を統御しようとした。

　ピサロは、一五三三年九月初め、トゥパク・ワルパをともなってカハマルカを出発し、クスコを占領して、エクアドル・インカに対抗する態勢をつくろうとした。スペイン軍は、キスキスの率いるエクアドル軍の攻撃をかわしながら前進したが、中部高原のハウハでトゥパク・ワルパが急死したので、そのあとに誰をインカとして即位させるかが問題になった。幸い、クスコ近くのサキサワナ(ハキハワナ)で、クスコ系のマンコ・インカがあらわれて、スペイン人に協力を約したので、十一月十五日、スペイン軍がクスコにはいった直後にインカの即位式がおこなわれた。そして、その後おこなわれたエクアドル軍の追撃作戦で、マンコはインカ軍を集めてスペイン人を忠実に助けた。スペイン人たちは、それからも必要なときにはサパ・インカやインカ皇族を利用して、多くの人員を集めることができた。のち、マンコがスペイン人にたいして反乱を起こしたときには、ピサロは、クスコに敵対的なハウハ地方のワンカ人や、エクアドルのカニャリ人の協力をえることに成功した。

スペイン人のペルー征服は、絶対専制君主を倒して一挙に達成されたかのようにしばしばいわれるが、実際には、一〇〇〇万以上の人口を相手どって、その内部組織の矛盾や弱点を突き、巧みなパワーポリティクスを操ることによって、苦心しながらおこなわれたものである。それにからまって、征服者同士の争いが続き、ペルー副王領として安定した植民地が成立するまでには、数十年の年月が必要であった。

内乱の時代

ピサロとアルマグロのあいだには、征服の利権をめぐって、最初から紛争の種が宿されていた。最初、ピサロがカルロス皇帝からペルー総督に任じられたのに、アルマグロはトゥンベス司令官の位しか与えられなかったこと、アルマグロとその部下たちが、カハマルカの戦闘に遅れて到着したため金銀の配分が少なかったこと、そしてエンコミエンダの分配にも不公平があったこと、などが原因で、アルマグロ派に不満がくすぶっていた。そして、クスコの帰属をめぐってピサロとアルマグロのあいだの対立が顕在化し、武力衝突が起こりそうになったが、ピサロが南のチリ地方に遠征をおこなうことになり、ピサロもかなりの財政的援助を与えたので、大事にはいたらなかった。

もしアルマグロがチリで第二の黄金帝国を発見していたら、彼はその盟主になり、満足しただろう。しかし、彼のチリ遠征は惨憺《さんたん》たる失敗だった。アルマグロは、マンコの異母兄弟のパウリュをともなって、一五三五年七月三日クスコを出発した。遠征軍は数隊に分けられていたが、全体でスペイン人五七〇人、それに数千人のインカ人が荷担ぎ人として参加し、食料とする多数のリャマを引き連れていた。一同は、ティティカカ湖の西岸から現ボリビア高原を通過したが、一五〇〇人のインカ人と一五〇人の黒人奴隷と、一一二頭の馬が冬期の寒さのため死亡したと伝えられる。スペイン人の死者は数人程度だったらしい。ボリビア高原の南端トゥピーサから現アルゼンティンのサルタ地方にでて、二カ月間休息した探検隊は、アンデス越えをして現チリのコピアポ付近に進み、海岸を南に向かった。どこまでいったかは不明だが、少なくとも現サンティアゴあたりまでは達しただろうといわれる。いずれにしても、三八〇〇キロにわたる大遠征行だったが、目当ての黄金はどこにもなかった。幻滅のうちに、アルマグロは、アタカマ砂漠をこえて、ペルーのアレキーパ経由でクスコに向かったが、到着する前に、マンコ・インカが、クスコを脱出してスペイン人にたいして反乱を起こし、大軍を集めて市を包囲しているという情報がはいった(九六ページ参照)。この包囲戦は三六年二月から八月まで続き、アルマグロが帰った三七年四月には、マンコはクスコ北西のビルカバンバに退いていた。アルマグロは、クスコのエルナンド・ピサロ(フランシスコの異母弟)に市の明け渡しを要求したが拒絶され、ある嵐の晩に彼を襲って捕縛した。アルマグロは、三五年に海岸にリマ市を建設してそこに移っていたフランシスコに、クスコ領有の権利を認めるように要求したが、敵の老獪《ろうかい》な策略によって人質を引き渡してしまったので守勢に立ち、三八年四月二十六日、クスコ郊外のラス・サリナスでエルナンドの率いる軍隊と戦って敗れ、七月八日に処刑された。

フランシスコ・ピサロは、一五三八年から四〇年までクスコに滞在して、ペルー南部のスペイン人支配を安定させ、またビルカバンバ渓谷の奥に潜んだマンコ・インカと和平交渉をしたが実らなかった。彼は、アルマグロに左袒《さたん》した者たちからエンコミエンダを取り上げたので、その恨みをかい、アルマグロの子ディエゴを頭領に戴くスペイン人たちのため、四一年七月二十六日、リマの自宅で暗殺された。アルマグロ派は、ディエゴを総督として認めるようにリマ市会に要求して承諾をえた。しかし、ペルー中のエンコメンデーロたちのなかには、国王の認可なしに就任した二十一歳のディエゴの権威を認めない者が多く、彼らは四二年に本国から派遣された国王代理のバカ・デ・カストロのもとに集結した。ディエゴは、九月十六日現アヤクーチョ市付近のチューパスでカストロの軍と戦って敗北し、クスコで捕われて処刑された。

その後、エンコミエンダ制制限の勅令に反対するゴンサーロ・ピサロが、一五四四年に大反乱を起こして、一時は南アメリカ大陸植民地の全体を支配する勢いだった（六六ページ参照）。一五五三年には、エルナンデス・ヒロンの反乱が起こり、ペルーに平和がよみがえったのは、五六年に第三代副王アンドレス・ウルタード・デ・メンドーサが着任してからだった。

2　エル・ドラードを求めて

アマゾン低地への侵入

インカ征服後のスペイン人たちは、当然第二の黄金郷を求めて南アメリカ大陸各地に探検の旅を開始したが、ひとつの方向は、アンデス山脈東のアマゾン低地地方だった。この地方はモンターニャと呼ばれた。そして、この地方への遠征はエントラーダといわれた。

ラス・サリナスの戦いののち、四人のスペイン人が、ピサロの許可をえてモンターニャにはいった。一人はカハマルカの戦いで砲手を務めた、ギリシア出身のペドロ・デ・カンディアである。彼は原住民の女性からアンバヤという金銀豊かな国がクスコの南東にあると聞き、私財を投じて三〇〇の兵を集め、多数の住民を徴発して、モンターニャに侵入した。そして三カ月間アマゾン低地の熱帯林をさまよった末、なんの収穫もなくクスコに引き返した。カンディアのあと、ペドロ・アンスレスという者が兵を引き継いで、一五三八年九月、モンターニャのチュンチョ族の土地にはいり、六カ月間黄金の国を探し回ったが、飢餓のためスペイン兵一四三人、原住民四〇〇〇人以上を失って、やっとの思いで帰還した。これ以後、南アメリカ大陸の低地に、エル・ドラード、オマグア、パイティティなどの幻の宝の国を求めて、スペイン人の集団が何カ月も困難な探検行をおこない、多数の人員を失って自滅する愚行が、何度となく繰り返された。

しかし、これらの無謀な探検のおかげで、内陸の地理が明らかにされ、奥地に町がつくられた。アロンソ・デ・アルバラードは、一五三八年なかば、ハウハを出発してチャチャポーヤス地方に向かった。それは、カハマルカの北東約五〇キロの地点にある地方部族の集落だったが、ビルカバンバのマンコ・インカがその地方に移動しようとする気配があったので、それを牽制しようとして、エルナンド・ピサロが派遣したものである。アルバラードは無事にチャチャポーヤスに着き、そこにスペイン人の町を建設したが、東方のモンターニャに大きな湖があり、アンカリャスというインカの血統の貴人が財宝を守っている、という噂を聞き、東に進んで、アマゾンの支流のひとつワヤガ川まで到達した。彼は、そこから引き返したが、弟に命じてさらに探検を続けさせ、ワヤガの支流モヨバンバ川流域までを踏査させた。そのとき建設されたモヨバンバの町は、その後のアマゾン地方探検の起点としてよく使われた。

第四のモンターニャ探検は、アルバラードよりやや南の高地から、メルカディヨという人物によっておこなわれたが、熱帯林のなかをどこまでもいこうとする彼に反抗した部下たちに捕えられ、ハウハに引き戻された。

しかし、アマゾン低地への探検のうちで、もっとも地理学的意味が大きかったのは、一五四一年二月末からおこなわれた、ゴンサーロ・ピサロのエクアドル・アマゾンの探検である。ゴンサーロは一五三九年、現エクアドルのキートの総督に任命されたが、東のモンターニャ地帯にあると噂された「シナモンの国」を探索せよとの内命を受けていた。ゴンサーロは一五四一年二月までに三四〇人のスペイン人、四〇〇〇人の現地人の荷担ぎ、および四〇〇〇頭のリャマと豚を集めて、二月末にキートを出

ゴンサーロ・ピサロ　征服者フランシスコ・ピサロの兄弟は3人ペルー征服に参加したが，ゴンサーロはいちばん年下だった。王室にたいして反乱し，刑死したときには37歳の若さだった。

発した。モンターニャにはいると、二カ月間大雨が降りつづけ、食料はたちまち枯渇して、餓死者が続出した。結局人夫たちは全滅し、スペイン人も八〇人に減って、翌年六月にキートに帰ったときには、裸同然のありさまだったという。その間にゴンサーロは、コカ川流域で、部下のフランシスコ・デ・オレヤーナという隊長に五〇人を託し、急造の二隻の小帆船で食料を探すため川をくだらせていた。彼らはいつとはなしにアマゾンの本流にはいり、四二年八月末についに河口まででた。その途中、オレヤーナたちは勇敢な女戦士たちと戦ったというので、初めはマラニョン川と呼ばれていたその川は、やがてアマゾン川と呼ばれるようになった。おそらく髪を女のように長く伸ばした原住民と戦ったのだろうが、ギリシア神話もどきの女戦士の話は、すぐ架空の財宝と結びつけられ、その後の探検者たちの目標のひとつになった。

アラウコ人との出会い

ラス・サリナスの戦いで戦功を立てたペドロ・デ・バルディビアは、一五三九年四月に、ピサロから、アルマグロが失敗したチリの征服を成功させるよう委嘱を受けた。アレキーパのエンコメンデーロたちが出資して遠征隊が編成され、バルディビアは四〇年一月、一五〇人のスペイン兵と、一〇〇〇人の原住民、および豚の大軍を引きつれてクスコを出発し、海岸をまっすぐ南下してチリに向かった。アルマグロの与えた被害のために、チリの住民は概して敵対的であり、またチリの北部は乾燥した砂漠地帯なので、行軍は難渋した。しかし、やがて南ヨーロッパのような温暖な気候の地帯にはいり、翌年二月に、海岸から離れた緑の平野にサンティアゴ市を建設した。バルディビアは、部下たちにエンコミエンダを与えたが、ペルーのように原住民の人口が多くないので、一〇〇人以下の分配しかできず、初め六〇設けたエンコミエンダを三二に縮小しなくてはならなかった。そこでスペイン人のあいだから非常な不満が起こり、バルディビアは開拓地を拡大して、あらたなエンコミエンダをつくらなければならなかった。

バルディビアは、ゴンサーロ・ピサロの反乱のとき、ペルーに戻って官軍に参加したが、一五四九年初めにチリに帰り、自分の生まれ故郷にちなんだセレーナの町を建設して、フランシスコ・デ・アギーレに託し、チリ北部を統治させることにした。バルディビアが託された統治範囲は、現在のアルゼンティンのメンドーサ地方も含んでいたので、彼の部下のビヤグランが、その地方にサンティアゴ・デル・エステーロという町をつくった。これがアルゼンティンにできた最初の都市である。バルディビア自身は、南に進んで、五〇年十月、ビオビオ川の北岸にコンセプシオン市を建設した。一五二〇年にマゼラン船隊がマゼラン海峡を発見し、バルパライーソのすぐ南まで沿岸航海をしているので、そのあたりはまったくの未知の土地ではなかった。バルディビアは国王に手紙を書き、マゼラン海峡までを踏査して、香料諸島への通路を確保したい、と述べている。五三年には、海峡まで船が到達している。

一五五二年、コンセプシオン近くの川で金が発見されて、スペイン人たちのあいだにセンセーションを巻き起こした。アラウコ、トゥカペル、プレンの砦がつくられ、金の探索が始まったが、その地方の住民はアラウコと呼ばれる勇猛な人々だった。アラウコ人は自由を愛して、スペインの強制や束縛をきらい、反抗的な態度を示した。バルディビアは容赦なく不服従を罰し、武力で反抗するときには、捕虜の鼻や手を切って威嚇《いかく》しようとした。しかし、これがかえってアラウコ人の怒りをかって、彼らを団結させた。バルディビアがかつて馬丁に使っていたアラウコ人ラウタロは脱走して、戦うアラウコ人の有能な指導者になっていた。五三年十二月、バルディビアが四〇騎を連れてトゥカペルの砦に向かったとき、優勢なアラウコ軍の待ち伏せにあって捕虜にされ、ラウタロの前に引きずりだされ、一寸刻みにされて殺された。ラウタロはその後スペイン人との戦いで戦死したが、カウポリカンという新しい指導者があとを継いだ。

ペルーでは経験しなかった住民の根強い抵抗にあって、リマのペルー副王アンドレス・ウルタード・デ・メンドーサはチリ辺境の事態を重視し、息子のガルシーア・ウルタード・デ・メンドーサをチリ総督に任命し、十分な装備と資金を与えてチリに派遣した。ガルシーアは一五五七年初めチリに着き、優秀な装備と騎兵、砲兵の力を借りて、アラウコ軍を圧倒し、残忍きわまりないやり方で報復をおこなって、翌年初めには、コンセプシオンの遥か南方にオソルノ市を建設し、アラウコ人を威圧した。そのころ、スペイン人がもたらした天然痘が流行し、アラウコ人は大きな打撃を受けていた。しかしそれでもアラウコ人は抵抗をやめなかった。九八年、クララバでチリ総督マルティン・ガルシーア・オニェス・デ・ロアイサの軍が皆殺しになり、スペイン人たちは、ビオビオ川の北に撤退して、そこから南はアラウカニアと呼ばれ、アラウコ人の土地となった。アラウコ人とスペイン人の戦いは植民地時代の終わりまで続き、アラウコ問題が政治的に解決するのは、十九世紀後半になってからであった。ただし、両者間にまったく交渉がなかったわけではなく、通商の道は開けていて、スペイン人から牛、馬、羊などの飼育を覚えたアラウコ人たちがスペイン人に家畜を売り、スペイン人はいろいろな器具やブドウ酒などをアラウコ人に売った。また、十六世紀中には、農業労働力の不足に悩んでいたスペイン人たちが、アラウコの戦争捕虜を奴隷として使うことが認められていた。これは、一六八三年に勅令で禁止されたが、実際に廃止されたのは十八世紀になってからである。

チブチャの国とオリノコ川流域

ペルーから北に向かうと、現エクアドルに多くの首長制社会があり、コロンビアにはいると、チブチャ（またはムイスカ）の国があった。この地方にはペルーとカリブ海沿岸の二方向から征服者たちが侵入した。

ペルーの征服者の一人、セバスティアン・デ・ベナルカサール（ベラルカサールともいう）は、フランシスコ・ピサロがペルー北海岸に建設した、ペルー最初の町ピウラに残留したスペイン人の長に任命された。ところが、ピサロがクスコに入城する一カ月前に、アタワルパの武将ルミニャウイの暴政を憤るエクアドル南部のカニャリ人から援助を求められたので、ベナルカサールは、二〇〇人の歩兵に八〇人の騎兵を率いて、ピウラからエクアドル高原に登り、インカ軍と戦った。ルミニャウイはしたたかな戦士で、ベナルカサールもてこずったが、カニャリ人の援助を受けて、敵を撃滅することができ、一五三四年八月二十八日、サン・フランシスコ・デ・キートを建設した。しかし部下たちは、アタワルパの宝がどこかに隠されていると信じて腰が落ち着かないので、ベナルカサールは一五三六年、キートから北上して、現コロンビア南部のパスト、ポパヤン、カリなどを征服した。

一五三七年、いったんペルーに戻ったベナルカサールは、ピサロにキートその他の征服を承認してもらい、ふたたびキートに戻って翌年三月からまたコロンビア地方に侵入した。そしてマグダレナ川の流域で、十字を掲げた別の白い人間たちがいるとの噂を聞き、驚いて斥候《せっこう》をだしたところ、大西洋岸のサンタ・マルタから登ってきたゴンサーロ・ヒメネス・デ・ケサーダの探検隊が、チブチャ人の首都バカタを占領していることがわかった。バカタはのちのボゴタである。チブチャはまたムイスカともいい、バカタ、トゥンハなどに大きな集落をもつ大首長を戴く民族で、黄金で宗教上の用具をつくるので有名だった。コロンビアから中央アメリカのパナマ、コスタ・リカにかけては、インカのような大国家はなかったが、数多くの首長制社会が成立していて、いずれも金製品制作の技術に優れ、各地域ごとに特色あるスタイルの作品を生み出していた。ヒメネス・デ・ケサーダは、一五二四年に建設されたサンタ・マルタから、三六年四月六日に出発し、オリノコ川流域の熱帯林のなかを、飢餓に悩まされながら彷徨したあげく高原地帯にでて、約一年を費やしてバカタを発見し、チブチャ人の聖なる神殿から、約一三万五〇〇〇ペソの黄金を略奪した。その後さらに一年かかって集めたチブチャの黄金の量は、全部で約三〇万ペソにのぼると計算される。これは、ピサロがカハマルカで掠奪した黄金の約四分の一にあたる。ベナルカサールがボゴタに着いたのは、三九年二月だったが、ほとんど時を同じくして、別の探検隊がボゴタ高原に姿をあらわした。カルロス皇帝がドイツのヴェルザー家に開拓権を与えた、ベネスエラのコロから出発したドイツ人の探検隊であり、隊長はニコラウス・フェーダーマンだった。

ヒメネスはす早くベナルカサールおよびフェーダーマンと交渉し、彼らの武器や食料を金で買い上げて、二人の部下たちがボゴタ地方に定住することを認めさせた。そして、コロンビア地方の統治権にかんしては、三人とも本国に帰って、国王の裁決を求めることに意見が一致した。

スペインに着いていろいろ問題が起こったが、結局ヒメネス・デ・ケサーダはヌエバ・グラナダ王国のマリスカル(元帥)の称号を授けられ、ボゴタの行政長官に任ぜられた。ヌエバ・グラナダとは、今のコロンビア地方にあたる。ベナルカサールは希望どおりポパヤンの総督になった。いちばん不運だったのはフェーダーマンであり、ヴェルザー家の承認なしに、公金を使って探検をしたことをとがめられて、裁判ざたとなり、その最中に三十六歳という若さで急死した。

チブチャの征服のころから、エル・ドラードと呼ばれる黄金郷の噂が、スペイン人の征服者たちのあいだに広まり始めた。グアタビータという湖で、毎年金箔を全身に塗った首長が水に飛び込み、大量の金製

コロンビアの黄金　コロンビアには，各地に特徴あるスタイルの黄金製品があった。そのうちでキンバーヤと呼ばれるスタイルの黄金の壺。紀元200〜800年間の作品という(マドリード，アメリカ博物館蔵)。

品を湖に投げ込む儀式があるということだったが、この幻想にかられて多くのスペイン人たちが、ボゴタから新しい探検に出発した。そのもっとも早い例は、ヒメネス・デ・ケサーダの弟のエルナン・ペレスが一五四一年におこなった、オリノコ川の支流グァビアレ、パパメネ両川の探検だったが、一年近くを費しながら、収穫はゼロだった。コロのドイツ人も探検を続け、フィリップ・フォン・フッテンが、四二年にメタ川、グァビアレ川の流域にはいり、降りつづく雨に悩まされながら、マカトアの国とか、オクアリカという女勇者の国とか、オマグアスの国など、原住民の身振り手振りの情報から白人たちが勝手につくりあげたであろう黄金の国の幻影に翻弄されながら、密林のなかをさまよい歩いた。ヒメネス・デ・ケサーダの姪と結婚したアントニオ・デ・ベリオも、八四年から数年間にわたって、オリノコ川の流域に大がかりな探検隊を繰り出している。しまいには外国人であるイギリスのサー・ウォルター・ローリまでがエル・ドラードの噂を聞きつけて、九五年と一六一七年の二回にわたって、オリノコ川流域を探検している。

エル・ドラードの探検はなんの成果も生まなかったが、それによってオリノコ川流域地方の地理が明らかになったことは確かである。

ブラジルとラ・プラタ地方

ヴァスコ・ダ・ガマのインド航路発見後、一五〇〇年三月八日にインド洋に向かったペドロ・アルバレス・カブラルの船隊は、四月二十二日、未知の大陸に漂着し、これを島と思って、ヴェラ・クルスと名づけた。これはブラジル、バイーア州の南部ポルト・セグロであった。カブラルはここに五月二日まで滞在したが、報告書をペロ・ヴェス・カミニャに書かせて国王に送り、自分はインドに向かった。カブラルは土地の住民が素朴な生活を送り、「サルとオウム」のほかは目立った産物もないと判断した。こうして発見されたブラジルは、トルデシヤス条約(七ページ参照)によってポルトガルに帰属することになったが、ポルトガル王室は、多額の利潤を生み出すアジアの香料貿易に熱中して、十六世紀前半にはあまりブラジルの開発には重きをおかなかった。

ブラジルの南のラ・プラタ地方は、スペインに帰属する土地として早くから注目されていた。おそらくアメリゴ・ヴェスプッチが第三回航海でパタゴニア海岸までいったらしいし、ファン・ディアス・デ・ソリスは、一五一六年二月に、たしかにラ・プラタ河口まで航海している。ラ・プラタおよびパタゴニア地方に接触して、その住民と交渉をもった最初のスペイン人は、一九年、南アメリカ大陸東岸に海峡を求めて南下したマゼラン船隊の人々である。彼らはそこが茫漠とした草原地帯で、その住民がきわめて素朴な狩猟民であることを観察し、記録に残した。この地方に征服と植民の試みを最初に実行したのは、イタリア人セバスティアーノ・ガボート(カボート)であった。ガボートは王室の許可のもとに二六年四月、四隻の船に二五〇人をのせてセビーヤを出帆し、ラ・プラタ川をさかのぼって、パラナ川支流のテルセーロ川にはいり、砦を建てて、周辺の探検を開始した。あるとき原住民が銀製品をもっているので、出処を聞くと西方を指さした。あるいはインカの銀製品がその地方に流れ着いていたのかもしれないが、この知らせがたちまちのうちに銀の国の幻想に膨れあがり、ラ・プラタ(銀の川)の名が生まれた。ガボートが隊員の半数を失いながらも四年近く現地に頑張ったのも、銀への執念が捨てきれなかったからであろう。

一五三五年、王室に仕える貴族、ペドロ・デ・メンドーサが、ラ・プラタ地方に植民地をつくり三つの砦を建てよとの王命を受けて、一〇〇〇人以上の人員を一二隻の船にのせてスペインを出帆したときにも、銀の誘惑に捕われていたにちがいない。ペドロは翌年二月初め、ラ・プラタ川の右岸に、ヌエストラ・セニョーラ・マリア・デル・ブエン・アイレという町を建てた。初めのうち、周辺に住むケランディの狩猟民たちは友好的で、狩の獲物や魚などをもってきてくれたが、スペイン人たちが過大な食料を要求したので、すぐに紛争が始まった。狩猟民たちは結集して草原に孤立したスペイン人たちを攻撃し、死者がでた。狩猟民しかいない平原で、一〇〇〇人からのスペイン人が食べていこうというのがどだい無理な話だった。食料危機のため植民地は崩壊の危機にひんし、死者が続出した。メンドーサは病気のため三七年なかば帰国の途についたが、ブラジル沖で死亡した。

あとに残った隊員たちを指揮したのは、ファン・デ・アヨラだった。彼は部下を引き連れてパラナ川をさかのぼるうち、南緯二五度あたりで、農耕をおこなうグァラニー農民の集落を発見し、その地方で食料がえられることを知って、川岸にサンタ・マリア・デ・アスンシオンという砦をつくった。まもなくブエン・アイレに残留した隊員が合流し、アスンシオンは一六二〇年まで、ラ・プラタ地方の首都となった。アスンシオンに定着したスペイン人たちがエンコミエンダを割り振り、農業生産に努力するようになってから、改めてラ・プラタの下流に町をつくる計画が生まれ、ファン・デ・ガライが川をくだって、一五八〇年六月十一日、河口にラ・トリニダーを建設した。この町はやがてブエノス・アイレスと改名された。初めブエノス・アイレスは孤立していたが、やがてペルーから探検にでかけてきたディエゴ・デ・ロハス、フェリペ・デ・グティエレス、ニコラス・デ・エレディアなどのスペイン人たちが先鞭をつけ、ペルーのスペイン人が、アンデスをくだって草原《パンパ》に降りてくるようになった。現アルゼンティン北西部のサンティアゴ・デル・エステーロ市の建設についてはすでに述べたが、一五七三年コルドバが建設されたので、ブエノス・アイレスが再建されたときには、ペルーとの連絡の道は通じていた。理論上ブエノス・アイレスおよびラ・プラタ地方は、ペルー副王の管轄下にあり、スペインとの直接連絡は許されず、つねにパナマ、ペルー経由であったので、スペイン本国からもっとも遠い植民地となった。

征服者の遺産

わずか半世紀そこそこで、面積一八〇〇万平方キロの大陸のおよその地理的全貌が明らかになったのは、スペイン征服者たちの探検のおかげであることは確かだが、それがひたすら黄金と財宝を求めておこなわれ、しかもその努力の大部分が、空しい夢幻の追求に終わったことは、世界の他地域であまり例をみないだろう。この地理学的認識に基づいて、南アメリカ大陸統治の体系、いわゆるペルー副王領の行政組織が編成されたのだが、ブラジルを除く南アメリカ大陸全体がまずペルーの名のもとにとらえられ、それが時代とともに地域ごとの自然・社会環境に従って分化していったのが、南アメリカ植民地化の過程である。

征服から植民地建設までのあいだに、スペイン人、ポルトガル人の侵入は、南アメリカ大陸のもとからの住民の生活と文化に大きな衝撃を与えた。征服戦争によって侵入者たちが与えた破壊よりも、植民地時代にはいってからもたらされた荒廃のほうが大きいだろう。カハマルカでは、約二〇〇〇人のインカ人が殺されたといわれている。しかし、その後スペイン人たちが内乱で争い合うごとに、数千の住民が動員され、空しい金の幻想を追って無謀な探検隊が組織されるたびごとに、数千の荷担ぎ人夫が動員され、しかもそれに家族がつきそって行をともにし、そのたびごとにその全員が死亡している。しかも、白人たちが旧世界からもたらしたウイルスや病原菌は、免疫性のない新世界の住民に破滅的な死の鐘を鳴らした。そして、生き残った者たちは、エンコミエンダのなかにがんじがらめになって苛酷な労働を強いられた。一五四五年に発見されたポトシの大銀山は、徴発された労働者たちの墓場となった。従来ややもすると、ラテン・アメリカの植民地時代の歴史家は、スペイン人やポルトガル人の原住民にたいするひどい扱いに批判的な態度をとりながらも、反面では、住民たちがヨーロッパの支配者たちにおさえられて、従順に忍従したかのように描くきらいがあった。しかし、あれだけひどい扱いをうけた人々が、ただ黙っておとなしく暮らしているわけはなかった。植民地時代の歴史をよく検討すれば、どの時代にも、白人の押しつけてくる政治や宗教にたいしていろいろな地域の住民が抵抗し、抗議した事実が、無数に浮かび上がってくる（第I部第四章参照）。そして、そうした抵抗は、いわゆる征服の時代に始まっていることを認識することが重要だと思う。

第三章　アンデス世界と植民地社会

1　征服から定着へ

エンコミエンダ制導入

一五三四年三月二十三日、インカの古都を土台にスペイン人のクスコ市が建設された。これをもってインカ帝国の征服はほぼ完了したと考えられるが、征服者たちは略奪した宝物をもって帰国する者、アンデスに定着しインディオからさらに富を引き出そうとする者、さらにあらたな征服行を企図し第二、第三の黄金の都を求める者など、それぞれの道を歩み始める。あらたな周辺領域への征服行は、征服の利権にあぶれて不満分子と化した人々の歓心をかう目的で組織されることが多かった。黄金の理想郷を求めてアマゾンの奥地へと向かうエントラーダに参加し、一五六一年、探検隊の指揮官を殺害して、スペイン王権への反逆を宣言するにいたった無頼漢ロペ・デ・アギーレなどを、その特異な例としてあげることもできよう。

膨大な富とともに本国に帰った征服者たちは、それを大きな屋敷や土地、あるいは官職の購入などにあてるなどし、「ペルー成り金」とも呼ばれ、羽振りのよい生活を送った。そしてこれらの成功者たちを知ったたくさんのスペイン人たちが、磁石に引きよせられるようにして、新しい植民地へと向かうことになる。一方アンデスの地に定着し、より一層の致富をめざした征服者たちにその手段を提供したのが「エンコミエンダ(委託)制」であった。アタワルパとの対峙に先立つ一五三一年、フランシスコ・ピサロはカハマルカに同道できなかった病人や老いた征服者たちを、中途ペルー北海岸のピウラに残留させ、ここに都市を建設するとともに、インディオの割りあてをはじめておこなっている。スペイン人たちは征服地での定着をはかるに際して、政治・軍事的拠点としてまず都市を建設した。そして王権の代理人である征服者の領袖が、「市民《ベシーノ》」として登録された人々に、都市近隣に居住するインディオの集団を「委託」し、その保護とキリスト教化を義務づける一方、委託下にあるインディオから貢納・私賦役を徴収する権利を与えたのである。このエンコミエンダ制度はカリブ海地域における植民事業に始まっているが、初期アンデス植民地においても、インディオを政治的・経済的に支配するための、もっとも重要な装置として機能した。

ピサロは征服の進行と並行して各地でインディオを割りあてていった。その規模は大小さまざまであったが、通常先スペイン期の民族集団の構造は維持されたまま、それを統括する首長層(カシーケ、あるいはクラカと呼ばれた)と彼に従属する世帯が単位となって征服者に委ねられた。エンコミエンダを下賜されたエンコメンデーロは、インディオ住民の労働力の利用と貢納を通じて大きな富を蓄積した。もともと征服者は下級貴族《イダルゴ》以下、公証人をはじめとする役人や職人、商人など、下層民を含むさまざまな人々より構成されていたが、彼らは本国では実現不可能であった封建領主化・貴族化の願望を、この制度を通じて新天地でかなえたのである。たとえばイダルゴ階層に属する征服者の一人ノゲロル・デ・ウリョアは、アンデス南部アレキーパ地方に大きなエンコミエンダを受領したが、彼は数千のインディオの事実上の君主となり、さまざまな経済的特権を享受した。インディオたちは新しい領主に、トウモロコシ、ジャガイモなどのアンデス原産の食物のほか、征服後インディオにその生産が強制されていったヨーロッパ産の小麦を納めた。またアンデス高地で大量に飼育されていたリャマやアルパカなどのラクダ科の動物を貢納したほか、その毛で織物をつくり、塩、ロウソク、靴などの物資とともにノゲロルの住む都市アレキーパまで届けなければならなかった。このような物納貢租のみならず、男女二五名がノゲロルの構える邸宅にとどめおかれ、下僕として接客にあたったり、あるいはエンコメンデーロが都市周辺に所有する土地を耕作せねばならなかった。しばしば誤解されることがあるが、エンコミエンダの制度自体には土地の用益権は含まれてはいなかった。だがエンコメンデーロ層は、彼ら自身がその成員であり、都市周辺の土地の分配権を保有していた都市参事会《カビルド》からの下賜を通じて、私有地を集積していった。所領からあがったこうした富は、草創期の市場経済へと投入されていく。

内乱をへて植民地の安定へ

だがエンコミエンダの数は限定されており、五〇〇を上回ることはなかった。一方アンデスに住むスペイン人人口は増加の一途をたどり、一五三六年には二〇〇〇人、四〇年代のなかばには四〇〇〇人、五五年には八〇〇〇人にもなろうとしていた。それゆえエンコメンデーロは少数の特権階層を構成することになり、権利から排除された人々の怨嗟《えんさ》の的ともなった。その結果、初期の植民地社会においてはエンコミエンダや戦利品の分配をめぐる征服者の不平不満が渦巻き、とりわけアンデスでは、慢性的な内戦状況が出来《しゅったい》した。前章で述べたように、まずフランシスコ・ピサロとその事業協力者アルマグロが、征服地の管轄をめぐって争い、敗北したアルマグロは一五三八年七月に処刑される。だが一五四一年七月、今度はピサロがアルマグロの一党により暗殺され、不穏な日々が続く。さらに一五四二年、新世界の封建領主と化しつつあったエンコメンデーロ層の勢いをおさえようと、スペイン王室がエンコミエンダ特権の漸次廃止を企図した「インディアス新法」を発布すると、たちまち事態は紛糾した。この新法を施行するため、王室はブラスコ・ベラを初代ペルー副王に任命しアンデスへ派遣する。ところが既得権にたいする重大な侵害である「新法」にエンコメンデーロ層はがぜん反発し、ピサロ家のゴンサーロを首領として国王権力に真っ向から対峙した。その結果副王はキートで殺害され、一時アンデスには征服者たちの独立の気運がみなぎることになる。しかし最終的には王室が派遣したペドロ・デ・ラ・ガスカが巧妙に事態を収拾し、反乱軍の首魁《しゅかい》ゴンサーロも一五四八年四月に処刑された。ところが四九年に、エンコミエンダ特権からその重要な柱のひとつである「労役徴発権」を除外する勅令がだされると、エンコメンデーロ層はふたたび反発し、五三年フランシスコ・エルナンデス・ヒロンが反旗をひるがえした。この反乱も最終的には鎮圧されるのだが、初期ペルー植民地社会が一応の政治的安定をみるのは、六九年に第五代副王として着任したフランシスコ・デ・トレドの統治を待たねばならなかった。

副王職は植民地社会における国王代理として、最高の権威を具現していた。リマに権力の首座をおくペルー副王は、十八世紀にヌエバ・グラナダ副王領（現在のコロンビア、ベネスエラ、エクアドルを包摂）、そしてラ・プラタ副王領（アルゼンティン、ボリビア、パラグァイ、ウルグァイを含む）が創設されるまで、パナマから南のスペイン領アメリカ全域を支配した。ペルー副王は自ら議長を務めるリマのアウディエンシアによって諮問された。アウディエンシアは司法行政機関であり、刑事訴訟においては最終審として機能したが、リマをはじめ、ボゴタ、ラ・プラタ、キート、チリ、ブエノス・アイレス、カラカス、クスコにも設置され、議長とオイドールと呼ばれる議員によって構成されていた。独立以降に成立した南アメリカ諸国家の多くの領域は、このアウディエンシアの管轄域と重なることになる。

アウディエンシアの下位に属したのが、国王直属の地方官僚であるコレヒドールであった。その管轄区

エンコメンデーロ　輿《こし》を村民に担がせたエンコメンデーロの姿を描いた17世紀初めの絵（フェリペ・グアマン・ポマ・デ・アヤラの絵文書『新しい記録とよき政治』より）。

コレヒミエントはいくつかのエンコミエンダを包摂していたが、コレヒドールは裁判権を保持し、インディオからの貢租徴収にあたった。この官職の導入は、地方の実質的な封建的領主と化し、王権に楯突くことも辞さないエンコメンデーロ層の実権を削ぐことを目的としており、エンコメンデーロ層がそれまで恣意的に農民から徴収していた貢租額は、王室が派遣した巡察使によって厳密に査定されるようになった。その結果エンコメンデーロ層はコレヒドールが徴した貢租の一部にあずかる、いわば年金受給者的存在へと格下げされていく。

世俗世界の秩序の構築とともに、聖界、すなわち教会の体制もかたちを整えていった。征服事業は、あくまでも異教徒にたいする布教という聖なる目的に付随することによってのみ正当化されるものであり、エンコメンデーロ層にたいしても、経済的特権と引き替えに、原住民にたいする布教を推進する義務が課せられていた。経済的活動に奔走するエンコメンデーロ層は聖なる業務をほとんど顧みなかったようだが、原住民にたいする初期の布教は、托鉢修道会、とりわけドミニコ会士の積極的なイニシアティヴによって展開された。アタワルパとの会見に臨んだドミニコ会士ビセンテ・バルベルデは一五三七年、初代クスコ司教に任命され、また四六年、アンデス教会の核として確立されたリマ大司教座に君臨したヘロニモ・デ・ロアイサ大司教も、やはりドミニコ会の会員であった。同会についでフランシスコ会、メルセー会などもペルー領内で活動を始め、とりわけ後発ながら、六八年にペルーにはいったイエズス会の優れた布教活動は、同時代の人々から大きな評価を受けることになる。

修道会がアンデス世界に浸透していくにつれ、教区の整備もおこなわれ、農民の村落は「ドクトリーナ

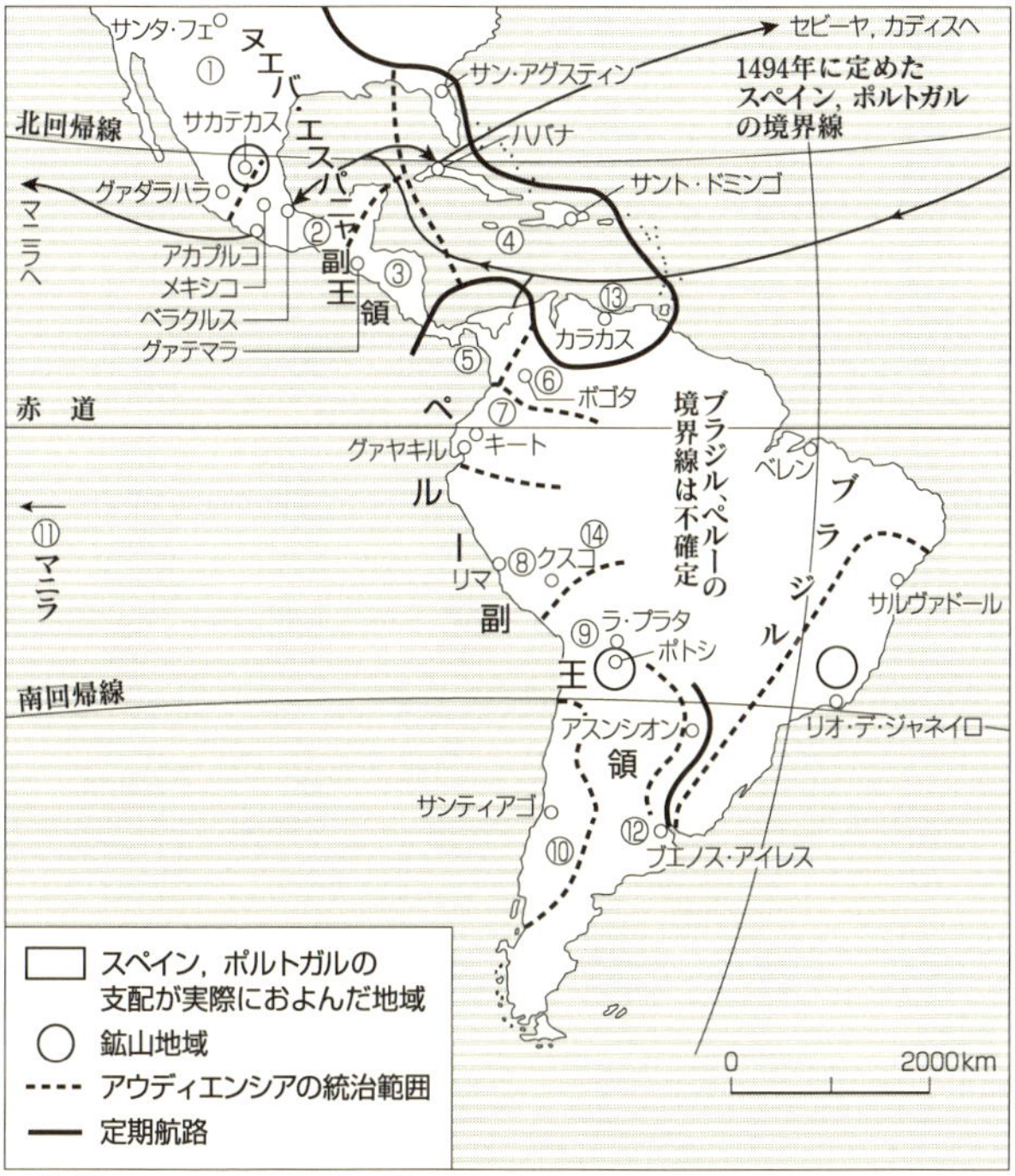

アウディエンシア（カッコ内は創立年代）

① グァダラハラ（ヌエバ・ガリシア）(1549)	⑧ リマ（ペルー）(1544)
② メキシコ（ヌエバ・エスパニャ）(1529)	⑨ ラ・プラタ（チャルカス）(1559)
③ グァテマラ (1549, 1570)	⑩ チリ (1565, 1609)
④ サント・ドミンゴ (1511)	⑪ マニラ (1583)
⑤ パナマ (1538, 1567)	⑫ ブエノス・アイレス (1783)
⑥ ボゴタ（ヌエバ・グラナダ）(1549)	⑬ カラカス (1786)
⑦ キート (1563)	⑭ クスコ (1787)

植民地時代の南アメリカ（1650年）

（改宗区）」に組織されていった。また一五五一年に第一回リマ司教会議、六七年に第二回、八二年第三回会議がそれぞれ開かれ、住民にたいする布教方針が定められるとともに、スペイン語＝土着語（ケチュア語、アイマラ語）対訳の『説教集』や『告解手引き』なども、改宗区でインディオと日常的に接触する司祭のために編纂され、布教のための土台は着実に整備されていった。しかし次章でもみるように、このような教会の発展が、必ずしもスムーズな住民の改宗に直結したわけでは全然なかった。また十六世紀の後半以降は、王室の方針もあり、在俗の教区付き司祭が修道会にかわり勢力を徐々に伸ばしていくが、それとともに初期の布教精神は後景に退いていった。六九年には、新世界に逃避した隠れユダヤ教徒（フダイサンテ）やプロテスタントを訴追し、重婚や瀆神的言辞などを取り締まり、キリスト教徒の倫理的監視を強化するために、異端審問所がリマに設立された（原住民については、精神的未成年者と定義されていたこともあり、異端審問の管轄の外におかれていた）。カトリック帝国主義はこのようにしてペルー副王領をも包摂するにいたる。

副王トレドの改革

さて副王―アウディエンシア―コレヒドールという重層的な官僚体系がほぼかたちを整え、私人たる「征服者」の支配から公人による管理への転換を画したのが、一五六九年から始まる副王フランシスコ・デ・トレドの統治であった。副王トレドは、自らも各地に赴いて全国巡察《ビシータ・ヘネラル》を実現した。植民地社会の経済の根底を支えるインディオ社会の実態――人口、生産力――を計量・把握し、その経済的可能性を昂進《こうしん》させるためであった。巡察の結果をふまえて，副王トレドは，従来エンコメンデーロなどの特権階層に独占されていたインディオの労働力を，各企業家へ公平に分配すべく，インカ時代の遺制である輪番労働徴発システム「ミタ」を復活させた。ミタ制によってインディオ共同体は，低廉な賃金と引き替えに，行政府の指図に応じて成人男子を派遣する義務をおうことになる。さらにトレドは，インディオ村落にたいする「強制集住政策」を施行した。それは，アンデスの高度差を利用して生態系にたいする「垂直統御」を展開しながら，アンデスの峻厳な土地で散在的な生活を送ってきた農民を，スペイン人たちの建設した都市を模範にしてつくられた新しい村(レドゥクシオン)に強制的に移住させる政策であった。新しい村は中心に広場をもち，グリッド状に配された街路で刻まれたきわめて人造的な空間であった。レドゥクシオンは「インディオの政体(レプブリカ・デ・インディオス)」として把握され，コレヒドールや改宗区に勤務する司祭を除いて，スペイン人が接近することが原則として禁じられた空間であった。それは都市に生活の基盤をおくスペイン人たちが形成した「スペイン人の政体(レプブリカ・デ・エスパニョレス)」と法制的に区別された。都市＝文化，山岳地帯＝野蛮という「文明観」をともないつつ截然と区

フランシスコ・デ・トレド　幼いときからカルロス1世に仕え，イタリアやアルジェリアで戦った。1569年にペルー副王に任ぜられて，1581年まで植民地制度の確立に手腕を発揮した。

画された二つの世界が、植民地社会における統治理念の基本的な枠組みとなる。

トレドの改革は、当時逼迫《ひっぱく》していたフェリペ二世の国庫を満たすため、効率的な経済体制をつくりあげ、国王官僚のもとに植民地社会を秩序化しようとするものであった。この体制はその後十八世紀いっぱい、ペルー副王領の基本的な構造となる。ミタ制によって確保された原住民労働力の主要な投入先は、一五七〇年代にはいって再活性化されていたポトシの銀山であった。きわめて豊かな鉱脈を露わにしたポトシ銀山は一五四五年に発見された。発見直後は、ヨーロッパからの技術導入もなく、もっぱら原住民が古くから用いてきた風炉《グァイラ》が精錬のために利用され、ヤナコーナと呼ばれる半職人化した原住民によって生産が牛耳られる状況も現出していた。しかしまもなく表面近くの良質な鉱石も枯渇し、生産は低調になる。トレド統治の主眼のひとつは、この銀生産を甦らせることにあった。おりしもメキシコでは銀精製のための画期的な技術、水銀アマルガム法が用いられるようになっていた。副王トレドは、六三年に発見されたワンカベリカの水銀鉱の開発を推進すると同時に、七二年アマルガム法をペルーに導入した。この年は銀産出高の記録が始まった四九年以降、ポトシの生産量が底をついたときでもあった。しかしこの革新的技術が導入された結果、それまですておかれていた粗鉱からも銀を精選することが可能になり、銀生産が飛躍的に増大する。七二年から八二年のあいだに産出高は、二万六〇〇〇キロから一七万四〇〇〇キロへ、ほぼ六・七倍の増加を示し、九二年には二〇万二〇〇〇キロにまで達した。金もヌエバ・グラナダ地方(現コロンビア)で多く産出されたが、アンデス植民地経済の屋台骨はあくまでも銀の生産であった。これはまたペルー副王領の地理的な布置にもよる。ヌエバ・エスパニャ副王領と比較すると、ペルーは本国スペインとの長大な距離、そしてパナマ地峡という物流の障害をかかえていた。メキシコからは、多様な産物を輸出品として送り出すことができたのにたいして、ペルーがなしえたのは、嵩《かさ》がはらず、しかも高価な商品の搬出に限定されていた。その意味で「銀」はまさしく、このペルー副王領のかかえた障壁を克服するにたる産品となる。

この銀生産を支えたのが、トレドの考案によるミタ制度を通じて鉱山の地中深くにまで送り込まれた原住民のもたらす労働力だった。副王はアンデス南部の一六地方の農民共同体から、毎年成人男子の七分の一にあたる人員、総計一万三五〇〇人の労働者(ミタヨ)にポトシ常駐を命じ、採掘にあたらせた。またワンカベリカの水銀鉱にも三二八〇人が割りあてられた。しかし鉱山での労働環境は過酷であり、多くの労働者が落盤や不健康な現場で命を落とし、同時に成人男子の長期間の不在(ミタヨに家族がつき従う場合も多かった)は、ミタヨを送り出した農民共同体に生産力の低下という深刻な事態をもたらした。またミタヨの多くが労働期間が終わっても共同体に戻ることなく、そのまま鉱山にとどまって自由賃金労働者になったり、あるいは当時加速的に増加していた移動民の群に身を投じることになる。一六五七年に記されたあるレポートによると、ワンカベリカ鉱山へのミタ労働を憎悪した農民の母たちは、自らの息子たちに身体的損傷を加えてまで、この義務から彼らが解放されることを望んでいたという。ミタ制度は衰退しつつも植民地時代を通じて存続したが、徐々に自由賃金労働者の比率が増し、十七世紀の初頭、ポトシで働いていた九九〇〇名の労働者のうち半数が熟練の賃金労働者であったとされる。またのちにはミタ労働の金納代替化も認められるようになり、制度の形骸化が進んでいった。

コカ畑　コカは，インカ時代から国の統制下におかれていた。高地の住民には欠くことのできない刺激剤であったため，植民地時代には高い商品価値をもった。

原理的にすべての地下資源にたいする所有権を保持していた王権は、鉱業から上がる利益のうちキント・レアル(国王五分の一税)を上前としてはね、これは破綻寸前の王室財政に注入された。ポトシは銀生産だけでなく、植民地経済にとっての大きな起爆剤としても機能していた。ポトシは当時アメリカ最大の居住地となっていたが、十七世紀初頭の記録によると、この地には女性・子供を除いて八万もの原住民、四〇〇〇名のスペイン人、八〇〇〇名のプロの「ギャンブラー」、一二〇名の売春婦などが生活していたという。そしてこの巨大な人口が消費するさまざまな物質の生産によって、各地の経済は活性化されていた。たとえば、坑道の深奥で苛烈な労働を強いられた労働者たちは、疲労感を軽減する「コカ」の葉を求めた。コカはクスコの東部に広がる温暖多湿な地帯などで生産されたが、多くのスペイン人がここにコカ畑をもち、原住民の労働力によって生産されたこの麻薬性のある葉を籠につめ、ポトシに運び入れていた。コカは体への悪影響、および原住民が異教的な儀礼に用いるという理由から、行政府がしばしば禁圧の対象としていた。しかし「コカを取り除こうとすることは、ペルーをなくしてしまえ、この土地からスペイン人がいなくなってしまえ、インディオたちよ、もとの異教徒に戻ってしまえというに等しい。そんなことになったら、インディオたちは掘りにいかなくなり、銀は姿を消してしまうであろう」という植民地行政官マティエンソの言辞に的確に示されているとおり、コカの栽培・消費は必要悪として植民地社会に蔓延していく。また南部アレキーパ近郊の温暖な谷ではブドウが豊富に生産され、ポトシの人々によって大量に消費されたブドウ酒は、ここから鉱山都市に流入した。これらの物資は、リャマやラバを使った原住民や混血のトラヒナンテス(運搬業者)の手で、アンデスの高地の道を運ばれていったのである。

アジアとアンデスを結ぶ道

織物の生産も大きな発展をみせた。植民地時代初期には、ヨーロッパ産の輸入品に依存していたが、十六世紀なかば以降、アンデスの各地に織物生産のための作業所(オブラーへ)がつくられていった。とくにエクアドルのキート地方は羊を飼育するのに適した土地であり、その毛で織られた製品は、北はコロンビア地方に送られて「金」と交換され、あるいは南のペルーの銀の対価として、エクアドルの貴重な対外輸出品となっていた。オブラーへの労働力には、おもに行政府が差配した原住民のミタ労働力が用いられたが、利潤追求にはしる植民地のさまざまなエージェント(コレヒドールや改宗区の司祭など)が、獄舎のごとく住民を酷使していた事実も知られている。

いずれにせよ銀生産を軸にして植民地内部市場は発展していった。ある歴史家の試算によればイスパノ・アメリカ植民地で精錬された銀の半分強は、鉱業センターによる植民地内生産物の購入にあてられていたという。それゆえ植民地の銀は、必ずしも直接ヨーロッパに送られてその経済に注入されたわけではなく、その前にいったん新世界のなかを経巡り、植民地の内部経済を賦活させていたとも考えられるのである。さらに十七世紀にはいると、アメリカ植民地にたいするイギリス、フランス、オランダなどヨーロッパ諸国による侵入、攻撃が激しさを増していく。植民地行政府は海岸防衛などに巨額の費用を投じなければならなくなり、このことは、十七世紀に新世界で生産された銀の多くを植民地内部で費消させていくことにつながった。

またアンデスの銀はアジア世界にまで流入していた。一六一三年にリマで実施された当市の人口調査の記録には、「インディオ・デ・カスタ・ハポン」と記載された、日本人と推定される二〇名の人々が住んでいたという興味深い事実があらわれる。この人々は、直線距離で一万五〇〇〇キロ以上も離れた日本列島から、アンデスまでやってきたことになる。たしかに十七世紀の初頭には、アジアとアンデスをつなぐ銀の道とでもいうべき長いルートが存在していた。一五七一年にスペインのフィリピン植民地の拠点マニラ市がルソン島に建設され、ヌエバ・エスパニャ副王領(メキシコ)のアカプルコとのあいだに、フィリピン産チーク材でつくられた「ガレオン船」による貿易が始まっていた。アジアからは当時イスパノ・アメリカ植民地で珍重されていた中国産の絹製品や陶磁器がアメリカ大陸に輸出される。一方アメリカからの対価が銀であった。当時アジアでは、相対的に銀が不足する傾向にあった。たとえば中国における金にたいする銀の換算比率が一対八であったのにたいし、イスパノ・アメリカでは一対一二であった。それゆえ購買力を強めていた銀を手にしたメキシコの商人は、アジア産品を買い付けていく。そしてこの銀はアンデスからやってきていた。この貿易が始まった当時、中南米における最大の銀産出地はポトシであったが、メキシコの商人を仲介者とすることによって、南アメリカの銀はアジアへと流れ、アンデスには中国産の陶磁器などが贅沢品としてはいってきたのである。ものだけではなく、当時東南アジアにおける日本人町の建設をとおして進出し始めていた日本人も、スペイン人と接触してこの銀の道を渡ったと考えられる。リマに住みついた「日本人」と思われる人々は、都市下層の職人層などと融合しつつ、生活していた様子がうかがえる。

　この銀の流通はスペイン本国にとっては脅威であった。というのも一五九七年の時点で、アカプルコからアジアに向かった銀は、当時のヌエバ・エスパニャ副王領とスペインとの貿易高を凌駕《りょうが》しており、一六〇二年メキシコ市参事会の算定では、年間五〇〇万ペソの銀がフィリピンに渡り、そのうち三〇〇万ペソはポトシの産であった(この年ポトシの産出高は六九〇万ペソであった)。すなわち破綻しかかった財政をかかえる本国が待ち望む銀の多くは、こうして大西洋を渡ることなく、太平洋を通過していった。当時のスペイン本国と植民地との貿易体制は、インディアス通商院の厳格な統制下にあり、セビーヤ、そしてのちにカディスが独占的貿易港として指定され、アメリカ植民地とのあいだ(カレーラ・デ・インディアス〈インディアスへの道〉と呼ばれた)を、メキシコ方面、南アメリカ方面へとそれぞれ向かう二つの護送船団が一年に一度往復するものであった。それゆえこの植民地内部に栄えた貿易の流れは、本国政府による禁圧の対象となり、事実十六世紀末以降、ガレオン船による貿易量は制限され、一六三一年には二つの副王領間の交易が禁じられるにいたるが、アメリカ銀の輸出による取引の魅力は、太平洋貿易の流れをとめることは

メスティソ　スペイン人と原住民の混血者として植民地時代にその数がふえ，社会の中間層をなすにいたった。図はスペイン人とインディアのあいだにできたメスティソの子供(マドリード，アメリカ博物館蔵)。

なかった。

ものが海を渡るとともに、人が移動した。植民地時代初期にイベリア半島から移住したスペイン人の正確な数は把握しがたい。インディオと異なり彼らは人頭税の対象にはなっていなかったし、またインディアス通商院がアメリカへ渡航する移民を厳重にコントロールしていたにもかかわらず、その網の目をくぐりぬけ密航を企てた者はあとをたたなかった。一五七〇年代ころまでに、全スペイン領アメリカのスペイン人人口は一二万五〇〇〇から一五万人程であったと推定される。初期は圧倒的に男性、しかも若い独身男性が卓越していた。その当然の帰結として、彼らと多くの原住民女性とのあいだに混血の人々(メスティソ)が生まれた。征服の時代が終わると、しかし白人女性の移民の数も増加し始め、新世界で玉の輿にのることを夢みた独身女性も海を渡り始める。ペルーにおいて一五四〇年代には、スペイン人男女の比率は八対一であったとされるが、前述の一六一三年のリマ市における住民調査によれば、総人口は約二万四六五〇名、そのうちスペイン人は男性五二七一名、女性四三五九名と、両者の数がかなり拮抗していたこともわかる。またこのころもスペインからの移民は続いてはいるものの、植民地生まれの白人、いわゆるクリオーヨが、イベリア半島出身者ペニンスラールを凌駕するようになる。たとえば一六一〇年のポトシの白人人口をみると、ペニンスラール三〇〇〇人にたいして、クリオーヨは三万五〇〇〇人にまで達していたとされる。

2　植民地社会の変容

都市とアシエンダ

都市におけるスペイン人の増加は、たとえばリマ市において一六一三年に二万五〇〇〇人弱だった人口が、八〇年代には八万人にまで膨れあがっていることにも示されるように、一貫して持続していた。そして一時的にせよ大量の人間をかかえる鉱山町の存在も無視できない。この人々が植民地の大きな経済的需要をつくりだし、その供給者としてアシエンダ、すなわち農園(荘園)が発展していく(アンデスにおいてはケチュア語のチャカラということばも用いられていた)。アシエンダの形成の契機は、初期にはエンコメンデーロ層による都市参事会《カビルド》の下賜を媒介としての土地の集積があり、そしてのちにはエンコメンデーロ層以外の有力市民層もここに加わってくる。またスペイン人たちが、一般的に彼らに有利に作用する法的システムを背景に、農民共同体の土地を不法に簒奪することも常套的にみられた。とりわけ一五九〇年以降「コンポシシオン・デ・ティエラ」がおこなわれるようになる。これはスペイン人が不法に占拠した土地であっても、国王にたいして一定の金額を支払うことによってその所有権を認められる制度であり、また農民共同体の土地についても、未使用と判断されたものはこの制度の対象となった。伝統的なアンデスの農業は輪作の形態をとることが多かったが、休閑地とされていた農民共同体の重要な地片が、このコンポシシオンの結果スペイン人企業家によって横奪されていった。

世俗の人々だけでなく、教会関係者、とくに修道会も大きな地積を占拠していた。たとえばイエズス会はこの点で代表的であるが、アシエンダの経営によって上がる収益を、彼らが運営するコレヒオ(学院)や都市社会での諸活動に充塡していった。これらの土地はエリート信者からの寄進や、当時融資機関として機能していた修道会に、担保として吸収されたものであった。

クスコ地方においては一六八九年の時点で、七〇五のアシエンダが存在したとされ、これらの多くはクスコとリマ、そしてポトシとを結ぶ「王道」、すなわちインカ時代の道を利用した幹線道路にそうように形成されていた。その五分の一は「ドン」という称号をもつ貴族的な階層によって所有され、また一五%は女性が所有者となっている。しかしながら、多くのアシエンダは小さな規模のもので、その労働力として一五人から二〇人のインディオを擁するものが一般的であった。また七%が教会関係機関によって保有されているが、たとえばイエズス会のアシエンダの中心をなしたのはサトウキビ農園とオブラーヘ(織物生産作業所)であり、さらにここで働く労働者を給養するための農・牧畜業アシエンダのネットワークが形成されていて、イエズス会の相互補完的かつ多角的な農業経営戦略は一頭地をぬいていた。

十七世紀初頭の首都リマでは、年間二万四〇〇〇ファネガ(一ファネガは約五・五リットル)の小麦、二万五〇〇〇ファネガのトウモロコシ、三五〇〇頭の牛、四〇〇〇頭の羊、六九トンの米、二〇万本のブドウ酒が消費されたという記録が残されているが、リマをはじめとする海岸部地方においても、ヨーロッパから導入された農・牧畜業が展開していた。サトウキビ、ブドウを軸に、地中海を出自とする多様な家畜が飼育され、またその飼料になるアルファルファやオート麦が栽培されていた。アシエンダの根幹をなした労働力の利用の仕方には多様な形態があったが、行政府が差配したミタによる派遣労働者、ヤナコーナと呼ばれ、自給のために与えられた土地と代替に、農園に緊縛される固定的な労働者、そして原住民人口が激減した海岸部のサトウキビのプランテーションなどにおいては、黒人奴隷が主要な労働力を構成していた。

混淆する人間

一六一三年のリマの住民調査で際立っている点は、黒人人口の占める高い比率である。リマ市の黒人人口は一万三八六名、ムラート(白人と黒人との混血)は七四四名であり、両者をあわせると黒人系住民は、全体の四四・九%にまで達していたことになる。同様の状況はペルー中部から北部にかけての各都市においてみられたとされている。ペルー副王領は、ヌエバ・エスパニャ副王領についでもっとも黒人人口の多いところであったが、黒人奴隷は征服のごく初期の局面から、重要な戦闘要員としてスペイン人に随伴していた。その出身地は多岐にわたっているが、ギニアやカーボ・ヴェルデなどのアフリカ西海岸諸地域、あるいはコンゴやモサンビケなどの者が多かった。当時のスペイン人にとって、そのステイタスの理想的なシンボルは、土地や家畜を所有することに加え、黒人の下僕がかしずく大きな館であったとされるが、黒人の値段もたいそう高価であった。また海岸部の諸地方では、征服後の病原菌の猛威によって原住民人口が壊滅的な減少を示したために、ここに展開した大農園やプランテーションでは、代替労働力として黒人奴隷が用いられていた。ペルーのイエズス会所有のサトウキビ・プランテーションにおける奴隷の労働状況にかんするデータが残されているが、一日は早朝四時三十分に始まり、朝のミサと朝食のあと、日没まで彼らは働きつづけたという。鉱山における黒人奴隷の利用も王室によってしばしば推奨されたが、黒人の生活環境と異なる寒冷地での彼らの死亡の可能性が、投資のリスクを高めていたために、定着することはなかった。また黒人のなかには職人として働き、給金を貯めて自らの自由を買い戻す者もあったし、奴隷所有者がその遺言によって、解放の恩恵を指示しているケースも多くみられるが、とはいえ、多くの黒人が隷属状態のうちに生涯を終えたことはまちがいない。

一方、混血層(メスティソ=白人と原住民の混血)についてみると、リマの住民調査ではその数は総計二万四六五〇名中、一九二名と一%に満たないことがわかる。しかし実際は、混血層は十六世紀の後半以降、日々増加する傾向にあった。征服の時代には原住民女性の多くが征服者の「妾」とされ、メスティソが誕生していった。なかには『インカ皇統記』の著者として名高く、スペインで文筆を業とするにいたったインカ・ガルシラーソ・デ・ラ・ベガのようなメスティソも見受けられたが、スペイン人の妻たちが夫に呼ばれて新世界に渡り始めると、原住民の母とその息子は疎外され、「インディオの政体」にも、「スペイン人の政体」にも身を落ち着けることができず、社会の周縁部に追いやられていく。メスティソには公職に就くことや、聖職位に叙階される道も閉ざされていた。一五六五年ペルー総督のロペ・ガルシア・デ・カストロがコレヒドールに発した政令は、メスティソをインディオ村落から追放し、彼らが「流浪人」となり「インディオ」に悪い手本を示すことのないよう近隣の都市に送ってそこで職に就かせることを命じている。当時ユダヤ教徒やイスラム教徒をイベリア半島から放逐し、「血の純潔」という観念にこり固まっていたスペイン人為政者にとって、混血は、「インディオ」の母親の乳から劣等性を受け継いだ、社会秩序を脅かす存在として認識されていたのであった。しかしながら、ふえつづけてゆくメスティソは、農民共同体の首長層に融合したりしつつ、徐々に重要な社会的勢力へと成長していく。

クリオーヨとペニンスラール

スペイン人社会の内部にも十七・十八世紀には深刻な亀裂が生じつつあった。ペニンスラールとクリオーヨの対立である。クリオーヨはもともとアメリカで生まれた黒人にたいして用いられていたことばであったが、のちにこれは新世界に生を享けた白人層にたいして使われるようになる。十七〜十八世紀を通じてクリオーヨの数は増加する傾向にあった。当初からペニンスラールはクリオーヨを懐疑的、かつ侮蔑的な視線でながめていた。クリオーヨは自らを本国出身者と同一視するが、彼らはスペイン人とはいいがたい、連中はインディオあるいは黒人の血で汚れている。アメリカの気候や環境が彼らを怠惰、軽薄で、無責任の輩《やから》としてしまった、といった定型化された観念が根づいていった。一方クリオーヨも半島出身者《ペニンスラール》を、栄光あるコンキスタドール(征服者)から彼らが受け継いだ土地にたいする侵入者であると認識していく。十六世紀末から十七世紀にかけて生きたリマ出身の聖職者サリーナス・イ・コルドバ師は、クリオーヨとペニンスラールとの平等性を強く訴える。いったいペルーで生まれたスペイン人は、ペニンスラールと異

クリオーヨ　アメリカ大陸で生まれたクリオーヨは，経済的実力者として本国人をしのぐようになり，植民地の自由化を求めた。図はキートのクリオーヨ女性と奴隷の黒人女性(マドリード，アメリカ博物館蔵)。

なった材料からできているとでもいうのか。新世界の「星位」、そして気候は精神を高めるものである。それゆえにクリオーヨは一般的に高貴であり、手工業職などに手を染める者も少ない。性格においても知性においてもヨーロッパ出身者となんら変わるところはない。それにもかかわらず、クリオーヨは高位の公職からは排除され、「余所者《よそ》」がその座を占めてしまっている……このようにサリーナス・イ・コルドバ師は慨嘆しつつ、征服後の原住民社会の崩壊を、一時的に新世界にやってきて、致富をすませたら早々に本国へ帰国してしまうペニンスラール官僚やあるいは商人の貪欲性に帰すのである。

とはいえクリオーヨも徐々に植民地社会において実力をたくわえつつあった。とりわけそれはローカル社会における都市参事会《カビルド》の支配を通じて強化されていた。カビルドは市長格の役職であるアルカルデ・オルディナリオ二名によって統轄され、レヒドールと呼ばれる参事会員より構成されていたが、当該地域の租税の徴収、穀物や肉の供給・価格の調整、市内の建物や公共施設の管理などをとおして管轄区内にその権威をおよぼしていた。このカビルドにおいてクリオーヨが十七世紀以降優勢になり始めるのである。たとえばリマ市についてみると、一五九九年まではアルカルデ・オルディナリオ職にクリオーヨが占める割合は一九％であったのが、一六〇〇年代は七一％になり、一七〇〇年代は八一％にまで上昇している。クリオーヨの進出の背景には、十六世紀より王室が実施してきた「売官」の制度があった。慢性的な財政危機にあったフェリペ二世以降のスペイン王室は、資金調達のため植民地社会のいろいろな役職を売却して利益を上げていた。その結果一五九一年にはカビルドのレヒドール職が、また一六七八年にはコレヒドール職が売りにだされ、さらにアウディエンシアのさまざまな役職も売官の対象となり、裕福なクリオーヨが公権力にアクセスする機会は増大していった。しかし地方権力の枢軸たるコレヒドール職については、半島出身者が多くみられ、また副王職など行政府の高官や教会の高位聖職者層においてはペニンスラールが卓越していたために、権利の平等を求めるクリオーヨの声は十八世紀以降一層昂じていく。

十八世紀の変動

十八世紀にはいると、世界情勢の推移や植民地内部の諸セクターにおける変動によって、副王トレドによって築かれたアンデス植民地の構造は大きく揺さぶられることになる。まずはイスパノ・アメリカ各地で人口が大幅に伸長した。たとえば北・中部チリ地方においては一七一〇年ころに九万五〇〇〇人だった人口が、一八一五年には五八万三〇〇〇人にまでふえているが、このような増加の傾向はコロンビア、エクアドル、そしてペルー地方においても同様にみられたと考えられている。中央アンデス地帯においては、従来原住民人口は一七二〇年代まで減少しつづけてきたとされていたが、最近の研究によれば人口減少は一六六〇年代までに底を打ち、その後上昇していったことが示唆されている。この人口の上昇には、各地でみられた混血系の住民の増加も貢献していた。

一方各地の経済的な実力も着実に蓄積されていた。ポトシを中心とした銀産業は十七世紀を通じて生産性が低下する傾向にあったが、十八世紀にはいって年間一・二％の割合で増加し始める。この拡大の要因は多様であるが、ひとつにはポトシの鉱山業者が国王へ支払う五分の一税の「一〇分の一」への減税を勝ちとったこと、同時代のヨーロッパにおいて貴金属への需要が高まっていたこと、また火薬を使った発破の技術が導入されたこと、さらにヨーロッパにおける水銀の重要な産地であったスペインのアルマデンにおいて新しい鉱脈が発見され、衰微していたワンカベリカの水銀への代替が可能になったことなどがあげられる。同様に金の重要な産地であったヌエバ・グラナダにおいても十八世紀のあいだに生産は著しく伸びた。これは後述するようにスペイン領アメリカの貿易に、あらたにフランス、イギリスが参入し始め、主要な労働力たる奴隷が彼らの手を通じてもたらされたことにもよる。

とりわけ顕著な経済成長がみられたのは、それまでペルー副王領の周縁的存在であった地方であった。たとえばチリ地方では外部市場へ送られる商業的農業としての小麦の生産が急激に拡大した。パラグァイにおいても、ブエノス・アイレス向けのマテ茶の生産が伸び、また「タバコ」や木材、砂糖、砂糖菓子などの生産、輸出も好調であった。ブエノス・アイレスを中心とするラ・プラタ地方においては、牛の飼育および牛皮の輸出が急激に成長していた。ブエノス・アイレスの後背地のパンパではすでに十六世紀から牛の飼育が始まっていたが、十八世紀にはいるとやはりフランス、イギリスの商人の手で牛皮がもちだされていく。一七一八年には四万枚、二四年に六万枚が輸出されたが、これは十八世紀の後半にはさらに増大し、六〇年代までに毎年一五万枚を輸出するにいたる。またベネスエラの農業生産力も伸長し、とりわけカカオはその甘い香りとともに薬効がヨーロッパで珍重され、カラカスを中心に生産が急速に興隆していた。

自由貿易体制の成立

このような銀の生産の好調と周縁部での輸出向け農業生産の活性化は、国際関係の諸局面とも連動している。イギリス、フランスなどの重商主義勢力との拮抗において敗北したスペイン王室が、旧態依然とした独占的貿易体制を放棄する一方、いわゆるボルボン改革と呼ばれる植民地体制の構造転換政策が実施されていく一連の局面である。一七〇一年から一三年間におよぶ王位継承戦争の結果、スペインではハプスブルクからボルボン(ブルボン)家へと王権が移行した。ヨーロッパ諸国を巻き込んだこの紛争の結果、それまでまがりなりにも大西洋貿易における独占体制を維持してきたスペイン王室は、甚大な損失をこうむることになる。まず戦時の援助との引き替えに、スペインはフランスに大幅な譲歩をし、フランスの商船がチリやペルーに入港し始める。当時の航海技術・船舶の発達により、ホーン岬経由の航行は安定したものになっていたが、フランス商人はこの機をとらえた。一七〇〇年から二五年にかけて、ペルーの対外貿易量の六八%はフランスの商船によって運ばれたとされている。

また一七一三年のユトレヒト条約により、スペインはイギリスにたいして、新大陸での奴隷の貿易を認めるアシエント契約を締結する。貿易の主体となったサウス・シー・カンパニーは、奴隷を積載した船舶に密輸の品々を忍ばせて新世界にもたらしたほか、同条約によって毎年五〇〇トン分の品を運び入れる権利をも獲得していた。当時のスペイン人官僚は、アメリカへの密輸の三分の一がこうしたイギリスの商人によるものであると試算している。

十八世紀にはいると継承戦争の影響もあり、従来の護送船団方式での貿易はほとんど機能しなくなっていた。ガレオン護送船団貿易での唯一の公式の市場であったポルトベロで開催された一七三一年の定期市にタイミングよく参画したイギリス商人は、その安価な商品でもって、リマから送られてきた九〇〇万ペソの銀のうち半分を吸い上げることに成功する。その結果カディスから品を運んできた商人たちは没落するか、売れ残った品とともに植民地にとどまらねばならず、ポルトベロの定期市も事実上崩壊した。このような状況に直面したスペイン王室はレヒストロ(登録)方式の貿易へと切り替えていく。レヒストロとは、アメリカの特定の渡航先が登録された単独の船舶による交易であったが、ホーン岬ルートが正式に認可されたこともあって、多くの交易船がブエノス・アイレスやペルー、チリに直接はいるようになり、この結果護送船団は一七四八年以降パナマ地峡には向かわなくなった。またそれまで王室の保護体制のもとで潤ってきたリマの特権的大商人は大打撃をこうむり、後述するようにこの損失をインディオ社会の搾取によって補塡しようとするのである。そして一七六五年、王室は「コメルシオ・リーブレ」すなわち自由貿易を認める勅令をだした。これによって従来の貿易をめぐる諸規制が廃止ないしは緩和され、スペインの六つの港とカリブ海の諸港との自由な交易が認められるようになり、さらに一七七八年の規定によって、スペインの主要な港とアメリカ植民地とのあいだの自由な商活動が公認された。これは十七世紀以来植民地内部で展開されてきた経済活動と市場の勢いと、そこに食い込もうとするイギリスをはじめとするヨーロッパ列強の商業攻勢を前に、スペイン王室が大幅に譲歩し、後退せざるをえない状況が現出していた証左であった。

ボルボン改革

しかし一方ではボルボン朝に仕えた開明的な官僚たちも、従来の植民地統治の悪弊を認め、十八世紀の植民地の経済発展を、窮乏する本国の国庫へと接合すべく、さまざまな改革をほどこしていく。とりわけカルロス三世(在位一七五九〜八八)のもとで植民地刷新の気運は一層高まった。この改革のイニシアティヴを握ったのが、メキシコの全権巡察官を務め、鉱山業の根本的な活性化を通じて、王室に大きな財政的貢献をしたホセ・デ・ガルベスであった。ガルベスがインディアス省長官に任ぜられると、新経済政策が精力的に展開された。すでに一七一七年には、ペルー副王領から、コロンビア、エクアドル、ベネスエラにあたる地域が切り離され、三番目の副王領ヌエバ・グラナダとなった。また一七七六〜七八年にはラ・プラタ副王領が新設された。ブエノス・アイレス、およびその後背地の経済的発展には当時瞠目《どうもく》すべきものがあったが、ここは密輸の拠点でもあり、その制圧、監視が目的でもあった。この結果パラグァイが副王領に包摂されたのみならず、ポトシを中心に栄えていたチャルカス・アウディエンシア管内のアルト・ペルー(高地ペルー)がペルー副王領から切断された。この措置によって、いまやポトシの銀はラ・プラタの平原をとおりブエノス・アイレスから大西洋へと積み出されることになる。

また税務改革も増税を基調におこなわれ、アルカバラ税(消費税)が四%から六%に増額され、税関の設置とともにシステマティックな徴収がおこなわれるようになった。またアンデスにおいてはこれまで非課税だったコカのような産品も課税の対象となり、さらに一二・五%の新税がアグアルディエンテ(蒸留酒)にかけられた。増税によってたしかに行政府の収入は大幅にアップしたが、しかしながら植民地社会の各セクターには大きな不満が醸成されることになる。

一方、官僚組織の面でも改革がおこなわれた。ひとつは売官によって腐敗していたシステムを刷新することであり、とりわけアウディエンシアに食い込んでいたクリオーヨの排除がめざされた。たとえばリマにおいては一七五〇年の時点において、一八人のアウディエンシア官僚のうち一三名が植民地生まれであったが、一七八〇年にはその数はもはや五名でしかなかった。行・財政改革とともに鮮明になるクリオーヨ排除の動きは、彼らの強い反発を惹起することになる。また従来のコレヒドール体制にかわって、フランスの制度にならったインテンデンテ(地方長官)制が導入された。地方社会の権力の中枢であったコレヒドール職は十七世紀の後半にそれが売官の対象となって以降、腐敗の源と化していた。その最たるものがレパルティミエント、すなわち商品強制分配を利用した不正な蓄財である。売官の対象となった多くの役職が終身保有できたのにたいして、コレヒドール職には任期が限定されていたために、彼らは在任中に激しく私利を追求した。コレヒドールは任官に際して、リマなどに拠点をおく大商人に、官職購入代金や赴任に際しての諸費用にあてるため、融資を依頼した。それだけでなくコレヒドール職の権威を利用してインディオに強制的に売却する商品をも、彼らから購入するのである。こうしてコレヒドールはなかば商売人と化し、インディオにたいしてその必要の有無を問わずに、さまざまな商品を、不当に価格をつり上げて売りつけたのであった。また大西洋で展開した自由貿易によって、従来の体制下で享受してきた独占的権益を喪失したリマの大商人たちも、レパルティミエントをあらたな市場とみなして、コレヒドールと積極的に結託した。

インテンデンテ導入は、このコレヒドール体制の全面的な改革であり、コレヒドールより大きな権限を与えられた地方長官は、あらたに画定された地方行政管区の財政・行政・教会運営などの業務を中央集権的に実施した。植民地における王権支配の強化を目的として設置されたこの官職を拝命したのは、もっぱらペニンスラールであった。またインテンデンテのもとにはスブデレガード(補佐官)がおかれ、ペルーにおいて一七八四年に導入されたこの新制度では、七名のインテンデンテのもと、五八名のスブデレガード(補佐官の管轄区はそれまでのコレヒドールのそれと重なった)が統治するシステムができあがった。

植民地の活性化をめざしたこれらの改革は大きな実りをもたらした。だがペニンスラールを中心にすえた新体制への反発は、きわめて深刻な社会不安として結果する。たとえばペルー南部の都市アレキーパでは、増税と新税の徴収に反発して一七八〇年一月、白人系の住民を中心に大規模な武力蜂起が発生した。また後述する、同年十一月のトゥパク・アマルの大反乱も、やはりボルボンの改革によって抑圧感をいだいていた植民地各層の反発を動機とするものであった。さらにヌエバ・グラナダ地方においても一七八一年、ボゴタ北部の町ソコーロで、消費税増額および王室が始めたタバコと蒸留酒の専売に反対して、住民が立ち上がる。これはクリオーヨやメスティソだけでなくインディオをも包摂した大規模な民衆蜂起であり、革命委員会《コムン》が結成されたために「コムネーロスの反乱」と呼ばれている。「ソコーロの町よ永遠なれ、国王陛下万歳、悪政に死を」というスローガンのもと、二万人の民衆は首都のボゴタへ侵攻した。しかしボゴタ大司教がコムネーロと協約を締結し、新税・増税についてその実施を停止したため、反乱は終息する。反乱者たちはまた聖俗の役職からペニンスラールを追放し、アメリカ生まれの人々を就けるよう要求していた。クリオーヨのペニンスラール支配にたいする反発はすでにこの時期、具体的な武力闘争のかたちをとり始めていたのであり、次世紀にはいりラテン・アメリカ全体に広がる独立革命は、すでに確実に胚胎していたということができよう。

第四章　伝統文化の変容と抵抗

1　インディオ社会の苦悩

征服者に向かいあったインディオ

アンデスに侵略したスペイン人は、ペルー北部の町カハマルカにおいて多数の住民の生命を奪った。インカ王アタワルパは捕虜とされ、征服者は大量の金銀を強奪したのちに王を謀殺する。征服後インディオはスペイン人をビラコチャと呼ぶようになったとされる。ビラコチャはアンデスの重要な創造神であり、神話的なある時代にアンデスを離れたのち、いずれ海の方角より帰還すると信じられていたという。白い色をした人間、馬という巨大な動物、そして圧倒的な破壊力を示す火器を前にして、インディオはスペイン人征服者をひとつの未知な神性としてとらえ、脅えたとも考えられてきた。しかしここで銘記すべきは、心理的、物理的に圧倒され、キリスト教という異質な世界観に包摂されたアンデスの住民たちが、ただそれに屈服するばかりでなく、新しい文化や社会システムに巧みに適応し、彼ら独自のやり方で再解釈、再創造する態度を維持していた点である。たとえばスペイン人の記録者《クロニスタ》ファン・デ・ベタンソスの語るところに従えば、カハマルカの戦闘を前に、敵についての情報をインカ王に報告した斥候《せっこう》は、スペイン人が思われているような「神」ではないという認識をえて王に伝え、またスペイン人に同行していた原住民の通訳も、スペイン人も馬も自分たちと同じように死ぬ存在であることを、この斥候に教えていたという。じっさいにこのような会話がなされたかはわからぬが、ここに記されたインディオの冷静かつ知性的な対応のありさまは、その後のインディオ社会の具体相のなかにも浮かび上がってくる。

たとえばペルー中部高原の民族集団ワンカの人々は、カハマルカに滞在する戦勝者フランシスコ・ピサロのもとに、上質の衣料やトウモロコシ、金、銀、そして奉仕のためのインディオをさっそく贈り届けている。またワンカだけでなく、ペルー北部のチャチャポーヤス人、エクアドルのカニャリ人もスペイン人の積極的な協力者となった。これらの人々はインカ時代の苛烈な支配を嫌悪していた。彼らはスペイン人の到来をインカの軛《くびき》からの解放ととらえ、征服後の渾沌のなかにおいてすら、新しい権力の編成の様子を的確に把握し、自らに利そうとしていた。この支援の結果、彼らは貢納の免除などの特権をスペイン人から与えられることになる。

スペイン人と接近したのは男性ばかりではない。一般的に下級階層よりなっていた征服者のなかにはインカ王族と姻戚関係をもつことによって貴族的な身分をえようとした者もあり、インカの王女たちを妻に娶ったり、あるいは婚姻外の結びつきをもった。フランシスコ・ピサロ自身がワイナ・カパック王の王女を妻にし、先に引いたベタンソスもやはりインカ王女と結ばれている。そしてこれらの結びつきの結果、

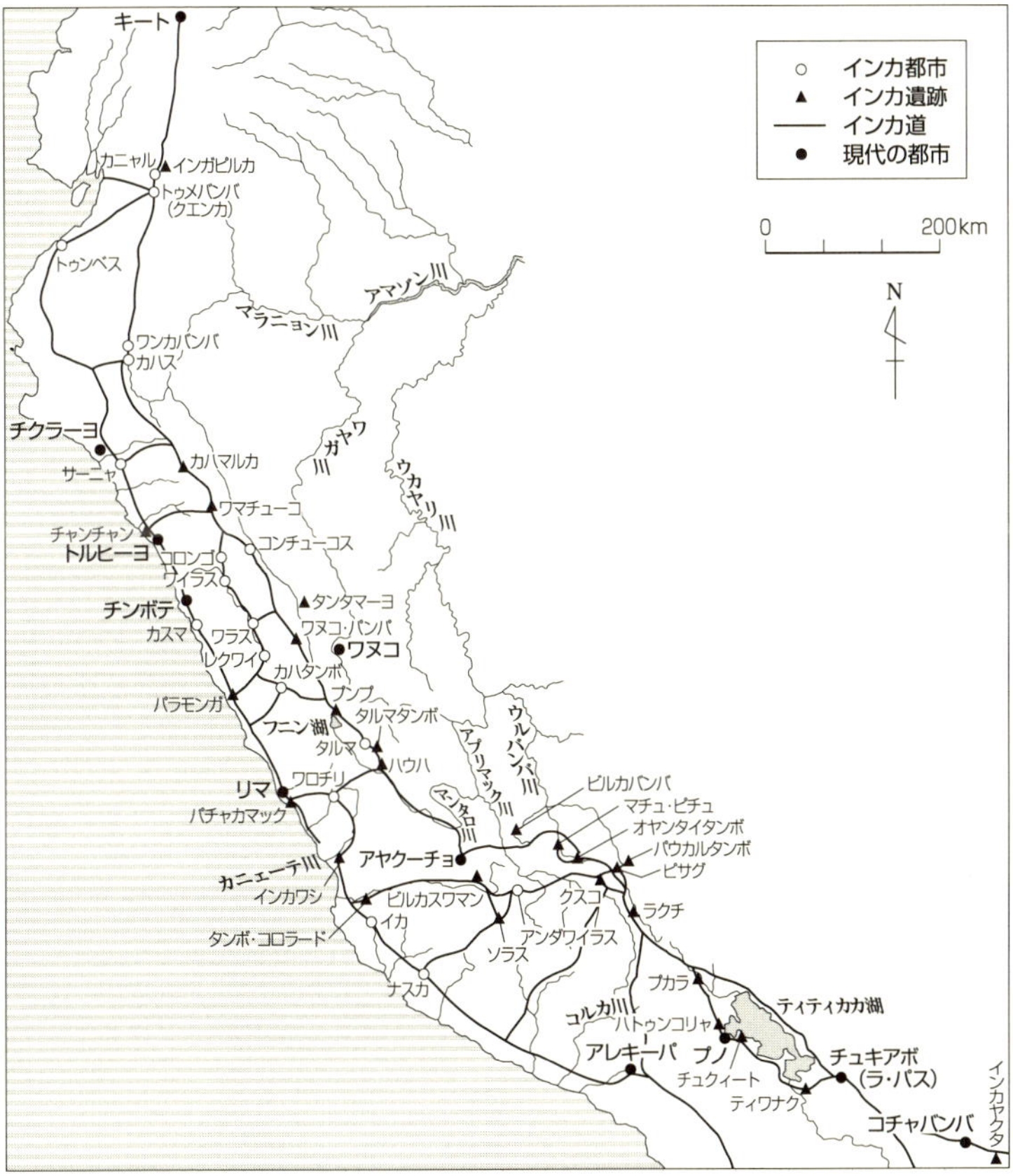
インカ都市
インカ遺跡
インカ道
現代の都市
0
200km
N
キート
カニャル
インガピルカ
トゥメバンバ
(クエンカ)
トゥンベス
アマゾン川
マラニョン川
ワンカバンバ
カハス
チクラーヨ
サーニャ
カハマルカ
ガヤワ川
ウカヤリ川
ワマチューコ
チャンチャン
トルヒーヨ
コンチューコス
コロンゴ
ウィラス
チンボテ
タンタマーヨ
カスマ
ワラス
ワヌコ・パンパ
ワヌコ
レクワイ
カハタンボ
パラモンガ
プンプ
フニン湖
タルマタンボ
タルマ
ハウハ
ウルバンバ川
アプリマック川
ワロチリ
リマ
パチャカマック
マンタロ川
ビルカバンバ
マチュ・ピチュ
オヤンタイタンボ
パウカルタンボ
ピサグ
アヤクーチョ
カニェーテ川
インカワシ
ビルカスワマン
クスコ
ラクチ
イカ
タンボ・コロラード
アンダワイラス
ソラス
ナスカ
プカラ
ティティカカ湖
コルカ川
ハトゥンコリャ
アレキーパ
プノ
チュクイート
チュキアボ
(ラ・パス)
ティワナク
コチャバンバ
インカヤクタ

中央アンデス

最初のメスティソの一群が誕生するのであり、アンデス社会のあるべき姿をめぐる思考のインスピレーションを、植民地時代をとおして提供しつづけた重要な書物『インカ皇統記』を著わしたインカ・ガルシラーソ・デ・ラ・ベガもまさにその一人であった。これらのインカ族にはしばしばスペイン人と同様の特権、たとえばエンコミエンダが与えられ、安楽な生活を許された者も多かった。しかしアンデス各地において、征服者の性的欲望の暴力的な餌食となった一般のインディオ女性たちが無数にいたこと、そして彼女たちからたくさんの混血の人々が産み落とされていたことも強調しておかなければならない。さらにアフリカからの奴隷の輸入が加速されていくと、黒人の女性たちも混血の母親の列に加わっていくことになる。

インディオの武力抵抗

しかし植民地時代初期、スペイン人の安定した支配がただちに構築されたわけではなかった。傀儡《かいらい》王とされたマンコ・インカであったが、スペイン人征服者のひどい侮辱を受けながら幽閉状態におかれていた一五三六年、突如インカの残党を率いてスペイン支配に反旗をひるがえし、建設されたばかりのクスコ市にいたスペイン人を包囲・攻撃し始めた。クスコ市近郊のサクサイワマン砦にたてこもったインカ軍は、スペイン人征服者たちを追いつめ、疲弊させる。だがその後、農繁期にはいるとインカ軍は攻撃の手をゆるめて徐々に退却し、ウルバンバ川からその下流ビルカバンバの山中奥深くへと撤退する。ビルカバンバのインカ人は、しかし、植民地社会がスペイン人同士の内戦で混沌としていた状況にも助けられて抵抗を持続させ、その後サイリ・トゥパク、ティトゥ・クシ、トゥパク・アマルの三代の王を擁し、約四〇年間にわたって自律した権力を保持した。

またディエゴ・デ・アルマグロやペドロ・デ・バルディビアの征服行動の結果スペイン人の支配下にはいったチリ地方においても、アラウコと総称される民族集団の軍事的な抵抗が続く。アラウコ人は、小規模な農耕を営み定住生活を送っていたが、軍事的な行動に非常にたけており、スペイン人との接触後は、馬の操り方に習熟し、また敵の騎馬や火器に対抗する武器を考案するなどして、植民地時代を通じスペイン人の深刻な脅威の源でありつづけた(第Ⅰ部第二章五二ページ以下参照)。

領袖アルマグロ、ピサロのあいつぐ死、そして「インディアス新法」の公布に端を発する征服者たちの反乱などにより、征服後の四〇年間弱は内戦状態におかれたアンデス植民地であったが、経済的にみれば、征服者たちは委託されたインディオの搾取、すなわちエンコミエンダ制を媒介に、着実に富を蓄積していった。それが可能であったのは、すでにアンデス中央部において、巨大な王インカを中心に、王権・貴族―各地方首長―平民という成層化された社会が成立しており、安定した貢納のシステムが利用可能であったからだ。いわばインカ王とスペイン人征服者との首がすげかえられるだけで、生産物上納の構造は温存された。インディオたちは新しい主人にたいしてさまざまな奉仕・貢納をおこなった。それはエンコメンデーロが開発する鉱山や農園での労働、都市に邸宅をかまえる主《あるじ》のもとでの下僕としての労働、食料、家畜、織物をはじめとする諸産物の貢納など多岐にわたっていた。表面的には同じ貢納・労働奉仕であったが、しかしエンコミエンダ体制下においては重要な変化が生じていた。一五六二年ペルー中部のワヌコ地方を対象にしておこなわれた行政巡察《ビシータ》にさいして、同地のインディオ首長は、巡察使に、エンコミエンダ体制下での彼らの生産、生活の状況を申告している。インカの時代と比較して語られた首長の陳述によれば、昔インカに差し出すためにトウモロコシを栽培していた畑で、スペインからもたらされた「小麦」を今は栽培し、さらに「コカ」「蠟《ろう》」「蜜」などの産物や、馬具、インゲン豆、鶏を貢納していた。インカ王権にたいしての「女性」の貢納、「兵士」の供出はなくなったものの、エンコメンデーロの邸宅、あるいは幹線道路上に設置された宿場《タンボ》で労務を提供していた。またインカ時代と同じく「織物」をエンコメンデーロに貢納しているのだが、かつてインカの時代、王権がおこなった材料の提供はなく、自ら畑を耕して原料を生産し、それから織らなければならないと述べられている。また首長は人間の数が減少したために、貢納に際してはかつてなかったような労苦を感じており、また織物を準備するため、自らの畑を耕す時間がないと、苦衷《くちゅう》に満ちた陳述をおこなっている。インカ時代の貢納の背景にあった互酬の思想は消滅し、征服後の急激な人口減少による生産力の低下がこのようにはっきりと表面化していた。

エンコミエンダ制下のインディオ社会

エンコミエンダ制への包摂により、生産関係における変化だけではなく、空間的な改変が加えられることもあった。先スペイン期のアンデス高地のインディオ社会は、大きな高度差によって生じた多様性に富む生態系を飛び地的に把握し、植民者を派遣して開発する「垂直統御」を展開していた。インディオがもっていたのは、連綿と延びる平面で構成された領域概念とは異なった「空間」にたいする意識であった。しかしエンコミエンダの設定に際してはこのような空間への向かい方は考慮されることなく、スペイン人為政者によって恣意的な領域の切断がおこなわれたがために、多くのインディオ共同体が各地に設定していた飛び地が、別のエンコミエンダに併呑されてしまい、生活に不可欠な重要な生産地を喪失する事態も発生している。

エンコミエンダ制とは、基本的に原住民社会の活力に寄生する制度であった。それゆえエンコミエンダ制をうまく運用するためには、農民共同体の温存が重要な前提であり、とりわけ貢納・労役の差配を取り仕切る伝統的な首長層とのあいだに、良好な関係をつくりあげることが必要であった。狡知《こうち》に長じたエンコメンデーロ層のなかには、それを所領運営の主眼としてインディオ社会を把握しようとした者もいた。たとえばワマンガ地方のあるエンコメンデーロは、委託下の共同体との親密な関係をつくりだすため、首長に黒人奴隷やラバ、馬、上質な織物などを贈与している。また織物をつくらせるときにも自ら材料を提供し、農民を使役する際には給金のほかに食料を贈与したとされる。さらに農民が差し出す貢租から食料などを取りおき、不作の年にそれを農民共同体に還元するなど、ここにはインカの時代に、王が臣下にたいして示した互酬・再分配の関係があたかも再現しているようである。むろんすべてのエンコメンデーロがこのような所作におよんだとはいえないが、エンコミエンダの存続をはかるための戦略はここに集約されている。同時にこのことはエンコミエンダに包摂された社会の側が、エンコメンデーロ層にたいする交渉力を保っていたことも暗示していた。

しかしながら十六世紀の後半には、制度としてのエンコミエンダは衰退する。その大きな理由のひとつは、ワヌコ文書にもあらわれるような、征服以降加速化していたインディオ人口の減少であった。スペイン人による征服以前、一〇〇〇万人以上あったと算定されるインディオの人口は、一五七〇年代、副王トレドが総巡察をおこなった際には一三〇万人に、そして一六三〇年代には六〇万人に落ち込んでいた。その最大の原因はウイルスによる伝染性の病気であり、天然痘、麻疹《はしか》、インフルエンザは、抗体をもたないインディオの大量死をもたらした。またコンキスタ直前のインカ王位継承戦争でも多くの人々が命を落としたとみられるし、植民地時代の慢性的な被搾取状況下、肉体的、精神的に疲弊したインディオの多くが死に追いやられた。インディオ人口の減少はとりわけ海岸部において顕著であった。それは河川の流域に広がるオアシス状の土地に凝集して住む人々のあいだでは、病原菌の感染がより容易に起こりえたからであり、一方、人口が拡散している山岳部においては、被害は相対的に軽微にすんだと考えられている。いずれにしてもインディオ人口の減少は、エンコメンデーロ層の収入の低下に直接連動していた。さらに王室官僚であるコレヒドールが各地方に導入されるにおよび、疑似封建領主と化していたエンコメンデーロ層の弱体化がはかられ、絶対王権の権威が前面に押し出されていった。

ところが植民地の周縁部では事態は多少異なっていた。王室は一五四九年にエンコミエンダ下の農民を私賦役に使うことを禁ずる勅令をだしたが、周辺域ではこの勅令は有名無実化していた。王室は白人人口の希少なこれらの地域で、エンコミエンダを植民者の定着を促進するための、いわば餌として利用していた感すらある。チリなどではエンコミエンダ制下の農民は動産のように扱われ、非エンコメンデーロ層への賃貸などがおこなわれていた。またスペイン人にたいして反乱するアラウコ人のインディオにたいしては、捕縛したのち彼らを奴隷化することも公然と認められており、これら奴隷化されたインディオがペルー南部で売却されていた記録も残されている。またパラグァイにおいては、この地域のグァラニー人がチャコ地方の狩猟民に対抗するためにスペイン人を同盟者とみなし、彼らを軍事指導者として積極的に受け入れた。先スペイン期よりグァラニーのあいだでは一夫多妻の慣習があったが、スペイン人はこれを引き継ぎ、多くの女性が征服者の家政に提供されて、まるでハーレムのような環境で下僕として奉仕した。同地方には当初は注目すべき産業も発展せず、旧大陸からの移民も少なかったため、このようにして提供されたインディオ女性とスペイン人とのあいだの婚姻外の性的関係が一般化し、多くの混血が誕生していった。こうして中心部においてエンコミエンダ制が衰退したのちも、周縁部においては大きな意味をもちつづける。

インディオを虐待するスペイン人　17世紀初め，メスティソの首長の手になる絵(フェリペ・グアマン・ポマ・デ・アヤラ『新しい記録とよき政治』より)。

植民地主義との葛藤

エンコミエンダ体制のもと、インディオ社会には大きな圧力がかかったのであるが、しかし一五七〇年代まではいぜんとしてある自律性が維持されていた。それはエンコミエンダ世襲をめぐる論争に際しての、インディオ社会側の反応のなかに確認しうる。一五五〇年代にはいり、次世代のことを憂慮し始めたペルーのエンコメンデーロ層は代理人を立て、莫大な政治献金と引き替えに、エンコミエンダの世襲化、および裁判権を具備した完全な封建的特権への格上げを、本国の王権にたいして要求した。これは新世界に中世的な封建領主が再生されることを意味したが、財政的な危機に瀕していたスペイン王室は一時この献金の誘惑に屈しそうになる。このエンコメンデーロ層の動きに対抗して、クスコをはじめとする各地の首長は、首長会議とでもいうべき集いを各地で開催した。彼らは原住民の精神的援護者として布教活動を展開していたドミニコ会士をやはり代理人として、エンコメンデーロ層が提示した額をこえる金額を王権にたいして約しつつ、王室に直属し、その保護のもと、農民共同体の村長や判事を自ら選出する自治的な権利が与えられることを請願した。注目されるのは、原住民社会がすでにこうした政治的交渉力を確保している点であり、「訴訟好き」とスペイン人がしばしば皮肉をこめて揶揄《やゆ》した彼らの政治的手腕は、植民地時代を通じてスペイン人にうっとうしい思いをいだかせつづけることになる。

また同じ時期、ペルーのワマンガ地方を中心にタキ・オンコイと呼ばれる原住民の反キリスト教の運動が展開したとされる。近年この運動の歴史的な規模や性格にかんしては、通説を修正する見解も提示されているが、それを弾圧した巡察使の記録を信ずれば、カトリックの神に敗北し、顧みられなくなっていたアンデスの伝統的な神々「ワカ」がこの時期甦った。そして人々にキリスト教に背を向けることを説き、スペイン産の食物を摂取したり衣装をつけること、洗礼名を用いることなどを禁じつつ、インディオに憑《ひょう》依《い》した。民衆たちは忘我の境地のなかで踊りながら新しい世界の到来を待望したという。

征服後のアンデスにおける布教は、バルトロメ・デ・ラス・カサスの影響のもとに活動をおこなったドミニコ会によって主導されていたが、彼らはインディオの伝統的な宗教にたいしておおむね寛容的であり、またエンコメンデーロに委ねられていたカトリック教育もなおざりにされていたがために、インディオ側にも、カトリシズムにたいしてかなり自由に適応する余地が残されていた。そのため、植民地主義が横溢《おういつ》し、貧困状態が慢性化する社会にあって、不満を蓄積していたインディオのなかには、カトリシズムにたいする反発を露骨にする者もあらわれていた。一五九六年クスコ管内のヤナワラにおいては、「あるインディオの説教師」が、猖獗《しょうけつ》をきわめる麻疹《はしか》やウイルスは、カトリックの布教そして伝統的な神々が放棄されたことに原因があると訴え、植民地当局によって弾圧されている。このような反カトリック教会の姿勢は十七・十八世紀をとおして持続するのだが、植民地当局はタキ・オンコイを反体制的なインディオの大規模な反乱活動と誇大解釈し、警察権力を具備した巡察使を派遣して弾圧したのである。そしてこのころより、農民社会に残存するいっさいの異教的痕跡を抹消しようとする強圧的かつ狭隘な精神が、為政者の側を支配し始める。それが誰の目にも明らかになるのが、一五六〇年代の末から八〇年代にかけてアンデスを統治した副王トレドの時代であった。

トレド治下のインディオ社会の構造変革

　副王トレドの統治は「インディオのインディオ化」を制度的に達成した。すなわち各地の社会がもつ多様性を捨象し、「インディオ」をその労働力をもって植民地体制に奉仕することを最大の存在意義とする存在に単純化し、均質化していった。植民地のさまざまな経済領域への輪番奉仕を義務づけるミタ制度(前章参照)とレドゥクシオン、そして農民共同体における新しい役職体系の確立にそれは明確にあらわれる。レドゥクシオンは、農民共同体を人工的に画定された空間に凝集させる政策によって成立した集住村であった。スペイン人にとっての文化の根本は都市にあった。真の人間すなわち全きキリスト教徒は都市に定住し、清潔で秩序だった生活を送らなければならない。この観念が動員され、それまで垂直統御を展開させつつ、アンデス高地のさまざまな生態系領域に散在的に生活していたインディオは、スペイン人巡察使が指定した地点に設《しつら》えられた都市的な空間に、強制的に移動させられることになった。新しい集住村はスペイン人の住む都市のシミュレーションのごとく、中心に広場を配し、そこから格子状の街路が延びていた。広場に面しては、村会、教会、監獄、病院、スペイン人の一時的滞在者のための家屋、病院、コレヒドールの邸宅などが設置され、また広場の中心には、刑罰用の柱がおかれていた。公序良俗に反したレドゥクシオンのインディオにたいしては厳しい罰、すなわち収監や「断髪」(インディオによってひどく嫌悪されていた)、鞭打ちなどが科せられ、インディオの刑罰に用いられる鞭の形状まで規定されていたという。

　レドゥクシオンの最大の目的は民衆にたいする「一望的な監視」にあり、トレドの法令では、レドゥクシオンに配置されるインディオの家屋は「ほかのインディオ世帯との交流がないよう出入り口は公道に面していること、また妻や娘など女性の部屋は男性の部屋と切り離されていること」とされており、キリスト教徒にふさわしい「ポリシーア」=よき生活という概念にインディオを鋳直すことがめざされていた。人工的・都市的な空間に合理的に配置されたインディオからの貢租、労働力の収奪は、当然のごとく容易なものとなろう。

さらにレドゥクシオンには重要な宗教的機能が賦与されていた。それまでインディオはプナ(高原)、グアイコ(地の裂け目)、ケブラーダ(深い谷)、セロ(山岳)などとスペイン人がある種の恐れをもって呼ぶ、異教的な荒ぶる力が宿るとされた場所に住んでいた。そこから彼らを引き剝がし、司祭の直接の監視下で、飲酒・酩酊をともなう伝統的歌舞などの悪習を根絶やしにし、正しいカトリック教育をほどこすことが目的とされていた。ワロチリ地方の例では、それまで原住民によってワカとして崇拝されていた霊廟の「石」が、レドゥクシオンに建てられたコレヒドールの住居の礎石として使われ、民衆にたいして、異教への帰還の不可能性を露骨に示していた。教会の行政区分において、レドゥクシオンは「インディオ改宗区=ドクトリーナ」と重ね合わせられ、ここには土着言語であるケチュア語の検定試験にとおった改宗区付き司祭が常駐することになっていた。

トレドはさらにレドゥクシオンの村会組織を確立した。すなわち一〜二名のアルカルデ(村長)が任命され、集住村の管理全般にあたり、それを補佐する者としてレヒドール(村役)、アルグアシル(警吏)、書記、法廷代理人、布令役、刑吏などの職が設置され、一方教会関係でも、聖器掛りや司祭の助手などが任命された。これらの役職者には貢納や強制賦役労働の免除などの一定の特権が与えられていた。伝統的な首長職も維持され、いわゆる特権的貴族としての地位を保つことになる。トレドはあらたな役職体系をつくりだすことによって伝統的な首長たちの権力基盤を掘りくずそうという思惑をもっていたのだが、首長側は新しい役職者に自らの息のかかった人間を配するなどして、農民共同体内での権力を強化していったとも考えられている。

こうして聖・俗両面からアンデス住民の生活にたいして大変革を加えたトレドは、さらに彼らの抵抗の象徴であったビルカバンバにたてこもるインカの残党に最後の一撃を加えた。征討軍によって捕縛されたトゥパク・アマル王は、一五七二年九月二十四日、衆人の見守るクスコの大広場において断首刑に処せられる。征服後しばらくのあいだ、植民地権力にたいして自律的な領域を求める交渉力を展開してきたインディオたちの活動は、ここにひとたび弱まったかにみえた。

移り住むインディオたち

しかしながら十六世紀から十七世紀にかけて、早くもトレド改革の綻びが明らかなものになってきた。この時期にペルーを統治した副王ルイス・デ・ベラスコはつぎのように報告する。「副王トレドがアンデス地方において実施したレドゥクシオンは荒廃しきっている。なぜならば多くのインディオが死亡したからであり、また多くの者が、割りあてられた鉱山でのミタ労働や私賦役を忌避して逃散してしまったからである」。レドゥクシオンの再建を求める行政府、教会側からの要望は、十八世紀にいたるまで繰り返し提出されるが、しかしそれが実効力をもつことはもはやなかった。たとえばワロチリ地方においては一五八〇年から一七五〇年のあいだに、一七のレドゥクシオン村落が四九に増加・拡散し、また各村の平均的な人口は一五〇〇名から一六〇名へと低下している。この変動の最大の要因はアンデス社会全域に広がっていたインディオの「内部移住」の現象であった。

廃村となったレドゥクシオン　ペルー，アレキーパ県コルカ川上流。

すでに征服直後から「ヤナコーナ」と呼ばれる人々がスペイン人に随伴し始めていた。征服の混乱のなかでコンキスタドールに強制的に徴発されてその家政にとどまった人々、あるいは貢納や強制労働の過重な負担によって逼迫《ひっぱく》する農民共同体との関係を切断し、都市におりて職人の見習いや下僕などの仕事に従事しながら下層民の群に加わっていった人々をこう呼んでいた。税制システムの埒外に逸出したヤナコーナ層の出現は重大な社会問題であり、副王トレドは彼らを「国王直属インディオ」として登録し、一律課税する措置をとったのだが、増加の歯止めにはならなかった。一方インディオ村落では、フォラステロ(余所《よそ》者)と呼ばれる人々がふえ始めていた。彼らは租税の負担から逃れて、あるインディオ村から別のインディオ村へと移動した人々であった。フォラステロの存在も植民地行政府の税収の減少を、そしてレドゥクシオンの実質的な瓦解を意味した。それゆえ地方官僚コレヒドールにはフォラステロが管轄区内の村にはいらぬための監視が要請され、またすでに定着しているフォラステロにたいしては帰村命令がだされる。ところがこれらの施策もうまく機能せず、やがてフォラステロにたいしても、納税を条件に新しい居住地に居座ることが認められるようになり、その結果フォラステロとオリヒナリオ(出身の共同体にとどまりミタ制に服し納税する「地の人」)との区別が公になされるようにすらなる。十七世紀中葉の人口調査によると、副王トレドの巡察時と比較し、多くの農民共同体がオリヒナリオ人口の半数以上を失っている事例が判明する。けれども一方で、これらの村のなかには、喪失したオリヒナリオと同数以上のフォラステロを受け入れているところもあったのである。

これらのインディオ移住が原住民共同体の生産力の低下を惹起したことは確かであろう。フォラステロとなった人々が永久に共同体に戻らない場合それは当然である。しかしこの移動に共同体の戦術としての側面があったことを看過することもできない。

まず行政府が実施した人口調査に際して、原住民共同体側が実際の住民を偽って調査官に申告する事態が発生していた。たとえば一六〇〇年に、キートのアウディエンシアが人口調査のため派遣した官僚は、オタバロのコレヒドールの管轄下にある首長たちが、全納税者人口のじつに二五％にあたる六六〇名の者を、行方不明というかたちで過少申告していた事態に逢着している。首長たちはこうしてつくりだされた余剰の人員を、共同体として自由に利用できる人的エネルギーとして把握していた。これらの労働者は別の村へ身を隠したり、あるいはスペイン人が経営するアシエンダで臨時雇いとして労働し、その賃金を共同体に還元した。あるいは移動先の村から出身の村へと貢租を払いつづけ、共同体員としての絆を維持している例もみられる。従来こうした流民化の現象は、アンデスの原住民共同体のマイナスの変容の典型例として記述される傾向にあった。しかしヤナコーナのように個人的な動機で新しいスペイン人の経済領域に進出していった人々を含め、これらの移動については、むしろ新しい植民地体制にたいする原住民側の積極的な反応としてとらえ直すことも可能であると考えられる。

複数文化の対抗・相互受容

一方トレドのレドゥクシオンを基盤として、改宗区司祭の厳格な監視下でおこなわれるはずであった一般民衆へのカトリック布教が、植民地行政府の思い描いたようなかたちでは進行していなかったことも十七世紀には明らかになってくる。十六世紀の後半以降、改宗区に派遣される神父のためのケチュア語講座が南アメリカ最古の大学であるリマのサン・マルコス大学に設置され、また土着のことばとスペイン語の対訳による、原住民布教用の説教集や告解のための手引きも編纂された。教会の存在は農民たちの日常の一部であった。彼らは洗礼されると同時にカトリックの名前をつけられ、堅信礼を授かり、結婚の秘蹟を受け、そして最後の告解をすませたのちに他界していった。祭日には教会でミサをあずかり、定期的に神父の前で自らの罪を告白した。その意味でたしかに彼らは全きカトリック教徒であった。しかしながら十七世紀の初頭、アンデス中央部の山村で露呈したある出来事が、トレド以降のカトリック布教体制の不備をはっきりさせてしまった。

インディオ改宗区司祭の布教者としての資質には、大きな問題があった。植民地時代を通じて、原住民は彼らにも門戸が開かれていた裁判の制度およびその運用の仕方を熟知し、十分に活用する術を学んでいったが、改宗区司祭にたいして住民たちが展開した「カピトゥロ」と呼ばれる弾劾訴訟の文書は、当時の神父たちの旺盛な経済的利害追求のさまを描き出している。レドゥクシオンで日常的に原住民と接触することのできたのは原則上、改宗区司祭だけであったが、彼らはその権威を背に、原住民の労働力を不正に用いてオブラーへ(織物生産作業所)を経営したり、あるいは運搬業を展開したりして蓄財に励んでいた。複数の原住民の女性を妾として囲うことも頻繁におこなわれていた。民衆がこのような改宗区司祭の経済活動を黙認しつつ、その引き替えに彼ら独自の宗教生活を展開する余地を確保していたともいえる。一六〇九年、上述のような容疑で住民たちから弾劾され、窮地に陥っていたワロチリ改宗区の神父フランシスコ・デ・アビラが、当地で祝われた聖母マリアの祭りにおいて、原住民がカトリックの祝祭の施行を装いつつ、先スペイン期の伝統的な地方神への儀礼をおこなっていたことを暴露した。アビラは自らの窮状を、当局の関心を原住民の異教的実践へと向けさせることで打開しようとしたのだが、この出来事をきっかけに、土着宗教にたいする大弾圧が始まってしまう。その後一〇〇年にわたって展開されるラテン・アメリカ史上希有なキャンペーン、「偶像崇拝根絶巡察」の起源はここにあった。それ以降リマ大司教によって偶像崇拝根絶巡察使が任命され、彼らは書記や刑吏をともない、ラバの背に揺られて大司教座管内の村落をくまなく調査し、異教的な行為・痕跡を弾圧、排除していったのだが、この巡察使が残した史料を通じて、当時の農民たちのカトリック受容の特異性と多様性が浮き彫りにされる。

まず原住民の多くが、レドゥクシオン以前の居住地を復活させ、そこを伝統的な宗教実践の場へと変容させていた。旧居住地には、共同体の始まりの象徴であるパカリナと呼ばれる聖域があり、共同体の創始者である祖先の遺骸(マルキ)がおかれたマチャイと呼ばれる洞窟があった。住民たちは教会の墓地に埋葬されていた遺骸をも、司祭の目をかすめてマチャイへと移動させた。旧居住地はワカへの崇拝がおこなわれる場所であった。また彼らはアンデスの伝統神に、星の動きや農事暦にあわせて、チチャの御神酒あるいはリャマ、トウモロコシを供物として捧げた。また供犠に際しては、あらかじめ祭司に罪を懺悔し、川で身を清めたり、夫婦の性的な営みをたったのちに神々と対している。そこには神々と人間とのあいだの、アンデスの伝統に基づく倫理的関係が再構築されていた。儀礼の目的は農業・牧畜業生産の向上を希求することであったが、しかし自分たちがおかれていた植民地主義的苦境からの解放もワカに真摯に祈られている。十七世紀になってもいぜんとして伝染性の病気は彼らを襲い、人口は減っていく。伝統的施療師(クランデーロ)たちは、病人のために山の神に供犠を捧げ、あるいはクイ(テンジクネズミ)やコカの葉を使った古来からの医療をおこなっていた。またミタによる強制的な労役は、多くの住民を死亡させ、また彼らが村を離れてしまうきっかけでもあったために、残された人々がミタヨの安全を神に祈願している姿も史料には浮かび上がる。

むろん司祭が住民たちの日常を取り仕切る改宗区において、伝統的神性への帰還は公然とはなされなかった。たとえば先スペイン期におこなわれたリャマなどの大型獣を生け贄《にえ》にする大がかりな供犠はみられなくなっていく。しかし、たとえばそれをクイのような小動物で代用したり、親から子へと伝えられた家

コノパ　通常リャマなどの動物の石像で，個人または家の守り神として大事に保存された。

の守り神である携帯可能な小さな偶像コノパへの崇拝を通じて、原住民たちはアンデスの神の力をくみとろうとしていた。このような供犠は教会の公式見解では明らかな背教的行為であり、彼らがふたたび異教的信仰に埋没してしまったことを意味していた。それゆえ偶像崇拝根絶巡察使は、住民たちを厳しく取り締まり、しばしば拷問のような極端な手段に訴えながら、偶像やワカのありかを白状させようとしている。異端審問所は宗教的な未成年と定義されていた「インディオ」を管轄することはなかったが、しかし偶像崇拝根絶巡察使は異端審問とほとんど同じ裁判手続きを用いつつ、住民たちを訴追していった。

　しかし原住民にとってカトリックがもった意味は多様であった。たしかにカトリック教会にたいする公然とした敵愾心をいだいていた者も存在した。カトリックの諸聖人はスペイン人のワカであり、自分たちにたいしてはなんら功徳はない、教会は汚れた場である、スペイン人の食べ物・ブドウ酒を摂取することは、清めの儀式を通じて祓《はら》われなければならない汚れである……反カトリック教説信奉者《ドグマティサドール》と教会当局によってレッテルを貼られたインディオたちはこう唱えていた。頑迷《がんめい》固陋《ころう》と判断された者の多くは老齢であったが、彼らは、リマのインディオ居住地「セルカード」に設けられた「サンタ・クルス矯正館」に送られ、強制労働の刑に処せられたり、厳しい宗教教育をほどこされた。

だがすべての原住民にこのような傾向がみられたわけではない。たとえば十七世紀になるとアンデス山中において数多くのコフラディア(信心講)が原住民のイニシアティヴで創設されている。その多くは聖母マリアに捧げられたものであって、講衆は土地や家畜を共同所有し、そこから上がる利益で聖母像をこしらえたり、あるいは講衆の互助にあてたりしている。また異教的行為によって偶像崇拝根絶巡察使によってとがめられた者たちのなかには、伝統的な神に真摯に帰依すると同時に、全きキリスト教徒としての信仰生活を送っている者もみられた。経済的な利潤追求に奔走する神父による不十分なキリスト教教育は、逆に原住民の側に、カトリックの教えをその生活と伝統の文脈においてさまざまに解釈し、実践する自由を与えていたともいえよう。

一方、都市のスペイン人社会に流入していたインディオ文化の影響もみすごすことはできない。都市は法制的には「スペイン人の政体」として、原住民にたいしては閉ざされた場として措定されていたが、ヤナコーナをはじめとして、都市に流入し、日常的生活を送るインディオの数は多かった。当然のようにこれら都市的インディオを媒介に、山のインディオ世界の文化要素は都市に混入する。それが顕著にあらわれるのは都市下層民の世界であり、たとえばリマの異端審問所に訴追された貧困層の白人・混血女性が、彼女の魔術の道具として用いていたのは、山のインディオたちの呪術具、つまりコカの葉っぱであったり、トウモロコシ、クイであった。これは被支配者の文化が、支配者の文化に影響を与えていた好例であると考えられる。

副王領辺境における布教事業

さてペルー副王領の中心部においては、先スペイン期、インカの帝国的支配によって定着的な居住形態が支配的であり、司教座に統合されたインディオ改宗区の整備を通じて比較的秩序立った布教事業が展開された。しかし周縁領域においては事情は異なっている。とりわけアンデス東斜面などにおいては、インカの支配圏にもついに統合されることのなかった狩猟・採集を生業とする民族集団が住んでいたが、彼らのなかには十七・十八世紀にはいってもスペイン人と接触していない者が存在した。これら周辺地帯においては、フランシスコ会あるいはイエズス会のような修道会に布教が託された。

ほかの修道会に遅れて新世界にはいったイエズス会士による原住民への布教活動は、このような周辺地域に限定される傾向があったが、とりわけパラグァイ地方にはいったイエズス会によるグァラニー人にたいする宣教の活動は、その組織された方式、規模、そして世俗の権力からの自律性において際立っていた。布教村はやはりレドゥクシオンと呼ばれたが、パラナ川、ウルグァイ川流域からアルゼンティン北部、ブラジル南部を含む広大な領域に広がっていた。最初のレドゥクシオンは一六一〇年につくられる。それはやはり碁盤の目状に整備された人工的な空間であり、広場には大きな教会と通常二名の会士の居住する邸宅が設けられていた。原住民の住居は広場から四方に広がる街路にそって建てられていたが、グァラニーの伝統的な拡大家族による居住形態は、キリスト教的規範に則《のっと》った核家族によるそれへと変更された。布教村においてグァラニーの人々は音楽や手仕事、印刷術などを学習し、農業・牧畜業を営んだ。とりわけ対外向けの牛皮やマテの生産がさかんにおこなわれ、イエズス会士たちは収益を、住民たちが王室にたいしておう納税にあてていた。イエズス会士たちは極力そのレドゥクシオンを世俗の環境から隔離して設置するようつとめており、一〇万人以上の人口を包摂したレドゥクシオンの存在は、原住民労働力を切望する植民者にとっては大きな経済的損失を意味したが、それでもパラグァイにおいては超俗的な体制は維持された。例外的にレドゥクシオンが世俗の問題とかかわったのが、十七世紀のブラジルの奴隷狩り商人にたいする攻防である。一六三〇年代初頭にグァラニーのレドゥクシオンがブラジルのサン・パウロを拠点とする奴隷狩りの部隊に襲われた。イエズス会士たちはインディオを南部に避難させ、インディアス顧問会議の許可をうしろだてに、インディオを軍隊に組織してレドゥクシオンを防衛したのみならず、ポルトガル人のスペイン領への進入を阻止した。周縁部の布教は、このようにスペイン帝国辺境の防衛機能の一翼を担っていたともいえる。

二つの文化のはざまで――インディオ首長層

伝統文化とヨーロッパ文化という異質な二つの領域の境界に立たされていたのがインディオ首長層であった。植民地社会の首長層はジレンマに立たされていたとされる。先スペイン期から共同体を統轄してきた彼らは、征服後もスペイン人の下級貴族＝イダルゴ階層と同等の扱いを受け、乗馬権や武器携行権、免税などの特権をえたものの、実際にはインディオの生産と納税を調整し、植民地の経済体制を支える下級官僚とでもいうべき位置づけをされてきた。しかし一方、首長層は農民共同体の伝統に基づく統轄者でもあり、配下の人々の安寧にたえず気を配り、共同体を存続させていく義務をもおっていた。スペイン人側の要求する貢納などの厳しい負担を共同体に押しつけると、共同体民の反発を受け、共同体を守りスペイン人側の要求を拒絶すると、債務監獄にいれられたり、その地位を追われることになる。二律背反する微妙な立場におかれた首長層に、植民地の原住民社会の特質が凝縮されている。

すでに植民地行政府は、首長層の存在なくして植民地経営が成り立たないことを深く理解していた。そのため十七世紀にはいるとイエズス会士たちが中心になって、リマのインディオ居住区セルカードに「プリンシペ学院」が創設され、原住民首長の子弟の教育がおこなわれるようになった。読み書きの学習や技能的訓練などが学院で寮生活を送る若者にほどこされ、植民地行政府にとって望ましい原住民共同体の若い指導者層がここから巣立っていくことになっていた。グァマン・ポマ・デ・アヤラというインディオの記録者が描くインディオ首長の図像や、インディオ首長の遺書に記された財産目録などからわかる彼らの生活は、リマに住むスペイン人クリオーヨ紳士のそれとほとんど変わるところのないものであり、ヨーロッパ各地から輸入された高級な衣料品や、銀器、家具、馬具、書籍などがその邸宅を飾っていたと思われる。また多くの黒人奴隷を所有する首長もみられた。

また首長のなかにはスペイン人企業家と比肩しうるような財を蓄える者もあった。広大な土地を所有し農園を経営する者、リャマやアルパカの巨大な畜群を所有する者、オブラーヘを経営する者、そしてこれらの商品をポトシ銀山を中心とする植民地内部市場に投入して利潤を上げる者など、彼らの経済活動は多彩かつ旺盛であった。ここで注目すべき点はスペイン人支配層と一体化したかにみえる彼らが、しかしながらこのようにして蓄積された財を、必ずしも自らの致富にのみ利していたのではなく、共同体の枠組みを維持し、その再生産の力を強化するために注入していた側面があったことである。首長たちは、借財をおってスペイン人の農園に緊縛されヤナコーナと化しつつあった農民の負債や管轄下の村の未納入の貢租を肩代わりしたり、のちにポトシへのミタ労働の金納代替化が認められるようになると、その財を投じて住民たちをミタ労働の苦役から解放した。さらに彼らはミタ労働負担の軽減を副王庁や王室に要求し、あるいは植民地官僚・聖職者層によるインディオ共同体を利用しての不正な蓄財、搾取を弾劾すべく、行政府を相手どった激烈な裁判・訴訟活動を展開しているのである。

さらにその衣裳や持ち物からは完全にヨーロッパ文化と同化したかにもみえる首長層が、実際には対農民共同体関係においては、伝統的な規範にそって行動していた様子も明らかになる。リマのイエズス会の学院で勉強し、スペイン人貴顕とみまがう格好のインディオ首長が、偶像崇拝根絶巡察の取り締まりの対象であるワカへの異教的な儀礼の主催者になっているケースもみられ、また首長であり伝統的儀礼の祭司でもあったインディオが、オブラーヘでのミタ労働に反発して訴訟を起こしたのみならず、村の住民の暴動を首謀し、神父の自宅を焼き討ちにかけるといった極端な行動にはしった例も報告されている。

十七世紀にはいると、首長たちのなかには本国スペインに渡る者もでてくる。カハマルカの首長ドン・アントニオ・コリャトパ、ランバイェケの首長ドン・カルロス・チモ、そしてハウハ地方のドン・ヘロニモ・ロレンソ・リマイリャなどの例が知られているが、彼らはオブラーヘでの過酷な強制労働、司祭による不法な賦役、等閑にされるカトリック教育の改善などを求め、直訴状を携え本国のスペイン王権のもとに向かった。彼らは植民地の裁判所での行動にあきたらず、直接スペインの最高権力に接近し、訴えるだけの官僚的事務能力、経済力を身につけた才気あふれる人々であった。

首長層の浮沈は植民地という磁場に働くさまざまな力の流れを的確に把握する能力にかかっていた。支配者側からの不当な要求を前に、配下の共同体にたいして搾取的にふるまえば、それは指導者としての彼らの命脈を絶つことになってしまう。伝統的な共同体を、異教的な儀礼を通じて活性化したり、あるいは植民地経済への積極的な参入によってもたらされる利潤を共同体に還元したりしつつ、いわば二つの異質な原理が競合するなかで、諸刃の剣の道を歩む才覚が、植民地時代を生きぬく首長層には要求されていた。

2　インカ・ナショナリズム

植民地主義の強化とインカたちの反乱

十七世紀の後半以降には、首長たちをして直接スペイン王権に向かわせるほどに、原住民社会にたいする経済的搾取は激しさを増していた。彼らにも門戸が開かれていたとはいえ、植民地の法廷では圧倒的にスペイン人の側が有利であった。一五六三年のリマのアウディエンシアによってだされた条例では、一人のスペイン人の証言は、二名のインディオ男性あるいは三名のインディオ女性の証言に等しい、と規定されている。訴訟を通じての改善の現実的困難に直面する原住民のなかには、暴力的な行動を選択する者もあらわれてきた。そして反乱者の群れには原住民のみならず、植民地社会に生を享けたさまざまな被抑圧階層――貧しい混血層やクリオーヨ――なども加わっていく。重要なことは、これら反乱者たちの大義を支えるシンボルとしてあらわれるのが、十六世紀に滅亡した古《いにしえ》のインカ王権だった点である。一六五六年アルゼンティンのトゥクマン地方カルチャキにおいて、ペドロ・ボオルケスという一人のスペイン人の浮浪人が、ペルーやチリ地方を経巡ったのち、この地方の原住民を率いて暴動を組織した。ボオルケスはかつてペルー領内にあったとき捕縛され、チリのバルディビアの獄に収監されたが、その後逃亡しカルチャキにはいった。興味深いのはこのスペイン人がインカの子孫であると自ら名乗っていたことであり、先スペイン期にはインカによる支配の弱かったアルゼンティン北部で、彼が原住民にインカとして受け入れられていたとされる点である。ボオルケスは一六六六年に首都リマで処刑されるが、この副王領の首府においてて同年、ペルー北部のカハマルカ、ランバイェケ、ペルー中部高地のマンタロ川渓谷、ワンカベリカ、ペルー南部クスコ、モケグアなどの広い地域の首長層が参画した陰謀が発覚する。反乱計画は事前にもれ、首謀者の一人はマンタロ川に逃亡するのだが、彼はガブリエル・マンコ・カパックというインカ王の名を称していた。ワンカベリカでは古のインカ王が用いていたような王権の象徴が製造されていることも判明し、同地でもファン・アタワルパというやはりインカ王の名をもつインディオが逮捕されている。

このように十七世紀の後半になると、次世紀にはより顕著なものとなる「メシア的インカ」の萌芽がみられるのだが、このときインカは歴史的な古代王権の純粋な再生としてあらわれることはなく、キリスト教的なメシアのイメージをもち、現実の植民地の秩序を転倒させるような力を具えたシンボルとして表象され始めていく。たとえば十八世紀前半、アルト・ペルー(高地ペルー)のプーノ地方において、あるフォラステロのインディオが自ら「キリスト」と名乗り、跣《はだし》、頭に茨の冠、首に縄、そして十字架をもったいでたちで説教をおこなっていた。多くの住民につき従われ、あたかもインカのごとく輿《こし》にのせられたこの男にたいして、コレヒドールはただちに行動を起こし、彼を捕縛、絞首の刑に処している。

十八世紀にはいると植民地権力にたいする反乱の動きは強まり、インカの回帰をめぐるイメージもより濃厚になっていく。一七三〇年、現ボリビア領コチャバンバのオロペサで、アレッホ・カラタユーと名乗る銀細工職に就くメスティソが、その指揮下に二〇〇〇名の人々を集めて反乱を組織している。一七三九年にはボリビアの鉱山町オルーロにおいて、クリオーヨのファン・ベレス・デ・コルドバが行政府の増税政策に反対して蜂起し、鎮圧された。この反乱はクリオーヨ層によって惹起されたものであったが、メスティソそしてインディオ大衆が広範に動員され、十八世紀にはさまざまなエスニシティが徐々にひとつにまとまる傾向にあったことの兆候とも考えられている。ここでも重要な点は首謀者ベレス・デ・コルドバが「インカ王の孫」であると名乗り、クスコにおいて自らがアンデスの新しい君主として戴冠されるという青写真を描いていたことである。新しい世界を構築する力としてのインカのイメージは、この時代インディオ固有のものではなくなっていた。

さらに一七四二年には植民地行政当局を震撼させる事態が発生した。アンデスの東斜面モンターニャと呼ばれる地帯において、ファン・サントス・アタワルパと名乗る男が大規模な反乱を開始した。この人物はさまざまな謎につつまれていた。カハマルカで殺されたインカ王アタワルパの末裔《まつえい》のインディオであったともいわれているし、メスティソであるという説もある。アフリカやヨーロッパを旅行したとも囁《ささや》かれていた。反乱が発生したのはペルー中部ハウハ地方からタルマ地方にかけての高地と亜熱帯雨林との境界領域であり、ここではヨーロッパ文明との接触のいまだ浅い、狩猟・採集で生きる原住民が生活していた。当地方にはフランシスコ会士がはいり、これらの住民にたいしてミッション活動をおこなっていたが、同会への強制的な統合をきらう密林の住民は、同地方に展開するアシエンダやオブラーヘでの搾取的労働やミタ制度に苦しむインディオ・混血層とともに、サントス・アタワルパの反乱に同調した。

この反乱に特徴的なのは、サントス・アタワルパという人物をめぐるさまざまなイメージのなかに、インカへの回帰とキリスト教の千年王国主義とが、特異なかたちで融合している点である。彼はその反乱の目的がピサロやそのほかのスペイン人たちが自分から奪い取った王冠を取り戻すことにある、というメッセージを発していた。また彼はあたかも古代のインカ王のような神聖王としてふるまっていたようであり、サントス・アタワルパを「神の御子インカ」と崇拝する反乱同調者たちは、彼の食べ物にも彼の足跡にもふれることはなかったといわれている。反乱が始まって四年後の一七四六年、ペルー副王領の首府リマを灰燼《かいじん》に帰した未曾有の大地震が襲った。民衆はこの地震こそサントス・アタワルパの異能によるものと認識していた。彼はつぎのようにいったという。この世界には三つの王国しか存在しない、スペイン、アンゴラ、そして彼の王国である。彼はほかの王国を強奪することなどはなかった。しかしスペイン人たちは彼の王国を奪ってしまった。だがスペイン人たちの時代は終わり、彼の時代がやってくる。彼の臣下はスペイン人によって滅亡したが、今やオブラーヘ、パンの製造工場そして奴隷制が滅びる。奴隷もスペイン人の専制的抑圧も、彼の王国には存在しえない。彼の時代は「精霊の時代」であると把握されていた。サントスという彼の名前は精霊＝エスピリトゥ・サントに由来していたという。「父の時代」「子の時代」そして「精霊の時代」をへて至福の王国が到来するというフィオーレのヨアキムの至福千年王国説がそこに流れ込んでいたとも考えられている。副王庁はこの動乱が植民地主義にたいする不満をいだくさまざまな階層を包摂し、全土に広がる可能性を危惧し、リマ近辺の海域防衛にあたっていた主力部隊を動員して一七四二年以降四回にわたって追討軍を派遣した。しかし密林を巧みに利用して抵抗を続けるサントス・アタワルパの一団の前に、掃討はままならなかった。ところがサントス・アタワルパの軍勢は、不敗の神話を残しながら、その後自然消滅してしまったとされる。サントス・アタワルパのもった反教会的姿勢が、植民地の多くの階層を統合する妨げになったことに反乱の弱点があったとも論じられている。

また一七五〇年にはリマに住むインディオたちが、副王庁を襲撃し司祭を除くすべてのスペイン人を抹殺して「古代の帝国」を再興しようとする反乱を企図した。彼らはその二年前からリマ市街の地図を用意するなど、周到に時がくるのを待っていた。反乱者は「大天使聖ミカエルの日」を決行の時としていた。この祝日にはリマ市で行列が練り歩くことになっていたが、インディオはこの機に乗じて大胆な行動におよぼうとした。だが信者の告解を通じて反乱の情報をえた司祭が、当時の副王スペルンダに密告したことで、計画は事前に漏洩《ろうせつ》し、首謀者たちは四肢を切断されて処刑されてしまった。しかし反乱はここで終わることなく、官憲の手を逃れた主導者の一人で、やはり「インカ」の名を冠したフランシスコ・ヒメネス・インカが出身地のワロチリ地方に逃亡し、地元の首長層を誘い込んで反乱を継続させる。反乱者は一六名のスペイン人を殺害し、そのなかには現コレヒドール代理、前コレヒドールなども含まれていた。反乱はまもなく鎮圧されるが、この反乱を主導したのは陶工の親方であったフランシスコ・ヒメネス・インカをはじめとするリマのインディオの熟練職人たちであった。リマ市で生活したインディオの職人の数は相当なものであったとされている(一六一二年までに、仕立工三三人、靴職人一二九人、絹織物業者八〇人が確認されている)。これら都市で生活したヤナコーナ的インディオはその衣裳、生活スタイルなどの点において一般のスペイン人となんら変わるところがなかった。しかし反乱を鎮圧した副王スペルンダは、彼らが経済的な地位やそれにともなうライフ・スタイルを確立したにもかかわらず、白人に認められている名誉や特権への道が開かれていないという矛盾が、インディオたちの植民地システムにたいする反感を増幅していた、と観察している。

この点は、被抑圧者インディオについての思考を先鋭化させていた十八世紀のなかばを生きたあるインディオ系の知識人の言説に明瞭に表現されている。一七四九年ペルーからブエノス・アイレス、ブラジルを経由して、スペインに一年がかりで密航し、国王フェルナンド六世にたいする直訴を試みた混血の助修士(正式な聖職者の見習い的存在)カリスト・トゥパク・インカ師の提言は、インディオ系住民が十六世紀の征服以来こうむりつづけてきた社会的不平等の根底的な改革に向けられていた。『インディオの嘆き』と銘打たれた直訴状のなかで、カリスト・トゥパク・インカ師は植民地のインディオがおかれた普遍的な隷属の状況をつまびらかにするとともに、インディオとスペイン人の、人間としての原理的な平等性を明確に論じていた。そして具体的な改革案としてアンデス住民の本国スペインへの自由な渡航権の保証、高等教育機関へのインディオの入学の許可、修道士・聖職者への叙階の機会を与えることを提示する。いずれもそれまで原住民にたいして拒絶されていた権利であった。さらに彼が強く訴えたのが、スペイン人コレヒドールによるインディオ社会の統治の停止であった。当時コレヒドールはインディオの怨嗟《えんさ》の的となっていた。その最大の原因は、コレヒドールがインディオにたいして非合法的におこなっていたレパルティミエントすなわち強制商品分配であり、この制度によって、法外な値をつけられた品々が住民の必要の有無を問わずに売却されていた。この強制販売の結果、多くの農民共同体が債務超過に陥り、貧窮状況を悪化させていたのである。カリスト・トゥパク・インカ師はこの状況を目のあたりにしつつ、コレヒドールにインディオが任命される措置を提案する。

カリスト師の改革構想は副王トレド以降定立された「インディオの政体」と「スペイン人の政体」という、社会についての二元的な理念型を再構築することにあった。スペイン国王の自由な臣民でありながら、スペイン人よりも劣った保護されるべき存在としての法的な規定を受けたインディオが、「インディオの政体」として措定されたレドゥクシオンに強制的に隔離されたことはすでにみた。しかしそれから二世紀がたち、植民地主義とのたえまない対峙をとおして、経済的な実力と知的な交渉力を獲得するにいたったインディオは、彼らの社会的進出を阻むさまざまな障壁を打破しようと試みていた。カリスト師の提言は改めて二つの政体の区分をあらためて明瞭にしつつ、「インディオの政体」に全き自律性を回復させることをめざしていた。インディオ系の貴顕を成員とする独立した法廷を備え、インディオのコレヒドールによって統治され、スペイン人と対等の権利を付与された人々が構成する政体である。その意味でカリスト・トゥパク・インカ師の構想は現状の大枠を肯定する、保守的・穏健的なものであったともいえる。前述のリマの職人たちによる反乱は、こうした穏健・漸次的な改革にあきたらず、暴力によって唯一無比の

「インディオの政体」を実現させようとしたものであった。じつはカリスト・トゥパク・インカ師もこのリマの陰謀計画に加わっていた。実力行使よりも制度内的改革による変化を望んだカリスト師がまさにスペインに渡っていたときに、反乱計画は露呈し、悲惨な結末がもたらされたのであった。

トゥパク・アマル大反乱へ

すでにみてきたようにカリスト・インカ師、ヒメネス・インカ、そしてサントス・アタワルパなど、穏健派、急進派を含め、反植民地主義闘争にかかわった人々は「インカ」の名を冠したり、その末裔であることを誇示していた。これは十八世紀に発生した「インカ・ナショナリズム」と呼ばれるインディオ復権のムーヴメントを象徴するといわれる。このナショナリズムには二つの方向性がある。ひとつはサントス・アタワルパの乱にみられるような異能をおびた神秘的存在としてのインカの回帰、そして新しい社会の奇跡的出現への民衆のユートピア的待望であり、もうひとつはカリスト・トゥパク・インカ師に象徴されるインディオ系の貴族・知識人、あるいはクリオーヨを含む人々によって担われた、アンデス統治の権威の正統的シンボルとしてのインカ王権の称揚である。とりわけこれらエリート層が新しい社会秩序を考える際の着想の源となっていたのが、インカの血統に属する混血の著作家インカ・ガルシラーソ・デ・ラ・ベガが十七世紀に著わした『インカ皇統記』であった。インカ社会を地上に実現された理想の世界として描出したこの書物は、十八世紀にはいっても版を重ね、ペルーに輸入されるとカリスト師のような多くの読者をえていたのである。またこのころインカの古都クスコ周辺の首長層は、インカ王権の系譜に連

インカの衣裳をつけた首長アロンソ・チュウアントパ・インカ　18世紀のクスコ派の画家の作。

なることを植民地当局に認証させる請願をしきりにおこなうようになっており、それとともにインカ風の衣裳を身にまとい、彼らの肖像画を絵師に描かせるようになっている(図参照)。

インカの末裔を誇示したのはインディオ系住民だけではない。クスコ市の大尽でクリオーヨのバリェウンブロソ侯は、自らがインカ王になると明言し、インカ歴代王の系譜の絵図を描かせていたといわれるし、また前述のオルーロの反乱指導者ベレス・デ・コルドバも、クリオーヨであったが「インカ王の孫」と自称し、クスコで即位することを企図した。そしてこのインカ・ナショナリズムの最大の発現が、一七八〇年アンデス南部世界を覆いつくしたトゥパク・アマルの反乱であった。

ミタ制度、レパルティミエント制、そして十八世紀の後半より本格化したボルボン改革による増税などによって、アンデス社会の各層が植民地体制にたいする反発を表面化させつつあった当時、クスコ、ティンタ地方の首長で、ホセ・ガブリエル・コンドルカンキ・トゥパク・アマルと名乗る男があらわれた。彼はメスティソであったが、母方の祖先が、一五七二年クスコの大広場で斬首されたトゥパク・アマル王の系譜に直接結びついていた。彼は少年時代に、イエズス会士たちがクスコで運営していた首長層の子弟を養育するための学院で学び、インカ・ナショナリズムの興隆するインカの古都で、亡き王国に思いを馳せていた。彼はラバを用いた運送業を営んでいたが、その仕事を通じてアンデスのさまざまな地域の状況にふれ、改革への意志を強めていく。当時彼はリマに赴き、トゥパク・アマル王との系譜関係を植民地行政府に認証させる運動をおこなうとともに、地元の首長層を代行してミタヨ派遣の停止などを求める請願もおこなっていたが、いずれにも挫折し、地元に戻るや反乱へと向かっていった。

ホセ・ガブリエル・コンドルカンキ　クスコのメスティソの首長である彼は，1572年にクスコで処刑されたトゥパク・アマル・インカの末裔であったため，トゥパク・アマル２世を名乗った。写真は，生誕の地クスコ県トゥンガスカの教会の前に建つ銅像。

当時ティンタ地方では、ペニンスラールのコレヒドール、アントニオ・デ・アリアガが非合法的なレパルティミエントを強制的におこない、住民は不満をつのらせていた。一七八〇年の十一月、トゥパク・アマルはこのアリアガを捕縛し、ただちに公開で処刑をおこなった。ついでミタ制度・レパルティミエントの廃止、新税の停止、クスコにアウディエンシアを設置することなどを盛り込んだ布告を発した。彼はインカ王を名乗り、反乱軍はたちまち膨れあがっていく。反乱初期にあっては、トゥパク・アマルはスペイン国王の絶対的な権威を認めつつ、体制内改革をめざしており、クリオーヨ層の支持を取りつけることもできた。しかしながらインディオ系貧困大衆が、「インカ」トゥパク・アマルを、新しい世界の誕生を可能にする解放者と認識し始めると、運動はユートピア待望的な解放闘争へと変化していく。トゥパク・アマルはインカ王として自らの肖像画を描かせ、略奪品の衣料やコカの葉を民衆に分配し始め、またインディオ大衆は、死者を甦らせる能力などをもった超自然的な力を具えた存在とトゥパク・アマルをみなしていった。その結果トゥパク・アマルがいだいていた、すべてのアンデス人を統合する社会の建設という目標は後景に退き、貧困インディオ大衆とそれ以外の白人との対立という図式へと変わっていく。インディオ大衆層の植民地主義にたいする憎悪は、白人人口のみならず、植民地当局側に忠誠を誓う原住民首長層などへの無差別の攻撃へと帰結していった。この結果、当初反乱に同調していたクリオーヨやメスティソ層などは反乱軍を忌避し、トゥパク・アマルの運動は民族的な怨恨に根ざした「インディオの反乱」となった。反乱はしかしながら開始からわずか五カ月で鎮圧された。トゥパク・アマルはその祖先と同じく、やはりクスコの中央広場で八つ裂きの刑に処せられる。

ところが反乱はさらに南方へと広がっていった。高地ペルーでは、フリアン・アパサと呼ばれるインディオがトゥパク・アマルの権威を引き継ぎつつ、トゥパク・カタリと名乗り、アイマラ系の住民を率いて反乱をより過激なかたちで継続していった。トゥパク・カタリの反乱が終結するのは一七八二年であったが、このアンデスの大反乱の結果、原住民側の一〇万人、スペイン人側の一万人と、多くの人々の命が奪われ、アンデス社会には大きな爪痕が残った。このアンデスの反乱ののち、植民地当局は、クスコにアウディエンシアを設け、コレヒドール制、レパルティミエントを廃するとともに、インカ・ナショナリズムがふたたび出現することを警戒し、インカ・ガルシラーソ・デ・ラ・ベガの著作の没収、インカ風の衣装・絵画の廃止、伝統的な祭儀の禁止など、インディオ文化にたいする弾圧をおこなっていった。こうしてインディオ系住民が構想した新秩序が実現されることはなく、十九世紀にはいりクリオーヨ対ペニンスラールという構図のもとで展開される独立の運動に、インディオが融合しうる可能性は排除された。

第五章　植民地時代のブラジル

1　パウ・ブラジルの時代からカピタニア制へ(一五〇〇〜四八年)

フェイトリアとマメルーコの出現

一五〇〇年以後、ポルトガルはインド洋の香料貿易の独占をねらって、沿岸各地にフェイトリア(武装交易基地)を築き、「インド領域」の確立に主力を注いだ。そのため、渡航に七カ月を要するインドに比べ、ブラジルとは三分の一の時間で連絡できる近さだったにもかかわらず、あまり関心をはらわれず、わずかに、赤色染料材および高級家具材としてヨーロッパで需要のあるブラジルの木(パウ・ブラジル)の伐採をおこなうにすぎなかった。この木からブラジルという地名が生まれたのである。ポルトガル王は一五〇三年、パウ・ブラジルを王室専売品とし、新キリスト教徒(ユダヤ教からの改宗者)で、貴族の身分をえていたフェルナンド・ノロニャにその専売権《コンセサン》を与えた。

ポルトガル人によるブラジル領有の第一段階は、アフリカやアジアにおけるのと同じく、沿岸部にパウ・ブラジルの貯蔵と積出しのためのフェイトリアを設置することから始まった。一五三〇年までに、多くのポルトガル船がブラジルの海岸をおとずれ、インディオ(原住民)にビーズ、織物、刃物などを与え、パウ・ブラジルの巨材を切り出させた。しかし、パウ・ブラジルは十六世紀前半ごろまでに枯渇し、ポルトガル人の活動は、沿岸部の一部に限られた。また、ポルトガル人の永続的な集落は、有限な天然資源に依存する不安定なフェイトリアからは生まれなかった。

沿岸部の原住民の多くは、トゥピー・グァラニー語族に属し、多くの部族に分れ、抗争しあっていた。当時の原住民人口は、一〇〇万から二〇〇万人のあいだと推定されている。パウ・ブラジルの採取者や難破船から漂着したポルトガル人とインディオのあいだに生じた平和的な交渉を通じ、インディオ化したポルトガル人やその子孫であるマメルーコと呼ばれる混血児の集団が出現した。インディオの指導者となった有名なポルトガル人には、今日のサントスの近くのサン・ヴィセンテのジョアン・ラマーリョとアントニオ・ロドリゲス、バイーアのディオゴ・アルヴァレス(火縄銃の威力を示したため神としてあがめられ、別名「カラムルー」火の男)、ペルナンブーコのヴァスコ・ルセナなどがいた。これらの土着化したポルトガル人やその子孫の存在は、のちの本格的な植民におおいに貢献した。

カピタニア制の導入

ブラジル開発の第二段階は、フランス人の侵略にたいする防衛を目的とした、計画的な入植をもって始まった。パウ・ブラジルを満載したポルトガル船を襲撃して、ブラジルの新資源に気がついたユグノー派のフランス人は、新教徒であるため、ローマ教皇の裁定に基づくトルデシヤス条約に拘束されず、ブラジル海岸に拠点をつくり、一五三〇年ごろには、ポルトガルのブラジルにおける独占的な地位を脅かし始めた。ポルトガル人もフランス人も、インディオの部族間の抗争を利用し、海上で戦うだけでなく、陸上でも相手を駆逐しようとつとめた。

ポルトガル王ジョアン三世は、一五三〇年マルティン・アフォンソ・デ・ソウザの船隊を大規模な入植の準備として、フランス船駆逐と沿岸調査のために派遣した。ついで、一五三四〜三六年にかけて、ブラジルの開発と防衛のために、ポルトガル本国でのレコンキスタ後の入植やマデイラ諸島の開発の経験に基づき、考案されたカピタニア制が導入された。

カピタニア制は、ポルトガルのセニョリオ制とセズマリア制を結合させた性格をもっていた。セニョリオは、王が臣下にたいし、新領土の入植、開発、防衛を条件として、無償で一定の領域の支配権を譲与《ドアサン》し、その被譲与者《ドナタリオ》は、男子の相続人にその支配権を相続することを認められた。相続人が存在しないときは、そのセニョリオは王に返還された。ドナタリオの支配権は、必ずしも土地の私有権を含まず、むしろ行政・司法権の行使(徴税権、官吏任命権、裁判権、一定の独占的経済活動をおこなう権利など)に限られていた。王の上級支配権を確認するため、特定の徴税権や司法権には、王の介入権が認められていた。この制度は、北米の領主植民地ににていたが、住民に立法権は与えられていなかった。セニョリオ(特定の役務提供を交換条件としないという意味で封土とは異なる)の制度は、厳密な意味で封建的なものではなく、レコンキスタや未開地への入植奨励を目的とした独特な制度であった。

セズマリア制は、分譲権者《セズメイロ》が新領土への入植促進のため、入植後五年以内にその地所《セズモ》を開拓利用するという条件で、無人の土地を適切と考える人物に分譲することができるという制度であった。被分譲者は、収穫から十分の一税を支払う義務をおった。ブラジルにおいては、セズメイロとドナタリオは同一人物になり、軍司令官《カピタン》または長官《ゴヴェルナドール》と呼ばれた。セズモの分譲を受けた人物の多くはドナタリオの親族や友人であったが、開拓の義務をはたしたあとは、他人にその土地を売却することも相続人に世襲させることもできた。セズマリアの最小単位は四×一レグア（少なくとも一四四キロ平方）であり、同一人物がいろいろな名義で多くのセズマリアを受けることもあったので、のちの大土地所有制の起源となった。この制度は一八二二年に廃止されるまで、唯一の土地制度であった。すなわち、メキシコや中央アンデスのような高文化圏ではないブラジルでは先住民の支配搾取よりも入植と土地開発が重視されたのである。

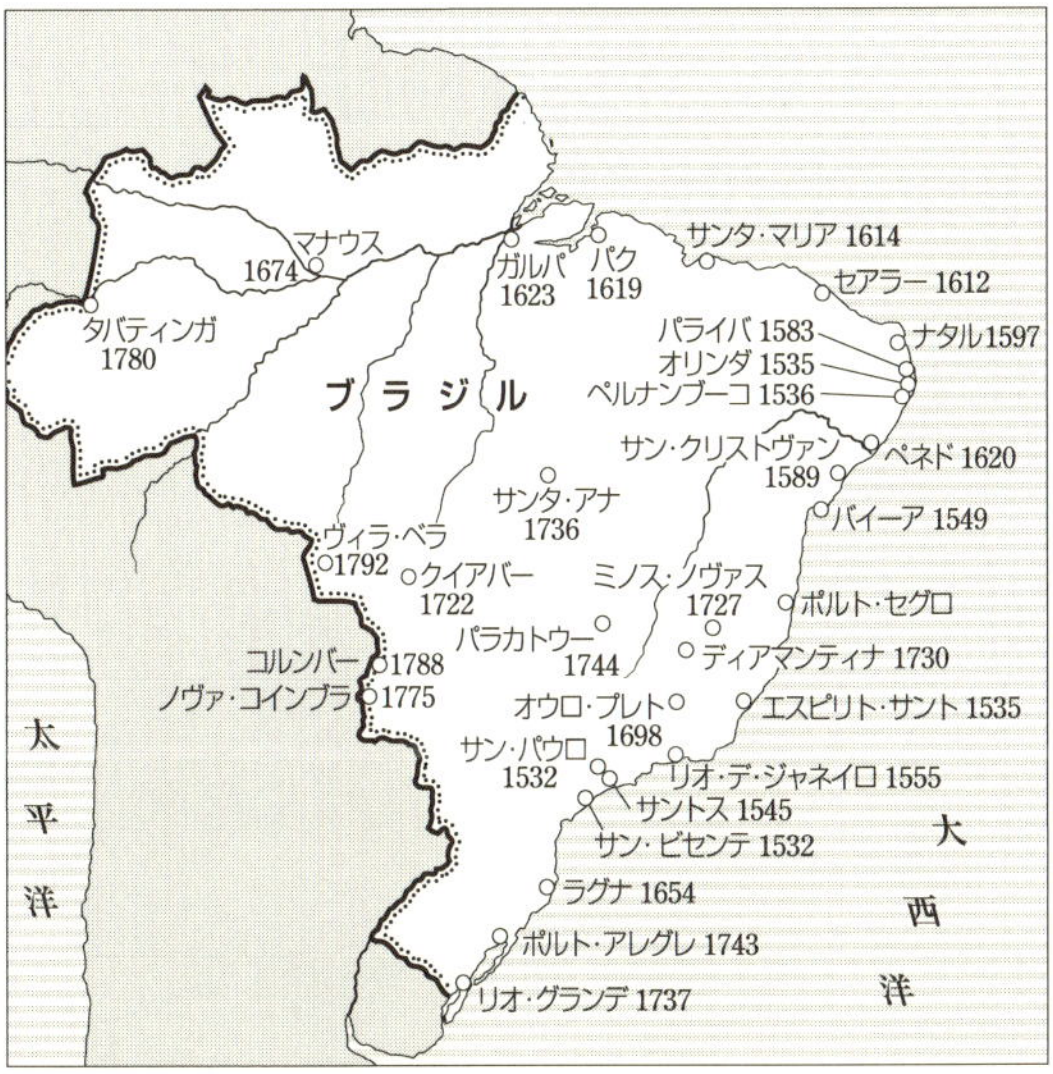

ブラジルにおける集落の形成

ブラジルは一五のカピタニアに分割された。各カピタニアは幅五〇レグア（約三〇〇キロ）の海岸をもち、トルデシヤス条約により内陸に想定された理論的な国境線（カボ・ヴェルデ諸島より三七〇レグア西方。じっさいには、この経線はアマゾン河口のベレン付近からサンタ・カタリーナ州フロリアノポリス付近をとおるはずであったが、その位置は不明だった)までの奥行をもつと定められた。これらのカピタニアは、一二人のドナタリオ、すなわちカピタンに譲与された。彼らはいずれも裕福な貴族で、自弁で移民を入植させ、植民地の開発をおこなうはずであったが、じっさいに応募したドナタリオは中流以下の貴族であったため、フランドル地方やイタリアの資本家の支援が不可欠となった。しかもポルトガルにとどまりブラジルに赴こうともしないドナタリオの姿勢や農業にとっての地理的悪条件やインディオの襲撃のため、ほとんどのカピタニアは失敗し、わずかにサン・ヴィセンテ(一五三二年マルティン・アフォンソが開設)とペルナンブーコ(三六年ドゥアルテ・コエリョ・ペレイラが開設)のみが軌道にのった。その後、ほかのカピタニアもしだいに開発されたが、各カピタニアの規模が大きすぎたため、入植地は、船以外の手段では相互に連絡のできない島々のような状態におかれた。また、インディオの抵抗のため、入植地は長いあいだ沿岸部に限られていた。さらに十六世紀を通じて、王室はフランス人などの侵入を防ぐため内陸進出を抑制し、沿岸部の集落の規模と数の増加を奨励した。全体として、カピタニア制は、新植民地へのある程度の入植をうながしたが、経済的な開発方式としては、成果をあげなかった。

2　砂糖の時代(一五四九～一六四〇年)

フランス人の脅威

フランス人の脅威増大に対処して、ポルトガル国王が総督制を施行したとき、ブラジル開発は第三段階にはいった。カピタニア制も存続するが、総督は、そのうえに立ち植民地の防衛と開発を担当することになった。マルティン・アフォンソの弟であるトメ・デ・ソウザが、総督ゴヴェルナドール・ジェラルに任命された。彼は一五四九年、ブラジルの首都とされたバイーアのサルヴァドールに役人と約一〇〇〇人の入植者を同行し到着した。この一行には、マヌエル・デ・ノブレガら六人のイエズス会士も含まれていた。

総督制の施行は、沿岸海路による各カピタニアを防衛するとともに、カピタニア制に代表される分権化の傾向を抑制しようとする王室の意図を示していた。一五四八年に、相続人を失ったバイーアのカピタニアが廃止・接収されたのを皮切りに、王室は徐々にすべてのカピタニアにたいする規制を強化し始めた。一六〇〇年には、民間人の手に残されたカピタニアは、一一になった。しだいにカピタニアは、王に任命される長官に統治される行政単位になっていった。十七世紀のあいだに、ブラジルとマラニャオンの両植民地にそれぞれ五つのカピタニアが創設され、一七〇〇年にはそれぞれ六つ、計一二が存在していた。

一五五六年に主に新教徒からなるフランス人は、今日のリオ・デ・ジャネイロの湾口近くに南極フランス《フランス・アンタルクティク》の植民地を建設した。一五六〇年、三代目総督メン・デ・サは遠征隊を率いてこの植民地を攻撃したが、不成功に終わった。フランスはこの植民地を支援するための大遠征隊を準備していたが、国内に宗教戦争が勃発したため、派遣は中止された。メン・デ・サに派遣されたポルトガル人は、リオ・デ・ジャネイロを建設し、かつ周辺のインディオ諸種族と同盟を結んだ。こうして、一五六七年フランス人が駆逐された。

サトウキビ栽培による繁栄

パウ・ブラジルの資源が枯渇したのち、ブラジル植民地にみるべき天然の特産品がなかったため、サトウキビが栽培され、しだいに主要な輸出産業となった。サトウキビは、高温多湿の気候を好む植物で、インドのガンジス地方で栽培され始め、アラブ人によって西に運ばれ、八世紀初頭イベリア半島に導入された。一四二〇年には、航海者エンリケ王子の命により、サトウキビがマデイラ諸島に移植されたが、その販路に問題があり、重要な産業になれなかった。

ブラジルにおいて最初のエンジェニョ(精糖工場つきサトウキビ農園)は、一五一六年ペルナンブーコにつくられ、急速に拡大した。初代総督トメー・デ・ソウザは、一五四八年の基本法規で糖業を奨励した。十六世紀なかばには、六つのエンジェニョがあったが、一六〇〇年には、その数は一二〇に達していた。

このような糖業の繁栄は、沿岸部の高温多湿な気候と肥沃な土壌(マサペーという黒色腐植土)の存在、インディオとアフリカ人からなる奴隷労働力の利用、ユダヤ系市民の貢献などの要因によるものであった。さらにポルトガルに幸いなことには、スペイン人は、当初ブラジル以上の栽培適地であるカリブ海の諸島でまだ砂糖生産をおこなっていなかった。メキシコやペルーで征服直後から銀や金が発見されたためと、スペイン南部の糖業を保護する必要から、当時砂糖の価格が上昇していたにもかかわらず、スペインはアメリカ植民地で砂糖生産をおこなわなかったのである。

糖業経済の繁栄は、十八世紀前半のミナス・ジェライスの金ブームと、カリブ海の砂糖生産との競争によって、しだいに衰退に向かう。しかし、十八世紀末、ヨーロッパの戦乱でサトウ大根の栽培が打撃を受け、ハイティ独立戦争でカリブ海の砂糖生産が低下するとブラジルの砂糖生産も活気を取り戻した。いずれにしても、独立までのブラジル植民地の輸出累計額の半分以上が砂糖によるものであったとされる。

インディオの奴隷化と内陸進出

パウ・ブラジルの時代には、ポルトガル人の数が少なく、戦争によりインディオを奴隷化することは不可能であった。しかし、しだいに、前者が数的・軍事的に優勢に立ち、かつより定着的な砂糖生産が拡大するにつれ、インディオの奴隷化が始まった。このため、インディオは、ポルトガル人を敵視し、フランス人と同盟した。戦争以外にも天然痘などの疫病の流行により、免疫性のないインディオの人口は激減し、その奴隷化は一層容易になった。

ノブレガなどのイエズス会士は、王室に働きかけて、一五七〇年以後インディオの奴隷化を禁止する勅令の再三の公布をみた(最後の禁止令は独立後の一八三一年)が、入植者は無視した。この問題をめぐるイエズス会と入植者の対立は、長期間続き、結局は、前者のポルトガル領からの追放(一七五九年)という事態をもたらす一因となった。

インディオ奴隷は、ほとんどのポルトガル人集落を根拠地として、民間人が組織し、内陸部にたいして派遣された遠征隊《エントラーダ》の手で獲得された。しかし、ブラジル全国でも、とくにサン・パウロのエントラーダが華々しく活動し、有名であった。このエントラーダは、のちに正規軍歩兵中隊の意であるバンデイラとも誤称され、パウリスタ(サン・パウロ人)は、バンデイランテの名で知られるようになった。彼らの多くは、マメルーコというポルトガル人とインディオの混血タイプで、質実剛健さと冒険心によって知られていた。バンデイランテの名称は、今日でも、サン・パウロ市、州と住民の別称として、積極果敢など、肯定的な意味で用いられている。

今日のサン・パウロ市の起源となった集落は、一五五四年イエズス会士の創設したピラティニンガという インディオ教化集落であった。一五六〇年からこの集落は、町《ヴィラ》に昇格するとともに、海岸地帯にいたポルトガル人入植者や近くのサント・アンドレーという集落にいたジョアン・ラマーリョらのマメルーコたちが合流した。

パウリスタたちは、北東部の糖業のように有利な輸出農業をおこなわず、イエズス会士が定着させ、すでに教化していた教化村《アルデイア》を好んで襲い、数十万人のインディオを捕獲し、奴隷として砂糖農園に売却した。パウリスタたちは、奴隷狩りのためのエントラーダの途上、金、ダイヤモンド、エメラルドなどもさがし、一六九三〜九五年にフェルナン・ディアスがミナス地方で金を発見するなど、多くの鉱床を発見した。エントラーダは、多くのインディオの集落や教化集落を破壊したが、内陸部に交通網を形成し、それにそって多くの集落を発生させるとともに、トルデシヤス条約が定めた理論的国境線をマドリード条約(一七五〇年)ではじめて採用されたあらたな領土確定理論である「実効占拠」によって、西へ大幅に押し進めた。このような歴史的経験に基づいて、ブラジルの軍部周辺の地政学論者のあいだには、「可動国境」の理論の信奉者が多い。明確な国境線が設定されていない場合や、係争地では、一定期間の実効占拠によって領有権が成立するという命題である。

エントラーダの結果、ブラジルのインディオの多くは、アマゾンの熱帯降雨林の主要な河川の中間地帯のようにポルトガル人に接近しがたい場所を除けば、伝統的な狩猟採取や半定住的な根茎栽培農業に依存した生活を送ることはできなくなった。戦闘、旧大陸起源の伝染病、奴隷化などの要因によって、彼らの人口は激減し、増加率も低下した。今日のブラジルの全人口に占めるインディオ人口の比率は、一%以下(数十万人)程度であり、その大部分が国土の半分を占めるアマゾンの未開ないし半未開人口であることを考えれば、ブラジルの国土の約半分においては、インディオは、混血による吸収があるとはいえ、ほぼ消滅したということができよう。

しかし、インディオは、ブラジルの人種と文化に強い影響を与えた。まず、初期のポルトガル人入植者が独身男子を主体としていたため、インディオ女性は、入植者の妻妾として、混血の子孫マメルーコを生んだ。また、母親、乳母、家内奴隷として、入植者の子女に、言語、神話、民話、料理、育児法、医薬技術、人種意識などの分野で影響を与えた。インディオの男子は、農業奴隷、エントラーダの兵卒、人夫などとして、しばしば特定の集落においては白人を数的に上回っていた。たとえば、サン・パウロ地方では、トゥピー・グァラニー語が共通語《リングァ・ジェラル》として、ポルトガル語よりも広く用いられていた。インディオが栽培していた作物もポルトガル人に利用されるようになった。たとえば、ババスーヤシ、ユカイモ、ラッカセイ、トウガラシ、マテ茶、アヴォカード、マンジョカイモ、ヤムイモ、綿花、ヒョウタン、ゴイアバ、タバコ、トウモロコシ、コショウ、フェイジャウンマメ、カボチャ、パイナップル、サツマイモ、カシューマメ、パパイアなどがあげられる。

アフリカ人奴隷の導入

砂糖生産の拡大につれて、農園における労働力の需要が増大し、インディオ奴隷の供給は不十分であることが明らかになった。キリスト教布教の対象であるべきインディオの奴隷化に反対したイエズス会の提案もあり、一五七〇年王室は、アフリカ人奴隷の輸入を本格的に奨励し始めた。確認できる最初の勅許は、一五三九年ペルナンブーコ初代総督ドゥアルテ・コエリョにたいして与えられた。当時、砂糖はヨーロッパでグラム単位で取引されるほどの貴重品であったため、遠くアフリカ大陸から高い奴隷を購入しても採算がとれるほど、糖業の収益性は高かった。ブラジルからは、砂糖、火酒、タバコ、マンジョカ粉などがアフリカに輸出され、ヨーロッパ製品とともに、ポルトガル人、ムラート(白人と黒人の混血)などの奴隷商人や奴隷狩り業者(ポンベイロ)、またアフリカ人の部族の首長などに支払われた。

ブラジルにたいするアフリカ人奴隷の供給源は、ポルトガルのアフリカ植民地で、ルアンダが奴隷の積出し港であった。十七世紀後半まで、当時のコンゴ(ザイル川よりダンデ川までの地域)やアンゴラ(ダンデ川よりロンガ川までの地域)から、バントゥー系の黒人が、西アフリカからは別系統の黒人がブラジルに送られた。奴隷船は、奴隷たちを信じられないほどの密度でつめこみ、熱帯の海上をブラジルへ送った。通常の航程では、アンゴラからペルナンブーコまで三五日、同じくバイーアまで四〇日、リオ・デ・ジャネイロまで五〇日かかった。男子奴隷一人(ペサ、すなわち品物のように個と呼ばれた)が当時の通貨で一〇〇から五〇〇ドルで売られた。女性や子供は、半人前(半ペサ)以下に評価された。夫と妻、親と子が別々の農園に売られることも珍しくなかった。また、同一種族の奴隷が一定の農園や地区に集中しないように配慮された。一五八五年イエズス会士アンシェッタの記録によれば、ブラジル植民地の人口五万七〇〇〇人のうち、一万四〇〇〇人が黒人であり、インディオが一万八〇〇〇人、白人が二万五〇〇〇人であった。

ユダヤ系市民の役割

ブラジルにおいて、糖業が大規模な輸出向け農業として発展した理由のひとつは、新キリスト教徒がアムステルダムに亡命していたポルトガル系ユダヤ人と提携し、大規模生産に不可欠な金融と販売の問題を解決したことであった。

元来ポルトガルにおいて、ユダヤ人は商業、芸術、医学などの分野で卓越していた。しかし、カスティヤの王女イサベルとの結婚を望んだマヌエル一世は、スペインの要求に押されて、一四九六年キリスト教の洗礼を受けないユダヤ教徒とイスラム教徒にたいし、一〇カ月以内に国外に退去することを命じた。十四歳以下の両教徒の子女は、強制改宗されることになった。このような圧迫のため、ポルトガルのユダヤ系市民の多くは、オランダのアムステルダムとブラジルに脱出した。一五三五年ポルトガルは、隠れユダヤ教徒ジュタイザンテやジターノ(今のロマ人)などで「望ましくない」人々をブラジルに送り込むことを始めた。バイーアやペルナンブーコを建設した入植者の多くは、新キリスト教徒や隠れユダヤ教徒であった。彼らはアムステルダムの親戚、友人と連絡を保ち、砂糖の生産ばかりでなく、輸出販売をおこなうことができたのである。

このような事情から、ブラジル植民地では当初は、宗教的寛容が保たれ、スペインのポルトガル併合

(一五八〇年)後になって、はじめてバイーアの司教が異端審問の権限をもつことになった。それでも、審問の犠牲者の数は、十八世紀にはいるまできわめて少なかった。

砂糖農園の社会

典型的な砂糖農園は、精糖工場エンジェニョと広大なサトウキビ畑をもち、工場をもたない中小農家《ラヴラドール》と区別して、エンジェニョと呼ばれた。エンジェニョの付近の農民には、エンジェニョから借地しているモラドールも多く、精糖の費用とあわせて、精糖の五五％(ラヴラドール)から七〇％(モラドール)をエンジェニョの持主に引き渡す慣習であった。

エンジェニョには、邸宅、礼拝堂、奴隷小屋、精糖工場(ときには蒸留酒工場も)、作業場、畜舎、サトウキビ畑、野菜やマンジョカ栽培のための畑、薪をとるための森林などを備えていた。エンジェニョは塩、火薬、農園主一族の衣服など以外は、すべて内部で自給することが多かった。王室がエンジェニョに奴隷のための食料を自給することを義務づける法令を公布したこともあった。一〇〇〇人以上もの奴隷をかかえている特大のエンジェニョもあったが、通例は、八〇〜一〇〇人の奴隷を所有していた。男子奴隷は、牛四〇頭に相当する代金で購入された。奴隷のほかに、監督、職人など、白人や解放奴隷出身者からなる自由人労働者も若干みられた。当時の記録者ブランドニオは、エンジェニョに必要な三条件として、「肥沃で広大な土地、十分な水……そして大森林のかたちでの十分な量の薪」をあげている。またサトウキビや製品の運搬には、海港に通じる河川沿いの立地が有利であった。農園主階層の生活は、リスボンの上流階層のそれと変わらなかった。

ブラジル植民地の当時の経済的基盤は糖業であったから、社会の基盤はエンジェニョであった。征服当初より鉱業が重要な産業となったスペイン・アメリカと異なり、初期のブラジル植民地では、都市は、重要な役割をはたさず、エンジェニョに寄生していた。今日のブラジル社会にも強い力をもつ拡大家族制とその延長としてのネポティズム(縁故主義)、擬制親族制とその延長としてのパターナリズム(父親的温情主義)、比較的緊張の少ない人種関係などは、エンジェニョ内の社会を基盤として形成された。

セニョール・デ・エンジェニョと呼ばれる農園主の家族は、兄弟、従兄弟や奴隷女性から生まれた混血の庶子までを含む拡大家族であった。農園主は、農園内の人間の生殺与奪の権利をもち、家父長として尊敬された。長子相続制がとられ、エンジェニョの分割が避けられた。初期には、インディオの女性が農園主の妻妾として重要であったが、十六世紀後半からは、黒人女性が中心となった。時とともに、白人女性のブラジル渡航も多くなり、農園主の正妻となった。白人女性は貴重視され、他人の目にふれぬように厳重に隔離され、洗礼、結婚、葬式以外には外出すべきではないとさえいわれた。彼女らは、家事の義務もなく、ハンモックに寝ては、甘いものを食べていたから、おおいに肥満していた。

エンジェニョ内の生活は、奴隷制の存在にもかかわらず、人種関係を緩和する傾向があった。白人の子供は、実の母親よりも黒人の乳母に育てられ、遊び盛りには、同年輩の黒人の遊び友達モレケを与えられた。白人と黒人の密接な接触を通じて、アフリカ起源の宗教、迷信、魔術、神話、伝説、食物、言語などの影響が強くあらわれた。今日でもリオのマクンバ、バイーアのカンドンブレー、ペルナンブーコのシャ

バトゥケ	batuque	リズム音楽
ベンガラ	bengala	ステッキ
カシャサ	cachaça	火酒
カシンボ	cachimbo	パイプ
カンドンブレ	candomblé	民俗宗教の一宗派
カレカ	careca	禿
カリンボ	carimbo	タイコ，ゴム印
フバー	fubá	トウモロコシ粉
グリ	guri	男の子
モコトー	mocotó	牛足（料理用）
モレケ	moleque	男の子（元来は黒人の子）
キンディン	quindim	カボチャでつくった菓子，最愛の人
キタンダ	quitanda	食料品店
サンバ	samba	音楽の種類
シンガール	xingar	(動詞）ののしる

ブラジルで使われているアフリカ起源の語彙

ンゴーなどのアフリカ系民俗宗教は、白人のあいだにも信者を有している。また、聖母や聖人信仰のかたちをとり、アフリカ系宗教とキリスト教の融合現象(シンクレティズム)も生じた。植民地時代にバイーアをおとずれた外国人旅行者は、アフリカ的な音楽と踊りがすべての階級の人々に好まれていることに驚いている。十七世紀のイエズス会士ヴィエイラは、ブラジルが「アメリカという身体にアフリカの魂をもつ」と述べている。

　ブラジル人の食生活をみれば、アフリカの影響がいかに強かったかが理解できる。リオ・デ・ジャネイロ以北の諸都市の上流階級の食生活が脱アフリカ化し、ヨーロッパ化したのは、十九世紀になってからであった。今日でもブラジル人の食事には、ヤシ油(デンデー)、トウガラシ、オクラ(キアーボ)、鶏肉、ニンニク、魚、エビ、カボチャ、ホロホロ鳥、コーラマメが使われる。カルルーはエビ、オクラ、コショウ、ヤシ油でつくったシチューであり、ヴァタパーは魚、乾エビ、カシューマメ、ピーナッツ、コショウ、ヤシ油などでつくったピューレ状の料理であるが、名称、材料、調理法からみてアフリカ的な料理といえよう。

言語においては、文法にたいするアフリカの影響はないが、発音、語彙には強い影響がみられる。音楽においては、西アフリカのジョンゴとコンゴのバトゥケ、総じて、バンツー系アンゴラ文化の影響が強いといわれる。

植民地時代を通じ、奴隷の待遇について主に教会側から抗議が繰り返され、王室は調査と残虐行為の中止を求める法令を再三公布した。奴隷も、自殺、反乱、逃亡、堕胎などのかたちで虐待に抵抗した。黒人の増加に並行して、混血児ムラートの数も増加した。ムラート（女性はムラータ）は、農園主の監督や妾となり、白人と黒人の中間的な地位をえた。当時の諺によれば、ブラジルは、「黒人の地獄、白人の煉獄、ムラートの天国」であった。そしてエンジェニョ外部の社会は、弱体化していた。農園主は、しばしば町の商人から金を借りていたが、彼らをみくだしていた。そうした町の自由民のなかには、ユダヤ系の市民が少なくなく、彼らのあいだではひそかにユダヤ教の儀式が続けられていた。

内陸の開発

内陸の開発にパウリスタのエントラーダ（いわゆるバンデイラ）につぐ貢献をなしたのは、牧畜であった。牧畜は一五三〇年代にサン・ヴィセンテに導入され、のちに沿岸全域に広まった。しかし、糖業の拡大とともに、牧畜は内陸に押し込まれ、十六世紀末までに全国的に普及した。牧畜は比較的少数の人員で広大な地域を利用するので、辺境にふさわしい産業だった。内陸部の集落にはクラール、ヴァカリーアなど集牛地を意味する地名をもち、牧畜起源のものが少なくない。また、集牛路はのちの幹線道路のもととなった。牧畜業の中心は、北のピアウィー地方、中央部のサン・フランシスコ川流域、そして南のリオ・グランデ・ド・スル地方であった。これらの地方は、沿岸部の農園や都市に(のちにはミナスの鉱業地帯に)、牛、馬、ラバなどの運搬手段や食肉源を送った。また、一五八〇年から皮革が輸出され、しだいに重要な産品となった。

北部、中央部の牧夫は、ヴァケイロと呼ばれた。ヴァケイロは、インディオとたびたび戦闘を繰り返した。南部の牧夫は、ラ・プラタ地方のスペイン文化の影響を受けた。彼らは、ポルトガル語風にガウーショと呼ばれた。彼らは、スペイン系のガウチョと、土地と放牧されている家畜をめぐって、抗争を続けた。ヴァケイロとガウーショの大部分は、ポルトガル人とインディオの混血児だったが、黒人、ムラート、イ

北部の牧童ヴァケイロ

南部パンパの牧童ガウーショ

ンディオの牧夫も珍しくなかった。内陸部の牧畜社会は、沿岸部の貴族的なエンジェニョの社会とは異なり、階級格差が少なく、社会流動性も大きかった。

また、牧畜社会と農業社会を結びつける要素のひとつに、ラバの隊商トロペイロがあった。トロペイロは、集落間の物資の輸送のみならず、情報の交換に役立ち、植民地の一体性の形成に貢献した。

イエズス会と教育

ブラジル植民地において、教育を実質的に独占していたのは、イエズス会であった。一五七〇年ごろには、同会はリオ・デ・ジャネイロ、ペルナンブーコ、バイーアで小学校五校、中等学校コレジオ三校を経営していた。コレジオはしだいに大学の性格をもち始め、一五七五年バイーアのコレジオは、学士号を授与し、翌年には修士号をもだした。イエズス会の学校には、三つの段階があった。まず五年間、文法、人文学、修辞学を学び、ついで三年間、論理、形而上学、数学、倫理、基礎的自然科学を学んだ。さらに、僧侶志望者は、四年間神学教育を受けた。しかし、医学と法律を学ぼうとするブラジル人は、ポルトガルのコインブラ大学に留学するならわしであった。

イエズス会の学校は、農園主層やインディオの首長階層の子弟を対象に教育をおこなった。インディオとの混血児メスティソは入学できたが、黒人との混血児ムラートは許されなかった。このため、一六八六年にポルトガル王は、イエズス会にムラートを差別しないように求めた。農園主層のあいだでは、長男が農園を相続し、次男が学者、専門職業人(医師、弁護士)、三男が僧侶になる習慣があった。いずれの場合にも、イエズス会の教育を受け、できれば、学士号や修士号をうることが必要だった。イエズス会は、社会のエリート層を対象に教育活動をおこなったためと、教育事業の資金を自己の農園からの収益に求めていたため、成功し、社会に強い影響力をもつにいたった。

3　スペイン統治期(一五八〇～一六四〇年)

植民地統治機構の整備

　一五八〇年にスペインのフェリペ二世は、血縁を理由にポルトガル王位の継承権を主張し、ポルトガル王即位を宣言した。ポルトガル王に後継者がなく、空位になっていたのである。ポルトガルは、スペインに併合され、スペイン人の副王によって支配された。ブラジルもこの結果スペイン王の植民地となり、諸制度がスペインの影響を受けた。さらに、スペインの防衛体制の弱点となったブラジルは、スペインからの独立闘争を続けていたオランダの西インド会社(一六二一年設立)の攻撃を受け、一六三〇年北東部のペルナンブーコの港市レシフェを占領された。一六四〇年になって、ポルトガルは、スペインから独立を獲得したが、ブラジル人がオランダ人を駆逐するのは、五四年まで長期の戦争によらなければならなかった。

　ポルトガルの当初の植民地統治は、スペインとは異なり、特別の法律や制度を設けることなくおこなわれた。しかし、スペイン統治期に、スペインのインディアス顧問会議にならい、コンセーリョ・ダ・インディアが創設された。ポルトガルの再独立後の一六四二年、コンセーリョは、海外領審議会《コンセーリョ・ウルトラマリーノ》と改称された。

ブラジル関係の政務は、十八世紀に海軍外国大臣の担当になるまで、王の秘書官の一人が担当した。植民地官吏の腐敗や越権を防ぐために、多くの手段が考えられ、スペインの制度技法も模倣された。問題が起きると、王は調査、視察、査察などを命じた。本国から派遣された官吏は、任期終了後も、在任中の執務にかんする告発と査問を待つための滞留審査《レジデンシア》の完了後でなければ帰国できなかった。

司法面では、一六〇九年に高等裁判所《レラサン》がバイーアに設置され、一七五一年リオ・デ・ジャネイロに第二のレラサンが設立された。この裁判所は、総督ゴヴェルナドール・ジェラルを議長とし、訴訟や官吏のレジデンシアを担当した。

スペイン・アメリカの市会《カビルド》に対応する地方自治機関に市参事会《セナード・ダ・カマラ》があった。セナードの参事《ヴェレアドール》の被選挙権は、有産者(不動産所有者)のみに与えられた。インディオの労働力を独占するイエズス会士、不適任と思われる判事やカピタニアの長らを追放することすらあった。セナードは、カビルドよりも強い権限をもち、リスボンに上訴することができた。ただし、王も主要都市のセナードに、議長となる勅任判事を派遣し、統制を加えようとした。カビルドと同じくセナードも、緊急時には総会《コンセーリョ・ジェラル》を召集し、他の官吏や有産市民の参加を求めることができた。

カピタニアやムニシピオの長官ゴヴェルナドールを行政的・軍事的に補佐する官吏として、大隊長《カピタン・モル》があった。彼は、多くの場合その地方の大地主で、大佐《コロネール》の階級を与えられ、徴兵権をもち、法律の施行を担当した。近年まで地方では、有力者によるボス政治体制がみられたが、これをコロネリスモと呼ぶのは、植民地時代のこの制度に由来する。

　一六二一年マラニャオンは、ブラジルと別個の植民地とされた。貿易風のため、マラニャオンへは、バイーアから連絡するよりも、リスボンから直接連絡することが容易であったからである。マラニャオンには、サン・ロケ岬以北および西北のすべてのカピタニアが含まれた。この植民地の首都は、サン・ルイスであったが、一七三七年にはベレンに移された。

　また、スペイン支配のもとで、ユダヤ系市民にたいする迫害が強められた。バイーアの司教には、異端審問の権限が与えられた。一六〇一年新キリスト教徒が許可なくポルトガルを出国することと、財産を売却することが禁じられた。おりからブラジルの僧侶のほとんどが新キリスト教徒であるという非難がなされ、一六〇三年、ブラジルに派遣される僧侶について厳重な身元調査や監視がおこなわれることになった。一六〇五年には新キリスト教徒を「ユダヤ人」と呼ぶことが非合法とされ、ユダヤ系市民の「過去の罪障」は赦免されたが、この措置は、新キリスト教徒が総額一七万クルザードの金を王に支払うとともに、王にたいする債権を帳消しにすることを条件におこなわれた。

　スペイン統治期に、ポルトガルの異端審問所は、ときおりブラジルに査察使を送ったが、十八世紀にはいるまで、異端のかどで逮捕され、本国送還になった者の数は比較的少なかった。

オランダ人の侵略

　ブラジルは、スペイン支配のゆえに、オランダ人の侵略の対象となり、オランダ人を領域から完全に駆逐するまでに多くの犠牲をはらわなければならなかった。しかし、オランダ人にたいする抵抗の過程のなかで、ブラジル人の民族的統合が促進された。

スペイン統治期以前には、ブラジル植民地は、ポルトガル以北のヨーロッパ諸国の商船にも開放されていた。ただし、ブラジルをおとずれる外国船は、その前後にポルトガルに寄港し、手続きや納税をおこなう義務があった。ヨーロッパ最強の海軍国になっていたオランダの船もイギリス船もブラジルをおとずれ、オランダのアムステルダムは、ブラジル貿易により、ヨーロッパ最大の砂糖市場となっていた。

ポルトガルを併合したスペインのフェリペ二世は、オランダ地方におけるプロテスタンティズムの拡大を憂慮し、弾圧のため派兵した。一五八一年北部七州は、スペインから独立を宣言し、オランダを建国した。一五八五年フェリペ二世は、ポルトガルに入国しようとするすべてのオランダ船と乗組員の捕獲を命じ、ついでブラジル植民地にも重商主義的統制を拡大した。一五九〇年ごろになると、オランダ人は、その海軍力を利用して、スペインにたいする報復として、従来友好関係を維持してきたポルトガル植民地にたいしても攻撃を拡大した。スペインとオランダは、一六〇九年、一二年間の休戦を条約で約したが、海外には適用されなかった。オランダの東インド会社は、東洋のポルトガル領を攻撃した。

休戦期間の終了した一六二一年、オランダは、西インド会社を設立し、二四年間にわたり、同社にアフリカおよびアメリカ大西洋岸の貿易の独占権を与えた。一六二三年、ピート・ヘインらに率いられた同社の艦隊は、バイーア攻撃のために出発し、翌年サルヴァドールを占領し、砂糖を搭載済みの二六隻の商船を捕獲した。一度撃退されたが、一六二七年に同市を攻撃した。ヘインは、ついでカリブ海に向かい、スペインの銀輸送船三一隻を捕獲し、銀一六万六〇〇〇ポンド、金六六ポンド、真珠一〇〇〇個、牛皮二〇〇万枚、インディゴ、コチニールなどを奪った。この収穫によって、西インド会社は、すべての債務を返済し、株主に七五％の配当を支払い、さらにブラジル北東部攻略の資金をえた。

一六三〇年、西インド会社は五六隻の艦船、三五〇〇人の兵士と一一七〇門の砲を積み、糖業の中心でブラジル経済の拠点であるブラジル北東部ペルナンブーコのオリンダとレシフェを攻撃し、占領した。この地域の重要性は、一六二三年のブラジルに住んでいた白人と混血児六〜七万人のうち半数までが同カピタニアに居住していたことから明らかであろう。同社は、アフリカのサン・ジョルジュ・デ・ミナをも占領し、アフリカ人奴隷の取引をも開始した。翌年オランダ人は、バイーアの占領を再度試みたが、撃退された。

ポルトガルの独立回復とその影響

一六四〇年ブラガンサ公がジョアン四世としてポルトガル王即位を宣言し、スペインから独立した。スペインからの攻撃を恐れたポルトガルは、翌年オランダとのあいだに一〇年間の休戦条約を結んだ。オランダ人は、休戦条約の発効前に占領地域の拡大をはかり、制海権を利用してアラゴアスからパライバまでの沿岸糖業地帯を占領し、ブラジルの一四のカピタニアのうち、七つを支配するにいたった。オランダ人は、占領地の人心をうるため信教の自由を保証し、多くの新キリスト教徒やユダヤ人がペルナンブーコに集まった。

西インド会社は、ブラジル占領地域の支配確立と内陸部平定のため、ヨハン・マウリッツ・ナッソー子爵を総督に任命した。彼は一六三七年に着任し、オランダ支配確立のための長期的視野から統治をおこなった。彼は港市レシフェを文化的な都市にするため、都市計画を立て、干拓工事をおこないつつ、橋や街路、住居、植物園、天文台、気象観測台を新設し、大学の設立さえ考えていた。しかし、会社首脳部は、近視眼的な立場から、費用のかかる計画を続けるナッソーを好まず、一六四四年、彼を解任帰国させた。ナッソーは、ヨーロッパでも実績のある優秀な軍人であったが、ポルトガルとの休戦条約発効のゆえに、オランダは、ブラジルに大規模な軍備を維持する必要はないと考えていた。

オランダの侵略にたいし、ブラジル人の一部は、自発的に「ブラジル型戦争」と呼ばれるゲリラ戦で抵抗を始めた。バイーアの総督府は、海路より、援軍や物資を補給した。イエズス会士アントニオ・ヴィエイラは、新教徒のオランダ人にたいする抵抗を呼びかけた。彼はポルトガルに渡航し、新王ジョアン四世にブラジル人の忠誠心を伝えた。王はヴィエイラを対オランダ関係の外交顧問に任命した。ヴィエイラの勧告の結果、ポルトガル王はオランダと休戦を維持する一方、ひそかにブラジル人の反オランダ闘争を激励した。一六四六年ポルトガル王は、ブラジル人にむくいるため、ブラジルを植民地から公国に昇格させた。ポルトガル皇太子は、ブラジル公と称することになった。

ヴィエイラは、さらに対オランダ戦遂行のため、オランダ西インド会社ににた会社の設立を王に勧告した。その資本は、ポルトガルから追放され、ヨーロッパ各地に散ったユダヤ人や国内の新キリスト教徒から調達されることになった。この構想は実現し、新会社はブラジルに艦隊を派遣したばかりか、オランダ占領下のルアンダを奪回するほどの成果をおさめた。ブラジル人部隊をのせ、リオ・デ・ジャネイロから出撃したサー・エ・ベナヴィデスの率いる艦隊が、ルアンダを攻撃、奪回したのである。一六四八年と四九年には、ブラジル人部隊は、オランダ軍との戦闘において、優勢に立ち始めた。

一六五一年、ポルトガルとオランダのあいだの休戦が終了し、オランダは、翌年にはイギリスとの海上戦を始めた。一六五三年末、ポルトガルの艦隊がブラジルに増強兵力をもたらし、翌年一月オランダ軍の最後の拠点が陥落した。ポルトガル軍司令官は、オランダ人に残留と帰国の自由な選択を許し、信教の自由を否定しなかった。この結果、ブラジル人女性と結婚したオランダ人士官などがブラジルに残留した。

ブラジルから撤退したオランダ人は、糖業の経験をもつ新キリスト教徒の技術者や黒人労働者をカリブ海の英領や仏領の諸島に移住させた。それ以外にもユダヤ人の多くは、迫害を恐れてオランダや西インド諸島に脱出した。数年後には、ヨーロッパへの砂糖供給は、過剰になり、価格が下落した。このため、ブラジル北東部の糖業は、徐々に衰退への道をたどり始めた。

一六六〇年イギリスでチャールズ二世が復位し、翌年ブラガンサ家のカタリーナと結婚したため、ポルトガルは有力な同盟国をえた。しかし、ポルトガルは、カタリーナの持参金を支払わなければならなかった。他方、オランダとの講和条約によって、オランダ占領地域放棄の賠償金をポルトガルは支払うことを義務づけられた。ブラジル植民地は、一八三〇年にいたるまで、これらの出費の一部を負担していた。スペイン捕囚期にアジアの香料貿易の基盤をオランダ、イギリスにきりくずされ、衰退し始めたポルトガルにとってブラジル植民地が最後の命綱になっていた。本国からブラジルへの移民の数は増大し、ブラジルからの歳入がますます重要になっていくのである。

インディオの保護者ヴィエイラ

イエズス会は、植民地時代の初期から、ノブレガ、アンシェッタのようなインディオの保護を主張した傑出した人物にめぐまれていたが、十七世紀の代表的なインディオ保護論者アントニオ・ヴィエイラも同会の神父であった。ヴィエイラは、一六〇八年リスボアに生まれ、六歳のときブラジルにつれてこられた。サルヴァドールのイエズス会のコレジオに学び、二十六歳で神父になった。オランダのバイーア攻撃に際して、ポルトガルに渡り、オランダ人駆逐を王に進言し、王の外交顧問に任じられた。一六五二年、彼はマラニャオン植民地にむかえられたが、最初のミサでインディオの奴隷制を非難した。入植者たちの反発にもかかわらず、ヴィエイラは、ポルトガルに戻り、ジョアン四世を説得して、マラニャオン内のすべてのインディオの村落をイエズス会の監督下におく勅令を公布せしめた。ヴィエイラは、教化集落の長に任命された。

一六五六年ジョアン王が死去し、宮廷内にヴィエイラの支持者がいなくなった。一六六一年マラニャオン植民地の市民が暴動を起こし、イエズス会士を追放した。ヴィエイラは、リスボンに赴いたが、王位継承抗争に巻き込まれ、かねて、新キリスト教徒やユダヤ人の保護を主張していたため、異端審問所によって四年間投獄された。釈放後、彼はイタリアにいき、法王庁内で盛名をえた。一六八一年彼は、サルヴァドールに戻り、一六九七年八十九歳で死亡した。

彼はインディオの保護を主張したが、反面彼の主張がアフリカ人奴隷の導入を奨励する一六八〇年の法令をもたらしたことを否定できず、スペイン・アメリカにおけるインディオの保護者ラス・カサス神父の考えと類似していることが注目される。

キロンボの興隆

オランダ人の侵略のもたらした現象のひとつとして、逃亡奴隷の集落キロンボの発達があった。反オランダ戦の過程で多くのエンジェニョや農園が破壊され、奴隷が逃亡する機会が少なくなかった。彼らは、北東部内陸部の半乾燥地アグレステの安全な地点にキロンボを数多くつくった。キロンボのなかの最大のものは、アラゴアスのカピタニアの奥地につくられたパルマーレスで、二万人の人口をもつにいたった。パルマーレスは、沿岸部の奴隷たちに誘惑を与えると考えられたが、対オランダ戦のあいだは、農園主たちは有効な対策をとりえず、一六七五年以降何回も遠征隊を送ったが、そのつど撃退された。

一六九六年エントラーダの専門家であるパウリスタたちに支援が要請され、八〇〇〇人のパウリスタが攻撃し、数週間の戦いののち、ついにパルマーレスは陥落した。その住民は殺されるか奴隷化され、リオ・デ・ジャネイロやブエノス・アイレスに売却された。この共和国はアフリカの王国ににた政治機構をもち、一小国としての実態を備えていた。その王はズンビと呼ばれていた。パルマーレスをはじめとする多くのキロンボは、内陸部のインディオと共存しており、後者にたいし、沿岸部で黒人が獲得したヨーロッパ的文化やアフリカから携えてきた文化(たとえば鍛冶の技術)を伝達した。

ブラジルの領域拡張

スペインの統治期に、ポルトガル帝国にたいして加えられたオランダの攻撃によって、ポルトガルはアジアの植民地と海運力を失い、本国経済は弱体化したが、ブラジルは、むしろ、疲弊した本国からより多くの移民をむかえいれ、領域の拡張を容易におこないうるようになった。スペインとポルトガルの両帝国のあいだの国境が消滅したことも、ブラジルの拡大に有利だった。

ポルトガルのスペインからの再独立後も、パウリスタを主体として全国的におこなわれたインディオ奴隷や金を求めるエントラーダは、スペイン捕囚期に国境の廃止に乗じてトルデシヤス条約が定めたブラジルの国境のさらに西側にも進出し、集落や要塞と交通路をつくり「実効占拠」の理論による領有権の主張の根拠をつくった。この実績をもとに、のちのマドリード条約(一七五〇年)は、ブラジル植民地の内陸境界を大幅に西進させ、今日のブラジルの国土に近いかたちをつくった。

ブラジルの最南部、すなわちラ・プラタ川東岸地方(今日のウルグァイの地)も、ポルトガルとブラジル入植者の領土拡張対策の対象となった。ポルトガルは東岸地方、バンダ・オリエンタルと呼ばれるこの地域を支配し、ラ・プラタ川を自然国境とする方針をもっていた。スペイン統治期には、ブラジル入植者は、ブエノス・アイレスのスペイン人と自由に交易をおこなっていたが、一六四〇年のポルトガルの再独立とともに、ブラジル人はブエノス・アイレスと密輸以外の方式では交易ができなくなった。密輸継続のために、バンダ・オリエンタルにポルトガルの要塞を建設することが不可欠となり、一六八〇年にコロニア・

ド・サクラメントの建設が始まった。

コロニアの位置は、トルデシヤス条約の定めたブラジルの国境の外側にあったため、ブエノス・アイレスの総督ホセ・デ・ガロは、ただちに、スペイン人三〇〇人、パラグァイのグァラニー人のインディオ三〇〇〇人からなる討伐軍を送り、コロニアを占領した。しかし、この地域の密貿易に関係していたイギリスは、両国間の平和条約の仲介をし、コロニアをポルトガルに返還せしめた。こうして、コロニアは、ラ・プラタ地域の密輸基地となった。十八世紀中葉のマドリード条約によって、この土地はスペイン領とされたが、それまでは、ポルトガルとスペインのあいだを転々として、帰属が定まらなかった。

4　金の時代(一六九三〜一七五〇年頃)

金の発見

スペイン・アメリカでは、先住民の存在と利用の実績に助けられて、ヨーロッパ人による植民の初期から、金銀などの貴金属が大量に発見され、開発された。このため、スペイン・アメリカには、都市的な社会が形成され、大規模な輸出向け農業が発展したのは、十八世紀以後ベネスエラやラ・プラタ地方においてであった。他方、ブラジルにおいては、当初より農園エンジェニョを基盤とする農村的社会が形成され、都市的生活が本格的に出現するのは、ミナス・ジェライス地方に金が発見されてからであった。農村的性格の強いブラジル文化の特性の一因は、この歴史的経験に求められる。

十七世紀末に、ポルトガル王は、金または銀を発見した者を騎士に叙することを定めて、鉱床の探査を奨励した。

一六九三年から九五年にかけて、ミナス・ジェライスにおいて、本格的な金鉱が発見された。発見者は、パウリスタであった。彼らは、山間の道(今日のフェルナン・ディアス街道)をとおってサン・パウロ市からミナス地方にかけつけた。しかし、この知らせは、ただちにブラジル全土や本国にも広がり、対オランダ・ゲリラ戦以後、すでに衰退期にはいっていた北東部からも資本と奴隷を携えた旧農園主階層をはじめとして、あらゆる階層と人種がサン・フランシスコ川をさかのぼり、殺到してきた。一七二〇年には、ポルトガルからブラジルへの渡航禁止令をだすほどだった。

金産地帯では、無法状態が支配した。パウリスタたちは、発見者として、他地方からの長靴を履いた移住者を脚にまで羽毛のはえた鳥にみたてエンボアーバたちと蔑称し、排斥しようとしたが、逆に劣勢に立たされた(「エンボアーバ戦争」一七〇八年)。この時点では、鉱山集落三のうちの二をエンボアーバたちが占拠していた。ポルトガル王は、一七〇九年、サン・パウロ＝ミナス・デ・オウロという新カピタニアを創設し、長官を任命したので、しだいに治安が改善された。

十八世紀の初頭に、ブラジルは黄金時代をむかえた。以後半世紀にわたり、大量の金が産出し、ついでダイヤモンドも発見された。北東部の糖業の衰退による景気後退は、克服された。しかし、ポルトガルの海外領審議会は、金の大量産出がもたらす問題に直面した。スペイン帝国の場合、植民地からの銀の大量流入は、本国の産業をむしろ破壊する結果をもたらし、さらに、他の西ヨーロッパ諸国の産業革命を助け

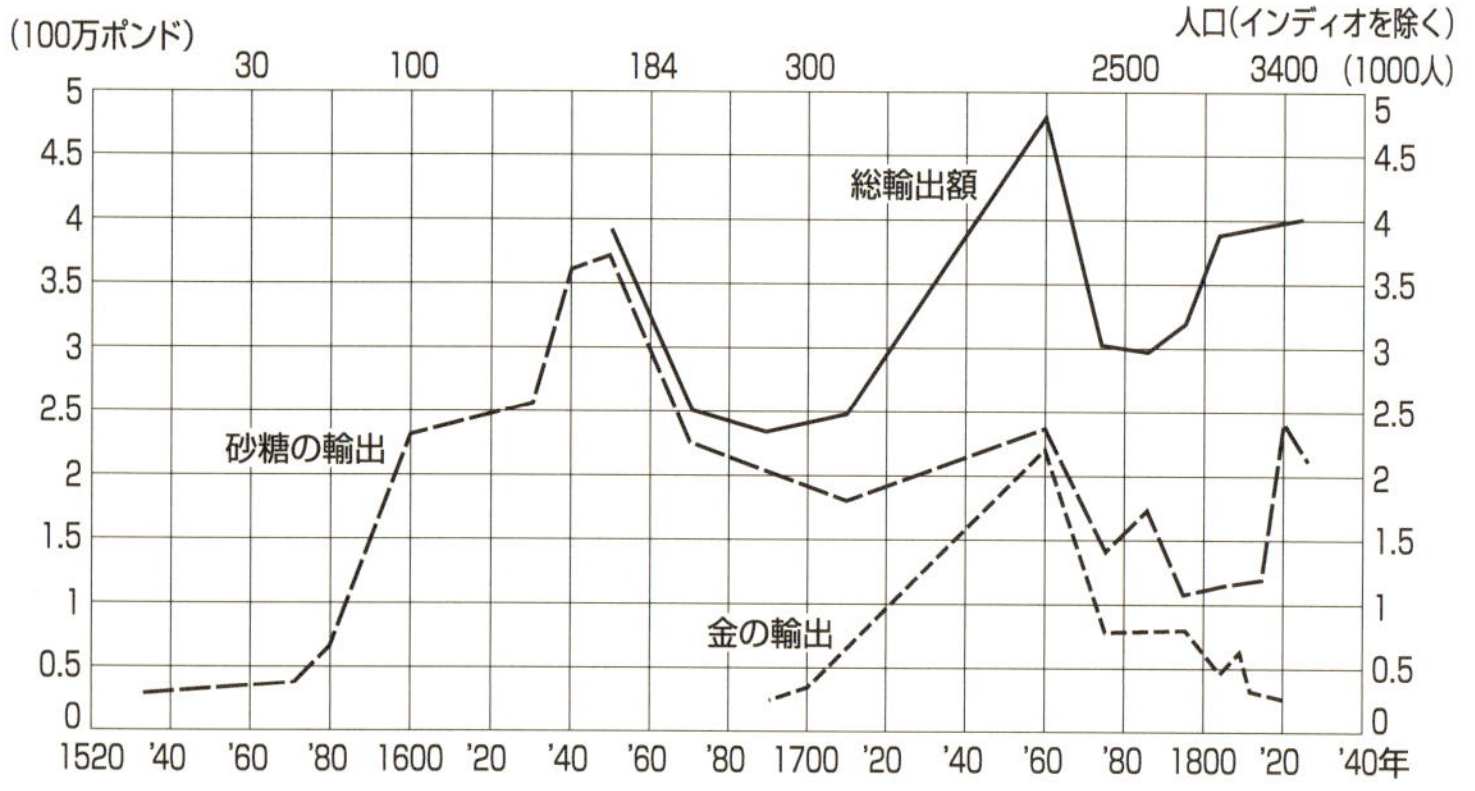

ブラジルの金と砂糖の輸出

る結果をもたらした。この先例は、ポルトガルにおいても繰り返され、リスボンに流入した金の大部分は、輸入商品の代金として、他の西ヨーロッパ諸国、とくにイギリスに流出する結果に終わった。

第二の問題は、鉱業生産に適用される五分の一税キントの徴収にあった。現実には、キントの理論的税額のわずか一割程度が徴収されたにすぎないと推定されている。リオ・デ・ジャネイロの南にある古い沿岸集落パラティーは、ミナスからの金の密輸を防ぐためにつくられた格子状街路をもつ軍の駐屯地であった。

一七一三年ミナス・ジェライスの町々のセナードは、キントのかわりに、年に三〇アローバ(四四〇キロ)の金を王室に上納する定量税デラメの制度の採用を支持する決議を採択した。数年後王室は、デラメの量を引き上げたが、諸セナードは、デラメの引下げを条件に、王の官吏が国内税関レジストロを管理することを承認した。今日のサン・パウロ州の南部沿岸レジストロ市もこの税関の所在地であった。

砂金とり労働者ファイスカドール

王室は、金産地からの歳入を一層増加させるため、ヴィラ・リカ(今日のオウロ・プレト)、サバラー、サン・ジョアン・デル・レイ、ヴィラ・ド・プリンシペに王室の金精錬工場や造幣局を建設する計画を発表した。刻印を打った正規延べ棒以外の金の流通は厳禁されることになった。住民の抵抗を予想して、ポルトガルから竜騎兵二中隊が派遣された。

ミネイロ(ミナス地方の住民)たちは、取得した砂金を精錬所などまで運ぶ義務をおわされたので反発した。ヴィラ・リカでは、鉱夫たちが一七二〇年暴動を起こし、官吏をリオ・デ・ジャネイロに追放した。ミネイロたちは、知事に決定撤回を求め、最後通告を送った。知事は、妥協的態度を示し、時間をかせいでから、暴動の首謀者らを捕え、本国に送還した。首謀者のうち、トロペイロ(ラバ隊商)のフェリペ・ドス・サントスは、銃殺された。この暴動と同じ年に、ミナスとサン・パウロは、二つのカピタニアに分離された。

一七二九年、ダイヤモンドがミナスのセロ・ド・フリオ地方で発見されると、王室のダイヤモンド区(今日のディアマンティーナ市)が設定された。そこには自由黒人とムラートがはいることが禁止された。竜騎兵がガリンペイロ(無許可の採掘者)を摘発すべく巡回した。産出するダイヤモンドは、王室の歳入となった。ダイヤモンドは、王に送られ、ポルトガル王室は、ヨーロッパの宮廷のなかでもっとも立派なダイヤモンドのコレクションを誇るにいたった。しかし、財政悪化のため、ヨーロッパへのダイヤモンドの供給は、十分に統制されず、価格は十九世紀の初頭まで下落しつづけた。

金とダイヤモンドは、植民地の生活に大きな影響をおよぼした。十八世紀の初頭から、鉱山地帯への激しい人口流出がみられ、北東部の糖業地帯の人口減少や経済的疲弊をもたらす一方、従来過疎地であった中央部の植民を助けた。この結果、植民地の経済的・政治的中心地は、北東部から南に移動した。植民地の首府は、一七六三年にミナス地方の外港として、重要性をえたリオ・デ・ジャネイロに移された。鉱山地帯を取り巻くリオ・デ・ジャネイロから、サン・パウロまでの地方で、鉱業人口に食料品・家畜などの生活必需品を供給するための農牧業の発達がみられた。

新キリスト教徒にたいする迫害とマスカッテの戦争

一七〇七年異端審問所は、ブラジルの新キリスト教徒マラノにたいする迫害を始めた。住民のあいだに密告が流行し、多くの人々が何隻もの船にのせられ、裁判のためリスボンに連行された。異端審問所は、ユダヤ教の信仰をもちつづけているとみなされたマラノたちの財産を没収したが、このため、彼らが実質的に支配していた糖業は、ほとんど壊滅状態になった。王室財政の危機に直面して、マラノたちの迫害は、ようやく緩和された。

マラノの迫害にひきつづき、一七一〇年から翌年にかけて「マスカッテ戦争」と呼ばれる紛争がペルナンブーコで起きた。隣接した主要都市であるレシフェに商人が、オリンダには農園主がそれぞれ別々に住んでいた。レシフェの商人は、オリンダの農園主たちに金を貸していたが、後者から行商人マスカッテと呼ばれ、軽蔑されていた。レシフェの住民は、市会セナード・ダ・カマラを組織することも認められていなかった。

一七一〇年住民の要請に応えて、ポルトガル王は、レシフェを町ヴィラに昇格させ、セナードの設置を可能にした。オリンダの住民は、この措置の撤回を求めたが、聞き入れられなかったので、民兵ミリシアを動員して、七カ月間にわたって、レシフェを占拠した。この占拠は、住民の暴動によって終わったが、レシフェの町は、さらに三カ月間包囲された。

一七一一年新知事が着任し、紛争参加者の恩赦を布告し、包囲を解かせた。しかし、その後、首謀者の農園主たちが処罰され、農園も接収された。没落した家族は、レシフェの住民にたいして恨みをいだき、十九世紀にいたるまで、復讐騒ぎが繰り返された。

ポンバルの啓蒙主義的改革

十八世紀のヨーロッパは、頻繁な戦争と新しい思想運動である啓蒙思想の出現を経験した。プロシアのフリードリヒ一世やスペインのカルロス三世のような啓蒙君主が有名であるが、すでにヨーロッパのなかでの後進国に転落していたポルトガルでは、そのような役割をはたしたのは、宰相の地位にあるポンバル侯であった。一七五〇年ジョゼ一世は、セバスティアン・ジョゼ・デ・カルヴァリョ・エ・メロ(のちにポンバル侯)を軍事兼外務大臣に任命した。ポンバルは、実質的に首相として、行政全般を担当した。イギリスとオーストリアで外交官として活動したことのある彼は、ポルトガルの経済的後進性克服のための近代化の必要性を強く感じていた。また、ポルトガル経済の苦境の背後にある対英従属からの脱却も重要な課題となっていた。ミナスからの金の流入も、大幅な対英出超傾向をとめることはできなかったのである。ポンバルは、異端審問所に新キリスト教徒の迫害をやめさせ、「旧キリスト教徒」と「新キリスト教徒」の差別を廃止した。異端審問所の判決は、王の承認をえたあとに効力を発することになった。

ブラジル植民地では、ポンバルは、ミナス・ジェライス住民の人頭税を廃止するとともに、インディオのポルトガル的社会への統合を促進した。ポンバルは、本国での改革に際して、イエズス会に代表される保守勢力の妨害を受けたため、同会の勢力を弱める措置をとった。グァラニー戦争の責任も同会にあるとポンバルは考えた。このため、同会の管理下にあった教化村《アルディア》の制度が廃止され、インディオは、ポルトガル語とポルトガル的風習を教えられることになった。この結果リングァ・ジェラルと呼ばれたトゥピー・グァラニー語にかわって、しだいに、ポルトガル語が一般に用いられるようになった。他方、インディオが一般入植者によって直接搾取されることも多くなった。

ポンバルは、パラーとマラニャオンの両地域におけるイエズス会の貿易独占権を取り上げ、一七五五年、本国の民間資本によるグラン・パラー・エ・マラニャオン会社にその権利を与えた。一七五九年にはペルナンブーコ・パライーバ会社も設立され、両社は、対象地域での貿易、海運、奴隷供給などの独占を許された。また、王立アルト・ドウロ・ブドウ酒会社がブラジルに供給されるブドウ酒の専売権を与えられた。ペルナンブーコを中心に、砂糖生産は回復し税収も増大したが、住民からは、作物を買いたたかれるという不満が高まった。

ポンバルはイエズス会にたいする圧迫政策の仕上げとして、国王にたいする暗殺未遂事件を口実に、一七五九年同会を全ポルトガル領から追放した。この先例は、一七六七年スペインによって踏襲された。ブラジルにとって、イエズス会の追放は、教育制度の崩壊を意味した。一七のコレジオ兼神学校、二六の寮、三六の教化集落、多数の初等学校が閉鎖された。一七七二年まで教育制度再興の措置はとられなかった。

ポンバルの改革は、広範囲にわたった。ポルトガルでは、奴隷制が廃止されたが、奴隷制を経済の基盤としていたブラジルでは、それは廃止されなかった。ダイヤモンド鉱は、脱税を防ぐため、王室の直営とされた。また、一七七二年には本国のコインブラ大学の改革をおこなった。この改革はポルトガルの生んだ独創的哲学書といわれるヴェルネイの『真の研究方法』に基づいていたが、真の動機は、イエズス会の影響力の除去にあった。したがって、他のヨーロッパ諸国の啓蒙主義とは無関係ではなかったが、スピノザ、ヴォルテール、ディドロなどの哲学者の著作が禁止されるなど、改革を一定の枠内に限ろうとする意図も強かった。

新首都リオ・デ・ジャネイロ

一七六三年バイーアのサルヴァドールにかわり、リオ・デ・ジャネイロがブラジル植民地の首都となり、副王が常駐することとなった。これもポンバルの重商主義的改革の一環であった。リオは、内陸の金産地ミナス地方と新道カミニョ・ノーヴォで結ばれた外港として、ある程度繁栄し始めた。しかし、ラ・プラタ地方のスペイン勢力への対抗措置として大きな意味があった。また、マラニャオン植民地は一六七四年に廃止され、ブラジル全土がリオから一元的に統治されることになった。

あらたに首都になっても、都市の内部にそれほど目立った変化はなかった。リオは、湿地帯の多い沈滞した小都市で、街路は、黒人奴隷で混雑していた。毎日午後遅く、上流階級の男はベルリンダ(輿)にのって、広場《プラサ》に散歩にでかけた。男性は、絹のぴったりとしたズボンをはき、派手なシャツと上着を着た。独身男性は兵役を課せられた。女性は家のなかに閉じこめられており、教会での儀式や親族の訪問以外外出しなかった。女性は針金や鯨骨の枠入りのスカートをはき、重いかつらや髪飾りを頭にのせていた。女性は十二、三歳で縁談結婚をした。

マドリード条約

ポルトガルのブラガンサ家からスペイン王に嫁したマリア・バルバラは、両国間の長年の紛争を解消するため、条約締結を提案した。この結果一七五〇年に、マドリード条約が結ばれた。ポルトガルは、コロニア・ド・サクラメントとラ・プラタ川の航行権を放棄した。コロニアに住むポルトガル人は、出国か滞在かのいずれかを自由に選択することを認められた。スペインは、グァラニー人の教化村のあるミシオネス地方をポルトガルに割譲した。アメリカ大陸における両国の植民地間の貿易は禁止された。

グァラニー人は、別の土地に移動を命じられたが、イエズス会士の支援をえて、実力で抵抗した(グァラニー戦争)。一七五三年から五六年までかかって、スペインとポルトガルの連合遠征軍がグァラニー人の反乱を鎮圧することができた。

マドリード条約は、ブラジルとスペインのアメリカ植民地のあいだの国境確定をめざしていたので、「実効占拠」の新原則により、両国がそれぞれすでに占有した地域の領有が承認された。このため、パウリスタの入植の実績を根拠に、ブラジルは広大な領地を正式に獲得した。

まもなく、コロニアとミシオネスの交換にかんする不満が両国で高まり、一七六一年のエル・パルド条約は、実効占拠の原則を維持しながら、両地方の交換を取り消した。ポンバルの失脚直後マリア一世は、

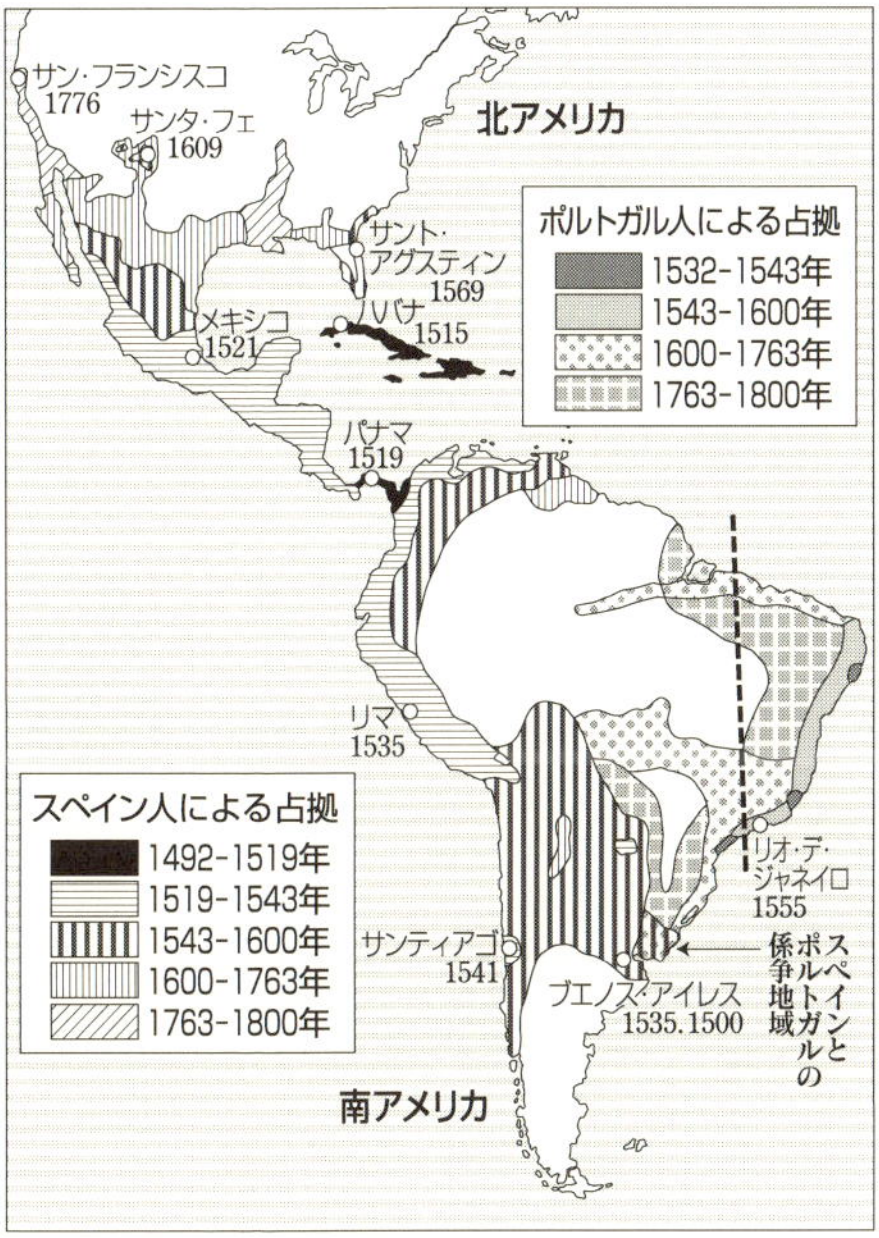

ヨーロッパ人による占拠地域の拡大　1492〜1800年

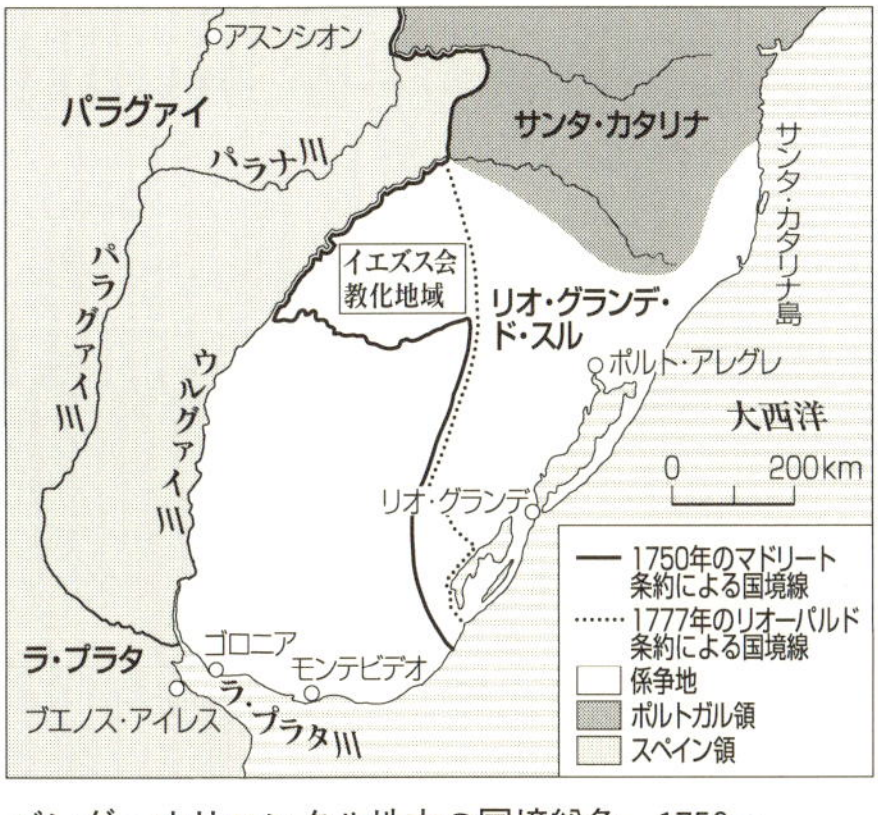

バンダ・オリエンタル地方の国境紛争　1750〜1800年

一七七七年サン・イルデフォンソ条約を結び、コロニアとミシオネス地方をスペインに譲渡し、今日の南部国境の基礎を築いた。しかし両国間の国境をめぐる紛争は、独立まで続いた。

ミナスやそのほかの独立陰謀

金産地ミナス地方は、一七六〇年以降金の生産が激減したため、住民は動揺していた。すでに、住民は、デラメという定量の金を王室に追加上納する制度に同意していた。五分の一税キントの徴収額が予定水準を下回っていた場合、その不足分がデラメとして住民の負担すべき量となった。住民は、デラメがミナスのカピタニア内に存在する金の全量に等しい七〇〇アローバという巨額に達することを知り、驚愕した。ヴィラ・リカにいた独立派の知識人は、一七八八年末から会合を開き、この不満を利用して、翌八九年政庁を占拠し、共和国独立宣言を発表することを計画した。主謀者たちは、若い大学卒の知識人と芸術家で、ポンバルの改革後のコインブラ大学に学んだ者も含まれていた。フランス革命とアメリカ合衆国の独立に刺激を受け、夢想的な構想をいだいていた。

彼らは、秘密保持に留意せず、新憲法、国旗、負債の解消、大学の設立、ダイヤモンド区の公開などの構想について、公然と論議をおこなった。奴隷制の廃止については、意見の一致がみられず、構想からははずされた。彼らは住民が計画について知れば、当然独立運動に参加することを確信しており、とくに事前に民衆を組織したりしなかった。

知事は、陰謀のうわさや密告を受け、デラメの徴収停止を発表するとともに、一七八九年五月陰謀参加者を逮捕した。歯抜き師の意の「ティラデンテス」のあだ名で知られるジョアキン・ジョゼ・ダ・シルヴァ・シャヴィエルは、リオにいたが、計画実行のためミナスに到着したところを同志とともに捕えられた。もっとも身分の低いティラデンテスは、同志を救うため、他人の罪を引き受け、自分に不利な自白をして、主謀者になりすました。

マリア一世は、恩赦を命令したが、現地の判事たちは、見せしめのため、裁判を二年も引き延ばしてから、一七九二年ティラデンテスを四つ裂きの刑に処し、家を焼き払い、家族の財産をも没収した。しかし、かえってティラデンテスの名声が上がり、独立と共和制という新思想が普及するという皮肉な結果になった。この事件は、ミナスの反逆《インコンフィデンシア》として、ブラジルの民族主義のシンボルとなっていく。

十八世紀末オリンダの神学校を経由して、本国のコインブラ大学の改革の影響がブラジルにも波及してきた。リオ生まれでポンバルの改革直後にコインブラに学んだ神父アゼレド・コウティニョは、啓蒙主義、フランス重農主義の影響を受けて、『砂糖価格についての覚書』(一七九一年)、『ポルトガルと植民地間の貿易にかんする経済評論』(一七九四年)などの論文を発表し、ポルトガルの重農主義的植民地体制を批判し、ブラジル人の独立願望を強めた。彼の創設したオリンダの神学校でフランス語が教えられたので、ペルナンブーコのエリートたちは啓蒙主義的なフランス語の本を読み始めた。

一七九八年には、サルヴァドールで別の独立陰謀が発覚した。参加者は、教養のあるムラートの職人が中心であったが、仕立屋が多かったので「仕立屋の陰謀」と呼ばれた。自由、平等、友愛、自由貿易、独立と共和制が目標とされ、フランス革命の影響が明らかであった。四九人が逮捕され、四人が処刑され、多数がアフリカなどに追放された。

一八一二年の米英戦争は、ヨーロッパにたいする綿花の供給を減少させ、ペルナンブーコの綿花栽培者は、利益を上げ、自由貿易の利点を認識した。一八一四年にはレシフェにフリーメーソン(マソナリア)の支部が設立され、自由と共和制が論議された。一八一七年には、レシフェでオリンダの神学校卒業者を中心とするメーソン団員と僧侶の率いる暴動が起きた。彼らは、共和国樹立を宣言し、アメリカ合衆国、イギリス、アルゼンティンに支援を求める使節を派遣した。アラゴアスとパライバにも同調的な暴動が起きたが、海軍が諸港を封鎖し、バイーアから派遣された陸軍がこれらの暴動を鎮圧した。

植民地は、ポルトガルの重商主義的統制や文化抑圧政策にもかかわらず、世界の他地域から完全に切り離された土地ではなかった。しかし、独力で独立を獲得する力は存在せず、メキシコ、ベネスエラ、ラ・プラタのようなスペイン・アメリカの繁栄した地域と比べれば、知的覚醒の度合も低かった。このため、一部の有識者の「陰謀」にとどまり、民衆を巻き込んだ独立運動はみられなかった。ブラジルの独立は、ヨーロッパにおけるナポレオン戦争の余波という外国によって達成されることになったのである。

II

南アメリカ諸国の独立

1　独立運動の背景

ヨーロッパとアメリカ

スペイン、ポルトガルが独占するアメリカ大陸は、長いあいだイギリス、フランス、オランダをはじめヨーロッパ諸国の攻撃の的《まと》だった。一四九四年のトルデシヤス条約により、理念的にはポルトガルがブラジルを、スペインがそれ以外の南北アメリカ大陸を領有したことになっていたが、後発の諸国はこれを認めようとせず、イベリア両国植民地のなかで弱体な地域に容赦なくはいりこんできて、領土を獲得しようとした。しかし、中南米の大陸部に侵入して領土を獲得することは容易ではなかった。オランダ人は、一六二四年からブラジル北東部に侵入して砂糖生産をおこなおうとしたが、在地勢力の反撃を受けて五四年には撤退した。フランス人も何度かブラジルに領土をえようと試みたが失敗した。結局彼らが足場をつくったのはカリブ海だったが、オランダは三回にわたるイギリスとの戦い(一六五二～五四、六五～六七、七二～七四年)で制海権を失い、結局クラサオ、ボネール、アルーバの三つの小島を獲得しただけで、ポルトガルから奪った西アフリカの基地からアメリカに奴隷を輸送することが大西洋でのおもな仕事となり、国力の大半は、アジア植民地の経営に注がれることになった。フランスとイギリスは、ハイティ島の西部とジャマイカ島をそれぞれスペインから奪い、また小アンティル諸島を分けあった。そして両国とも十七世紀なかば以後、ヨーロッパで需要が急増した砂糖の生産によって莫大な利益をえた。砂糖の増産には奴隷の労働力が必要であり、イギリス人は奴隷貿易も積極的におこなって、その結果、イギリス、アフリカ、アメリカをつなぐいわゆる三角貿易のネットワークをつくった。

北アメリカ大陸の東部で、スペイン勢力のおよぶ範囲はフロリダ半島が限界だった。それより北はイギリス人の植民地となり、またはじめヴァージニアに植民したイギリス人たちは少しずつ南進して南カロライナに達し、フロリダのスペイン人に脅威を与えた。フランス人は、はじめケベックを中心に、「ヌーヴェル・フランス」植民地を建設し、イギリス人植民地を西からつつみこむかたちで南進したので、イギリス人との紛争が始まり、いわゆる「フレンチ＝インディアン戦争」に発展したが、一七六三年のパリ条約でフランスは北アメリカ大陸からほぼ撤退することが確定し、イギリスの優位が決定的になった。イギリスは、こうして強敵オランダ、フランスの抵抗を排しながら、海外市場の開拓と投資をさかんにおこなったが、これには国内の経済発展が密接に関連していた。すなわち、イギリスでは十五世紀以来二回にわたる農業革命により農業の資本主義化がおこなわれ、農業生産力が急上昇する一方、マニュファクチャーの普及により商業貿易も増大し、商品需要が高まるにつれ、原料供給地の確保、販売市場の開拓が緊急事となったのである。そこで大西洋と西インドであげた収益をアジアに投資して、だんだんと世界市場支配の体勢を固めていったが、スペインのアメリカ植民地とポルトガルのブラジル植民地も重要なターゲットになった。

イギリスの中南米進出

カリブ海のジャマイカ、バルバドスをはじめとする島々に定着したイギリス人たちは、タバコ、綿、インディゴ、砂糖の生産によって利潤をあげるとともに、スペイン植民地の諸港で略奪を重ね、また各地でスペイン官憲の目を盗んで密輸をおこなった。スペイン王室はこの対策に苦慮したが、スペイン人植民者の側にも奴隷労働力への需要があったので、全面的禁止は不可能だった。クロムウェルのイギリス議会は、貿易商人の利益のために航海法を公布し、イギリスへの輸入や植民地への輸入はイギリス船によらねばならないことを定めたが、これは、スペインの貿易の国家独占政策に対抗するものであった。

ところが、十八世紀初頭のスペイン王位継承戦争の結果は、この事態を大きく変更させた。スペインは貿易独占政策を放棄し、イギリスにたいして奴隷貿易の権利《アシエント》を認め、また年に一回、五〇〇トンの商船がパナマで貿易をおこなうことを許したのである。この貿易統制の緩和は、かえって密輸を増大させると同時に、植民地のスペイン人たちに、貿易の自由化を渇望させることになった。十八世紀末までに、イギリスの全輸出の四分の一は西インドに向けられた。イギリス人の密輸は、カリブ海だけではなしに、ベネスエラやラ・プラタ地方にまでおよんだ。いきおい現地のスペイン官憲との衝突が激しくなり、一七三九年には、いわゆる「ジェンキンズの耳戦争」が始まった。これは、密輸船を取り締まるスペインの海岸警備船《グアルダ・コスタ》が、イギリスの一船長の耳を切り落とした、という議会証言が発端となって始まった戦争であり、多くのイギリスの私掠船が活動するとともに、本国からもヴァーノン提督の指揮する艦隊が出動した。この局地戦争は、一七五六年に始まる七年戦争に取り込まれ、六二年にはイギリス軍がハバナを占領した。

スペイン側は報復として、イギリスの同盟国ポルトガルのラ・プラタ地方における拠点であり、イギリス人の密輸の基地であった、現ウルグアイ西岸のコロニア・ド・サクラメントを占領した。戦後のパリ条約でハバナはフロリダと交換され、コロニアはポルトガルに返還された。

一七七五年に始まった北アメリカの独立戦争、およびフランスの「革命・ナポレオン戦争」の期間に、フランスと同盟してイギリスと対抗したスペインは、多くの痛手をこうむったが、九七年二月のサン・ビセンテ沖海戦と、一八〇五年十月のトラファルガルの海戦で主力艦隊が壊滅し、アメリカ植民地を維持するための海軍力を喪失した。一七六五年以来、スペイン王室は、「自由貿易(エル・コメルシオ・リブレ)」を段階的に実施し、八九年には、本国の港と植民地の港との貿易を許したが、これは完全な自由化ではなく、植民地間の貿易は制限のもとにおかれ、外国との自由貿易は原則的に禁止されたままだった。この年に、アメリカ植民地への護送船団派遣も中止されている。

これにひきかえ、イギリス本国では、拡大した商品需要を満たすため、新しい機械の発明による生産の大規模拡充がはかられて、一七六〇年代から産業革命の時代にはいり、国の経済政策や思想も、大きく転換しつつあった。その意味で一七七六年のアダム・スミス『国富論』の刊行は重要な意味をもった。スミスは重商主義的植民政策を強く批判して、自由競争と自由貿易をすすめ、独占貿易のために植民地を維持することの無意味さを説いた。それよりも一〇年早く一七六六年に、ジャマイカは自由港として外国船にも開放され、やがて一八二三・二五年には十七世紀の航海法が改正されて、イギリス船も外国船も連合王国内で平等の条件で貿易をおこなうことが保障された。要するに世界市場拡大が至上命令になったのである。それと並行してイギリスは強大な海軍力を築き上げることに努力した。

ポルトガル領のブラジルにおいては、スペイン領アメリカとは違う事情があり、イギリスの経済的影響がより強く浸透しつつあった。ポルトガルは、スペインのような貿易独占システムをつくらず、ブラジルにある二一のどの港もポルトガルと直接貿易ができた。護送船団方式も、例外的な場合を除いておこなわれなかった。そして本国がイギリスと特別な通商条約を結んでいたので、イギリス商人は十七世紀からブラジルで貿易をおこなうことが可能になった。画期的な意味をもっていたのが、一七〇三年のメシュイン条約であった。ポルトガルのブドウ酒を特恵的な関税でイギリスに輸入させるかわりに、イギリスの毛織物を独占的にポルトガルに輸入させることを定めたこの条約は、ポルトガルの毛織物産業に壊滅的な打撃を与え、本国だけでなく、ブラジル植民地にマニュファクチャー製品を供給するのはイギリス、という結果を生んだ。十七世紀末、ブラジルのミナス・ジェライス地方にゴールド・ラッシュが起こったときも、ポルトガルに送られた金の大半はイギリス人の手にはいってしまったという。またコロニア・ド・サクラメントは、ラ・プラタ地方のスペイン人への密輸の基地であり、数多くのイギリス船がかよう港だった。

植民地産業の発展とクリオーヨの動向

イギリスの世界市場開拓の要請に応えるような条件が、スペインのアメリカ植民地にも育ちつつあった。はじめスペインは、メキシコとペルーの貴金属、とくに銀の生産を中心に植民地の経営をおこない、アメリカにおける産業の開発には消極的な態度を示した。しかし、十七世紀にはいって各地に固有の産業が興易や植民地内の地域間貿易を禁ずるスペイン王室の政策にたいする不満が高まってきた。
り始めると、それを支えるクリオーヨたちのあいだに、本国との貿易を厳しい統制のもとにおき、外国貿易や植民地内の地域間貿易を禁ずるスペイン王室の政策にたいする不満が高まってきた。

アメリカ植民地の銀生産は、十七世紀になると減少の傾向をみせたが、同じころ各地でいろいろな産業が興り始めた。鉱山業にともなう人口集中と都市の発達は、牧畜業や農業の生産拡大をうながし、カカオ、ブドウ、マテ茶、タバコ、サトウキビなどの商品作物の生産が広まった。コロンビア、エクアドル、ペルーなどにおけるオブラーへによる織物生産（第Ⅰ部第三章七五ページ参照）、グァヤキル、ハバナ、パラグァイ川などにおける造船なども注目すべきものであった。ベネスエラやラ・プラタ地方も有力な産品にめぐまれた。ベネスエラでは、元来メキシコ、中央アメリカの原産であったカカオが十八世紀に移植、栽培されて、メキシコに逆輸出されるほどの生産量を誇るようになり、またそのころヨーロッパにおける需要もふえたため、スペイン王室は、ギプスコア（またはカラカス）会社を創設して輸出の独占をはかった。ベネスエラのスペイン系人たちは、これに反発して、イギリス人との密輸をさかんにおこなった。イギリス人はベネスエラの農園主に奴隷を売ってえたカカオをベラクルスで密売し、メキシコの銀をえたのである。

ブエノス・アイレスは、十八世紀までは本国との直接通交を許されない僻地であったが、皮革の大産地となり、ブラジル領のコロニア・ド・サクラメントを介して輸出された。これに介入して利益をえたのはイギリス人であり、ブエノス・アイレスが成長するにつれ、イギリスのマニュファクチャー製品を売りさばいて、皮革やポトシから流れてくる上ペルーの銀を手にいれた。

このようにして、十八世紀においては、前節に述べたブラジルも含めて、南アメリカ大陸の大西洋岸一帯で、イギリス人の商業的進出がはげしくなり、それを歓迎する現地スペイン人の自由貿易にたいする熱意が高まった。スペイン領アメリカのなかで、ベネスエラとラ・プラタ地方にのち独立運動の焦点ができたのは、偶然ではなかったのである。

各地の産業の繁栄を支えたのは、現地のスペイン系人、いわゆるクリオーヨと呼ばれる人たちだった。彼らは、商人、貿易業者、大農園主、鉱山業者として経済的実力をたくわえ、その数も着実にふえつつあったが、政治的には疎外されていた。王室が財政窮迫のため、地方行政官などの官職をクリオーヨに売ることもしばしばおこなわれたが、基本的な行政、司法権は本国人に握られていた。したがって、彼らは大きな不満をかかえていたのである。

十八世紀末において、スペインのアメリカ植民地の全人口は、一二五八万人と推定されている。そのうち四六・四％にあたる五八四万人がヌエバ・エスパニャに住み、南アメリカには約四〇％にあたる五〇三万人がいたと考えられる。当時のスペインの人口は五〇〇万ないし六〇〇万人だったから、アメリカ植民地はその倍以上の勢力であったといえる。しかも、マニュファクチャーが発達せず、生産性の低い農業国として経済的に低迷している本国に比べて、アメリカ植民地のほうが遥かに可能性にとんでいた。スペイン経済にとって重要な支えだった銀にしても、生産量の二〇％程度しか本国に送られず、あとは植民地防衛費や行政諸費として現地で使われたため、銀の流通が産業を刺激して、植民地の経済に活気を与えた。

こうした情勢のもとにあって、十八世紀の「ボルボンの改革」、およびそれが引き起こした反発や動乱は、植民地の社会的緊張を一挙に高めた(第Ⅰ部第三章八九ページ以下参照)。十八世紀後半、ペルー副王領

チリのクリオーヨ
18世紀末のサンティアゴの社交界。フランスの画家クロード・ガイの絵。

に頻発したメスティソの首長たちの反乱や、ヌエバ・グラナダの「コムネーロスの反乱」など、それ自体は独立運動にはつながらない局地的反乱だったが、在地の勢力が武器をとれば、スペイン政府を震撼《しんかん》させる脅威になりうることを示した。一八〇六年にブエノス・アイレスで起こった事件も、クリオーヨの軍事的実力を世界にみせつけた。すなわち、オランダの南アフリカ植民地を攻撃し、ケープ・タウンを占領したイギリスの正規軍が、余勢を駆ってラ・プラタ地方に侵入したとき、副王はじめスペイン官憲はなすところを知らず内陸に逃亡したのに、ブエノス・アイレス市のクリオーヨの民兵が勇敢に交戦して、二度にわたってイギリス軍を破り、ついに降伏させてしまったのである。

外部からの影響

ラテン・アメリカの独立運動に、フランスの啓蒙思想や革命、およびアメリカ合衆国の独立運動が与えた影響は無視することはできないが、過大評価をしてはならない。ルソーやヴォルテールの啓蒙思想がスペイン領アメリカにも到達したことは事実だが、ほんの少数のエリートたちのあいだで紹介されたにすぎなかった。そして、それはすぐ独立の革命思想に結びつくことはなかった。フランス革命自体よりも、むしろそれに触発されてカリブ海で起こったハイティの独立(一八〇四年)を通じてラテン・アメリカのクリオーヨたちに衝撃を与えたといっていい。

一七八九年にフランスの国民議会が成立して以後のハイティの動乱は、白人の上層、中層、下層と、混血者、解放奴隷の自由民、および多数の黒人奴隷などのあいだにおこなわれた複雑な闘争であった。それは本国における革命の進行に左右され、またナポレオン時代には、彼の大アメリカ帝国の構想に取り込まれて抑圧を受けてのち、ついには指導層の独裁制のもとに白人を排除して、独立国を誕生させた(『ラテン・アメリカ史I　メキシコ・中央アメリカ・カリブ海』第II部第2節参照)。すべてのヨーロッパ人を排除した黒人国の発生は、ラテン・アメリカ中のクリオーヨに大きな警戒心を起こさせた。彼らは同じ事態が自分の地域の原住民や黒人奴隷のあいだに起こることを憂慮したのである。その意味で、フランス革命はラテン・アメリカのクリオーヨたちに否定的な反応を引き起こしたといえる。

むしろ影響が大きかったのはアメリカ合衆国の独立だった。十八世紀後半、ラテン・アメリカは急速に北アメリカとの接触を深めていた。スペインが、フランス革命直後、総裁政府下のフランスに強いられてイギリスに宣戦布告し、一七九七年、サン・ビセンテ沖海戦で主力艦隊を失って、アメリカ植民地との交通が不可能になったとき、一時的に中立国との貿易を許した。このときもっとも頻繁に中南米の諸港にかよって貿易をおこなったのは、新生アメリカ合衆国の船舶だった。これによりアメリカ合衆国の商品が大量にもたらされて、自由貿易の恩恵をクリオーヨたちに痛感させただけでなく、植民地独立の政治思想が伝えられることになった。そして、それを契機に、ワシントン、ジョン・アダムズ、ジェファスン、トマス・ペインなどの著作が植民地に浸透し始めた。中南米のクリオーヨには、原住民や黒人奴隷を排除したヨーロッパ系人のアメリカ合衆国独立のほうが、ハイティの革命よりも身近に感ぜられたのであろう。

2　独立戦争第一期

ブラジルの独立

クリオーヨの自由貿易の願いがどんなに強かったとしても、それだけでは独立の動きは生まれなかっただろう。ヨーロッパの政治情勢と本国の政変が、独立運動の引き金を引いた。そのなかでブラジルの独立はスペイン語圏の国々とは違う経過をたどった。

一八〇七年十一月、ナポレオンは、スペインのカルロス四世の重臣ゴドイと密約を結び、イギリスに加担して彼の「大陸封鎖令」を妨害するポルトガルの征服を企てた。ジュノの指揮するフランス軍がリスボアに着く二日前、イギリス艦隊の援助を受けたポルトガル王室の摂政ジョアン以下宮廷の約一万五〇〇〇人が、多くの財宝とともに出航し、ブラジルに向かった。これは、イギリス公使ストラングファドの命令に近い勧告によるものだった。王室はリオ・デ・ジャネイロに落ち着き、一八一五年、そこをポルトガル・ブラジル帝国の首都と定めたが、いち早く自由貿易を宣言して、イギリスと特恵的条約を結んだ。その結果、イギリス商品にたいする関税は、公定の二四%から一五%に引き下げられ、リオ・デ・ジャネイロにはイギリス船が多数入港して、商品を売りさばいた。当時、ナポレオンの「大陸封鎖令」に対抗するため、イギリスは中南米への輸出を強化する必要に迫られていたのである。一八〇六年におけるイギリス商品の総輸入額は一〇〇〇ポンドにすぎなかったが、一二年には二〇〇万ポンドをこえ、一八年には三〇〇万ポンドになった。またブラジル産品の輸出も、十九世紀なかばまでに一〇倍以上にはねあがった。こうしてブラジルは、イギリスの世界戦略にそって、国際市場のなかに位置づけられたのである。

ポルトガル王室のブラジル滞在は一八二一年まで続いた。この間、一八一六年に摂政ジョアンは即位してジョアン六世となった。リオ・デ・ジャネイロは帝国の首都としてみちがえるように立派になり、劇場、学校、王立図書館、王立印刷所などが建てられ、ブラジル初の新聞も発行された。しかしその反面、王室を中心に支配的な地位に立つポルトガル人と現地のクリオーヨとのあいだに緊張関係が生じた。とくにクリオーヨの地主たちを不安にさせたのは、王室がイギリスの圧力によって奴隷制を廃止するのではないかという恐れだった。自由主義者の商人ドミンゴス・マルティンスが先頭に立ち、軍隊の支援をえておこなわれた一八一七年のペルナンブーコの反乱は、聖職者を首長とする臨時政府を樹立させた。中央政府はこれを苛酷に弾圧した。

一八二〇年、ポルトガルで政変が起こった。ナポレオン戦争以来ポルトガルに駐留するイギリス軍の圧力に反発し、ポルトガルを自由主義的な立憲君主制国家に変革しようとする革命が起こり、リオ・デ・ジャネイロのジョアン六世に帰国を要請した。国王は新憲法を承認して帰国を決意し、皇太子ドン・ペドロを摂政としてブラジルに残した。ジョアンの帰国後の一八二一年一月に開催されたポルトガル議会において、ブラジルからの代議員は七〇人、それにたいしてポルトガル本国人は一三〇人だった。本国政府の意図はブラジルをまた植民地の地位に格下げし、各州を直接リスボアに従属させることであった。当然現地では強い反発が起こった。議会はブラジル各地に軍事司令官を送り、艦隊を送ってドン・ペドロに帰国を命じた。サン・パウロの市会の大立者ジョゼ・ボニファシオをはじめとするクリオーヨたちは、ドン・ペドロに強く残留をすすめ、彼も決意して一八二二年九月七日、サン・パウロ郊外のイピランガ川のほとりで、いわゆる「イピランガの叫び」をあげて、ブラジルの独立を宣言した。そしてリオ・デ・ジャネイロに帰ってブラジル皇帝ペドロ一世として戴冠式をあげた(在位一八二二〜三一)。首都にいたポルトガル軍は、北東部のサルヴァドルに移って本国からの援軍を待ち抵抗を続けようとしたが、チリから戻ってきたトマス・コクレイン提督がブラジル艦隊を指揮してサルヴァドルを封鎖したので、一八二三年七月にはポルトガルに引き揚げた。サン・ルイス、ベレンのポルトガル軍もそのあとに続き、ブラジルの独立は達成された。

ブラジルにおいて帝政は一八八九年まで、さらに六六年間続いた。独立が比較的平和裡におこなわれたことが、軍事的対決や社会的動乱をともなったスペイン領アメリカ植民地とは対蹠《たいせき》的な特色であった。

ナポレオン軍のスペイン侵入

ナポレオンは、ポルトガル占領の翌年すなわち一八〇八年はじめ、ポルトガルのイギリス軍を討つためと称して、ジュノ将軍指揮下の一〇万人の大軍をスペイン北部に送り込み、三月までにバルセローナ、パンプローナその他の要衝を占領させた。彼はスペインのカルロス四世に、エブロ川以北の地域をフランスに割譲するよう要求した。フランス軍がマドリードに迫りつつあったとき、国王夫妻と宰相ゴドイはアランフエスに逃げ、さらにセビーヤまで南下して、ポルトガル王室のようにアメリカに亡命しようとした。ところがアランフエスで、国王とゴドイに対抗するカルロスの息子のフェルナンドを支持する一派の暴動が起こり、ゴドイは捕われカルロスはフェルナンドに屈して譲位した。ナポレオンは、国境近くのバイヨンヌにフェルナンド、カルロス夫妻、ゴドイを集め、王位を取り上げたうえ、自分の兄のジョゼフを、ホセ一世としてスペインの王位に就けた。

しかし、スペインの民衆はこの事態に強く反発し、五月二日のマドリードにおける蜂起をはじめとして、各地でゲリラ活動を開始し、政治委員会《フンタ》を結成した。彼らはホセ一世の統治を認めず、フェルナンド王への忠誠を表明した。やがて中央組織として全国委員会が設立され、これが発展して、一八一〇年カディスにおいてスペイン史上はじめての議会が開かれ、一二年に最初のスペイン憲法が起草、採決された。これは立憲君主制の理念に基づいた自由主義的憲法であり、アメリカ植民地の代議員も議会に参加を認められた。

このような動乱は当然スペインのアメリカ植民地にも大きな衝撃を与えた。南アメリカでもベネスエラ、ラ・プラタ、チリのサンティアゴなどで、「開かれた市会《カビルド・アビエルト》」と呼ばれるクリオーヨの特別集会が開かれて地域の政治の実権を握り、はじめフランスの侵略に反対してフェルナンド七世への忠誠を表明したが、それがやがて独立運動に転化していく、という過程をたどった。各地の事情はさまざまだったが、南アメリカの独立革命の進行は、二つの段階に分けて考えることができる。第一期は、はじめ各地の自治組織が興り、スペイン本国の命令に従わずに自律的な行動を開始したが、フェルナンド七世の復位とともにそれらが抑圧されて、アルゼンティンとパラグァイ以外の地域でふたたび本国政府が植民地行政を把握した一八一五、ないし一六年までである。そして、それ以後ふたたび各地の独立運動が盛んになって、一八二一年までにその他の国々が独立を達成したときまでが第二期となる。

アルゼンティンとパラグァイの独立

独立運動のもっとも早いきざしは、エクアドルのキートとボリビアのラ・パスにあらわれた。キートでは一八〇九年八月、クリオーヨの有力者たちが中心となって、アウディエンシアを転覆し、政治委員会をつくって政権を握った。しかし、ペルー副王ホセ・フェルナンド・アバスカルの差し向けた軍隊により制圧され、翌年二月に起こった革命運動も無慈悲に弾圧され、多数の犠牲者をだした。ラ・パスでは、同じ一八〇九年十月にクリオーヨがスペイン人のインテンデンテと司教を逮捕して、政治委員会をつくり、議長にメスティソのペドロ・ドミンゴ・ムリヨが就任したが、これもペルーから送られた副王の軍隊により解散させられた。この二つの事例は、その事情を単純に説明することはできないが、いずれもペルー副王の管轄下にあって、リマに常駐する職業的な軍隊が容易に出動できる範囲内にあったことが、失敗の大きな原因になったといえるだろう。ラ・プラタ地方とパラグァイでも、本国の政変にたいする反応は早かったが、それがすみやかに独立運動に転化し成功したのは、両地域とも新設のラ・プラタ副王領内にあり、副王の強い統制力や強力な軍隊がなかったことにおうところが大きかったと考えられる。アルゼンティンの場合は、一八〇六年にイギリス軍の侵入を撃退したクリオーヨの民兵の力がもつ意味が大きかった。

本国の政変の知らせがブエノス・アイレスに着いたのは一八〇八年七月だった。当時、イギリス軍侵入のとき民兵を指揮したフランス人ジャック・リニエが臨時副王の座にあったが、その後の情況を見守るというあいまいな態度をとり、地方のインテンデンテたちもこれに従った。しかしブエノス・アイレスでは、リニエを排除して、スペイン人が中心となった政治委員会をつくり、本国の全国委員会を承認しようとする保守勢力と、それを認めず、自治組織をつくって独立を志向するクリオーヨのグループが対立した。一八〇九年一月一日、マルティン・アルサガを指導者としたスペイン人上層階級の者たちが、スペイン兵の警護のもとに計画の実行をはかったが、コルネリオ・デ・サアベドラの率いるクリオーヨの民兵がそれを阻止した。ヨーロッパの動乱で本国からの増援は期待できなかったから、スペイン軍の数は限られており、一八一〇年五月の時点で、三七一名にすぎず、それにたいしてクリオーヨの民兵は二九七九名もいた。

一八〇九年七月、全国委員会によって任命された副王バルタサル・イダルゴ・デ・シスネロスがブエノス・アイレスに到着した。これはブエノス・アイレスに在任した最後のラ・プラタ副王だった。スペインの特権商人たちは彼に望みをかけたが、副王はあまりに強いクリオーヨの自由貿易の要求も無視するわけにはいかなかった。翌年五月十三日、イギリス船が、フランス軍のセビーヤ占領と全国委員会のカディス逃亡と解散の知らせをモンテビデオにもたらした。民兵の指揮官サアベドラは、副王と市会にたいし「開かれた市会《カビルド・アビエルト》」の開催を要求し、それは五月二十二日に開かれて、二五一人の市民が参加した。そしてその結果、五月二十五日にサアベドラを議長とし、ファン・ホセ・カステリ、マリアノ・モレーノなどの革命派を含む政治委員会《フンタ》が成立した。保守派はまったく立場を失い、副王とアウディエンシアの議員たちは、カナリア諸島に向けて退去した。政治委員会は、ただちに自由貿易を認め、反対派のスペイン人を追放し、反革命指導者を処刑したが、これらすべてはフェルナンド王の名においておこなわれ、声明書にも独立はうたわれなかったことが注目される。しかし、とにかくこれはクリオーヨの政権奪取であり、スペイン人のアメリカ統治の否認であった。ラ・プラタ川東岸のバンダ・オリエンタル(現在のウルグァイ)の実力者アルティガスはブエノス・アイレスの政治委員会を承認せず、また内陸のコルドバのインテンデンテ、司教、および元副王のリニエは、反革命を企てた。その年の八月に遠征軍がコルドバに送られ、反乱を鎮圧して、インテンデンテとリニエが処刑された。一八一二年にはブエノス・アイレスの反革命計画が発覚し、アルサガはじめ四〇人が処刑された(ウルグァイの独立については第Ⅲ部第四章第1節参照)。

ブエノス・アイレスの政治委員会は、ラ・プラタ地方各地に向かって、代表をブエノス・アイレスに送るように要請したが、それぞれの地方はブエノス・アイレスと違う利害をもち、中央の政治権力のもとに統一国家をつくることに反対の気運が強かった。ブエノス・アイレスの市民はこぞって自由貿易に賛同したが、ラ・プラタ川沿岸の諸都市は、ブエノス・アイレスの貿易独占には反対だった。こうして、中央集権国家か連邦国家かという問題が、ラ・プラタ地方の国家建設の当初から争点となった。しかし、とにかく一八一三年一月、ブエノス・アイレスで憲法制定会議が開かれ、さらに北西部のトゥクマン市において開かれた国民議会において、一六年七月九日、リオ・デ・ラ・プラタ連合州の独立が宣言されるにいたった。これが現在のアルゼンティンの独立記念日になっている。ブエノス・アイレスの政治委員会は、上ペルー(現ボリビア)とパラグァイにも連合州加盟を呼びかけたが、拒まれて遠征軍を送り、いずれも失敗した。上ペルーではリマのペルー副王の牽制が強く、その後独立までに一三年間待たねばならなかったが、パラグァイでは戦勝を契機に独立への気運が高まり、一八一一年にクリオーヨがインテンデンテを追放して独立を宣言した。一八一三年に開催された議会で、二人の「執政官《コンスル》」が選ばれ、そのうちの一人ガスパール・ロドリゲス・デ・フランシアが翌一四年の議会で「最高独裁官」に選ばれて、四〇年まで国政を支配した。

チリの独立運動

チリはペルー副王領の一部であったが、一七七八年に軍事総督領に格上げされ、それ自体の行政組織と産業と地域意識をもち始めていた。一八〇八年の本国の政変と、ブエノス・アイレスにおける五月革命の報がサンティアゴに伝わると、臨時総督のフランシスコ・アントニオ・ガルシア・カラスコは、同様の事態がチリで起こることを恐れ、クリオーヨの指導層に抑圧を加えて、三人の有力者を監禁した。これが逆にクリオーヨたちの強い反発を招き、険悪な空気になったので、市会はガルシアを斥けて、クリオーヨの長老マテオ・デ・トロ・サンブラーノを後釜にすえた。これはクリオーヨにたいする宥和《ゆうわ》策だったが、クリオーヨたちは「開かれた市会《カビルド・アビエルト》」の開催を要求し、それは一八一〇年九月十八日に召集された。そこで新総督の辞任と政治委員会の設立が決議された。結果としてできあがった委員会は保守的なクリオーヨとスペイン人よりなり、フェルナンド七世への忠誠を明らかにしたうえで、いくつかの改革をおこなった。その結果一八一一年二月二十一日の法令で、チリの港を国際貿易に開放することが定められ、アウディエンシアの廃止が決定されたが、独立に向かってさらに前進しようとする自由主義者たちは、共和国建国を計画し始めた。ベルナルド・オイヒンスとファン・マルティネス・デ・ロサスが代表者であり、オイヒンスは一八一一年七月に開かれた議会において、南部のロス・アンヘレスを代表して出席したが、憲法の起草に自由主義者たちが排除されたのに抗議して、他の同志たちとともに議員を辞任した。これに憤激した独立派のホセ・カレーラは、武力をもってクーデタを繰り返し、保守派を追放し政治の実権を握ったので、オイヒンスやロサスとのあいだに亀裂が深まった。この混乱した事態を見て、ペルー副王アバスカルは、船で部隊をチリ南部に派遣し、北上してサンティアゴを制圧しようと企てた。スペイン軍はカレーラ軍を破って一八一三年三月コンセプシオン市を陥落させ、翌年には増援部隊がペルーから到着して、十月一、二日のラタクンガの戦いでカレーラとオイヒンスの軍を破り、サンティアゴを制圧した。オイヒンスとカレーラは、アンデスをこえて、アルゼンティンのメンドーサに逃げた。一八一五年に着任した総督フランシスコ・カシミロ・マルコ・デル・ポントは、容赦ない弾圧政治をおこなったが、それがかえってクリオーヨたちを団結させ、彼らの意識を独立に向かって結束させた。

ヌエバ・グラナダの反乱

北アンデス地方は、一七一七年にヌエバ・エスパニャ副王領として、ペルー副王領から独立し、一時廃されたが三九年に復活され、このとき、それまでサント・ドミンゴの管轄下にあったベネスエラが加えられた。その後ベネスエラは一七七七年に軍事総督領に昇格され、八六年にはカラカスにアウディエンシアが設置された。現コロンビアのボゴタ、エクアドルのキートには、すでに一五四九年、一五六三年にそれぞれアウディエンシアが設立されていた。そこで、ヌエバ・グラナダにおける独立運動は、以上三つのアウディエンシア所在地をめぐって展開することとなった。

フランス軍のスペイン侵入の知らせは他の地域に先駆けて、ベネスエラにもっとも早く到着した。クリオーヨの士官たちは、セビーヤの全国委員会が壊滅したとの知らせに、政治委員会を設立してスペインの総督を退陣させ、ベネスエラ内の港を自由貿易のために開放し、イギリスにたいして特恵的な関税を定めて、ロンドンとワシントンに使節を派遣した。使節のなかに、カラカスの裕福なクリオーヨの子シモン・ボリーバルがいた。彼はロンドンでフランシスコ・ミランダに出会った。ミランダは、早くからイギリスやアメリカでベネスエラの独立運動を画し、一八〇六年にはニュー・ヨークで挙兵した二〇〇人の部隊を率いてベネスエラに侵攻し、失敗した経験があった。二人は意気投合してベネスエラに帰り、一八一一年に政治委員会が開催に成功した議会において、同年七月二十日、ベネスエラ・アメリカ連邦設立を宣言させた。

しかし、この新共和国は短命だった。クリオーヨたちは、自分たちの利を追うことにあまりにも熱心であり、パルドと呼ばれる黒人と白人の混血の自由民や、ヤネーロと呼ばれるオリノコ河口平野の牛牧民などの集団のことを顧慮しなかった。彼らはクリオーヨをむしろ自分たちを抑圧する人々として受け取っており、この反感をスペイン側は巧みに利用して彼らを味方につけたのである。また、一八一二年三月にカラカスを襲った大地震も、独立派に大きな打撃を与えた。そこで同年に、スペイン軍がプエルト・リコからベネスエラ北西部に上陸したとき、新政府軍は有効な抵抗をすることができず、総司令官ミランダは降伏して、莫大な資金をもって国外逃亡をはかった。ボリーバルは、これを裏切りとみなし、コロンビアへの安全通行証とひきかえにミランダをスペイン軍に引き渡したので、彼はスペインに送られ、四年後カディスの獄中で病死した。

ボリーバルは、一八一〇年七月二十日にクンディナマルカ共和国として独立したコロンビアで、いわゆる「カルタヘナ宣言」を発し、五〇〇の兵をえて、一三年ベネスエラに進攻し、三カ月でカラカスを落とした。しかし、翌年ナポレオン軍がスペインを退去してフェルナンドが復位したため、ベネスエラのスペイン勢力も息を吹き返し、ヤネーロの頭目トマス・ボベスを味方につけて攻勢をかけたため、一八一五年なかばまでにボリーバルの退勢は明らかになり、同年十月彼は国外に逃亡した。

コロンビアの情勢も似たような経過をたどっていた。ここでも副王を排して「開かれた

シモン・ボリーバル　現在のコロンビア，ベネスエラ，エクアドルを含む大コロンビア独立の指導者であり，また，ペルー，ボリビアの独立を助けた。

市会」が開かれ、政治委員会が行政の実権を握った。そして、クンディナマルカ共和国が宣言されたわけだが、はじめからボゴタと地方勢力の軋轢《あつれき》がたえず、後者は一八一一年に、独立を宣することなくトゥンハを首都にヌエバ・グラナダ連合州というゆるい連邦組織をつくった。クンディナマルカの指導者アントニオ・ナリーニョは、一八一三年七月十八日、ボゴタで独立宣言を発した。しかしこれは混乱を増大させただけだった。この不一致につけこんで、スペイン勢力はコロンビア北部のサンタ・マルタを基地に反攻を開始した。この時点で再度ボリーバルがコロンビアに姿をあらわした。彼はヌエバ・エスパニャ連合州の軍事総督に任命されて、国内統一をはかったが、カルタヘナの協力をうることができず、ジャマイカに去った。一八一六年五月にボゴタが陥落し、八月までに、スペイン勢力は失地回復を完了した。

エクアドルにおけるクリオーリョの蜂起とその鎮圧についてはすでに述べた。

ペルーの情勢

ペルーは副王領の中心であり、一八〇六年から一六年まで副王を務めたホセ・フェルナンド・アバスカル・イ・ソウサが有能な人物で、本国の意向を忠実に履行したので、独立運動は低調であり、独立を実現するためには外部からの力を待たねばならなかった。

一八〇八年の本国の事態が伝わったとき、ペルーのクリオーリョたちの反応はきわめて保守的だった。一八一〇年にペルー中のカビルドのなかから選出された代議員が一〇名、カディスの議会に派遣されたときにも、彼らは植民地制度の枠内でのある程度の改革を要求しながらも「インディオやメスティソ」に代表権を与えることには反対だった。ペルーのクリオーヨたちにとって、一七八〇~八一年のトゥパク・アマルの反乱は、社会革命戦争の悪夢であった。十八世紀になってからも、クスコ、カハマルカ、ワヌコなどで騒乱が起こった。とくに一八一四年のプマカワの蜂起は、はじめクリオーヨの反乱として始まりながらも、これが「インディオ」を吸収して、すべての白人にたいする攻撃と虐殺に変質していくにつれ、クリオーヨたちに、大衆の反乱のおそろしさを実感させた。そこで、ペルーのクリオーヨは、改革は求めたけれども、革命には顔をそむけたのである。

アバスカルは、このようなペルーのクリオーヨの心理を洞察して、必要な改革を実行しながらも、植民地防衛の体制を整えていった。はじめ、リマに一個連隊一五〇〇人以下しかいなかった正規軍を増強し、民兵で補って、反乱が起こった各地に鎮圧の部隊を派遣し、ほとんどいつも成功をおさめた。アバスカルはまず一八〇九年のエクアドルと上ペルーの独立運動を鎮圧し、翌一〇年には、上ペルーをラ・プラタから引き離してふたたびペルーに統合し、その年ブエノス・アイレスから進攻した独立派の侵入を、一一年六月二十日ハキの戦勝でくいとめた。ブエノス・アイレスはその後二回にわたって上ペルー進攻を企てたが、いずれもスペイン軍に破れた。同一一年、アバスカルはモンテビデオのスペイン派のために三〇万ペソを援助し、一八一三年にはチリの独立を阻止するため軍隊を船で派遣して、翌年十月のランカグアの戦いでオイヒンスとカレーラの軍隊を破り、サンティアゴを占領した。一八一六年なかば、アバスカルは辞任し、ホアキン・デ・ラ・ペスエラがあとを継いだが、彼も一五年上ペルーに侵入してきたブエノス・アイレス軍を、シペシペの戦いで破った職業軍人だった。

これ以後、独立運動の後半は北と南の周縁部に起こった独立革命が、スペイン勢力の牙城であるペルーに向かって収斂《しゅうれん》していくかたちで進行する。そして北からの攻撃を指揮したのが、ベネスエラのシモン・ボリーバルであり、南からの進攻を導いたのが、アルゼンティンのホセ・サン・マルティンであった。

3　独立戦争第二期

ホセ・サン・マルティン

リオ・デ・ラ・プラタ連合州の政治家や軍人たちは、上ペルーに侵入しようとして三回失敗を重ねたが、これは上ペルーが重要な鉱物資源をもつうえに、スペイン勢力の要である下ペルーを制圧するために戦略的価値をもつと思われたからである。ところが、ホセ・サン・マルティンという軍人があらわれて、それまで誰も考えつかなかった道、すなわちアルゼンティンのメンドーサからアンデス山脈横断の最短路をとおってチリにくだり、その独立を助けてから、ペルー副王領の首都に迫ろうと計画し、南アメリカの独立運動の新しい局面を開いた。

サン・マルティンは、スペイン人軍人の子として、一七七八年に、アルゼンティン、ミシオネス州のヤペユーに生まれたが、六歳のとき父とともにスペインに渡り、成長してから軍人として北アフリカ、およびナポレオン戦争などで戦った。一八一二年ブエノス・アイレスに渡って、独立運動に投じ、北部軍《エヘルシト・デル・ノルテ》の指揮を任された。しかし三カ月後、健康上の理由で辞任しコルドバに住み、アンデス越えでチリとペルーを解放する大計画を練り始めた。一八一六年のトゥクマン会議でリオ・デ・ラ・プラタ連合州の最高指導者に選ばれたファン・マルティン・デ・プエイレドンは、ブエノス・アイレスへの帰途コルドバによってサン・マルティンと協議し、彼の遠征計画を承認した。サン・マルティンは、アルゼンティンに亡命中だったオイヒンスとともに計画を練り、一八一四年八月、メンドーサの知事に任命されて、そこを基地として遠征軍の編成をおこなった。これは「アンデス部隊《エヘルシト・デ・ロス・アンデス》」と呼ばれた。

アンデス部隊は、一八一七年一月九日に行動を開始した。三隊に分れて困難な山越えに成功すると、ただちに結集して準備を整え、二月十二日、チャカブコの会戦でスペイン軍を破り、サンティアゴにはいった。しかし、サン・マルティンが補給のためブエノス・アイレスに帰っているあいだに、コンセプシオンおよび軍港タルカワノを中心に、ペルーからの増援部隊が態勢を整えて、北進し始めた。サン・マルティンは急いでこれを邀撃《ようげき》したが、一八一八年三月十九日のカンチャ・ラヤーダの戦いで敗北した。しかしサンティアゴに退いて軍を再編成し、四月五日マイポの戦いで決定的勝利をおさめて、チリの解放に成功した。

チリにはオイヒンスが最高指導者として残り、それから六年間、彼の専制時代となったが、サ

ホセ・サン・マルティン　アルゼンティンの独立の英雄であるとともに，チリ，ペルーの独立を助けるため，アンデス越えの長大な遠征をおこなった。

ン・マルティンは、休む間もなく終局の目的であるペルー解放に向かって準備を始めた。ペルー遠征には巨額の予算が必要とされたが、アルゼンティンとチリは一八一九年二月に協定を結び、ペルー進攻に必要な資金と兵員を半分ずつ負担することを約束した。しかし、アルゼンティンはサン・マルティンのアンデス部隊派遣のためすでに大きな出費をしたので経済的余裕がなく、約束した五〇万ペソのうち三〇万ペソしか支払えず、残りの分は軍需物資を供出することにした。海軍の準備だけでも七〇万ペソが必要だったが、八年にわたる独立戦争で消耗しきっていたチリ政府にはとてもそれだけの資金は調達できず、結局関税収入を抵当に、ヨーロッパの商人たちから高利の借金をして、一六隻の船隊を準備した。海上の指揮は、老練のイギリスの海軍軍人トマス・コクレインに任された。ペルー遠征の準備には、二年間の歳月が必要だった。

一八二〇年八月二十日、四五〇〇人の兵員をのせた船隊は、バルパライーソ港を出帆してペルーに向かった。コクレインは直接リマの近くに迫ることを主張したが、サン・マルティンはそれを斥けて、ペルー南海岸のピスコに上陸し、六週間待機した。そして使節を副王ペスエラのもとに派遣して八〇日間の休戦条約を結ぶと、分遣隊をアンデス高地に派遣してリマを内陸から切り離すと同時に、彼自身はリマの北のアンコン、ついでワチョに上陸して北海岸の農業地帯から首都を孤立させた。海岸地方の町の市会はつぎつぎに独立宣言を発し、その年の十二月二十九日には、トルヒーヨが独立を宣言した。

翌二一年一月二十九日、ペスエラの消極的な態度にあきたらない将校たちが、彼に退任を強要して、ホセ・デ・ラ・セルナ将軍を副王にすえた。セルナは六月二日、プンチャウカでサン・マルティンと会談したが、合意には達しなかった。セルナは状況不利とみて、七月六日、兵を率いて内陸の高地に向かい、上ペルーやクスコのスペイン軍と合流して抗戦を決意した。サン・マルティンはその四日後リマにはいり、七月二十八日にアルマス広場でペルー独立を宣言した。八月三日、彼はペルーの護民官《プロテクトール》に任ぜられ、軍事、民生を支配することになった。

サン・マルティンは、矢継ぎ早に政令を発して、奴隷解放、原住民への強制労働(ミタ制)廃止などを命令したが、ペルーの富裕なクリオーヨたちには、これらの改革を実行する気はなかった。政府の財政は底を突いており、税金収入も低く、一八二二年には自由貿易解禁後集まってきたイギリス商人たちから、無利子で七万三〇〇〇ペソの借金をした。一八二一年八月一日から翌年七月三十一日までの政府の歳入は二八〇万ペソで、支出を遥かに下回っていた。収入源になるはずの鉱山は、スペイン軍支配下の山地にあったからあてにすることはできなかった。経済的困難に加えて、独立後の政治形態に王政を望むサン・マルティンと共和主義者のあいだに亀裂が生じ始めた。また、高地地方でスペイン軍は健在だったが、サン・マルティンは遠征してこれを討つ決心はつかなかった。そのころ、大コロンビア共和国の独立を達成したシモン・ボリーバルが、エクアドルの解放のために南下してきた。彼はサン・マルティンとの会見を希望し、それが実現して、両者は一八二二年七月二十六、二十七日グァヤキルで、南アメリカの独立運動の将来について話し合った。

シモン・ボリーバルと大コロンビア構想

一八一三年ジャマイカに去ったシモン・ボリーバルは、イギリス政府の協力を求め、有名な一五年九月六日付の「ジャマイカ書簡」を書いた。ここで彼が、独立後の政体として「強力な中央政府」の必要を強調している点が注目される。十二月十九日、彼はハイティに移り、アレクサンドル・ペティオン大統領から、「ベネスエラの奴隷を解放する」ことを条件に、協力を約束された。一八一六年なかば、大陸に進攻したが失敗し、十二月三十一日にバルセローナに上陸して内陸のグァヤナ地方に向かった。彼はオリノコ流域に勢力を伸ばし、一八一七年四月にはアンゴストゥーラ(現シウダ・ボリーバル)を占領した。その後、彼はオリノコ河口のアプレ平原まで三〇〇〇の軍隊を引き連れて強行軍をおこない、一八一八年一月三十日、ヤネーロの頭目のホセ・アントニオ・パエスと会見して、協力の約束をえた。パエスはその後、独立戦争で大きな役割をはたすことになる。スペイン軍を指揮するパブロ・モリヨも、ナポレオン戦争の勇将であり、ボリーバルもパエスもセメン、およびコヘデスの戦いでそれぞれ敗戦の憂き目にあっている。

ボリーバルは、アンゴストゥーラに本拠をおいて作戦を練ったが、一八一九年二月十五日、同地に二六人の代表者を集めて議会を開き憲法草案を審議した。その後彼はヌエバ・グラナダに向かい、一八一九年八月七日、ボヤカの戦いで勝利をおさめ、その三日後ボゴタにはいって解放を完成した。ふたたびベネスエラに戻ったボリーバルは、同年十二月十七日、アンゴストゥーラの議会でベネスエラとヌエバ・グラナダをあわせたコロンビア共和国の設立が宣言されるのをみた。さらに翌年五月、コロンビアのロサリオ・デ・ククタにおいて憲法制定議会が開かれ、八月三十日、グラン・コロンビア共和国憲法が採択された。

一八二〇年一月に、スペインで自由主義者の革命が起こり、政府はモリヨに独立派との休戦を命じた。ボリーバルとモリヨは会見して、十一月二十六日に六カ月の休戦協定が結ばれた。モリヨは職を辞して帰国した。協定の休戦期間が終わる以前にマラカイボで反乱が起こって、結局一八二一年六月二十四日のカラボボの戦いで独立軍は最終的勝利をおさめた。マラカイボ、コロ、クマナ、プエルト・カベヨなどのスペイン部隊も降伏し、六月二十九日、ボリーバルは意気揚々としてカラカスに入城した。

ボリーバルとサン・マルティン　南アメリカ独立の両雄の歴史的会見「グァヤキル会談」を記念する記念碑。

　ボリーバルは、サン・マルティンの動きをみて、ペルーを解放しなければ南アメリカの独立は達成されないと感じ、南にくだってまずエクアドルの解放を実現しようと考えた。彼は、グラン・コロンビアをさらに広げて、南アメリカ共和国を構想していたといわれる。一八二一年九月七日、彼はフランシスコ・デ・パウラ・サンタンデルを副大統領として残し、腹心アントニオ・ホセ・デ・スクレをつれてキートに向かった。ボリーバルがコロンビア南部のパストの攻略に手間どっているあいだに、有能なスクレはキートに迫り、一八二二年五月二十四日、ピチンチャ山麓の戦いでスペインを撃破した。ボリーバルは、六月十六日に首都にはいった。彼はグァヤキルの重要性を認識していたので、そこにまず軍隊を送り、自分自身は七月初めに到着した。

一八二二年七月にグァヤキルでおこなわれた、ボリーバルとサン・マルティンの会談の内容は、史料として残っていないのでよくわからないが、おそらくグァヤキルの帰属、ペルー独立後の政体、およびコロンビア軍のペルー独立戦争への参加、などが主要な議題であったろうと想像される。グァヤキルが大コロンビアに帰属することについて、ボリーバルはゆずることができなかった。すでにスクレと同市議会とのあいだに話がついていたからである。独立後のペルーの混乱を防止するため、サン・マルティンはヨーロッパから王を招いて王政をおこなおうという考えを強くもっていたが、共和主義者のボリーバルには賛成できなかった。最後のコロンビア軍の協力については、ボリーバルも承諾した。サン・マルティンはペルーの情勢に絶望して、その独立を完成する意欲を失っていた。リマに戻ってから、彼にたいする非難が高まっており、九月には護民官の地位を辞して、チリ経由でアルゼンティンに帰った。しかし、独立後の祖国の政治の混乱に巻き込まれることをきらい、二六年ヨーロッパに去り、二四年後の五〇年、フランスのブローニュ・シュル・マルで没した。

そこで、最後に残ったペルーとボリビアの解放は、ボリーバルとスクレの手でおこなわれることになった。ボリーバルはまずスクレをリマに送って事態を収拾させようとしたが、まだスペイン軍は内陸で健在であり、独立派も分裂と対立がひどくて手におえないことがわかった。そこでボリーバルは、一八二三年九月一日リマにはいった。彼は高地に進撃してスペイン軍を滅ぼすことが急務と考え、ペルー軍にコロンビアからの援軍を加えて、トルヒーヨから中部高地のワマチューコに進み、翌年八月六日、フニン高原で優勢なスペイン軍と対決して、激戦のすえ勝利をおさめた。

この戦勝のあと、ボリーバルはリマに帰ったので、首都を占領していた六〇〇〇人のスペイン兵はカヤ

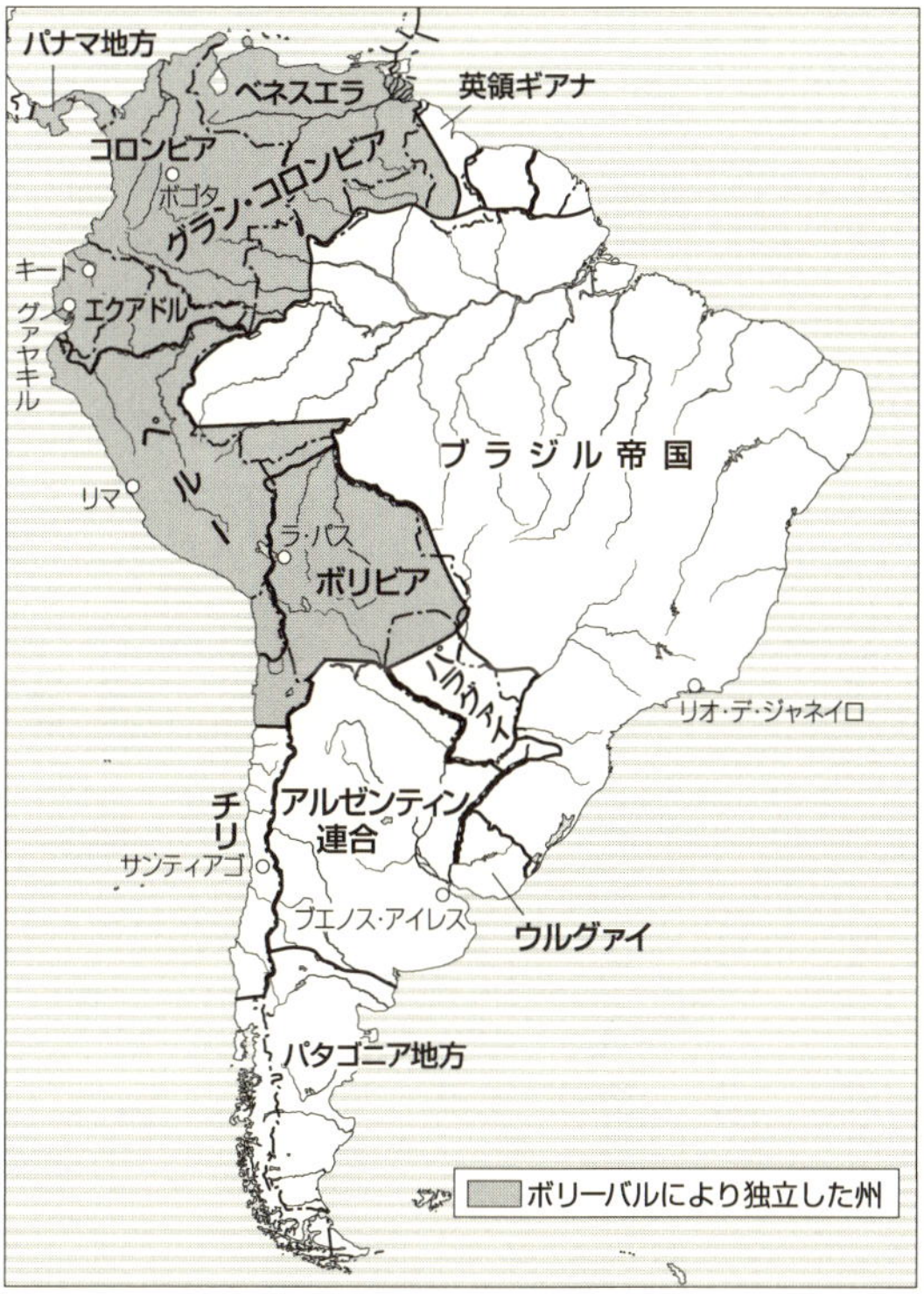

独立直後の南アメリカ諸国

オ港に移ってサン・フェリペ要塞にたてこもった。高地に残ったスクレは、一八二四年十二月九日、中部高原ワマンガ付近のアヤクーチョ荘園で、副王ラ・セルナの率いる九三〇〇人の大軍と戦って勝利をおさめ、副王を捕虜とした。それから一年あまりたった一八二六年一月二十三日、カヤオの最後のスペイン兵が降伏し、ペルー解放は完了した。

さらにボリーバルは、スクレとともに上ペルーに赴いて、スペイン勢力を壊滅させた。彼は、上下ペルーを打って一丸とした大ペルー国を希望していたが、上ペルーのクリオーヨたちの賛同はえられなかった。しかし、一八二五年八月六日に独立したこの新共和国には、彼の名をとってボリビアという名がつけられ、またその憲法上の首都はスクレと命名された。

以上で南アメリカの独立は完成した。その後、ブラジル・アルゼンティン間の紛争を回避する緩衝地帯として、一八二八年にウルグァイが、イギリスの強い要請によって独立し、またその翌々年、ボリーバルのつくったグラン・コロンビアが、三つに解体して、コロンビア、ベネスエラ、エクアドルが誕生した。ボリーバルも、サン・マルティンと同じように自分の理想を裏切られ、失望して亡命の旅の最中に、コロンビアのサンタ・マルタ付近で、胸の痼疾《こしつ》のため四十七歳で死亡した。

III

十九世紀の南アメリカ

第一章　総説

あらたな政治体制の確立と対外関係

独立の喜びは束の間に終わり、新生の国々はむしろ、さまざまな困難な問題に直面することになった。政治面、軍事面に限っても、旧宗主国などヨーロッパ列強による再征服や干渉を防ぎ、近隣諸国による侵略をはねのけ、さらに国内の統一を達成しなければならなかった。加えて住民の生活を安定、向上させ、国家財政を強化するために、経済発展をうながす必要があった。

ブラジルの場合、ポルトガルが独立承認に反対し、ヨーロッパ諸国も同国に遠慮していたが、イギリスの圧力によって、一八二五年ついに承認にふみきり、他の諸国もようやく追随した。

早い時期からラテン・アメリカを重視していたアメリカ合衆国が一八二二年にアルゼンティン、グラン・コロンビア、メキシコを、翌年チリ、翌々年ブラジルと中央アメリカを承認し、それと同時にヨーロッパ諸国とアメリカ大陸の相互不干渉を唱えるモンロー宣言を発表した。これは、ウィーン会議後に成立した神聖同盟のアメリカ大陸への交渉を危惧してだされた政治的発言であった。しかし、この宣言にたいし南アメリカ諸国のなかではブラジルのみが支持を表明し、スペイン系アメリカ諸国は米国の意図に疑惑をいだいたために、正式の支持表明をためらった。この宣言は南アメリカ諸国の独立維持に有利な条件をつくった反面、米国の膨張主義と関連をもっていたため、のちに汎アメリカ運動の名のもとにラテン・アメリカ諸国の国際関係を制約するひとつの要因となった。

その後もヨーロッパ列強の干渉はおさまらず、スペインは再三にわたり、旧植民地の再征服を企て、一八六〇年代にはペルーのカイヤオや、チリのバルパライーソに砲撃を加えた。フランスも一八四五〜四八年にはイギリスと提携してアルゼンティンのロサスに懲罰を加えるため、共同干渉をおこなった。

イベリアの重商主義の軛《くびき》から解放されたはずの南アメリカ諸国は、政治的独立にもかかわらず、経済的な自立を達成することができなかった。各国の開港措置や自由主義的政策は、国内に近代的工業が育つことを著しく困難にした。独立戦争が激しく闘われたところでは農業、牧畜業、鉱業の被害が大きかった。独立後の政治的不安定や不適切な経済政策は、投資を妨げ成長を遅らせた。イギリスが十九世紀前半のラテン・アメリカにたいするおもな投資国であったが、その投資の大部分は貿易や一次産品の生産と輸出に投じられており、南アメリカの工業化には貢献しなかった。

独裁政権と輸出経済

十九世紀末の四半世紀に南アメリカの多くの国々では独裁的ないし強権的な政権があいついで成立し、一次産品の輸出を通じて経済成長と自己の政権強化をめざした。国内の資本調達力と良質の労働力の不足を補うためと、欧米崇拝の風潮もあって、さかんに外資と白人移民の導入がはかられた。

十九世紀中葉すぎまでに多くの国で政治的安定が達成され、自由派ないし連邦主義者の優位が一時確立した。しかし、民主主義的な慣行が定着したわけではなく、彼らもまた力によって政権を維持しなければならなかった。こうして十九世紀後半には自由派の保守化か、保守派の近代化のいずれかの過程をへて、連邦主義と集権主義の調整もおこなわれ、開発独裁ともいうべきタイプの政権が出現した。国民をまとめあげる力として、共通の信念が必要であるという考えが広く受け入れられるようになり、一部の国々ではカトリシズムがふたたび国教化されたが、多くの国々では、開明的な指導者のもとでの秩序と進歩を理想とする実証主義が新しい社会哲学となることを期待された。

イギリスで始まった産業革命が西欧全体に拡大するにつれて、運輸通信技術の革新を内容とする第二次産業革命の波のなかで、南アメリカは一八七〇年から一九三〇年にかけて、一次産品の輸出と外資の流入を軸に急速な経済発展を経験した。同時に工業化と都市化のために西欧社会から押し出された移民を大量に受け入れることになった。アルゼンティン、ウルグァイのパンパやブラジル、サン・パウロのコーヒー地帯では、製品需要の拡大が直接生産地域の地理的拡大と鉄道網の建設ブーム、移民労働力の大量導入をもたらし、農牧業を支援する商業、金融および製品加工工業の中心地として、ブエノス・アイレス、モンテビデオ、サン・パウロ＝サントスなどの都市が発展した。

人種問題と思想の諸様相

十九世紀後半からラテン・アメリカの知識人の心をとらえた実証主義は、人種間の優劣や支配関係を説明する人種主義と結合した。社会ダーウィニズムがその媒介項となった。

アルゼンティンは、今日南アメリカのなかの代表的な白人国家であるとみなされ、その国民の多くもその事実を誇りとしている。しかし十九世紀初頭には、まだかなりの黒人や混血人がみられ、今日の状況が生まれたのは十九世紀のパンパを舞台にして急成長した輸出経済を支えるために、多くのヨーロッパ人移民が誘致され、その多くが定着したからにほかならない。一八七〇年代後半から八〇年代にかけて、パンパのインディオがロカ将軍率いる討伐隊によって殺されたり、南の不毛なパタゴニアに駆逐されていた。すでに独立戦争の時代に黒人青年が優先的に軍隊に徴用され、各地の前線で「大砲の肉」としての役割を演じさせられたこともあって、黒人の存在はほとんど意識されないものになっていた。

一方、インディオについては、ペルーのマヌエル・ゴンサーレス・プラーダがインディオ擁護の論陣をはり、のちのインディヘニスモの先駆けとなった。彼は太平洋戦争（一八七九～八三年）においてチリに敗れた自国の改革をめざし、民族的な統一や国民的アイデンティティのあるべきかたちについて論じた。多くの論者がペルーのインディオ問題を指摘したが、彼はインディオ国家のなかで少数の白人が支配階級になっていることを問題視した。また、彼は無知で貧しいインディオを救済するために教育と農地改革を提唱した。

タバコと砂糖を生産するキューバとならんで、ブラジルはアメリカのなかでも、十九世紀末まで黒人奴隷制を保持しつづけた数少ない国であった。その原因は、綿花とコーヒーを基礎とする当時のブラジルの支配的な輸出経済体制が黒人奴隷制に基礎をおいていたからであった。農園主層や彼らの支持のうえに成り立っていた帝政の指導者たちが奴隷制を擁護し、黒人の劣等性をその根拠としていたことは、当然ともいえた。

都市の変容と民衆

輸出経済期の南アメリカの経済活動は、広義の農村でおこなわれたが、その管理機能は外国市場に直結した中心都市でおこなわれた。伝統的な首都や港湾都市が、貿易と金融、鉄道と道路網の起点、移民の労働市場として発展した。そこには、農産物加工ないし精肉工場(フリゴリフィコ)、繊維工場などの施設、路面馬車ないし鉄道(のちに電車)、新設ないし拡幅された道路、ガス灯、上水道、電気、学校、病院、公園などの都市サーヴィスが付与された。他方、地方都市の多くは、むしろ没落する傾向があった。

先住民労働力を十分利用できなかった南アメリカ南部では、近代移民として、ヨーロッパなどから労働力が導入され、都市を中心に人種構成さえ一変した国もあった。移民は、集団入植地への移民を除けば、まず農園や牧場で労働者として働き、一部は自営農民になったが、大土地制度の硬直性のため、九割以上が都市に定着した。ブエノス・アイレス市の人口は、移民を受け入れたため、一八六九年から一九一四年までに一八万から一六〇万に急増した。一九一四年に同市の住民のほぼ半数は、外国移民であった。

ポルトガル王室の渡来前には五万以下の人口しかもたなかったリオは、一八二三年には一三万五〇〇〇人をかかえるようになった。統計上の構成は、黒人一〇万五〇〇〇、ポルトガル人およびブラジルの白人二万五〇〇〇、外国人四〇〇〇、ジターノ(今のロマ人)四〇〇〇、インディオ、カボクロ(ポルトガル人とインディオの混血農民)、黒人系混血六〇〇〇となっていた。その後ブラジル国内でのもっとも重要な受け入れ地として外国移民が流入し始めたが、一八八五年サン・パウロ県がコーヒー農業のための労働力誘致のため、旅費公費負担制度を発足させると、ブラジルへの外国移民の過半が同県に流れるようになった。それでも一九〇六年のリオの住民の二六％は外国人であり、一九二〇年のリオ市の外国人の数は、サン・パウロ市のそれより三万人だけ多かった。

独立とともにほとんど例外なく植民地時代の行政中心地が首都になったが、一八七〇年代までの都市構造は、ほぼ昔のままで、都心から郊外に向けて白人上流から有色人下層に移行する同心円状の住居と社会階層の分布が続いていた。しかし、首都や主要都市の景観や建築様式にかんしては、新しい政治支配層は、西欧的近代性のシンボルとして、当時の先進地域であった西ヨーロッパ諸国のものを模倣的に導入しようとした。とりわけ、首都の都心部は、外資導入や対外イメージ改善に役立ち、対内的にも政権の威信強化に役立つ近代化のショーウィンドーとなることが期待された。独立後スペインやポルトガルを思い出させる建築様式はしりぞけられ、西欧的ないしコスモポリタン的な雑多なデザインが並立し、かつての整然とした都市景観は失われた。西欧移民と文化の導入も、自国民の人種改良を含む西欧化的近代化の手段であり、支配層自らも西欧諸国への留学や旅行を好み、西欧的服装、行動様式、趣味(ジョッキークラブ、ヨットクラブ、サッカー)、言語能力(教養語としてのフランス語、商業用語としての英語)などを身につけようとしていた。他方、内陸の地方都市や農村は、植民地時代の様相を色濃く残していた。

十九世紀末から都市計画が実施されるようになり、二十世紀初頭からはその事例が増加した。地震(カラカス、ボゴタ、キート、リマ、サンティアゴ、メンドーサ)、大火(グァヤキル)、黄熱病などの流行病(ブエノス・アイレス)などがそのきっかけとなった。幾何学的な合理性が追求され、オスマン知事によるパリ改造を模範として、雑然とした貧民街などを撤去して、格子状街路や斜向路や公園などがつくられた。緑地の創出、土地の用途区分、建物の高度制限、用地接収法、造成分譲の規制などにも関心がはらわれた。南アメリカではポルトガル王室の渡米とともに、リオが早くも独立前後から都市改造ブームを経験したが、十九世紀後半ではブエノス・アイレスが画期的な先例となり、その後はリオの第二次都心改造(一九〇三年以後)、アルゼンティンのラ・プラタ市の建設(一九〇六年)が注目に値する。

外国や地方からの移住による都市の民衆の増加は、支配層からみると不安の種となった。とくに異なる文化をもつ外国移民は、政治から排除されなければならなかった。独立後の多くの都市では、植民地時代と似た都心の上流白人と郊外の下層有色人という二元的な社会構成が続いた。ただし、スペイン人やポルトガル人の本国への帰国や追放に続いて、交通の改善とともに、地方の農園や牧場や鉱山の所有者たちが首都などに集まり始めた。たとえば、ブラジルでの一八三一年のペドロ一世の退位と亡命にともない、リオなどの大都市からかなりの数のポルトガル人官吏や商人が帰国したが、現地白人の農園主などがはいってきた。この結果、都市の上流階層は白人でありつづけたが、その内容が変化したのである。十九世紀末になって一部の都市の上流階層は、都心を離れ、近郊に住居を移し始めたが、広場、カテドラル、政庁、銀行街、散歩や買い物のための目抜き通りなどからなる都心は、中流以上の階層の交流の場となった。

都市の労働者階層は、都心の老朽住宅や安手の長屋(コンベンティージョ)に住み、未熟練工として、不安定な雇用と低賃金に悩まされていた。他方、都心の美化は地価を上昇させ、民衆住宅の建設を抑制した。都市改造により、黒人、混血層、未熟練労働者たちは雇用の場である都心から郊外に追いやられ、工業労働力の予備軍をふやし、都心を白人化させる結果となった。

第二章　ベネスエラ、コロンビア、エクアドル

1　寡頭制支配の時代（一八三〇〜八〇年）

保守寡頭制支配

グラン・コロンビア共和国の解体により、ベネスエラ、コロンビア、エクアドルはそれぞれ独自の歴史を歩むこととなった。ホセ・アントニオ・パエスが初代大統領（在任一八三一〜三五）に就任したベネスエラではボリーバル派は一掃され、政治体制は中央集権制に連邦制の要素が加味され、たとえば県知事の選出には地方議会が三人の候補を推薦し、そのなかから大統領が任命した。大統領は任期四年、連続再選は禁止された。また、十分の一税などの教会特権の廃止、信教の自由、軍部の再編を通じて軍人特権の廃止が促進された。政治的実権はパエスが握り、この時期コーヒー、カカオ、藍、畜産物などの輸出産品の世界市場における経済的好況を背景に、安定したパエス支配（三一〜四七年）が続いた。

事実上のパエス独裁にたいして、市民層、地方地主、官僚層などからなる反パエス勢力が一八四〇年、

反専制・反教会を掲げ自由党を結成した。四六年末には、自由党の扇動による民衆蜂起が起こり、「民衆選挙、秩序回復、寡頭制支配打倒」が叫ばれたが、パエスによって鎮圧されている。

ヌエバ・グラナダ共和国として再出発したコロンビアでは、米国に亡命していたサンタンデルが帰国し、最初の大統領に就任した(一八三三〜三七年)。彼は内陸部のボヤカやサンタンデルにおいて一定の発展をとげた織物業にたいする保護政策、タバコ専売にみられる国内工業の育成と財政再建につとめた。さらに後継政権により、公教育の推進、奴隷貿易の廃止、公有地売却による小農の育成、マグダレナ川蒸気船航路の開設などコーヒー産業の育成にかかわる政策がとられた。

エクアドルでは一八三〇年八月のリオバンバ会議において憲法が制定され、保守派のフローレスが大統領に選出された(三〇〜三五年)。この三〇年憲法では行政府の権限を大幅に認め、カトリック擁護を打ち出していた。このフローレス保守政治にたいしてフランシスコ・ホール大佐を中心に三三年、「自由キート人協会」が設立され、自由主義思想の普及につとめた。自由主義の広まりを背景に三五年権力を握ったビセンテ・ロカフェルテ(在任三五〜三九)は、反教会、従来の一院制にたいする二院制など自由主義派の政策を採用した。しかし三九年、フローレスが大統領に復帰し(三九〜四五年)、大統領権限を拡大して専制を強めていった。

ベネスエラの自由寡頭制支配

ベネスエラでは、パエスによる保守寡頭制からの脱却をめざし自由主義派の反乱が続いていたが、一八四七年ホセ・タデオ・モナガス将軍が大統領となり（四七～五一年）、イエズス会入国禁止、奴隷制廃止、選挙権拡大などの自由主義政策を継続した。モナガス兄弟の専制支配（四七～五八年）は身内登用、ガイアナのイギリスへの移譲の流言、経済不況により自由・保守両派の反発を生み、五八年、フリアン・カストロが率いる反乱により崩壊した。

一八五八年にカストロ政権（五八～五九年）のもとで制定された憲法は連邦制を取り入れたものであったが、より徹底した連邦制、徹底した自由主義の実現をめざしてエセキエル・サモラ、ファン・クリソストモ・ファルコンらの自由主義者を中心に「連邦制宣言」が公表され、自由・保守両派のあいだで六三年まで続く「連邦戦争（長期戦争）」が開始された。連邦派はコロ州を拠点として負債をかかえた農民、先住民、解放奴隷を糾合し、「ゴート族（保守派寡頭支配層をさす）打倒」「先住民の国をつくろう」をスローガンに闘い、六三年、コチェ協定により、時のパエス政権（六一～六三年）と和解した。協定に従い国民議会が招集され、ファルコンが大統領に就任して、パエスは辞任した。こうして六四年四月、ファルコン大統領（在任六三～六八）のもとに二〇州一連邦区を有するベネズエラ連邦が発足

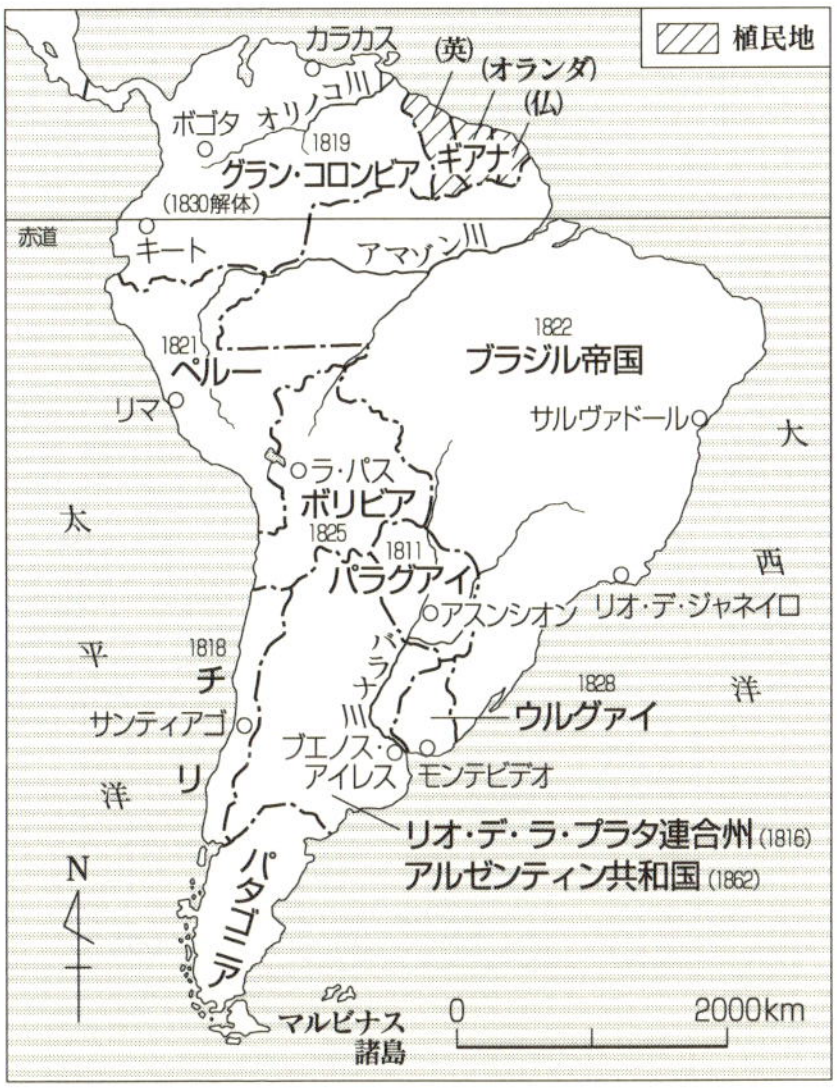

独立直後の南アメリカ（1830年ころ）

した。

一八七〇〜八八年はアントニオ・グスマン・ブランコ(在任七〇〜七七、七九〜八四、八六〜八八)による自由主義寡頭支配が続き、「グスマン・ブランコ時代」として知られている。ファルコン政権をクーデタで倒したモナガス父子(在任六八〜七〇)にたいする反対運動(「刷新《レヘネラシオン》」と呼ばれている)を指導したグスマン・ブランコは七〇年カラカスに入城し、政権を掌握した。彼は反教会政策(修道院の廃止・教会財産の没収、公教育の推進など)、公共事業(鉄道・道路建設)、自由貿易(関税引き下げ、輸出税撤廃)など一連の自由主義改革を実施した。しかし、本質的には寡頭支配層の一員であり、しだいに抑圧的になって民衆の離反を招き、パリ滞在中、クーデタにより失脚した(八八年)。

アントニオ・グスマン・ブランコ　ベネスエラの自由党創設者の子であり，1870〜88年ベネスエラの政治を支配した。

コロンビアの自由寡頭制支配

一八五〇年以降、ラテン・アメリカではヨーロッパ、とくにフランスの一八四八年二月革命の思想である自由主義およびアナーキズムがもたらされ、植民地特権の廃止、教会改革、言論の自由などを求めて保守寡頭制支配に対抗する自由党の結成がみられた。

コロンビアでは商人層、手工業者(ボゴタ、カリ、メデインの製靴、ガラス、鍛冶職人など)、新興ブルジョワ層(ボヤカ、サンタンデルの織物・綱索業者など)、小農により自由党が結成された。その特徴はボリーバル派にたいするサンタンデル派の流れをくむもので、前者の中央集権的立場にたいし地方分権あるいは連邦制の樹立をめざすものであった。四九年成立したホセ・イラリオ・ロペス政権(四九〜五三年)以降、八〇年まで自由主義支配が続いた。

ロペス政権下では商業の自由(タバコ専売の廃止)、奴隷制廃止、長子相続制廃止、不動産税の廃止、言論の自由、反教会政策として十分の一税廃止、宗教裁判所廃止、イエズス会追放、教会財産の没収など一連の自由主義政策がとられた。一方、一八四九年設立された保守党は、地主層、教会、旧貴族層を糾合し、最大の地主である教会の財産に手をつける自由党の教会改革に真向うから反対した。しかし農産物輸出の振興、自由貿易の推進という点では両者に大きな意見の相違はなかった。むしろ自由党内部において手工業者と商人は自由貿易の導入をめぐって利害が対立し、手工業者は自らのギルド組織「民主協会」に依拠して、イギリスの安価な工業製品の流入をうながす自由貿易に反対して党内に「ドラコン派」を形成した。こうして彼らは五四年四月、ロペス政権を引き継いだホセ・マリア・オバンド政権(五三〜五四年)にたいし、ホセ・マリア・メロ将軍を擁立してメデインにおいてクーデタを起こし、メロ政権(五四～五五年)を成立させた。このメロ政権期は「手工業共和国」と呼ばれ、手工業の育成をめざす保護貿易主義を打ち出したが、保守・自由両派の同盟軍によって打倒された。この結果、消費財工業の国内的基礎は完全に失われた。

その後、一八五七年の憲法によって国内はそれぞれ立法権をもつ八州に分割され、三〇年以来続いたヌエバ・グラナダ共和国が終焉し、あらたにグラナダ連合が発足した。さらに六三年憲法によりコロンビア合州国と改名し、八六年まで連邦制が維持された。連邦制の導入により州知事が民衆によって選挙され、各州に外交権が認められるなど大統領権限が大幅に縮小され、地方分権が強化された。この結果、言論の自由の保障を含めて六三年憲法は、他のラテン・アメリカ諸国にはみられない自由主義的色彩の濃いものとなった。この時代は自由な雰囲気のなかで科学・文芸・思想の面で輝かしい成果が生まれ、スペインのある歴史家はボゴタを「南米のアテネ」と呼んだ。

エクアドルの自由寡頭制支配

エクアドルではフローレスの専制政治にたいし、保守・自由主義派を問わず不満が生じ、一八四五年反フローレス勢力による「三月革命」が起こり、保守派のビセンテ・ラモン・ロカが政権を握った(四五～四九年)。以後六〇年までフローレス派と反フローレス派の抗争が続き、また近隣諸国との国境紛争(四〇年、五九年のペルーとの紛争。五一年のコロンビアとの紛争)に見舞われ、四五～六〇年はエクアドルにとって内憂外患に苦しんだ時代であった。

　エクアドルの一八五〇年代はカカオ輸出の増大によって発展するグァヤキルに依拠した自由主義派がキートの保守派に対抗した。両派の勢力が拮抗するなかでガブリエル・ガルシア・モレーノが権力を握った（六一～六五、六七～七五年）。そのよりどころとなったのがカトリックの復権であった。彼はカトリックを国教として公認し、教会特権を独立以前の状態に戻し、公教育を教会に委ねた（「聖職共和国」の成立）。ガルシア・モレーノ政権が制定した六九年憲法は、チリのポルターレス憲法（一八三三年）の影響のもとに大統領任期を四年から六年に延長するとともに連続再選を認め、また立法府権限を縮小するなど独裁を強化して自由主義派の反感をかった。反対派はこの憲法を「黒い憲章」と呼び、反政府運動を強めた。ガルシア・モレーノは七五年、再選をはたしたが、反対派の手により暗殺された。以後、七六～八三年まで自由主義派が政権を握り、その後八八年までキートの保守寡頭制勢力を基礎とするホセ・マリーア・プラシド・カアマーニョが政権に就き、ガルシア・モレーノのカトリック政治を再現した。

2　輸出経済と近代化の開始（一八八〇～一九〇〇年）

コーヒー輸出経済と近代化（ベネスエラ）

　グスマン・ブランコ政権の崩壊後、一八八八年連邦議会は大統領にファン・パブロ・ロハス・パウルを選出した。ロハス・パウル政権（八八～九〇年）は政治亡命者の帰国を認め、広範な言論の自由、市民的権利の保障などの融和政策をとり、グスマン・ブランコの専制政治からの転換をはかった。七四年の憲法修正により大統領任期は二年に短縮されていたが、この大統領任期をめぐって「護憲派《レガリスタ》」と「延長派《コンティヌイスタ》」のあいだで対立が激化した。「護憲派」を指導する元大統領(在任八四〜八六)ホアキン・クレスポ将軍は九二年十月、カラカスに凱旋し、いわゆる「護憲革命」を勝利に導いた。

クレスポ政権期(一八九二〜九四、九四〜九八年)には、鉄道建設ブームが起こり、カラカス—バレンシア間、バルセロナ—ナリクァル間、バレラ—ラ—セイバ間で鉄道が開通し、また道路建設、連邦基金の設立、技術教育の普及などコーヒー経済のもとでの近代化が推進された。

一八九九年、議会はアンドラーデ大統領(在任九八〜九九)の連邦自治への介入を大幅に認める法案を議決した。この措置にたいし憲法違反だとして地方に不満が広がった。おりからのコーヒーの価格の低迷に基づく経済不況ともあいまって、一八九九〜一九〇三年にかけてベネスエラは内乱期にはいった。この混乱に乗じて権力を奪ったのが、コロンビア、タチラ州の牧童《ヤネーロ》のボスであるシプリアーノ・カストロであり、その副官であるファン・ビセンテ・ゴメスである。

カストロが「維新革命《レスタウラシオン》」の名のもとに軍団を率いてカラカスに入城したのは、一八九九年十月のことであった。このときから一九三五年まで、ベネスエラはアンデス出身の二人の独裁者に支配されることになる。カストロ政権(一八九九〜一九〇八年)は大統領任期を六年に延長、普通・秘密選挙の実施を廃して、御用議会にその選出を委ねた。こうして大統領職を私物化するとともに言論の自由を抑圧して独裁色を強めた。一方、都市の改造に着手し、国立劇場、共和国広場(パエスの騎乗像を設置)、パライソ大通りなどを建設した。

　カストロ政権は、対外債務問題、内戦による外国資産の賠償問題、さらに米国系アスファルト会社との対立など列強との紛争の種をかかえていた。カストロ政権が賠償の支払いを拒否したところから、一九〇二年十二月イギリス、ドイツ、イタリアがラ・グァイラ港、プエルト・カベーヨなどを攻撃、封鎖する事件が起こった。この事件にたいしアルゼンティンの外相ルイス・マリーア・ドラゴは、武力による外債の強制徴収は主権の侵害である（ドラゴ条項）と批判し、一八六八年アルゼンティンの法学者カルロス・カルボが定式化した、外国企業は受け入れ国の国内法に従うべきであるという考え（カルボ条項）に新しい解釈を与えた。結局、米国の調停を通じて一九〇六年、ハーグ国際仲裁裁判所にもちこまれ、ベネスエラに有利な裁定がくだされ、カストロの国内人気を高めた。

　ベネスエラの経済は一八八〇年代以降、コーヒー・モノカルチャーとして特徴づけられ、八〇年代には輸出全体の五五％、九〇年代には八〇％近くを占めるにいたった。このコーヒー輸出経済に関連して九〇年代の鉄道建設ブームをむかえた。このため大量の外国資本を必要とし、この時期ベネスエラにおいて、貿易・資本両面で対外依存経済が形成された。

コロンビア共和国の成立とコーヒー経済（コロンビア）

　一八八〇年、ラファエル・ヌニェス（在任八〇〜八二、八四〜八六、八七〜八八、九二〜九四）が自由党穏健派と保守党の支持を受けて大統領に選出された。おりからコーヒー栽培が本格化し、十九世紀末における

年次	コーヒー	バナナ	石油	貴金属	皮革	他
1874/79	7	—	—	28	4	61
1905/09	39	4	—	21	8	28
1910/14	46	9	—	19	9	17
1915/19	54	6	—	16	12	12
1920/24	74	6	—	12	4	4
1925/29	69	6	17	5	3	—
1930/34	59	6	19	13	2	1
1935/39	54	5	20	17	2	2
1940/44	64	1	16	13	1	5
1945/49	73	2	15	5	1	4
1950/54	79	2	14	2	—	3
1955/59	78	4	14	1	—	3

コロンビアの主要輸出産品(1874/79〜1955/59年)(%)
数字は輸出総額に占める割合を示す。

世界市場での価格安定に支えられて、コロンビア経済はコーヒー輸出を軸に展開することとなった。このようなコーヒー輸出経済の発展は、鉄道による輸送網を充実させ、関連産業を育成させた。「ヌニェス時代」とくに八五年以降、コーヒー輸出と結びついた鉄道建設が推進され、ボゴタ―メデイン―マグダレナ間、カリ―太平洋間、バランキヤ―大西洋間に敷設され、コーヒーの輸送価格が引き下げられて輸出ブームに拍車がかかった。

コーヒーの産地は、伝統的にアンデスの東斜面のククタ市周辺およびサンタンデル州に集中していた。一八七四年にはコーヒー生産全体の八七・六%をサンタンデル州が、七・五%を南部のクンディナマルカ州とボヤカ州が占めた。しかし、一九一三年以降は、西部のアンティオキア州における農業開発が進み、入植者の家族経営によるコーヒー栽培が飛躍的に増大し、最大の生産地となった。

輸出経済の進展にともない、政治的に国内秩序を回復する強力な中央集権国家の建設が支配層にとって必要となった。これが八六年憲法による「コロンビア共和国宣言」となり、連邦制から中央集権制へと移行した。

一八九四年まで続く「ヌニェス時代」は、「強い国家」の思想に支えられて大統領権限が拡大された「自由なき平和の時代」であったが、その末期には自由主義派の不満が噴出し、九九年から一九〇二年までヌニェスの流れをくむ保守党政権と自由主義急進派とのあいだにいわゆる「千日戦争」が起こり、四年にわたって一〇万人以上の死者を生む内戦に発展した。当時の保守党ホセ・マヌエル・マロキン政権(一九〇〇~〇四年)はこの内戦をどうにか鎮静化させたが、一九〇三年あらたな難題に直面した。パナマ運河掘削をめぐる米国との軋轢《あつれき》である。この問題は千日戦争がパナマに波及し、政府が米軍に援助を要請したことが、運河交渉のきっかけとなった。その結果、いったん米国とのあいだに運河建設についてのヘイ゠エラン協定が結ばれたが、コロンビア上院がその批准を拒否した。これを契機に同年十一月三日、米国の支援のもとにパナマがコロンビアから分離、独立した。

カカオ輸出と「グァヤキル革命」(エクアドル)

一八八八年までの保守寡頭制支配ののち保守進歩派の二人の大統領が続いた。エクアドルの建国者、フローレスの息子アントニオ・フローレス・ヒホン(在任八八~九二)とルイス・コルデーロ(在任九二~九六)である。この時期、海岸部ではアスピアス家のようなプランテーションによるカカオ生産が飛躍的な発展をとげ、最大の輸出産品となった。海岸部の中心都市グァヤキルは商業センターとして首都キートをしのぐ最大の都市となった。海岸部の地主・輸出業者が新興ブルジョワジーとして政治的にも重要性をもち、

エロイ・アルファーロ　2回にわたってエクアドル大統領をつとめ，自由主義派の旗手として改革をおこなった。

九〇年、彼らを中心に自由党が結成された。そして、九五年六月には、海岸部ブルジョワジーの急進派による武装蜂起が起こり、グァヤキルにおいて「革命議会」が開催され、商人出身のエロイ・アルファーロ将軍を大統領に選出した。「グァヤキル革命」の開始である。

革命軍は九月一日キートに入城し、アルファーロ自由主義政権（一八九六〜一九〇一、〇六〜一一年）が誕生した。その自由主義革命の方向を集約した九七年憲法では、法の前の平等、思想の自由、政治犯にたいする死刑廃止、教会財産の国有化、さらに信教の自由、政教分離、離婚法の制定などにより公的分野における教会の介入が完全に排除された。このため九七年憲法は「無神論者憲法」と呼ばれた。

アルファーロ政権期には自由主義が旧秩序にたいする改革的な意味をもったが、その暗殺（一九一二年一月）後、改革は大幅に後退し「革命」は掛け声だけとなった。一九二三年の党大会では「反帝・反金融寡頭制、経済への国家介入」を綱領として採択したが、その綱領とは裏腹にすでに自由党政権は外資を積極的に受け入れ、融資を通じてグァヤキル農業・商業銀行やエクアドル銀行などの民間銀行や農産物輸出勢力を強力な基盤としていたのである。この自由党支配後半の一二〜二五年は、「金融寡頭制支配期」として知られている。

二十世紀初頭のエクアドル経済は、カカオ輸出(一九一六年には輸出の五七%を占める)による好況を背景にインフラの整備が進んだ。一九〇八年にグァヤキル—キート間に鉄道が開通したのをはじめ、主要都市間の鉄道・道路建設、電信・電話、港湾、電力開発が促進され、さらに鉱山・石油開発、軽工業(繊維、食品加工など)の育成がはかられた。このため積極的にイギリス・米資本が導入された。海岸部を中心とする労働力需要にたいし、山岳部からの労働力供給をはかるため、先住民貢納の廃止、アシエンダにおける債務奴隷制の廃止を通じて労働力の解放が意図されたが、山岳部の地主勢力の根強い抵抗により、旧制度はいぜんとして維持された。

第三章　ペルー、ボリビア、チリ

1　ペルー・ボリビア連合とチリ(一八一八〜四〇年)

ボリーバル共和国の成立

解放後のボリビアは、ボリーバルを初代大統領としてむかえた(一八二五〜二六年)。ボリーバルの改革は共和制の原則に基づき、さまざまな植民地特権の廃止、近代的所有権の確立をめざして教会所領の接収・共同体所有の廃止による独立自営農の育成が意図された。これらの政策は、ボリーバルによる二五年のトルヒーヨにおける政令のなかに示されている。しかしボリーバルは、ヌエバ・グラナダにおける部下たちの内部抗争が激化してきたため、ペルーおよびボリビアの支配をそれぞれ、アンドレス・サンタ・クルスとスクレに委ね、急遽ボゴタへ戻った。

ボリビアでは、ボリーバルのもっとも信頼すべき副官であるスクレを終身大統領(在任一八二六〜二八)とし、二六年、ボリビア最初の憲法が発布された。この憲法はボリーバルの意向にそったところから「ボリーバル憲法」と呼ばれている。この二六年憲法では立法府は、上院、下院、監察院よりなる三院制がとられ、大統領権限を強化して強力な中央集権体制の確立をめざした。スクレは教会財産の没収(永代所有の禁止)、先住民にたいする貢納の廃止など、ボリーバル流の自由主義政策を実施した。

一方ペルーでは、ボリーバルによってペルーとボリビアがグラン・コロンビアに併合されるのではないかという懸念が拡がり、国境問題、債務の分担などの問題をめぐってグラン・コロンビアとの関係がしだいに悪化してきた。一八二七年六月、大統領に就任したホセ・デ・ラ・マル(在任二七〜二九)とその後継者アグスティン・ガマーラ(在任二九〜三三)が反ボリーバルの急先鋒であった。ボリビアでもガマーラ麾下のペルー軍の進入によりスクレが大統領を辞任して(二八年)キートに亡命し、両国におけるボリーバルの影響は完全に排除された。ペルーでは以後も地方カウディーヨが割拠して政権を簒奪するなど、四五年まで混乱の時代が続いた。

当時ボリビア大統領であったサンタ・クルス(在任二九〜三九)はこのペルーの混乱に乗じて、三五年ペルーに進軍し、ペルー・ボリビア連合を成立させた。

ポルターレス時代(チリ)

チリでは、独立運動の指導者ベルナルド・オイヒンスが、最高指導者《ディレクトール・スプレーモ》として独裁的な政治をおこなった(一八一九〜二三年)のち、自由主義派《ピピオーネス》(「青二才」党の意味)と保守派《ペルコーネス》(「かつら」党の意味)のあいだの抗争が三〇年まで続いた。二三〜二六年までのラモン・フレイレの時代には、オイヒンスの自由主義改革が継承され、土地の長子相続制、奴隷制を廃止し、教会に規制を加える内容の二三年憲法が制定された。しかしこの時代には八人の政府最高指導者が目まぐるしく交替して、両派の対立のうちに、連邦制や教会特権などが、廃止されたり復活されたりし、動揺が絶えなかった。

この抗争は、一八三〇年に保守派がリルカイの会戦で勝利して一応収束し、以後三〇年間、保守派の寡頭政治が続いた。このペルコーネス支配の陰の実力者で、十九世紀チリの政治的安定を築いたのがディエゴ・ポルターレスだった。フレイレ政権は対外債務支払いのためにタバコを専売にしたが、ポルターレスはその御用商人だった。一連の自由主義的改革のなかでタバコ専売の廃止が問題になったが、ペルコーネスが専売を支えたのであった。

ポルターレスは、教会と文民統制下の軍隊によって秩序と安定がもたらされると考えた。そしてカトリックを国教とし、強力な中央集権のもとで、任期五年、連続再選を認めて行政の安定を策した三三年憲法が発布され、三一年のホアキン・プリエト・ビアル大統領以後、チリは十九世紀ラテン・アメリカでもめずらしい、政局の安定した国になった。そしてこの三三年憲法は、急進党政権による一九二五年憲法の制定まで一世紀近く続くという希有の命脈を保った。反面この憲法では地方自治が強く制限されて、県知事はじめ地方首長は大統領任命となり、また議会の独立性も損なわれた。

チリは一八一一年、すでに友好国・中立国にたいして開港し、貿易港としてのバルパライソの重要性が増大していった。ホアキン・プリエト政権(三一～四一年)の蔵相マヌエル・レンヒホは財政収入の増大をはかるため、バルパライソ港の整備、蒸気船団の創設、関税制度の確立、バルパライーソ港に保税倉庫を設置するなど貿易の振興につとめた。こうして当時、先進国(とくにイギリス)からの工業製品輸入、チリからの一次産品輸出(鉱産物、小麦)のパターンができあがった。このような方向はチリの支配層を形成する鉱山主、大地主、内外貿易業者の利害に完全に一致するものであった。十九世紀中葉には輸出の半分がイギリス向け、イギリスからの輸入がチリ輸入全体の三〇～四〇%に達し、チリの港にはイギリス商館が建ち並び、彼らが輸入全体の半分を扱った。

チリは他のラテン・アメリカ諸国に共通する十九世紀を通じての政治的無秩序とカウディリスモ(カウディーヨによる政治支配)をまぬがれたが、これはポルターレス時代に築かれた強力なリーダーシップや立憲主義的専制体制によるものであった。この意味で十九世紀チリは「ポルターレス体制」の継続であった。

アンデスのナポレオンとペルー・ボリビア連合

ペルー・ボリビア連合を成立させたサンタ・クルスは、スペイン人を父に、インカ王族の血を引く先住民を母として「アンデスのナポレオン、インカの後継者」を夢みて、この連合をチリ、アルゼンティンに匹敵する強国につくりあげようとした。サンタ・クルスは連合を三州に分け、自ら終身・世襲の連合護民官となった。突然出現したこのアンデスの国は、隣国チリとアルゼンティンにとって大きな脅威となった。チリの事実上の支配者、ポルターレスは「連合の成立を座視することは『自殺行為』に等しい」と考えた。一八三七年、ポルターレスは反対派によって暗殺されたが、この事件を契機に主戦論が台頭した。

ペルーとチリの関係は、以前からサン・マルティンのペルー遠征(一八二〇～二一年)の費用分担にたいするペルー側の不履行、チリからの再輸出品にたいするペルーによる特別付加税の徴収やチリ小麦への関税引き上げ、さらにペルー亡命中の元チリ大統領フレイレ将軍のチリ侵寇にたいするペルー側の援助(三六年)などにより悪化の一途をたどり、三六年十月、ついにチリはペルー・ボリビア連合にたいして宣戦布告した。

チリ遠征軍は一八三七年九月、バルパライーソを出港しアレキーパに進軍したが、ペルー軍の応戦にあって敗北、降伏した。この劣勢をはね返したのが、プリエト大統領の甥であるマヌエル・ブルネス将軍であった。チリ軍は、三八年八月、リマを占領し、さらに三九年一月、内陸部のユンガイにおける闘いで決定的な勝利をえた。サンタ・クルスはヨーロッパに亡命し、ペルー・ボリビア連合は崩壊した。太平洋を挟んで位置するこの三国の確執は、一八七九年の太平洋戦争において再現される。

2 カウディーヨ支配の継続と第二次独立戦争(一八四〇～八〇年)

カスティーヤ政権による政治的安定(ペルー)

ペルー・ボリビア連合崩壊後、ガマーラが二期目の大統領に選出された(一八三九～四一年)。チリ軍占領下のリマを避けて、ワンカヨにおいて議会が開かれ、政治制度の確立(両院制、大統領任期六年)、ボリビアからの分離を確定した三九年憲法が採択された。当時ボリビアでは、サンタ・クルスによる政権の再奪取計画やホセ・バイビアン将軍によるホセ・ミゲル・デ・ベラスコ政権(四〇～四一年)打倒の動きがあり、ガマーラはこの混乱に乗じてボリビアに兵を進め、ボリビアからの影響の排除をはかった。しかし挙国一致して、応戦したボリビア軍にインガビの戦い(四一年)において敗れ、ガマーラは戦死した。四二年、プーノにおいて講和条約が結ばれた。

その後、ペルーではふたたび戦乱の時代が続き、一八四五年にいたってラモン・カスティーヤが混乱を収拾し、大統領に就任してようやく政治的混乱の時代は終わった。独立の英雄の一人であるカスティーヤは四五〜五一年、五五〜六二年の二期大統領を務め、この間、大統領権限を強化しながら、近代国家の基礎を築き上げる役割をはたした。第一次カスティーヤ政権の政策は言論の自由の保障、初の予算案の議会提出、海軍力の充実、第一回アメリカ会議の開催(四七〜四八年。チリ、ボリビア、コロンビア、エクアドルが参加)、内外債の償還、南アメリカ最初のリマ―カヤオ間鉄道建設(五一年)などであった。

一八五一年、大統領選挙はペルー史上はじめての自由(間接)選挙となった。結果はホセ・ルフィーノ・エチェニケ将軍が大統領となった(五一〜五五年)。彼は保守派であったが、その政策は商業の自由、輸送網の整備に重点がおかれていた。また五二年、民法を制定し、ボリーバル以来の諸改革が集大成された。しかしエチェニケ政権は、独立戦争時の賠償をめぐる汚職事件を引き起こし、五四年のカスティーヤによる反乱を誘発した。カスティーヤはその反乱の途次、先住民貢納の廃止と奴隷解放を宣言し、五五年、ラ・パルマにおいてエチェニケ軍を打ち破った。こうして第二次カスティーヤ政権が成立し、リマ―チョリヨス間鉄道建設、電信、ガス灯など公共事業を推進する一方、反対派への弾圧を強めた。

19世紀のリマ市　中心街のコカ・イ・ボデゴン通り。２階の出窓がこの時代のリマの建物の特徴だった。

グァノ経済の発展

　このカスティーヤ政権の諸改革の経済的基盤を与えたのがグァノであった。グァノは太平洋沿岸の島嶼に堆積する海鳥の糞のことであり、肥料としてインカ時代から使用されてきたが、とくに一八四〇〜八〇年の四〇年間は経済史上「グァノ時代」と呼ばれ、綿花、羊毛、銅にかわりペルー最大の輸出産品となった。このグァノはヨーロッパとくにイギリス農業の需要に応えて、一八四〇年から輸出が開始され、六〇年代には国家収入全体の七五％を占めるにいたっている。

　さらに一八六〇年代以降、南部アタカマ砂漠において硝石(肥料および火薬の原料となる)の鉱床が発見され、当時のペルー、ボリビアにあらたな財源をもたらした。そのほか、海岸部の中・北部では綿花と砂糖がプランテーション方式で生産された。いずれにしても海岸部を中心とする輸出産品の生産拡大は、この地域に大量の労働力が必要とされた。この労働力需要を満たすことになったのが中国人労働者であった。四九～七五年に八万七二四七人の中国人労働者がカヤオ港から上陸したことが記録されている。彼らは事実上、前貸金による債務奴隷の状態におかれ、おもにグァノ採掘、鉄道建設、プランテーションの耕作に従事した。さらに、九九年からは日本人移民がこの地域の農業労働力として導入された。

以上のように十九世紀後半のペルー経済は世界市場と結びつく輸出経済の道を歩むこととなったが、これにともない海岸部を中心にグァノ産業、プランテーション、リマの商業・金融資本の発展に基づく新興ブルジョワ層が出現した。こうした勢力は、国家近代化、輸出経済の推進をめざして文民党政権(七二～七六年)を成立させた。

独裁と鉱業寡頭支配層の台頭(ボリビア)

サンタ・クルス将軍のヨーロッパ亡命によりペルー・ボリビア連合は崩壊したが、ボリビアはその後もたびたびペルー軍の侵入を受けた。ホセ・バイビアン政府(四一～四七年)はこれを排撃して一八四二年、両国間に講和条約が結ばれ、外部からの脅威は取り除かれた。しかしボリビアの政治は、マヌエル・イシドーロ・ベルスー政権期(四八～五五年)以降、混乱と独裁を繰り返しマリアーノ・メルガレホの時代(六四～七一年)にいたってその極に達した。

当時ボリビアは交通の未発達によりラ・パス、コチャバンバなどの織物手工業者が外国との競争からまぬがれ、国内供給に一定の役割をはたしていた。ベルスー政権は、このような手工業者や先住民の支持を背景に先住民共有地の復活や外国卸売業者の締め出しをはかるなど民族主義的政策をとり、自由貿易を要求するポトシやオルーロの鉱業寡頭勢力と対立した。しかし新興の鉱業輸出勢力の台頭(五〇年代にパチェコ家、アルセ家、アラマヨ家からなる三大銀鉱山会社が成立)と手工業者の没落が時代の趨勢となり、保護主義の基盤は失われ、ホセ・マリア・リナーレス政権(五七〜六一年)以降自由貿易が定着した。

メルガレホはチョロ(先住民と白人の混血)の非嫡出子としてコチャバンバに生まれた。自由選挙が実施されようとしていた一八六四年、メルガレホはラ・パスの司令官としてクーデタを起こし、実質的な支配者ベルスーを暗殺して権力を奪った。彼は議会および地方行政機関を解散させ、政敵を弾圧して独裁政治をしいた。コチャバンバの鉱業寡頭支配層の支持を背景に自由貿易政策を継承、発展させ、六五年にはペルーと、六六年にはチリとの条約締結により両国との貿易自由化を実現した。「野蛮カウディーヨ」の名が示すように、メルガレホは奢侈《しゃし》と放蕩《ほうとう》に耽り、その資金を捻出するため、紙幣の乱発やアタカマにおける硝石採掘権をチリに移譲するなど将来に禍根を残した。メルガレホは七一年に、クーデタにより追放された。

以上の混乱期にボリビアでは鉱業開発が急速に進んだ。一八五七年アントファガスタ県メヒヨネスにおいて最初の硝石鉱脈が発見され、六〇年代に太平洋岸での硝石、グァノ開発、七〇年代同県カラコレス銀山の採掘が本格化した。このような開発事業には国内市場向け穀物の生産によって資本蓄積したコチャバンバ地方の農園主《アセンダード》や商人が投資し、あらたに商・鉱業寡頭支配層として台頭してきた。鉱山における労働力として共同体先住民が着目された。この点で重要な政策は、七四年に公布された、自由主義派アドルフォ・バイビアン政権（七三〜七四年）による永代所有禁止法である。この結果、共同体所有地の分割、消滅が促進され、先住民は鉱山労働者あるいは大農園の日雇労働者《ペオン》として、過酷な労働を強いられることとなった。

保守政治から自由党政権へ（チリ）

チリにおいては、ポルターレス死後もその思想的流れをくむ啓蒙的保守政治が維持され、一定の繁栄と安定の時期をむかえた。この時期、農・鉱業（小麦、銀、銅）の生産が拡大し、おもに欧米に輸出された。とくに銅は一八六〇年代、世界生産の四〇％を占めるにいたった。五〇年代における長子相続制の廃止、永代所有制の廃止は小麦生産の拡大にたいする土地供給の役割をはたした。輸出生産の拡大にともない産業基盤として鉄道・海上輸送・電信などの整備が必要とされ、早くも五一年十二月にはサンティアゴ―カルデラ港間に鉄道が開通し、またサンティアゴ―バルパライーソ港間鉄道が六三年に完成している。

以上の比較的自由な時代背景のなかで、選挙権の拡大、言論の自由、教会改革、大統領権限の縮小を掲げる自由党が一八四九年に結成された。モントの強権政治、長子相続制の廃止、教会特権の否認をめぐるサンティアゴ大司教との対立は、モント政権からの保守党右派の離反を招いた。これにたいし保守党穏健派と自由党の一部がモント支持に回り、五七年に両者が国民党を結成した。モント政権末期、世界市場における銅・小麦価格の暴落は国内の経済危機を招き、その強権政治にたいし議会をはじめ各地で反乱が起こり、ポルターレス以来の保守寡頭制支配は終焉をむかえることとなった。

一八六一〜九一年の三〇年間は自由主義派の大統領が輩出した。自由党と保守党の対立はあくまで寡頭支配層内部の政党抗争であって、両者の相違は政治・経済政策にあるのではなく、教会特権の是非など教会の位置づけをめぐる対立であった。

モント政権の末期からチリの政界は自由・保守両党の二大政党制から、国民党の結成、自由・保守連合の成立へと政党間の連衡合従《れんこうがっしょう》が繰り拡げられた。さらに保守党との連合に不満をもつ急進派は一八六一年、あらたに急進党を結成した。急進党は南部新興地主層、中産商工業者、フリー・メーソン、知識人など新興ブルジョワジーと中間階級を基盤として、憲法改正による政教分離、行政権の規制、選挙権の拡大など反教権、自由主義改革の徹底化をめざした。こうして少数政党分立のチリ政治のパターンがこの時期にできあがった。対外的にはスペインとの戦争(六六〜六九年)およびペルー・ボリビア両国との太平洋戦争(七九〜八三年)を経験し、また南部バルディビアに居住していた先住民マプーチェ人を南端に封じ込めるなど、チリは領土の確保・拡大(小麦生産地域の拡大を意味する)および新しい資源(硝石)を獲得し、十九世紀末の経済的繁栄を準備した。

第二次独立戦争

一八六三年八月、ペルー北部沿岸部へケテペケ川流域のタランボ農場に契約移民として雇用されたバスク人と農場主とのあいだに紛争がおこったとき、おりから「南アメリカ科学調査隊」という名称で派遣されていたホセ・マヌエル・パレハ提督が率いる艦隊が、本事件の解決と、独立戦争時にスペイン人がこうむった損害にたいする賠償をペルー政府にたいして要求し、示威行動をおこなった。さらに六四年、チンチャ諸島を占領し、条件の受け入れを迫った。この結果、六五年一月、ビバンコ＝パレハ条約が結ばれ、時のファン・アントニオ・ペセ政権(六三～六五年)はスペイン側の要求をのみ、スペイン軍はチンチャ諸島から撤退した。

政府の弱腰にたいする世論の不満が強まるなか、二月アレキーパにおいて県知事マリアーノ・イグナシオ・プラード大佐を擁立する反政府反乱が起こり、各地にも波及してペセ政権は崩壊した。大統領に就任したプラード(在任一八六五～六八)は挙国一致内閣をつくり、チリ、ボリビア、エクアドルと同盟条約を結んでスペインにたいして宣戦布告した(六六年一月十三日)。

一八六六年二月、カヤオ沖アバタオ島の会戦によって戦端が開かれ、ペルー軍がスペイン軍を撃退した。スペイン軍はチリに転戦して、バルパライーソ港を爆撃、多大の被害を与えた。さらに五月二日、カヤオへの侵寇をはかったが、激戦の末またもスペイン軍はペルー軍に撃退された。戦闘は六九年まで続くが、このカヤオの攻防が天王山となり、この意味で六六年五月二日は、ラテン・アメリカにとってスペインからの独立を最終的に確定する記念すべき日となった。

3 太平洋戦争（一八七九～八三年）

「硝石戦争」の背景

アタカマ砂漠の太平洋岸に位置するアントファガスタ県はその国境が未確定であり、チリとボリビアのあいだの永年の係争地であった。この地域はまた鉱物資源の無尽蔵の宝庫でもあった。一八六六年に両国は国境協定を結び、南緯二四度を国境線とし、二三～二五度のあいだに埋蔵する資源を両国間で折半することが決められた。翌六七年、このアントファガスタ県に硝石の新鉱脈が発見され、チリ・イギリス系の採掘会社がこの地域に大挙進出し、あらたな紛争の種が播かれることになった。

一方ペルーにおいても、タクナ、アリカ、タラパカ各県の硝石地帯にチリ・イギリス系会社が進出し（タラパカでは硝石生産の五〇％を支配）、ペルーのマヌエル・パルド政権（一八七二～七六年）はボリビアと共通した脅威を感じた。このため両国は七三年、チリにたいする硝石地帯の防衛を内容とする秘密同盟条約を結んだ。翌年、ボリビアとチリは南緯二四度線国境の確定とアントファガスタ県におけるチリ・イギリス系会社にたいし輸出税を引き上げないことを取り決めた。しかし財政難にあえいでいたペルーのパルド政権は、七五年自国内のチリ・イギリス系会社を有償接収した。またペルーとの同盟に力をえたボリビアは七八年十二月、チリ・イギリス系会社の硝石輸出にたいしあらたな課税を通告した。チリがこれを七四年協定の違反だとして拒否すると、ボリビアは硝石の禁輸、経営者の逮捕を断行し、硝石会社を接収して

アリカの海戦　チリ海軍はアリカ港を砲撃し，そのあとから陸軍部隊が上陸しアリカ，タクナ地方を占領した。

競売に付してしまった。硝石業者の訴えにたいしてチリ政府は七九年二月、五〇〇〇人の軍勢を送ってアントファガスタ市を占領するとともに戦艦をアントファガスタ県のコビハに派遣した。そして、四月五日、ペルー・ボリビア両国に宣戦布告し、両国間の秘密条約の破棄を迫った。

こうしてチリとペルー・ボリビア両国のあいだに太平洋を舞台とする、太平洋戦争(一八七九～八三年)が勃発した。戦闘は陸上のタラパカの会戦とイキケ、アリカ港沖合の海戦でチリ軍が圧勝、八〇年六月にペルー領アリカ、タクナを占領し、初戦においてすでに雌雄は決していた。十月、米国が調停に乗り出したが成功せず、十一月にチリ軍はピスコに上陸、イカを占領した。さらに北上して八一年一月、二万五〇〇〇の軍勢でリマを占領した。ペルーのミゲル・デ・イグレシアス政府(八三～八六年)はチリにたいして降伏した。

アンコン条約・バルパライーソ条約とその後の波紋

太平洋戦争の結果、チリとペルーのあいだで一八八三年十月、リマの北、アンコンにおいて講和条約が結ばれた。チリはペルーからタラパカ県(六万九〇〇〇平方キロ)の割譲を受けるとともにタクナ、アリカ両県を一〇年間占領・支配し、その後住民投票を実施してその帰属を決定することとなった。しかし住民投票はおこなわれず、最終的決定は一九二九年七月、タクナをペルーに、アリカをチリに分割し、チリがペルーに六〇〇万ドルを支払うことで決着をみた。

一方、ボリビアとも一八八四年四月、バルパライーソにおいて休戦協定が結ばれ、チリのアントファガスタ領有が合意され、ボリビアは海への出口(トコピヤ、コビハ、メヒヨネス、アントファガスタ諸港)と一五万三〇〇〇平方キロの領土を失った。そのかわりとしてボリビアは三五%の輸入税を支払ってアリカ港の使用を認められた。

4　近代化とブルジョワ支配(一八八〇〜一九〇〇年)

文民党から民主党支配へ(ペルー)

ペルーの政治は、十九世紀後半の輸出経済の進展にともない新興輸出業者、輸入農産物を生産する海岸部大農園主が政治的発言力を増し、一八六八年文民党《シビリスタ》の設立となった。さらにニコラス・デ・ピエロラを中心に都市中間階級をも包括する民主党《デモクラタ》が八四年に結成され、ペルーの政治は一九三〇年までこの両党およびその派生政党を中心として展開されることになる。すでに太平洋戦争前の七二年、文民党パルド政権が誕生しているが、九五年には民主党が都市中間階級を巻き込んだ内乱、選挙闘争を展開して九月八日の大統領選挙に勝利し、従来の軍人支配とは異なる新しいかたちの政治運動が生まれた。

このピエロラ政権期(九五〜九九年)に勧業省が設置され、銀行、保険会社、ガス・電力会社、水道その他製造・食品加工業など都市産業があらたに出現し、ペルー経済近代化への第一歩が印された。文民・民主両党はいずれも開放経済に基づく国家の近代化をめざしたため、外国資本の進出を許し、太平洋戦争で荒廃した農地は外国(および移民)資本の手に落ちた。とくに海岸部北部のトルヒーヨ郡における米独伊資本による糖業独占、また鉄道(イギリス系ペルー会社)、石油(米国系ＩＰＣ)、銅鉱山(米国系セロ・デ・パスコ銅会社)などに外国資本が進出した。また南部でもアレキーパのアルパカ・羊毛輸出に従事する外国商会が信用貸を通じて内陸部のアシエンダを支配した。

二十世紀にはいって激化してくるペルー民衆の運動は、こうした外資系企業にたいする先駆的な労働者の闘いおよび地域的闘争のなかから生まれてくるのである。

ニコラス・デ・ピエロラ　軍人のカウディーヨ政治の続いたペルーで，はじめて文民の大統領になり，ペルー近代化への道を開いた。

保守党支配から自由党支配へ(ボリビア)

ポトシ、オルーロの銀鉱山に依拠する鉱業寡頭勢力は歴代の軍人カウディーヨ政権との結びつきによって自らの経済利害を守ってきたが、こうした軍人大統領の私利私欲による財政悪化と無謀なチリとの戦争への突入にたいし危機感を強め、政治への直接介入をはかった。こうして和平派は鉱山会社の顧問弁護士マリアーノ・バプティスタやボリビア最大の鉱山主アニセト・アルセが中心となって保守党を結成した。敗戦後の一八八四年におこなわれた大統領選挙に保守党によって擁立された、ボリビア第二の鉱山主であるグレゴリオ・パチェコ(在任一八八四〜八八)が勝利し、以後九九年まで保守党の支配が続いた。

またこの時期に七九年クーデタの主謀者エリオドロ・カマーチョ大佐が中心となって自由党が生まれている。自由党はラパスの専門職、知識層およびのちには新興の錫鉱山主を基盤としている。保守党のおもな関心は強力な議会制度、文民の大統領、それに鉄道の建設にあった。鉱山主にとって世界市場の価格競争に打ち勝つためには、輸送費の低廉化すなわち交通手段の充実が至上命令であった。そのために継続的で安定した文民政権を必要としたのである。このように輸出経済と結びついた近代化政策という点では自由党も変わりがなかった。ボリビアでは教会勢力は他の諸国ほど強力ではなく、教会問題が自由・保守両党間の大きな争点となることはなかった。この意味でボリビアにおける自由・保守両党の対立は他のラテン・アメリカ諸国以上に寡頭支配層内部の権力闘争の様相を呈した。

保守党政権は以後、アルセ(在任一八八八〜九二)、マリアーノ・バプティスタ(在任九二〜九六)、セベーロ・フェルナンデス・アロンソ(在任九六〜九八)と続き、鉱山主自ら政治支配の先頭に立った。戦後処理にあたった保守党政権は、チリとの交渉による「海への出口」の確保と鉄道建設がもっとも重要な政治課題となり、九五年には太平洋への出口の獲得と港湾使用をめぐってチリとの条約交渉がおこなわれたが、結局成立しなかった。以上の政策課題はつぎの自由党政権に引き継がれた。

一八九〇年代中葉、価格の急激な低下、設備の老朽化による銀生産の停滞が起こった。この事態にたいし、保守党政権は銀鉱山再建の財源として錫の輸出税をあてようとしたため、ラ・パスを中心とする新興錫鉱山主は自由党との結びつきを強めてこれに対抗した。錫は欧米での缶詰および軽金属合金の使用の拡大にともなって、銀にかわり輸出の主軸となった。さらに第一次世界大戦の勃発により、軍需工業用の錫の需要が飛躍的に増大し、一九一〇年には一八九〇年代初めに比べ生産は二〇倍以上、輸出においても五〇%(銀は三六%)を占めるにいたっている。この錫鉱山主の代表がシモン・パティーニョである。パティーニョは一八九四年にオルーロの錫鉱山の株式を取得して以来、イギリス資本のウンシア錫鉱山などを掌中にして大錫鉱山主にのし上がり、一九二〇年代、国内生産の半分を支配するにいたっている。

保守党による政権のたらい回しに業をにやしたラ・パスの自由党勢力は、首都スクレの中央集権主義にたいし、連邦制の樹立と自由貿易を標榜《ひょうぼう》して九九年に、先住民を動員して反乱を起こした。その

年次	輸出高(t)	輸出総額に占める割合(%)	世界生産に占める割合*(%)
1900	9139	41.0	10.7
1901—05	13163	58.7	16.5
1906—10	19333	56.3	19.7
1911—15	23282	51.3	16.7
1916—20	27158	63.3	23.7
1921—25	29219	70.5	22.1
1926—30	39981	73.8	21.6

＊年次は各々1900，05，10，15，20，25，30年。

ボリビアの錫輸出(1900～30年)

勝利後成立したホセ・パンド政権(一八九九〜一九〇四年)はラ・パスを事実上の首都として連邦制のスローガンを破棄し、先住民を武装解除しさらにその指導者たちを抹殺した。一八九九〜一九二〇年は自由党支配の時代として知られている。パティーニョに代表される錫鉱業寡頭者層は、直接政治に携わることなく、その利益を代弁する政治グループを自由党内に育成した。こうした錫鉱業に基づく政治・経済支配層は「ロスカ」と呼ばれ、一九五二年の革命にいたるまでボリビアを支配しつづけた。

バルマセーダの民族主義と議会共和制(チリ)

三〇年間続く自由主義派支配の末期は太平洋戦争後の経済繁栄期にあたっており、ホセ・マヌエル・バルマセーダ政権(一八八六〜九一年)下、民族主義的近代化政策が強力に推進された。バルマセーダは当初、自由・国民・急進各党の支持をえ、強力なリーダーシップを発揮したが、しだいに議会と対立し孤立化の道を歩むことになった。

その政策は国立銀行の創設、鉄道・道路・橋梁・港湾建設などのインフラ整備、ドイツ、フランスからの教師招聘《しょうへい》による教育近代化、税制改革、労働者保護措置などからなり、また一八八九年には北部硝石産業の国営化を断行した。その一部は民族企業に払い下げ、外国人への譲渡を禁じた。イギリスの経済支配から脱却するため、貿易、借款の相手国をフランス、ドイツなどに変えて多様化をはかり、タラパカのイギリス系「硝石・鉄道会社」を国有化した。さらにその民族主義的な立場から、国内産業の保護・育成につとめ、硝石に大きく依存した経済の歪みを是正しようとした。

以上の施策は既成秩序の大幅な変更を意味し、サンティアゴ、バルパライーソの保守派ばかりでなく、銅・硝石産業を支配する北部の新興鉱業寡頭支配層を基盤とする自由党の離反を招き、これをイギリス資本があと押しすることとなった。この結果、一八九一年保守派が多数を占める議会において政府予算案が否決された。バルマセーダは議会の承認なしに予算案を実施に移したため、責任内閣制の背反だとして大統領を解任された。バルマセーダが陸軍の支持をえて行政権を行使したのにたいし、議会側は海軍将校のマヌエル・モントを臨時大統領に選出し、イキケに政府を樹立して海軍の支援のもとに議会軍を集結した。約八カ月の内戦ののち、コンコンとラ・プランヤの戦いで議会軍が勝利し、九一年九月バルマセーダは自殺をはかった。かくしてポルターレス以来の専制的大統領統治に終止符が打たれた。

バルマセーダ統治の評価はさまざまに分れるが、硝石ブームに基づくチリの経済発展を民族主義的・自立的資本主義の方向に導こうとした点で一九三〇年代以降ラテン・アメリカのポピュリズム運動(ブラジルのヴァルガス主義、メキシコのカルデナス主義など)の先駆的試みとみなすことができる。

ホセ・マヌエル・バルマセーダ
1886〜91年に大統領をつとめ，民族派自由主義者として改革をおこなったが，議会を無視したので反対され，敗戦のすえ，アルゼンティンに亡命，自殺した。

一八九一年の下院における勢力分布は自由党(三六議席)、保守党(二九)、国民党(一二)、急進党(一一)の割合であり、モントを正式に大統領(九一〜九六年)に指名した。こうして「強い議会、弱い大統領」の時代が一九二〇年アレサンドリ政権の成立まで続く。この時期は「議会共和制」期と呼ばれている。議会共和制期は、引き続き硝石・銅輸出の好調に支えられて、鉱業寡頭支配層が議会を通じて政治力を行使した。さらに繊維、製靴などの消費財工業も発展し、北部およびサンティアゴ、バルパライーソを中心に労働者階級の出現、成長がみられた。当時の議会は既成四党が離合集散を繰り返し、反寡頭支配を標榜する急進党にしても、経済政策では自由・保守の伝統的政党と大差なく、労働者の要求を満足させなかった。硝石労働者の不満は、会社経営の食料雑貨店《プルペリーア》用の代用貨幣による賃金の支払いや過酷な労働条件に向けられていた。早くも一八九〇年にタラパカ、アントファガスタ両県の硝石・港湾労働者がゼネストをおこなったが、以後、一九〇三年のバルパライーソ港湾スト、〇六年のアントファガスタ労働者スト、〇七年イキケ硝石地帯の労働者ストと虐殺事件などしだいに労働運動の高まりがみられるようになった。

第四章　アルゼンティン、ウルグァイ、パラグァイ

1　カウディーヨ時代

中央集権派と連邦派の角逐（アルゼンティン）

一八一六年に正式に独立を宣言したアルゼンティンでは、サン・マルティン将軍によってチリとペルーの解放が進められるあいだに、国内では独立後の国づくりをめぐって中央集権派と連邦主義派のあいだで激しい対立が生じていた。この両グループの対立は、独立後のラテン・アメリカの多くの国々でみられた現象だったが、アルゼンティンの場合は、それがラ・プラタ川とその支流の河川航行権の問題と結びついていた点に特徴があった。すなわち、ブエノス・アイレス港を有するブエノス・アイレス州は、植民地時代から享受していた同港の排他的貿易権を独立後も維持しようとして中央集権制をめざしたのにたいし、域内に港をもつ東部の諸州は、外国との交易と河川航行の自由を主張して、連邦制に固執したのである。リトラルと呼ばれる東部諸州（エントレ・リオス、コリエンテス、サンタ・フェの三州の総称で、ブエノス・ア

イレス州を含めてこう呼ぶ場合もある)でこうした連邦制の擁護者となったのは、おもにカウディーヨと呼ばれる軍事的指導者であり、彼らによる実力行使は独立直後のアルゼンティンを内乱状態におとしいれたのだった。この抗争のなかで、内陸部諸州は中央集権的体制がブエノス・アイレス市の強大化につながると判断してそれに強い抵抗を示した。このためブエノス・アイレス市の中央政府はしだいに窮地に立たされ、一八二〇年にはセペーダの敗戦で中央政府が崩壊し、政治の実権はカウディーヨの手に移っていった。

しかしながら、中央政府の不在という異常な事態が国の対外的立場を著しく不利にしたことは否めなかった。なかでも、バンダ・オリエンタル地方(現ウルグァイ)をめぐるブラジルとの抗争において、それは致命的ですらあった。アルゼンティンの混乱に乗じて一八一六年に始まったポルトガルの侵攻に抗しきれず、二一年、バンダ・オリエンタルはポルトガルに併合され、翌二二年ブラジルの独立にともなってその一部となっていた。アルゼンティン国内では、バンダ・オリエンタルを奪還すべきだとする声がリトラルを中心に根強かったが、中央政府が不在では奪還はとうていおぼつかなかったのである。そこで、二五年一月、ブエノス・アイレス市で開催されていた議会は、中央政府が不在の際にはブエノス・アイレス州が国の外交権を行使するとした、「基本法」を制定して実質的な統一国家の体裁を整えた。そして、同年四月、アルゼンティン領からバンダ・オリエンタルに侵入したアントニオ・ラバイェハらによる独立運動を支援し、八月にバンダ・オリエンタルがブラジルからの独立とアルゼンティンへの帰属を宣言すると、十月ブエノス・アイレスの議会はバンダ・オリエンタルのアルゼンティンへの編入を正式に承認した。しかしながら、こうしたアルゼンティンの一連の動きに激怒したブラジルは、二五年十二月アルゼンティンに宣戦を布告し、ここに独立後のラテン・アメリカで初の本格的な域内紛争が勃発した。

だが、戦争の遂行には、強固な国家統一が必要なことは火をみるより明らかだった。そこでアルゼンティン諸州は中央政府の樹立を急いで、一八二六年二月には大統領制を導入し、同月七日ベルナルディーノ・リバダビアを初代大統領に選出した。二一年以来ブエノス・アイレス州の内務大臣としてさまざまな改革を手がけてきた彼は、まず首都をブエノス・アイレス市におき、さらに二六年十二月には中央集権的な憲法を制定した。国内体制を固めたうえで戦局を有利に展開させようというのが彼の狙いであった。ところが、中央集権主義に批判的な雰囲気が全国に根強かったなか、彼の政策は完全に裏目にでた。ブエノス・アイレス市を州から切り離して中央政府の首都とすることには、州部を奪われることになるブエノス・アイレス州でも反対が強く、結局二六年憲法には、ほとんどの州がその中央集権的条項をきらって批准を拒否した。四面楚歌に立たされたリバダビアは戦争の終結を急ぎ、戦局が自国に有利に推移していたにもかかわらず、二七年五月バンダ・オリエンタルのブラジルへの帰属を認めた講和条約に調印した。しかし、この条約にはアルゼンティン国内では、屈辱的だとする反対が強く、同年六月リバダビアは辞職し、八月には中央政府が消滅した。こののち、「基本法」に基づいて外交権を与えられたブエノス・アイレス州知事のマヌエル・ドレゴが戦争を継続したが、国内の分裂が彼の足を引っぱる結果となり、二八年八月イギリスの調停をいれて、バンダ・オリエンタルの独立を認めるかたちでブラジルとの和睦をよぎなくされた。

こうしてウルグァイが独立し、ブラジルへの併合こそ阻止されたが、アルゼンティンへの復帰の夢は完全にたたれてしまったのである。このため、戦線から帰還した兵士のあいだには、不満がくすぶりつづけ、

パンパの風景　広大な大草原(パンパ)に放牧される牛の群れと馬に乗った牧童(ガウチョ)の姿は，アルゼンティンの原風景である。

そうした将校の一人だったファン・ラバイェは、二八年十二月ドレゴを殺害して、自らブエノス・アイレス州知事におさまった。殺されたドレゴが連邦派であったことから、彼の死は連邦派を激怒させ、連邦派と中央集権派の抗争は一挙にエスカレートしてしまった。

ロサス時代

こうして深刻化していった両派の対立に一応の終止符を打ったのがブエノス・アイレス州の連邦主義者ファン・マヌエル・デ・ロサスであった。州内でも屈指の牧場主で、私兵を擁するカウディーヨでもあった彼は、二六年にリバダビアの制定した首都令に反対したことを機に連邦主義派のリーダーにのし上がっていった。この首都令は、すでにふれたように、ブエノス・アイレス市を州から取り上げて中央政府の首都とするものであったが、ブエノス・アイレス州では財源である港を失いたくなかったことなどからこの法令への反対が根強く、ロサスはブエノス・アイレス州における州権論の急先鋒となっていった。そしてドレゴの死後，州内の連邦主義派を統率してラバイェを打倒し，二九年自ら州知事に就任した。さらに三〇年に中央集権派の支配下にあった諸州が中央集権同盟を結成すると，翌三一年一月にブエノス・アイレス州とサンタ・フェ，エントレ・リオスの三州（のちにコリエンテス州も参加）からなる連邦条約を締結し，同年十一月シウダデラにおいて連邦派の軍隊が中央集権同盟の軍隊を打破したことで，連邦派の優位はゆるぎないものとなり，その総師としてのロサスの威信は全国におよび，彼のもとで事実上全国統一がなしとげられたのだった。

こうして国に一応の政治的統一をもたらしたロサスは，一八三二年に州知事の座を退いたが，三五年二月，内陸部における連邦主義の中心人物だったファクンド・キロガが暗殺され，全国に内乱再発の危機が高まると，ブエノス・アイレス州議会に懇請されて，州知事に復帰した。今度は司法，立法，行政の三権が賦与され，カトリックの擁護と国内統一の維持が，彼に託された。彼はこの独裁的権利に基づき，またマソルカと称する秘密警察を組織して，州内の中央集権派を中心とする反対派を厳しく弾圧した。さらに州外の中央集権派の動きをも巧みに牽制し，第一期の州知事時代（一八二九〜三二年）をしのぐ厳しい独裁体制をしいて，五二年まで国政を完全に牛耳ることになった。

一八二九〜五二年にわたったロサス時代は，国内で中央集権派と連邦派の対立が頂点に達した時期であったが，そうした対立に輪をかけたのは，当時のヨーロッパの二大列強，すなわちイギリスとフランスが，この時期にラ・プラタ地域に積極的な干渉を試みたことであった。

まずイギリスは，独立直後のアルゼンティンとの経済関係の強化を企て，一八二五年には友好通商航海

ロサス　19世紀前半のアルゼンティンの代表的カウディーヨ。厳しい独裁体制をしいたことで知られる。

条約を締結し、二八年にウルグァイを独立させるかたちで和平に成功していた(イギリスが同国を独立させるかたちで、ブラジルとアルゼンティンとの戦争を調停したのは、ラ・プラタ川を国際河川とするためには、アルゼンティン一国のみによってその両岸が領有されるのは好ましくないとする判断があったためといわれている)。このように、着々とイギリスが進出の基盤を固めていったのにたいし、一八三〇年代に遅れてこの地域に進出を開始したフランスは、より露骨な干渉にはしった。後述するように、ウルグァイでロサスと対抗関係にあったコロラド派のフルクトゥオソ・リベラを支援し、ロサス政権に決定的ダメージを与えるために三八年三月、ラ・プラタ川の封鎖に踏み切った。こうしたフランスの実力行使にたいしてロサスは頑強に抵抗し、ついに四〇年十月、封鎖を解除させることに成功した。四五年九月にフランスは、ウルグァイにロサスの影響力が拡がるのを阻止するために、今度はイギリスと共同してアルゼンティン諸港を封鎖したが、この折もロサスは懸命に抵抗し、四九年にイギリス、五〇年にはフランスに封鎖の解除をよぎなくさせたのだった。当時の二大国によるこうした干渉に加えて、パラグァイとの戦争(四五~四六年)、さらに後述するウルグァイとの抗争(三九~五一年)など、ロサスの統治時代には国際紛争がたえなかったが、彼を悩ませたのは、こうした対外紛争に呼応してたびたび国内でも反政府運動が引き起こされたことであった。

たとえば，一八三八～四〇年にわたったフランスの軍事干渉の際には，ラ・プラタ川の封鎖で打撃を受けたリトラル地方では，ロサス体制への不満が高まり，三八年十二月にはコリエンテス州のベロン・デ・アストラーダが反乱を起こし，北部でも，ペルー・ボリビア連合軍との戦争に反対して，四〇年七月に，北部諸州が連合を結成した。これらの動きは，ほぼ同じころロサスのお膝元のブエノス・アイレス州で生じた反乱と同様に鎮圧されたが，四五～五〇年にイギリス・フランスの共同封鎖が実施されると，経済的に打撃を受けたリトラル地方ではふたたびロサス体制への批判が高まってきた。こうしたリトラル地方の不満を代弁したエントレ・リオス州知事のフスト・ホセ・デ・ウルキサは，封鎖が解かれた翌年の五一年五月ロサス政府に公然と反旗をひるがえし，五二年二月三日，カセーロスの戦いでロサスを打倒し，一七年間にわたった彼の独裁政治に終止符を打ったのだった。

リベラとオリベ——ウルグァイの内戦

一八二八年八月，ブラジルとアルゼンティン間の講和条約で独立国となることが決まったウルグァイは，三〇年七月憲法を制定し，十月には初代大統領にフルクトゥオソ・リベラを選出した。だが，このときの大統領選に敗れたラバイェハや彼を支持するグループがたびたび反政府暴動を企てたため，新国家の政治は発足当初から不安定をきわめた。なかでも三五年三月にマヌエル・オリベが大統領に就任してからは，リベラとオリベという両カウディーヨ間の個人的確執がますます激しさを加えていった。三六年一月に，オリベが農村地区軍事司令官の職を廃止して，リベラの失脚をはかると，リベラは蜂起し，ついに三八年十月、逆にオリベを辞職に追い込んだ。この抗争中、三六年九月のカルピンテリアの戦いでリベラ派が赤、オリベ派が白の記章を用いたことから、前者がコロラド党、後者がブランコ党と呼称されるようになった。のちにコロラド党は都市部、ブランコ党は農村部をおもな支持基盤とするようになるが、一八三〇年代においては両党のあいだには支持者の社会層とイデオロギー面で大きな相違はなかったといえよう。

この両党による抗争が国をゆるがす長期の内乱へと発展していったのは、それがすでにみたようなアルゼンティン国内の中央集権派と連邦派の対立や外国勢力の干渉と深く交錯していたからであった。すなわち、ラバイェハやオリベは連邦派のロサスと親しく、一方リベラは、ロサスの圧政を逃れて亡命してきた中央集権派によって支持され、またフランスの軍事的援助をえていた。フランスは、コロラド派を梃入《てこい》れすることでラ・プラタ地域に進出の足がかりをつかもうとしたわけだが、一八三八年三月にすでにふれたようにフランスがアルゼンティン諸港の封鎖に踏み切ったのも、ロサスによるオリベ政府への支援の道を断つことをねらったものであった。実際、オリベ政府にとってフランスの干渉は大きな痛手となり、三八年十月議会に辞任を通告するにあたって、フランスの干渉により辞任をよぎなくされたことを明言していたほどであった。

しかし、中央集権派の亡命者やフランスの支援をえて成立したリベラ政府をロサスは承認しようとはしなかった。このため、リベラ大統領は一八三九年二月、ロサス政府に宣戦を布告し、ここに五一年十月まで続く「大戦争」の幕が切って落とされた。ウルグァイとアルゼンティンとの二国間の戦争とはいえ、実質的にはコロラド党とブランコ党の内乱の延長にほかならなかったこの戦争は、当初アルゼンティンを主戦場としていたが、四二年十月にエントレ・リオス州のアロヨ・グランデでオリベがリベラ軍を打倒してから、舞台はウルグァイに移っていった。四三年二月にはオリベはモンテビデオ市の包囲を開始し、コロラド党政府を窮地に追いつめた。四五年三月には、リベラがインディア・ムエルタの戦いで敗れ、ブラジルに亡命した。こうしたなかで、四五年八月に開始されたイギリス・フランス両軍によるアルゼンティン諸港の封鎖は、モンテビデオ市にたてこもるコロラド党政府の延命をはかったものだった。この封鎖がロサスの抵抗の前に成果をあげずに解除されたことは、したがってウルグァイにおけるブランコ党の優位を決定づけ、同党を支援するロサスの影響力を飛躍的に高めたのだった。ウルグァイにおいてアルゼンティンと同等の影響力を確保しようとつとめてきたブラジルは、こうした事態を黙視できず、ロサス打倒を画策し、ウルキサを使嗾《しそう》して、反ロサス運動に立ち上がらせた。五一年五月に、ウルキサがロサスに反対して立ち上がったのは、ブラジルによる支援を期待できたからであった。ロサスとの対決に先立ってウルキサは、まず五一年七月ウルグァイに侵攻して十月、オリベによるモンテビデオ市の包囲を解くことに成功し、ブラジルとウルグァイの援軍をえて、翌年二月ロサス軍を撃破したのだった。

フランシアの独裁(パラグァイ)

一方、ウルグァイとは対照的に、パラグァイはスペインからの独立後はアルゼンティンとの結びつきを断ち、同国の政争の影響が国内におよぶのを最小限にとどめることによって、政治の安定をはかった。こうした孤立政策を推進したのが、一八一四年以来「最高統領」として議会から独裁権(当初は五年間、一八一六年に終身に改められた)を与えられたホセ・ガスパール・デ・フランシアであった。彼は政治の安定には、外国の干渉を排除するだけでなく、外国の思想が流入するのを阻止することも肝要であるとみなして、外国との交易を特定地域に限ってのみ認め、また人的交流を原則的には禁止するという極端な政策をとった。内政面では、反対派を厳しく弾圧し、一八四〇年までの在任中に処刑者は約七〇名に達したといわれている。またスペイン人系エリートが政治や社会面でヘゲモニーを握るのを阻止するために、彼らのあいだの結婚を禁止して、人種的融合をはかった。その一方で、逮捕された反対派の土地を接収して大衆に与えたり、選挙権を拡大するなど、大衆にたいする庇護にもぬかりがなかった。その意味では、のちのラテン・アメリカにたびたび輩出する大衆的独裁者の先駆といってもよいであろう。

一八四〇年にフランシアが没したのち、頭角をあらわしたのはカルロス・アントニオ・ロペスであった。彼は四一年から三年間ロケ・アロンソとともに二頭政府を統轄し、四四年には憲法改正をへて大統領に選出された。フランシアと同様に内政面では独裁的傾向が強かったが、外交面ではフランシアの孤立政策を改めて開放政策に転じ、外国貿易の振興をはかったほか、外国から資本や技術の導入にもつとめた。こうした外交路線の転換には、フランシアの孤立政策が国を後進的状態に押しとどめてきたことへの反省に根ざしていたが、実際ロペスの新政策は経済活動を活性化し、五二〜六二年の一〇年間にパラグァイの外国貿易は一挙に三倍も増加した。また軍事力も著しく強化され、六二年にロペスの没したころには一万八〇〇〇の兵と四万五〇〇〇の予備役を有する南米でも屈指の軍事大国となっていた。この軍事力の拡大が、ロペスの息子で大統領職を引き継いだフランシスコ・ソラノ・ロペスに国力を過信させ、ひいては近隣諸国を敵に回した戦争(パラグァイ戦争)へと駆り立てていくことになる。

2　西欧化とパラグァイ戦争

アルゼンティンにおける政治の近代化

一八五二年にロサスが失脚したあと、アルゼンティンの最大の実力者にのし上がったウルキサは、ロサスと同様に連邦主義者ではあったが、統一国家にあくまでも反対したロサスとは対照的に、中央政府を建設することで連邦主義を制度化する方針をとった。五三年に公布にこぎつけた憲法は、そうした試みの具体化にほかならなかった。ファン・バウティスタ・アルベルディによって事実上起草された同憲法は、国の政治制度の原則を、連邦制、共和制、代議制におき、政治の安定をはかるために、司法権・立法権を上回る権限を行政府に与え、中央政府に州政府への干渉権を与えていた。要するに形式的には連邦主義をとりつつも、実質的には大統領のリーダーシップにより国家としての統一性を維持していこうというのであった。さらにこの憲法において注目されるのは、ロサス時代の国粋主義的な外交路線にかわり、西欧諸国との協調を軸に国の発展をはかるべきだとする国際主義を国策の中心にすえたことである。なかでもアルベルディは、パンパに広大な未開の荒野が存在することを後進性の原因として重視し、「統治とは植民なり」をモットーとして外国植民によるパンパの開発の必要性を唱えていた。そうした彼の理念を反映して一八五三年の憲法は、その第二五条において、連邦政府がヨーロッパ移民の誘致につとめることを明文化するなど、世界の憲法のなかでまれな条項をもつことになった。

このように一八五三年憲法は、連邦主義と中央集権主義の歴史的対立を一応止揚する政治の枠組みをつくっただけでなく、ロサスの路線にかわる国際主義的な路線を打ち出していたが、公布された憲法が全国からただちに支持されたわけではなかった。なかでもロサス失脚後、エントレ・リオス州出身のウルキサによって国政が牛耳られることを不満としたブエノス・アイレス州は、一八五二年九月にウルキサの主宰する「アルゼンティン連合」を離脱し、五三年に憲法が公布されると、翌年州独自の憲法を起草して、「連合」と真向うから対立した。こうして始まったアルゼンティン連合とブエノス・アイレス州との対立は、六一年九月のパボンの戦いでブエノス・アイレス州が勝利をおさめたことで最終的に結着し、同州知事のバルトロメ・ミトレが全国を指導する立場に立った。思想的にはアルベルディと同様に西欧化の必要性を認識していたミトレは五三年憲法を遵守し、それにそった国内統一をはかり、六二年十月自ら大統領に就任してようやくここに全国を包含した立憲体制が確立された。

しかしながら、ミトレによる国家統一にたいしては、内陸部のカウディーヨのあいだから強い反発が起こった。軍事力を背景としたミトレによる西欧型近代国家の建設という路線は、カウディーヨにとっては自らを頂点とする農村の伝統的政治秩序をくつがえすものと映ったからである。こうして一部のカウディーヨは、輩下のガウチョ(牧童)を従えて、武装蜂起を企てた。一八六二年二月に、ラ・リオハ州で決起したアンヘル・ペニャローサは、そうしたカウディーヨの一人であり、「チャーチョ」と愛称され農民のあいだに幅広い人気を博していた彼の反乱は、六三年十一月に処刑されるまでミトレ政府をたびたび苦しめたのだった。このように、アルゼンティンにおいて、ミトレ政府とカウディーヨたちとの対立がなお引き続いていたなかで、それに拍車をかけたのがパラグァイ戦争だった。それは、この戦争が、内陸部のカウディーヨにふたたび反政府の行動に立ち上がらせる格好のきっかけを与えたからであった。その意味で戦争とカウディーヨの蜂起とは連動していたといえるだろう。そして一八二五〜二八年におよんだアルゼンティン・ブラジルの戦争と同様に、この戦争の火種をまいたのがまたしてもウルグァイであった。

ウルグァイの内戦からパラグァイ戦争へ

一八五一年十月、ウルキサの進攻によりオリベによるモンテビデオ市の包囲が解かれたのち、ウルグァイでは、五二年三月にファン・フランシスコ・ヒロが大統領に就任し、コロラド党、ブランコ党を糾合した挙国一致体制の確立がはかられた。しかし、長年におよんだ両党の対立は一朝には氷解せず、両党の抗争がもとで一八五三年にヒロは辞職をよぎなくされた。その後、コロラド党のベナンシオ・フローレスが一八五四〜五五年に大統領を務めたが、コロラド党内の反対派と一部のブランコ党によるクーデタにあって失脚し、アルゼンティンへ亡命した。このように「大戦争」の終結後も党派間の争いが引き続くなかで、一八六〇年にブランコ党のベルナルド・プルデンシオ・ベロが大統領となったころから、政争はますます熾烈化していった。そして一八六三年四月、アルゼンティンのミトレ政府の支援を受けたフローレスが侵攻を開始したことを機に、ウルグァイはふたたび内乱状態に突入した。ミトレ政府がフローレスを援助したのは、ウルグァイにロサスに近いブランコ派の政権が存続するのは好ましくないという判断があったためと解されるが、一方、ブラジルも、大統領時代のフローレスに兵員四〇〇〇を送って支援した経緯もあり、彼の侵攻を側面から援助した。

アルゼンティンとブラジルという二大国の支援をえて展開されたフローレスの侵攻の前に窮地に立たされたベーロ政府は、パラグァイに援助を要請した。一八六二年に父アントニオ・ロペスの亡きあと大統領に就任していたソラノ・ロペスは当初、支援をためらっていたが、六四年三月にベロにかわって大統領となったアタナシオ・アギーレの要請をいれて、ブランコ党政府への支援体制を固めていった。六四年八月には、ブラジル公使にたいして、ウルグァイ領内で軍事行動を起こした場合には戦争をも辞さぬ覚悟であることを伝えていた。この決定には、ウルグァイの内政に干渉することでラ・プラタ地域におけるパラグァイの国家的地位を高めたいというソラノ・ロペスの狙いがあったことは否定できないが、ブランコ党政府がアルゼンティンとブラジルの圧力でつぶされた場合には、同じ運命がパラグァイをみまうことが危惧されたからでもあった。ウルグァイと同様に、パラグァイも、アルゼンティンやブラジルの外交圧力に直接・間接に苦しめられてきたし、とくに一八五〇年代にはいってからはブラジルとの国境紛争が深刻化しつつあったのである。その意味では小国として相似た立場にあったことが、パラグァイにブランコ党への支援に踏み切らせたともいえるだろう。またすでにふれたように、アントニオ・ロペス時代に進められた富国強兵策がそれなりの成果をあげていたことも、ソラノ・ロペスに国力を過信させる一因となったものと思われる。

だが、こうしたパラグァイの強硬姿勢と警告にもかかわらず、それを無視してブラジルは一八六四年十月、ウルグァイに兵を進めた。一方これを受けて、パラグァイも十一月、パラグァイ領内に停泊中だったブラジル船マルレス・デ・オリンダ号を拿捕《だほ》し、十二月にはマット・グロッソに攻め入り、ここに事実上の戦端の火蓋が切られた。パラグァイ軍は、マット・グロッソの係争地区をわずか半月たらずで攻略したのち、ブランコ党政府を支援するために兵を南進させ、六五年一月アルゼンティン領内の通過許可をミトレ政府に要求した。だが、コロラド党を支援するミトレ政府がこの要求を拒否すると、ソラノ・ロペスは三月アルゼンティンに宣戦を布告し、四月にはコリエンテス市を占領して、アルゼンティンとも交戦状態にはいっていった。

フランシスコ・ソラノ・ロペス　パラグァイの独裁者。パラグァイ戦争を引き起こし，国を荒廃させた責任者だが，その英雄的行動が高く評価されている。

こうして開始されたパラグァイ戦争の緒戦において、ソラノ・ロペスには早くも二つの大きな誤算が生じていた。そのひとつは、ロペスが支援することを約束したウルグァイのブランコ党政府が一八六五年二月、アギーレの辞職にともなって事実上崩壊し、フローレスが大統領に就任したことであった。フローレスは六五年五月、アルゼンティン、ブラジルとともにパラグァイを敵とする三国同盟を締結し、パラグァイとの戦争を開始したのだった。第二の誤算は、ウルキサをはじめとするアルゼンティン国内の反ミトレ派の協力をえられなかったことである。ウルキサは、パラグァイ軍の通過をミトレ政府が拒否した場合には連邦派を結集してミトレ政府への反抗を開始することを約していたが、実際には約束を反故《ほご》にしてしまった。パラグァイが六五年三月にアルゼンティンに宣戦したのも、それによってウルキサの決起をうながそうとした狙いがあったからだが、ウルキサは腰をあげようとはしなかった。この二つの誤算の結果、ウルグァイのブランコ党政府とアルゼンティンのウルキサ政府（彼がミトレ政府を打倒したと仮定したうえで）の協力をえてブラジルに対抗するというソラノ・ロペスの当初の構想はもろくもくずれ、逆にウルグァイとアルゼンティン、ブラジルの三国を相手にする勝ち目のない戦いをよぎなくされたのだった。

実際、当初はマット・グロッソやアルゼンティン北部ではなばなしい勝利をおさめたパラグァイ軍も、三国同盟軍が戦力を増強するにつれて、しだいに劣勢に立たされ、一八六八年八月にはウマイタ要塞が陥落し、六九年一月にはアスンシオン市が占領された。こうした敗北にもかかわらず、ソラノ・ロペス指揮下のパラグァイ軍は総力をあげて抗戦を続け、七〇年三月にソラノ・ロペスの死をもって戦争が終結するまでにおびただしい数の犠牲者を生み出してしまった。人口が戦前の五二万から一挙に二一万へと激減し、なかでも成人男子の九割近くが戦争の犠牲になったことは、その後の国の経済・社会発展にさまざまな影響をおよぼすことになった。成人男子の激減によって、国内では成人男子の労働力が著しく減少し、男女比の極端なアンバランスは男性の怠け癖を助長し、非嫡出子の氾濫や性モラルの低下を招いた。パラグァイがこの痛手から立ち直るには、約半世紀近い年月を要した。

パラグァイ戦争のアルゼンティンへの衝撃

このようにパラグァイ戦争は、その主戦場となったパラグァイに深刻な傷痕を残したが、当事国の一角を担ったアルゼンティンにとっても、戦争は別の意味で少なからぬ重要性をもった。それは、すでにふれたように一八六二年にミトレ政府が成立して以来、国内ではミトレに代表される西欧化路線と土着主義を代表する国内のカウディーヨの路線とが鎬《しのぎ》を削っており、パラグァイ戦争もこの対立の延長線上にあるものとしてとらえられたためである。国内のカウディーヨは、ミトレ政府打倒のためにウルキサの蜂起に期待をよせ、パラグァイ戦争を機に彼が立ち上がると予想したのである。しかしながらすでにふれたように、ウルキサは動かなかった。このため、国内のカウディーヨのなかには、自らミトレ政府に反旗をひるがえし、ウルキサに決起をうながす者もあらわれてきた。

カタマルカ州のカウディーヨだったフェリペ・バレーラもその一人だった。彼は一八六六年十二月、ミトレ政府を内陸部の簒奪者として糾弾するとともに、パラグァイ戦争への反対とアメリカ諸国の団結を大義名分として決起し、おりから西部地域に起こっていた連邦派の反乱と呼応して、たちまち中央政府を脅かす勢力に成長した。ミトレ政府は、急遽パラグァイに送られていた軍隊の一部を呼び戻して鎮圧にあたらせざるをえなくなったほどだった。このバレーラの反乱は、六九年一月彼が致命的な敗北を喫し、チリに亡命したことで終わりを告げたが、その後も七〇年四月には、連邦派のリカルド・ロペス・ホルダンが、パラグァイ戦争中の行動のゆえに連邦派の顰蹙《ひんしゅく》をかっていたウルキサを殺害するといった挙にでている。ロペス・ホルダンは、以後七六年にいたるまでたびたび蜂起を繰り返し、中央政府を苦しめたが、装備にまさる連邦軍の追撃の前に敗れ去った。

このように、パラグァイ戦争は、内陸部やリトラルのカウディーヨを鼓舞し、反政府運動を活発化させたが、戦争の終結と相前後してこれらのカウディーヨもまた敗北をよぎなくされたのだった。このことは、アルゼンティン国内においても土着主義的な伝統的政治文化にかわって西欧化路線が優位に立ったことを意味していた。とくに一八六八年十月、ミトレにかわってドミンゴ・ファウスティーノ・サルミエント(在任六八〜七四)が大統領に就任してからは、西欧化路線に一層拍車がかけられた。ミトレ以上に徹底した欧化論者だった彼は、外国移民の誘致や教育の普及を通じて国の西欧化につとめ、なかでも師範学校の設立や初等教育官の拡充に大きな成果をあげた。こうして、ミトレやサルミエントらによって開始された西欧化政策は、その後も引き継がれ、とくに一八八〇年代以降急ピッチで進められてゆくことになる。

3　世界経済への統合化

アルゼンティンにおける西欧化

一八八〇年は、アルゼンティンでは六年ごとの大統領選の年にあたっていた。この選挙ではトゥクマン州出身のフリオ・アルヘンティーノ・ロカ将軍とブエノス・アイレス州知事カルロス・テヘドールとの一騎打ちとなったが、前者の勝利に終わった。ロカの勝因は、陸軍大臣として一八七九年に大々的に展開したパンパ地域の「原住民掃討作戦」が人気を博したためだが、彼の勝利は国政の中心たることを疑わぬブエノス・アイレス州に大きなショックを与えた。六八～七四年にサルミエント(サン・フアン州出身)、七四～八〇年にニコラス・アベヤネーダ(トゥクマン州)と内陸部出身の大統領が続き、自州出身者を大統領にというブエノス・アイレス州の願いはまたしてもはたせなかったからである。このため、敗れたテヘドールは、一八八〇年六月初め州軍を率いて蜂起し実力で政権の奪取をはかった。アベヤネーダ大統領は、連邦軍を投入して六月末までに反乱を鎮圧するとともに余勢をかってブエノス・アイレス州からブエノス・アイレス市を取り上げ、連邦の首都とする方針を打ち出した。それまでブエノス・アイレス市を連邦政府に譲り渡すことに強く反対してきた同州も、敗北した弱みからこの決定を受け入れざるをえなくなり、ここに建国以来国を悩ませてきた首都問題が結着をみたのである。このことが政治の安定につながるとみた外国資本や移民は、一八八〇年代以降その流入のスピードを一挙に加速させることになった。

たとえば、外国移民を例にとってみると一八七〇年代には年平均二万八二九二人であった外国移民が八〇年代には八万四五八六人へと急増している。その後九〇年代にはまた三万七六五一人に低下したが、一九〇〇年代にはふたたび一〇万一九四〇人にまで増加し、一九一四年の国勢調査は、外国人の比率が全人口のじつに二九・九%に達したことを明らかにしていた。この比率がいかに高いものであるかは、世界最大の移民受け入れ国であるアメリカ合衆国ですら、外国人の比率が一五%をこえた年が一度もなかったという事実からも知られるであろう(なお、後述するようにウルグァイも一八六〇年に三四・八%に達したことがあった)。

外国資本も一八八〇年代以降著しい伸びを記録した。アルゼンティンにもっとも積極的な投資をおこなったのはイギリスだったが、八〇年には約二〇三四万ポンドでイギリスの対ラテン・アメリカ投資の一一・三%を占めるにすぎなかったアルゼンティン向け投資は、八〇年にはいってから鉄道などを対象に急増し、一九一三年末の投資残高は三億五七七〇万ポンドに伸び、全ラテン・アメリカ投資に占めるその比率も三五・八%に達していた。

もちろん、一八八〇年代を起点とするこうした外国の資本・移民の流入増加は、すでにふれた首都問題

年	入国者	出国者	定着移民	定着移民の年間平均
1871	20,933	10,686	10,247	
72	37,037	9,153	27,884	
73	76,332	18,236	58,096	
74	68,277	21,340	46,937	
75	42,036	25,578	16,458	
76	30,965	13,487	17,478	
77	36,325	18,350	17,975	
78	42,958	14,860	28,098	
79	55,155	23,696	31,459	28,292
1880	41,651	20,377	21,274	
81	47,484	22,374	25,110	
82	51,503	8,720	42,783	
83	63,243	9,510	53,733	
84	77,805	14,444	63,361	
85	108,722	14,585	94,137	
86	93,116	13,907	79,209	
87	120,842	13,630	107,212	
88	155,632	16,842	138,790	
89	260,909	40,649	220,260	84,586
1890	110,594	80,219	30,375	
91	52,097	81,932	-29,835	
92	73,294	43,853	29,441	
93	84,420	48,794	35,626	
94	80,671	41,399	39,272	
95	80,989	36,820	44,169	
96	135,205	45,921	89,284	
97	105,143	57,457	47,686	
98	95,190	53,536	41,654	
99	111,083	62,241	48,842	37,651
1900	105,902	55,417	50,485	
01	125,951	80,251	45,700	
02	96,080	79,427	16,653	
03	112,671	74,776	37,895	
04	161,078	66,597	94,481	
05	221,622	82,772	138,850	
06	302,249	103,852	198,397	
07	257,924	138,063	119,861	
08	303,112	127,032	176,080	
09	278,148	137,508	140,640	101,904
1910	345,275	136,405	208,870	
11	281,622	172,041	109,581	
12	379,117	172,996	206,121	
13	364,878	219,519	145,359	167,482

アルゼンティンの出入国移民数(1871〜1913年)

の解決にともなう政治的安定だけによるものではなかった。ヨーロッパではイギリスを中心に工業化の進展にともなって資本輸出の圧力が高まっていたし、南部に貧困問題をかかえるイタリアでは海外移民の動きが活発化していた。加えてアルゼンティンにおいても、つぎのような諸要因が外資や移民を吸引するのに役立ったものと思われる。そのひとつは、一八七六年の移民法が外国移民の流入をさかんにする法的な土台となったことである。また、一八七九年に実施された「原住民掃討作戦」が広大なパンパの肥沃地を解放し、農牧用地の飛躍的な拡大をもたらしたことも重要である。さらに、外資の導入にあたっては、ロカ大統領(在任一八八〇〜八六)や次期のミゲル・フアレス・セルマン大統領(在任八六〜九〇)のブレーンとなったいわゆる「一八八〇年代の世代」と呼ばれる実証主義者の影響も見逃すことはできない。物質的進歩を善とする彼らは、より高度なノウハウをもつ外資のほうが自国資本よりも経済発展に資するとみなし、進んで外資の導入につとめた。なかでもフアレス・セルマン大統領時代には、国営鉄道の路線があ

	1865	1875	1885	1895	1905	1913
政府公債	2,206 (81%)	16,490 (73%)	26,681 (58%)	90,562 (47%)	101,040 (40%)	184,593 (38%)
鉄道	512 (19%)	5,054 (22%)	15,293 (33%)	81,746 (43%)	120,632 (47%)	219,235 (46%)
公共事業	……	878 (4%)	1,782 (4%)	7,056 (4%)	19,461 (8%)	35,940 (8%)
金融	……	130 (1%)	1,727 (4%)	6,231 (3%)	5,440 (2%)	21,413 (4%)
一次産品	……	50 (★)	44 (★)	196 (★)	1,008 (★)	1,374 (★)
工業その他	……	……	423 (1%)	5,146 (3%)	6,936 (3%)	17,228 (4%)
合計	2 ,718 (100%)	22,602 (100%)	45,951 (100%)	190,936 (100%)	254,517 (100%)	479,783 (100%)

アルゼンティンにおけるイギリス投資(1865〜1913年)(単位：1000ポンド)

いついでイギリス資本に払い下げられた。

こうした諸要因に支えられて一八八〇年代以降大量に流入した外国の移民と資本は、国の経済・社会構造に深甚な変化を引き起こすことになった。まず外国移民についていえば、当初その多くは外国移民用の移住地に入植したり、あるいは小作人として四～五年間、小麦やトウモロコシなどの栽培に従事したが、小作期間の終了するまでに、牧草(アルファルファ)の植え付けを義務づけられることが少なくなかった。この結果、外国移民の流入により、小麦・トウモロコシの生産が増加しただけでなく、牧草地も著しい拡大を示したのだった。アルゼンティンが二十世紀初頭に世界有数の農牧産品輸出国に成長したのは、外国移民の流入によるところが少なくなかったのである。

ところで、こうした農業移民は小作期間を終えたのちには自作農となるか、もしくは地主を夢みる者が少なくなかった。ところが、外国移民の流入が始まった当初はその夢がかなう場合もまれではなかったが、移民が急増し、地価が高騰するにつれ、移民が自作農に転化することはしだいに困難となっていった。このため、移民の一部は農村を去って都市に逆流していった。なかでもブエノス・アイレス市とその周辺では一九一四年当時、人口の約五割が外国人で占められたほどだった。移民の一部は工業労働者になったが、小売業などのサーヴィス部門に流れた者も多く、一四年の経済活動人口のなかで三五・四%が第三次産業に従事していた。農牧国としての国の基本的性格を考えるとき、異常に高い数値(フランスはようやく一九五四年にいたって三五・三%になる)だが、それはおもに大量に流入した外国移民の少なからぬ部分がサーヴィス部門に流れたことによるものであった。

19世紀末のブエノス・アイレス　19世紀末以来多数のヨーロッパ移民を受け入れて，20世紀初めには，「南米のパリ」と呼ばれるほどのエレガントな大都会になった。

外国資本は、イギリスを中心にとくに鉄道や政府公債、土地、金融機関、食肉などの食品加工業に振り向けられたが、とくに東部の港と内陸部のパンパとを結ぶ鉄道網の発達は、パンパ地域の農牧産品の輸送を容易にし、農牧輸出の拡大に大きく貢献した。食肉加工業も主としてイギリスと米国の資本によって担われ、食肉の最大の顧客であるイギリス向け輸出のうち、一九一二年には米国系加工会社のシェアが四一・三五%、イギリス系が四〇・一五%に達した。これにたいして、民族系は一八・五〇%にとどまっていた。第一次世界大戦直前、世界の牛肉輸出のなかで、アルゼンティンのシェアは五〇%をこえていたが、この成長に外国資本が主導的役割をはたしていたのである。

このように西欧化をモットーに十九世紀後半以降進められた外国の移民と資本の誘致策は、

実証主義者が期待した以上の成果をあげたことは明白だった。農牧業を軸とした、「奇跡」ともいわれたその飛躍的な発展は、二十世紀初葉のアルゼンティンを世界屈指の富国に成長させ、国の西欧化政策を象徴したブエノス・アイレス市は、パリに似た瀟洒《しょうしゃ》で近代的な都市へと変貌をとげていった。

しかしながら、こうした発展が問題点をはらんでいたことも否定できない。農牧業を中心としたその経済発展は、国の経済を農牧業に依存した脆弱な体質に変えていたし、外国資本による基幹産業の支配は、経済の従属的性格を一層強めていた。いいかえれば、アルゼンティンは農牧国として、工業国イギリスと補完的関係に立ついわゆる周辺国というかたちで世界経済のなかに編入されていったのである。また、十九世紀後半以降の経済発展は地主層の経済力を高め、社会的格差を一層拡げていたが、地主層を支持基盤としつつ、選挙の不正を慣行化して民意を封じていく保守派による政治支配は、大衆から批判をあびつつあった。一八九〇年七月に、ブエノス・アイレス市で起こった反政府暴動は失敗に終わったが、大衆の政治的不満を明らかに示すものであった。このとき反政府運動を指導したのは中間層を主体とする市民同盟であったが、それを母胎に翌九一年には急進市民同盟(別称、急進党)が結成され、以後同党を中心に政治の民主化のための努力が粘り強く繰り広げられることになるのである。

ウルグァイとパラグァイの西欧化

南アメリカ諸国のなかにアルゼンティンと似たかたちで、ヨーロッパからの移民と資本に依存しながら、近代化をはかったのがウルグァイだった。同国では、一八六五年にコロラド党の支配が復活したのちも政情は必ずしも安定しなかった。一八六八年二月十九日には、ブランコ派が蜂起し、大統領職を退いてまもなかったフローレスが暗殺されただけでなく同日ブランコ党の元大統領ベーロも殺害された。一日に大統領の経験者二名が殺されるというラテン・アメリカ史上でもまれなこの異常事態は、ブランコとコロラド両党間の角逐のすさまじさを物語っていたが、その後もコロラド党のロレンソ・バッイェ大統領(在任一八六八〜七二)が、党派性の強い政策をとったため、七〇年にはふたたびブランコ党が武装蜂起を企てている。このように両党の対立が続くなかで一八七五年にはホセ・エウヘニオ・エヤウリ大統領を打倒して軍部が政治の実権を握り、九〇年にフリオ・エレーラ・イ・オベス文民大統領が就任するまで、実質的には軍政が維持された。この軍政期には、ホセ・ペドロ・バレーラによる教育改革や、外資導入による近代化がはかられ、ヨーロッパ移民もかなりの増加をみせた。もともと外国人が多く、一八六〇年の国勢調査によればブラジル人(外国人全体の約四分の一)を中心に外国人の比率は三四・八%に達していたが、その後はヨーロッパ移民の比率が漸増していた。そして一九〇八年の国勢調査によれば全人口に占める外国人の比率は一七・四%に達し、その三分の二はイタリアとスペインからの移民で占められていた。外国移民の多くは、首都のモンテビデオに集中し、一九〇八年には同市における外国人の比率は三〇・四%に達し、商業をはじめとする第三次部門に多く従事していた。移民の一部が農村に流れたことは事実だが、当時のウルグァイの農村は、粗放的な牧畜業を主体としており、農村部では外国移民をアルゼンティンほど必要としなかった。したがって十九世紀後半におけるウルグァイの牧畜業の発展は、外国移民よりも有刺鉄線の普及や食肉加工業の発達によると考えてよいであろう。一方、外国資本もイギリス資本を中心に流入し、イギリス資本は一八八〇年末には七六〇万ポンド、一九〇〇年末には三五八〇万ポンドに達していた。投資はおもに政府公債や、鉄道をはじめとする公共事業、製造業に向けられ、こうしてウルグァイも、農牧業に特化した周辺国として世界経済体制のなかに組み込まれていくのである。

パラグァイでは、すでにふれたパラグァイ戦争での敗戦にともなう人的・物的損失に加え、ブラジル・アルゼンティン両国の介入が国内対立を深刻化させたことから、戦後政情は不安定をきわめた。一八六九年八月には占領軍の肝入りで三頭政府が成立し、実質的指導者だったシリロ・アントニオ・リバロラは、二度も軍事蜂起に直面し、任期をまっとうできずに終わった。このように政権交代がめまぐるしく続けられるなかで、外交面ではブラジルの影響力が強まっていた。ところが、一八八〇年代にはいってブラジル国内における政治的動揺(八八年の奴隷の解放と翌年の共和制への移行)は、パラグァイにおけるブラジルの影響力を減じさせ、一方アルゼンティンも、七七年に米国大統領のヘイズのくだしたパラグァイとの国境裁定に同意し、七九年五月軍を完全撤退させた。こうしたなかで、一八八〇~八六年に大統領を務めたベルナルディーノ・カバイェーロ将軍と彼を継いだパトリシオ・エスコバール将軍(在任一八八六~九〇)は、軍事力を背景に一定の政治的安定をもたらし、外国から移民や資本の誘致につとめた。こうしてパラグァイでもドイツ、イタリア、スイスなどから渡来した移民の手で農業移住地が各地につくられていったが、移民の数はアルゼンティンやウルグァイに比べると遥かに少なく、一八八一~一九〇七年に一万二二四一人の入国移民が記録されたにとどまった。外国資本も徐々に進出し、なかでも戦後の財政危機を緩和するために打ち出された公有地売却に乗じて、アルゼンティン人による土地購入が進んだ。要するにパラグァイは、パラグァイ戦争での敗北を機に世界経済のなかで周辺国的立場にあったアルゼンティンへの従属を一層深めていったのである。なお一八八〇年代にはその後共和国の代表的な政党となる自由党とコロラド党があいついで創設されたが、当時は選挙不正が横行し、政党政治が確立されるにはほど遠かった。

第五章　ブラジル

1　独立後の試行錯誤

第一帝政

ブラジルの独立は、スペイン・アメリカの場合と異なり、ほとんど流血なしにおこなわれた。その後も十九世紀前半までいくつかの地方反乱を経験したとはいえ、ペドロ一世(在位一八二二～三一)と二世(在位一八三一～八九)あわせて六八年もの安定した帝政を実現した。このような現象は、ポルトガル王室直系のペドロ一世によって独立が宣言されたため、伝統的権威による正統性確立が容易であり、したがって、大衆が積極的に動員されることはなく、基本的に農園主による支配が続いたためである。

第一帝政は、一八〇八年のポルトガル王室のリオ遷都とともに開始され、二二年にイピランガで宣言された政治的独立を実質化する過程であった。しかし、一八〇八年の開港令と一〇年の対英通商条約によって強化されたイギリスへの経済的従属は克服されることはなかった。アラン・マンチェスターの指摘するように「一八〇八年に植民地〔ブラジル〕は、没落した母親から経済面で解放され、一八一〇年に金持ちの継母〔イギリス〕をえた」のである。

一八二二年十月十二日に即位してブラジル初代皇帝となったペドロ一世の課題は、対外面の独立の確立と対内面での民族的統一の実現であった。彼は、独立の確保と政治的統一の枠組みとなる一八二四年憲法を公布したものの、外交と社会的・人種的統合には失敗し、失脚した。対外面では二二年、アメリカ合衆国（モンロー大統領）がブラジルを承認した最初の外国となった。しかし、ヨーロッパ諸国は旧宗主国ポルトガルの独立承認を条件として、承認を留保した。ブラジル市場を支配したイギリスは、同じく従属的立場にあるポルトガルに圧力を加えたので、ペドロの父親ジョアン六世の支配するポルトガルは、二五年にブラジルの独立を承認した。相互の最恵国待遇、ポルトガル人のブラジル国内の土地所有権の確認、ジョアンが残した宮殿をはじめとする接収財産の補償などが条件となった。ブラジル人からみると、独立承認の代償は過大であり譲歩のしすぎと思えた。しかしこうしてブラジルの独立は、ほかのヨーロッパ諸国にも承認され、スペイン系アメリカ諸国とは対照的に流血を回避することができたのである。一方、国内の民族的統合は、残存するポルトガル人と、複雑な人種構成のため、たやすく達成

ブラジル皇帝ペドロ１世

されるはずがなかった。独立前夜のブラジルの全人口は約三八〇万人であったが、その内訳は白人一〇四万人、有色人二七六万人(混血《パルド》五〇万人、黒人一九三万人、その他インディオなど)であった。

ポルトガル王室の突然のリオ遷都は、一万五〇〇〇人以上のポルトガル人(貴族および官吏)を渡来させた。これらの新白人上流人は、リオの住宅と官職を独占し、増税を引き起こしたばかりでなく、差別行為によってブラジル人の人種的劣等感を刺激した。独立後もこれらの新来者の多くはブラジルに留まり、新政府の上級職席を独占した。都市の商業も植民地時代以来、中流ポルトガル人によって独占されていた。一八〇八年の開港令は、商業を支配していたポルトガル人の地位を高めさえした。

一八二四年憲法

ペドロ一世は独立の英雄であったが、ポルトガルに生まれ、絶対君主教育を受けており、独立後もポルトガルの王位継承権を保持していた。独立の熱狂がさめると、多くのブラジル人にはペドロがポルトガルの支配の遺産のようにみえ始めた。一八二三年、ペドロ一世は「独立の父」とも呼ばれる功臣ジョゼ・ボニファシオ兄弟と不和になり、二人をフランスに追放した。ブラジル人からみるとペドロはブラジル人よりもポルトガル人を重用する姿勢が明らかであった。このため、ペドロが新憲法を起草させるため全国から召集していた制憲会議は、ペドロに批判的になった。ペドロはやむをえず、自ら指名した一〇名の枢密会議に起草させた欽定憲法を一方的に公布した。

一八二四年憲法は、一部先進的かつ自由主義的性格をもっていたが、全体として皇帝に強い権限を与え、中央集権色が強かった。この憲法は一八八九年の共和革命まで効力をもちつづけたが、内戦に明け暮れた十九世紀のスペイン・アメリカとくらべれば、注目すべき長命な憲法であった。政体は世襲の立憲君主制であり、皇帝は議会の召集と解散、県知事、県警察長官、陸海軍司令官、大使、対外使節、治安判事、司祭などの任免、恩赦、外交交渉などの権限をもつほか、通常の政治三権(司法、立法、行政)を超越した調整権と呼ばれる第四権を行使することができた。また、皇帝はその政治的行為について責任を追及されることはなかった。皇帝は、彼が任命する終身官以内で構成される枢密会議に補佐された。立法府は、上下両院からなる二院制で、その議員は選挙人によって間接的に選出された。上院議員の三分の一は、皇帝が任命する勅選議員であった。そのほかの上院議員の被選挙資格は、四十歳以上で、年収八〇万レイス以上の所得をもち、教養ある市民に限られた。信仰の自由を含む人権保障の規定もあったが、ローマ・カトリック教が国教とされ、他宗教の教会や礼拝堂の設立は認められていなかった。

一八二四年憲法は、結果的に十九世紀のブラジルを政治的に安定させたが、その公布直後には急激な中央集権化に反発する地方の反乱が続発した。公布の年に北東部のレシフェ市が共和国宣言をおこない、南部のシスプラティーナ県もアルゼンティンの支援をえて独立を宣言した。皇帝は軍隊を送ったが、紛争は長期化し、最終的にブラジルもアルゼンティンも疲弊しきって、二八年にイギリスの調停によりウルグァイ東方共和国が成立した。

ペドロ一世の失脚

あらたに成立した議会では、上院が皇帝派になり、少数の共和主義者を含む下院が政府に批判的になった。下院はシスプラティーナ戦争の戦費支出に反対し、ウルグァイの独立をペドロの失政とみなした。政府にたいする全国的な不満を和らげるために、皇帝は全国の地主に爵位をばらまいたが、あまり効果がなく、とくにミナス・ジェライス県で反対が強かった。一八三〇年、ペドロはミナスの県都オウロ・プレトを訪問したが、冷たい反応しかえられなかった。リオに帰ったペドロを迎えたポルトガル人をブラジル人が襲う事件さえ起きた。ペドロはしだいにポルトガル人の代表とみなされるようになった。

ペドロ一世の内閣改造にたいする不満が高まり、一八三一年四月五日、宮廷前の広場に群衆が集まり、暴動になった。近衛部隊も暴徒に合流したので、七日、ペドロ一世は退位宣言をおこない、五歳の王子ペドロ二世を後継者に、ジョゼ・ボニファシオを王子の後見人に指名して、イギリス軍艦でポルトガルに退去することになった。同時に、多くのポルトガル人貴族らも本国に帰った。ペドロ一世の退位は、ポルトガル人の政治経済支配と、リオの中央政府の強い権力に反発したブラジル人が起こした一種の革命に等しかった。この革命は、中央では無血革命だったが、地方では暴力的な様相も呈した。四月にはバイーアで民衆がポルトガル人商店を襲撃したり、セアラー県では三〇〇〇人の民衆がペドロ一世を支持して反乱を引き起こしたりしたのである。

第一帝政は不安定かつ短命であったが、その後のブラジルの発展にとって大切な時期であった。第一にポルトガル人の勢力がほぼ一掃された。第二に一八二四年憲法を残した。第三に全国的な視野に立つ同質的なエリートが形成される条件をつくった。二七年、北東部のペルナンブーコ県のオリンダ市(のちにレシフェ市に移転された)と南東部のサン・パウロ市に法科大学が設置され、全国から優秀な青年が集まり、影響しあった。彼らは農園主である父親たちのもっている狭い、地方主義感情を克服して、民族意識をもち、のちに、帝国官吏、法律家、政治家、ジャーナリストとして活躍するのである。

摂政期(一八三一～四〇年)

憲法の規定では、皇帝は十八歳以上であらねばならなかったが、王子ペドロ二世はまだ五歳であった。有力政治家たちは元老会を召集し、三人の摂政を選出し、合議によって政府を運営することになった。憲法起草者カラヴェラス伯爵、上院議員ヴェルゲイロ、リマ・エ・シルヴァ将軍が選出された。

参政権は国民のごく一部に与えられており、民衆はデモや暴動のかたちでしか政治的な意志表示をおこなうことができなかった。大農園主、少数の高級官僚、ポルトガル商人が政治、経済、社会のエリートであった。人口の半分にあたる黒人奴隷、少数の混血職人が大衆と呼ばれるべき存在であった。支配層と大衆のあいだに、上流から没落した白人や、上昇してきた混血人からなる中間諸階層、つまり小農園主、中級官僚、将校、僧侶などがいた。しかしこのグループは数的に弱いばかりでなく、共通の意識をもたず団結していなかった。

政治家は連邦共和制を主張する急進派、立憲君主制を支持する穏健派、ペドロ一世の復位と憲法廃止をめざす復古派または絶対主義者に三分されていた。復古派は勅選上院議員のあいだに勢力をはっていたが、議会全体のなかではむしろ少数派であった。穏健派は独立の元勲ジョゼ・ボニファシオ兄弟と摂政など元老政治家でかためられていた。急進派は元老たちの専政ぶりに反発する議員を集め、しだいに力をえた。

急進派伸張の結果、一八三一年五月三日、両院合同会議は摂政政府の権限を大幅に削減した。法案拒否権、議会解散権、枢密会議委員任命権、閣僚、人権制限権、貴族称号授与権、議会の承認なしに外国と条約を締結する権利などが奪われた。これは皇帝不在の事態を利用して、急進派が共和制への実質的移行を企てたとみられるが、その結果は秩序の崩壊であり、全国的に党派間の実力抗争が激化したため、議会は公共の場所で五人以上の集合を禁止することをよぎなくされた。急進派に支配された議会は、七月に穏健派の指導者ジョゼ・ボニファシオを皇太子の教育顧問に任命したが、翌年ペドロ一世復位の陰謀に関係したかどで、彼は亡命に追い込まれた。

他方、摂政政府は秩序維持のため、民兵隊を創設した。穏健派の基盤である大農園主がその指揮官の職権と大佐《コロネル》の称号を手にいれた。これは植民地時代後期の大隊長カピタン・モルの後身であった。コロネルたちは農村の自由労働者《アグレガード》を兵卒として動員する権限を与えられたが、民兵たちは多くの場合、農村の有力者たちの私兵的存在となった。この体制が近年までブラジル農村に残存したボス支配体制《コロネリスモ》の背景となった。

一八三四年に憲法修正令が公布され、政体の連邦共和化が一層進んだ。摂政の数が三人から一人になり、枢密会議が廃止された。県知事はいぜんとして中央政府が任命したが、県議会は県知事の権限を離れ、住民から直接選挙によって構成されることになった。大学以下の諸学級は中央政府から離され、県の管轄下におかれることになった。また、農園主層の力を弱めるため、限嗣相続制が廃止され、平等分割相続が義務づけられた。

連邦共和制の実験の失敗

中央政府の統制のゆるみと威信の低下に乗じて、一八三一年から一〇年以上にわたって、全国各地で反乱や分離運動が続発した。これらの反乱の多くは、王子ペドロ二世の皇帝即位までの時限独立を宣言していたから、摂政政府の連邦共和主義傾向に反発した地方農園主層の感情を反映していたと考えられる。

地方の反乱続発に直面して、国民は当時の状況下で連邦共和制がどのような弊害をもたらすかを認識し始めた。おりからペドロ一世は一八三四年すでにポルトガルで死去していたため、彼の復位の可能性はなくなり、政界では穏健派の勢力が強くなってきた。

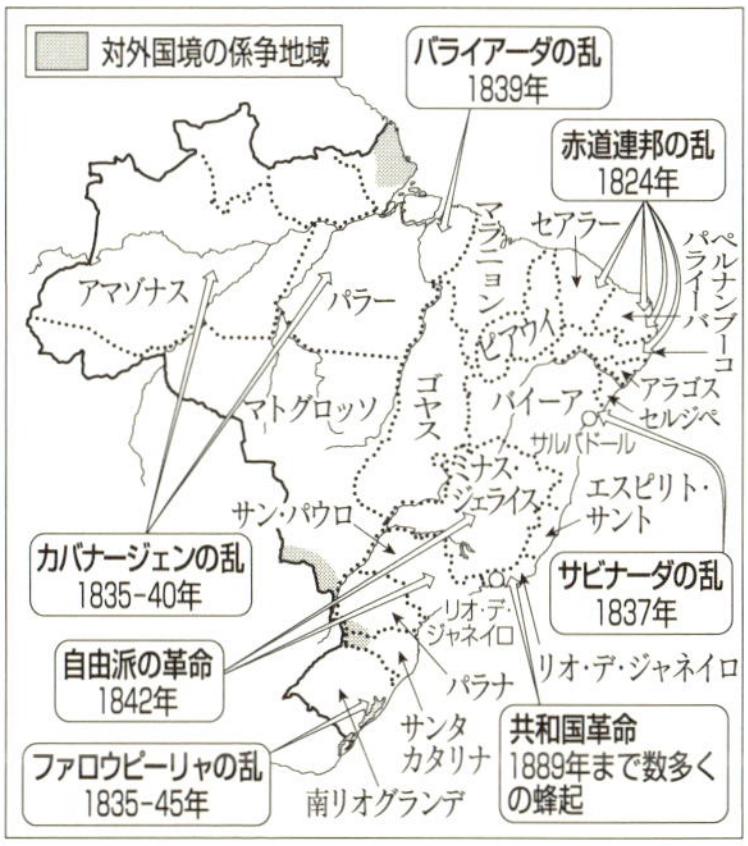

ブラジル帝国各地の反乱

この結果、自由党《リベラル》と保守党《コンセルヴァドル》の二大政党制が成立した。自由党はもとの穏健派と急進派からなり、保守党は穏健派の一部と復古派からなっていた。一八三〇年代末には、共和主義的実験への反動として、保守党が優位に立っていた。一八三八年に成立したヴァスコンセロス保守党内閣は、憲法修正令の拡大解釈傾向を阻止することにつとめた。この結果、四〇年五月の憲法修正令解釈法が成立し、県議会の権限がかなり縮減されるとともに、枢密会議が復活された。

他方、自由党は選挙によって政権を獲得する困難をみきわめ、一八三八年ころからペドロ二世の皇帝即位の早期実現をめざし、運動を始めた。四〇年四月には、同党は「成人宣言期成クラブ」という秘密結社を組織し、デモや新聞キャンペーンを展開した。同年七月、摂政アラウジョ・リマは合同議員会議を召集し、同クラブ加盟の議員を拘束した。しかし、これらの議員は脱出に成功して集会を開き、ペドロ二世の成人式挙行を決議した。こうして一種の無血革命の結果、四〇年七月二十三日、超法規的措置として十五歳のペドロ二世が成人であることが宣言された。

摂政期の評価

摂政期は約一〇年の短い時期であったが、二つの大きな実験をおこない、その後の発展を準備した。第一の実験は連邦共和制の実験であり、失敗に終わったが、その時期尚早性と帝政の政治的統合力が再認識された。さいわい各地の反乱続発にもかかわらず、国家の分裂という最悪の事態は回避された。

第二の実験はヨーロッパ化と近代化の実験であった。これは概して好ましい結果をもたらしたが、民族主義の発展にとってマイナスの側面もあった。この時期、近代化のための措置がつぎつぎにとられた。一八三七年、上流子弟の中等学校としてコレジオ・ドン・ペドロ二世が設立された。翌年ブラジル人の民族性探求を課題として、ブラジル歴史地理研究所が設置された。政治行政制度の整備も進み、ポルトガル法にかわり新刑法典が編成され、国立公文書館が設立され、二大政党制が発足した。三〇年に出版の自由が規定され、その後第二帝政末期まで政府による言論弾圧がみられなかったことも、議会制民主主義に有利な政治文化の形成に役立った。経済面では、財政が再編成され、国債償還と徴税制度の改善がおこなわれた。

ヨーロッパ化のための努力は、移民導入政策に強く反映した。一八三五年、バイーアの奴隷反乱ののちに入植協会が結成され、翌年にはバルバセナ伯が少数のイギリス人とスイス人を誘致し、リオ県のノヴァ・フリブルゴなどの入植地がつくられた。四〇年にはサン・パウロ出身の上院議員ヴェルゲイロが移民を導入し、自家の農園の分益農とした。この成功に刺激されて、四五〜五五年にサン・パウロ県に約六万人の移民が誘致された。奴隷制の存続は移民導入と矛盾し、障害ともなったが、十九世紀後半にはコーヒー農業の繁栄に引きつけられて、数百万のヨーロッパ移民がサン・パウロを中心として、ブラジルにやってきた。この大量の移民が奴隷制に毒されたブラジル社会に新風を吹きこみ、市場と勤倹力行精神に富む労働力と企業者精神をもたらした。また結果として、奴隷制の廃止をもたらすことになった。

反面、弊害として史家ロドリゲスの指摘するように、ブラジル社会に白人優越主義、超保守主義、反ユダヤ主義がもたらされたことも否定できない。また、伝統的支配層であるポルトガル系白人集団が新移民のなかの有能分子を吸収編入して、その肉体的特質と文化を「再欧化」するとともに、その地位を強化し、白人優位を確立する結果となった。

2　第二帝政下の発展（一八四〇～六四年）

政治的安定

ペドロ二世は、自らの成人式実現に功績のあった自由党の政治家、アントニオ・カルロス、ジョゼ・ボニファシオらのアンドラーダ兄弟、カヴァルカンティ兄弟に組閣を命じた。一八四〇年七月二十三日「成人式」内閣が発足した。翌年ペドロ二世の皇帝即位とナポリのテレザ・クリスティナ・ディ・ボルボンとの結婚がおこなわれた。この年は下院の改選期にあたっていたが、アントニオ・カルロスは、自由党の優位確保のため、県知事を解任し、選挙に介入したため、世論の反発を買い、内閣総辞職をよぎなくされた。皇帝は保守党に組閣を命じ、新内閣のもとで憲法修正令が改正され、同解釈法に加えて警察の集権化がおこなわれた。

一八四二年、アントニオ・カルロス期に選出された議員の就任期がきたが、保守党内閣は不正選挙を理由に議会を解散し、ミナスとサン・パウロで自由党の反乱をまねいた。これらの反乱は、傑出した軍人アルヴェス・エ・シルヴァ（のちのカシアス公爵）によって鎮圧された。彼は翌年ファロウピーリャの反乱をもほぼ鎮圧し、四五年三月、反乱参加者の非処罰を条件に反徒側と和平協定を結んだ。

一八四四年、皇帝は調整権を行使して、二大政党に交互に政権を担当させることに決め、四八年まで自由党に政権を与えた。同政権下で四四年、対英通商条約が最終的に廃棄され、ブラジルの経済的独立の端緒となった。輸入製品にたいする関税が引き上げられ、機械類の無関税輸入が認められ、輸出経済を補完する初期的工業化のための条件がつくられた。また新通貨法によって銀行制度が多少改善され、商業の繁栄をもたらした。一方、四五年、奴隷交易をめぐって対英関係が緊張した。イギリスは同年アバディーン法を公布し、国籍の如何を問わず、いっさいの奴隷交易船を海賊とみなし、自国の裁判にかけることを宣言した。この一方的な措置は、ブラジル人の反英感情を高めるとともに、監視の目をくぐって秘かに導入される奴隷の数をふやした。たとえば四六年にブラジルに連行された奴隷の数は平年の数(約二万人)の二

サン・パウロ州の西に向かって規則正しく列の延びるコーヒー樹園(上)と19世紀後半のコーヒー豆を収穫するようす(下)

倍になり、四八年には三倍にもなった。この密貿易の利潤率は、五〇〇％にものぼった。

一八四七年、首相に相当する閣僚会議議長の職席がつくられ、内閣制度を強化した。皇帝が首相を任命し、両者協議のうえで組閣をおこなう慣行が成立した。内閣は集権化された警察を通じて選挙を操作し、協力的な議会を構成することができた。四八年に、フランスの二月革命の影響がブラジルにも波及すると、皇帝は政権を自由党から保守党に移した。この措置に不満をいだいた自由党の一部は、ペルナンブーコ県などで反乱を起こした(プライエイラの乱)。この反乱は自由党の不満だけでなく、ポルトガル商人にたいする農園主の不満や土地の再分配を求める貧農の不満をも反映していたが五〇年に鎮圧された。一面では金持ちへの公有地分配を停止させる効果もあったが、反面、反乱をおこなった自由党の信用を大きく傷つけ、同党は六〇年まで長らく政権に復帰できなかった。

一八五〇年には、イギリスとの関係がふたたび緊張した。イギリスの軍艦は、奴隷交易船を発見した場合、ブラジルの領海内でも追跡し、その船舶を没収せよとの命令を受けた。ブラジルの世論はこの措置に反発したが、同年九月四日、法相ケイロスは奴隷交易を海賊行為と断じ、同交易に適した艤装をもつ船の所有者の処罰を定めた。このため五三年までに奴隷密貿易は消滅し、六九年にはイギリスもアバディーン法を撤回した。

経済的繁栄と限界

一八五〇年を境として、ブラジル帝国は政治的安定と経済的繁栄の時代を迎えた。政治的安定は、ペドロ二世の権威と政治力の確立、自由党の退潮が示している連邦共和主義の弱化、民族意識の昂揚、法科大学卒業生を基盤とする同質的政治文化の発達などの要因によって達成された。また急速に改善された運輸通信技術が政治的安定のみならず、経済的発展を助けた。政治的安定と経済的繁栄は、相互に補強しあう好循環を形成した。

すでに述べたように、一八四四年の新関税法は対英通商条約廃棄にともない、ほとんどすべての輸入商品に三〇％の従価税を課し、ブラジルの初期的工業化の一条件をつくった。ついで五〇年のケイロス法（奴隷交易禁止令）は、従来奴隷交易に投下されていた多額の資本を解放し、国内のより生産的な産業部門に流入せしめた。また奴隷の供給が途絶したために、ブラジルの奴隷制に変容を迫り、究極的には奴隷制廃止の遠因となった。

もちろん、この時期の経済的繁栄は一時的で根も浅かった。それは経済活動にとっての障害が少なくなかったからである。第一に、資本主義的な価値観が確立されておらず、植民地時代からの伝統的な価値観、すなわち、大土地所有と奴隷制に関係のない経済活動にたいする農園主階層の激しい反感と警戒がいぜんとして強く、経営的、実務的才覚よりも、家系、相続した財産、政治的権力と形式的学識（学士号）などを尊重する傾向が根強く残っていた。ペドロ二世自身、彼の支持基盤である農園主たちに近い考えをもっていた。また十九世紀後半を通じて都市の大学が発達したが、その教科内容は人文的教養と法律を重視していた。第二に、農園主とそれに結合する輸出入業者が工業化に強く反対していた。彼らは関税政策、補助金政策、運輸通信の改善、労働力確保などにかんして、工業家と競合する立場であった。第三に、金融網が未発達であった。ジョアン六世が主に王室財産管理のために創設したブラジル銀行は、彼が帰国時に多量の財貨を携行したため資本を失い、一八二九年には破産していた。三八年にリオ・デ・ジャネイロ商業銀行が創設されたが、その資本は乏しかった。

十九世紀後半のブラジルの経済史は、代表的企業家マウアー子爵イリネウ・エヴァンジェリスタ・デ・ソウザを無視して語ることはできない。彼は九歳にして孤児となり、リオのポルトガル人商人に引きとられ、十六歳でイギリス人貿易商会に勤め始めた。そこで彼はイギリス式の簿記と金融業務と英語を習得した。一八五〇年ころには、マウアーはリオの支店長になり、有名な実業家になっていた。五一年、彼は資本金一万コント(今日の五〇〇万ドル以上に相当)のマウアー銀行を英仏などの参加をえて設立した。その動機は「ブラジルの銀行が拒んだことをおこなう」ことにあった。同行設立後、マウアーの企業活動は多彩になった。五七年の世界恐慌波及の悪影響など五〇年代末から六〇年代初頭にかけての経済情勢悪化のため、マウアーの企業活動は一時挫折したかにみえたが、六〇年代中葉以後、巨大な企業集団を所有、経営するにいたった。彼の経営した企業には、ブラジル最初の鉄工場ポンテ・デ・アレイア、大西洋海底ケーブル、リオ市のガス灯会社、リオ・グランデ・ド・スル県の造船所、精肉所、鉄道、その他木綿工場、精糖工場、アマゾンの蒸気船会社など二〇社以上が含まれていた。

3　第二帝政下の矛盾

奴隷制と廃止運動の開始

一八五〇年の奴隷交易禁止令の結果、ブラジル国内ではしばらくのあいだ、奴隷制問題への関心が薄らいだ。当時の奴隷人口は二〇〇万から四〇〇万と推定され、農園主層は労働力供給に不安を感じていなかった。ただし奴隷の価格が上昇したので、昔のように数年で廃人になるほど激しく使役することはなくなり、温情的な待遇が普通になった。

しかし奴隷制がブラジル社会に不可欠であるという認識が、一八五〇年代においても一般的であった。事実、奴隷は人口の二〜四割を占め、リオ・デ・ジャネイロ以北の多くの地方では、奴隷人口が自由人人口を上回っていた。農園主だけでなく、修道院や政府官庁さえもが奴隷を所有していた。奴隷制自体の可否にたいする根本的批判はなく、非人道的な待遇の改善が問題になるだけであった。

奴隷の形態はさまざまであり、すべてが非人道的な待遇を受けていたわけではなかった。奴隷は人口数の順に(1)農業奴隷、(2)都市の非拘束奴隷ネグロ・デ・ガニョと農村部の非拘束奴隷カンペイロ、(3)家内奴隷の三種類に区別できた。第一の農業奴隷は、奴隷制度の中核をなし、数的にも、大多数(約六分の五)を占めていた。彼らは大農園の世界のなかで、セニョールと呼ばれる主人の家父長的支配に服していた。平日は早朝から日没まで激しい労働が課された。日曜日のほかに、年間約三五日の宗教祭日があり、多くの場合二週間に一回は、主に自分の食料を自給するために、土曜日に自分の畑で働くことを許された。

第二の「ネグロ・デ・ガニョ」は約二五万人いたが、仕事の種類や場所に制約を受けず、毎日一定の「ガニョ(稼ぎ)」を主人に上納することを義務づけられていた。彼らは都市を半裸で歩きまわり、荷かつぎ、人夫、番人、沖仲仕、芸人などの肉体労働に従事した。彼らは収入額と上納額の差を自己の所有とし、一定の自由をもち、ギルド的職業団体を結成することもあった。これに近い形態として、リオ・グランデ・ド・スルやパラナなどの労働力不足に悩む内陸部には「カンペイロ」という牧夫の奴隷がいて、家畜の群を世話し、生まれた仔牛などの一定比率分を報酬として与えられ、独立する可能性もあるほど、例外的にめぐまれた立場にあった。

第三の「家内奴隷」は約一〇万人いたと推定されている。女中、洗濯女、乳母、子守女、料理女など女性が中心だった。彼らの労働は必ずしも激しくなく、主人の見栄のために多くかかえられていたから、家内奴隷は「怠惰で無駄がある」と評されていた。女奴隷たちに刺繍の技術を覚えさせ仕事をさせる女主人は、まれな才覚の持ち主とみなされた。

奴隷制は一般に奴隷たちの家族制度を破壊する傾向があるが、十九世紀後半のブラジルにおいては、主人が女性の家内奴隷をハレムの女性のようにみなした反面、男女の奴隷間の事実上の家族関係も認められ、夕食後の自由時間には家族の生活が認められることも多かった。奴隷の解放もまれではなく、主人の名誉と考えられていた。奴隷が同僚と一種の講を組織して自己の購入価格に等しい金額を蓄え、自由の買戻しを希望したときにも、主人は同意する慣行がほぼ成立していた(一八七一年の法令で義務化)。

一八六〇年代になると、このような情景は外圧によって変化を迫られた。はじめて奴隷制廃止論が台頭し、国際的な支援もえた。六三年、アメリカ合衆国大統領リンカーンの奴隷解放宣言がなされ、ついで南北戦争も北軍の勝利に終わった。アメリカ州で奴隷制を残している国は、いまやブラジルとキューバのみになった。対外イメージと道徳的な意味での孤立を意識した文人皇帝ペドロ二世と都市の知識人たちは、奴隷制廃止に傾いてきた。皇帝は、すでに四〇年に自らの奴隷を全員解放していた。

一八六四年、王女イザベルは結婚にあたり、父王から婚資として与えられた奴隷全員を解放した。六六年七月フランスの奴隷制廃止協会はギゾーら著名人の署名を付し、ペドロ二世に陳情書を送った。同年八月二十日、皇帝の指示を受けた法相マルティン・フランシスコは「ブラジル政府は、キリスト教精神が文明社会に求める一種の改革の実現を緊要の目標と考えるであろう」という声明を発表し、パラグァイ戦争後の奴隷制廃止を示唆した。

パラグァイ戦争

植民地時代からポルトガル系のブラジルとスペイン系のアルゼンティン(植民地時代は、リオ・デ・ラ・プラタ副王領)は、ラ・プラタ川東岸コロニアをめぐって抗争し、シスプラティーナ戦争を引き起こした。シスプラティーナとは、ブラジル領に近いラ・プラタ川東岸地方の意である。二大勢力に挟まれた小地域であるパラグァイとウルグァイは、両者の膨張主義に抵抗しなければならなかった。シスプラティーナ戦争後、ブラジルは、アルゼンティンの勢力拡大阻止とラ・プラタ川での航行権確保を目標として、両国間の緩衝国パラグァイとウルグァイを友好化ないし中立化しようとつとめてきた。アルゼンティンの独裁者ロサス(一八二八～五二)は、旧リオ・デ・ラ・プラタ副王領とウルグァイを含む大アルゼンティンの樹立という構想を隠さなかった。分離傾向の強いリオ・グランデ・ド・スルの併合を恐れたブラジルは、四四年パラグァイの独立を承認し、ついでウルグァイの親ブラジル派の自由派コロラド党リベラを支援した。四五〇年、ブエノス・アイレス県議会はロイスにパラグァイ「県」のアルゼンティン連邦への併合を認める決議をした。ブラジルは、一八五一年ウルグァイに介入し、リベラを政権に就けるとともに、アルゼンティンの反ロサス派のウルキサを支援した。翌年ウルキサは、ブラジルやウルグァイの支援を受け、モンテ・カセレスでロサスを敗走させ、ヨーロッパ亡命に追いこんだ。パラグァイは、独立後フランシア大統領のもとで鎖国政策をとった。二代にわたり大統領となったロペス父子は、ブラジルに対抗するため、南北最大の陸軍をつくりあげようとした。

内政の安定と経済発展に支えられてブラジルのラ・プラタ政策は、強硬なものになった。一八六三年、ブラジル政府はウルグァイのブランコ党の牛泥棒による損害の賠償と責任者の処罰を要求する最後通牒を送った。ベロ大統領はパラグァイに支援を求め、了解をえた。ブラジルは、ベロの反対派フローレスを支援するとともに、ウルグァイの港を封鎖し、陸軍をウルグァイ国内に送った。この干渉によってフローレスがウルグァイ大統領になり、ブラジル側にたいする損害賠償支払いに同意した。

ブラジルとアルゼンティンのあいだの勢力均衡がくずれたと考えたパラグァイのロペス大統領は、一八六四年十一月十二日、パラグァイ川を封鎖し、航行中のブラジル船を捕獲し、陸軍をブラジルの弱点マット・グロッソに侵入させた。他方ロペスは、クルスを支援すべく、パラグァイ陸軍の主力をウルグァイに送るため、アルゼンティン領コリエンテスに侵入した。ロペスがウルグァイ、エントレ・リオス、コリエンテス併合の野望をもっている、という理由のもとに、六五年五月一日、ブラジル、アルゼンティン、ウルグァイの三国同盟が成立した。ブラジルが対パラグァイ戦の主力となったが、補給線が長いため強力なパラグァイ軍に対抗できず、戦争は長期化した。しかし、三カ国を敵にまわした状況でラ・プラタ川を封鎖されると、内陸国のパラグァイの不利は明らかになった。六六年四月連合軍は、はじめてパラグァイ領に侵入したが、婦女子をも動員したパラグァイ国民の抵抗は激しかった。ウマイター要塞の陥落(六八年八月)ののちは、連合軍の前進を妨げるものはなくなり、首都アスンシオンは六九年一月五日にようやく陥落した。翌年三月一日、セロ・コラーで残存兵力を率いるロペスが戦死し、戦闘行為は終わった。

一八七二年ブラジルは、パラグァイと講和条約を結び、両国間の国境を自国に有利に変更した。この単独講和は、三国同盟条約第六条の違反のかどで、アルゼンティンの強硬な抗議を引き起こしたが、アルゼンティンからの領土要求を抑制した。この戦争で最大の利益をえたのは、アルゼンティンであった。同国は、工業力のないブラジルに大量の武器を売却した。パラグァイは人口が半減するほど犠牲をはらい、軍事強国になる可能性を完全に封じられた。しかしブラジルとアルゼンティンにパラグァイとウルグァイという緩衝国の存在理由を認識させた。

ブラジルの被害も少なくなかった。戦費は時価で三〇万ドルをこえ、通貨不安と対外債務の増大を引き起こした。死傷者は三万から五万人にのぼった。より重要な影響は、のちに奴隷制廃止や帝政の崩壊というかたちであらわれた。また政治面では、この戦争は軍部が強い政治勢力となる原因となった。他方、民族意識の高揚という結果がもたらされた。ペドロ二世が指摘したように、この戦争は「ブラジル人の民族意識にたいするよき電気ショック」となった。同時にブラジル人が対外的野心をすて、当分のあいだ奴隷制を含む国内問題に関心を向ける原因ともなった。社会、経済面でも、戦争が工業化や都市化を促進するという影響があった。

実証主義、共和主義の伸長

政治制度としての帝政と経済体制の基礎である奴隷制にたいする反対は、実証主義、共和主義、奴隷制廃止論のかたちで、主に奴隷制への関与の少ない新興の都市中間層のあいだに徐々に醸成された。いろいろな新思潮はそれぞれ別個のものではなく、一般的な改革気運を反映していた。

実証主義は、フランスの数学者コントの提唱した哲学であるが、その影響は一八五〇年代に早くもブラジルに波及した。その紹介者は、士官学校の数学教官ベンジャミン・コンスタンであり、彼が共和主義者でもあったため、実証主義と共和主義は、結合したかたちで、青年将校のあいだに強い影響をおよぼすこととなった。またペドロ二世もそのことを知りながら、まったく制約を加えることはなかった。ベンジャミン・コンスタンは、皇帝の孫の家庭教師に任命された際、自ら共和主義者であることを皇帝に告げたが、皇帝は問題視しなかったのである。実証主義は、哲学者に指導された共和的独裁を理想としていた。今日のブラジルの国旗に記されている「秩序と進歩」という標語は、コントはじめ実証主義者の合言葉であった。

共和主義は十九世紀の前半にもすでに出現していたが、一八六〇年代から自由党内の一分流として政界にふたたび登場した。六〇年、自由党は選挙を通じてひさしぶりに政権にかえり咲いたが、パラグァイ戦争は同党が代表した改革の気運を一時凍結した。しかし戦争前の雰囲気について、ブラジル駐在の米国公使ウェッブが六三年に述べたつぎの予言が多くを語っている。「ペドロが最後の皇帝となり、ブラジルは、暴力的抗争なしに、共和国になろう」。

パラグァイ戦争の勝利の見通しが明らかになった一八六九年、自由党は「改革か革命か」と題する激烈な声明をだし、政府の全般的改革を要求した。改革要求のなかには、皇帝の調整権廃止、枢密会議の廃止、民兵の廃止、奴隷制廃止、議員、県知事などの直接選挙、参政権拡大、全上院議員にたいする任期制の採用、司法部の独立、宗教の自由が含まれていた。

パラグァイの独裁者ロペスが戦死した一八七〇年、共和党が結成された。同年フランスでナポレオン三世の帝政が倒れ、第三共和制が成立したことが契機となった。同年十二月三日には、帝政の廃止と自由主義的改革を要求する共和主義宣言がだされた。ペドロ二世は、このような動きをいっさい弾圧せず、共和主義者は、スペインやフランスから支援を受けることさえできた。七六年はじめて共和党の下院議員が誕生し、翌年にはサン・パウロの県議会にも三名の共和党員が当選した。七八年には皇帝自ら著名な共和主義者ロドリゲス・ペレイラにたいし、自由党内閣への入閣を要請し、受諾された。

奴隷制廃止

一八七〇年は奴隷制にかんしても転換の年であった。同年キューバを支配していたスペイン政府は、六六年九月以後に奴隷の母親から生まれたすべての子女を原則として自由人とするというモレ法を公布した。西半球で奴隷制に固執する国は、今やブラジルのみになったから、対外イメージに敏感な知識人の奴隷制廃止論は強力になった。

軍人もパラグァイ戦争の際、前線で黒人兵士と行動をともにしたため、戦後廃止論者になる者が多かった。戦争中、ブラジル国内の徴兵が困難だったため、兵役につく奴隷は、戦後の解放を約束され、奴隷を提供する農園主は、貴族の称号を与えられた。この措置によって戦後約六万の黒人が解放され、自由黒人の層を厚くしたことも、奴隷制にたいする反対を強めた。さらにパラグァイ戦争がロペスの個人独裁からパラグァイ国民を解放するという大義を掲げて遂行されていたことは、奴隷制を維持する後進的な帝政のために戦うことの不条理を表面化していた。七一年、保守党のリオ・ブランコ政権によって出生自由法が公布された。これはキューバのモレ法と似た発想であり、奴隷の母親から生まれた子供を自由と認めながら、八歳まで母親が養育し、その時点で、所有者は、政府から六〇〇ドルの補償金を受け取るか、その子供を二十一歳まで使用するかのいずれかを選択できるとされた。同年、奴隷が(しばしば集団貯蓄により)自分の購入代金を主人に支払えば、解放されるという昔からの慣行を成文化した法律も公布された。

一八七八年自由党が政権に復帰し、より急進的な改革が切迫した。知識人ジョアキン・ナブコ、詩人ゴンサルヴェス・ディアス、同じく詩人のカストロ・アルヴェスも奴隷制廃止のために言論や芸術活動を通じて運動した。八四年セアラーとアマゾナスの両県は、すべての奴隷を解放した。また各地で奴隷所有者による自発的な解放が始まった。リオ・デ・ジャネイロ県だけでも七三〜八五年に一万五一〇〇人が解放された。

一八八六年キューバで奴隷制の全廃がおこなわれたが、翌年にはコーヒー農業の中心地サン・パウロ県の共和党は、奴隷制完全廃止要求決議を採択した。同県のコーヒー農園主たちはすでに移民を雇用するほうが、労費と生産性の観点から奴隷を使うよりも有利なことを認識していたのである。同年陸軍将校団は、皇帝にたいし、名誉ある軍務とは思われない奴隷追跡捜査の任務解除を請願した。この時点では、奴隷所有者の議論は奴隷制廃止の阻止よりも、補償金の金額をめぐっておこなわれた。

一八八八年五月十三日皇帝の訪欧中に摂政にあたった王女イザベルの手で、奴隷制を即時無補償で廃止する解放令または「黄金法《レイ・アウレア》」が発布された。国民の多くはこの法令を歓迎したが、従来帝政の支持基盤だった農園主層は大損害を受けた。この年の農産物収穫の四割から五割は、廃止にともなう混乱によって失われた。奴隷を担保にした融資は、回収不能になり、また、窮地に陥った農園主を金融面で救済するため無制限に増刷された紙幣は、インフレーションや投機ブームを引き起こした。農業収入の不振を反映して、国際収支は八八〜九〇年にかけて赤字に転じた。

軍部の離反

他方軍部は、パラグァイ戦争後、奴隷制ばかりでなく帝政そのものにたいしても批判的になっていた。

軍の規模は、戦前(一八六四年)の一万七〇〇〇名から、戦後(七〇年)の一〇万名へと大幅に増大していた。青年将校は、もはや農村の大農園主層ではなく、都市の中間層を代表するようになっていた。

戦後、政府と軍部の関係は冷たくなった。軍人は国家のために生命をかけて闘ったのにもかかわらず、文人的な皇帝や民間人政治家が軍部を軽視しているという被害者意識にとらわれ、政治に関心をもつようになった。もちろん共和主義者や奴隷制廃止論者はこのような気運を見のがさず、青年将校のあいだに政治宣伝をおこなった。

一八七八年の軍規則は、軍人が政治問題について公然と討議することを禁止していたが、翌年には、軍の規模縮小法案がだされた際、軍人が反対して廃案にもちこむという事件が起きた。翌年ペドロ二世に忠実で、軍人の信奉を集めていたカシアス公爵が死ぬと、軍の規律は、一気にゆるんだ。このあとデオドロが軍の中心人物となった。八三年に軍人の強制保険制度をめぐって、ふたたび軍人が政治活動をおこない、責任者が処罰される事件が起きたが、軍将校はデオドロ元帥を中心に結束して、処罰を受けた将校を擁護した。八七年軍将校は、軍人クラブを結成して、軍人の利益擁護のための団体とし、デオドロを初代会長とした。

奴隷制廃止後の混乱と農園主層の皇帝からの離反という状況を利用して、共和主義者の軍人は帝政打倒に踏み切った。一八八九年十一月十五日、軍は王宮を包囲し、主要官庁を占領した。ペドロ二世はイギリス軍艦で国外に亡命した。流血はなく「軍のパレード」で帝政が崩壊した、と評された。革命を計画したのは、実証主義者ベンジャミン・コンスタンで、指揮をとったのは、皇帝に忠実でありながらベンジャミンに説得され、軍の分裂を回避するために決断をくだしたデオドロ元帥であった。軍による帝政の閉幕と共和制の導入は、今日にいたるまでブラジルの政治において最強の政党とも評される軍部の政治的発言力の確立をも意味した。

帝政崩壊のこの年、十九世紀ブラジルの経済史を代表する人物マウアーが失意のうちに世を去った。彼はほとんどの主要企業に関係していたが、一八七五〜七八年の経済恐慌の際に多くを破産させた。マウアーの特権や成り上り者としての地位を敵視する農村出身の政治家や商工業者にたいして理解を欠くペドロ二世は、苦境に立ったマウアーに政府の融資などの援助を与えることをしなかったため、この不世出の天才企業家も完全に没落したまま死んだのである。

IV

二十世紀前半の南アメリカ

第一章　総説

寡頭支配から都市中間層の時代へ

二十世紀初頭の南アメリカは十九世紀第四・四半期以来の輸出経済の好況に沸いていた。アルゼンティンやウルグァイは牛肉と小麦、ブラジルはコーヒーとゴム、チリとボリビアはそれぞれ硝石と錫というように、国によって輸出品は異なるものの、いずれも欧米向けに天然資源の開発輸出を拡大していた。

輸出経済の発展は、天然資源部門を握り、欧米との通商にも熱心な寡頭《かとう》支配層（オリガルキア）の指導権を強めたため、十九世紀には内戦とカウディーヨ独裁のあいだを揺れた諸国にも、ようやく安定した政治秩序がみられるようになった。ただコロンビアのように国を二分する自由党と保守党の内戦が二十世紀にもちこされた国もあったし、ベネスエラとパラグァイではカウディーヨ支配が続いた。もっとも民主政体がみられるようになった国でも、選挙権は女性や非識字者には与えられておらず、財産による制限のある国もあったので、政治参加は全人口の一〇％にも満たない寡頭支配層や一部の都市中間層に限られていた。

寡頭支配層のなかで、二十世紀初頭までに指導権を確立するにいたったのは自由主義的な傾向をもつ人々であった。彼らは私有財産制に基づく自由主義的な経済秩序と世俗的な欧風文化を「進歩」の源と信じ、教会や先住民共同体の土地所領や教会による教育支配を、進歩を妨げる制度として敵視した。先住民やアフリカ系住民の文化はもちろん、スペイン的な文化さえも「遅れた」ものと考え、フランスを中心とする西ヨーロッパから積極的に文物を輸入することによって「文明化」が達成できると信じたのである。

このような寡頭支配層の指導権にたいして、農村部では土地の「私有化」によって土地を奪われた先住民系の農民たちが十九世紀以来抵抗を繰り返していた。たとえばボリビアでは二十世紀最初の二〇年間に六〇回以上の農民反乱が起き、アシエンダやメスティソの町が襲われたという。しかし南アメリカの農村部の多くでは、零細農や小作農は大土地所有者に政治的・経済的に従属しており、時には彼らの内紛に武器をもって動員されたりしていた。

寡頭制支配にたいして新しい挑戦者となったのは都市の中間層と労働者であった。未曾有の好況は首都や貿易港を中心に都市の発展をもたらし、都市市場の拡大は、自由主義的な通商体制のもとでも、繊維・食品加工・皮革などの製造業を勃興させた。その結果、鉄道・港湾・鉱山・軽工業部門の労働者が増加すると同時に、商工業主、弁護士、教師、ジャーナリスト、官僚、ホワイトカラー会社員など、一般に中間層と呼ばれる社会層が膨張した。労働者が政府の弾圧の前に、共済活動以上の活動をできないでいたのにたいして、中間層は当初、寡頭支配層の内紛に自由主義派の政党側に立って参入するかたちで政治参加を始め、やがて自立性を強めて、選挙権の拡大や公明選挙の要求をとおして政権をねらうまでになる。たとえばチリやアルゼンティンでは十九世紀のうちに自由党から分離した「急進党」の中心勢力になり、アルゼンティンでは一九一六年に、チリでは二〇年に政府与党になることに成功したし、ウルグァイでは元来寡頭支配層が組織した政党(コロラド党)を内部から中間層化していき、一九〇三年にはジャーナリストだったホセ・バッイェを大統領に当選させている。ただ広大な国土の各地に経済の中心地が分散し、かつ強い連邦制をとっていたブラジルや、自由党・保守党の内戦が中間層・下層も巻き込んで続いたコロンビアでは、都市中間層がまとまった政治勢力になりにくかったし、都市化がこれら諸国より小規模だった国々でも都市中間層の政治的上昇が遅れた。

伝統的文化の再生

他方欧米では、資本主義の発展にともなってしばしば恐慌が発生するようになり、二十世紀になると南アメリカ諸国の経済にも深刻な影響をおよぼすようになっていた。代替生産地や代替生産物の登場も南アメリカの天然資源産業のゆくえに暗雲を投げかけるものだった。輸出品価格が暴落すると経済全体が大打撃を受け、農民や鉱夫はもちろん、都市の労働者や中間層も生活に窮した。そのような社会的困窮にあっても寡頭支配層の自由主義イデオロギーは市場の弱者を救う論理を欠いており、寡頭支配層のいう「文明」と索漠とした社会状況の乖離《かいり》が日一日と広がっていったのである。そのような状況にたいして、社会的紐帯の回復を求める思想的・文化的動きがあらわれ、しだいに強くなっていった。

たとえば、保守主義者の立場からウルグァイのホセ・エンリケ・ロドが『アリエル』を著し、欧米の物質主義的文明にたいして、イベロアメリカの精神主義的な文明の優位を説いたのは一九〇〇年のことであった。それまでは保守頑迷の砦と思われていたカトリック教会もカトリック的な共同体主義の立場から社会問題への関心を示し始めた。

　他方、寡頭支配層への反発や社会的連帯の追求は、自由主義的な寡頭支配層によって「野蛮」として退けられた先住民やアフリカ系住民や混血大衆の文化伝統のなかに、国民アイデンティティの基を探ろうとする動きも強めさせた。アルゼンティンで肌の色の濃いガウチョ(牧童)を賛美するホセ・エルナンデスの叙事詩『マルティン・フィエロ』(一八七二、一八七九年)を基にした映画がつくられ、大ヒットしたのは一九一五年のことであったし、一九〇四年にサンタ・フェ地方で実際に起こったモコビ族の反乱を描いた『最後の蜂起』が、抑圧された先住民への同情を込めて製作されたのは一七年であった。

　ブラジルでも、先住民の首長とポルトガル貴族の娘のロマンスを描いた『グアラニー族』が、同じ時期に映画化されている。他方アフリカ色の強いバイーア地方で起こった千年王国運動「カヌードスの乱」を素材にした『大地の人々《ウス・セルトンイス》』を一九〇二年に発表したエウクリデス・ダ・クーニャは、通常は野蛮で無教養として退けられる内陸部の民こそ「わが国民生活の活力の核」であると論じた。アフォンソ・セルソはほぼ同じ時期に、ブラジルは先住民とアフリカ系住民とポルトガル人という欠かすことのできない三つの要素から成り立っていると主張した。このテーマはその後もさまざまな著者によって取り上げられ、一九三〇年代になってジルベルト・フレイレの『大邸宅と奴隷小屋』(一九三三年)へと結実していった。

　先住民人口の多いペルーでは、アヤ・デ・ラ・トーレがラテン・アメリカを「インドアメリカ」と呼び、そこにはヨーロッパとは違う「歴史的時空」が存在するのでマルクス主義をそのまま適用することはできないと主張した。ペルー共産党の創立者の一人であるマリアテギですら、先住民農民を真の革命的階級ととらえ、先住民の共同体と文化伝統の再活性化にペルー社会主義の未来を託した。また、クロリンダ・マット・デ・トゥルネルやシロ・アレグリーアのような、いわゆる「インディヘニスタ」の作家があらわれ、なかでもホセ・マリア・アルゲーダスの小説『ヤワール・フィエスタ』(一九四〇年)、『深い河』(一九五八年)などは傑作といわれる。『ワシプンゴ』(一九三四年)を書いたエクアドルのホルヘ・イカサも有名である。

スペインの文化伝統の見直しは少し遅れたが、いわゆる一九二七年世代の影響によって黄金時代の詩歌への関心が高まり、バロック的感覚と大衆的スタイルという両面で、のちのラテン・アメリカ文学に大きな影響を与えることになった。

このような新しい思想や文化の流れは、とくに都市の青年たちに大きな影響を与え、寡頭支配層への反対運動を強めるのに貢献した。それは一九三〇年の世界大恐慌によって輸出経済が壊滅的打撃を受けることによって、ゆるぎない流れとなったのである。

ポピュリズム政権

アルゼンティンでは一九三〇年に軍事クーデタが発生し、急進党にかわって寡頭支配層の政党を復権させたが、それにたいしては青年将校が反発し、そのなかから台頭したホアン・D・ペロンが労働組合の支持を受けて四六年の選挙で大統領になった。青年将校たちはナショナリズムと国民統合の立場から寡頭支配層のエリート自由主義に反発し、アルゼンティンだけでなく、他の国々でも寡頭支配を決定的に弱体化させるのに貢献した。チリでは一九二五年にカルロス・イバーニェス大佐が政治の実権を握り、社会労働立法を進めたり、開発銀行を設立したりしたし、マルマドゥケ・グロベ空軍准将は三二年の一時期「チリ社会主義共和国」を宣言しさえしている。結局チリでは一九三八年の選挙で、急進党、共産党、社会党による人民戦線政府が成立したが、三三年に結成された社会党の創始者はマルマドゥケ・グロベその人であった。ブラジルでも一九二二年にリオ・デ・ジャネイロで、二四年にはサン・パウロで青年将校が反乱を起こした。彼らの反乱は失敗し、彼らが直接政権を握ることはなかったが、一九三〇年に寡頭支配層間の内戦をへてジェトゥリオ・ヴァルガスが政権を握ったとき、ヴァルガスはほかのエリート政治家との対抗上、二〇年代に反乱軍に加わった青年将校たちを政府に積極的に登用しただけでなく、三七年には軍部の支持を固めて独裁権を握った。

ペルーでも一九三〇年にレギーア政権をクーデタで倒したサンチェス・セロ大佐らは寡頭支配層からは一定の距離をおく姿勢を示したが、アヤ・デ・ラ・トーレ中心に組織された文民政党アメリカ革命人民連合(APRA)が軍部内改革派との連携に失敗したために、寡頭制支配がさらに続くことになった。都市化が遅れたパラグァイやボリビアでは寡頭支配に反対する動きは弱かったが、両国がチャコ地方の帰属をめぐって争ったチャコ戦争を契機に、社会の流動化と国民意識の高揚が進み、一九三六年には両国で青年将校、中間層、学生、労働者らに支持された政権が一時成立した。ボリビアではこの政権にかかわった中間層メンバーを中心に結成された国民革命運動(MNR)が一九五二年に再度政権を握るが、パラグァイでは軍の上層部が実権を握り、寡頭支配層の政党とともに以後パラグァイを統治しつづけることになった。

石油開発によって一九二〇年代以降ようやく経済の発展をみたベネスエラでは、四五年に青年将校と中間層政党民主行動党（AD）がクーデタで政権を奪取、三年後政権を失うが、五八年に再度ADが政権を獲得した。他方コロンビアとエクアドルでは寡頭支配層から独立した政党や青年将校の動きは弱かったが、コロンビアでは一九三〇年代に、エクアドルでは四〇年代に寡頭支配層の政党のひとつ自由党のなかに、大衆向けの改革を唱える政治家が登場し、徐々に寡頭支配の実態を変えていった。

バッイェ政権、ペロン政権、ヴァルガス政権、人民戦線政権、MNR政権、AD政権らは、その構成も成立経過も同一ではないが、一般にポピュリズムの名で総称されることが多い。自由主義の名のもとに市場の弱者を放置した寡頭支配層にたいして、ポピュリストたちは「社会的正義」の実現をとおして社会的・国民的連帯を回復することをめざした。社会労働立法によって労働者や会社員・公務員を保護すると同時に、選挙権の拡大がおこなわれ、大衆文化の見直しも叫ばれた。ただマルクス主義とは異なり、ポピュリズムは階級闘争をめざしたわけではなく、都市中間層を中心に労働者や商工業主も加えて、寡頭支配層とそれに結びついた外国企業の支配をくずすことを追求した。一般に農村部に注意がはらわれることは少なかったが、ポピュリズム政権の形成と維持に農民の動員がおこなわれたボリビアとベネスエラでは、農地改革もおこなわれた。経済的にはモノカルチャー輸出経済の脆弱性を克服するために、国内工業の振興がめざされた。このような一連の政策の実施には国家の積極的な介入が必要であることから、ポピュリズム政権のもとでは寡頭支配層の時代とは一転して国家の機能が拡張されることになった。

このように二十世紀前半、南アメリカは輸出経済と寡頭支配の絶頂期から、その衰退をへて、ポピュリズム的勢力の台頭へと、政治・経済・社会の性格を大きく変えていったのである。

第二章　ベネスエラ、コロンビア、エクアドル

1　二十世紀初頭における独裁と開発(一九〇〇～三〇年)

「アンデスの暴君」と石油開発(ベネスエラ)

一九〇八年、シプリアノ・カストロにかわり独裁者として登場したファン・ビセンテ・ゴメスは、軍部からカストロ派を追放し、一九〇九年憲法により支配体制を固めた。一〇年、大統領となって以後、傀儡《かいらい》の大統領を挟みながら、その死(三五年)まで二八年間のゴメス支配が続いた。ゴメス政権は懸案となっていた欧米諸国との賠償問題と米国会社との紛争を解決し、財政の立て直しと外資導入をはかるため、カストロ政権時代険悪であった欧米との経済関係を改善した。

ゴメス期最大の出来事は、石油開発の開始である。一九一四年マラカイボ湖においてあらたに油田が発見され、一六年には最初の精油所が建設された。積極的な外資導入政策をとり、メキシコ革命により投資先を失っていた英米石油資本を引きつけた。その開発条件はきわめて寛大で、税、ロイヤリティは低率に

おさえられ、所有面積にも上限は設けられなかった。二二年以降、石油輸出が本格化し、二六年以降はコーヒーにかわって輸出の首座を占めるにいたり、三〇年にはメキシコをぬいて世界最大の石油輸出国となった。その開発はロイヤルダッチ・シェル石油、ガリフ石油、スタンダード・オイル石油の三大石油企業

マラカイボの湖底油田　1914年以降開発が始まり，ベネズエラに最大の輸出産品をもたらす。

年次	生産高(1000バーレル／日産)	輸出総額に占める割合(%)	年次	生産高(1000バーレル／日産)	輸出総額に占める割合(%)
1920	1.3	1.9	1940	502.3	94.0
1921	4.0	8.8	1945	886.0	92.5
1922	6.1	11.4	1950	1498.0	96.2
1923	11.9	18.3	1955	2157.2	93.5
1924	24.9	30.6	1960	2846.1	86.0
1925	54.6	41.6	1965	3472.9	92.9
1930	370.5	83.2	1970	3708.0	91.9*
1935	406.9	91.2			

ベネズエラの石油生産・輸出(1920～70年)　＊は1969年の割合。

に委ねられ、この三社で販売の九八％を支配するにいたった。

このゴメス体制は、変転きわまりない二十世紀初頭のラテン・アメリカにあって長期政権を維持し、とくにアンデス諸国では一九二九年の大恐慌を乗りきった唯一の政権であった。豊富な石油の資金は道路(トランス・アンデス道路)、通信網などの公共事業に使用されて雇用の拡大がはかられるとともに、特定企業への補助金、農・畜産銀行、労働銀行の設立に充当された。一方、石油ブームによる交通網の発達、公共事業の拡大は、都市化にともなう新しい中間層を生み、また石油産業を中心に労働運動も高まりをみせ始めた。二五年には石油労働者による最初のストライキが発生している。さらに二八年には、カラカスにおいてロムロ・ベタンクールやラウル・レオニなどの学生を中心に労働者、民衆が加わる反ゴメス運動が起こり、若手将校のなかにも呼応する者があらわれた。この運動のリーダーたちは「一九二八年世代」と呼ばれ、三一年には亡命先のコロンビアにおいて左翼革命連盟(ＡＲＤＩ)を創設した。その「バランキヤ綱領」は反帝・反地主・民族革命を志向して、のちの民主行動党(ＡＤ)設立の起点となった。

保守党政権下での近代化(コロンビア)

マロキン政権を継いだのは保守開明派のラファエル・レイェス(在任一九〇四～一〇)であった。彼は議会を解散して、あらたに任命制の国民議会を招集し、独裁体制の確立をめざした。レイェス政権は経済活動への国家の介入、保護主義の採用を通じて国内工業の育成を意図した。一九〇九年、コルテス＝ルート条約の締結により米国との関係を修復して、対米貿易、資本導入などの経済関係の強化をはかった。以後三〇年まで五人の保守派大統領がおのおの四年の任期をまっとうし、レイェスの経済政策を受け継いで上からの近代化政策を実施した。この意味で一〇～三〇年は「レイェスなきレイェス体制」と呼ぶことができる。

一九一〇年代には保護主義が主流となって、コーヒー経済がもたらした国内市場の拡大を前提としてタバコ、製菓、飲料、繊維、セメントなどの製造業が出現し、さらに輸送、商業、コーヒー栽培を支配する国内企業寡頭集団が台頭した。このような都市工業の発展にともない鉄道、港湾、製造業を中心に労働組合が結成され、二〇年代にはいると石油、バナナなどの新興産業においても労働者の組織化が進んだ。二八年十月にはサンタ・マルタにおいてユナイテッド・フルーツ社(現ユナイテッド・ブランズ社)経営のバナナプランテーションに属する三〇〇〇人の労働者による争議が発生し、労働者側に一〇〇名にのぼる死者をだしている。

米国とのパナマ問題は一九二一年の条約締結により最終的な解決をみ、米国からの借款と二五〇〇万ドルの賠償金は鉄道、道路、港湾施設などに充当された。こうしたインフラ建設に基づき石油、バナナ産業を中心に米国資本(二三～二六年に二億ドル)が流入した。このような「借金に基づく成長」(オルランド・メロ)は対米輸出の増大(二〇年代、全体の四分の三を占める)とともに対米従属を決定的なものとした。このみせかけの繁栄は、大恐慌に起因するコーヒー(三〇年、輸出全体の六〇％を占める)価格の世界市場における暴落、新規借款の停止によりあえなくつぶれ、半世紀にわたる保守党支配も終焉した。

自由党政権の終焉と七月革命(エクアドル)

自由党による金融寡頭支配は海岸部におけるカカオを主軸とする輸出経済(そのほかコーヒー、ヤシ油、ゴム、皮革)に支えられていたが、一九二〇年代の一次産品価格の全般的な低迷のなかでカカオの国際市場価格も急落し、輸出額も減少した。この状況は海岸部地主・輸出ブルジョワジーの経済基盤を弱体化させるとともに、労働者の生活条件を圧迫した。この結果、二二年十月、十一月にはグァヤキルの労働者による賃上げ、労働時間の短縮を要求する運動が高まり、ゼネストが宣言された。自由党政権はこうした運動を弾圧してその反労働者的性格を明らかにした。二五年七月に起こったクーデタ、いわゆる「七月革命」はこのような自由党支配を終焉に導いた。

この「七月革命」は青年将校の組織を中核として中間層と労働者階級の同盟のうえに成り立ち、山岳部の地主寡頭勢力と海岸部の金融寡頭勢力の影響を排除した点、従来の政権とは性格を異にしている。「七月革命」を指導したイシドロ・アヨラ政権(一九二五~三一年)のもとできわめて進歩的な労働立法、人身保護法の制定、また中央銀行の設立によって金融面での国家介入がはかられ、通貨・為替管理を通じて財政再建に着手し、自由貿易の見直しを含む工業保護法をてこに国内工業の育成を企画した。しかしエクアドル経済はカカオとコーヒー輸出に基本的に依存していたため、世界恐慌による打撃は改革の財政的基盤を掘りくずし、三一年、アヨラ政権はクーデタにより崩壊した。

2　ポピュリズムの出現(一九三〇〜六〇年)

AD政権による「十月革命」(ベネスエラ)

ゴメス死後もゴメス派の軍人による支配(一九三五〜四五年)が続いたが、国家の近代化と軍の自立性を保とうとした若手将校のグループ軍人愛国同盟(UPM)はこの流れを阻止するため、四五年、民主行動党(AD)を巻き込んでクーデタを敢行した。マルコス・ペレス・ヒメネスがその中心人物であった。彼らはただちにAD・UPM臨時政府を樹立し、ベタンクールが臨時大統領(在任四五〜四八)となった。

AD・UPM政権の経済政策は石油を軸として、外資系企業の利益にたいする政府の取り分を拡大すること(利益折半の原則の明確化)をめざした。そのため石油関連産業における労働争議には抑圧政策で臨んだ。また一九四六年、工業化促進のためベネスエラ開発公社を設立し、インフラ建設、船団創設、小企業への融資、技術援助を進めた。四五年実施された農地改革は、国有地化された旧ゴメス派所有地を対象として分配されたが、受益者はおもにAD系の農民組織に限られていた。

四七年憲法に基づいて大統領選挙が実施された。ADからロムロ・ガイェゴス、一九四六年結成された独立政治選挙組織委員会(COPEI、コペイ・キリスト教社会党と呼ばれている)からラファエル・カルデラが立候補し、前者が圧勝した。保守派とゴメス派はCOPEIを支援し、このときの両党による対立図式は、五八年の大統領選以降相互の政権交代を定着させている。

ペレス・ヒメネス独裁と都市化の進展

第一次AD政権は軍部との協調によって成り立っていたが、しだいに両者の矛盾が明らかになってきた。これはADが労働者、農民を動員し、ベネスエラ労働総同盟、ベネスエラ農民連合を組織したのにたいし、軍部が危惧したことによる。こうして一九四八年軍部がクーデタを起こし、軍事評議会が成立した。さらにADが不参加の大統領選挙で民主共和連合(URD、一八年世代のビヤルバによって四六年結成)の勝利をくつがえしてペレス・ヒメネスが権力を奪った(五三～五七年)。ペレス・ヒメネスは四七年憲法を停止し、大統領権限を強化するなど独裁色を強めた。これにたいし反独裁愛国戦線が五七年六月に成立し、AD、COPEI、URD、ベネスエラ共産党などが参加した。五八年には、選挙の実施と自由の回復を要求してゼネストを指導し、これに軍部も呼応してペレス・ヒメネス政権は崩壊した。

一九五〇年代のベネスエラは、石油輸出に支えられ(五七年輸出全体の九二・四%)また公共事業が拡大し、都市開発による建設ブームによりセメントなどの関連産業は急成長をとげた。この時期、ヨーロッパからの移民が大量に流入し(五〇～五八年、約四五万人)、農村からの国内移民とあいまって急速な都市化が進んだ。中間層を有力な基盤とするAD、COPEI両党の台頭は五〇年代後半の都市化にともなう政治的表現であった。

「前進する革命」とガイタン主義(コロンビア)

一九二〇年代末において続発する労働争議、財政難、政府の腐敗、さらに追い打ちをかける世界恐慌がコロンビアの伝統的秩序をゆるがし、保守党の分裂によって三〇年大統領選挙では保守党穏健派の支持をえて、エンリケ・オラヤ・エレーラ自由党政権(三〇〜三四年)が成立した。以後、自由党が分裂する四六年まで自由党政権が続き、高まる民衆のエネルギーを吸収しながら自由主義改革を推し進めた。オラヤ政権を引き継いだアルフォンソ・ロペス・プマレホ政権(三四〜三八年)は「前進する革命《レボルシオン・エン・マルチャ》」を標榜し、十九世紀型の自由主義から決別して、国家の社会的機能を重視する立場から諸改革に着手した。この立場から憲法修正をおこなって、公共の利益を優先する国有化条項を挿入した。また所得再分配のための累進課税を採用し、土地は直接生産者の手に属すという原則が明記された。以上の諸改革は実効性をもつにはいたらなかったが、コロンビアの政治に新しい方向づけを与えることになった。

第二次ロペス政権(一九四二〜四五年)の成立をめぐって自由党右派は保守党候補を支持し、党内の亀裂は決定的となった。自由党では二〇年代、おりからの労働運動の高揚と社会主義思想の影響から党内に改革グループが勢力を拡大したが、そのリーダーが、ホルヘ・エリエセル・ガイタンであった。

ガイタンは穏健な社会主義者として議会闘争を通じて民衆の権利の擁護につとめた。彼はコロンビアを外資によって支配され、少数に独占された資本主義と規定する一方、農村では寄生地主制による半封建制が残存しているとし、この問題の放置は、暴力の拡大につながると警告している。彼は三三年に労・農・学生・小商人・知識人を主体とする革命左翼人民同盟を組織した。ガイタン派は四五年九月には数万の民衆による大集会を開き、新しい民衆運動(ガイタニスモ)の登場を宣言した。

一九四六年選挙は自由党左派がガイタンを擁立したため、自由党にとって分裂選挙となった。結果は保守党のマリアノ・オスピーナ・ペレスが漁夫の利をえて勝利したが、ガイタンは北部沿岸地域およびボゴタをはじめとする都市部で大量得票した。

暴力状況《ビオレンシア》の現出

一九四六年大統領に就任したオスピーナ(在任四六～五〇)は国民統一政府《ウニオン・ナシオナル》の樹立を提唱して、議会の多

ボゴタ暴動(1948年)　自由党左派ガイタンの暗殺がきっかけとなり，以後50年代まで自由党派と保守党派のあいだで暴力抗争が続く。

数派を占めていた自由党のだき込みをはかり、内閣の半数は自由党非ガイタン派で占められた。しかし第二次世界大戦後の不況、財政赤字の拡大からデフレ政策を採用したため、民衆の生活条件が著しく悪化し、四六年ボヤカにおける農民暴動を嚆矢《こうし》として、四七年五月にはコロンビア労働総同盟の指令によるゼネストが発生している。政府は融和から弾圧に方針転換し、自由党は閣僚を引き上げて、国内は騒然とした状況が現出した。保守党の私兵と化した警察隊と自由党派民衆との衝突が各地で繰り広げられ、四八年に暴力状況《ビオレンシア》は全土におよんだ。おりしもボゴタにおいて第九回米州会議開催中の四月九日、ガイタンが暗殺された。この事件はあらたな騒乱の引き金となり、興奮した民衆が大挙して都心に集まり、大統領府や外務省、その他の官庁、教会などを襲撃し、鎮圧にあたった軍隊と衝突した。このボゴタ暴動《ボゴタソ》により数千人の犠牲者をだした。さらに各地に波及し、内乱状態は自由・保守両党の和解が成立する五〇年代末まで続き、暴力《ビオレンシア》による犠牲は三〇万人にも達したと推定されている。

一九五〇年に成立したラウレアーノ・ゴメス保守党政権(五〇～五三年)は、暴力状況《ビオレンシア》には暴力をもって臨み、自由党、共産党を弾圧した。暴力《ビオレンシア》のまっ只中にあって、経済的には大戦後の回復期にあたりコーヒーをはじめとする輸出の拡大、工業発展(四五～五〇年、年平均一一・五%の成長)がみられ、ゴメス政権は工業融資公社を創設して外国借款の受け入れ機関とし、工業の振興をはかろうとした。さらにそのファシスト的体質から組合国家体制の樹立をめざして憲法改正を策した。しかし五三年、ゴメスによって陸軍司令官を解任されたグスタボ・ロハス・ピニーヤによるクーデタが起こった。ロハス政権(五三～五七年)は当初国内融和政策をとり、恩赦による内乱の終結をめざした。しかし独自の組合や政党(国民行動運動

〈MAN〉づくりに着手したため、また財政再建をめざして企業利益への課税、コーヒー輸出税の設置など増税政策をとったため、企業家、輸出業者の反発を招き、自由・保守両党はロハス政権から離反した。こうして五七年ロハスは辞任した。

ベラスコ・イバラとポピュリズム(エクアドル)

一九三三年の大統領選挙において、「全国労働者同盟」に結集する民衆、都市下層労働者を巻き込んで選挙闘争を展開したのが、ホセ・マリア・ベラスコ・イバラであった。彼は八〇%を得票して圧勝した。

一九三〇～五〇年代前半は政治的にはベラスコ・イバラのポピュリズムとこれに対立する自由党との政権交代が繰り返され、海岸部を舞台にブルジョワ層、中間層、プロレタリアート、貧民層の利害対立が激化するなかで山岳部の伝統的地主層の没落が進行した。ベラスコ主義が出現した背景としては、二〇年代のいずれの政権も改革に失敗し、強力なリーダーシップを発揮する新しい政治形態が待望されたこと、経済危機の影響から商品作物生産に従事するキート近郊農民やカカオ・アシエンダの日雇労働者《ペオン》が、困窮化、あるいは失業により都市へ流入して都市貧民層が形成され、ベラスコ主義の基盤となったことなどがある。ベラスコ政権は五期を数え(三三～七二年)、四〇年にわたりエクアドル政界に君臨した。

ベラスコ支配の間隙をぬって自由党系の大統領がで、海岸部ブルジョワジーに依拠してベラスコ派に対抗、輸出経済、対米協調を基調とする自由化路線を継承した。アロヨ政権(一九四〇～四四年)時、ペルーとの国境をめぐる戦争に敗れ、リオ条約(四二年)によりアマゾン地域(二〇万平方キロ)を失っている。ま

ホセ・マリア・ベラスコ・イバラ　エクアドルのポピュリスト政治家。民衆動員により大統領選挙を勝ち抜き，5期就任。

たとくに近代的ブルジョワ政権として登場したガーロ・プラサ政権(四八〜五二年)下、東部油田地域への開発を米国資本のシェル石油に委ね、さらに四九年以降海岸部に急速に拡大するバナナ生産にユナイテッド・フルーツ社を誘致するなど米国経済との関係を強めた。

バナナ経済の進展

プラサ政権は、ユナイテッド・フルーツ社を招請して実験的栽培をおこなったのち、融資を通じて中小農家にバナナ栽培を奨励し、おりから中央アメリカにおける不作も手伝って、バナナは一九五二年には最大の輸出品目に成長した。この結果、海岸部における農村の階層分化が進み、あらたな富農層の出現がみられた。海岸部の農民、農業労働者は、五四年九月沿岸農業労働者連盟を設立して、奪われた土地の防衛をはかった。このような動きにたいして、第三次ベラスコ政権は抑圧政策で臨んだ。五六〜六〇年は右派のキリスト教社会党カミロ・ポンセが、プラサ政権の経済開発を受け継ぎ、外資導入に基づいて農業、鉱業および石油の開発を推進した。このようにエクアドルにおける五〇年代(正確には四八〜六〇年)は、三人の大統領がおのおのの任期をまっとうし、安定した政権下、経済開発が進められた時期であった。

第三章　ペルー、ボリビア、チリ

1　民衆運動と政治抗争（一九〇〇〜三〇年）

アプラの成立とマリアテギ（ペルー）

ペルーでは、一八九五年、太平洋戦争以来続いた軍人統治にかわり、政党による文民統治が実現した。以後一九一九年までは、諸政党を通じて地主・商業・金融寡頭支配層が政治を動かしたところから「貴族的共和制」と呼ばれている。しかし一方では、この寡頭制支配を掘りくずす社会勢力が育ってきている。山岳部南部における農民反乱、海岸部のプランテーションおよび中部山岳部の鉱山における労働運動、リマ、カヤオなど都市部における労働者・民衆の運動である。

一九一九年、軍部と民衆の動員によって成立した第二次レギーア政権（一九一九〜三〇年）は、新興資本家層、外資系企業、新中間層を基盤として、近代国家の建設のために、輸送・通信手段、道路・港湾設備の充実、都市の改造に着手し、これらを通じて山岳部の国民経済への統合が促進された。

二十世紀初頭のペルー経済は、中・北部海岸部における砂糖・綿花生産がグァノ、硝石にとってかわり、とくに糖業は外資系(あるいは移民による)プランテーションの支配するところとなった。このようなプランテーションの拡大は、近隣の中小農民、商人、手工業者を没落に導いた。トルヒーヨにおける反対運動の急先鋒は、ラ・リベルタ県商工農会議所とトルヒーヨ大学(トルヒーヨ・グループ)であった。これがAPRA(アプラ、アメリカ革命人民連合)成立の源流をなしている。

二十世紀ラテン・アメリカの近代化を象徴する事件は、メキシコ革命とアルゼンティンのコルドバ大学に始まる「大学改革」であるが、ペルーでも一七年リマのサン・マルコス大学において近代化を求める運動が起こった。その指導者がトルヒーヨ出身のビクトル・ラウル・アヤ・デ・ラ・トーレであった。二四

産品＼年次	1887	1900	1909	1919	1923
砂糖	22	32	18	31	26
綿花	5	7	19	25	25
羊毛	9	7	6	6	2
ゴム	5	—	18	2	—
皮革	4	2	2	2	1
銅	—	14	19	18	18
石油	—	—	2	9	19
計	45*	62	84	93	91

＊ただし1887年の順位は硝石，砂糖，羊毛，綿花。

ペルーの主要輸出産品(1887～1923年)(単位：%，輸出総額に占める割合)

ビクトル・ラウル・アヤ・デ・ラ・トーレ　1924年アメリカ革命人民連合，いわゆるアプラを結成し，以後ペルーの政界をゆるがした。

年、亡命地メキシコにおいてアプラが結成された。アプラは反米帝国主義、産業の国有化、ラテン・アメリカの統一などをスローガンに中間層、労働者、農民を基盤とする反帝民族主義運動として発足した。

一方、ラテン・アメリカを代表するマルクス主義者であるホセ・カルロス・マリアテギもこの時期、政治、思想両面に大きな足跡を残した。彼はジャーナリストとして大学改革を擁護し、アプラに協力した。一九二六年九月には雑誌『アマウタ』を発刊させて社会主義思想の普及、擁護につとめた。しかし両者は社会主義にたいする評価、運動のあり方をめぐってアヤと対立し、二八年両者は袂をわかった。二八年、マリアテギはペルー社会党を結成し、またペルー労働総同盟の設立に参画した。アプラ派とマリアテギ派によるペルー変革をめぐる論争は、現在までペルーの民衆運動を二分することになった。

レギーア政権は近代国家をめざしながらも対米従属を深め、政治的にも再選を機に抑圧的になっていった。アプラは帝国主義に対抗しうる国家権力の樹立と、民族的・自立的資本主義の確立をめざして、選挙、武力闘争の両面から権力奪取に乗り出した。マリアテギが三十六歳で夭折《ようせつ》(一九三〇年)したことにより、ペルー社会党はコミンテルン派がペルー共産党を設立して分裂し、以後ペルーの社会主義運動は低迷していった。

寡頭支配の終焉とＭＮＲの成立(ボリビア)

ボリビアにおいては一九二〇年のクーデタにより自由党支配が終焉し、二〇年代から三〇年代前半まで共和党時代が続く。その末期のチャコ戦争敗北により、三〇年代後半から四〇年代を通じて労働攻勢とクーデタ・内乱が交錯する政治的混乱の時代をむかえる。

共和党は自由党の寡頭勢力への接近に不満をもつ都市中間層、コチャバンバの農業経営者などを基盤に、一九一四年結成された。共和党はロスカ・自由党の対抗勢力であったが、基本的には伝統的寡頭支配の一翼を担うものであった。最初のバウティスタ・サアベドラ政権(二一～二五年)は、錫鉱山への課税強化をはかる一方、東部低地油田地帯の開発を米系スタンダード石油に委ねた。このスタンダード石油への優遇策にたいし左右両派から反発が起こり、そのなかから同じ共和党ながら民族主義的傾向をもつエルナンド・シレスが政権(二六～三〇年)を引き継いだ。

一九二九年の世界恐慌はボリビア経済を直撃し、錫はじめ輸出産品価格は暴落し、錫の輸出税に依存していた政府歳入は激減した。このため失業の増大、錫鉱山の公営化の要求などから民衆蜂起、クーデタが続発するなか、共和党右派のダニエル・サラマンカ政権が成立した(三一～三四年)。

この政権のとき、パラグァイとのあいだにチャコ戦争が勃発した。パラグァイとの国境地帯グラン・チャコはその領有をめぐり植民地期以来の係争地であった。サラマンカは国内孤立を打開し、失業・不況の難題を外に向けようとして、このグラン・チャコに注目し、一九三一年七月、対パラグァイ断交を意図した。自由党はじめ寡頭支配勢力は軍事予算の増額に賛成した。大西洋へ通じる出口の確保は共通の念願であったのである。三二年六月、ボリビア軍がチャコの軍事要塞を攻撃して戦いの火蓋を切った。この闘いは、油田地帯をめぐるボリビア側のスタンダード石油とパラグァイ側のロイヤルダッチ・シェル石油の利権争いでもあった。当初優勢だったボリビアは、士気高揚するパラグァイ軍にしだいに追いつめられ、自国領サンタ・クルス州とタリハ州の油田地帯の占領を許した。結局、三五年六月アルゼンティンの調停により休戦協定が結ばれた。

死者六万五〇〇〇人をだして事実上ボリビア側の敗北となったこの戦争は、共和党を含む伝統的政治勢力の後退と若い世代（「チャコ世代」）の政治的覚醒をもたらした。伝統的政党の没落と新興政党の成長までの空隙は、一九四六年まで軍政によって埋められた。とくにチャコ戦争に将校として従軍したダビッド・トロ（在任三六〜三七）とヘルマン・ブッシュ（在任三七〜三九）が率いる政権は、民族主義的傾向をもち、「軍事社会主義」と自己規定した。トロ政権下の三七年、戦争原因のひとつとなったスタンダード石油が無償国有化され、国営企業に移管された。これはメキシコにおける石油国有化に先立つものであった。この「軍事社会主義」政権を継ぐ政権（三九〜四三年）は、親米・親鉱業寡頭勢力よりの姿勢を示し、スタンダード石油補償問題を解決して米国から借款、技術援助を受け入れ、また四二年十二月パティーニョ家所有のカタビ鉱山の労働争議では七〇〇〇人ともいわれる犠牲者をだす弾圧（「カタビの虐殺」）を加えた。

こうした親米路線にたいし、中道左派勢力、中間層、知識人層、「軍事社会主義」派の将校は、国家社会主義を標榜して一九四一年国民革命運動（ＭＮＲ）を結成した。四三年十二月には、陸軍将校グループとともにクーデタに加担し、グァルベルト・ビヤロエル政権（四三〜四六年）を成立させた。この政権は親枢軸国の立場をとり、左翼への弾圧を強める一方、封建的な地主への家事労働制（ポングァヘ）を廃止し、また労働組合運動に一定の譲歩を示した。この政権下、ＭＮＲ指導のボリビア鉱山労働組合連合（ＦＳＴＭＢ、組合員六万人）が設立された。代表はＭＮＲの左派指導者ファン・レチン・オケンドである。

一九四六〜五二年は共和党政権下、戦後の錫価格の低迷、インフレによる政情不安が続き、ストと暴動が頻発した。こうした状況のなかでMNRがボリビア政治の中心勢力として台頭することとなる。

急進党政権の時代(チリ)

第一次世界大戦後、合成窒素肥料の登場、在庫過剰などによる硝石にたいする欧米市場での需要減少、インフレ、失業の増大により議会共和制を支えてきた基盤が弱体化し、一九一九〜二〇年には北部を中心に労働攻勢は大きな高まりをみせた。このような状況のなかで二〇年の大統領選挙が闘われた。保守寡頭層を代表する「国民連合」(保守党、国民党、自由党主流)にたいし、改革をめざして「自由同盟」(急進党、民主党、自由党の一部、バルマセーダ派)が結成され、北部の硝石業で財をなしたアルトゥーロ・アレサンドリ・パルマを擁立し、当選させた。こうしてチリ史上はじめて中間階級を主体とする政権が誕生した。アレサンドリ政権(二〇〜二四年)は議会内に過半数を占める保守派の抵抗にあい、その改革案(社会保障、八時間労働、組合の合法化、女性参政権)はことごとく葬り去られた。議員俸給の供与に端を発して大統領と軍部が対立し、アレサンドリはルイス・アルタミラノ将軍を首班に任命し、イタリアに亡命した。

さらに軍内部の対立から、一九二五年一月、カルロス・イバーニェスらの改革派将校がクーデタを起こし、アレサンドリに大統領への復帰を求めた。その条件としてアレサンドリは、民政政府の確立、制憲議会の招集、軍の不介入を要求した。こうして七三年までチリ社会を律する二五年憲法が成立した。それは大統領権限の強化を柱として、任期延長(五年から六年)、連続再選禁止、直接選挙、責任内閣制の廃止を規定し、また選挙管理委員会の独立性の保証、政教完全分離、信仰の自由等の条項を明記した。

チリ経済は硝石に加えて銅の生産が拡大した。その原動力となったのが米国資本である。一九一〇年代後半にはランカグァのエル・テニエンテ銅山、アントファガスタの世界最大の露天掘チュキカマタ銅山、サンティアゴ近郊のコピアポ銅山など産銅業の八七％が米国資本の支配するところとなった。二〇年代にも外資流入はめざましく、急進党政権を継いだイバーニェス政権(二七～三一年)はチリ史上最大規模の公共事業に着手し、道路、鉄道、港湾、水利、灌漑に資金が投入された。急速な高まりを示す労働運動にたいしては、組合の承認などの権利を認める一方、全国的な労働組織の結成を禁じ、ストを制限するなどアメとムチの家父長的労働政策をとった。

一九二九年の世界恐慌はチリ経済を直撃し、輸出額は四分の一に減少、とくに銅・硝石の輸出額は二九～三三年に二億ペソから一八一〇万ペソに低下し、外国借款の停止とともに、政府の財政は破綻した。さらに三一年に始まる農業不作が混乱に拍車をかけ、イバーニェス政府は三一年崩壊した。

混乱のなかで一九三二年六月、軍部と社会主義グループによるクーデタが起こりマルマドゥケ・グロベ政権がわずか一二日間、続いてカルロス・ダビラ政権が一〇〇日間と短命の「社会主義共和国」政権が成立している。その後、暫定政権をへて第二次アレサンドリ政権が成立した(三二～三八年)。以前の改革主義は影をひそめ、保守派よりの立場を強めた。この三二年のアレサンドリ政権以降、七三年までチリはラテン・アメリカでは例外的な文民統治を経験する。

2　ポピュリズムの時代（一九三〇～六〇年）

軍部とアプラの抗争（ペルー）

一九二九年世界恐慌は輸出に依存するペルーにおいても壊滅的な打撃を与えた。輸出額は二八～三三年に七二％の減少を示した。関税収入の激減と米国からの借款が停止して財政を逼迫した。この結果，リマでは労働人口の四分の一が失業した。またレギーア期に倍増した公務員への給与支払いもとどこおり，政権を支えてきた政治的・経済的基盤が一瞬に崩壊し，三〇年レギーア政権もルイス・ミゲル・サンチェス・セロのクーデタにより崩壊した。地主，輸出ブルジョワジーが貴族共和制の再興をはかって軍部への依存を強めようとしたのにたいし，アプラは民衆政党として再編され，三〇年代のペルー政治は軍部とアプラの対立を軸に展開する。

一九三一年の大統領選挙は，レギーア打倒の英雄サンチェス・セロとアヤの一騎打ちとなった。選挙戦は両派による民衆の大動員を競うかたちとなり，ポピュリズム時代の到来を象徴するものであった。

この選挙に敗北したアプラは不正選挙であるとして，大衆動員と武装蜂起の両面から反サンチェス・セロ運動を展開した。一九三二年七月にはアプラの発祥地トルヒーヨにおいて大規模な反乱が発生している。この「トルヒーヨ革命」は鎮圧され，近郊のチムー王国チャンチャン遺跡において約一〇〇〇人（アプラ派によれば六〇〇〇人）が虐殺されたといわれている。三三年四月，アプラ党員によるサンチェス・セロ暗殺事件が起こり、以後軍部とアプラは根強い対立関係が続いた。

一九三九年の選挙では、新興ブルジョワジーの代表マヌエル・プラードが勝利した。プラード政権(三九～四五年)は枢軸国と断交し、親米路線をとった。米国と貿易協定が結ばれ、ペルー産品の価格安定と米国製品の関税引き下げを取り決めた。三三年以降、米国の「善隣外交政策」を評価してアプラはプラード政権への協力を示し、共産党も反ファッショ人民戦線論の立場からこれに同調した。

一九四五年の大統領選挙はアプラに支持された国民民主戦線のホセ・ルイス・ブスタマンテ・イ・リベーロが圧勝した。アプラは議会で多数を制しながら、合法性に固執するあまり有効な社会変革を提示しえず、政権が掲げた農地改革も地主・小作関係の改善に矮小化されてしまった。外資にたいしても優遇政策に転じ、不法占拠が問題となっていた米国系インターナショナル石油(ＩＰＣ)への石油採掘権の更新を承認した。アプラの勢力は議会、軍、官僚、労働組合におよび、大統領を無力化するにいたった。

軍部ポピュリズムの出現

大戦後、輸出が停滞する一方、消費の伸びや設備の老朽化により輸入が増大した。これに賃金の上昇が作用して戦前に比べ一九四七年には六〇％の物価上昇を記録した。政府は国際収支改善のため為替管理を実施したため、輸出業者の反発を招き、輸出に結びつく寡頭勢力は「国民同盟」を結成し、『ラ・プレンサ』紙を通じて反政府キャンペーンを展開した。四七年一月、アプラ派によるとみられる『ラ・プレンサ』紙社主の暗殺は政府攻撃の格好の口実を与えた。こうした状況のなかで、四八年十月、アプラ急進派はカヤオにおいてアプラ派の海軍兵士を巻き込んで決起した。政府はただちにアプラを非合法化した。政治的支えを失ったブスタマンテ政権は、アレキーパにおける「国民同盟」派のマヌエル・オドリーア将軍の決起により崩壊した。

オドリーア政権（一九四八〜五六年）は寡頭勢力の利害を代表したが、未組織の都市貧困層の支持をとりつけながら、一方で労働運動を抑圧するという軍部ポピュリズムの典型をなした。オドリーアは民政移管を約束した。五六年の選挙は、エルナンド・デ・ラバイェ（オドリーア派、地主、輸出寡頭層を代表）、マヌエル・プラード（国内産業資本家を代表）、フェルナンド・ベラウンデ・テリー（新興の都市中間層、知識人層を代表）が立候補した。アプラは合法化を条件にプラード支持に回り、アプラとブルジョワ層の共存関係が成立した。

ビクトル・パス・エステンソーロ　ボリビア大統領。ボリビア革命を指導して，農地改革，錫鉱山国有化を推進した。以後4期政権に就く。

ボリビア革命

一九五一年の大統領選挙は、亡命中のパス・エステンソーロがMNRから出馬し、社会主義共和国同盟党（共和党の後身）と自由党を破った。軍部はMNRが国際共産主義勢力の一員であるという口実で選挙の無効を訴えて政権を奪い、MNRを非合法化した。MNRは四月九日、武装蜂起を決意し、鉱山労働者、民衆を民兵として組織し、軍・警察を武装解除した。アルゼンティンから帰国したパスが、十七日大統領に就任(第一次政権、五二～五六年)し、メキシコ革命以来の社会革命に着手した。

七月、普通選挙法が施行され識字能力、財産にかかわる制限が撤廃され、年齢も十八歳以上に引き下げられた。この結果、有権者は二〇万から一〇〇万に拡大した。そして政府の支持基盤を強化するため正規軍にかわる民兵の組織化、新しい全国的労働組織として、ボリビア労働者中央組織(COB)が結成された。COBの圧力のもとに、十月鉱山国有化法が発布され、三大鉱山(パティーニョ、オスチルド、アラマヨ)が国有化の対象となった。左派は無償国有化を要求したが、対米関係を考慮して政府は有償方式をとり、二二〇〇万ドルを賠償金にあてた。収用された鉱山は、ボリビア鉱山公社が管理し、鉱業生産の五分の四を支配した。労働者は経営にたいする拒否権を有し、政府との共同管理方式がとられた。

一方、農村においても大土地所有制にたいする農民層の攻撃が強まった。一九五〇年農業センサスでは、八・一%が九五・一%の耕地を所有し、しかも最良地を独占していた。この地主支配のもとにコロノ(雇役農)・ポングァへ(地主にたいする家事労働)制が展開し、さらに商品農業の発展にともない、労働条件は一層悪化した。五二年末～五三年初頭にかけてコチャバンバ盆地を中心に地主・差配人の追放、土地占拠などが発生し、農民組合の組織化が進んだ。このような背景から、五三年一月、メキシコからも専門家を招いて「農地改革委員会」が設置され、その討議をへて八月、農地改革法が施行された。改革は前近代的な大所有地が収用の対象となり、資本集約的大所有地は対象外であった。こうして農民層の国民経済への統合が進むとともに、ひとたび土地を獲得した農民層は既得権の保持に固執し、革命勢力としての力を失っていった。

そのほか経済政策の要となったのは、石油開発、道路建設、東部の開発である。以上の改革の結果、所得分配政策が消費水準を引き上げる一方、鉱・農業における大幅な生産低下にみまわれ、深刻な財政難に陥った。一九五二〜五六年の通貨の増発は未曾有のインフレを引き起こした。通貨の減価は実質賃金の引き下げとなって民衆の大きな負担となった。このため政権末期に米国から借款を大量に受け入れ、石油部門での米国資本の進出とともにボリビア経済の対米従属は深まった。

「革命」からの後退

一九五六年大統領に就任したエルナン・シレス・スアソは、パスとならぶMNRの創始者であり、その政権(五六〜六〇年)は対米関係の一層の改善をはかった。おりからグァテマラ革命の進行を危惧した米国政府は、MNRを反共の防波堤として位置づけて五二〜六〇年に一億五〇〇〇万ドルが供与され、ボリビアはラテン・アメリカにおける米国援助の最大受け入れ国となった。

続く第二次パス政権(六〇〜六四年)は、対米融和政策を維持し、米・西独・米州開発銀行の三者から三七〇〇万ドルの借款(「トライアングル計画」)を受け入れる一方、賃金凍結・解雇、組合運動の制限、鉱山の労働者共同管理の廃止を実施した。またパス政権は民兵組織への左派の浸透を恐れてその解体を進め、米国の援助のもとに正規軍の再編をめざした。これにたいしレチン派は脱党して左翼民族革命党(PRIN)を結成し、のちにスアソは分派(左翼MNR)をつくり、MNRは分裂した。

一九六四年八月に発足した第三次パス政権は、副大統領に正規軍内部のMNR派の総帥、レネ・バリエントスを指名した。しかしMNR左派、ファランへ党の反乱が続発するなか、同年十一月、バリエントスが無血クーデタにより政権を奪い、ボリビアを軍政に引き戻した。軍政の成立は、革命過程の深化を求める左派勢力を鎮圧する予防革命を意味した。

人民戦線の成立と挫折(チリ)

一九三八年の大統領選挙は、急進党を軸に社会、民主、急進社会各党およびチリ労働総同盟によって三六年三月結成された人民戦線と保守派の保守・自由党連合のあいだで闘われた。結果は反寡頭制支配、銅・硝石の外国独占支配への反対を唱えた人民戦線派が勝利し、ブドウ酒製造業者である急進党員ペドロ・アギーレ・セルダが大統領に就任した(三八〜四一年)。

アギーレ政権のもっとも注目すべき政策は一九三九年の生産振興公社(CORFO)の設立であった。CORFOは国家による工業開発を振興するための機関として発電所、製鉄所の建設(電力公社、太平洋製鋼が操業)、総合的農業開発、石油資源の開発にあたった。その運用資金について外資企業への課税か外資の導入かの選択肢があったが、アギーレ政権は後者を選び、米国は米輸出入銀行を通じて借款に応じ、人民戦線右派への接近をはかった。人民戦線内閣はアギーレ政権末期に崩壊し、アギーレ自身も急進党内で孤立し、四一年九月病気により辞任した。

その後急進党政権が続き、ガブリエル・ゴンサーレス・ビデラ政権(一九四六〜五二年)では三人の共産党員が入閣している。しかし当時、社共の指導下に組合運動が高揚し、炭鉱ストが発生したため、政府部内で組合運動の制限をめぐって対立が起こり、米国が石炭の緊急輸出を実施し、外交的圧力をかけた。ゴンサーレス・ビデラ政権は国内混乱を国際共産主義の策謀として対ソ断交に踏み切ったところから、五カ月で共産党員は辞任して急進党単独政権となり、人民戦線は完全に崩壊した。大統領への非常大権が付与され、四八年に「民主主義防衛法」という治安法が公布され、共産党は五八年まで非合法化された。

イバーニェス・ポピュリスト政権の成立

一九五二年に実施された大統領選挙ではイバーニェスが自由党の一部、極右、さらに既成政党に吸収されていない農村および都市の貧民層の支持をえて大統領に再選された。この第二次イバーニェス政権(五二〜五八年)は鉱山省や国立銀行の新設をはじめ国家機構の組織化をはかり、また選挙法を改正し投票の義務化、秘密投票を法制化した。さらに悪名高い「民主主義防衛法」を廃止し、民衆の期待に応えた。しかし朝鮮戦争の終結によって銅輸出は停滞し、輸入代替工業化もゆきづまりをみせ、五〇年代後半にインフレが高進し、五八年には八六%という高率に達した。このため米国からの調査使節団の勧告を受け入れて外資優遇(税率の引き下げなど)、賃金抑制、政府支出の削減などの緊縮政策を採用し、政権末期には鉱山労働者による争議やサンティアゴにおける民衆暴動が続発した。

一九五八年選挙は、保守・自由両党がアルトゥーロ・アレサンドリの息子、ホルへ・アレサンドリを、社会・共産両党が人民行動戦線(ＦＲＡＰ)を結成してサルバドール・アイェンデを擁立し、さらに新興中間階級政党のキリスト教民主党からその党首のエドゥアルド・フレイが出馬した。こうしてこの時期以降、大統領選挙における地主・資本家層、中間階級、労働者層による三極対立の構図ができあがった。

この選挙によって成立したアレサンドリ政権(一九五八〜六四年)は経済への国家介入を排して開放政策をとり、外資導入の推進、賃金の凍結などブルジョワ層の利益を擁護した。しかし、議会における支持基盤の脆弱《ぜいじゃく》さにより、急進党に議会での協力を求めざるをえなかった。アレサンドリは自由主義の立場から農地改革には反対だったが、急進党の意向、「進歩のための同盟」の要請により六二年に農地改革法を公布し、農地改革公団を設置した。在任中の改革面積は六万九三九五ヘクタール、受益農家一〇六六戸に限られ、「鉢植えの改革」と呼ばれているように、実効性はほとんどなかった。

第四章　アルゼンティン、ウルグァイ、パラグァイ

1　二十世紀初葉の改革運動

バッイェによるウルグァイの改革

一八九〇年にウルグァイでは、一四年にわたる軍政に終止符を打って、コロラド党のフリオ・エレーラ・イ・オベス文民政権が誕生したが、この年に始まった経済危機に適切に対処できず、また、露骨な選挙干渉が反対党のブランコ党はもとより、自党内からも批判を招いていた。そのあとを継いだ、同党のファン・イディアルテ・ボルダ政権（一八九四～九七年）も選挙干渉を繰り返すのではないかと危惧したブランコ党は、九六年十一月に実施された議会選挙をボイコットするとともに翌年三月、アパリシオ・サラビアらの指導のもとに武装蜂起した。この反乱の最中の九七年八月に大統領イディアルテ・ボルダが暗殺されると、上院議長から大統領に昇格したファン・リンドルフォ・クエスタスは、力による弾圧政策を改め、同年九月、全国一九県のうち六県の支配をブランコ党に認めることを条件にブランコ党と和解し、反乱を

バッイェ　20世紀初頭にウルグァイを福祉国家に仕立て上げた立役者。大統領制にかわる複数行政制度の主張者でもあった。

終息させた。この種の「共同統治」の試みは、七二年四月に両党が和解（その当時は、四県の知事をブランコ党に与えていた）した際にも実施されたことであり、目新しいものではなかったが、共同統治というよりはむしろ分割統治にほかならず、国家的統一を損なうとする批判も少なくなかった。コロラド党のなかのそうした批判派の急先鋒が、ホセ・バッイェ・イ・オルドーニェスであった。その彼が一九〇三年三月に大統領に就任すると、一八九七年の協定が十分遵守されないとみたブランコ党はサラビアの指導のもとに、一九〇三年と翌年と二度にわたって反乱を試みている。一回目は一週間たらずで政府と和解したが、二回目の反乱は長期化し、反乱軍がモンテビデオ市の目睫《もくしょう》に迫り、政府を窮地におとしいれた。だがバッイェはよく防戦し、九月のマンジェールの戦いでサラビアが戦死してからは政府軍が完全に優位に立ち、一九〇四年九月政府軍はようやく反乱軍との講和に成功した。この勝利により、コロラド党指導者としてのバッイェの威信はゆるぎないものとなり、一方ブランコ党の勢力は一時的にせよ著しく弱められた。こうして、バッイェがその独自の改革を実施するのに格好な舞台がはからずも整えられた。

まず第一期の大統領時代（一九〇三〜〇七年）にバッイェは、中等学校の増設、国内産業保護のために、甜菜糖の生産奨励や繊維産業の振興をはかり、国家公務員のための年金法（一九〇四年）を制定させている。

また大統領時代に提案し、次期のクラウディオ・ウィリマン大統領時代(一九〇七〜一一年)に成立した重要な立法としては「離婚法」(〇七年)がある。カトリック教会の強い抵抗を排して制定されたラテン・アメリカではもっとも早い離婚法であった。続いて第二期大統領時代(一九一一〜一五年)にバッイェはさらに広範な改革を手がけた。そうした改革は、つぎの三つに大別されよう。

第一は福祉政策および労働者保護立法である。早くも一九〇六年にバッイェは八時間労働法を議会に提出していたが、当時は時機尚早として反対が強く、成立するにはいたらなかった。ところが、〇七年から一一年初めまでヨーロッパで過ごしたバッイェは、労働運動の高揚が社会不安を生み出す一因となっていることを目のあたりにして、二期目には社会不安を未然に防ぐために労働者の保護に一層力を入れた。一一年六月には八時間労働法を再提出して一五年に成立させ、一四年に提出した老齢者年金法も二〇年に法制化された。労災法(二〇年)、農業労働者最低賃金法(二三年)も、彼のイニシアティヴに基づくものだったし、こうした一連の法令が成立した結果、ウルグァイは一躍南アメリカでもっとも進歩的な福祉国家へと変貌を遂げたのだった。

改革の第二の柱は、経済的民族主義、なかでも主要産業を外資から国家の手に移すことだった。バッイェは、公共事業は国家により、国民に廉価で提供されるべきだとして、一九一二年には電力産業の国有化に踏み切っている。さらに銀行や保険業を国家の管理下におき、イギリス系鉄道にたいしては国有化こそ実施しなかったが、国家による規制を強化していった。

第三の柱が政治制度の改革だった。なかでもその白眉は大統領制にかわる複数行政制度の導入であった。

すでに見てきたように、ウルグァイでは独立直後からコロラド党とブランコらとの角逐が絶えず、政治家の犠牲者も枚挙に暇のないほどだったが、バッイェはこうした抗争を生む主因が、大統領に広範な権限が集中していることにあると見た。大統領がその権限を乱用して独裁に走りがちとなるため、反対派に残された道は大統領を打倒するための実力行使しかないというのである。こうした欠陥を是正するためには、行政権を大統領個人から分散して、コロラド、ブランコ両党から選出された複数の行政委員に委ね、これによって、両党間に新しいタイプの共同統治システムが確立されるであろう。これが彼の複数代表制度論の骨子だったが、この計画が一九一一年に公表されると、与野党から、複数行政代表制は国の政治的伝統になじまない、あるいは、行政の能率が低下するといった批判があいついでよせられた。バッイェは反対派を説得して一七年に開催された制憲会議で可決に成功し、一八年一月新憲法の公布にこぎつけたのだった。この一八年憲法ではバッイェの原案とは異なり、大統領制度は廃止されず、行政権は国防、外交、国内秩序などを司る大統領と、財政・教育を担当し、九名の委員からなる国家行政委員会に二分されるにとどまったが、ともあれ行政権の分散というバッイェの狙いはある程度具体化されたのだった。

急進党による改革(アルゼンティン)

ウルグァイでバッイェによる改革が実施されていた一九一〇年代に、アルゼンティンにおいても類似した変革が急進党によって具体化された。急進党は第Ⅲ部第四章でふれたように、一八九〇年の反乱をきっかけに生まれ、選挙の公正化を強く要求していた。そして一八九二年の大統領選の直前に、レアンドロ・

アレムをはじめとする党の指導者があいついで逮捕されると，彼らは，政治の刷新には武装蜂起が不可避であるとの確信を深め，翌九三年の七月から八月にかけ，ブエノス・アイレス州を中心に全国の諸地域で反政府運動を起こした。この反乱は失敗に終わり，アレムは九六年自殺して，党の指導は甥のイポリト・イリゴーイェンに引き継がれた。イリゴーイェンは，不正選挙を終焉させるために選挙ボイコット戦術をとり，その一方で武装蜂起の準備を進め，一九〇五年二月に実力行使に訴えた。この度の蜂起もまた失敗に終わったが，保守派内部には急進党のボイコット戦術の続くかぎり政治の安定はありえず，選挙制度の改正をおこなうべきだとする認識が芽生えてきた。保守派内部でこうした立場を代表したロケ・サエンス・ペーニャは，一九一〇年大統領に選出されると，一二年に行政府による選挙干渉の道を封じ，選挙の公正化を期した新しい選挙法(ロケ・サエンス・ペーニャ法)を制定した。この結果，急進党は選挙ボイコット戦術を放棄して一六年の大統領選に臨み，イリゴーイェン自らが当選をはたしたのだった。

こうして発足したイリゴーイェン政権は，その第一期大

1912年の選挙制度改革を支持する急進党のデモ　先頭に立つのは党首イリゴーイェン。

統領時代(一九一六～二二年)には、寡頭支配層と外資の利益を優先させてきた従来の政治路線を改めて、大衆的かつ民族主義的な路線をめざした。たとえば、一六年三月に生じた海運会社のストライキを労働者に有利に解決したのをはじめ、労働立法の制定にも力をいれた。鉄道労働者のための年金法(一九年)や公務員年金法(二一年)などを在任中に制定させることに成功している。一方、過激な労働運動にたいしては、厳しい罰をもって臨んだ。一九年一月、ブエノス・アイレス市の冶金工場で生じたストライキに際しては軍隊を出動させて鎮圧にあたり、数百名の死傷者をだしたことから、労働運動史上、「悲劇の一週間」として知られている。また二一～二二年にかけ、パタゴニアで生じた農村労働者の争議にたいしても軍隊を投入し、一〇〇〇名近い死者を記録したのだった(「パタゴニアの悲劇」)。

このように第一期大統領時代のイリゴーイェンの労働政策は、アメとムチの両面をもっていたうえに、提案した労働立法も多くが具体化しなかったことから、労働者保護という点ではきわめて不徹底なものにとどまっていたといってよい。彼の民族主義的政策も同様だった。イリゴーイェンは、十九世紀後半以降の外資導入策に歯止めをかけ、とくに石油開発を自国資本で実施させるべく一九二二年には国家石油公社(YPF)を設立し、また外資系鉄道にたいしてさまざまな規制を試みていた。しかしながら、隣国ウルグァイでバッイェが実施したような銀行や保険、電力の国有化は企図しなかったし、第一期のイリゴーイェン大統領時代にはイギリス資本は一般に歓迎された。ただし、第一期の政策のなかで特筆に値するのは、一八年の大学改革であった。これは、それまで上流階層のための教育機関にとどまっていた大学のあり方を改め、社会に開かれた大学をめざし、また学生の大学行政への参加を認めるなど画期的な内容を含んでいた。

右にみたように第一期のイリゴーイェンの改革は、評価できる面を含みつつも全体としてはごく穏健なものにとどまったが、それにもかかわらず保守派からは警戒の念をもって受けとめられた。急進党内部でも、イリゴーイェンの政策をめぐって、保守と革新との対立が激化していった。そして一九二二年にイリゴーイェンのあとを継いで党内保守派のマルセーロ・デ・アルベアールが大統領となると、二四年に保守派は急進党反個人主義派（イリゴーイェン個人の支配を拒否したことから反個人主義派と呼ばれた）を結成し、党と袂をわかった。この分裂は、イリゴーイェンにとって大きな痛手だったが、それでも二八年の大統領選ではゆうゆう当選をはたしたのだった。しかしながら、急進党が分裂していたにもかかわらず敗北を喫したことは保守派には大きなショックであった。彼らのあいだには普通選挙を認めたロケ・サエンス・ペーニャ法を廃棄しないかぎり勝ち目はないのではないかといった悲観論が急速に広がっていった。保守派のこうした発想を共有した軍部の一部は、二期目のイリゴーイェン政府（二八年十月発足）が、二九年十月にはじまる世界恐慌によって惹起された経済混乱にたいしてあまりに無策なのをみて、民意が政府を離れたと判断し、三〇年九月六日、クーデタを起こしてイリゴーイェンを政権の座から引きずりおろしたのだった。

パラグァイにおける自由党の支配

二十世紀の初葉に、ウルグァイとアルゼンティンがそれなりの社会的改革や民主化を経験しつつあったころ、パラグァイではそれらに匹敵するような改革はなされなかった。それでも、一九〇四年から三六年にいたる自由党の支配下で若干ながら改革が実現されている。この期間に、四年の任期をまっとうした大統領はわずか二人にすぎなかったが、その一人エドゥアルド・シャエレル大統領(在任一二～一六)は農民への土地供与や学校の増設につとめ、彼を継いだマヌエル・フランコ(在任一六～一九)は秘密投票制を導入した。任期をまっとうしたもう一人の大統領であるエリヒオ・アヤラ(在任二四～二八)も経済発展や教育の普及の面で成果をあげた。二八年の大統領選挙では共和国史上はじめて複数の候補者が出馬し、かたちのうえでは民主的な体裁がパラグァイでも徐々に整えられつつあったといってよい。

2　一九三〇年代の反動とチャコ戦争

アルゼンティンにおける保守支配の復活

一九三〇年九月のクーデタをへて政権を掌握したアルゼンティン軍部のなかには、当初から政治路線をめぐって、二つの立場が鋭く対立していた。ひとつは軍事政権の臨時大統領に就任したホセ・フェリクス・ウリブルに代表され、いまひとつは、アグスティン・ペドロ・フスト将軍に代表されるグループであった。前者は思想的にはイタリア・ファシズムの影響を受け、国粋主義的でアルゼンティンにファシズム体制に似た協調組合主義を樹立しようとしていた。後者のグループは、イリゴーイェン政府の崩壊でクーデタの目標は達成されたのですみやかに民政を復活させるべきだとした。後者は地主層をおもな支持基盤としており、前者のグループに比べれば遥かに国際協調主義的であった。
　このグループのうち、当初はウリブルのイニシアティヴのもとで、かなり民族主義的な政策が実施された。一九三〇年十月には外国移民の入国が制限され、外国石油会社にたいしてティエラ・デル・フェゴ島の採油権を認めなかった。また三一年一月には「国家勧業審議会」を設置して国内産業の保護を打ち出していた。しかしながら、憲法を改正して協調組合型国家を樹立しようとするウリブル大統領の試みは、そのための第一歩としてブエノス・アイレス州で三一年四月五日に実施された国会議員選挙において政府の推す候補者が急進党候補に敗れたことで失敗に終わった。この敗北はウリブル政府の威信を失墜させ、政府はこの選挙の無効を宣言するとともに、民政移管の作業を急ぐことをよぎなくされた。この結果、三一年十一月に実施された大統領選ではフストが勝利し、三二年二月大統領に就任した。フストはすでにふれたように伝統的な地主層を支持基盤としており、ここに保守政治が復活することになったのである。

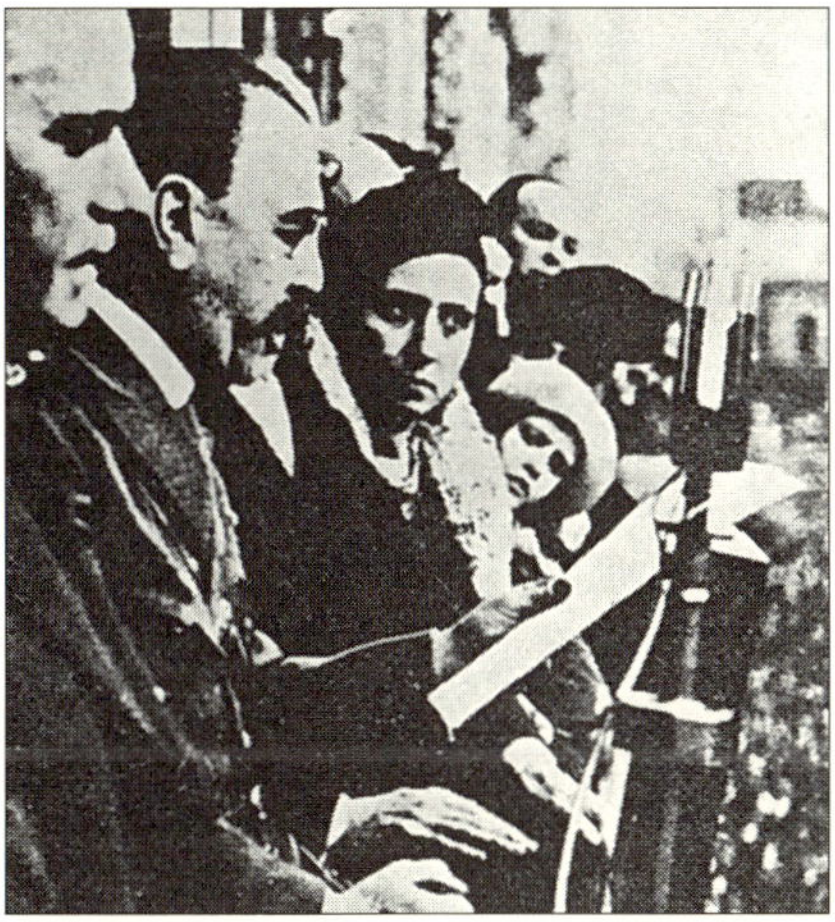

1930年９月６日の軍事クーデタ　大統領官邸のバルコニーから革命宣言をおこなうウリブル大統領。

　ところでフスト政府の成立後まもなく、アルゼンティンの農牧業を震撼させるような事件が勃発した。一九三二年の七月から八月にかけ、オタワで開催されたイギリス連邦会議が、自治領からの輸入にたいして特恵待遇を与えることを約したことがそれである。三〇年当時の対英輸出はアルゼンティン輸出総額のじつに三六・五％を占め、冷凍肉にいたっては九割以上がイギリス向けであった。そのイギリス市場から締め出される危険が生じたことは、農牧業のみならずアルゼンティン経済の死活にかかわることだったのである。フスト政府はそこで三三年一月に副大統領フリオ・アルヘンティーノ・ロカ(二世)を団長とする使節団をイギリスに派遣してイギリスに善処を懇請した。この結果生まれたのが、三三年五月に締結されたロカ＝ランシマン条約であった。同条約においてアルゼンティンは、対英輸出の一定量を確保することに成功するが、それとひきかえにイギリス資本に特恵待遇を与えることを約束するなど、数々の譲歩をよぎなくされてしまうのである。

一九三〇年代のアルゼンティンでは、この条約の趣旨にそって、イギリス権益を擁護するようなかたちで、中央銀行の設立(三五年)や、ブエノス・アイレス市交通局法(三六年)、全国交通調整法(三七年)などが制定され、アルゼンティン経済の対英従属的性格はかつてなかったほど強められていった。またフスト政府は国内では、かつての保守支配層の常套手段だった選挙干渉を頻繁におこなって、民意を圧殺していった。このように、対英従属と不正選挙に特徴づけられる三〇年代はたびたび「いまわしき一〇年」とも評されている。しかしながら、ロカ＝ランシマン条約を軸とする対英従属があまりに露骨であったことは、それまで国際主義的傾向の強かったアルゼンティンで民族主義的覚醒をうながす契機となり、一部の知識人は、国をイギリスの植民地におとしいれたとしてフスト政府を厳しく糾弾し始めた。外資への批判は労働運動にも広がり、三八年に鉄道員労組は鉄道の国有化を要求し、四〇年には電話労組が米国系電信電話業の国有化を運動目標として掲げるにいたっていた。このように高まりつつあった民族主義は、四三年の軍事クーデタをへて、ペロニズムにその理念を具体化させる格好のよりどころをみいだすことになる。

中断したバッィイェ体制(ウルグァイ)

一九二九年十月に始まる世界恐慌は畜産品を中心に世界経済と深くリンクされていたウルグァイ経済にも深刻な打撃を与え、経済危機が深まりつつあった。こうしたなかで、一八年憲法で定められた大統領と国家行政委員会の二本立てからなる行政制度は、しだいにその非能率性を露呈していた。三一年大統領となったコロラド党のガブリエル・テーラは二元的行政制度の非を認め、国家行政委員会の廃止を企てたが、コロラド党内には反対も少なくなかった。そこで三三年三月、テーラはブランコ党のルイス・アルベルト・エレーラらの支援をえてクーデタを起こし、議会と国家行政委員会を解散して、独裁権を掌握してしまった。テーラは翌三四年新憲法を公布して国家行政委員会を正式に廃止するとともに、外交面でも三六年に勃発したスペイン内乱に際して共和国政府との国交を断絶するなど、反動的政策を進めた。しかしながら、こうしたテーラの政治は国民に支持されず、三八年の大統領選では、コロラド党の民主派を代表したアルフレッド・バルドミールが当選した。彼は第二次世界大戦中は一貫して連合国よりの外交を展開し、国内でも三四年憲法を四二年に修正しただけでなく、上院に比例代表制を復活させるなど、民主体制への復帰をめざした。国家行政委員会の復活にはいたらなかったが、戦後いち早く民主体制が復活したのは戦時中のバルドミール政権が橋渡し的役割をはたしたからといってよいであろう。

チャコ戦争と戦後のパラグァイ

二十世紀初葉のパラグァイは、すでにふれたように、自由党支配のもと若干の民主化が実現されつつも、恒常的な政情不安に悩まされていた。対外的にはこの政情不安がチャコ地方をめぐるボリビアとの緊張関係を高める一因となっていた。というのは、パラグァイの内政上の混乱に乗じて、ボリビアがチャコの係争地区への進出を一層活発化させつつあったからである。

もともとチャコ地方は、スペインの植民地時代からチャルカス(現スクレ)のアウディエンシアとパラグァイの総督のあいだで帰属が争われた地域だった。十九世紀初葉にパラグァイとボリビアが独立してからも両国間で係争が続いていたが、とくに、太平洋戦争(一八七九～八三年)に敗れて太平洋岸をチリに割譲したボリビアが、チャコを経由して大西洋への出口を求め始めたことから係争は一層激化していった。一方、パラグァイ戦争において領土喪失の悲哀を味わっていたパラグァイもボリビアの進出を断固阻止しようとした。早くも二十世紀初めには、両国のあいだで一触即発の危機が醸成されたが、この危機は一九〇七年アルゼンティンの調停で国境線が画定され、一応回避された。ところが、第一次世界大戦後、ヨーロッパで不用となった武器を両国が競って購入したことや、自由党時代の政情不安(とくに二二～二三年の内乱)に乗じて、ボリビアがチャコ地方での要塞建設を進めたこと、さらには、ボリビアにおいて油田の探査・開発権をもつスタンダード・オイル・オブ・ニュージャージー社が、ボリビアの東進をあと押ししたことなどが重なり、二〇年代末に両国の緊張はますます高まっていた。こうしたなかで、三一年一月、ボリビアの大統領に就任したダニエル・サラマンカは国内問題から国民の目をそらそうとする狙いもあって好戦的な政策をとり、ついに三二年六月、軍にパラグァイ領への侵攻を命令した。ここにチャコ戦争の火蓋が切って落とされ、以後丸三年にわたって戦闘が繰り広げられることになった。

軍備の立ち遅れたパラグァイ軍は当初劣勢が予想されたが、ボリビアの執拗な攻撃をパラグァイ軍がよ

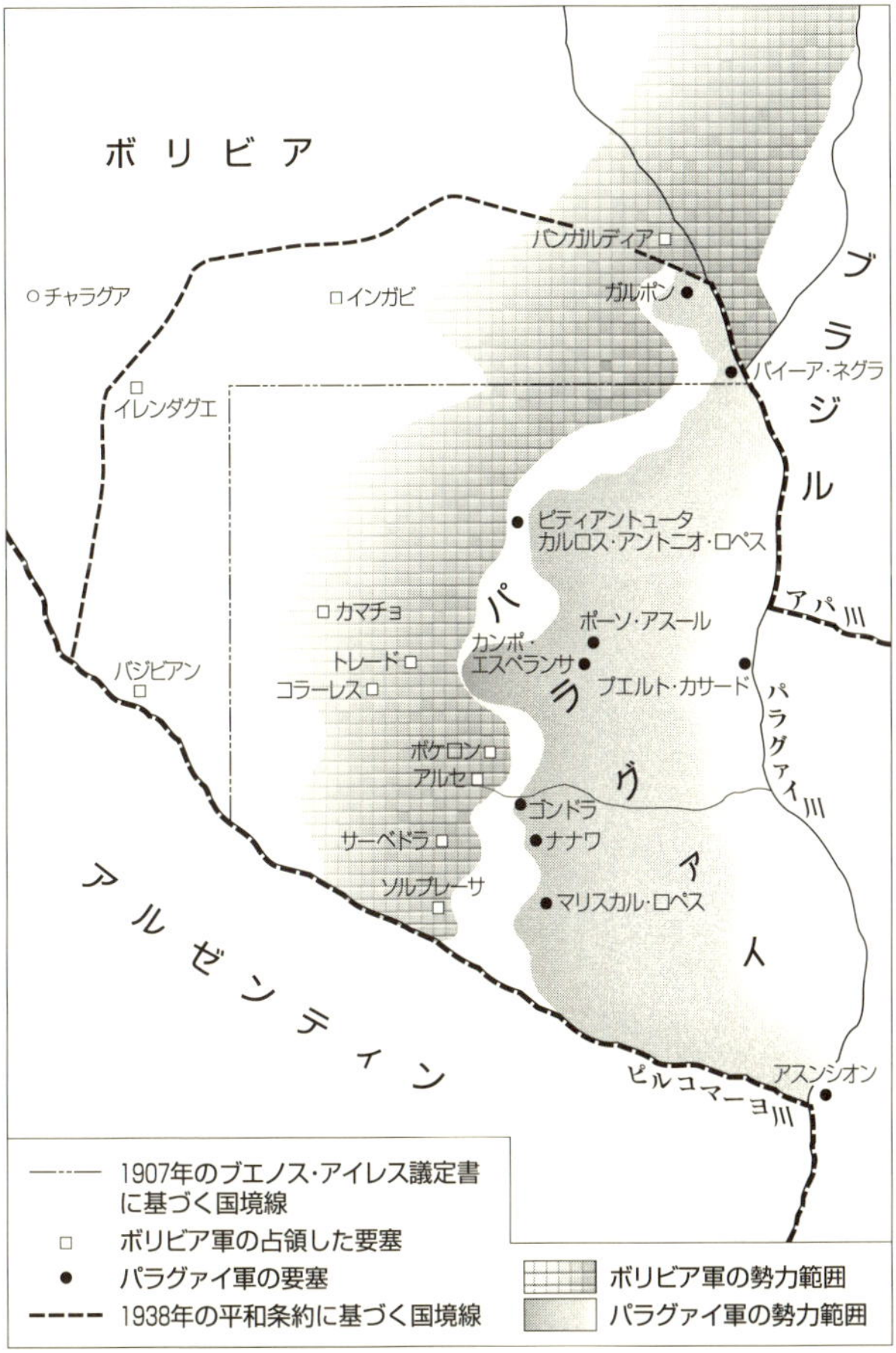

チャコ戦争の際の国境問題

くしのぎ、一九三三年のなかばころからはパラグァイ軍が攻勢に転じていった。三四年十二月には、〇七年の国境線の東端に位置していたイレンダグエを陥落させ、さらにボリビア領内に進攻していった。このパラグァイの西進の前にボリビアは和平の道を選び、三五年六月講和が実現した。しかしながら同年七月、このためブエノス・アイレス市の平和会議で示された和平案はパラグァイの要求にはほど遠いものであった。軍部のなかにはこの案を受け入れたことにたいして不満が根強く、また、戦地に赴いていた将校のあいだには、国の政治の刷新のために軍の政治介入を求める声がにわかに高まっていた。こうした軍の意向を代弁したかたちで軍事クーデタが三六年二月に勃発し、エウセビオ・アヤラ政府が打倒され、チャコ戦争の英雄ラファエル・フランコ大佐が大統領に就任した。フランコ新政府は、思想的にはファシズムの影響を受け、パラグァイ戦争当時の大統領だったソラノ・ロペスの名誉回復をはかってその記念碑を建立したり、また農地改革法を公布して農民に土地を与えるなど社会改革にも熱意を示した。しかしながらその改革があまりに性急であったことからさまざまな批判をあび、三七年八月軍の反乱にあってフランコは失脚し、以後、ホセ・フェリックス・エスティガリビア(在任三七〜四〇)とイヒニオ・モリニゴ(在任四〇〜四八)による軍政が続いた。

3　ポピュリズム政権の成立と崩壊

アルゼンティンのペロニズム

一九三二年にフスト政府が成立して以来、地主層を支持基盤とした保守支配が続いていたアルゼンティンでは、四三年六月四日に軍部がクーデタを起こし、ふたたび政権を掌握した。このクーデタを主導したのは、統一将校団(GOU)という軍内部の秘密結社だったが、このグループを中心に軍がクーデタにはしった背景には、第二次世界大戦をめぐるアルゼンティンの外交路線の問題があった。すなわち、三二年以降政権の座にあった保守派は伝統的なイギリスとの結びつきを重視し、米国の唱道する汎アメリカ運動に批判的で、日米開戦後も当時のラモン・カスティーヨ大統領は中立的姿勢を堅持して、枢軸国との断交を求める米国との対立を深めていた。ところが四三年にはいると、チリが枢軸国との断交に踏み切ったためにアルゼンティンは、西半球で唯一の非断交国として孤立してしまった。加えて世界大戦の趨勢が連合国に有利に展開しつつあったことから、カスティーヨ政府はしだいに中立外交を改めてゆく。四三年九月に予定された大統領選をひかえ、カスティーヨが断交支持派と目されていたロブスティアーノ・パトロン・コスタスを保守党の後継大統領候補に推したのもこのためだった。しかしながら、大戦以来一貫して中立外交を支持してきた軍の一部は枢軸国との断交に強く反対し、パトロン・コスタスが保守党の大会で大統領候補に選出されることが予定された六月四日に、クーデタを起こしてしまうのである。

こうした経緯から、クーデタは外交政策と密接に関連して起こったのだったが、それ以外にも、米国の武器貸与法による援助をえて、ブラジルの軍事力が強化されつつあるのに、自国の軍備強化をカスティーヨ政府がおこたってきたことにたいし軍内部で不満が高まっていたことや、保守支配体制下での腐敗・汚職の増大から文民政府への不信感をつのらせていたこと、といった要因も無視できない。いずれにせよ、四三年のクーデタは軍独自の判断に基づき、文民派の協力をほとんどえぬままに実施されたものであった。それだけに軍事政府は、国民の支持をとりつける必要に迫られていたのであり、その任にあたったのが、GOUの有力メンバーの一人、フアン・ドミンゴ・ペロン大佐だった。

クーデタ直後、陸軍省次官に任ぜられたペロンは、国民の支持をえるには労働者の支持が不可欠と考え、一九四三年十月、国家労働局長(同年十一月に改組され国家福祉庁長官となる)に就任すると、積極的に労働者との接触を開始した。そして彼らの要求に耳を傾け、それらをつぎつぎと実現していった。労働争議に介入して、労働者に有利に解決したり、恩給制度の受益者を拡大し、労働組合の結成にも力をいれた。ペロンによるこうした上からの保護政策にたいして、共産党や社会党の労組の一部は、デマゴギーとして反発したが、労働者の大勢は、ペロンの政策を好意的に受け入れた。その一因は、三〇年代以降、農村人口の都市への移動が進み、都市部では都会生活になじめず、労働運動の経験の少ない労働者が急増していたことである。彼らはいわゆる「操作されやすい」大衆を形成し、実際に容易にペロンの親労働者政策に吸引されたのだった。第二に、旧来の労働運動の指導者も三〇年代の保守支配のもとで、彼らの経済的・政治的権利が抑圧されていただけに、その反動として労働者の権利を大幅に認めてゆくペロンに熱烈な支持をよせたことが指摘されよう。

かくして労働者のあいだに熱狂的な支持をえていったペロンは、一九四四年には労働福祉庁長官、陸軍大臣、副大統領をかね、軍事政府のなかの最大の実力者にのし上がっていった。だが彼のあまりに労働者よりの政策は、地主層や企業家のみならず軍部内部にも強い不満を引き起こし、四五年十月九日陸軍の一部の反乱にあって公職を追われ、ラ・プラタ川のマルティン・ガルシア島に幽閉されてしまった。ところが、十月十七日、労働者は彼の釈放を求めて大規模なデモを大統領府前の五月広場で展開し、ペロンの釈放に成功するのである。この事件を機に自発的な大衆運動としてのペロニズムが誕生し、その指導者ペロンは一躍大衆のアイドルとなった。そして、四五年十一月に結成された労働党の大統領候補として四六年二月の大統領選に臨んだペロンは、国民投票の五五％という高い得票率で見事当選をはたしたのだった。

こうして発足したペロン政権は、政策面では軍政時代にペロンが実施した諸政策を踏襲し、それを一層

ペロンとエビータ　ペロンは，軍事政権における最高の実力者にのし上がり，大統領になった。妻のエバ(エビータ)は，ミュージカル「エビータ」やマドンナ主演の映画で世界中にその名が知られるようになった伝説的女性。

発展させたといえよう。ここではその政策を詳しく論じる紙面の余裕はないが、ごく単純化していえば、その政策はペロニズムがモットーとした「社会正義」「経済的自由」「政治的主権」の三つに要約されよう。すなわち、「社会正義」とは、社会的弱者を保護して、社会的不平等の是正をめざすことであり、労働者のための年金制度の拡充や労働者の組織化の推進がはかられた。また、大統領夫人のエバ・ペロン(エビータ)も、自ら組織したエバ・ペロン財団を通して、救貧活動に一役かった。「経済的自由」とは、一次産品の生産と輸出に依存した経済を工業化によって改革し、また、国有化により、外資による公共事業の支配を終焉させ、自立的経済を構築することを意味していた。とくに、国有化としては、四八年にイギリス系鉄道の国有化が実施されている。「政治的主権」とは、自主外交を意味し、具体的には米ソのいずれの陣営にも属さない、「第三の道」がめざされた。米国の唱導した米州相互援助条約(四七年)や米州機構(四八年)にたいしても、参加を拒否こそしなかったが、米州諸国のなかではもっとも消極的姿勢をとった。

このように、ペロンの政策は労働者保護を軸とする社会政策と経済・外交面での民族主義を特徴としていた。またその支持者が労働者のみならず、一部の資本家や工業資本家を含む他階級にわたっていたことから、ラテン・アメリカのポピュリズムの一例ということができる。ただし、農地改革を志向せず、穏健な改革を唱えたにとどまったこと、労働者の支持が圧倒的に重要だったことなどは、ほかのポピュリズムと異なる点といえよう。他方、労働者の支持が多かったことは、多くの地主や工業ブルジョワジーにペロニスタ政権にたいする脅威を植えつけることになった。なかでも、地主層は、ペロン政府の農牧産品買い上げ策、すなわち「アルゼンチン貿易振興団」を組織して、農牧産品を安く買い上げて高価格で輸出するという政策に強く反発し、出荷を手控えるなどして抵抗した。このため四〇年代後半には旱魃《かんばつ》に苦しんでいた農牧業部門の生産高は一層落ち込んでしまった。さらに労働者にたいする高賃金政策がインフレを助長したことなどが重なり、経済は四九〜五〇年ころには危機的様相を呈し始めた。四九年にはペロンも賃上げを生産性の枠内にとどめる政策を打ち出さざるをえなくなり、五〇年代初めには工業化優先策を是正して農牧業の振興にも力をいれるにいたった。

こうしたペロンの軌道修正は、ペロニスタにも幻滅感を与え、一九五一年に再選されたもののしだいにペロンへの批判がペロニズム内外から高まっていった。大衆から聖母のごとくに慕われていたエビータが五二年に急死したこともペロン政権にとって大きな痛手となり、五四〜五五年に、離婚法や売春法をめぐってカトリック教会と対立したことが政権の命取りとなった。カトリシズムの強い国柄だけに、ペロニスタ内部にも教会との対立に眉をひそめる者も少なくなかったし、四六年に大統領が就任して以来とってきた独裁的で反対派を容赦なく弾圧するその政治スタイルは、中産階級から強い反発を招いていた。こうしてペロン政権が内政面でさまざまなゆきづまりをみせるなかで五五年九月、エドゥアルド・ロナルディ将軍に率いられた陸軍が蜂起して、九年三カ月におよんだペロン体制はあっけなく崩壊し、ペロンは国外に亡命した。

蘇えるバッイェの政治プラン(ウルグァイ)

第二次世界大戦中、バルドミール大統領(在任一九三八〜四三)とフアン・ホセ・アメサガ(在任四三〜四七)のもとで、連合国よりの姿勢を一貫してとっていたウルグァイでは、戦後、政治的民主化が一層進展した。なかでも、五二年の憲法では、一八~三三年にわたって維持された複数行政制度よりもさらに故バッイェの構想に近い制度が樹立された。かつての複数行政制度が大統領と国家行政委員会の二本立てであったのにたいし、五二年憲法は、大統領制を廃し、行政権を九名の執政員からなる国民執政委員会に委ねたことがそれである。

このようにバッイェの遺志が蘇生したのは彼の甥ルイス・バッイェ・ベレスの努力におうところが少なくない。コロラド党から推されて大統領となったルイス・バッイェ(在任一九四七~五一)は、叔父の国有化政策を引き継いで、その一層の徹底をはかり、市電、鉄道、水道を国家管理においたほか、工業化や農業の振興にも力をいれた。また労働者にたいして賃上げを認めるなど数々の便宜をはかり、四八~五四年に、物価上昇率が五八%であったのにたいし、三一の労働組合の賃金は一一〇%も上昇した。このように、ルイス・バッイェの政策は、社会的不平等の是正と民族主義を結びつけてゆくポピュリズム型の政治であり、大衆のあいだから強い支持をえたが、農牧業をほとんど無視したため、農牧業関係者からは批判をあびる結果となった。こうした農村の利益を代弁する立場にあったブランコ党のルイス・アルベルト・エレーラは、選挙ではルイス・バッイェに勝てないことを十分認識し、少しでも党の主張を政策に反映できる制度として、反対派の参加を認めた国民執政委員会制度に支持を与えた。五二年の憲法は、このブランコ党エレーラ派とルイス・バッイェを中心とするコロラド党バッイェ派の合意の結果として生まれたものであった。この憲法が制定されたことにより、大統領制は五二年に廃止され、議会で選出された委員による執政委員会制度が発足した。五五年からは民選の執政委員によるコレヒアード体制へと移行し、ここにウルグァイは大統領制度をもたない特異な行政制度に立脚した民主的実験に着手することになった。

内乱から独裁制へ（パラグァイ）

第二次世界大戦をとおして軍政がしかれていたパラグァイでは戦後、政治の民主化を求める声が急速に高まってきた。一九四〇年以来政権の座にあったモリニゴ将軍は、こうした動きを無視しえず、四六年七月には政党活動を禁じていた布告を撤回し、さらにコロラド党、二月党といった政党との連立内閣を組織した。二月党は、すでにふれたチャコ戦争の英雄フランコ（大統領、在任三六～三七）の支持者によって組織され、社会主義と民族主義を志向した点で、ラテン・アメリカのポピュリズムの一例といえよう。しかしながら、二月党とコロラド党との対立などから、連立内閣は円滑に機能しなかった。とくに、四七年一月、新設の労働大臣のポストをモリニゴがコロラド党員に与えたことを不満とした二月党は、連立内閣から身を引いてしまった。この機をとらえてモリニゴは、連立内閣を解消するとともに、戒厳令をしいてフランコをはじめ二月党の指導者をあいついで逮捕し、国外に追放した。

モリニゴ政府の暴挙に怒った二月党の青年グループは一九四七年三月、首都のアスンシオン市で蜂起した。翌日コンセプシオン市でも、軍の一部がモリニゴの退陣を求めて立ち上がり、これに呼応して全国の将校の約八割が反政府の側に回った。こうした軍部をも巻き込んだ反乱を前にモリニゴ政府は窮地に陥るが、ペロン政府による武器援助やコロラド派農民の支援をえて、ようやく八月に反乱の鎮圧に成功した。

ストロエスネル大統領　1954年から89年まで共和国史上最長の独裁体制を維持した。

この後、モリニゴ政府は、二月党や共産党、自由党を厳しく弾圧し、これらの政党の党員の多くが国外に逃れた。この結果、国内ではコロラド党の勢力がいちだんと強まったが、同党内では権力争いが絶えず、四八年六月にモリニゴが退陣してから、一年三カ月のあいだに四人の大統領があいついで登場したほどだった。

この混乱は一九四九年九月に就任したフェデリコ・チャベス大統領のもとで終息に向かったが、五四年五月彼に批判的な軍の一部が蜂起し政権を掌握した。このクーデタを指導したのがコロラド党のアルフレード・ストロエスネル将軍であった。彼は七月にかたちばかりの大統領選で勝利をおさめ、八月に大統領に就任すると、軍部をバックに強力な権限を掌握し、コロラド党内でもゆるぎない地歩を確立する。こうして近隣諸国が激しい政治的動揺を繰り返すのをしり目に、ラテン・アメリカ史でもまれな長期独裁体制を確立することに成功するのである。

第五章　ブラジル

1　旧共和国期(一八八九〜一九三〇年)

軍事政権の出現

ペドロ二世を退位させた共和革命により成立し、一九三〇年のヴァルガス革命まで存続した体制を「旧共和国」または「第一共和制」と呼ぶ。十九世紀の帝政期が植民地時代から現代ブラジルへの長い移行期であったと考えると、旧共和国は現代の第一幕に相当する。

帝政は、全面的な奴隷制廃止に大農園主が反発したため崩壊した。ペドロ二世の亡命後、共和主義者の新政権が発足した。大統領デオドロ、陸相ベンジャミン・コンスタン、内相ロボ、外相ボカユーヴァ、蔵相ルイ・バルボーザなどが臨時政権の主要な指導者であった。新政権は憲法を制定したほか、経済体制の近代化をはかり、国教分離、貴族称号の廃止、(補償請求を不可能にするための)奴隷制関係文書の廃棄、軍の規模倍増、新国旗(現行)の制定、男子普通選挙制、新民法の制定、軍隊内の体罰禁止などを布告した。

ルイ・バルボーザを中心に新憲法の起草がおこなわれ、一八九一年二月二十四日に公布された。この憲法はアメリカ合衆国憲法、またその影響を受けたアルゼンティン憲法を参考にして構想された。三権分立を理念として、行政、司法、立法(二院)の分権が定められた。正・副大統領は、初代を除き国民から直接選挙され、四年の任期を務めることになった。帝政期の集権的な政治体制にたいする反動として、分権的な連邦共和制が採用された。各県は州になった。国名はブラジル合衆国となり、各州は独自の州憲法をもつことになった。また、基本的人権の保障も明記された。

蔵相バルボーザの経済政策は、過大な通貨供給から生じた一八九〇年代初頭のバブル崩壊(エンシリャメント)に終わり、十分な成果をあげることができなかったが、資本主義的発展のための基盤整備を意図したことがうかがわれる。すなわち、銀行改革(全国三地方銀行にたいする自由発券認可と金準備義務化)、株式会社法、動産および不動産金融の整備、新関税法、サントス港の建設などがおこなわれた。

制憲会議において、大統領デオドロ、副大統領フロリアノ・ペイショトが選出された。しかし、副大統領をかつぎ中央集権化を志向する陸軍と分権的共和制を求める議会の対立を背景にして、正副大統領間の対立が激化し、戒厳令施行後、陸軍に反発する海軍の反乱に直面して、デオドロが内戦回避のため辞任し、フロリアノが大統領に昇格するという事態が生じた。新憲法によれば、選挙が必要であったが、フロリアノは王制派の陰謀があるという口実で拒否した。デオドロ派の州知事は全員解任され、フロリアノ派の青年将校が後任に任命された。一八九二年一月には二つの兵営で反乱が起きたが、ただちに鎮圧された。エンシリャメントから生じた国民の不満を背景に、翌年九月六日には、リオ港の艦隊の一部が反乱したが、鎮圧された。こうしてフロリアノ政権下で、共和革命につぐ陸軍の政治介入の試みが成功した。このため、軍の政治介入をブラジルでは、フロリアニズモともいう。

サントス港　ベネディクト・カリスト画　1898年

ブラジル国民に共和国旗を手渡すデオドロ(共和革命の寓意)
アントニオ・バイアーノ画

文民政権の成立

一八九四年サン・パウロ州出身の政治家プルデンテ・デ・モライスが大統領に就任した。彼は共和革命後最初の文民大統領であった。彼はすべての政治犯に恩赦を与え、秩序の回復につとめた。フロリアノは国外に亡命したが、プルデンテはフロリアノ派の知事を解任するなど、集権的傾向を示した。一八九三年から大干魃《かんばつ》に襲われたバイーア州の奥地カヌードスで起きていた宗教的指導者アントニオ・コンセリェイロに率いられた千年王国的反乱は、一八九七年、連邦軍の力でようやく鎮圧された。しかし、政府の財政困難が深刻化した。

一八九八年カンポス・サレスが大統領に就任した。彼もサン・パウロ州出身であった。彼はフロリアノとプルデンテの両政権下で蔵相を務めたが、大統領になってからも財政面で能力を発揮し、ヨーロッパの銀行から借款《しゃっかん》をえて、財政困難を克服した。彼はまた、外相に帝政期の有能な外交官リオ・ブランコ(父の代から男爵称号を継いでいたため、共和革命後も例外的にリオ・ブランコを姓に加えることを許された)を任命し、外交面で成果をあげた。ボリビアおよびフランス(ギアナ地方)との国境紛争は平和的に解決された。

一九〇二年、サン・パウロ州出身のロドリゲス・アルヴェスが大統領に就任した。彼は、帝政期に皇帝の参議官を務めており、彼の出現は帝政期の老練な政治家たちの復権を意味していた。彼の政権下でペレイラ・パッソスの手で首都リオ・デ・ジャネイロは美化され、黄熱病が駆除された。リオ市の都心部が整理、美化され、スラム街が撤去された。この政権下でも、リオ・ブランコ外相は留任し、彼は、ペトロポリス条約(一九〇三年十一月十七日)により、ゴムの樹の豊富なアクレ地方をめぐるボリビアとの国境紛争を有利に解決した。ギアナ地方をめぐる英国との紛争は、一九〇四年の仲裁裁定によって、有利に解決され、同様にオランダとの紛争も、一九〇六年、有利に解決された。

一九〇六年アフォンソ・ペナが大統領に就任した。ペナもロドリゲス・アルヴェスと同じく皇帝参議官の経歴をもっていた。ペナ大統領は、兌換《だかん》制度を確立し、通貨および経済情勢を改善した。一九〇七年には、工業、商業、自由職業人の結社の自由を認める法律が成立した。しかし、労働運動は、政府と支配層によって治安問題とみなされていた。同年、八時間労働と賃上げを求めて南東部で大ストライキがおこなわれた。ペナは、外国人移民の誘致にもつとめた。日本人移民がはじめてブラジルの土を踏んだのは、一九〇八年サン・パウロ州の港サントスに着いた笠戸丸からであった。

一九〇九年ペナ大統領が死亡したので、副大統領ニロ・ペサーニャが大統領に昇格した。彼は帝政期の政治活動の経験をもたない最初の大統領であった。彼は一九〇九年ウルグァイと条約を結び、国境紛争を解決した。一九一〇年には、国民のインディオへの理解と関心の増大を反映して、インディオ保護局が発足し、インディオの血を引くロンドン将軍が初代局長に任命された。このころから陸軍の政治関心はふたたび強くなり、一九一〇年リオ・グランデ・ド・スル州出身のエルメス・ダ・フォンセカ元帥が軍部の政治参加に強く反対するバイーア州出身のルイ・バルボーザを破って大統領になった。彼の大統領就任は、約三〇〇〇名の陸軍将校団が、文民政権の時代にも隠然たる政治勢力であったことを示していた。彼は、軍隊を整備し、数回にわたる海軍の反乱を鎮圧した。経済面では、コーヒーとゴムの価格下落により悪化した財政の改善をはかろうとして、紙幣の増刷に頼り、インフレを引き起こした。

第一次世界大戦とテネンティズモ

一九一四年に大統領に就任したペレイラ・ゴメス政権のもとで、経済情勢が改善された。コーヒー価格が上昇したほか、第一次世界大戦勃発後、ヨーロッパへの輸出増大と輸入の減少がみられたのである。このため、大都市に工業の発展がみられ、労働運動も出現した。ブラジルは、中立維持につとめたが、一七年四月ドイツ潜水艦がブラジル商船を沈めたため、ドイツにたいして宣戦布告し、南アメリカ唯一の交戦国となった。参戦は、ブラジルの国際的地位を高めた。ブラジルはヴェルサイユ会議に参加し、のちの国際連盟に加盟した。ブラジルは、他のラテン・アメリカ諸国を代表して、参加国の平等を主張した。なお、ブラジルはのちに(二六年)国際連盟の常任理事国の資格を求めて、欧米諸国に拒否されると、名誉ある脱退を実行した。

一九一八年ロドリゲス・アルヴェスが大統領に再選されたが、就任後まもなく死亡した。再選挙の結果、エピタシオ・ペッソアが選出された。第一次世界大戦期の好景気は急速に後退し、政治的不安定をもたらした。在任中、ブラジルの独立一〇〇周年記念祭がおこなわれ、旧王家ブラガンサ家はブラジルに帰ることを許されて、ドン・ペドロ二世と皇后の遺体は旧離宮のあるペトロポリスの司教教会に改葬された。これはブラジルとポルトガルの両国民の和解を象徴する行為であると同時に、比較的平和で安定していた帝政時代への郷愁と共和改革後の思わぬ混乱や問題噴出に直面した国民の危惧と不満を反映していた。

一九二二年の大統領選挙は、政治不安のなかでおこなわれた。支配層内部に分裂が生じたばかりでなく、軍の青年将校は、改革を求め始めていた。同年七月、尉官《テネンテ》たちが、リオのコパカバーナ要塞にたてこもったが鎮圧され、プライア・ヴェルメーリャの海岸で一八名の死亡者をだした。ベルナルデスが大統領になり、経済の改善につとめた。二四年、サン・パウロとミナス・ジェライスの両州による中央政府独占に反対する反乱が起き、各地に波及したが、結局は、鎮圧された。ただし、リオ・グランデ・ド・スルの青年将校プレステスは、サン・パウロの反乱軍の生存者とイグアスーで合流し、その後二年半ものあいだ連邦軍と交戦しながら、九〇〇〇キロ以上もの内陸部での「長征」をなしとげ、最後にボリビアに亡命した。プレステスは、のちにブラジル共産党の党首となった。

一九二六年サン・パウロ州出身のワシントン・ルイスが大統領に就任した。彼は実力本位の組閣をおこない、改革を実行しようとした。しかし、離任間際に後任大統領に自州知事のジュリオ・プレステスをすえようとしたため、サン・パウロ州による中央政府の独占に憤っていた地方諸州から強い反発を受けた。ヴァルガスの一九三〇年革命は、この状況をとらえておこなわれた。

コーヒー経済とサン・パウロの発展

十九世紀後半に、コーヒーはブラジル経済の推進力となり、政治と社会にも大きな影響を与えた。当初の主産地は、リオ市周辺からパライバ川流域に移り、さらに二十世紀にはいりサン・パウロ市周辺から同州北部と西部に移動した。サン・パウロ地方は、適切な気候とテラ・ロッシャという肥沃な土壌にめぐまれ、原生林に覆われたフロンティアをもっていた。この結果、中心都市サン・パウロ市は、急激に発展した。

共和革命は、コーヒー経済を傷つけることなく、むしろ、いくつかの制度的障害を取り除くことによって、その発展を助けた。そのような改革の具体例として、奴隷制廃止と移民の大量流入をあげることができる。解放された旧奴隷は、一層自由にバイーア州やミナス・ジェライス州などの経済的な停滞地域から、コーヒー・ブームにわくサン・パウロ州に移動することができるようになった。しかし、奴隷制の存続するかぎり、自由労働者の賃金は、大幅に引き下げられていたから、ヨーロッパからブラジルにわざわざ農業労働者になるために移住する者は多くなかった。事実、十九世紀前半のヨーロッパ移民は、政府から公有地の無償分譲を受け、僻地《へきち》で家族農業をおこなうため集団入植したものが多かった。しかし、共和革命後奴隷制が廃止されると、ヨーロッパ移民は、毎年一〇万人をこす勢いで流入した。一八二〇年から一九三〇年までにブラジルにやってきた移民の約五〇〇〇万人の七割が定着し、その六割は、サン・パウロ県(一八九一年以後は州)内に定住したと推定される。

帝政の崩壊と共和革命後の諸改革は、資本主義に適合した価値体系(実業家の社会的地位の承認など)を強化した。コーヒー農園の経営も大企業の経営と同じになりつつあった。

賃金労働に依拠するコーヒー経済の発展の結果、一定の国内市場が形成され、国内の社会経済変動が促進される一方、経済の対外依存性は、むしろ高まる結果になった。現代ブラジルにおける工業化やナショナリズムの進展も、このような背景を無視して理解することはできない。経済社会変動の一例としては、サン・パウロ州の大土地所有制の変容があげられる。独立農家を志向する大量のヨーロッパ移民(のちに二十世紀には日本人も加わった)の到来は、都市化とあいまって大農園の解体・分割を助けた。農業危機のたびごとに、破産に瀕した大農園が分譲され、それを購入した移民たちを主体に近郊農業をおこなう中小農民が出現したのである。この傾向は、所得分配を多少とも平等化し、工業化のための市場を用意した。

対外依存性の強化は、つぎのような面にあらわれた。(1)生産の輸出志向、消費の輸入志向が強まった。(2)特定の輸出産品への集中が高まり、国際市況の影響を受ける脆弱《ぜいじゃく》性が強まった。(3)貿易収支は黒字になり、国際収支は好転したが、大量の外資流入と政府借款の増大のため、対外債務は累増した。コーヒーの過剰生産に悩むサン・パウロ州や連邦政府は、外国借款をえて、コーヒーの価格維持政策をとらざるをえなかったのである。

コーヒー経済の発展は、サン・パウロ州のコーヒー地帯を後背地とする商業金融都市サン・パウロ市の都市化と工業化を促進した。サン・パウロ県は、一八三六年には、ブラジルのコーヒー生産の一五％を占めるにすぎなかったが、二十世紀の初頭には、同州が七〇％以上を占めていた。重要なことは、この都市化と工業化の傾向が、コーヒー経済という推進力を失ったあとも、より自律的な力となり、継続したことである。

ブラジルの工業化は、第一次世界大戦ころから加速された。一九三〇年までに、軽工業のいくつかの業種(とくに繊維、食品加工、雑貨など)でかなりの輸入代替がおこなわれた。このような工業化が豊かな首都リオ・デ・ジャネイロ市よりも、新興のサン・パウロ市を拠点におこなわれた事実は、注目に値する。

「州知事の政治」とナショナリズムの形成

旧共和国期は、一九三〇年以後に表面化するブラジルの現代ナショナリズムが用意された重要な時代である。経済面では、コーヒー経済の発展が頂点に達し、その結果工業化と国内統一市場の形成が意識的に追求されるようになった。一九〇六年には、コーヒーの生産量調節のためのタウバテー協定がはじめて結ばれ、以後モノカルチャー体制にたいする反省と批判がおこなわれるようになった。新しい経済構造の建設という課題も、ナショナリズムというイデオロギーを必要としたのである。社会面についていえば、奴隷制廃止とヨーロッパ移民の大量入国、都市化の進行によって、社会構成が複雑化し、社会的統合の水準が低下した。都市中間層の政治参加が高まったのは、教育の普及以外にこのような社会変動があったことを背景にしていた。ただし、参政権は、識字成人男子のみに限られ、大衆は、政治からいぜんとして排除されていた。一九二〇年代の青年将校たちの再三の反抗や蜂起は、大衆自体からのものではなかったが、体制にたいする批判であると同時に、中間層からの一種の政治参加拡大の要求でもあった。

また、政治面の変化は、他の領域の変化に比べ、もっとも急激であり、もっとも強い影響を与えたと考えられる。共和革命は、集権的な帝政を滅ぼし、建前としては、分権的な連邦共和制を採用した。しかし、その実態は、輸出経済を基盤とする強大な少数の州による弱小諸州の支配にほかならず、後者の不満は、しだいに蓄積せざるをえなかった。

一八九一年憲法は、アメリカ合衆国憲法にならって、各州の権限と財政基盤をつとめて強化した。土地・鉱山は、各州の所有となり、連邦は、要塞・鉄道などを保有するにとどまった。州の歳入源にかんしては、輸出税、動産移転税、工業税、自由職業税などが与えられ、連邦に輸入税、船舶入港税および出国税、滞在税、印紙、郵便料金、電報料金などが留保された。

この結果、当時の首位輸出品であるコーヒーの主要産出(=輸出)州であるサン・パウロとミナス・ジェライスの両州、とりわけ前者の財政基盤が著しく強化された。各州の知事は、最高司令官として州兵を指揮できたので、これら両大州の政治的影響力も強くなった。また、サン・パウロ州は、帝政期に県政府がすでに試みていたように、州政府の予算でコーヒー園の農業労働力を補充するため、移民にたいし渡航費の半額を負担するという措置をとることさえできた。多数の移民の流入は、経済成長に直接貢献したほか、伝統的な文化と社会を変化させる効果をもった。

議会の両院のうちでも、上院が両大州の支配の場となった。上院議員の任期は九年という長期で、各州から二名が選出されたため、上院議員は首都における州知事の代理人化したのである。両大州は、自己の優位を確保するため、ほかの州の上院議員と協力したり、反目を引き起こしたりした。参政資格が識字男子に限られていたため、優れた教育制度をもつサン・パウロ、ミナス・ジェライス、リオ・デ・ジャネイロ、リオ・グランデ・ド・スルの四州が全国有権者のほぼ半数を占めていた。

こうして、サン・パウロとミナス・ジェライスは、他の諸州にたいする共通の優位を確保するとともに、交互に大統領を送り出すという暗黙の協定を結んでいた(コーヒーのサン・パウロ州と牧畜のミナス・ジェライス州の提携を示す表現として、「ミルク・コーヒー政治《カフェ・コン・レイチ》」ということばが使われた)。一九三〇年革命は、両大州の提携が破綻した状況をとらえて噴出した弱小諸州の不満を動因としていた。そして、全国で第三位の力をもち、弱小諸州のうち最大の力をもつ農牧畜州リオ・グランデ・ド・スル出身のヴァルガスが政権を担当したのである。

ナショナリズムの出現

十九世紀末のナショナリズムは、まず民族性の探求として出現した。その口火を切ったのは、歴史家カピストラーノ・デ・アブレウであった。彼の著書『ブラジルの古い道と植民』（一八八九年）は、沿岸部をヨーロッパの延長とみなし、内陸部こそが真のブラジルであるとした。彼は、また民衆の生活に焦点をあてた。このような主張は、文学において、ダ・クーニャの『荒野』（一九〇二年）にも反映した。カヌードスの乱（一八九七年）を鎮圧した連邦軍に従軍したこの著者は、奥地の地理環境と混血住民の言語と風俗のなかに、真にブラジル的なものをみいだした。

十九世紀末には、ダーウィニズムの影響、米西戦争の衝撃もあって、白人とりわけアングロ・サクソンの優秀性と有色人の劣等性を自明とする考えが強かった。移民政策においても白人が優先された。ダ・クーニャの意義は別の考え方を提示したことにある。民族性探求は、しだいにインディオにも向かったが、初期のロマンティックな好奇心からより科学的な研究へ重点が移ってきた。一九一〇年の政府機関インディオ保護局の設立は、その表れであった。

世紀末前後から、ブラジルの多人種性や混血を積極的に評価する傾向が強くなった。アフォンソ・セルソは、『なぜわが国を誇りにするか?』（一九〇一年）でインディオ、黒人、ポルトガル人のいずれも、また、これらの三要素のいかなる組合せも、ブラジルの誇りであると強調した。

他方、ライムンド・ニーナ・ロドリゲスのような民族学者、アルイージオ・アゼヴェドのような文学者は、ブラジルにおける黒人の種族的起源、歴史のなかの貢献、社会においてこうむっている不当な差別などについて世論を喚起した。

一九二〇年代にはいると、ナショナリズム運動は、国民的文化の創造というあらたな段階をむかえた。ヨーロッパ諸国のあいだで繰り広げられ、多大な被害を引き起こした第一次世界大戦は、ブルジル人にとって模範と思われていた西欧文明への疑問や失望を生み出した。独立一〇〇周年にあたる二二年二月に首都リオでの博覧会や祝典に対抗して、サン・パウロ市の市立オペラ劇場でおこなわれた現代芸術週間において、小説家グラサ・アラニャ、作曲家ヴィラ・ロボスなどは、「伝統」と決別したあらたな手法による民族的芸術の創造を、すなわちブラジルの文化的独立、「ブラジルのブラジル化」を強調した。ヨーロッパ諸国のあらたな傾向を学び、帰国した新人たちもこの潮流に加わっていた。サン・パウロ市の実験は、すぐに他の主要都市にも波及した。

リオ・ブランコ外交

内政の課題をひとまず解決したブラジル政府は、対外政策に力をいれ、めざましい成果をおさめた。この時期の外交を当時の外相の名を用いて、リオ・ブランコ外交と呼ぶ。彼は、一五年間にわたりその職に在任したため、政情不安的な周辺諸国の外相たちよりも有利な立場にあった。リオ・ブランコ外相は、スペイン系アメリカ諸国と米国の関係調整に努力し、その代償として、アメリカ合衆国の支援をえた。アメリカ合衆国は、中米、カリブ海地域で積極的な帝国主義政策をとっていたが、ブラジルにたいしては、遠交外交(直接の利害関係の少ない遠い国と親密な関係を維持する政策で、近攻政策と対照的)をおこなっていた。リオ・ブランコは、一八九五年から一九〇九年にかけて、伝統的な「実効占有」の原則をふたたび主張するとともに、米国に仲裁裁定を依頼することによって、一万四〇〇〇キロ以上の国境線を画定し、ボリビア、コロンビアなどの周辺諸国から二九万四四〇〇平方キロ以上の領土を購入、そのほか平和的な手段によって獲得した。彼が在任した一五年間にブラジルがえた国土面積は、フランスの国土よりも大きかった。

この時期に、ブラジルは、ラテン・アメリカの大国のひとつとして注目され始めた。一八九九年の第一回ハーグ平和会議においては、ラテン・アメリカからは、メキシコとブラジルだけが招待を受けたが、ブラジルは国益に無関係とみなして、代表を派遣しなかった。しかし、一九〇七年の第二回ハーグ会議には、ルイ・バルボーザに率いられた大形代表団を送り、その規模は、米国代表団を上回った。リオ・ブランコ外相の時代に、ブラジルは多くのラテン・アメリカ諸国に在外公館を開設し、リオ・デ・ジャネイロは、南米でもっとも多くの外国公館を有するにいたった。一九〇五年には、米国と大使を交換した南米最初の国となった。一九〇六年にリオ・デ・ジャネイロで開催されたパン・アメリカ会議は、ブラジルの米州内の地位を証明した。英語を学ぶ知識人もふえ、新憲法の採用からも明らかなように、北の新興勢力である米国の制度、技術、文明への関心も高まった。教皇庁も、ブラジルの大司教をラテン・アメリカで最初の枢機卿に任命した。その後三〇年間ブラジルはラテン・アメリカで枢機卿をもつ唯一の国であった。リオ・ブランコは、政党政治から超然とした外交政策をとったため、ブラジル外務省は彼を英雄的先駆者とみなしている。

2　ヴァルガス体制（一九三〇～四五年）

一九三〇年革命

一九三〇年のヴァルガス革命は、ブラジルの現代の第二幕にあたる画期的な出来事となった。この革命の背景は、二九、三〇年の世界大恐慌の結果、ブラジルのコーヒー経済が大打撃を受けたことにあった。コーヒーの価格と輸出量はともに急落し、その外貨収入は、二〇年代の最高水準八億五八〇〇万ポンドから、三〇年代の三億三七〇〇万ポンドへと激減した。コーヒー農園主を主体とする伝統的支配層の力が後退したのも当然だった。

おりからサン・パウロ州出身のワシントン・ルイス大統領が同郷出身者を後継者にすえようと強引に運動したことがきっかけとなり、同州の提携相手だったミナス・ジェライス州が離反した。従来、両州が大統領のポストをたらい回しにしてきたことに反感をもっていた他の諸州は、ミナス州を加えて、「自由同盟」という新政党を組織した。この党は、大統領候補に、第三位の雄州リオ・グランデ・ド・スル州のジェトリオ・ヴァルガスを、副大統領候補に伝統的なパライバ州のジョアン・ペッソアを指名した。党綱領は、二二～二六年のテネンティズモ革命参加者の恩赦、新選挙法の制定、社会立法、教育と司法の改革、経済成長の促進などを求めていた。

ヴァルガスは、一八八三年リオ・グランデ・ド・スル州の国境地帯サン・ボルジャの牧場で生まれた。

リオ・グランデ・ド・スルの風景　ペドロ・ヴァインゲルトナー画　1900年

勇猛なガウショの血を引く彼は、士官学校を卒業したが、短身のため、法律専攻に転じ、法学部をでてからは、同州の実証主義的傾向をもち独裁的な知事カスティリョのもとで働き、政治家になるための訓練を受けた。さらに、連邦下院議員、蔵相、自州知事を歴任した。

一九三〇年の大統領選挙は、有効票一九〇万票のうち一一〇万票を獲得したサン・パウロ州のジュリオ・プレステスの圧勝に終わった。しかし自由同盟は、不正がおこなわれていたと主張した。他方、国会はミナスとパライバ両州の野党当選者の失格決議をおこない、世論の反発を招いた。悪いことに、七月末には、ジョアン・ペッソアが暗殺された。

自由同盟は、不正選挙反対の宣伝をおこないつつ、ひそかに武力蜂起の準備を進めた。十月三日リオ・グランデ・ド・スル、ミナス、パライバの三拠点州で反乱が起き、同月二十四日には、軍首脳は自由同盟支持を決定し、十一月三日ヴァルガスは、大統領に就任した。

彼は当初、武力により臨時政府首班となったが、一九三四年には、国会により合憲的大統領に選出された。三七年には、彼はクーデタによって戒厳令を施行し、四五年に軍のクーデタによって失脚するまで、延べ一五年間統治した。のちに検討するように、ヴァルガス政権は、七〇年代までのブラジルの政治体制の基本的な体質をかたちづくった。しかし、彼が事前に遠大な構想をもち、それを実現したわけではなかった。彼の長期政権保持の鍵は、現実的な政治能力、すなわち時代の方向と要請を正しく把握する能力と必要な妥協をおこないうる能力にあった。たしかに彼は強引な独裁者であったが、個人カリスマに頼るよりも、伝統的な温情的家父長的態度で国民の支持をえた。彼の能力はナショナリズムのエネルギーの利用や、ブラジルの政治家としてはじめて中間層都市プロレタリアートに支持基盤を求めたという点に示された。

テネンテたちとの提携

一九三〇年に成立したヴァルガス政権は、二〇年代に政治不信から積極的な政治改革に取り組みだした青年将校《テネンテ》たちとヴァルガスの政治的盟友を主体として構成された。就任を助けた軍にむくいるため、ヴァルガスは、陸海両相を留任させ、外相には軍の指名を尊重した。運輸相には、テネンテを代表するジュアレス・タヴォラを任命した。ヴァルガスの同郷者ではオズヴァルド・アラニャが内務相に任命されたが、対立勢力になりかねないサン・パウロとミナスの両州を懐柔するため、前者のコーヒー農園主で銀行家のウィタケルを蔵相に、後者出身のフランシスコ・カンポスを教育衛生相に選んだ。

ヴァルガスは、組閣のあとに就任演説をおこない、⑴腐敗と汚職の一掃、⑵選挙法改革、⑶州の自治権尊重、⑷行政の合理化、⑸鉄道・道路の計画的建設などを強調した。これらの政策は、従来テネンテたちが主張してきたものであった。また、主要州に執政官《インテルヴェントール》を派遣することにし、テネンテ出身者をその職に登用した。他方、ワシントン・ルイスなどの前政権要人の政治権を一〇年間停止し、亡命旅券を交付した。

十一月十一日ヴァルガスは大統領命令第一号をだし、独裁的権力を握った。一八九一年憲法は廃止され、大統領は、国家公務員の任免登用権、州執政官任命権(連邦、州、市の議会は解散された)および立法権をえた。執政官は市長の任命権を与えられた。このような手法は集権化と権威主義体制の形成をもたらした。

新政権は、積極的な支持基盤をテネンテたちのあいだにみいだした。彼らは、「十月三日クラブ」を組織したが、政党に反感をもっていたため、自らの力を制約する結果になった。彼らの主張は、都市中間層と同様に旧共和国期のカシアノ・リカルドの思想を継承したと思える点が多く、外国銀行の内国化、鉱山と水資源の国有化、大土地所有の漸進的制限、労働法規の改正(とくに婦人と未成年者の保護、最低賃金の設定、労働時間の制限)などを含み、集権化、民族主義、社会改革をめざしていた。

サン・パウロとミナス両州の大農牧場主にたいする挑戦として革命を始めたヴァルガスは、左右の急進派から反対を受けることになるが、反対勢力の懐柔を極力試み、うまくいかない場合には力による弾圧も辞さなかった。テネンテたちは、当初は支持勢力として重んじられたが、政策を奪われ、利用され、結局解散に追い込まれた。

サン・パウロの反乱

伝統的勢力からの反発は、やはりサン・パウロで爆発した。ヴァルガスは、同州執政官《インテルヴェントール》に北東部出身のジョアン・アルベルトを任命した。彼は、労働者の賃金を五％引き上げ、一九三〇年革命の参加者に農地の分配をおこない、保守派を反発させた。同州の上層階層は、同州出身の民間人が執政官になることと、一八九一年憲法の存続を望んでいた。

パウリスタ（サン・パウロ州人）の不満を知って、ヴァルガスは、ジョアン・アルベルトを更迭し、同州の民間人ペドロ・デ・トレドを後任執政官に任命すること、さらに、一九三三年五月に制憲会議選挙をおこなうと公約した。

一九三二年七月九日クリンゲルの指導のもとにパウリスタの反乱が始まった。ヴァルガスの妥協策を弱さの表れと解し、ミナスとリオ・グランデ・ド・スルの同調を見込んだ動きだったが、両州は動かず、自州内でも労働者や農民は、反乱を支持しなかった。ゴイス・モンテイロ将軍の率いる連邦軍は、サン・パウロ市を三カ月包囲したのち、反乱を鎮圧した。ヴァルガスは、反乱の首謀者を追放したものの、厳しい報復処罰をおこなわず、郷里のリオ・グランデ・ド・スルで一世紀前にファロウピリャの乱が鎮圧されたときに中央政府がおこなった穏健な処置の先例にならった。パウリスタは、今日でも、この反乱を護憲運動と呼んでいる。

一九三四年憲法

ヴァルガスは、公約どおり、憲法制定の仕事を始めた。一九三二年二月十四日の新選挙法によって、有権者資格は二十一歳から十八歳に引き下げられ、勤労婦人にもはじめて拡大された。ただし、非識字者は従来どおり投票権を認められなかった。従来農村部で珍しくなかった不正を防ぐため、秘密投票の保証が明記された。三三年十一月制憲会議は審議を開始し、翌年七月十六日新憲法が公布された。

新憲法は、形式面では一八九一年憲法をかなり踏襲したが、実質的に大統領と連邦政府の権限を大幅に強化し、すでに着手し始めていた諸改革を成文化した点に特色があった。連邦共和制を維持しながら、公衆衛生、天然資源開発、公有地利用、労働立法など従来州権に属していた権限がはじめて連邦に移譲された。さらに重要な改革として、州兵の最高指揮権が州知事から大統領に移管された。これによって、州知事が州兵を動員して反乱を起こすことが困難になった。大統領の任期は四年とされ、連続再選は禁止された。最高裁は違憲立法審査権をもつが、大統領命令は、例外とされた。議会は二院制で、上院は各州二名の代表計四〇名を定員とし、下院は二〇〇名の比例代表と五〇名の職能代表から構成されることになった。組合国家的な職能代表制は、人口の多い州の過大な影響を抑制するためとイタリアのファシズムやドイツのワイマール憲法にならって採用された。また、結社・政党の自由が認められ、共産党が合法化され、右翼的なインテグラリスタ党も創立された。

一九三四年十二月十七日ヴァルガスは、制憲会議において大統領に選出された。強大な権力を手にいれたヴァルガスは、伝統的支配層の反対を克服できるようになり、それまで利用してきたテネンテたちの軍人クラブを解散させた。しかし、テネンテ出身のかなり多くの個人は、六四年革命後までも政治の舞台で活躍することになった。

共産党とインテグラリスタ党

一九三四年から三七年にかけて、ヴァルガスの支持基盤は、テネンテたちから、左右の急進派である共産党とインテグラリスタ党に変わった。彼は両者を競合させ、そのバランスの上にのって権力を維持したが、のちには、つぎつぎに両者を制圧するのである。

共産党は反乱部隊を率いてブラジル奥地を転戦しつつ大長征をおこない、ボリビアに亡命し、ソヴィエト連邦から帰国したルイス・カルロス・プレステスを中心に、一九二二年に結成され、三〇年代に地下で党勢を拡大した。三四年から三五年にかけて、人民戦線的な民族解放同盟を拡大組織として結成し、ヴァルガス政権に協力的な姿勢を打ち出した。しかし、三五年七月五日ヴァルガスは同盟を弾圧し、保守勢力の信頼をえた。共産党員は、十一月二十三日ナタルで、ついでリオやレシフェで反乱を起こした（「共産党暴動」）が、鎮圧された。ヴァルガスは、国会の承認をえて、戒厳令を施行し、共産党員や左派指導者を逮捕した。ついで、国家安全保障法を成立させ、反政府的軍人の解任と予備役編入、公務員の罷免《ひめん》、言語統制などを定めた。この結果、三五年十一月二十五日から翌年三月十五日までに、リオだけでも、民間人九〇一名、軍人二一四六名が検挙された。三六年三月二十二日には、ヴァルガスは、戒厳令を戦時令にきりかえ、六月には、戦時令を九〇日延長し、国会を事実上停止した。九月二日には、国家安全保障裁判所を設置した。九月三十日には、反乱を理由に、共産党を解散した。

共産党を弾圧する過程では、ヴァルガスは極右のインテグラリスタ党を利用したが、その後は、同党をも弾圧し、解散させた。インテグラリスタ党は、正式名を民族結集行動党といい、プリニオ・サルガードが一九三四年イタリアのファシズムやポルトガルの権威主義体制などに着想をえて結成した。同党は、民族主義的、神秘的イデオロギーをもち、秩序、階層、服従をスローガンに、強力な指導者をいただく強力な集権国家の建設をめざした。民主主義者、フリーメーソン会員、共産主義者などは、「民族の敵」とされた。

クーデタと幻の新憲法

一九三七年に大統領選挙が予定されていたが、同年十一月十日ヴァルガスはクーデタをおこない、選挙を中止し、国会を解散し、全権を掌握した。十二月二日には、彼は、インテグラリスタ党を含む全政党を解散させた。

一九三七年のクーデタの結果、「新国家《エスタード・ノーヴォ》」が成立した。フランシスコ・カンポスの起草による三七年憲法が公布されたが、ヴァルガスは戒厳令を施行して発効に必要な国民審査を実施しようとせず、大統領令と言論統制、政治警察による反対派の弾圧によって独裁的統治を続けた。

一九三七年憲法は、三四年憲法と比較してみると、大統領の権限強化、連邦制の形骸《けいがい》化と集権国家化を実現していた。大統領が任命し、法務大臣に服属する執政官《インテルヴェントール》が各州を運営することになった。立法府は廃止され、ムニシピオ(郡市)の代表が選んだ州の代表からなる下院と、各州二名の議員と大統領が指名する一〇名の議員からなる連邦審議会が設置されることが定められた。また各界の職能代表から構成される国家経済審議会が設立されることになった。後継大統領を選出する際には、現職大統領の指名する候補一名と、全国から選出される六〇〇名の選挙人会議の指名する候補一名のみが立候補できることになった。

一九三八年五月二日夜、非合法化されていたインテグラリスタ党の幹部らはヴァルガスの公邸を襲撃したが、警備員とともに大統領自ら銃をとって反撃しているうちに軍隊が到着して襲撃者を逮捕した。ヴァルガスの同党弾圧にたいする報復がこの襲撃の動機であった。

ヴァルガスの政策の結果、工業化、労働立法、教育の普及、中間層の体制化、都市化、国内の運輸通信の改善、ナショナリズムの高揚などが実現した。その結果、人権侵害や民主主義の発達阻害などの弊害もあったが、全体として、その後のブラジルの発展の方向が規定され、変化が促進された。

ヴァルガスは、コーヒー農園主の外貨所得の減少が国内通貨での所得低下をもたらさないようにしながら、その資本をゆるやかに工業に誘導するための通貨の切下げや関税引上げをおこない、工業化を助けた。一九三四年には、工業生産が恐慌前の水準を上回り、輸入代替工業化の過程が加速化され始めた。四〇年には、最初の五カ年計画が発表され、基幹産業の確立、鉄道網の拡張、水力発電所の建設が目標となった。翌年から米国の協力をえて最初の一貫製鉄プラントとして、ヴォルタ・レドンダ国営製鉄所の建設が始まり、四六年に完成することになる。工業化は、サン・パウロ州とリオ・デ・ジャネイロ州を中心に進展し、とくに全国人口の一五%をもつ前者は、四三年に全国の工業生産の五四%を占めるまでになった。

ヴァルガスは、また「西部への前進」というスローガンを掲げ、ゴイアス州(のちに新首都ブラジリアが建設される)では、入植者一人当り五〇エーカーを配分する計画を承認し、北東部の内陸荒野セルタンと北部アマゾンの開発計画を発表した。また、航空、鉄道、道路などの運輸網の改善につとめた。内陸開発は、工業化と国民統合に役立つことが期待された。

工業化と都市化の進展により、大都市ばかりでなく、内陸の中小都市でも工場労働者、建設工、運搬人夫などの労働者が増加し、当時組織労働者だけでも、約二五万人にもなっていた。彼らは、都市のスラムでの貧しい生活のなかで、かつての保護者であった農園主にかわる新しいパトロンを待望していた。ヴァルガスは、ストやデモをきらったが、労働者の福祉を推進した。三〇年十二月には、労働省を新設し、労働立法を進めた。他方、三一年の布告により、労働省は、組合結成と認可権をもち、組合を厳重に統制し始めた。上からの組織化の結果、全国の五〇万人の労働者が八〇〇の組合に属することになった。ストは禁止されたが、退職金、年金、最低賃金、週四八時間労働制、有給休暇、母性保護、失業保険などさまざまな保護と労働裁判所が与えられた。また、連邦政府の拡大は、増大しつつあった中間層の多くを公務員として雇用し、体制のなかに組み入れる効果をもった。

外国移民の制限(一九三四年五月)、三分の二法(企業の従業員総数・支払い給与総額の三分の二以上を内国人に与える)、外国国籍者の経済活動(船舶所有、船長、航海士、地下資源と情報産業の所有、電源開発)制限などのナショナリズム的規制も導入され、近年まで影響を残した。

ヴァルガス期には、教育機関を基盤として、ナショナリズム推進が意図的に進められた。一九三四年に、サン・パウロ州立大学、三八年にリオ・デ・ジャネイロのブラジル大学が発足した。ヴァルガスは、「ブラジリダーデ」(ブラジル的特質・精神)ということばを用い、大学にブラジル史の講座開設を義務づけ、初等・中等教育での外国語教育を禁止した。

一九三〇年代のブラジルでは、史学においてもナショナリズムの影響が強くなった。従来の人種主義的、貴族主義的な視点にかわり、民衆を構成する有色人の価値や貢献を認める傾向が一層強くなった。代表的な歴史家として、ジルベルト・フレイレとセルジオ・ブアルケ・デ・オランダがあげられる。フレイレは、『大邸宅と奴隷小屋』でポルトガル人の寛容、適応力、「混血能力」と黒人やインディオの貢献により、「熱帯の新世界」が生じた、と主張し、ブラジル民衆の人種的劣等感を解消した。ブアルケ・デ・オランダは、入植者とインディオとの関係を軸にブラジルの「国民性」を描きなおした。

ヴァルガスの「新国家」は、ブラジルの連合国側参戦によって存続し、第二次世界大戦の終了とともに、終末をむかえた。彼は、当初、米国の経済的支配を相殺するため、ドイツに接近したが、米国が参戦すると、結局連合国側に立って、枢軸側に宣戦した。しかし、大戦が終わりに近づくと、ヴァルガスの独裁継続は困難になった。民主主義のために闘ったはずの国が独裁を維持していることには、矛盾があったからである。反対論の高まりをみて、ヴァルガスは、ブラジル労働党(PTB)と民主社会党(PSD)という二つの異なる政党を将来の支持基盤として残すという離れ技を演じた。彼は、一九四五年内に大統領選挙をおこなうことを公約したが、履行の態度を明らかにしなかったために、十月三十日軍のクーデタによって打倒された。

V　二十世紀後半の南アメリカ

第一章　総説

ポピュリズム政権のゆきづまり

二十世紀なかばの南アメリカでは、天然資源産業を基盤とする寡頭支配層が無傷で残っている国はひとつもなかった。都市化とともに台頭した中間層、商工業主、労働者、ホワイトカラー層など新しい社会勢力が力を伸ばし、ウルグァイ、チリ、アルゼンティン、ブラジルではポピュリズム政権を成立させていたし、まもなくボリビアとベネズエラもこの隊列に加わった。文民ポピュリズム勢力が独自には政権を握れなかったペルーとエクアドルでは、一九六〇年代から七〇年代にかけて軍事政権が工業化・社会労働立法や国民文化の称揚などのポピュリズム政策を実行しようとした。ポピュリズムの台頭は文化的にはラテン・アメリカ独自のアイデンティティ探求の動きと重なっていた。六〇年代に世界の注目をあびた「ラテン・アメリカ文学ブーム」は、この点を象徴的に示す現象であった。ラテン・アメリカの独自な風土のなかに生まれた文学的自覚は、一九三〇年代のホルヘ・ルイス・ボルヘス以来のアルゼンティンの作家たちの作品において、すぐれた表現を達成していたが、一九五〇年代末から、チリのホセ・ドノーソ、ペルーのマリオ・バルガス・ヨサ、そして一九八二年度のノーベル文学賞をえたコロンビアのガブリエル・ガルシア・

マルケスなどが続々とあらわれ、ラテン・アメリカ文学が、にわかに国際的な水準に到達したのである。

しかし、ポピュリズムはそれ自身のなかに矛盾をかかえてもいた。ポピュリズム政権による工業化は、一九三〇年代から第二次世界大戦にかけての時期に輸入品が不足したために自然発生的に拡大していた製造業を保護・育成するかたちで進んだため、国内の生産要素賦存を無視した輸入代替工業化になった。その結果、最終製品は軽工業品から自動車、家電製品などの耐久消費財まで広く生産できるようになったものの、原材料や製造機械は輸入に頼らねばならず、工業化が進めば進むほど輸入が増加することになったのである。それにたいして輸出は相変わらず需要や価格の不安定な天然資源に頼らざるをえなかった。ラテン・アメリカの工業は保護された国内市場向けの工業であったため、輸出競争力を欠いていたからである。こうして多くの国が貿易収支の赤字に悩むようになった。五〇年代後半以降は外貨不足を補うために、それまでの経済ナショナリズムを修正して、外資導入を積極化する国がふえたが、問題の解決にはつながらなかった。

輸入代替工業化は、国内市場の狭隘さという限界ももっていた。この問題に対処するため、南アメリカ諸国はメキシコとともにラテン・アメリカ自由貿易連合(LAFTA)を結成したが、域内後進国は域内先進国の工業製品に自国市場が独占されることを警戒し、域内先進国同士も自国の工業が競争にさらされることをきらったため、うまくいかなかった。

工業化のペースが落ち、同時に国際収支のバランスを回復すべく頻繁に通貨切り下げがおこなわれるようになると、インフレが恒常化した。さらにポピュリズム政権は商工業主には補助金、労働者・会社員には賃上げ、中間層には公務員職、そして一般大衆には補助金付きの燃料や基礎食料などを提供する八方美人的な傾向をもっていたため、工業化のペースが不安定になると、財政赤字が膨張してインフレに油を注いだ。国家資金や利権の分配をめぐる政治腐敗も蔓延した。その結果、労働ストや学生運動が活発化し、それに反発する経営者側や中間層の一部も態度を硬化させた。社会は騒然とした雰囲気に包まれるようになり、兵士や下士官の一部に急進的な労働運動の影響がおよぶ国もでた。

一九五九年に武装闘争によって政権を握ったキューバのカストロ政権が、当初のポピュリズム的な姿勢を急進化させ、ついに社会主義を宣言するようになると、それに同調する青年たちがいくつかの南アメリカ諸国でもゲリラ闘争を始めた。カトリック教会のなかでも、「構造的暴力」としての貧困と闘うべきだとする「解放の神学」が勢いを増した。

このような内外の激動を前に、かつてはポピュリズム勢力の台頭に手を貸した軍部にもしだいに危機感が広がり、一九六四年のボリビア、ブラジルを皮切りに、アルゼンティン、チリ、ウルグァイと、軍事クーデタが続発した。これに軍部自らが遅ればせながらのポピュリズムを担おうとしたエクアドルとペルー、ストロエスネル将軍が昔ながらのカウディーヨ支配を続けるパラグァイを加えて、南アメリカは七〇年代にほぼ軍政一色の状態になった。

軍政化しなかった二カ国のうちベネスエラは膨大な原油収入のおかげで経済的破綻を逃れたし、コロンビアは十九世紀以来の保守・自由両党による内戦と談合によってもともとポピュリズムの成長が阻まれた国であった。もっともコロンビアでは、ポピュリズムがおさえられた分、左派ゲリラが伸張し、麻薬マフィアの暗躍とともに、長くこの国を苦しめることになる。

軍事政権から民主主義体制へ

ポピュリズム的な政権を打倒した軍事政権は、急進化した学生組織や労働組織を抑制すると同時に、ポピュリズム時代の八方美人的な経済政策を改め、企業家よりの政策をとった。このころまでに商工業主のなかには大企業に成長し、天然資源部門を握る旧寡頭支配層や外国企業と事業提携する者もあった。しかしこの時代のラテン・アメリカ諸国は、軍事政権か文民政権かにかかわりなく無制限に対外債務を累積させ、その結果一九八二年以降各国とも債務危機にみまわれるにいたる。

この危機を脱出するために各国政府とも厳しい緊縮政策をとることをよぎなくされたため、軍事政権にたいする支持は、企業家や保守的な中間層のあいだですら薄れていった。ポピュリズムを試みて、文民のポピュリズム政権と同様の失敗に陥ったペルーとエクアドルの軍事政権が最初に姿を消した。ついで内紛にまみれたボリビアの軍部と、起死回生をねらったマルビナス(英語名フォークランド)侵攻に挫折したアルゼンティンの軍部が兵舎に戻った。さらにブラジルとウルグァイで民政移管が起こり、一九八九年には五四年以来パラグァイを支配したストロエスネル政権が倒れた。最後にアルゼンティンの軍事政権とならんでもっとも抑圧色の強かったチリのピノチェト政権が、キリスト教民主党や社会党らの野党連合に選挙で敗れて姿を消した。

こうして南アメリカでは、一九八〇年代後半から九〇年代にかけて、歴史上かつてないほど民主主義体制をもつ国がふえた。しかし経済危機は新生の民主主義政権を痛めつけた。当初選挙への影響を恐れる文民政権は、厳しい緊縮政策をとることを躊躇し、アルゼンティン、ブラジル、ペルーでは価格凍結によるインフレ抑制に景気回復の期待をかけて、いわゆるヘテロドックス政策を採用したが、失敗して四桁にもなるインフレを招いてしまった。ポピュリズム時代の政治腐敗もふたたびみられるようになり、民政の混乱を利用して、ペルーでは左派ゲリラ組織が勢力を伸ばした。

万策つきた各国の文民政権は、国際通貨基金や世界銀行が債務繰り延べや削減の条件として要求していた構造改革政策を全面的に採用するにいたった。これは貿易・資本取引の自由化、公営企業の民営化、行政改革による政府のスリム化、規制緩和、政府補助金の整理・削減などを内容とするもので、チリでは軍政時代にすでに相当進んでいたが、民政移管後、他の国々にも広がった。一連の政策は、ポピュリズム時代の国家介入型経済運営を改め、市場メカニズム中心の経済体制にすることをねらっており、ラテン・アメリカでは「新自由主義」の名で呼ばれている。

新自由主義は市場競争こそが社会にとって最良の効率化をもたらすとする思想に裏打ちされているが、実際には競争の勝者と敗者の格差を広げるという点で、十九世紀自由主義と共通する。中小企業には倒産するものや輸入業に転換するものが続出したし、民営化やリストラによって失業者もふえた。賃金が抑制される反面、生活必需品の価格は上昇した。このような状況に不満をもつ人々は、野党やアルベルト・フジモリのような非政党人に期待をかけたが、状況はなにひとつ改善されなかった。それはポピュリズムやヘテロドックス政策の失敗に由来する厳しい経済危機を経験したのち、新自由主義にかわる思想と政策の代替案を誰もみいだせないでいるからである。

それでも、多くの国で人々がかつてのように政治的暴力に訴えようとしないのは、「冷戦の終焉」によって社会主義の魅力が薄れたことに加えて、軍政時代の抑圧の記憶が強く、軍部の介入を招くような社会紛争は避けたいという気持ちがまだ残っているからである。緩い軍政しか経験しなかったペルーで、軍部の支持を背景にしたフジモリ大統領の「自主クーデタ」が成功したり、一九五八年以来軍政を経験したことのないベネスエラで、クーデタ未遂事件を起こしたことのあるウーゴ・チャベス少佐が九九年に大統領に選出された事実が、この点を裏づけている。

政治運動も投票行動も失業や生活苦を改善できないとき、人々が自力救済の動きを強めるのは自然の流れであった。いわゆる経済のインフォーマル化が以前にも増して進むと同時に、窃盗・強盗や誘拐などの犯罪が猛烈な勢いで増加している。「連帯」の名を冠した貧困救済プログラムは十分に機能しておらず、社会はふたたび索漠とした状態になっている。その一方で、自由主義体制のもとでふたたび脚光をあびるようになった天然資源開発輸出部門に関連した企業家層や中間層は所得を大幅に向上させた。彼らは欧米なみのショッピング・モールやレストランや高級ホテルを利用し、ケーブルテレビで先進国の番組を日常的に視聴し、マイアミやパリへの海外旅行を楽しむ。

十九世紀自由主義は、社会的・国民的連帯の回復を求める政治・文化運動によって克服されたが、二十世紀末の新自由主義を乗りこえる新しい連帯の思想と運動がどのようなかたちであらわれるかが問われている。

第二章　ベネスエラ、コロンビア、エクアドル

1　ナショナリズムと改革主義（一九六〇年〜現在）

AD政権と石油政策（ベネスエラ）

一九五八年の選挙で民主行動党（AD）が勝利し、第二次ベタンクール政権（五九〜六四年）が発足した。同政権の構想は、共産党を除く政党、軍部、教会、労組などすべての勢力を統合して、ベネスエラが直面する問題に対処することであった。最大の課題は石油政策と農地改革であった。おもな石油政策は、石油利益にたいする政府の取り分の拡大、石油会社にたいする監察のための委員会の設置、OPECの創設、ベネスエラ石油公社の設立である。しかし経済政策の本旨は、石油にかたよらない経済の多角化にあり、石油収入をテコに社会・工業開発をめざす、六〇年を起点とする国家開発四カ年計画に示されている。

キューバ革命に対抗して米国が主導する「進歩のための同盟」は、工業化とともに農地改革を提唱したが、ベネスエラでもこの路線にそって農地改革（一九六〇年三月施行）が実施された。その結果、約一一万

九〇〇〇家族に土地が再分配されたが、分配されたのは公有地およびペレス・ヒメネス派の私有地に限られ、大土地所有制は温存された。

ベタンクールの外交政策は、ベタンクール・ドクトリンと呼ばれ、社民主義の立場から反キューバ政策に終始し、一九六一年十一月キューバとの断交を宣言して、キューバの米州機構からの除名に賛成している。このキューバ敵視政策にたいし、連立をくんでいた民主共和連合（URD）は不満を表明してADとの連立を解消し、またADの急進派も改革の手ぬるさを批判して脱党し、あらたに革命左翼運動（MIR）を結成した。この六〇年代前半はキューバ革命の影響からラテン・アメリカ全域でゲリラ活動が活発化したが、ベネスエラにおいてもURDと共産党の急進派および一部の軍将校が民族解放軍を結成して六二年から東部山岳地帯においてゲリラ闘争を開始し、MIRも独自の戦線を開いた。ベタンクール政権は、ゲリラ闘争の激化をキューバの陰謀だとしてキューバ制裁を米州機構に提訴するとともに、MIRと共産党を

ロムロ・ベタンクール　民主行動党を結成してベネスエラ大統領を2期務める。反共政策を貫いた。

非合法化し、両党議員を逮捕させた。

ゲリラ戦が展開するなかの一九六三年の大統領選は、ADのラウル・レオニがCOPEIのカルデラに勝利した。レオニ政権(六四～六九年)は、ゲリラ攻勢にたいしては前政権同様、軍との協力、米国からの援助を受けて力で対抗した。経済政策では六六年、財政の増収をはかるため、石油企業への課税を強化した。それは資産の一五%をこえる利益に課税するもので、内外の石油資本は猛反対した。政府はこの増収政策を実現させるため従来の石油政策を後退させ、国家の介入を緩和して石油資本との妥協をはかった。この結果、六七年にAD内部に分裂が起こり、六八年の大統領選では、COPEIのカルデラが勝利した。

二大政党制の確立

カルデラ政権(一九六九～七三年)は恩赦の公約を掲げてゲリラ勢力にたいし融和策をとった。また外交政策では「ベタンクール・ドクトリン」を転換させ、米州機構にたいしキューバ制裁の解除を求め、社会主義圏への接近をはかった。そのほか教育改革、行政の分権化に力をいれた。

一九七三年の選挙はカルデラ政権の経済政策、汚職、容共的外交政策を批判して、ADのカルロス・アンドレス・ペレスが大統領となった。このペレス政権期(七四～七八年)は、第一次石油危機による空前の石油ブームの時期と一致する。原油価格は一バーレル当り、七〇年の一・三ドルから七四年の九・七六ドル、七八年の一二・七〇ドルと上昇を続け、ベネスエラは石油危機の最大の受益国となった。この豊富な資金を背景に、石油生産をコントロールするため、七六年一月石油国有化法を施行し、有償による外国石油企業の国有化が断行され、国営企業(ペトロベン)に移管された。しかし技術供与、探査、輸送などの契約は維持され、外国支配は完全には払拭されなかった。製鉄、石油の国有化に基づいて、第五次国家計画が策定され、鉄鋼、石油化学、石油精製、造船などの重工業化が国家主導のもとに推進されて、八〇年代には国営企業七九、合弁企業一四六を数えるにいたった。外交面でペレス政権は、ラテン・アメリカの経済的自立と統合の強化をめざしてメキシコとともに積極的なイニシアティヴをとり、七五年のラテン・アメリカ経済機構(SELA)の創設に貢献した。しかし第五次計画による性急な工業化のための海外資金の大量導入、輸入の激増にたいし石油輸出が頭打ちとなり、国営企業の非能率化、汚職問題などが噴出し、ペレス政権末期は財政面でも苦境に陥った。

このつけは次期ルイス・エレーラ・カンピンスCOPEI政権期(一九七九～八五年)に、逆オイルショック、累積債務問題、経済不況となって一挙に噴出した。エレラ政権は緊縮財政をよぎなくされ、食料品輸入と補助金による従来ADの食料品の低価格維持が困難となり、八〇年には二〇%の物価上昇を記録した。エレラ政権はペレス政権と異なり、外交よりも内政を重視し、とくに教育・住宅問題に取り組んだ。外交面では難民問題をめぐってキューバとの関係が悪化し、中央アメリカ政策ではベネスエラはコンタドーラ・グループの一員であるが、米国よりの立場を維持した。

国民戦線による政権交代メカニズム(コロンビア)

自由党と保守党は、「暴力《ビオレンシア》」を最終的に終結させ、軍部の政治介入を排除して二大政党支配を維持するため、一九五六年スペインのペルニドルムにおいて交渉を開始し、五七年つぎの合意に達した。(1)大統領は両党による四年ごとの交代制とする、(2)国会・地方議会などあらゆる立法機関の議席は両党によって折半する、(3)この原則は内閣および地方行政の任命にも適用される、(4)他政党は選挙に参加できない、(5)あらゆる法令は国会において三分の二以上の賛成を必要とする。この合意は五七年十二月国民投票に付され、憲法修正として五八年議会において承認された。この協力関係は、国民戦線《フレンテ・ナシオナル》と呼ばれ、大統領の交代制は七四年まで、内閣および地方行政の折半制は七八年まで続くこととなった。

自由党のアルベルト・イェラス・カマルゴ(在任一九五八～六二)に始まって保守党のミサエル・パストラーナ(在任七〇～七四)まで両党が交互に大統領をだした。大統領選は基本的に対立候補のない信任投票のかたちをとった(もっとも七〇年選挙では保守党公認候補にたいし、国民同盟〈ANAPO〉を結成したロハスおよび保守派二名が立候補した)ので、国民は選挙への関心を失い、行政全般に硬直化を招いた。

最初のイェラス・カマルゴ政権は、国内混乱の回復と農地改革に着手した。彼は、チリのフレイとならんで、「進歩のための同盟」の積極的推進者であり、その政策を先取りし、コロンビアは「同盟」の「ショーケース」とみなされた。「同盟」による援助は一九七四年までに一四億ドルに達し、農地改革、教育、衛生、住宅、運輸などに充当された。六一年コロンビア農地改革局が設立され、土地集中の緩和、再分配、農民の生活水準の向上などが提唱されたが、大土地所有には手がつけられず不平等は解消されなかった。この結果、農村においては六〇年代ころから土地の再分配を要求する農民暴動が激化し、「自衛地区」を設けてゲリラ組織化されるにいたった。バレンシア政権期の六四年に社会変革のために教会を離脱してゲリラ闘争に身を投じ、六六年戦死した神父カミロ・トレスの行動は、当時の支配層に大きな衝撃を与え、また教会内部から社会変革をめざす思想(「解放の神学」)の広まりに大きな影響を与えた。

一九六六年に就任したカルロス・イェラス・レストレポ(在任六六～七〇)は、輸出振興基金による信用供与やコーヒー、石油以外の輸出にたいする免税措置をとり、貿易の振興・多角化をはかった。この結果、バナナ、砂糖、綿花、木材、皮革などの輸出が増大した。また彼はアンデス諸国の経済統合を熱心に推進し、六六年八月のボゴタ宣言をへて、六九年五月のカルタヘナ協定によるアンデス共同市場の発足に大きく貢献した。その目標は、域内貿易自由化および対外共通関税、部門別工業開発計画、融資機関としてのアンデス開発公社の設立、共通外資規制、アンデス多国籍企業構想などである。

国民戦線以降の二大政党支配

一九七四年の選挙では、自由党のアルフォンソ・ロペス・ミケルセンが国民戦線終了後はじめての大統領となった。ロペス政権(七四～七八年)は自由党進歩派として貧富の差、地域間格差の解消を掲げ、その一環として累進課税を含む税制改革に取り組み、次のような経済の動きがみられた。(1)石油の消費拡大と生産停滞による輸出から輸入への転換、(2)七六年十一月、コロンビア石炭公社の設立と採掘活動、(3)麻薬密輸によるドル流入。カリブ海沿岸シエラ・ネバダ地域が世界最大のマリファナ栽培地となり、七九年にはコーヒー、砂糖などの密輸とあわせ三二億ドルが流入したといわれている、(4)コーヒー景気。七四年価格はポンド当たり〇・七ドルだったが、ブラジルの霜害により七七年には二・四〇ドルに上昇した。

一九七八年大統領選挙は、自由党のフリオ・トゥルバイ・アヤラが、保守党のベリサリオ・ベタンクールを僅差で破った。保守党員を五名入閣させ、引き続き保守党との協力関係を維持した。トゥルバイ政権(七八〜八二年)は前政権の基本政策を踏襲したが、コーヒー・ブームは去る一方、石油価格は高騰して、インフレだけが残った。インフレの高進は開発計画を断念させるとともに労働組合の賃上げ攻勢を激化させた。さらに農地改革の遅滞や失業の増大が背景となり、七〇年代末からゲリラ闘争が再開され、八〇年には五月十九日運動(M十九)がボゴタのドミニカ共和国大使館を占拠してたてこもる事件が起こっている。トゥルバイ政権期はインフレ対策、ゲリラと麻薬生産者の掃討に終始し、政権末期には自由党支配への幻滅感が広がった。

ボゴタ市　標高2600mの高原に立つコロンビアの首都。かつてはムイスカ人の首都バカタであった。

この結果、一九八二年には保守党のベタンクールが、再選をめざした自由党のロペスに勝利し、一二年ぶりに保守党政権を成立させた。ベタンクール(在任八二〜八六)は保守党の進歩派に属し、国内ではゲリラ勢力との和解をはかる「国内和平プロセス」を推進した。こうして八四年に政権とゲリラ各組織のあいだで停戦協定が結ばれた。外交面では非同盟自主外交を提唱し、コンタドーラ・グループに積極的に参加している。

コロンビア経済は一九八四年、コーヒー価格の上昇、貿易赤字の減少など小康状態を保っているが、いぜんとしてインフレ、失業、対外債務問題をかかえている。八四年六月、カルタヘナにおいてラテン・アメリカ債務国会議を開催し、金利引き下げ、ＩＭＦ融資条件の緩和などを骨子とするカルタヘナ合意を取りまとめた。

石油と軍・民政権の興亡(エクアドル)

一九五〇年代のブルジョワ民主主義は後景に退き、六〇年代以降のエクアドルは危機の時代をむかえた。六〇～七二年の政治不安定、七二～七九年の軍政と続き、七九年以降ふたたび民政に復帰した。

経済の苦境は一九六一年に顕在化し、バナナ、コーヒー輸出は低下し、実質賃金の低下、物価の高騰をともなった。キューバ革命の影響もあり、労働者、学生など、民衆の政治動員が活発化し、五九～七〇年の一二年間に七人の大統領が輩出する激動ぶりを示した。短命に終わった第四次ベラスコ政権(六〇～六一年)を継いだ副大統領のカルロス・フリオ・モンロイ政権(六一～六三年)は、この状況を前に改革主義を掲げ、カストロ主義への強硬な対応を求める米国の圧力に抵抗した。しかし共産党から分裂したエクアドル青年革命同盟によるゲリラ闘争の開始と教会など保守勢力の圧力の前に、政府は六二年キューバとの断交に踏み切り、保守勢力を懐柔した。しかしゲリラ攻勢に脅威を感じた軍部は、保守派の支持のもとに六三年クーデタを敢行し、ラモン・カストロ・ヒホン提督を首班とする軍事政権(六三～六六年)を成立させた。この政権は予防革命的性格をもち、「進歩のための同盟」の改革主義に基づき農地改革、税制改革などの構造改革を提唱する一方、左翼への弾圧を強め、組合活動の禁止、大学の閉鎖をおこなった。農地改革は農村の前近代的生産関係の廃絶をはかったが、土地の再分配は、地主への配慮により微温的なものに終わった。ゲリラ闘争が鎮静化すると税制改革に反対していたグァヤキルなどの輸出ブルジョワ層は政権への不信感を表明し、民衆も二〇〇カイリ主権の放棄やテキサコ・ガルフ石油共同体への一五〇万ヘクタールの開発権供与にたいして反発を強め、六六年に軍事政権は崩壊した。

後任大統領にはグァヤキルのブルジョワ層を代表するオットー・アロセメナが就任した（在任一九六六〜六八）。続いて第五次ベラスコ政権（六八〜七二年）が成立したが、七〇年代にはいりインフレの高進、財政赤字などによる経済危機が強まり、ベラスコ政権は七〇年六月、軍部とブルジョワ層の支持のもとに独裁制宣言をおこない、二年後の民政移管を公約した。この選挙では前グァヤキル市長、人民勢力結集党（CFP）のアサド・ブカランが有力視された。彼は貧民層とプチブル層を支持基盤とするポピュリスト政治家であったが、七二年二月軍部はふたたびクーデタを起こし、軍事政権を成立させた。

左派軍事政権の成立から民政移管へ

ギイェルモ・ロドリゲス・ララ将軍が率いる軍事政権（一九七二〜七六年）は、ペルーのベラスコ政権、ボリビアのトレス政権に続く反寡頭制・民族主義を唱える左派軍事政権であり、六〇年代の政治的・経済的混乱を改革・ナショナリズムによって収拾しようとした。それはとくに石油政策の発現において示された。七二年上半期まで輸出の首座にあったバナナにかわって石油がトップとなり、七六年では石油五一％

にたいし、バナナ二四％と完全に逆転した。政権の石油政策は、オリエンテ(東部地方)の油田開発の主権回復、開発権の四〇年から二〇年への期限短縮、テキサコ石油、ガルフ石油への二五％の資本参加、エクアドル石油公社の設立、エスメラルダ県における国営精油所の建設、ＯＰＥＣへの加盟(七三年六月)などである。さらに農地改革、国営部門の強化、税制改革が実施され、ブルジョワ層を含む寡頭支配層の反発を招いた。

一九七四年にエクアドル経済はかげりをみせ始め、とくに農業は石油ブームによる都市への資本流出により生産の停滞に陥り、たとえば小麦生産は七〇〜七九年に四分の一に低下している。民衆には食料品価格の上昇や農村からの人口流出、都市化の進展による失業・半失業(あわせて四〇％に達する)などの生活

キート市　16世紀に征服者ベナルカサールによって建設されたエクアドルの高原の町。旧市街には，いまでも植民地時代の町並みがそのまま保存されている。

年次	輸出額(百万ドル)	輸出総額に占める割合(%)
1972	59	19.9
73	226	45.9
74	608	58.6
75	516	57.4

エクアドルの石油輸出(1972〜75年)

条件の悪化をもたらした。またこの時期、テキサコ、ガルフによる生産・輸出ボイコット、食料品輸入の増大、奢侈財輸入の増大、官僚機構の肥大化により財政事情が著しく悪化した。このため政府は必需品以外の輸入にたいし六〇％の税を課した。この増税政策は寡頭支配層の憎悪の的となり、七五年九月軍部右派のクーデタ未遂事件が起こる一方、十一月には改革の前進を要求して三大労組がゼネストに突入した。政治的混迷が続くなか、七六年一月、アルフレド・ポベダ将軍を中心とする右派によりロドリゲス政権は崩壊した。こうして三頭支配による抑圧政治にかわった。七五年のクーデタ未遂事件では首謀者がチリ大使館に亡命したことや、右派軍事政権(七六〜七九年)成立以後は貿易拡大、資本の導入、軍事協力などチリのピノチェト政権との接近を強め、また七七年十月のアストラ製糖工場の争議では武装警官を派遣して一二〇人(組合側の発表、政府発表は二四人)の労働者を虐殺した。

一九七八年の民政移管に基づく大統領選挙ではブカランの甥でCFPのハイメ・ロルドス・アギレーラが翌年の決選投票にいたって勝利した。ロルドス(在任七九〜八一)は革新派のリーダーとして、安定した民主制、開発、社会的公正を掲げ、所得再分配を柱とする五カ年計画を策定した。しかし議会では少数派に属し、困難な政局運営をよぎなくされた。対外的には民主主義を基準として独裁政権への非難、ニカラグァのサンディニスタ政権への支持を表明した。八一年、飛行機事故により不慮の死にあった。

このため副大統領で人民民主党のオスバルド・ウルタード(在任一九八一〜八四)が昇格し、前政権の基本政策を踏襲した。この時期原油価格が低迷するとともに、他の輸出産品価格も世界不況によって低迷し、他のラテン・アメリカ諸国と同様、インフレ、債務問題に直面して八二年緊縮政策に移行した。

2　政党政治の動揺(一九九〇年代)

二大政党制の崩壊の始まり(ベネスエラ)

一九八〇年代後半以降のベネスエラ政治は、ハイメ・ルシンチ政権(八四〜八九年)、ペレス第二次政権(八九〜九三年)と続いてAD政権によって担われてきたが、最大の輸出商品である石油価格の停滞による債務危機のもとで緊縮経済政策をよぎなくされ、それにたいする反発が民衆や軍部から起こってきた。とくにペレス政権は、公共料金の大幅値上げというショック療法を断行したが、八九年二月には民衆による暴動(カラカス暴動)、九二年二月、十一月に軍部によるクーデタ未遂事件が二件起こり、九三年五月に大統領の公金横領が露見するにおよび、ペレス大統領は九四年に逮捕、収監されるにいたった。

政権政党のADの退潮のなかでむかえた一九九三年十二月の大統領選では、COPEIの創始者でこのとき中道左派の国民統一党候補となった元大統領カルデラ(在任九四〜九九)が、ペレス政権の緊縮経済政策を批判し、低・中所得者層に配慮する社会政策、腐敗追放を唱えて勝利した。しかし石油価格の低迷と経済停滞のなかで、都市の貧困層を中心に新しいタイプの政治家が求められ、九八年十二月の大統領選では、九二年の二度のクーデタの首謀者で第五共和国運動を率いる、ウーゴ・チャベス元中佐(在任九九〜、任期五年)を大統領に押し上げた。チャベスは反新自由主義、貧者救済を政策として掲げている。こうして五八年以降定着してきた二大政党に基づく政治体制は、九八年にいたり事実上、崩壊した。

その後、二〇〇二年に起こった反チャベス派によるクーデタを切り抜けたチャベスは、主要野党がボイコットした〇五年十二月の国会議員選挙で議席を自派で独占し、〇六年十二月の大統領選挙で再選をはたした。チャベスはボリーバル革命を標榜し、主要産業の国有化など社会主義政策を推し進めたが、経済が石油部門のパフォーマンスに左右される構造は変わらず、インフレの高進や治安の悪化に直面している。

あらたな暴力状況《ビオレンシア》(コロンビア)

一九八〇年代以降のコロンビア政治は、麻薬マフィアと左翼ゲリラの二つの非合法勢力に壟断《ろうだん》され、ゲリラ組織の合法化、政党化の帰趨とサンペール政権の麻薬マフィアからの献金疑惑が政界をゆるがすことになる。ゲリラ活動を展開していたコロンビア革命軍(ＦＡＲＣ)、Ｍ十九、人民解放軍(ＥＰＬ)の各組織は、八四年にベルサリオ・ベタンクール保守党政権との停戦協定に調印し、八五年にＦＡＲＣが愛国同盟を、九〇年にはＭ一九が民主同盟Ｍ十九という合法政党を組織した。こうしてゲリラ活動は一応、鎮静化したかにみえたが、九〇年代にはいりゲリラ活動が再燃してくる。これに右翼民兵組織(パラミリタール)がゲリラ掃討を開始し、ゲリラから転向した政党の主要幹部、人権派弁護士、運動家へのテロに関与し、「汚い戦争」が続いている。

一方、麻薬組織との抗争(麻薬戦争)は一九八九年の自由党の大統領候補ガランの暗殺事件をきっかけにして、エスカレートしていった。政府軍との戦闘のなかでメデイン・カルテルはその幹部がつぎつぎに逮捕され、最大の首領のパブロ・エスコバールが射殺されるにおよんで勢力を失い、かわってカリ・カルテルが台頭している。八六年から続いてきた自由党政権（八六〜九〇年ビルヒリオ・バルコ、九〇〜九四年セサル・カビリア、九四〜九八年エルネスト・サンペール）は、九四年の大統領選でのカリ・カルテルからの献金疑惑により大統領側近が逮捕されるなか、サンペール大統領自身への容疑が深まり、下院において無罪が採決されたものの、米国による経済制裁への懸念や学生、民衆による辞任要求デモなど政権への不信感が強まり、九八年の大統領選では保守党のアンドレス・パストラーナ政権（九八年〜、任期四年）が誕生した。

コロンビア経済は一九八〇年代初頭、従来輸出していた原油輸入、コーヒー価格の低迷に直面したが、対外債務に基づく深刻な経済危機を経験せず、八〇年代を通じて比較的順調な成長をとげた。これはコーヒー以外の工業製品や漁業など輸出の多様化がある程度、成功した結果であった。これがコロンビアでは伝統的な二大政党制が現在まで継続してきた背景である。こうして他の諸国とは異なり、緊縮経済政策を経過することなく新自由主義政策に移行することが可能となった。

二〇〇二年に大統領に就任したアルバロ・ウリベは、長らく治安上の懸念事項であった左翼ゲリラにたいする強硬策を打ち出した。〇八年三月にエクアドル領内のＦＡＲＣ拠点を軍が急襲して最高幹部を殺害するなど、同政権下で左翼ゲリラの弱体化が進んだが、エクアドルをはじめとする周辺国との関係は悪化した。

少数政党分立とペルーとの国境紛争（エクアドル）

エクアドルは他のラテン・アメリカ諸国に先立ち一九七九年に民政移管を実施した。しかし伝統的にキート＝グァヤキルを軸とする山岳部と海岸部の地域対立、国民経済成立の遅れによる複雑な階級構成が少数政党分立となってあらわれ、政権獲得をめぐる政党間の合従連衡が繰り返された。八〇、九〇年代のエクアドル政治は、キリスト教社会党(八四～八八年レオン・コルデーロ)、民主左翼党(八八～九二年ロドリゴ・ボルハ)、共和連合党(九二～九六年シスト・ドゥラン・バイェン)、エクアドル・ロルドス党(九六～九七年アブダラ・ブカラン)、人民民主党(九八年～二〇〇〇年ジャミル・マワ)とさまざまな政党が政権を担ったが、いずれも議会において単独過半数をえるにいたらず、苦しい議会運営を強いられた。

こうした不安定な政治風土に加えて、一九八〇年代と九〇年代初頭には石油、熱帯農産物(バナナ、カカオ)の輸出不振が債務危機による経済停滞を招き緊縮経済政策がとられ、歴代政権は、緊縮財政と民衆に配慮するポピュリスト政策とのあいだを揺れ動いた。九二年に成立したドゥラン政権は保守主義の立場から経済開放、国営企業の民営化など一連の新自由主義政策を進め、ＯＰＥＣからも離脱した。ブカランは選挙公約としてのポピュリスト的政策に訴えて大統領選に勝利したが、就任後は一転して緊縮財政政策をとり、民衆の反発、議会での孤立により罷免決議を受け、任期途中で政権をおりた。九八年成立したマワ政権とペルー・フジモリ政権とのあいだで停戦協定が成立し、緩衝地帯として環境保護地域が設置され、一応の決着がついた。

不安定な政治状況のなかで二〇〇七年に大統領に就任したラファエル・コレアは、周辺の反米左派政権と歩調をあわせつつ自らの権力基盤を強化し、新憲法下で実施された〇九年四月の大統領選挙で再選された。

第三章　ペルー、ボリビア、チリ

1　改革主義の挫折と政治的混迷(一九六〇〜七〇年)

ゲリラ闘争の展開と改革主義(ペルー)

プラード政権(一九五六〜六二年)は成立直後、アプラの合法化、新聞検閲の廃止等、一連の政治的民主化を実施した。さらに銅価格の低下、輸出不振、山岳部南部の旱魃による経済不況を乗りきるために、食料品価格・公共料金・ガソリンの値上げ、賃金の凍結、公共事業の打ち切り等の緊縮政策を実施した。その結果、六〇年には財政は好転し、貿易収支も七年ぶりに黒字となった。南部のトケパラ銅山が開発され、また沿岸漁業(アンチョビ)が急成長して六二年には輸出の三分の一を占めるほどになった。またペルーがもっとも必要としている住宅建設と農地改革に手をつけた。六〇年九月に農地改革法が提案されたが、その内容はあらたな公有地の開拓、大農場にたいする収用免除、収用地への法外な補償がうたわれ根本的な改革にはほど遠かった。おりから五八年にクスコ北部ラ・コンベンシオン盆地を中心にウーゴ・ブランコを指導者とする農民闘争が開始されていたが、プラード政権の農地改革は農民の渇望をいやすものではなかった。この地方はコカ、コーヒー、カカオなどの熱帯産品を生産する大農場が発展し、小作農《アレンディレ》、又借農《アリエガド》にたいする過酷な搾取が強化される傾向にあった。農民闘争は六五年まで続いた。

一九六二年の選挙では、プラード派とアプラが連合して民主同盟を結成し、アヤを大統領候補に推した。またオドリーアがオドリーア派国民同盟を組織して出馬した。一方、ベラウンデは五六年に知識層、学生などのリマを中心とする都市中間層、新興ブルジョワ層を基盤とする新政党、人民行動党(AP)を結成し、立候補した。結果は上位三名による議会での決選投票となった。アプラがオドリーア派との協力に動いたため、選挙登録に際してのアプラによる不正を批判していた軍部は、この動きを阻止すべく七月に決起し、ただちに議会と憲法を停止し、軍事評議会を成立させた。

この軍事政権は、翌年の再選挙を公約していた。しかし農民闘争拡大のなかで治安上の配慮から農地改革法を布告した。一九六三年三月にラ・コンベンシオンなど農民闘争が激化していた七地域において実験的な農地改革を実施し、農民に二〇年賦の有償再分配をおこなった。また、社会・経済開発のプランづくりのため国家計画局を設置した。このように軍事政権の改革は、六八年に始まるベラスコ改革の先鞭をなした。

ベラウンデ政権の改革と挫折

一九六三年の再選挙では、キリスト教人民党(PCD)との選挙協力と軍部の全面的支援により、APが勝利した。ベラウンデ(在任六三〜六八)は、「進歩のための同盟」に従う新しいタイプの改革主義者として、農地改革を手初めに近代化政策を推進した。その農地改革は、アプラなど野党の反対により生産性の高い糖業プランテーションなどはその適用から除外された。また財政難により土地の買い上げはあまり進まず、結局九二二四家族に再分配されるにとどまった。

ベラウンデ政権のつまずきは農村問題とインターナショナル石油(IPC)問題であった。農村における不平等な土地所有(一九六一年において〇・四%の地主が全農地の七五・九%を所有)は、農地改革によっても是正されず、六三年にふたたび南部を中心に農民闘争が活発化し、六五年にはゲリラ闘争が発生して軍部の危機感を強めた。海岸部北部に油田をもつ米国系IPCとペルーの歴代政府は、税不払いをめぐって紛争が続いていたが、ベラウンデ政権はその解決をはかるため六八年、IPCとタララ協定を結んだ。この協定では油田地帯の所有権と経営権を石油公社に引き渡すかわり、原油をIPC所有のタララ製油所に売

フェルナンド・ベラウンデ・テリ　1963年以来ペルー大統領を務めたが，68年の軍クーデタで失脚。その後，1980年に第２期政権を樹立した。

り渡すというもので、税不払いは不問にするという内容であった。この売り渡し価格をめぐる不正が発覚し、政府は批判の矢面に立たされた。

フレイ政権の「自由のなかの革命」(チリ)

一九五〇年代以降の経済停滞とインフレの高進、農村における極端に不平等な土地所有構造を前にして、六四年の大統領選挙は構造改革を唱える二つの勢力、キリスト教民主党(ＰＤＣ)と人民行動戦線(ＦＲＡＰ)のあいだで争われた。ＦＲＡＰの勢いに危機感をもった国民党がＰＤＣを支援して、右派と中道の連合「民主戦線」が結成され、フレイが、ＦＲＡＰのアイェンデを破って勝利した。

ＰＤＣは保守党から分れた国民ファランヘ党を前身として一九五八年に結成された。都市中間層と新興資本家層を基盤とし、社共の影響力が弱い都市貧民層、農民層、女性層にも勢力を扶植する改良主義政党である。フレイ政権(六四～七〇年)は「進歩のための同盟」路線にそった資本主義的近代化の道を忠実に歩んだ。フレイ政権のおもな政策は、「銅山のチリ化」を含む工業開発政策、農地改革、民衆の社会動員である。

選挙戦にＦＲＡＰの銅山国有化に対抗してだされた「銅山のチリ化」は、その民族主義的な語調とは異なりきわめて妥協的なものとなった。「チリ化」とは五一％の株式を政府が買収することによって経営権の掌握をめざすものであったが、企業側は高水準の買収価格を設定し、経営介入は放棄された。フレイ政権の経済政策の基調は、むしろ米国からの資本導入による重工業化にあり、優遇税制、利潤送金の緩和、輸入制限の撤廃により工業の多国籍化が進んだ。

農地改革は一九六七年七月実施された。灌漑地八〇ヘクタール以上の農地を有償接収し、当初アセンタミエントと呼ばれる協同組合に組織され、将来自営農へ移行させる計画だった。接収地は三四〇万ヘクタール(全農地の一二%)、灌漑地二七万九〇〇〇ヘクタール(一八%)、受益農家二万一〇五家族(七〇年七月)にとどまり、公約した一〇万戸に遠くおよばず、農地改革への政権の意欲の減退や地主側の名義分散などの抵抗により不徹底なものに終わった。

「自由のなかの革命」をスローガンとしたフレイ改革は、結果として都市・農村における民衆の政治的動員をうながし、七〇年大統領選に向けて階級対階級の図式を鮮明にしていったのである。

	生産高(万t)	世界生産に占める割合(%)
1841—50	10.0	22.7
1851—60	22.0	32.4
1861—70	40.1	40.1
1871—80	45.7	36.6
1881—90	36.7	16.3
1891—1900	23.6	6.3
1901—10	35.2	5.1
1911—20	67.6	6.2
1921—30	202.7	15.1
1931—40	270.2	16.1
1941—50	434.7	18.6
1951—60	445.1	13.2
1961—70	639.1	12.4
1971—74	307.0	10.6

チリの銅生産高(1841〜1974年)

エドゥアルド・フレイ　キリスト教民主党を率い，「自由のなかの革命」をスローガンとして農地改革，銅山のチリ化などに取り組んだチリ大統領。

2　MNR革命以後の政治・経済危機（一九六〇年～現在、ボリビア）

軍政の継続とゲバラの死

パス・エステンソーロ政権の崩壊により、一九五二年革命は終焉した。六四年成立した軍事評議会は、六五年二人大統領制（六五～六六年）がとられ、農地改革、福祉政策の継続を宣言した。とくにバリエントスはケチュア語を解し、労働運動と左派の活動に対抗して、農民層を自らの支持基盤とした。バリエントスは、六六年大統領選挙を実施し、農民層、ファランヘ党、新興鉱山主層、官僚層の支持をえて、勝利した。当時ボリビア革命の伝統を引く強力な労働運動が存在したが、バリエントスは弾圧政策で臨み、とくに鉱山地区にはたびたび軍隊を派遣した。

キューバ革命の指導者の一人、エルネスト・チェ・ゲバラは、一九六六年ボリビアに潜入した。ゲバラはボリビアを南アメリカ大陸革命の根拠地とすべくボリビア民族解放軍（ELN）を組織し、サンタ・クルスにベースキャンプを設置した。バリエントス政権は米軍の全面的協力のもとにゲリラ掃討作戦を展開し、ELNの孤立化をはかるため労働運動との結びつきを断とうとした。六七年六月には、カタビ鉱山シグロ・ベインテ鉱山区を急襲し多数の鉱夫を虐殺した（サン・ファンの虐殺）。またゲリラ運動の一方の核となる農民層は、ボリビア革命の受益者としてむしろ保守派の基盤となっていた。こうしてゲリラは壊滅され、ゲバラは銃殺された。

バリエントスの航空機事故死（一九六九年四月）後、オバンド将軍（在任六九～七〇）は「革命的民族主義政権」を自称して、ＭＮＲ革命の伝統を継承すると宣言した。六九年十月には、唯一の外国石油会社であったサンタ・クルスのガルフ石油を国有化した。また翌年、ボリビア労働者中央組織（ＣＯＢ）とボリビア鉱山労働組合連合（ＦＳＴＭＢ）を合法化した。しかしオバンド政権は、バリエントス政権のような強力な農民的基盤をもたず、軍内部の勢力争いにより、七〇年辞任をよぎなくされた。その後任がファン・ホセ・トレス将軍（在任七〇～七一）であった。彼は青年時代ファランへ党に属し、ゲバラの掃討作戦にも従事したが、ボリビア史上もっとも急進的な大統領として登場することになった。

左翼軍事政権の成立と崩壊

一九七〇年六月に労働者、農民、学生、軍人、左翼政党から構成される「人民議会」が創設され、翌年の第一回大会では、米国の平和部隊の追放、鉱山の労働者管理、中小鉱山の国有化などを決議した。反米色を強め、ボリビア鉱山公社と米国系鉱山会社の契約を解消し、またＵＳスチールのマチルダ亜鉛鉱山との貸借契約を反故《ほご》にした。外交的にもソ連・東欧諸国との関係を深め、キューバ、チリとの国交を回復した。しかし労働者の動員による「人民議会」の活動は二重権力状況を現出させ、保守派、軍部右派の危機感を生み出した。こうした状況で七一年、ウーゴ・バンセル大佐による反乱がサンタ・クルスに起こり、ラ・パスの兵営にも波及してクーデタは成功した。これにはＭＮＲの右派、中間派、ボリビア社会主義ファランへ（ＦＳＢ）が協力した。

バンセル政権(一九七一～七八年)下、ボリビア経済はいぜんとして好況を享受し、七〇～七四年に輸出額は三倍に拡大、とくにサンタ・クルス産出の砂糖、綿花など非鉱業産品の輸出が増大した。「MNR革命」以来の都市における公共投資や教育投資により政府内の技術官僚や専門職層が台頭した。都市化も急速に進み、とくにサンタ・クルスは石油、農業の発展により経済エリート層が政治的にも発言力を高め、人口においてもラ・パスにつぐ都市となった。

軍政下の政治・経済危機

通貨切下げをめぐってそれに反対するMNRパス派が閣僚を引き上げたことにより、バンセルは一九七四年、あらゆる政党を排除した軍部政権を成立させた。七四年当時、錫価格の上昇(前年比二倍)、石油ブーム(輸出の二五%を占める)、錫加工品、砂糖、綿花の輸出拡大に基づく経済好況が政権安定の財政的裏づけとなった。しかし七六年にはいると弾圧政策に反発する組合運動が活発化し、二カ月間の全国ストが続いた。七七年はじめ、米大統領にカーターが就任し、人権外交を軸に対ラテン・アメリカ政策に大幅な軌道修正を加えた。内外の圧力によりバンセルは七八年大統領選挙の実施を約し、自ら不出馬を宣言した。

一九七八年の大統領選にはバンセルの後継者として軍が全面的に支持するファン・ペレーダ・アスブン将軍とMNRのパスおよびエルナン・シレス・スアソが争った。シレス・スアソはパス派が支配するMNRを離党して、左翼MNRを結成し、選挙同盟の民主人民同盟からの出馬であった。結果はペレーダ・アスブンの勝利が決定しかけたが、選挙の不正にたいする批判が高まり、軍部はやむをえず選挙の無効を宣言した。翌八〇年再選挙が実施され、クーデタ支持で人気を落としたパスを破って、ふたたびシレス・スアソが勝利した。軍部の右派はシレス・スアソへの政権引き渡しに反対し、七月のクーデタによりルイス・ガルシア・メサ将軍が大統領となった。彼はバンセル流の弾圧政治をおこない、組合、政党を非合法化した。

一九八〇年代初めには石油、錫の生産低下が起こり、鉱山公社などへの財政負担が増大した。このような不況と、閣僚の二人がコカイン密売に関係していたという汚職が発覚し、ガルシア・メサ政権は窮地に追い込まれ八一年八月四日クーデタによって崩壊した。

新自由主義への移行

一九八二年の民政移管にともないシレス・スアソ左翼MNR政権が成立した(八二～八五年)。この政権は左翼MNR、共産党、左翼革命運動党などからなる連立政権であった。軍政下で分裂した国民の統合をはかりながら、経済危機に対処するという苦しい政治・経済運営を強いられることになった。鉱業産品輸出経済はおりからの世界不況をまともにこうむって財政赤字、対外債務問題をかかえ、未曾有のインフレの高進(八四年二三〇〇％、八五年一万四〇〇〇％)のなかで、COBの賃上げ攻勢や連立の解消によりシレス・スアソは総選挙を一年早め、事実上政権を放棄した。以後、ハイパーインフレ、経済停滞が続くなかで、パス・エステンソーロ第四次MNR政権(八五～八九年)、ハイメ・パス・サモーラ革命左翼運動党(MIR)政権(八九～九三年)が誕生したが、いずれも緊急経済政策にたいするCOBをはじめとする労働組合、学生、民衆による反政府運動に苦慮し、不安定な政権運営が続いた。パス・サモーラ政権末期には財政は破綻状態となった。

この結果、一九九三年の大統領選ではふたたびMNRのゴンサーロ・サンチェス・デ・ロサーダ政権が誕生した(九三〜九七年)。この政権では、副大統領に先住民出身のビクトル・ウーゴ・カルデナス(トゥパク・カタリ革命解放運動党)が就任したことが特筆される。この政権のもとで他のアンデス諸国に遅れて、本格的な自由主義政策が採用された。九七年選出された国民行動党(ADN)のウーゴ・バンセル政権も伝統的な保守主義の立場からこの政策を引き継いでいる。

バンセル政権下の二〇〇〇年、コチャバンバ水紛争とも呼ばれる水道事業民営化をめぐる抗議運動が発生するなど自由主義政策にたいする貧困層の不満が噴出し、その後は大規模なストライキや反政府デモと大統領の辞任が繰り返された。こうした不安定な政治状況のなかで、〇五年十二月の大統領選挙で先住民指導者のエボ・モラレスが当選し、反米左派の同政権下で天然資源の国有化などの社会主義政策が導入された。

3　ペルー革命の帰趨

「軍部革命政権」の成立と崩壊

一九六八年十月三日の軍事クーデタは、IPC問題が契機となったが、根本的には農村の大土地所有構造の存続、四八年以来の自由主義経済政策による社会変革の破綻がゲリラ闘争による社会不安を生み出したことへの危機感が軍部の改革派を突き動かしたものである。

ファン・ベラスコ・アルバラード将軍が率いる軍事政権(一九六八～七五年)は自ら「軍部革命政権」と規定し、本質的には国民統合、国民経済の確立をめざす自立的資本主義を樹立するための諸改革に着手した。軍事政権はただちにタララ協定を破棄し、六九年IPC資産を無償接収した。

一九六九年六月農地改革法が公布され、大土地所有制の廃止による伝統的支配層の切りくずしをはかった。改革は海岸部のプランテーションから着手され、その高い生産力を維持するため協同組合形態が導入された。山岳部における先住民共同体は農民共同体と改称され、アシエンダの協同組合への移管により、両者をあわせて農業公益組合(SAIS)を創設し、両者の格差是正をはかった。こうして農業を再編して国民経済に統合するとともに、従来の組合運動への介入を強化した。また国内市場の拡大など、農地改革は工業化との関連で位置づけられた。農地改革の結果、六九～七九年に一万五八二六の農場(九〇六万五七七二ヘクタール)が収用され、うち八三二万八三二二ヘクタールが再分配され、三六万八八一七家族が受益者となった。改革面積は全耕地、牧草地の四八%におよんだ。

ファン・ベラスコ・アルバラード　ペルーの軍人大統領。クーデタによりベラウンデ政権を倒し，「軍部革命政権」を唱えて農地改革，工業改革に着手した。軍部内の無血クーデタで失脚した。

工業部門では、外資系企業に支配されていた基幹産業を国営化するとともに一般企業においても労働者参加を促進し、工業共同体を導入することにより工業における民族化をはかった。基幹産業では、セロ・デ・パスコ銅会社、グレース商会資産(糖業プランテーション、化学、紙パルプ)、国際電信電話(ＩＴＴ)、その他精油所、魚粉工場などの米国系企業が有償国有化された。工業共同体は六名以上の常用従業員をもつか年間総収益一〇〇万ソル以上のすべての企業に適用され、従業員にたいし将来の経営参加をもたらす集団的従業員持株制と利益参加の二つの機能をもつものであった。

以上の工業改革は、労働者参加を目標とする野心的で高レヴェルの実験であったが、行政側の対応や労働者の意識などがともなわず、現場での混乱を招き、またアプラ系のペルー労働同盟(ＣＴＰ)の対決姿勢や、改革から取り残された臨時雇などの周辺層の存在など「上からの改革」の限界を示していた。

外交政策では、対米追随の外交を転換し、一九七一年に中国と、七二年にはソ連、キューバとの国交を回復し、社会主義諸国との関係を改善した。またアンデス共同市場の一員として域内諸国との経済関係を重視し、その本部はリマにおかれている。

革命からの撤退

以上の改革にみられる軍事政権の意図は、内外企業、政党、組合などの介在を排除して階級融和をはかり、政府、国家およびその下部機関としての全国社会動員育成組織(ＳＩＮＡＭＯＳ)と大衆、農民、労働者を直接結びつけ、統合支配していく組合国家主義的な方向をもつものであった。

政府主導による公共部門中心の経済運営は、内外資本の工業投資を著しく減退させ、工業生産は一九七〇年を境に低下の一途をたどった。また公共部門の拡大は、政府の財政負担を加重させ、七三年の世界不況の波は工業産品の需要低下をもたらし、漁業の不振などが加わって国際収支を著しく悪化させた。改革のペースは緩慢となる一方、賃金引き上げ、物価抑制を求める労働攻勢が高まり、政府機関の汚職が摘発されるなどベラスコ政権は末期的状態を示した。このようななかで軍部右派の巻き返しが始まりベラスコが病床にあるとき、七五年八月無血クーデタによりベラスコ政権は崩壊した。

後任には親米穏健派のフランシスコ・モラレス・ベルムデス将軍が就任した。当初、モラレス政権(一九七五〜八〇年)は左右のバランスをとりながら内閣を組織し、しだいにベラスコ派を切りすてていった。国営企業の民間資本への開放、工業共同体を利潤分配方式に限定する、社会所有部門への助成金・補助金の打ち切りなど改革を大幅に後退させた。外国投資の減少、国際収支の悪化、政府借款の増大は対外債務の累積を拡大させ、七六年五月に事実上ＩＭＦの管理下におかれ、緊縮経済をよぎなくされた。このようにモラレス政権は、緊縮政策をともなう開放政策への転換をはかりながら、政治的には民政移管に向けて「名誉ある撤退」をはかる過渡的性格をもった。

民政移管までの過程は、一九七八年六月制憲議会選挙が実施され、翌年、三三年憲法にかわる新憲法が制定された。新憲法ではベラスコ改革による国営・社会所有部門、協同組合形態を認知し、ペルーが複合経済体制をとることを追認した。大統領にかんし、任期を六年から五年としながら、権限は強化され、その選挙制度も変更された。

一九八〇年の民政移管にともなう大統領・議会選挙では、APのベラウンデが四二％を獲得し、両院議員選でも第一党の地位を確保して勝利した。

民政移管後の動向

第二次ベラウンデ政権（一九八〇～八五年）は、発足当初、前政権末期からの財政回復、輸出堅調のなかで国営企業の民営化、外資規制の緩和、関税の引き下げ等の大幅な自由化・開放政策をとり、経済成長率も七九～八一年にはプラスに転じた。しかし八二年には世界不況の波をまともにかぶりふたたび成長率は低下（〇・七％）し、七二％のインフレを記録した。

ベラウンデ政権発足と軌を一にして農村ゲリラ組織センデーロ・ルミノソ（SL）の活動が開始されている。この組織は中部山岳部アヤクーチョ大学の学生組織を母体とし、遅れた農村の解放をめざす毛沢東主義を標榜《ひょうぼう》して、一九八〇年五月に武装闘争を開始し、しだいに都市へも活動の舞台を拡げていった。八三年五月には全土に非常事態宣言が発布され、アヤクーチョ県は軍政下におかれた。

農村ゲリラ攻勢、エル・ニーニョ現象による農作物被害が経済危機を加速するなか一九八二年六月以降、IMFの計画に基づく緊縮経済に転換し、公共支出の大幅削減による超緊縮予算をくむ一方、自動車など奢侈財への増税、ミルク・電気料金・米の価格統制の解除などの結果、失業、物価高、実質賃金の低下を招いた。こうした失速状態のなかで八五年大統領選をむかえることとなった。

一九八五年の選挙では、四五・七四％の得票でアプラの弱冠三十五歳のアラン・ガルシアが第一位となった。過半数に達しなかったが、統一左翼(IU)が決選投票を辞退したためガルシアの勝利が確定した。こうして結党以来六一年目にしてはじめてアプラ党員の大統領が誕生した。

フジモリ政権の成立

アラン・ガルシア政権(一九八五～九〇年)は、債務危機にたいする「一〇%条項」(債務返済額を全輸出額の一割以内におさえる)を掲げて華々しく登場したが、政権末期に近づくとインフレ率は四桁台となり、都市へのゲリラ攻勢が強まるなかで政権の汚職疑惑が表面化して求心力を失っていった。債務問題への強硬姿勢、内政面におけるポピュリスト政策、銀行の国有化政策が財界・保守派の危機感を招き、AP、PCDを中心として民主戦線が結成された。民主戦線は八九年の統一地方選に勝利し、九〇年に文学者マリオ・バルガス・ヨサを擁立して大統領選に臨んだ。

アルベルト・フジモリ(右)とサン・ロマン　大統領決選投票の模様を伝える新聞に見入る。サン・ロマンはフジモリ政権第1副大統領。

一九八〇年代を通じてリマを中心に人口の都市への集中が進展する一方、失業率が高まり、都市のスラム化、経済のインフォーマル化が進行した。こうして形成された新参の都市民衆層は、選挙法の改正(七八年二十歳から十八歳へ選挙年齢の引き下げ、八〇年非識字者への選挙権、なお女性参政権は五五年に実現)ともあいまって、未組織ながら選挙を通じて政治的に無視できない勢力として登場した。この新民衆層が九〇年大統領選のゆくえを決定した。政党の基盤をもたず、過去の実績をもたない日系人アルベルト・フジモリが、予想を裏切ってバルガス・ヨサに勝利した。フジモリ政権は一種のポピュリズムとして成立したが、就任後は一転してガソリン、食料品の値上げ、補助金の撤廃による「ショック療法」政策を採用した。フジモリ政権がめざした行財政改革とテロ対策の強化は、議会で多数を占める野党勢力によって阻止された。この行政府と立法府の対立は、軍部を背景とする大統領によるクーデタによって決着がつけられた。

一九九二年四月の憲法停止、議会解散の非常措置は制憲議会選挙、新憲法の制定によるフジモリ再選というフジモリ派のシナリオにそって収束していった。第一次フジモリ政権(九〇〜九五年)は、緊縮経済政策、国際金融機関との和解、国際協調路線が一定の成果をあげ、とくに就任年次のインフレ率四桁台を二桁台におさえこんだ。またフジモリ政権は、八〇年代中葉から活発化していた二つのゲリラ運動、SL、トゥパク・アマル革命運動(MRTA)との対立において軍部と協力し、九二年六月にはMRTAの最高指導者ビクトル・ポライを、九月にSLの最高指導者アビマエル・グスマンを逮捕し、ゲリラの影響力を大幅に削減した。このような成果を背景に九五年大統領選は六四%という高得票率で前国連事務総長のハビエル・デ・クエヤルに勝利した。九六年十二月に発生した日本大使公邸人質事件は、MRTAによるフジモリ政権とそれを経済的に支える日本政府を標的にした奇襲作戦であった。

フジモリ政権は二期目(一九九五〜二〇〇〇年)にはいったが、新自由主義政策の弊害として国内企業の倒産や失業率の高止まり状態、政権を背後で支える軍部による人権侵害や政治介入、三選に向けての強引な政治手法(新憲法の三選禁止条項を九五年以降に適用するという憲法解釈)などが政権への批判となって噴出した。二〇〇〇年の大統領選では、フジモリに次いで先住民系の経済学者アレハンドロ・トレードが二位に着き、既成政党離れ、政治面での非白人化、混血化が一段と進行していることが示された。トレードが決選投票に参加しなかったので、フジモリ三選が実現したが、新自由主義経済政策の軌道修正と民主化の回復が三期目の最大の課題となろう。

三選をはたしたフジモリであったが、モンテシノス国家情報局顧問のスキャンダル発覚をきっかけに批判が高まり、十一月に訪問先の日本で辞意を表明した。翌〇一年に実施された大統領選挙でトレードが当選したが成果に乏しく支持を失い、〇六年の大統領選挙ではかつて深刻な経済危機をもたらしたガルシア元大統領が当選した。第二期ガルシア政権下では、各国との自由貿易協定の締結が積極的に推進されるなど自由主義的な経済政策のもとで着実な経済成長が実現されたが、経済格差の解消が課題として残された。

4　チリ革命の帰趨(一九七〇年〜現在)

人民連合政権の成立

一九六九年十二月、社会党、共産党を軸にして急進党、民主社会党、人民統一行動運動(MAPU)、人民独立運動の六党により七〇年九月の大統領選に向けて人民連合(UP)が結成された。UPは六四年に人民行動戦線(FRAP)の候補であったアイェンデを擁立した。国民党はアレサンドリを、キリスト教民主

サルバドール・アイェンデ　チリ大統領。人民連合統一候補として選挙による西半球初の社会主義政権を樹立。農地改革，銅山国有化などを断行するが，反革命勢力によるクーデタによって倒れた。

党(PDC)はラドミロ・トミチを立てた。六四年にフレイを擁立した右派と中道の共闘は七〇年には成立せず、この分裂がUPを勝利に導いたのである。この背景にはフレイ政権末期の政治・経済危機を前にして改革主義にたいする支配階級の不信感と中間階級の急進化がある。フレイ改革の挫折からPDC内部では左派が台頭し、大統領候補トミチは「右翼との連合による勝利は、右翼の勝利だ」と公言して、農地改革の徹底化を公約に掲げた。結果は、一九六四年時の得票率(三八・九%)に達しなかったもののアイェンデが第一位となった。一位が過半数に達しなかった場合、十月の両院合同による一、二位の決選投票にもち込まれるのである。UPは指名獲得にはPDCの支持が不可欠であった。PDCはアイェンデにたいし、大統領権限の限定、軍・警察隊の現状維持、複数政党制の保証、公務員の地位保障とひきかえに支持を保証した。こうして十一月三日、アイェンデが大統領に就任し、選挙を通じての社会主義UP政権が成立するが、選挙から就任までの六〇日間は、米国のジャーナリスト、ジャック・アンダースンが暴露したITTとCIAによる就任阻止の陰謀、軍事クーデタの動き、十月CIAの援助による軍立憲派レネ・シュナイダー陸軍司令官誘拐暗殺事件などが起こり、多難にみちた発足であった。

UPの政策は一九六九年十二月採択された「政府基本綱領」のなかに示されている。まずチリを帝国主義とそれに結びついた一部のブルジョワジーに支配された従属資本主義と規定し、その帝国主義的搾取の結果、インフレ、失業、栄養失調など国民の生活条件の悪化をもたらしているとし、また農村における貧困の原因を大土地所有制に帰し、真の解決のためには「帝国主義者、独占体、地主寡頭勢力の支配を終わらせ、チリにおける社会主義建設を開始することである」と結論づける。

「基本綱領」に基づく改革

UP政権成立後、「基本綱領」にそってつぎつぎに改革が打ち出された。一九七〇年のうちにベヤビスタ・トメ繊維会社、太平洋製鉄会社を接収、石炭国有化をおこなって改革が着手され、七一年にはいると銀行国有化(一月)、農地改革の着手(二月)、セメント産業国有化(三月)、五大繊維会社国有化(五月)、硝石産業国有化(五月)、銅国有化法案議会通過(七月)と矢継ぎ早に改革措置が打ち出され、一連の国有化の頂点が九月の五大銅山国有化であった。これらの銅山は米国系企業、ケネコット社、セロ社の所有であるが、この収用にたいする補償は、五五年以降の超過利潤を差し引いて支払われることとされた。いずれの銅山も補償額をこえ、実質的には無償国有化のかたちをとった。これにたいし米国政府は輸銀、米州銀行、世銀によるチリへの借款供与を停止する一方、銅を放出して銅価格を引き下げた。

「基本綱領」においてUP政権は、企業形態を国営の社会所有部門、政府と民間合弁の混合部門、および民間部門とし、経済の中枢に社会所有部門を位置づけていた。その中心となる基幹産業の国有化については、野党が議会を牛耳っているためその立法化には多くの困難が予測された。このためUP政権は、株式の買収による方法と一九三二年社会主義共和国時代の法令五二〇号(必需品生産をおこなう企業が正常な活動を維持できないとき、政府に接収する権限を付与する)の援用により介入するという方法を利用した。こうして政権は七一年末までに銀行の九〇%、鉄鋼の七〇%、繊維の五〇%のほか、硝石、自動車、セメント、ガラス、建設資材、燻製肉などの各業界を支配下においた。

UP政権下の農地改革は、フレイ政権下農業開発局長官であったジャック・チョンチョル農相の指導により二年間で大土地所有制をほぼ解体した。政府は新しい農地改革法の制定は議会の反対にあうとの判断から、一九六七年農地改革法に基づいてその徹底化をはかった。

UP政権の所得再分配政策は、土地再分配のほか、最低賃金の引き上げ、賃金の物価スライド制、年金制度の確立、児童へのミルク無料配給、スラムの改善など低所得層を中心として実施された。この効果は初期において有効需要の拡大となってあらわれ、生産を刺激し七一年には前年比八・五%の上昇を示し、失業率も八・三%から三・八%に低下した。

革命の高揚と反動

革命の高揚期は一九七〇年十一月から七二年六月までの時期である。政権発足当初、所得再分配政策の実施、物価抑制、景気の回復などUP政権にとって好材料がそろい、反対派の攻勢も議会内にとどまり、国民的支持は高まりをみせた。七一年四月の地方選挙はUP政権の評価を問う最初の選挙であったが、当初の予想を上回ってUP側は五〇・八%を獲得した。しかしUPが勢力を拡大し、最左派勢力である革命左翼運動(MIR)とUP内社会党左派が民衆動員による下からの革命を推進するにつれ、PDCとの議会内外での対立を深めることになった。PDC内の左派は党を割り、キリスト教左翼(IC)を結成してUPに参加した。このように政党間の分極化が進み、左右対立の図式が確立した。この対立に拍車をかけたのが経済の悪化である。

一九七一年下半期、需要の拡大と生産の停滞がインフレ圧力となり、日常必需品の不足となってあらわれ、また公共支出の増大、国際市場における銅価格の低下、食料品輸入の拡大などによる財政圧迫はUP政権の改革に足枷をはめる要因となった。反UP行動は議会外でも起こり、十二月には反対派ははじめて中・上流の女性を動員して「空なべ行進」を組織した。UP内部でもアイェンデ大統領、共産党を中心に改革を凍結させて、経済回復を重視する方向が生まれ、UP改革はあらたな段階をむかえた。

革命の手直し

経済危機を前にUP政権はPDCとの融和をはかる政策に転換した。いわば政治的・経済的調整期(一九七二年六月~七三年四月)の始まりである。しかし景気の回復、左派による急進化、農地占領の中小農場への拡大などの状況により小資本家、中小地主、商店主などが反UP色を強め、七二年十月に支配階級、米国からの資金援助のもとに反政府ストにはいった。その端緒は政府の公営輸送部門の設立に反発するトラック業者のストライキであった。このストは他の輸送業者や小売、商店主、医師、弁護士に拡がり、国内の流通過程に大きな打撃を与えた。この事態を収拾するためアイェンデは十一月、立憲派陸軍総司令官カルロス・プラッツ将軍を内相として入閣させ、この「資本家スト」を終結に導いた。この軍民内閣の成立は、国内秩序の回復を軍部に頼らざるをえないUP政権のジレンマをあらわしており、改革の棚上げと軍部の政治介入に道筋をつけることとなった。

軍民内閣の秩序維持のもとで闘われた一九七三年三月の両院議員選挙は、UPが九議席ふやしたものの過半数にはいたらず、一方野党側も大統領罷免に必要な三分の二を確保できず、手づまりの状況を打開するにいたらなかった。

革命の終焉

一九七三年四月以降UP政権は最終局面をむかえる。七二年の消費者物価は一六三・四％の上昇となる一方、財政赤字が深刻化してきたため、政府は賃金と物価のバランスをいかに調整していくかの難題に突きあたった。そこで従来の物価スライド制を是正して所得に応じて率を決める差別的賃金制、および所得と必要に応じて価格を決める差別的価格制度を導入した。この賃金抑制策は野党側の乗じるところとなり、七三年四月にはPDC指導下のエル・テニエンテ銅山において大規模な賃上げストが発生し、五月にはチュキカマタ銅山にも波及して七月初めまで続く長期ストとなった。さらに医師会、トラック業者のストが続き、反政府勢力によるサボタージュ、テロが頻発し、経済・政治的混乱が増幅された。こうした状況のなかで六月、クーデタ未遂事件が起こっている。これを機に左派(社会党左派、MAPU、MIR)は工場・土地占拠闘争を強め、さらに地区・工場における自主管理運動(コルドン・コムナル、コルドン・インドゥストリアル）が高揚し、労働者の武装化が強く主張されるようになった。

しかし政府はPDCとの妥協、軍部との協力によって内戦の危機を回避しようとつとめ、八月ふたたびプラッツほか三名の軍人の入閣を要請し、軍部立憲派の取り込みをはかった。しかし軍部内部では、クーデタ派が指導権を確立し、プラッツ将軍は陸軍総司令官を辞任して、アウグスト・ピノチェトが後任となった。こうして九月十一日、三軍・警察隊の決起により、アイェンデ大統領は銃弾に倒れ、三年目にしてUP政権は崩壊したのである。

チュキカマタ銅山　チリ最大の銅山であるばかりでなく，世界最大の野天掘り銅山である。

ピノチェト軍政による長期独裁

クーデタによって成立した軍事評議会政府はただちに人民連合派への弾圧に乗り出し、多数の逮捕、投獄、虐殺者をだした。一九七四年六月には軍事評議会議長のピノチェトが大統領に就任し、その直後国会を停止、あらゆる政党の活動を禁止、人民連合派の組織を解散させ、独裁体制を固めた。このような弾圧政治は国際的にも批判をあび、七四年以来対チリ非難決議が国連で採択され、またカーターによる人権外交を展開する米国とも対立した。

一九七八年十月新憲法草案を発表し、八〇年九月の国民投票をへて、八一年三月に発効し、アレサンドリ時代の一九二五年憲法に取ってかわった。その内容は、家族を基礎とする共同社会の一体化を最優先させ、その公共の利益を阻害するものを積極的に排除していく意志を示している。とくに⑴共産主義運動の禁止＝階級闘争に基づく思想を普及させる行為の不法性［第八条］、⑵スト権の制限＝公共の利益、国家経済、安全にかかわる企業におけるスト権の剝奪［第一九条］、⑶組合活動と政党活動の分離［第二三条］など、組合と政党の活動を大幅に制限している。そして付則にあたる「経過規定」において、ピノチェトが八七年まで大統領にとどまることが明記されている。

「チリの奇跡」と民政移管

UP政権による政策の全面否定は経済面では、農地改革の否定と国営部門の民営化である。前者にかんしてはフレイ時代の改革にさかのぼって旧所有者への返還が実施され、大土地所有制は完全に復活した。また接収後、国営化された企業は旧所有者への返還あるいは補償がおこなわれた。この結果、国営企業四八〇社のうち一九八〇年までに二七社を残して民営化された。こうした政策はミルトン・フリードマンが率いるシカゴ学派に指導された。軍事政権の経済政策にはシカゴ学派のマネタリストが参画し、フリードマン自ら助言をおこなっている。その基本的立場は、市場メカニズムの調整機能を通じて効率と発展が実現されるというきわめて古典的な自由主義経済思想である。この立場は戦後開始された輸入代替工業化をやり玉にあげ、その保護主義と国家の経済介入が混乱を生じさせるとし、経済の自由化を提唱している。この立場から、七五年四月の「ショック政策」、七六年十月の「新外資法」などの政策が打ち出され、国営企業への補助金の打ち切り、外資の自由化、関税の引き下げ、公共サーヴィス・社会福祉予算の切りすてが進行した。このような開放的外資政策は、アンデス条約に抵触し、チリは七六年十月アンデス・グループから脱退している。

軍政成立後の経済について、一九七六年以降外資の流入とともにGDPは上昇傾向にあり、七九〜八〇年には八％の成長を示した。またUP政権末期の高率インフレ（七四年、三七六％）は、七〇年代後半には三〇％台に落ち着き、八一年には九・五％まで低下した。しかしこのような実績は、貿易・資本の自由化による工業部門の犠牲のうえに成り立つもので、製造業を中心に倒産があいつぎ、国内工業は潰壊状態となり、失業率は高水準に推移した。

さらに資本の自由化にともない金融、一次産業部門を中心に外資および借款が流入し、その累積債務は一九八〇年に一〇〇億ドルをこえ、八四年には商品輸出総額三六億五〇〇〇万ドルにたいし、一八四億ドルにまで達している。

経済成長に支えられていた軍政は、経済危機とともにあらたな局面をむかえ、銅山労働者を中心とする賃上げ要求、民衆のなかの自由への渇望を背景に、労働組合の再編・統一（一九八三年労働者全国コマンド〈CNT〉の結成）、政党間の再編による反軍政運動が表面化してきた。この動きは民主同盟（PDC、急進党、民主社会党、社会党ブリオネス派など）、社会主義ブロック（IC、MAPU、社会党の一部）、人民民主主義運動（社会党、共産党、MIR、労農MAPU）が弾圧のなかで、政府の新憲法に基づく「民主化」スケジュール（八九年官選大統領候補にたいする国民投票による承認）にたいし早期の民主化の実現をめざして闘いを進めていった。

民政連《コンセルタシオン》政権とピノチェト問題

一九七三〜九〇年ピノチェトによる長期軍政が続いた。ほかのラテン・アメリカ諸国に先行して市場優位、民間主導の新自由主義政策を採用して、七七〜八一年にかけての時期(年平均八%の成長)、およびラテン・アメリカを覆った八〇年代の経済危機を尻目に八四年以降ふたたび、高成長を維持し(八四〜九七年に年平均六・六%の成長)、「チリの奇跡」として賞賛されてきた。しかし民主主義の長い伝統をもつチリの民衆にとってはあまりにも長い軍政であり、八三年五月に五大労組を結集した労働者全国コマンド、八八年二月の一四政党による「ノーのための政党連合」、最終的には民政移管に備えた一七政党からなる「民主主義を求める政党連合(コンセルタシオン)」が、反ピノチェト運動の結集軸となった。八八年にピノチェト政権の可否を問う国民投票で不信任が多数を占め、内外の圧力のもとに八九年には一六年ぶりに民政移管のための大統領選挙が実施された。一七政党連合は統一候補としてキリスト教民主党党首のパトリシオ・エイルウィンを擁立し、共産党などの「社会主義拡大党」の協力をえて、ピノチェト派候補に勝利した。

エイルウィン政権(一九九〇〜九四年)は、ただちに軍政下の人権侵害にかんする調査委員会を設置し、その犠牲者が三一九七人におよぶことが報告された。しかし当のピノチェトはそのまま陸軍総司令官の地位にとどまり、さらに九八年三月に退任したあと、終身上院議員としてとどまることになった。国内にお

	GDP平均成長率(%)		平均インフレ率(%)		対外債務残高(億ドル)		都市失業率(%)		都市化率*(%)
	1981-90	1991-96	1980-84	1985-89	1985	1995	1985	1995	1990
ラテン・アメリカ	1.1	3.1	67.5	164.6	3792	5985	7.3	7.3	71.5
ベネズエラ	−0.7	2.4	8.7	27.8	312	387	14.3	11.9	90.5
コロンビア	3.7	4.4	17.2	18.8	141	234	13.9	8.9	70.0
エクアドル	1.4	3.4	23.4	34.7	81	139	10.4	7.7	56.0
ペルー	−1.2	5.1	66.5	288.7	137	321	10.1	8.8	70.2
ボリビア	0.2	4.0	173.6	41.9	33	45	5.8	3.6	51.2
チリ	3.0	7.0	15.0	14.0	200	217	17.2	7.4	85.9

＊人口全体に占める都市人口の割合(ラテン・アメリカはキューバを除く)。

アンデス諸国の主要経済指標(1981～95年)

いて人権侵害の責任追及は不問に付されたが、九八年十月スペインの要請に基づきイギリスでピノチェトは逮捕、拘禁された。結果的には釈放されたが、人権侵害が国境をこえて裁かれる先例となった。エイルウィン政権およびその後継であるコンセルタシオンのエドゥアルド・フレイ政権(九四～二〇〇〇年)も経済政策については、基本的に軍政時代の新自由主義政策を受け継ぎ、開放・民営化、対米協調路線を踏襲した。二〇〇〇年の大統領選では社会党に属する与党連合のリカルド・ラゴスが勝利し、アイェンデ以来二人目の社会党大統領が誕生した。

同じくコンセルタシオンから〇六年に大統領に就任したミチェル・バチェレは、それまでの中道左派政権の政策を踏襲しつつ安定した経済成長を実現し、高い支持率を維持したまま退任した。一〇年一月の大統領選挙の決戦投票でセバスティアン・ピニェラが当選し、民政移管後はじめて中道右派政権が誕生した。

第四章　アルゼンティン、ウルグァイ、パラグァイ

1　改革運動の過激化と軍部

ペロニズムと軍部の角逐(アルゼンティン)

一九五五年九月、ペロン政府を打倒して政権の座に就いたロナルディ将軍は、「勝者も敗者もない」をスローガンに、全国民の大同団結をはかり、ペロニスタとの和解につとめた。しかし、長年ペロニズムと敵対してきた軍内部の反ペロン派は、ロナルディの穏健な路線に満足できず、五五年十一月彼を辞任に追い込み、強硬派のペドロ・エウヘニオ・アランブル将軍を大統領にすえた。彼は軍内部の強硬派の意向にそってペロニスタを厳しく弾圧し、十一月十五日に労働総同盟(CGT)が呼びかけたゼネストにたいしても軍隊を動員して阻止するなどタカ派ぶりを発揮した。その後もペロニスタの指導者をつぎつぎと公職から追放し、五六年四月には四九年の憲法の効力を停止して一八五三年憲法を復活させ、さらに五六年六月に生じたペロン派軍人の蜂起の際には、首謀者二七名を銃殺刑に処した。経済政策の面でも、国家による

貿易統制を廃し、外国資本の導入につとめるなど、伝統的な国際主義的経済政策への復帰が試みられた。

こうした強引な「脱ペロニズム」政策は、しかしながらペロニズムを解体させるにはいたらず、むしろ逆にその政治力を強大化する結果を招いてしまった。アランブル政権のもとで、従来享受していた諸権利がつぎつぎと剝奪されるのを目のあたりにした労働者は、過ぎし良き時代としてペロン時代をなつかしみ、彼の政権復帰を切望するようになったからである。政府がペロンによる公金横領をはじめとする数々の悪事を暴露しても、労働者はいっこうに意に介さなかった。むしろ厳しい弾圧を受けるなかで、大衆のあいだに芽生えてきたこの心情的なペロニズムは、上からの締めつけが強まるほど、ますます広がりをみせたのだった。こうして軍部とペロニズムの対立という戦後アルゼンティンの政治を長らく特徴づけてきた基本的構図がアランブル大統領時代(五五〜五八年)につくり上げられていくのである。しかもこの対立がたんに政治勢力間の闘争にとどまらず、経済政策やイデオロギーの対立をも包含していたことが、事態を一層複雑なものにしたといってよい。すなわち、軍部は、大雑把にいって、農牧業を経済発展の軸にすえ、IMFなどの国際機関との協調を重視し、外資導入による工業化をはかる傾向が強かった。これにたいしてペロニスタを中心とする民族主義派は、民族資本による工業化に力点をおき、IMFとの協調に批判的であった。このように、ペロニズムと軍部の対立は経済路線の対立がからんでいただけに、めまぐるしい経済政策の変動を引き起こし、それが政情不安に拍車をかけたのだった。

まず、一九五八年二月の民政移管選挙では、急進党非妥協派(急進党は五七年に人民派と非妥協派に分裂していた)のアルトゥーロ・フロンディシが当時なお非合法化されていたペロニスタ票をえて勝利し、五月に大統領に就任するとまもなく、ペロニスタにたいして恩赦を実施した。経済政策の面でも民族主義的な路線を打ち出していった。しかしながら、石油開発を進めるうえで、外資系会社の協力が不可欠であることを悟ったフロンディシは、しだいに国際協調路線へと転じ、五八年十二月ＩＭＦとの協定締結に踏み切った。こうした変化はペロニスタを激怒させたが、一方、六二年三月の議会選挙でペロニスタが大量進出をはたしたことは、軍部内にフロンディシ政府への不信を一挙につのらせ、同月軍のクーデタにあって、フロンディシは失脚した。この後、下院議長のホセ・マリア・ギドが臨時大統領に就任し、六三年七月に民政移管のための大統領選を実施した。この選挙で、独自の候補者を擁立することを禁止されたペロニスタが白票を投じたため、急進党人民派のアルトゥーロ・イリアが国民投票の二六％という低い得票率にもかかわらず、大統領の座を射止めた。彼はフロンディシの国際主義路線を改め、外資系会社との石油契約を破棄するなど民族主義に転じたが、インフレの昂進や外資の大幅減少を招いた。加えて、ペロニスタ系労組による工場占拠などの過激な行動は、さなきだに弱いイリア政府を一層窮地におとしいれたのだった。

工場占拠という新しい闘争戦術は、野党にくだったペロニスタ党の過激化を示していた。すなわち、ペロニスタはペロン大統領時代には、土地改革を主張することもなく比較的穏健な要求をするにとどまっていたのにたいし、野党となってからは、その一部は社会主義への傾斜を深め、とくにキューバ革命(五九年)の成功後は、ゲリラ運動を支持するグループさえ出現した。こうしたペロニズムの過激化は労働運動にも影響を与え、六四年には工場占拠を含む闘争プランが実施され、約三〇〇万の労働者が参加し、一時的に占拠された工場数は一万二〇〇〇にも達した。イリア政府は、労働攻勢に的確に対処できず、社会不安が高まっていった。こうした状況を座視できなかった軍部は、六六年六月フアン・カルロス・オンガニーア将軍に率いられてクーデタを起こし、イリア大統領は辞任をよぎなくされたのだった。

官僚主義的権威主義体制の登場

こうして始まったオンガニーアの軍政は、従来の軍政とはいささか趣を異にしていた。従来の軍政が、二〜三年で終わっていたのにたいし、オンガニーアは就任早々、国の経済・社会・政治面での抜本的改革を唱え、この改革を「アルゼンティン革命」と称し、そのために少なくとも一〇年の年月を要すると述べていた。要するに、二十世紀のアルゼンティンではじめての長期政権をめざす軍政だったのである。さらに、経済面での改革を実施するために文民のテクノクラートを登用し、国家主導型の工業化をめざしたことも従来の軍政とは少なからず異なっていた。また、労働運動にたいして厳しい弾圧を実施し、こうした支配体制は、たびたび「官僚主義的権威主義体制」とも呼ばれている。

この体制の特色の一つは、賃上げの抑制などにより物価を安定させ、外資の導入をうながすことにあった。オンガニーア政府も当初は、賃金の凍結などによりインフレの抑制に少なからぬ成果をあげた。一九六〇年代にほぼ毎年二桁を繰り返していた物価上昇率は、六九年には七・六％にまで低下していた。ところが、このインフレ抑制策は労働者に大きな犠牲を強いるものであったために、彼らの不満がしだいにつのり、六九年五月には、軍政の長期化に反対する学生と労働者の共闘による大規模な反政府運動が内陸部の主要都市コルドバを中心に勃発した。コルドバソとして知られるこの騒動はオンガニーア政府の威信を傷つけ、さらに追い討ちをかけたのが都市ゲリラの暗躍だった。アルゼンティンでも六〇年代の前半にはキューバ革命に触発されて北西部を中心に農村ゲリラが組織されたが、いずれも失敗に終わっていた。ところが、六〇年代後半になると、都市ゲリラ運動が活発化しペロニズムのなかからも六八年にはペロニスタ武装軍団(ＦＡＰ)、六九年にはモントネーロスといった都市ゲリラ組織があいついで誕生した。なかでも後者は七〇年五月に元大統領アランブルを誘拐して殺害し、社会を震撼させた。この事件の責任をとって六月オンガニーアは退陣し、ロベルト・マルセーロ・レビングストン将軍があとを継いだ。彼は前政権とは異なり中小の民族資本家の保護につとめたが、七一年三月、アレハンドロ・ラヌーセ将軍に取ってかわられた。ラヌーセは、ますます激化しつつある都市ゲリラ運動が国に深刻な亀裂を引き起こしていると判断し、ペロニスタを含む国民に大同団結の必要性を唱え、そのためにペロンとの和解をはかった。そして、七三年三月に実施された大統領選ではペロン自身の出馬こそ許さなかったが、五五年以降はじめてペロニスタ党に独自の大統領候補者を立てることを認め、同党から出馬したエクトル・ホセ・カンポラが当選をはたした。

こうして一九七三年五月には、一八年ぶりにペロニスタ政権が復活するが、この間のペロニズムの左傾化を反映して、カンポラ政権は、発足早々逮捕されていた多数のゲリラを釈放したり、外資系銀行の国有化に踏み切るなど思いきった政策をつぎつぎに打ち出していった。これは軍部のみならずペロニスタのなかの中間派や右派に警戒心をいだかせ、ペロニズム内部では左右の対立が激化していった。この対立は、七三年六月二十日、ブエノス・アイレス市のエセイサ空港でおこなわれたペロン帰国歓迎集会においてペロニスタ同士の銃撃事件にまでエスカレートし、ペロニズム内部では党内の融和をはかるうえでペロン自身の大統領就任を求める声が急速に高まってきた。こうした声に応じて、七月十三日カンポラは在職わずか四九日で辞任し、同年九月二十三日に実施された大統領選では副大統領にイサベル夫人を従えたペロンが国民投票の六割をこす高い支持をえて当選した。こうしてペロンは七三年十月に、劇的な政権復帰をはたしたのだった。しかしながら、都市ゲリラの暗躍やインフレといった難題にこれといった処方箋もみい

コルドバソ　1969年5月軍政反対の民衆騒動が内陸部の中心都市コルドバで勃発。写真はその引き金となった自動車労組のデモ。

イサベル副大統領を従えて18年ぶりに大統領に返り咲いたペロン

だせぬまま七四年七月心臓病で急逝し、イサベル・ペロンが大統領に昇格した。だが彼女は政治的未経験を露呈して朝令暮改を繰り返し、都市ゲリラの跳梁はますます目にあまるものとなり、インフレも高騰を続けた。事態を憂慮した軍部は、七六年三月ふたたび蜂起し、イサベル大統領を逮捕するとともに、厳しい抑圧体制をしいてゲリラ活動の一掃に乗り出すことになる。

トゥパマーロスと軍政(ウルグァイ)

第二次世界大戦後、大統領制を廃止して、国家行政委員会をしくなど、民主国家への道を順調に歩んでいたウルグァイは、一九五〇年代後半になると、農牧輸出の減少と工業化のゆきづまりなどから経済や財政面での危機にみまわれ始めた。経済危機のあおりを受けて、国民の不満も徐々に高まりつつあった。五八年の選挙でコロラド党が敗れ、九三年ぶりにブランコ党が政権を掌握したのも、こうした国民の不満を物語るものであった。また、コロラド党やブランコ党に伝統政党による支配にあきたらずに社会の抜本的改革をめざす動きも芽生えてきた。そのひとつが、五九年のキューバ革命の影響を受けて組織されたトゥパマーロス(トゥパマーロス民族解放戦線)であった。元社会党員で五〇年代にサトウキビ労働者の組織化にあたっていたラウル・センディクによって創始されたこの運動は、六三年七月に、コロニア市の射撃クラブを襲撃したのを皮切りに、都市部において政府要人の誘拐や外国企業への襲撃といった神出鬼没なゲリラ運動を展開し、現状に不満な中間層や労働者のあいだから徐々に支持を獲得していった。経済危機の進行にともなう社会不安の増大に加えて、こうしたトゥパマーロスの暗躍を抑えるには行政の側の敏速な対応が必要とされたが、九名の合議制からなる国民執政委員会の非能率はあまりに明らかであった。このため、執政委員会制は六六年の憲法改正によりその廃止が決定され、六七年三月にはコロラド党のオスカール・ヘスティードが大統領に就任し、ここにウルグァイが誇った複数行政制度もここにあえなく潰え去ったのだった。

しかし、ウルグァイのかかえた困難はこうした政治制度の変更だけで解消されるほど生易しいものではなかった。失業者の増大など社会・経済問題はますます深刻化し、一九六五〜六九年には労働争議が頻発した。七一年の選挙では伝統政党にあきたらない諸勢力を結集した「拡大戦線《フレンテ・アンプリオ》」の得票率が全国で一八%、首都では三一%にも達していた。この事実は、国民のあいだに既存の体制にたいする不満が高まりつつあることを物語っていた。この選挙ののち、トゥパマーロスは戦術を一層エスカレートさせ、選挙後一カ月たらずのうちに、タクシー会社から無線機を強奪したり、警察をおもな標的とした襲撃を繰り返した。七一年の大統領選で当選したコロラド党のファン・マリーア・ボルダベリーは、七二年三月大統領に就任すると、トゥパマーロスとの抗争に全力をあげ四月十五日には、内戦状態を宣言し、軍隊の大量投入に踏み切った。それまで政府の弾圧をうまく逃れてきたトゥパマーロスも、軍との直接対決では劣勢をまぬがれず、七二年九月にはセンディクをはじめとするおもなリーダーがあいついで逮捕され、同年末までに組織はほぼ壊滅状態に陥った。

このようにボルダベリー政府は、軍部に依存することでトゥパマーロスの鎮圧に成功したが、左翼の過激主義を制したのとひきかえに、ウルグァイの民主体制は高い代償を支払わされることになった。トゥパマーロスの鎮圧をとおして政治的発言力を高めた軍部が、政治への介入を強め、最終的には実質的な軍政を樹立してしまったのである。すなわち、一九七三年二月陸軍大臣の任命をめぐって大統領と対立した軍部は、ボルダベリーに陸・海・空軍の総司令官をメンバーに含む国家安全保障審議会の設置を要求し、ついに二月二十三日それを認めさせた。この結果、大統領の権限が少なからず国家安全保障審議会に移譲され、ここに軍の政治介入がはじめて制度化された。しかしながら議会内では、この新制度への反対が根強く、この点を察知したボルダベリーは七三年六月軍の支持をえて国会と地方議会を閉鎖し、民主体制を事実上停止させた。さらに七六年六月十二日にはボルダベリー自身が、軍部によって大統領の座を追われ、ここに軍事独裁体制がほぼ完成されるのである。このように、ウルグァイではアルゼンティンとは異なり、なしくずし的に軍政へと移行したが、七三年以降の実質的な軍政が労働運動などを厳しく弾圧する一方で、テクノクラートを登用し、外資依存型の工業化を志向した点で、「官僚主義的権威主義体制」と呼ぶことができるだろう。

2　官僚主義的権威主義体制の破綻から民政へ

マルビナス(フォークランド)紛争での敗北とその衝撃(アルゼンティン)

一九七六年三月二十六日、イサベル・ペロン政府を打倒して政権を握った軍部は、陸・海・空軍総司令官からなる軍事評議会の決定に基づいて同月二十八日、陸軍総司令官ホルヘ・ラファエル・ビデラを大統領に選出した。ビデラは都市ゲリラの鎮圧のために厳しい抑圧体制をしき、経済政策の面ではテクノクラート主導の工業化をはかり、かつてのオンガニーア政府と類似した「官僚主義的権威主義体制」をしいた。ただし、ビデラの軍政はオンガニーアのそれとは異質な点も少なくなかった。

そのひとつは、弾圧がいちだんと厳しさを増したことである。なかでも都市ゲリラの一掃を至上命題としたビデラ政府は、テロリストのみならず都市ゲリラとなんらかのかかわりをもつとみられる人々をも無差別的に取り締まった。このため国際世論から人権抑圧として厳しい批判をあびることになった。

第二の相違点は、軍の政治介入の度合が遥かに高まったことである。オンガニア大統領時代には、閣僚はほとんど文民で占められていたし、形式的には軍は政治に直接介入せず、軍部の発言権は、大統領と閣僚五名および陸・海・空の三軍総司令官からなる国家安全審議会において認められるにとどまっていた。これにたいして、ビデラ政府のもとでは、三軍総司令官からなる軍事評議会が最高の決定機関となり、さらに大佐以上の将校によって構成される立法諮問委員会が大統領に立法を勧告できる体制となっていた。

第三は、経済政策における相違だった。オンガニーア政府も外資導入を軸とした工業化政策をとった点では共通していたが、ビデラ政府のほうが国家の経済介入を極力排し、市場経済に委ねようとした点でより徹底していた。たとえば、貿易政策では保護政策にかわって開放政策をとった。具体的には、関税率を引き下げ、それと同時にペソを割高に保って輸入価格の引下げをはかって、国内産業を国際競争にさらし、それに勝ち残った産業を育成しようとした。この開放政策とともに、ビデラ政府の政策として注目されたのが物価スライド制の導入であった。これは三月ごとに物価上昇率にあわせて、賃金や家賃などもすべての値段を連動させていくというものであり、物価上昇率が漸次低下していけば、おのずと賃金などの上げ幅も縮小され、最終的には物価が安定するという発想に立っていた。こうした一連の政策はたしかに物価の鎮静化にある程度の効果をあげ、一九七六年には年平均四四四・一％だった物価上昇率は七七年には一七六・〇、七八年一七五・五、七九年一五九・五、八〇年一〇〇・八％へと漸減していった。しかし、その政策はそうでなくても弱い国内産業に深刻な打撃を与え、外国の工業製品の氾濫で倒産する企業があいつぎ、失業者数も激増していった。

こうした事態を無視できず、一九八一年二月にビデラ政府は、ペソの一〇％切り下げをよぎなくされ、さらに翌三月に発足したロベルト・ビオラ政権は発足半年余りのあいだに数次にわたりペソを切り下げ、十一月にはペソの対ドルレートは前年同月に比べ、五分の一にも低下した。これは、ペソを割高に保ち国内価格の水準を国際価格に近づけて物価安定をはかる、という政策が完全に破綻したことを意味していた。いいかえれば、数次のペソ切り下げは輸入品価格の高騰というかたちでインフレ熱を再燃させつつあったのである。一方、国内産業は容易に立ち直らなかったから、アルゼンティン経済はインフレと倒産、失業者の増大と累積債務の増大が同居するぬきさしならぬ状態に追い込まれていた。国民の不満が高まるのを憂慮した軍事評議会は、八一年十一月、心臓病を理由にビオラを体よく退陣させ、十二月、陸軍総司令官レオポルド・フォルトゥナート・ガルティエリを大統領に任命した。

軍内部の「タカ派」と目されたガルティエリは就任後まもなく公務員給与の物価スライド方式を停止し、賃金を抑圧する策を打ち出したが、これは軍政にたいする国民の不満を高める結果となった。一九八二年三月三十日には、首都をはじめ全国の主要都市で軍政の終焉を求める大規模なデモが展開され、警官隊との衝突が起こっていた。こうした事態を前に、ガルティエリ大統領が起死回生の賭にでたのが四月二日に実施されたマルビナス(フォークランド)諸島の占領だった。一八三三年にイギリスに占領されて以来、占領を苦々しく思いつづけてきたアルゼンティン国民にとって、これほど全国民の団結を実現させる格好なテーマはなかったといってよいだろう。じっさい、軍政批判の急先鋒的立場にあったCGTも、占領の実施された当日には、大統領官邸前で開催された政府支持集会に参加するよう組合員に呼びかけていたし、CGTの執行部の一部は、諸外国の労働運動指導者に理解を求めるべく、ヨーロッパに赴いたほどだった。このかぎりでは、マルビナス諸島占領を機に国民の支持を勝ちとり、軍政の立て直しをはかろうとしたガルティエリの政策は功を奏したかにみえたのだった。ところが彼にとって最大の誤算はイギリスが大量の軍隊を投入して奪還をはかったことだった。四月末に始まった両国の武力衝突は、六月十四日アルゼンティン側の敗北をもって終わったのだった。

建国以来はじめてのこの敗戦は、国民各層にさまざまな反応を引き起こしたが、もっとも注目されるのは、かつてないほど強烈な反軍感情が国民のあいだに湧き上がったことである。若者の血を無駄に流させ、敗戦に追いやった責任はあげて軍部にあるというわけである。戦後一気に噴出したこの反軍感情に抗しきれず、敗戦後の六月十五日にガルティエリは辞任し、七月一日かわって大統領に就任したレイナルド・ビニョーネは、八三年十月、民政移管のための大統領選を実施した。この選挙で、それまで自由な選挙では必勝だったペロニスタ党が敗れ、急進党のラウル・アルフォンシンが国民投票の五二%の支持(ペロニスタ党は三九％）をえて当選をはたした。その勝因としては七三～七六年にいたるあいだのペロニスタ政権のていたらくが中間層を離反させていたこと、ペロン亡きあとのペロニズム内部の分裂が選挙運動の足を引っ張ったこと、アルフォンシン自身のカリスマ的魅力などが指摘できよう。

アルフォンシン政権の功罪

こうして一九八三年十二月発足したアルフォンシン政府（八三～八九年）は、軍政から厳しい経済状態を引き継ぎ、苦難のスタートを強いられることになった。八三年の年間物価上昇率は三四三・八％に達していたし、マルビナス紛争後の金融危機などが重なり、累積債務は八三年末には四三六億ドルにおよんでいた。国内では軍政下で活動をおさえられていた労働組合が、労働条件の改善を求めて手ぐすねを引いていた。外交面では対英関係の修復やビーグル海峡をめぐるチリとの関係の改善（七九年に一触即発の危機に陥ったが、それ以後ローマ法王庁の調停に委ねられていた）が焦眉の急となっていた。

このように問題が山積するなかで、アルフォンシンはチリとの和解を急ぎ、一九八四年十一月には係争中の三島（ピクトン、レノックス、ヌエバ）をチリが領有することを認める大幅な譲歩をおこない、民政移管後の平和路線を内外に印象づけた。経済面では軍政時代に低下していた労働者の実質賃金の引き上げをはかったが、この政策がインフレを助長するのをみてとると、八四年九月ＩＭＦとの協定を機に、賃上げ抑制へと転じていった。だがそれにもかかわらず八五年五月にインフレ率が一〇〇〇％の大台をこえると、六月十四日に賃金・物価の凍結という厳しい抑制策を打ち出した。アウストラル・プランと呼ばれたこの経済政策は、一時的にインフレの沈静化に役立ったが、長続きせずに失敗に終わった。また、膨大な債務支払いも経済政策の遂行にとって大きな足枷となった。このプランが挫折したあとを受けて、アルフォンシン政権は、八八年に電話公社とアルゼンティン航空の民営化を柱に、市場原理に基づくいわゆる新自由主義的な経済政策に活路をみいだそうとした。しかしながら、二公社の民営化法案は、議会の反対にあって陽の目をみなかった。八九年五月に実施された大統領選でも急進党が推したエドワルド・アンヘロス候補は、ペロニスタ党のカルロス・メネムの前に惨敗を喫し、得票率では、メネムの五一・七%にたいして三二・四%にとどまった。急進党が敗北したことでますます窮地に追いつめられたアルフォンシン政府は、八九年七月にハイパーインフレが史上最高の月間一九六・六%を記録するなかで、任期を五カ月残したまま辞任し、メネムに政権をバトンタッチした。文民政権がクーデタによらずに、ほかの党に任期満了前に政権を移譲したのは、アルゼンティン史上はじめてのことであった。

アルフォンシン大統領　民政移管後最初の大統領として，軍政時代の責任追及に功績があったが，経済政策面でゆきづまり，任期を5カ月残して退陣。

このように、アルフォンシン政権にとっては、経済政策の失敗が命取りになったが、それでも、経済以外の分野でアルフォンシン政権のあげた功績は少なくなかった。そのひとつが、軍政下において人権侵害をおかした軍人を裁判にかけ、八五年十二月の判決でビデラ元大統領とマセラ元海軍大臣に終身刑、軍政時代の軍の首脳を有罪とする判決を勝ちとったことである。

文民政府が軍政時代の軍人の犯罪を裁いたのは、ラテン・アメリカ史上はじめてのことであり、ここにこの判決の大きな意義があったといえよう。

しかしながら、この判決を機に軍民関係には微妙な変化が生じた。それは、判決が軍内部の若手将校のあいだに強い不満を引き起こし、自らも裁判にかけられるのではないかという不安が一挙に高まったからだった。そこで、アルフォンシン政府は、軍人にたいする告発の期限を限定した「終結法」を一九八六年十二月に制定して軍を懐柔しようとしたが、軍の一部は八七年四月、反乱を起こして政府の政策に公然と抗議した。このため、政府は同年六月に「忠誠法」を制定して軍部に譲歩した。同法は下級士官による人権侵害は上官の命令に忠実に従っただけのことであり、免責とするというものであったが、それでも軍部の不満はおさまらず、アルフォンシン政権期には、さらに八八年一月と十二月に一部の軍隊が反乱を企てている。

このように、軍部の三回にわたる実力行使の前にアルフォンシン政権は、徐々に軍部に譲歩していったが、それでも、軍事支出を一九八一年の対GDP比四・七%から八八年には二・四%に削減するなど、国政に占める軍部の影響力を大幅に低下させたことは大きな功績といえよう。

さらに、同政権の政策として注目されるのは、ブラジルとのあいだで経済統合を推進したことである。一九八五年三月にブラジルが民政移管したことを受けて、アルフォンシン大統領は、同年十一月ジョゼ・サルネイ大統領とトップ会談をおこなって経済統合への協力を約し、翌八六年七月には、アルゼンティン・ブラジル統合議定書に調印している。アルフォンシン政権下でのこうした経済統合への努力が伏線となって、後述する南米共同市場《メルコスール》が形成されることになる。

メネム政権とネオ・ポピュリズム

一九八九年七月未曾有のインフレが吹き荒れるなかで発足したメネム政権は、まずビジネス界の不安を軽減することに意を注いだ。国内最大の多国籍企業であるブンへ・イ・ボルン社から経済大臣をむかえたり、債務問題担当の大統領特別顧問に中道民主連合（ＵＣｅＤｅ）の領袖で、保守派の経済学者として著名なアルソガライを任命した。この結果、メネム政権はペロニスタ政権として伝統的な労働者の支持を期待できただけでなく、一部の上層階級の支持をも獲得することに成功した。こうした支持をバックにメネム政権は物価の安定と長期的な構造改革に着手した。なかでも、本格的な構造改革をめざした点が同政権の特色だった。まず、八九年八月に国家再建法、同九月に経済緊急法を制定して、民営化を容易にする法的準備を整え、この二法にそって電話、航空業を手始めに、電力、石油、水道、ガス、鉄道、鉄鋼業など、広範な分野を民営化していった。また、九三年には年金制度の民営化にも踏み切っている。さらに、民営化と並行して、国家公務員の定員削減も断行した。

しかしながら、こうした構造改革は華々しく打ち出された割には、当初は物価の安定にはあまり役立たず、物価は高水準で推移していた。そこでメネム大統領は、一九九一年一月カバロを外相から経済相に横滑りさせて、経済安定の実現を託した。カバロは九一年三月に兌換法を議会で可決させ、同法を軸にインフレの克服をはかった。この新法は一ドル＝一万アウストラレス（のちにデノミにより、一万アウストラレス＝一ペソとなる）という固定相場制を堅持し、中央銀行は外貨準備にみあう分のみ通貨を発行できるとしていた。この新制度によって、インフレの一因となっていた中央銀行による通貨の増発には歯止めがかかり、それがインフレ圧力の軽減に大きく寄与した。実際、兌換法が実施されてからは、物価は急速に安定に向かい、九〇年には一三四三・九％だった物価上昇率は、九一年には八四・〇％、九二年には一七・五％と激減していった。

戦後の歴代政府は物価の安定を試みていつも失敗していたが、その難題をメネム政権が克服したことは、同政府にたいする国民の信頼を高め、一九九五年の任期終了を前にメネムの続投を望む声がペロニスタ党の内外からもちあがった。そこでメネムは、大統領の連続再選を禁じていた一八五三年憲法の改正を画策し、九四年の八月に新憲法の公布にこぎつけた。新憲法では大統領の任期が六年から四年に短縮されたが、連続再選が可能とされ、この改正に基づき九五年五月に実施された大統領選でメネムは、再選をはたしたのだった。メネムは九九年十二月に四年の任期をまっとうし、連続して一〇年以上在職した共和国最初の大統領となった。

また、メネム政権は外交面でも新機軸を打ち出している。なかでも、アルゼンティンの歴代政府が伝統的に堅持してきた反米的姿勢を一八〇度転換して親米路線を明確にしていったことは大きな変化といってよい。一九九〇年の湾岸戦争の際に、アルゼンティンがほかのラテン・アメリカ諸国に先駆けていち早く派兵したのは、その一例だったが、九一年には非同盟諸国首脳会議からも脱退している。また、アルフォンシン政権が着手したブラジルとの経済統合計画をさらに推進し、九一年三月にはウルグァイ、パラグァイを加えて四国によるメルコスールの設立を謳ったアスンシオン条約を締結している。さらに、こうしたブラジルとの経済関係の緊密化が、軍事面での両国の関係を著しく改善したことも特筆に値しよう。とくに核軍縮で両国の協力はめざましく、九一年には核物質計量管理機関を創設するための二国間協定を結び、九五年にはアルゼンティン、九七年にはブラジルが核不拡散条約に加入している。

こうした核軍縮への動きは、軍の支持があってはじめて可能となったものであり、一九九〇年十二月に軍の蜂起が起こると、八五年の裁判で有罪判決を受けていた軍人にたいしてメネム政権は九〇年末に恩赦を与えて、軍部の支持をとりつけた。この恩赦は人権擁護派からは厳しい批判をあびたが、この譲歩がきっかけとなって、軍需工場の民営化や徴兵制度の廃止などについて軍部から譲歩を引き出し、結果的に軍の影響力を削減することに成功した。

さらに、メネム政府は労働政策においても、労働者の既得権益を削減する政策をつぎつぎと打ち出している。労働のフレキシビリティ政策を実施して、企業による従業員の解雇を容易にしたのはその一例だが、公営企業の民営化も労働側の反対をおさえて強行している。民営化によって従来強力だった公営企業労組

年	5月	10月
91	6.9	6.0
92	6.9	7.0
93	9.9	9.3
94	10.7	12.2
95	18.4	16.6
96	17.1	17.4
97	16.1	13.7
98	13.2	12.4

失業率の推移
(1991～98年)(%)

1989	4,923.6
1990	1,343.9
1991	84.0
1992	17.5
1993	7.4
1994	3.9
1995	1.6
1996	0.1
1997	0.3
1998	0.7

消費者物価の推移
(1989～98年)(%)

の政治力は大幅に削減され、その一方で民営化にともなう人員削減は雇用に悪影響を与えてきた。失業率は一九九五年五月に一八・四%という史上最高を記録したのち、漸減傾向にあるが、九九年一月ブラジルで生じた金融危機を契機に、悪化する兆しをみせており、今後とも失業問題は重要な課題となることが予想される。

以上みてきたようにメネムの政策は、従来のペロニスタ政権が堅持してきた「社会正義・経済的自立・政治的主権」という三大スローガンから大きく逸脱していることは明白である。「社会正義」が主として労働者保護を含意していたとすれば、メネム政権はそれを事実上放棄しているし、「経済的自立」は、国家主導型経済による工業化の促進と外資からの自立をめざすものだったが、メネム政権の政策はそれとは正反対の民営化と外資導入に力をいれてきた。「政治的主権」とは、いずれの陣営にも属さぬ自主外交、なかんずく、反米外交を意味したが、メネム政権は冷戦の終結という新しい国際環境のなかで、対米協調を重視する外交姿勢に転じている。つまり、以前のポピュリズムの常套手段だった、バラマキ型の社会政策や民族主義的政策は放棄されたのである。

ただし、その政治スタイル、すなわち大統領のカリスマ性に依拠した大衆への直接的アピールや、議会をバイパスして行政府だけが一人歩きした政治姿勢などにかんして、メネム政権は以前のペロニスタ政権の路線を踏襲しているといってよい。このように、経済・社会政策の面では従前のポピュリズムと正反対でありながら、大衆とリーダーとのあいだにはポピュリズム型関係が維持されている場合、これをネオ・ポピュリズムと呼ぶとすれば、明らかにメネム政権はその一例とみてよいであろう。この種のポピュリズムが今後とも存続するか否かは速断を許さないが、財政的負担をともなわない、いわば安上がりのポピュリズムであるだけに、市場経済への動きがいちだんと進むなかで、政治的選択肢のひとつとして残存することは十分ありうるであろう。

メネム政権末期には経済の失速が顕著となり、二〇〇一年十二月の金融危機では各地で暴動が発生して深刻な社会不安が引き起こされたが、〇三年五月に就任したネストル・キルチネル大統領のもとで破綻した経済の再建がはかられ、〇七年十月の大統領選挙では夫人のクリスティーナ・フェルナンデスが当選した。

挫折したウルグァイの軍政

一九七三年二月以来、政治の表舞台におどりでたウルグァイの軍部は、すでにふれたように七六年六月ボルダベリー大統領を辞任に追い込むことで、実質的な軍事独裁制を確立した。ボルダベリーの後任で副大統領から昇格したアルベルト・デミチェリも、同年九月彼にかわったアパリシオ・メンデスも、ともに文民とはいえ、政治の実権が軍部にあることは明白であった。こうして本格化したウルグァイの軍政は、反政府グループにたいする厳しい弾圧や経済政策の面で、七六年三月以降のアルゼンティンの軍政とすこぶる類似していた。弾圧にかんしては、七六年末以降言論統制が強化され、政府の対外的イメージを傷つけかねない報道は禁止され、七八年には、国家非常事態法に基づき反政府的な思想の持ち主とみなされた者はそれだけで、投獄の危険にさらされることになった。こうした弾圧は、二十世紀のウルグァイにとってはじめてのことであり、アルゼンティンの軍政同様、人権弾圧として国際的な批判を招いた。

経済面でも、フリードマン流の自由経済政策が実施された。ウルグァイではこうした路線はアルゼンティンよりも早く、すでに一九七四年にアレハンドロ・ベー・ビイェーガスが経済・財政大臣に就任したときから始められていた。ベー・ビイェーガスの在任期間は二年だったが、国内産業の生産性を高めるために関税を一挙に引き下げるショック療法をほどこし、生き残った産業には政府が直接保護を与えて、国際競争力をもつ輸出産業を育成していくという政策をとった。この路線は、その後も引き継がれ、軍政下の基本的経済政策となった。この政策は、ウルグァイではアルゼンティンよりも経済成長の促進により著しい効果をあげ、製造工業部門は七五〜七八年に年率五・八%の伸びを示し、七九年には一〇・一%にも達した。また輸出の多角化にもある程度成功し、七二〜七七年には、非伝統的部門(皮革、衣服など)の輸出は四〇〇%も増加し、全輸出に占める比率も一一%から五七%へと急伸していった。しかし、こうした成果にかかわらず、軍事政府が企図したインフレの克服は必ずしも期待した成果をあげなかった。開放政策はアルゼンティンの場合と同様に脆弱《ぜいじゃく》な国内産業を圧迫し、失業者が著しく増加していった。首都のモンテビデオ市の失業率は七二年の七・七%から七七年には一一・八%にハネ上がっていた。こうした失業の増加と厳しい弾圧に嫌気がさし、七〇年代には全人口の約一七%に相当する約五〇万人が国外に流出したといわれている。

このように、一九七三年以降の軍の政治介入は、若干の成果をあげつつも、マイナスの面が少なくなかった。にもかかわらず、軍部はトゥパマーロスを鎮圧したことで社会不安を一掃し、経済面でも輝かしい成果をあげたという自信から国民に支持されていると判断し、八〇年十一月には教育から経済にいたるあらゆる公的分野への軍の介入を認める憲法改正を提案して、国民の審判をあおいだ。しかしながら、国民投票の結果は賛成六四万二〇〇〇票、反対八八万票という惨敗に終わった。この敗北で威信を失墜した軍部は、八一年九月、グレゴリオ・アルバレス将軍を大統領に選出するとともに、民政移管の選挙を八四年十一月、移管を八五年三月とする民主化スケジュールの発表をよぎなくされたのだった。

ウルグァイの民主化と進まぬ改革

ただし、憲法改正に失敗したからといって軍部が全面的に後退したわけではなかった。ブランコ党のウイルソン・フェレイラや左派の拡大戦線の指導者だったリベル・セレグニにたいする公民権停止措置はいぜん解除されなかったし、一九八四年六月に帰国したフェレイラはただちに逮捕されたほどだった。このため、ブランコ党は軍事政府とのあいだで民政移管のための話し合いに応じず、八四年八月三日に海軍クラブで合意されたいわゆる「海軍クラブ協約」にも参加しなかった。この協約によって八四年十一月に選挙が実施されることが確認されたことは文民派を活気づけ、八月二十一日に政党や労働組合、企業家などによって国民計画合意(CONAPRO、コナプロ)が組織された。この新組織にはブランコ党も参加し、その執行委員会にはコロラド党、拡大戦線、市民同盟とともに名を連ねていた。CONAPROは、政党間での政策合意をめざし、選挙直前の十一月十六日に人権擁護、政治家にたいする弾圧の禁止などを謳った合意文書を作成して、どの政党であれ政権を握った政党は合意を遵守することを約束した。

一九八四年十一月二十五日には、六六年以来一八年ぶりの総選挙が実施され、コロラド党が勝利し、同党のフリオ・サンギネッティが当選した。サンギネッティは、八五年三月に大統領に就任すると、当初はコナプロの合意を軸に政策の実施をはかったが、個々の政策についてほかの政党の合意を取りつけることは容易ではなかった。このため、実質的に合意は反故にされていった。とくに恩赦法をめぐっては、その対象を左翼系の政治犯に限定すべきだとする拡大戦線の主張と殺人にかかわったテロリストにはおよぶべきではないとするコロラド派の立場が激しく対立していた。サンギネッティは、当初殺人に関与しなかったテロリストと、政治犯は恩赦する措置をとったが、軍内部には、軍人の人権侵害にも恩赦が認められるべきだとの声が高まり、八六年十二月には、七三年から八五年までのあいだに起こった人権抑圧についてはは免責にするとの恩赦法が下院で裁決された。ところがこの恩赦法には左翼を中心に強い反対が起こり、八七年四月十六日には国民投票によって賛否を問うことになった。この投票では、首都のモンテビデオでは反対票が半数を占めたが、内陸部では逆になり、結果的に五五％の賛成をえて承認された。

一九八九年十一月の選挙ではブランコ党のアルベルト・ラカイェが勝利した。彼は当時アルゼンティンのメネム政権が実施していた民営化をはじめとする改革を企図し、九二年には民営化案を七月と十二月の二度にわたって国民投票にかけたが、いずれも否決されてしまった。このことも一因となって、ウルグァイでは、アルゼンティンに比べ、新自由主義的な改革がすこぶる遅れることになった。もっとも、九一年三月には先述のアスンシオン条約の締約国となり、域内諸国とのあいだでの市場開放を進めている。ただし、ブラジル、アルゼンティンに比べると工業化の水準が低く、共同市場への参加や貿易の一層の自由化は、国の工業基盤を一層弱める危険もはらんでいる。

一九九四年十一月の選挙ではふたたび、サンギネッティが勝利をおさめたが、改革のスピードはいぜんとして遅く、一部の研究者は、改革のリズムにおけるアルゼンティンとの差異を「ウサギ」と「カメ」に例えているほどである。なお、八九年と九四年の選挙では、拡大戦線の健闘が目立った。とくに八九年以来モンテビデオ市長の座は同党が握っているし、九四年の選挙では、伝統的二政党とほとんど肩をならべるほどの得票率だった。九九年の大統領選では拡大戦線を中心とする「進歩会議」は四〇%近い支持をえて、第一党となった。ただし、過半数に達しなかったために、十一月の決選投票に持ち込まれ、ブランコ党の支持をえたコロラド党のホルヘ・バッイェが当選した。この選挙結果は、ウルグァイの政治が拡大戦線対伝統的二党との対立という新しい局面に突入したことを示唆するものとして極めて注目される。

二〇〇四と〇九年の大統領選挙ではともに拡大戦線候補のタバレ・バスケスとホセ・ムヒカが当選した。

ストロエスネル独裁の終焉と軍民関係(パラグァイ)

一九五四年に始まるパラグァイの独裁政は、すでにみたアルゼンティンやウルグァイの官僚主義的権威主義体制とは異なり、軍部主体の組織的独裁ではなく、軍人であるストロエスネル個人による独裁だった。八九年二月のクーデタにあって崩壊するまで、この独裁体制は三五年近くにわたって継続し、これはパラグァイ史上最長記録であっただけでなく、ラテン・アメリカでもまれな長期独裁となったのだった。

このように、彼の支配が長期化しえたのは、彼が軍部のみならず与党のコロラド党を完全に自らの支配下におくことに成功したからだが、任期中に経済発展にある程度成功したことも無視できない要因であろう。すなわち、ストロエスネルの外国移民誘致策により、一九五四年から一五年間に一八八の移住地が開かれ、農地が著しく拡大した。また農業技術の普及は、七〇年代に農業生産を著しく伸張させ、七〇～七四年には平均五・八％、七四～七八年には一一・五％にも達した。工業生産も政府の外資誘致策に支えられて七〇年代にはいって急速に拡大し、資材・食品・建設部門などの成長が著しかった。こうした農業と工業部門の成長が、国民のパイを増加させ、独裁体制にたいする不満を和らげる効果をもってきたといってよいだろう。ところが、一九八〇年代にはいると、ストロエスネル政権への批判がしだいに高まってきた。その一因は、他のラテン・アメリカ諸国と同様に八〇年代のパラグァイが経済停滞に陥ったことにあった。八〇年代の一人当たり経済成長率は〇・五％に落ち込み、国民に幻滅感を与えていた。加えて、近隣諸国での民主化の進展は長期の独裁体制への批判を徐々につのらせていた。そうしたなかで、高齢の大統領（一九一二年生まれ）の後継問題が浮上した。八九年に予定された大統領選を前に、ストロエスネルは息子のグスタボを後継にしようとしたが、党や軍部に反対が強く、とくに陸軍総司令官のアンドレス・ロドリゲスは、それに反対して大統領と対立し、八九年二月三日に蜂起して、ストロエスネルを失脚させたのだった。

こうした経緯から、一九八九年二月三日のクーデタは、軍内部の宮廷革命的性格が顕著だった。それでもロドリゲスは八九年五月一日の大統領選で当選し、同月十五日正式に大統領に就任すると、「民主体制への移行」をスローガンに、政治犯の釈放や言論の自由の実現をはかった。また、新憲法を制定して新しい国家体制の確立を急ぎ、制憲議会の議をへて九二年には新憲法を公布した。新憲法は、大統領の任期を五年と定め、再選を禁止し議会の権能を高めるなど、民主化以後にふさわしい新しい政治体制の確立をめざした。この憲法に基づく最初の選挙が九三年五月に実施され、コロラド党のファン・カルロス・ワスモシが当選した。この選挙は、パラグァイにおいてはまれな自由選挙であっただけでなく、上下両院でコロラド党は過半数を獲得できず、ここに同党による一党独裁体制が終焉した。このため、ワスモシ政権は野党の協力をえながら政策の実施をはかることをよぎなくされたが、さらに政権の前に立ちはだかったのが軍部だった。民政に移管したとはいえパラグァイでは、軍の政治的影響力を一朝にして払拭するのは不可能だったのである。なかでも、ワスモシ大統領によって陸軍総司令官に任命されたリノ・オビエドは、大統領の座をねらう野心家でもあり、一再ならず政局に激震を生じさせてきた。まず、九四年四月には自らの解任に抗議して実力行使にはしり、米国や近隣諸国の圧力に遭遇してクーデタを断念している。このときの反政府活動のゆえに一〇年の懲役刑を受けたが、九八年にコロラド党のラウル・クバスが大統領に就任すると恩赦により釈放された。そして、九九年三月恩赦に反対していた副大統領のルイス・アルガーニャの暗殺事件が起こると、大統領とともに事件への関与を糾弾され、アルゼンティンに亡命した(クバスはブラジルに亡命)。同年十二月には、秘密裏に祖国に戻ったと伝えられ、その一挙手一投足は、なお国の政治に少なからぬ影響をおよぼしている。上院議員から大統領となったルイス・アンヘル・ゴンサーレスが軍をいかにして文民統制下におくことができるかが、政治面でのさしあたっての大きな課題であろう。

二〇〇八年の大統領選挙でフェルナンド・ルゴが当選し、六一年続いたコロラド党支配が終わった。

第五章　ブラジル

1　ポプリスモ型権威主義の時代

ドゥトラ政権（一九四六年一月〜五一年一月）

一九四五年十月、軍によってはヴァルガスは打倒され、十二月には陸軍大臣エウリコ・ドゥトラ将軍がヴァルガスの創設した民主社会党（PSD）の候補者として後継大統領に当選し、翌年一月に就任した。彼は、軍部の力を背景に民主化措置をとった。四六年九月、直接選出による大統領制と三権分立を定めた新憲法が制定され、連邦と州の議会、州知事、市長などが直接選挙された。

ドゥトラ大統領は五カ年計画を公表し、工業経営者や民族主義者の支持をえた。国家経済審議会（CNE）、連邦資源審判所（TFR）、地域計画委員会（CPR）、サン・フランシスコ川水力発電会社（CHSF）などが創設され、パウロ・アフォンソ・ダムの建設が進められた。

米国との関係は緊密になり、一九四七年にトルーマン米大統領がブラジルをおとずれ、翌年にはドゥトウラ大統領が答礼に訪米した。

第二次ヴァルガス政権（一九五一年一月〜五四年八月）

一九五〇年の大統領選挙でブラジル労働党（PTB）とPSDの共通候補になったヴァルガスは、ブラジルではじめて国民から直接選出された大統領になった。ヴァルガスの独裁にたいする反省から生まれた憲法にそっておこなわれた選挙で、ヴァルガスその人が選出されたのである。

この選挙は、都市プロレタリアートの重要性をみぬいていた彼の先見性をも証明した。有権者層の質的な変化に対応して、一九四五年以後政治家たちの選挙運動の形態も変わってきた。都市の浮動票を確保するため、繰り返しメッセージを印象づける方法が重要になった。五〇年の選挙では、ラジオ演説、宣伝映画やラウドスピーカーの使用が普通になっただけでなく、広い国だけに大統領候補は飛行機で全国遊説をおこなうまでになった。

ヴァルガス大統領　1953年に鉱山冶金組合を訪問したときの写真。

一九五一年一月に大統領に就任したヴァルガスは、「新国家《エスタード・ノーヴォ》」体制の再現を恐れる人々の反対を押しきるため、前よりも左翼民族主義路線に傾いていった。彼は五カ年計画を発足させたほか、国営独占会社である石油公社ペトロブラスを創設(五三年十月)し、バイーア、セルジペ、アラゴアスに採算性のある油田を発見した。他方、ブラジルの工業化が外国の資本と技術に依存してきた現実を無視して、外国帝国主義反対を強調した。

民主的な政治運営に慣れていないヴァルガスにたいする反対がいちだんと強まってきた。このとき、ヴァルガスの子飼いの警護隊長が、大統領攻撃の中心と目されたジャーナリスト、カルロス・ラセルダを独断で暗殺しようとして、あやまって同行の空軍将校を射殺してしまった。軍部は調査委員会をつくって犯人を割り出し、ヴァルガスの大統領辞任を要求した。行きづまったヴァルガスは一九五四年八月二十五日、官邸内でピストルで心臓を撃ち自殺した。あとには内外の保守勢力の「陰謀」を示唆する遺書が残されていた。リオの下層大衆は激昂し、抗議デモで街頭に繰り出した。ヴァルガスは死んだが、彼が導入した政治スタイルはその後も生きつづけることになる。

急速な社会変動

ヴァルガスが活躍した時期は、ブラジルで急速な社会変動が始まった時期であり、この過程はその後も続いた。アメリカの文化人類学者ワグレイは、この過程自体を「ブラジル革命」と呼んだ。この過程は、とりわけサン・パウロ市やリオ・デ・ジャネイロ市のような大都市で著しく進行した。

ブラジルの人口は、一九〇〇年には一七三一万人にすぎなかったが、六四年には一億人をこしており、この増加率は世界でも上の部類に属した。その原因は、人口動態が多産多死から多産少死に急速に変化したことによる。また、今世紀初頭から中葉にかけて一五〇万人以上の移民がブラジルにきたが、その多くがサン・パウロ州などの南東部に集まった。サン・パウロ州は三〇年代以降国内他地域からの移住をも受け入れてきた。この結果、今世紀初頭に二四万人の人口をもつにすぎなかったサン・パウロ市は、一九九五年現在一〇〇〇万強の人口をもつにいたっている。

運輸通信、教育なども一九三〇年代から大幅に改善され始め、航空機による旅客輸送は、三八～五七年までに約五五倍の増加をみた。また、新聞・雑誌などの定期刊行物の創刊日付から読書人口の増加とジャーナリズムの発達がうかがえる。

教育面の改善は、学校数や生徒数の増加が人口増によって相殺されたため、一見するとそれほど印象的ではなかった。しかし大都市では、質量ともに大幅な進歩があり、それは、識字率の改善や出版業の発展にあらわれた。

権威主義体制とポプリスモ（ポピュリズム）

このような急速な社会変動の時代にあって、ヴァルガスが伝統的な寡頭支配制にかわって徐々に形成した政治体制は、権威主義体制であり、大衆の政治参加を前提にした現代的な体制であった。権威主義体制は、扇動や利益誘導によって大衆が動員されるときには、ポプリスモ型（左翼的）権威主義となるが、強制によって低い水準の形式的な政治参加にとどめられるときには右翼型権威主義になる。ブラジル史では、第二次世界大戦前のヴァルガスの第一次政権と六四年以後の軍事政権は右翼型であり、ヴァルガスの第二

年	点数
1900-1909	92
1910-1919	146
1920-1929	263
1930-1939	546
1940-1949	853
1950-1954	953

ブラジルの定期刊行物創刊点数

次政権以後六四年までの政権は、左翼ポプリスモ型であった。

牧場主階層出身のヴァルガスが始めた権威主義体制は、価値の次元では、伝統的な要素も残していた。そこには植民地時代からの大農園で発達したファミリアという拡大親族関係、さらには擬制親族関係を含む社会原理とパターナリズム(父親的温情主義)があった。洗礼、結婚などの機会にコンパドリオという擬制親族関係を結ぶほど緊密な人間関係は、家族《ファミリア》の形式をとるほかなかったのである。その内部では、上級者は下級者を保護し、下級者は、上級者に服従し、奉仕するという交換関係が原則とされた。いうまでもなく、その交換は、不等価交換で搾取をともない、上級者の権力を支えることになった。反面、下級者は、当時の状況ではそれを当然視し、むしろ生活の安定に不可欠な保障すらみいだしていた。ブラジルの農村大衆(とくに旧黒人奴隷層)は、奴隷制廃止によって、大都市に移住したが、多少とも教育や職業的な訓練にまさっていた白人移民との競争に直面して、大部分は、都市の未熟練肉体労働者や失業者としてスラムに沈澱した。彼らは保護者パトロンを突然失ったが、ヴァルガスは大衆の家父長的な保護者として出現し、労働法規や社会保障制度を恩恵として上から与え、彼らの支持をえたのである。初期のヴァルガスは、上流の利益を大幅に損なうことを避けたが、戦後、上流の支持を失うと、一層大衆の支持を求め、外国帝国主義を派手に攻撃するようになったのである。

2　民主主義の復活

クビシェッキ政権とブラジリア

ヴァルガスの自殺にひきつづいておこなわれた一九五五年の大統領選挙では、ミナス・ジェライス州知事のジュセリーノ・クビシェッキがヴァルガスの手法を踏襲して、PTBとPSDの共通候補として当選した。副大統領には、ヴァルガス第二次政権で労働大臣を務めたジョアン・グラールが当選した。このときはじめてテレビが選挙運動に使われた。

翌年一月に発足したクビシェッキ政権は、「五〇年の進歩を五年で」という標語を掲げ、野心的な開発計画を実行し始めた。ヴァルガスと異なり、外資を誘致するため、何重もの恩典を与え、製鉄・造船などの基幹工業、自動車や家電製品などの耐久消費財工業を確立させた。工業用電力のためにフルナスやトレス・マリアのダムの建設をはじめ、後進地域の開発を促進し、そのための北東部開発管理庁(SUDENE)を創設した。一九五七年に内陸の中西部で新首都ブラジリアの建設が始まり、六〇年四月二十一日遷都が宣言された。ブラジリアから各地方への幹線道路が延び始めた。

ジュセリーノ・クビシェッキ大統領　首都をブラジリアに移した。

急速な経済発展が実現し、この政権下の経済成長率は、年七％に達した。反面、外資企業がしばしば寡占的な地位をえたり、大規模な汚職や放漫財政に起因する悪性インフレが発生した。一九五九年には空軍と陸軍の将校によるクーデタの試みがあった。

クワドロス政権（一九六一年一〜八月）

一九六〇年の選挙では、ジャニオ・クワドロスが保守系の国民民主同盟（ＵＤＮ）の候補として大統領に選出された。副大統領はＰＴＢとＰＳＤの共通候補ジョアン・グラールであった。クワドロスは「腐敗一掃」を公約し、箒《ほうき》をシンボルにして選挙運動を展開し、都市の中間層と大衆の支持（六〇〇万票）をえた。しかし、就任後のクワドロス政権は、農園主層を代表する保守的な議会と対立し、行動に制約を受けた。

選挙法によれば、各州は三名の上院議員を選出し、また、人口一〇万人につき一名の割合で下院議員の定数を与えられた。ただし、各州の最低定数は七名で、定数が二〇名をこえると、二五万人に一人の定数が追加された。このため後進的・保守的な北東部に多い小さな州が過剰に代表されることになり、アクレのような識字率の低い後進州は、識字率の高い先進州サン・パウロに比べ、人口当り二〇倍の議員を送り出すことになった。後進州では、一部の農村エリートが権力を独占しやすい状態がみられた。

大統領は直接選挙で選ばれるために、都市の大衆に依拠し、その要求に敏感にならざるをえなかった。こうして、革新的な行政府と保守的な立法府との対立が起きやすい構造が生じていた。この矛盾が顕在化しなかったのは、ヴァルガスが創立した二つの異なる傾向の政党間の協力関係のためだった。ＰＴＢとＰ

SDは、概して提携・協力し、政府を媒介として、大農牧場主と都市大衆のあいだのパターナリズム関係を維持していた。他方、反ヴァルガス的な都市中間層は、UDNを支持し、権力から締め出された農村議員と協力した。

しかし、都市化が工業化を上回って進展すると、主要三政党のなかでPTBのみが勢力を伸ばしながら、急進化し、この構造に破綻をもたらした。一九三〇年から六〇年にかけて、ブラジルの工業労働者数は、年三％の割合で増加したが、都市人口は五・四％で増加した。

一九六一年八月二十五日クワドロスは、在任七カ月余りで突然大統領辞任を国会に通告した。のちにクワドロス本人と側近が明らかにしたところによれば、この目的はドゴールやカストロの例にならい、辞職に反対するであろう都市大衆の圧力と軍の介入で国民審査に持ち込み、議会に代表される政治制度を改革し、大統領の権限を拡大することにあった。しかし、このもくろみは誤算に終わり、結局副大統領グラールが大統領に昇格する結果をもたらした。

グラール政権と軍部

クワドロスの辞任が発表されたとき、副大統領グラールは中国を訪問中であった。陸・海・空の三軍大臣は、彼を左翼的すぎるとみて大統領昇格に反対した。他方、各地でグラール支持の集会やデモがおこなわれた。グラールは、中国から直接郷里のリオ・グランデ・ド・スル州に戻り、義兄の州知事レオネル・ブリゾラとともに、同州駐屯の連邦第三軍を動かし、内戦も辞さない構えを示した。

結局一九六一年九月一日、国会は四六年憲法に修正条項を加え、大統領権限のかなりの部分をあらたに国会で選出される首相に委譲するという条件をだし、軍首脳もグラールの大統領昇格に同意し、七日にグラールが大統領になった。グラールは大統領権限の全面回復に全力をあげ、六三年一月に国民投票がおこなわれ、投票の八割がグラールの意図を支持した。

グラールは就任後一年半で本来の権限を手にいれたが、クビシェッキ期の高度成長の精算を迫られることになった。輸入代替方式の工業化は限界に達し、経済成長率は最低水準に落ち込み、不健全財政に起因する悪性インフレ、失業の増大が襲ってきたからである。グラールの考えた危機打開策は「基本改革」と称する農地、財政、大学、政治制度、軍部などの多面的な構造改革であった。下院議員になったブリゾラなどの左翼政治家が外資排斥運動を展開していたが、一九六四年一月グラールは、対外利潤送金を制限する大統領命令に署名した。

一九六四年三月にグラールは、リオ・デ・ジャネイロの労働総同盟(CGT)の大衆集会で急進民族主義路線をとることを明らかにし、民間精油所の国有化と農地改革実施のための大統領命令に署名した。さらに彼は諸改革を遂行するため憲法改正の意図を明らかにした。この時点から軍部首脳がクーデタを計画し始めた。彼らはアメリカ合衆国政府の支持もひそかに求め始めた。

三月三十日グラールは、リオ・デ・ジャネイロで開かれた下士官組織の集会に出席し、約二〇〇〇名の参加者の前で軍首脳部と軍規を批判した。三十一日、カステロ・ブランコ将軍の指揮下に三軍は、全国各地で出動しクーデタをおこなった。アメリカ海軍もリオ・デ・ジャネイロ近くの海域で演習をおこない、暗黙の支持を示した。ミナス・ジェライス、サン・パウロ、リオ・グランデ・ド・スルなどの主要州の知事も賛同の意を明らかにした。大統領はリオ・デ・ジャネイロからブラジリアにとび、そこから大量の国庫の金地金を携行し、リオ・グランデ・ド・スルに脱出した。長期のインフレと政治不安にあきていた国民は街頭にでて喜んだが、組織的な反対や抵抗はほとんどなかった。国会は、大統領を罷免し下院議長ラニエリ・マジリを臨時大統領に指名した。四月四日、グラールは隣国ウルグァイに亡命した。

3　軍事政権と「ブラジルの奇蹟」

一九六四年軍事革命とカステロ・ブランコ政権

一九六四年四月、軍の革命最高司令部は軍政令第一号を公布し、多くの公務員、軍人、民間人を解雇し政治権を奪った。四六年憲法を存続させつつ、六六年一月三十一日まで有効の、多くの例外規定が定められた。国会はカステロ・ブランコを正式に大統領に選出し、彼は四月十五日に就任した。その後三〇日間の戒厳令が施行され、前政権要人は、逮捕されるか外国大使館に亡命を求めた。かつて左翼的民族主義運動の拠点であった文部省付属のブラジル高等研究所（ＩＳＥＢ）や全国学生連盟（ＵＮＥ）などが解散させられた。

一九六五年十月、同政権は軍政令第二号を公布し、大統領の間接選挙制、既存政党の解散と二大政党、すなわち与党の国家革新同盟党（ＡＲＥＮＡ）と野党のブラジル民主運動（ＭＤＢ）への再編成をおこなった。

野党といっても政府にとって危険な政治家はすでに政治権を剝奪されており、与党の優位は保証されていた。さらに六六年二月の軍政令第三号は、州知事・同副知事の間接選挙制を定め、連邦政府は州政府に介入する権限をえた。

カステロ・ブランコ政権の第二の政策目標は、市場経済の再確立とインフレ抑制のための緊縮財政であった。ついで、経済成長のために外国資本の誘致が始められた。このため、一九六四年八月、対外利潤送金を規制していた法律は撤回された。経営不振の国営自動車工場(FNM)は民間に売却され、国営の石油化学工場の建設計画は中止された。外交面では、親米反共政策がとられた。

コスタ・エ・シルヴァ政権(一九六七年三月〜六九年八月)

この大統領の就任と同時に、カステロ・ブランコの準備した新憲法(一九六七年憲法)が発効したが、彼は権限の制約をきらい戒厳令を施行した。その意図は翌年十二月に公布された軍政令第五号によって明らかになった。新憲法が認めていなかった大統領の非常大権を確保するため、州およびムニシピオ(郡市)への介入権、公務員を解任し政治権を一〇年間停止する権利、国会の承認なしに戒厳令を施行する権利、軍事革命に永続性を与えるために大統領令と補足令を公布する権限などをえた。

一九六八年からはインフレ抑制と財政健全化、通貨価値修正制度(利子率・資産評価などにインフレ率をスライドさせる方式)、多様豊富な税制恩典(制度などにより、内外の資本投下が急増し、高度成長が始まった。しかし、高度成長も国民の多くをうるおすものではなかった。

軍政への批判と国外からの影響があいまって都市ゲリラが拡大した。政府の緊縮政策にたいして企業家や中間層が不満をもち始めていた。他方、一九六七年七月キューバでラテン・アメリカ連帯機構（OLAS）がラテン・アメリカ各国の分離派共産主義者を集めて開かれ、カストロはラテン・アメリカ各地で農村と都市のゲリラ活動を組織しようとした。ブラジルからはカルロス・マリゲラが共産党主流派に対抗して出席し、帰国後六八年四月、新しい共産党組織と武力による政府打倒を呼びかけた。このとき以後、リオやサン・パウロなどで学生や知識人を基盤として都市ゲリラ活動が盛んになり、全国各地で兵営や外国企業、銀行や現金輸送車への襲撃、外国外交官の誘拐と政治犯の釈放要求などを実行した。

コスタ・エ・シルヴァ大統領は、一九六九年八月三十一日、脳出血により死亡し、三軍代表による軍事評議会が後継大統領を決めた。ここから、軍部を代表する将官が軍内部の調整により与党国家革新同盟党の大統領候補となり、国会両院と州議会の代表からなる大統領選挙人会議において間接選挙により大統領に選出され、五年の任期を務める、という方式が成立した。ブラジルの軍の制度化の水準が高くなり、クーデタにつぐクーデタという事態は生じなくなったが、軍が政党の役割を奪ったともいわれた。

メヂシ政権とガイゼル政権の自由化路線

エミリオ・ガラスタス・メヂシ大統領の政権下（一九六九～七四年）で「ブラジルの奇蹟」が全面的に開花し、年率平均一〇％の高度成長が続いたが、一九七三年十月に始まる石油危機は、インフレの再燃、成長率の低下、失業の増大などを引き起こした。

都市ゲリラの抑圧の過程で、軍と警察は提携し、容疑者にたいする非合法の誘拐、拷問、暗殺などさえもおこなった。政治的自由・言論弾圧などのため、中間層、知識人のみならず、子女の犠牲者をだした上流階層からさえ政府にたいする不満や批判が強くなった。政府に批判的な政治家が追放されたり、逮捕され、政党が御用政党化したので、教会が最後の人権擁護機関として重要な役割をはたし始めた。

つぎに政権に立ったエルネスト・ガイゼルは、尚武の伝統をもつリオ・グランデ・ド・スル州出身のドイツ系軍人であるが、軍部内の「ソルボンヌ派」といわれる知識人エリートに属し、思想的にも穏健であった。

ガイゼル政権(一九七四〜七九年)は、軍部内の右派「強硬派」に対立しながら、自由化路線を進めた。言論の自由も徐々に拡大された。国家情報局(SNI)長官に腹心のジョアン・バティスタ・フィゲイレド陸軍中将を任命し、治安維持を任せた。一九七三年秋の石油危機からふたたび経済が悪化し、七四年十一月の総選挙において野党が大躍進した結果、強硬派が台頭し、政府は七六年一月MDBが共産党の支援を受けたとして、同党の下院議員三名の公民権を停止し、一〇〇人以上を逮捕した。それでも、同年十一月の統一地方選挙では、野党(MDB)がリオとサン・パウロの二大都市圏で勝利をおさめた。七七年四月の大統領令により、憲法は国会の単純過半数で改正できることになった。七七年の憲法改正により、大統領の任期をそれまでの五年から六年に延長し、任期八年で六六の上院の議席(各州と首都各三名)の三分の二が三十五歳以上の有権者による直接選挙、三分の一が州と市議会からの間接選挙によって選出されることになった。また、州知事は、州と市の議員による間接選挙により選ばれることになった。このためもあって、州知事の全員が与党公認の人物になった。他方、大統領に非常大権を与えていた軍政令第五号は七八年末に撤廃された。同年、二大政党以外に新設を禁じられていた新政党設立が条件つきで可能になった。

経済においては、一九七三年の石油危機の影響が波及し、成長率の低下とインフレが進行し始めた。政府は引締めと刺激政策を隔年に実施したが、国内総生産は、七五年五・六%、七六年八・八%、七七年四・七%、七八年六%と徐々に低下した。インフレ率は、七三年に過去一〇年間で最低の一三・七%まで低下していたのが、七七年三八、八%、七八年四一%と上昇し始めた。他方、軍事政権時代を通じて建設を続けてきたアマゾン横断道路がほぼ完成し、ブラジリアとベネズエラ国境を結びカラカスへ通じる縦断道路が七七年に完成した。

他方、ガイゼル政権は外交面ではアゼレド・ダ・シルヴェイラ外相のもとで民族主義路線を堅持した。米国のカーター政権が人権抑圧を理由にブラジルにたいする軍事援助を削減すると、ブラジルは同国からの軍事援助を返上した。資源エネルギーの供給源を多角化するため、ブラジルは西ドイツと原子力開発協定(一九七五年八月)を結び、核非拡散政策をとる米国と対立し、秘密裡に核兵器開発にも着手した。工業製品の市場開拓のため、ブラジルは周辺のラテン・アメリカ諸国ばかりでなく、アジアやアフリカ諸国との関係緊密化につとめ、実績をあげた。過去の移民受入れの歴史や国内でのアフリカ系の住民や文化の重要性も強調し、歴史的な絆を、アジア・アフリカとの関係強化の助けにしようとした。対日関係では、七四年九月田中角栄首相がブラジルを訪問し、日伯閣僚協議会の設置につき合意した。七六年九月ガイゼル大統領が現職大統領としてはじめて日本を訪問し、閣僚協議会をへて、広範な経済協力が決められた。七八年六月皇太子夫妻が六七年に続き、サン・パウロでの日本人移住七〇周年記念式典に出席のため、ブラジルを親善訪問した。

フィゲイレド政権（一九七九年三月～八四年三月）

ジョアン・バティスタ・フィゲイレド（退役陸軍大将）もガイゼル政権の路線を継承し、六年後の任期終了時の民政移管を公約した。民主化にかんしては、軍事政権によって追放された人物の特赦、学生集会の自由化、報道検閲の緩和、労働者のストにたいする規制緩和などが進められた。七九年三月野党の選挙運動に放送の利用を禁じていたファルカン法が与党の一部の賛成をえて廃止され、八月には恩赦法も施行された。ポルトガルに亡命していた旧MDB系指導者レオネル・ブリゾラ（PDTに参加）、ミゲル・アラエス（PMDBに参加）、共産党書記長ルイス・プレステスらが一五年ぶりに帰国した。十一月には新政党法が成立し、一四年間維持された二大政党体制は解消され、新党結成の機運が高まって、議会内の勢力配置はつぎのように変わった。民主社会党（PSD）上院三七、下院二一三、ブラジル民主運動党（PMDB）上院一九と下院九八、民衆党（PP）上院八と下院六九、労働党（PT）上院一、下院八、民主労働党（PDT）上院〇、下院一二、ブラジル労働党（PTB）上院〇、下院一。PSDはもとのARENA主流派で構成され、PMDBは、旧MDBの一部とARENA反主流派が形成した寄合い所帯的政党である。PTは、国会での勢力以上に、都市労働者や革新的中流に影響をもった。

一九八二年七月の憲法改正で、憲法改正は国会議員の過半数から三分の二以上の賛成で可能になり、州

1982年の選挙運動風景　久びさに直接選挙がおこなわれた。

知事と上院議員の三分の一の間接選挙は、直接選挙に戻された。しかし、大統領にはいぜんとして六〇日間の戒厳令施行(その延長は国会の承認を必要とする)、国家安全保障と財政にかんする緊急立法(六〇日間以内に国会で審議し、否定しうる)などの大権を与えている。

八三年四月経済政策にたいする不満が財界を含む各層に広がった。略奪行為が、干魃《かんばつ》の続く北東部諸州から最大都市のリオ・デ・ジャネイロやサン・パウロにも波及し、月間二二七件にも達した。IMFとの融資交渉の過程で賃上げ抑制を要求されたことに反発した公務員や国営企業職員らが六月リオでデモをおこない、七月にはサン・パウロ州の自動車産業などの労働者六万人がストを実施した。フィゲイレド大統領は、八三年十一月次期大統領の選挙を直接選挙でおこなうことを支持すると言明し、野党の歓迎を受けた。

経済面では、一九七三年の石油危機以来露呈した高度成長の歪《ひず》みの是正が課題になった。インフレの抑制、所得配分の公平化、地域格差の是正、国際収支の改善、累積対外債務の軽減、経済開発の継続、エネルギー問題の解決などが重視された。七八・七九年のように干魃や洪水による農業生産の低下、ストの多発、原油高騰が原因となり、経済が悪化した。八〇年四～五月にもサン・パウロ州の金属冶金労働者を中心に四〇日間にわたるゼネストが決行された。国内総生産成長率は、七九年六・四％と安定の兆しを示した。インフレ率は、七九年七七・二％、八〇年には一一〇・二％に上昇した。国際収支は、七九年に約一〇五億ドルの赤字になり、対前年比約二倍になり、対外累積債務は、八〇年末に発展途上諸国最大の五四〇億ドルに達した。七九年には通貨クルゼイロを米ドルにたいして一〇三・七％切り下げた。他方ブラジルは、中南米最大の工業国になり、耐久消費財は完全に国産化され、重化学・機械工業の振興、製造工業品の輸出促進が課題になった。

外交面では、米国との対立も辞さない傾向が継承され、資源確保と工業製品輸出の拡大をめざして、第三世界との関係強化も追求された。一九七七年の米国の人権政策と核開発反対に端を発して対米関係は悪化していた。しかし、両国間の関係は、レーガン政権成立後修復され始め、八一年十月ブッシュ副大統領がブラジルを訪問し、ウラン供給規制を緩和することになった。八二年五月フィゲイレド大統領が訪米し、同年十一月末からレーガン大統領がブラジルを訪問した。

近隣諸国との関係では、ブラジルがボリビア、パラグァイ、ウルグァイを経済圏内に取り込み、アルゼンティンとは、パラナ川電源開発(イタイプー・ダム)をめぐり、対立を深めていたが、一九八〇年五月、フィゲイレド大統領がブラジル元首として四〇年ぶりに同国を訪問し、関係改善の糸口をつかんだ。八二年四月のアルゼンティンのマルビナス(フォークランド)諸島への侵攻にかんしては、領有権の主張を支持するが、武力行使は支持しない、と表明した。八三年イグアスーで両国大統領が会談し、関係改善につとめた。八〇年七月にはロペス・ポルティィヨ・メキシコ大統領がブラジルを訪問し、軍事政権でありながらも、民主化の努力を認めたかたちで、両国の関係が改善し始めた。八三年四月には、フィゲイレド大統領は、メキシコのデ・ラ・マドリ大統領と会談し、中米紛争は、各国の国内問題に起因していること、発展途上諸国産品にたいし先進諸国が市場を開放すべきこと、などについて合意した。ブラジルは、メキシコなど中米カリブ四カ国の中米和平工作を支持し、域外からの干渉に反対の立場をとった。八〇年十月第一回アマゾン条約外相会議がベレンで開かれ、アマゾン地域にたいする外部の干渉を排するベレン宣言を採択した。

一九八〇年十月デルフィン・ネット企画相が日本を訪問し、石油資源開発および石油化学振興のための二〇〇億円の借款をえた。七九年三月末の日本の対ブラジル直接投資は、一三億二九〇〇万ドル(許可ベース)になり、日本の対中南米投資の五三・三%を占めた。同年の対日輸出額は、一一億ドルを突破して、輸入額をはじめて上回り、伝統的な不均衡が解消した。八二年には鈴木善幸首相がブラジルを訪問した。両国間の大型経済協力プロジェクトとして、アマゾン・アルミ精錬、セラード農業開発、トゥバロン製鉄所建設、港湾整備、紙パルプ資源開発、カラジャス鉄鉱山開発などがある。これらの案件のいくつかは、のちに環境破壊のかどで批判された。

4　民政移管後の困難

サルネイ政権（一九八四年三月〜九〇年三月）

　フィゲイレド大統領は、現職大統領として次期大統領候補を指名することをしなかったため、PSD内部で対立が生じ、ジョゼ・サルネイらが同党を離脱し、自由戦線（FL、のちにPFL）を結成し、ブラジル民主運動党（PMDB）と提携し、さらに民主同盟（AD）を結成して、タンクレド・ネヴェスとサルネイを正副大統領候補として立て、国会を中心とする大統領選挙会議でPSDのパウロ・マルーフに四八〇票対一八〇票で勝った。しかし、ネヴェスは、就任式の前日に急病のためブラジリアの軍病院に入院し、四月二十一日感染症のため死亡したので、憲法の規定により、大統領代行を務めていた副大統領サルネイが大統領に翌日昇格した。一九八五年五月の憲法改正で大統領の直接選挙制が復活し、同時に非識字者にも選挙権が与えられた。また公認政党の資格として、下院選で三%以上得票し、うち二%は五州以上で獲得することとされた。共産党も合法化された。

　一九八五年十一月に一九州都を含む二〇一の市長選挙で、旧最大野党PMDBが、一一〇市を獲得したが、かつて最重要の地盤であったサン・パウロ市、リオ市とポルトアレグレ市を、より急進的な野党ブラジル労働党（PTB）と民主労働党（PDT）に奪われた。

　一九八六年四月からサン・パウロ周辺工業地区で賃上げ要求のストが断続的におこなわれた。政府は、五月に雇用創出と所得格差是正を目的とする教育、衛生、貧困地域の農業振興など緊急五カ年計画(約二五億ドル)を発表し、十月には、四年間に一四〇万世帯に農地を分配する農地改革を決定したが、大土地所有者の反対に負けて、譲歩したため、改革派の不満をかった。実施後一年間で土地を与えられたのはわずか七〇〇〇世帯にすぎず、不法占拠などが続出し、八五年だけで三〇〇人以上の死者がでた。

一九八六年十一月には、民政復帰後最初の国会両院と州知事選挙がおこなわれ、連立与党のＰＭＤＢとＰＦＬが上下両院の三分の二以上の議席、全二三州の知事を獲得した。ＰＭＤＢだけでも、両院の過半数、二二州の知事をおさえた。軍政期の与党ＰＳＤは、両院計八四議席から三七議席へと凋落《ちょうらく》した。八八年十一月の統一地方選挙では、ＰＴ、ＰＴＤ、ＰＳＤＢが躍進し、リオ・デ・ジャネイロ、ベロ・オリゾンテなど一〇の州都に革新市長が誕生した。

一九八八年九月、新憲法が制定され、十月から施行された。この特色は、行政府にたいする立法府の権限強化、軍の国防専念、労働者の権利保護、地下資源開発にたいする外資の排除、十六歳以上の国民にたいする投票権付与などであった。

一九八五年二月に発表されたクルザード計画では、年率二五五％に達していたインフレ抑制を主眼として、物価の凍結、賃上げ抑制、物価スライド制の廃止、通貨の一〇〇〇分の一デノミなどを定めた。この結果インフレは鎮静したが、逆に売り惜しみから物不足が深刻化したため、選挙後の十一月に公共料金の値上げ、価格凍結の大幅解除をおこなった。サルネイ政権は八六年から財政赤字改善のため、国営企業予算の削減、原子力計画の縮小、一八件の国家プロジェクトの廃止、国営企業七七社の民営化促進を打ち出した。

外交面では、一九八五年七月に、ブラジルは、アルゼンティン、ペルー、ウルグァイとともに、中米紛争調停をおこなっているコンタドーラ四カ国(メキシコ、パナマ、コロンビア、ベネズエラ)を支援する南米グループを結成した。八六年九月サルネイ大統領は、米国を訪問し、レーガン大統領と会談した。米国はコンピュータの市場開放を要求、ブラジルは、米議会での演説で市場開放の条件として債務返済の削減を求めた。サルネイ大統領は、八七年九月ウラン濃縮技術を開発したと発表し、核拡散防止条約に参加せず、ドイツ、アルゼンティン、中国と原子力協定を締結した。しかし、八五年から操業した最初の原子炉アングラIは故障続きで、停止していた。その後、サルネイ大統領は、フォークランド紛争の教訓として南大西洋の非核地域化を提唱し、八六年十月の国連総会で決議として採択された。同年ブラジルは、アルゼンティン、ウルグァイと共同市場創設で合意した。八七年六月には、キューバと二二年ぶりに国交を回復した。

一九八九年三月ブラジルは、アマゾン地域に領土をもつ近隣諸国(コロンビア、エクアドル、ガイアナ、スリナム、ベネズエラ、ボリビア)とともに計八カ国でアマゾン条約を締結した。これにより同地域の開発と保護にかんして協調体制がつくられた。ついで同年四月、政府はアマゾンの熱帯雨林保護と秩序ある開発のための「われわれの大自然」計画を発表し、(1)雨林の伐採に責任のある大規模農場開発のための税制恩典の廃止、(2)不法砂金採取業者が川に流出させている水銀(日量推定一〇〇トン)の販売統制、(3)環境破壊を引き起こすことなく経済的開発をおこないうる地域を国連の協力で決めることなどを定め、国際的な資金供与を求めた。一方、八九年二月アマゾン地域のパラー州アルタミラに四〇部族、五〇〇名以上の先住民が集まり、シングー川ベロモンテ・ダムの建設に抗議した。

コロール政権（一九九〇年三月〜九二年三月）

一九八九年十一月におこなわれた民政復帰後最初の直接選挙で中道右派の新設政党である国家再建党のフェルナンド・コロール・デ・メロ前アラゴアス州知事が大統領に選出された。対立候補は、サン・パウロの冶金労働運動指導者で労働党候補のルーラ・ダ・シルヴァと民主労働党のレオネル・ブリゾラであった。

一九九〇年十月、国会両院議員と州知事の選挙がおこなわれ、政府系ないし支持の候補者が多数当選したが、その後インフレ率の上昇と景気後退のため、政府の支持率が低下し、十一月の第二回州知事選挙ではコロール支持派が多く落選した。九二年にはいり、大統領の直接関与する汚職疑惑が表面化し、学生などから全国的な罷免運動が広がった。八月に国会の調査委員会も大統領に不利な報告書を公表し、九月二日、ブラジル弁護士会とジャーナリスト協会が連盟で弾劾要求を下院に提出し、下院は圧倒的多数で弾劾裁判開催を採択した。九月十八日にはサン・パウロで七〇万人規模の罷免要求デモが起きた。十月二日弾劾裁判の開始と同時に大統領は停職となり、副大統領が大統領代行となった。十二月二十九日大統領は上院に辞表を提出し、罷免をまぬがれた。彼はブラジルの歴史ではじめて合法的手段で辞任に追い込まれた大統領になった。上院の弾劾裁判は、翌日賛成七六、反対三でコロールの有罪を決め、彼は八年間の公民権停止を受けた。

サルネイ政権は、政権末期の一九八九年インフレ抑制は不可能であることを認めていたが、九〇年にインフレは一七九五％に達した。コロール新政権は、インフレ抑制を最優先課題として、就任の翌日経済政策コロール計画を発表した。その内容は物価凍結、公務員数削減、国営企業の民営化、銀行預金の一八カ月間凍結、輸入自由化などであった。八〇年代半ばから経済成長率は低迷していたが、九〇年には、マイナス四・六％を記録し、サン・パウロ州内でも倒産企業数が七〇〇〇社（対前年一・二倍）に迫った。九一年には金融緩和で成長率は一・二％になった。政府はインフレ対策として、一一五〇品目の輸入禁止政策を決行した。

コロール政権は、情報産業問題を含め米国との貿易摩擦問題を解決した。一九九〇年一月には、訪米してブッシュ大統領と会談し、十二月に同大統領がブラジリアを訪問したときには、米州自由貿易協定構想について協議した。九一年三月ブラジルは、アルゼンティン、パラグァイ、ウルグァイとともに、九五年の関税全廃と保護品目の削減などを定めた南米共同市場《メルコスール》条約に調印した。九〇年十一月には核爆発禁止協定に調印し、九一年には、アルゼンティンとともに国際原子力機関（IAEA）の核査察を受け入れる保障措置協定に調印したが、両国とも核拡散防止条約（NPT）には参加していない。またブラジルは、軍事政権時代からイラクへの主要武器供給国であったが、九〇年八月国連安保理決議に基づき、輸出入を中止した。

超インフレと対外債務

一九九二年十二月、コロールの大統領辞任にともない、副大統領のイタマール・フランコが大統領に即日昇格した。任期は前大統領の残任期間である九四年末までとされた。同日フランコ大統領は施政演説のなかで民営化計画の見直しなど、コロール政権の自由化経済政策を修正することを言明した。

一九九二年十月と十一月に市長と市議会議員を選ぶ統一地方選挙がおこなわれ、政府批判の世論を反映して、労働党が二六の州都のうち、ベロ・オリゾンテ、ポルト・アレグレ、サルヴァドール、ゴイアニアなどで勝利し、全般に大きく躍進した。

一九九三年四月国民投票で、大統領制か君主制か、大統領制の場合、大統領責任内閣制(現行)か議院内閣制かが問われた結果、現行制度の継続が決まった。九四年十月に大統領選挙が予定され、選挙運動が始まった。

一九九二年のインフレ率は、ラテン・アメリカ諸国でも最高の一一四九%に達した。九三年には、輸出入ともに過去最高の数字を記録した。おもな輸出品は、鉄鉱石、靴、大豆など、輸入の三四%は、景気回復を反映して機械類、自動車部品などの資本財であった。南米共同市場《メルコスール》との貿易が急増し、九三年には、対前年比三一%増になった。

外交面では、ラテン・アメリカ諸国との関係強化と米国・西欧諸国との協調が基本となった。一九九二年六月三日から一二日間にわたり、一八三カ国の首脳が参加して、国連環境開発会議(リオ'92)が開かれた。

一九九三年七月二十三日未明リオ・デ・ジャネイロの都心部で路上生活少年八名が警官に射殺された。

近くの商店主らが殺し屋として犯人たちを雇ったもので、以前から類似事件は少なくなかった。この事件は、階層間の所得格差の拡大と都市社会の危機を内外に印象づけた。

一九九三年五月サルヴァドールで中南米一九カ国とスペインおよびポルトガル首脳が参加して、第三回イベロ・アメリカ首脳会議が開かれ、貧困など経済問題に焦点をあてたバイーア宣言を採択した。この年次会議は、開催地を変えてその後もおこなわれ、ラテン・アメリカとEUを結ぶ機会にもなっている。

ブラジルは、発展途上諸国のなかでも最大規模の対外債務(一九九二年末で一二一一億一〇〇〇万ドル)を

サン・パウロ市街　人口1000万をこえるブラジル第一の都市である。

サン・パウロ市内の歩道で寝ているストリート・チルドレン

もつようになったが、九二年二月主要債権国会議(パリ会議)とのあいだに公的債務のうち三六億ドル強については、一三年の返済繰延べで合意した。残余については、国営企業の民営化による売却収入のほとんどを支払いにあてることになった。九三年十二月には、日欧米の債権銀行団とのあいだに三五〇億ドルに新債務削減戦略(ブレイディ構想)を適応することで合意した。九四年九月アモリン外相は、国連総会演説で安保理事会の常任理事国にブラジルが立候補する意志を表明した。

ラテン・アメリカ関係では、一九九四年七月三十一日の国連安保理による対ハイティ武力行使容認決議に際して、ブラジルは中国とともに棄権した。六月にベレンで開かれた米州機構OAS年次総会では、ブラジルは六二年以来参加資格を拒まれているキューバの復帰を提案した。九五年一月に再燃したペルーとエクアドルの国境紛争では、リオ議定書(四二年)の保証国として、ブラジルがふたたび仲裁につくした。九四年七月ラテン・アメリカでは最初の国として、ブラジルは中国と国際線相互乗入れのための航空協定に調印した。

カルドーゾ政権(一九九五年一月〜)

フェルナンド・エンリケ・カルドーゾは、国際的に著名なサン・パウロ大学の社会科学者であり、かつては、左派に属する従属論者とみなされていた。彼は、前政権で蔵相を務め、一九九三年十二月に正統的なカルドーゾ計画により、財政健全化と物価安定をはかったが、インフレにかんしては成果が不十分だった。九四年七月一日に彼は、経済安定化政策レアル計画を発表し、新通貨レアルをドルと等価とするデノミをおこない、通貨発行額をドル保有額に連動させるという方式でインフレを鎮静させた。直前まで月間五〇％に迫る狂乱インフレを材料にサン・パウロの金属労働者組合の指導者ルーラが優位に立っていたが、十月三日の大統領選挙では、カルドーゾは、与党候補として、ルーラに大差をつけて破り、大統領に選出された。同時に実施された二六州と首都ブラジリアの知事選挙では、与党ブラジル社会民主党（PSDB）候補がサン・パウロ、リオ・デ・ジャネイロ、ミナス・ジェライスの三大州を含む四州で勝利した。南部のリオ・グランデ・ド・スルと北東部の中心バイーア州でも連立関係にある政党候補が勝利した。野党ブラジル民主運動党（PMDB）も政権支持の傾向が強いので、カルドーゾ新大統領の政治的地歩は、かつてなく強くなった。

一九九六年四月、大統領は、大統領の連続再選禁止条項にかんし憲法改正に向けた検討を世論に訴え、十月、国会は憲法問題特別委員会を設置した。九七年六月に憲法が改正され、大統領、州知事、市長の連続再選が一回に限り可能になった。これにより、カルドーゾ大統領の連続再選が可能になった。

警察官による処刑や拷問が内外の注目を集めた。九七年四月上院は人権侵害を犯罪とし、拷問実行者に最高二〇年の懲役を科す法案を成立させた。政府は人権擁護庁を新設し、人権犯罪の捜査を州警察から連邦警察に移管した。

経済面では、すでに進展していた国営企業の民営化を一層進めるため、電力・石油化学系一五社の民営化を計画した。そのため、一九九五年二月、大統領は、電気通信、石油、ガス事業の国家独占と外資系企業への差別待遇撤廃、沿岸・河川の船舶運輸事業への外資参入容認のための憲法改正案を国会に提案した。

八月から十一月にかけて、国会は改憲案を可決、当初政府が株式の五〇％以上を保有するゆるやかな民営化が実施されることになった。九七年五月、世界最大の鉱物資源開発会社ヴァレ・ド・リオ・ドセの民営化競売がおこなわれた。電力、ガス、鉄道の民営化もおこなわれた。国家経済社会開発銀行（ＢＮＤＥＳ）の推定によれば、九七年の民営化歳入は、二一〇億ドルであった。九一～九五年には、この数字は一二五億ドル、九六年には五五億ドルであった。

一九九五年七月、賃金と家賃などの賃貸料をインフレに連動させる物価スライド制を廃止した。また九月にカルドーゾ大統領は、四年間で道路、通信網、鉄道整備、教育、公衆衛生改善のために約五〇〇〇億ドルを投資する計画を発表した。これにより、年四～五％の安定成長が期待された。九五年七月、上院は、国営電話会社テレブラスが独占していた通信事業へ民間企業の参入を認める法律を可決した。当初の三年間参入企業の資本の五一％以上が国内資本であることが義務づけられている。

レアル導入後、ドルとの関係でレアル高が続き、貿易収支が悪化した。一九九五年、八〇年以来一五年ぶりに貿易収支が赤字に転じた。九五年四月、ブラジルは、自動車、家電製品など一〇九品目の関税率を三〇％から七〇％に引き上げ、六～十月には、自動車の輸入台数を制限するなどの輸入抑制政策をとり、十二月には自動車部品の現地調達比率と輸出比率を強化する投資基準を定めた。九六年七月から八月にかけて、日本、欧州、米国などは、ブラジルの自動車産業が、世界貿易機関（ＷＴＯ）の協定に違反しているとして提訴した。八月に政府は、国内に工場をもたない日本、韓国、欧州のメーカーの自動車計五万台の関税をこれまでの七〇％から三五％に引き下げた。他方、九六年八月トヨタがサン・パウロ州で小型車カローラを年間一万五〇〇〇台生産する計画を発表。ホンダも九七年八月から同様規模の乗用車工場を稼働させることになった。政府は、進出自動車企業に税制恩典を与えようとしたが、九七年二月日米欧は、WTOでの二国間協議で撤回を求めた。九七年十月下旬からアジア経済危機が波及し、サン・パウロとリオで株式相場が暴落した。政府は、所得税の一〇％引上げ（九八年より二年間）、燃料の価格引上げ、公務員賃金・年金の九八年末までの引上げ凍結、公務員三万三〇〇〇人の解雇、連邦支出の削減、州・市の新規借入れ条件の引締めなどの措置により増税をはかった。

一九九六年にはいり、農地改革を求める「土地なし農民の運動」（MST）が組織され、農民が遊休地に侵入、占拠する動きが盛んになって、警官隊や農園主の警備員と衝突する事件に発展した。同年二月から六月にかけて、農民はサン・パウロやミナス・ジェライスなど九州から首都に向けて農地改革を要求する行進をおこない、主催者側発表で一〇万人、警察発表で二万人が参加した。四月十七日北部パラー州で道路を封鎖した農民二五〇〇人に警官隊が発砲、一九人が死亡した。カルドーゾ大統領は、農地改革省を復活させ、大臣を任命した。さらに、政府は、九八年末までに二八万人に土地を配分する計画を発表したが、MSTは、対象者を五〇万人にふやすように要求した。九七年五月経済企画省応用経済研究所の報告書では、絶対貧困人口は、レアル計画前の九四年から一三〇〇万人減ったが、いぜん全人口の四分の一にあたる四〇一六万人であった。

一九九五年、ランプレイア外相は国連安保理常任理事国入りに意欲を表明した。九七年八月アルゼンティンのメネン大統領は、ラテン・アメリカの安保理事国をアルゼンティン、ブラジル、メキシコの輪番制とすることを主張したが、ブラジルのランプレイア外相は、九月の国連総会演説で常任理事国入りの意向を再確認した。これにたいし、アルゼンティンのディ・テラ外相は、ブラジルに十分な支持があれば反対しないと述べた。九五年四月、ブラジルと米国は、麻薬密輸と麻薬資金の洗浄取締りにかんする協定を締結した。

米州自由貿易地域(FTAA)構想にかんして、ブラジルは、一九九七年五月ベロ・オリゾンテで同構想にかんする米州三四カ国閣僚会議を開催した。ブラジルは、米国主導になることを警戒し、南米共同市場《メルコスール》にチリとボリビアを準加盟国として加え、他の南米、中米、カリブ海の統合体と、米国、カナダ、メキシコの北米自由貿易協定(NAFTA)とのあいだの協定によって、段階的にFTAAを実現しようとしている。クリントン米大統領は、九七年十月ブラジルを訪問し、カルドーゾ大統領との会談でFTAA推進を協議した。

対日関係では、一九九五年十一月紀宮《のりのみや》が日本ブラジル修好一〇〇周年記念行事出席のためブラジルを訪問、九六年三月カルドーゾ大統領が国賓として訪日した。九六年八月橋本龍太郎首相がブラジルを訪問、九七年五月には天皇皇后両陛下が、ベレン、ブラジリア、サン・パウロ、クリティーバ、リオ・デ・ジャネイロを公式訪問された。八八年ころから日系ブラジル人の日本への出稼ぎは、年々増加し、現在では約二〇万人をこえているとみられる。

二〇〇三年に労働者党のルラが大統領に就任すると、前政権の経済政策を踏襲する一方で貧困対策などの社会政策を推進し、堅実な経済成長を実現した。一〇年の大統領選挙ではルセフ前官房長官が当選した。

第六章　ガイアナ、スリナム、フランス領ギアナ

1　ギアナ地方

概観

ギアナ地方は、南アメリカ大陸北東部の、大西洋、アマゾン川、オリノコ川、アマゾン支流のネグロ川に囲まれた地方の総称で、現在、スリナム、ガイアナ、フランス領ギアナ、ベネズエラ南部および東部、ブラジル北部を含み、北部の海岸地方、中央部の丘陵地帯、南部のギアナ高地よりなる。ギアナ高地は、先カンブリア期の岩層からなる標高平均一〇〇〇メートルの楯《たてじょうち》状地だが、ガイアナ、ベネズエラ、ブラジルの国境にあるロライマ山は標高二八一〇メートルある。高地からいくつもの高い滝が落下し、ポタロ川にかかるカイエトゥール滝は世界最大の滝のひとつである。ギアナ高地からは、いくつもの川が北に流れて大西洋に注いでいるが、そのなかで最大のものはエセキボ川で、全長約一〇〇〇キロある。海岸地方は湿潤な熱帯雨林気候で、内陸にはいるとサバンナ気候に移行する。

ガイアナ協同共和国は英語圏に属し、一九六六年に独立して、イギリス連邦の一員となったが、一九七〇年二月共和制に移行した。面積約二一万五〇〇〇平方キロ、人口約八五万人(一九九八年)。そのうち五一%がインド系、四三%が黒人、その他白人、混血、原住民が六%である。スリナム共和国は旧オランダ植民地で、面積約一六万三〇〇〇平方キロ、人口約四一万四〇〇〇人(一九九八年)で、そのうちインド系三四%、黒人三三%、インドネシア(ジャヴァ)人一五%、その他となっている。一九七五年に独立した。フランス領ギアナは、南アメリカ大陸中唯一の植民地で、面積約九万一〇〇〇キロ、人口約一五万九〇〇〇人(一九九七年)であり、住民は白人、黒人が大部分を占める。一九四六年以後、フランスの海外県になっている。以上のギアナ三国は、全部あわせて、面積四六万九〇〇〇平方キロ、人口一四一万七〇〇〇人で、イベリア系の国が大部分を占める南アメリカ大陸のなかの異色である。

歴史的背景

先スペイン期ギアナ地方に住んでいたのは、主としてアラワク系の農耕民であり、マニオクの栽培をすると同時に、狩猟や河川での漁労もおこなっていた。この地方に接触した最初のヨーロッパ人はもちろんスペイン人であり、コロンブスが一四九八年オリノコ河口をへてトリニダー島から現ベネスエラ沖を沿岸航海したのに続いて、翌年、アロンソ・デ・オヘーダらのスペイン人たちが、ギアナ沿岸の探検をおこなった。しかし、その後探検者たちは西方に向かってパナマ地峡に達し、地峡をこえてアンデス地方の探検と征服を進め、インカ帝国を征服して、リマを首都とするペルー副王領を定めたので、ギアナ地方は僻地

ガイアナ奥地のカイエトゥールの滝　落差251mで，ナイアガラの約5倍の高さをもつ。

となり、ほとんど顧みられることがなかった。他方ブラジルに定着したポルトガル人たちも、北東部のバイーアを中心に開拓をおこなったので、アマゾン河口から西に開拓前線を押し広げる余裕はなかった。

スペイン人がオリノコ（現ベネスエラ）地方でまがりなりにも植民できたのは、マルガリータ島だけで、トリニダー島の植民は、一五三二～三四年および六九年に試みられたがいずれも失敗した。ギアナ総督に任ぜられたアントニオ・デ・ベリオが一五八五～八八年および一五九〇～九一年にトリニダーに進出して、サン・ホセ・デ・オルーニャを建設したのが本格的植民の始まりとなった。トリニダーは理論上はサント・ドミンゴのアウディエンシアに所属していたが、事実上はほとんど孤立した植民地として、わずかな量のタバコ栽培をおこなうだけだったが、一七九七年、イギリス軍に占領され、五年後スペインもイギリスの領有を承認した。

トリニダーから東の地方については、トルデシヤス条約に基づくブラジルとの境界線はアマゾン川であるとの見解のもとに、やはりスペイン王室に属するとされた。カルロス一世の王妃イサベルは、メキシコ征服者の一人であったディエゴ・デ・オルダスを一五三〇年五月二十日付で「マラニョン(アマゾン)河口から……ベラ岬(現ベネズエラ西部)までの約二〇〇レグアの土地」の総督に任じているし、四二年にアマゾン川を下航したフランシスコ・デ・オレヤーナが、帰国してその二年後に王から認可されたヌエバ・アンダルシーア征服は、オリノコ—アマゾン間の地域を含んでいた。一五五二年八月十一日に、王室はヘロニモ・デ・アグアーヨに「アマゾン河口からオヤ・パリア、別名オリノコ川までの海岸線と、そこから南緯一六度まで内陸のアマゾン地方」、すなわち今日ギアナ三国にあたる地方への植民の許可を与えている。しかし、この計画は実行に移されなかった。結局、スペイン人がとにかく植民に成功したのは、はじめに定義したギアナの東部、すなわち今日のベネスエラ共和国のボリーバル県にあたる地方だけだった。

ポルトガル側も、アマゾン地方に有効な植民をおこなうことはなかなかできなかった。ポルトガル人の植民地経営の中心はサン・ロケ岬以南であり、同岬からアマゾン河口までの地域は放置されていた。しかし、フランス人がこの地方に出没するため、フィリペイア(現ジョアン・ペソア)、ナタル、フォルタレザ、サン・ルイスと順次に居住地が設けられていき、一六一六年にはベレンが建設されて、ブラジル北部からフランス人は駆逐された。イギリス人もアマゾン川に侵入して、植民地をつくろうとしていたが、一六三一年までに壊滅して引き揚げた。

こうして、オリノコ川とアマゾン川のあいだの沿岸がスペイン、ポルトガルの手の及ばない地方として残され、そこにイギリス人、オランダ人、フランス人の勢力が浸透し始めて、領有を主張したのである。

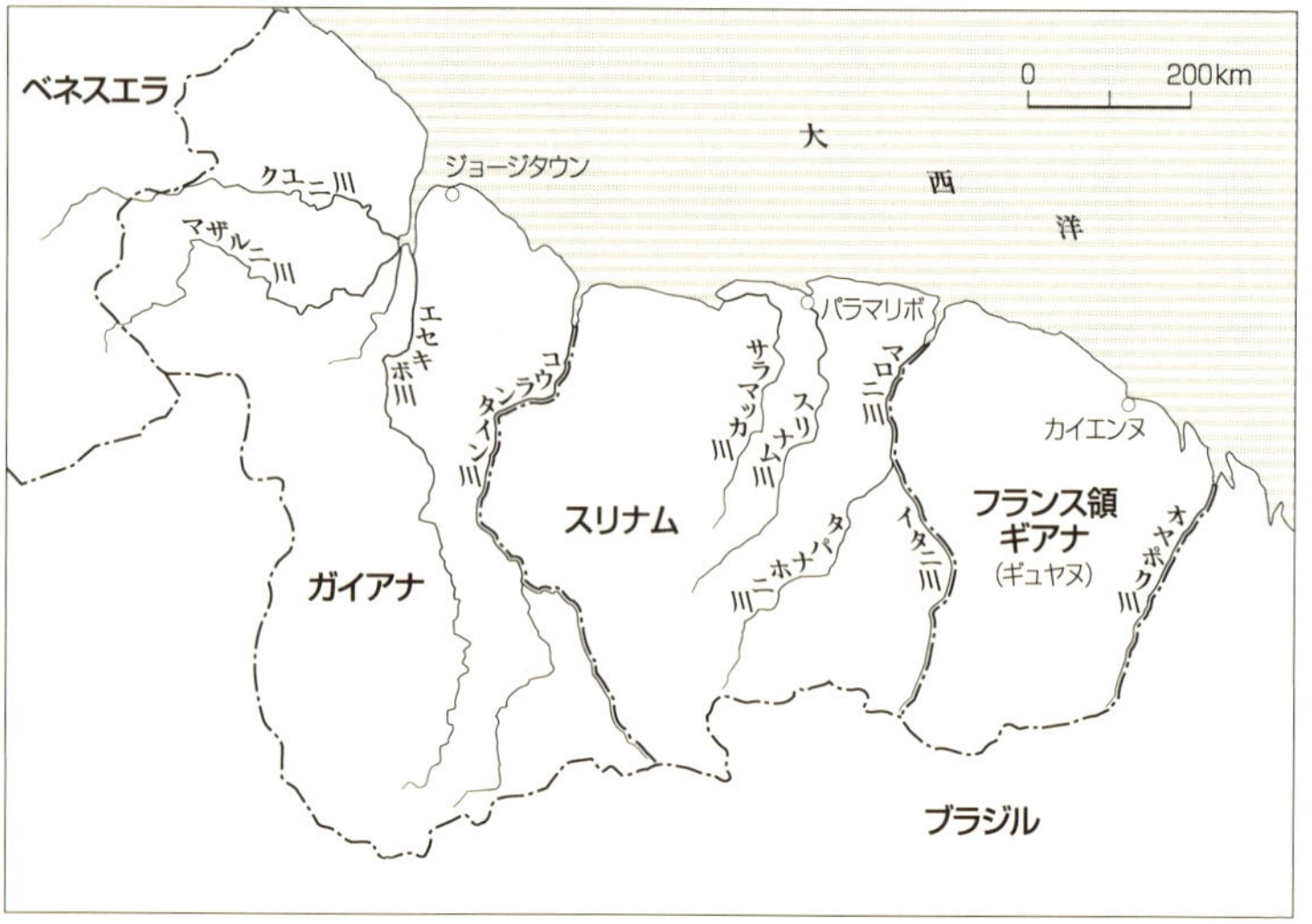

ガイアナ，スリナム，フランス領ギアナ

ギアナ地方へのヨーロッパ勢力の侵入は、十六世紀末には始まったが、それは、小アンティル諸島の占拠と並行しておこなわれた。一五四〇年代に、ヨーロッパ諸国の船がカリブ海に侵入し、小アンティル諸島を根拠地として、海賊行為や密輸をおこなっていることにスペイン人は気づいていた。しかし、イギリス人やフランス人の本格的な植民が始まったのは、アマゾン地方や、当時ワイルド・コーストと呼ばれたギアナ地方沿岸への植民が失敗したあとであった。有名な、サー・ウォルター・ローリの一五九五、一六一六年の二回にわたるギアナ探検は、オリノコ流域でおこなわれたが、彼は当時ギアナ高原にあると信じられていたエル・ドラードへの到達を目的としており、一五九六年には、ロレンス・キーミスをエセキボ川流域に派遣している。その後何人かのイギリス人探検者がギアナ地方に渡航したが、彼らの目標は、エル・ドラードの発見から、もっと現実的なタバコ栽培のプランテーション建設へと変わっていった。たとえば一六〇四年に、イギリスのチャールズ・リーが、ギアナのウィアポコ(オヤポク)川流域地方に植民を試みた。その五年後にはロバート・ハーコートが同じくウィアポコ川地方に植民をおこない、同年八月十四日に「ジェイムズ王の名において」ギアナの領有を宣言した。彼ははじめ黄金を求めたが、途中から方針を変更して、砂糖、綿、亜麻、タバコなどの栽培によって植民地を支えようとした。しかしいずれの試みも失敗に終わった。一六二四年に、アマゾン地方への植民に失敗したトマス・ウォーナーが設立したリーワード諸島のセント・キッツ島が、小アンティル諸島における最初のイギリス植民地となり、それから四年後、バルバドスの植民が成功した。さらにネイヴィス、モントセラト、アンティグァなどがイギリスのものとなったが、もっとも大きな成功は一六五五年のジャマイカ占領だった。これらの島々で砂糖の生産が大々的におこなわれるようになると、イギリスのワイルド・コーストにたいする関心は二次的になった。

2　ガイアナ

十九世紀まで

はじめワイルド・コーストでもっとも活動的だったのは、オランダ人だった。彼らは、早くも一五九八年に同地方の調査を開始し、アラワク、カリブ、ワラウ、アカワイオなどの現地の住民と交易をおこない、斧、ナイフ、雑貨品と、タバコ、ベニノキなどの染料の原木を交換して収益をあげようとした。オランダ人は、やがてエセキボ、クユニ、マザルーニの三つの川の合流点と、エセキボ河口左岸のポメルーン地域に交易所を設立して活動を本格化したが、それらは一六二一年以後、オランダ西インド会社の管理下にはいった。エセキボ、バービス川の植民地は十七世紀初めに開かれたが、一七四〇年代にはデメララにも植民地が設けられた。その後一七八九年にエセキボとバービスは行政的に統合されたが、もっとも成績をあげたのはデメララであった。一七五〇年代までに砂糖の生産はおおいに向上し、七五年までに、三〇〇以上のプランテーションで、砂糖、コーヒー、綿が生産されていた。労働力はアフリカから輸入された黒人奴隷であり、十八世紀末にその数は一〇万人をこえたと推定されている。

一七八〇年十一月二十日、イギリスは、アメリカの独立運動を助けたとの理由でオランダに宣戦布告したが、翌年エセキボ、デメララ、バービスを占領した。独立戦争とフランス革命の期間中、ヨーロッパ諸国は、刻々と変わる国際情勢のもとに、海外でも変転きわまりない戦闘を繰り返したが、ギアナも例外ではなく、一七八一年から一八〇三年のあいだに、イギリスとオランダとフランスのあいだでめまぐるしい争奪の対象となった。一七九六〜一八〇二年はイギリスの占領下にあったが、一八〇二年にはオランダに奪還され、その翌年またイギリスに奪い返された。ナポレオン戦争が終わり、一八一四年のロンドン条約でオランダはギアナをイギリス領と認めたが、協約によりオランダ式の法と行政組織は守られることになった。一八三一年、エセキボ、デメララ、バービスは統合されてイギリス領ギアナとされた。そして、オランダ人が建設したエセキボ河口の町スタブルークはジョージタウンと改名され、首都となった。

十九世紀のイギリス領ギアナの経済は、砂糖の景気によって左右された。イギリス植民地で一八〇九年に奴隷貿易が禁止され、三四年に奴隷制が廃止されたことが、ギアナの農園経営者たちに打撃を与えた。そこで、奴隷にかわって、イングランド、アイルランド、ドイツ、マルタ、およびマデイラ諸島のポルトガル人たちが、年季奉公人として導入されたが、やがてインド人がはいり始め、一八三八年から一九一七年までに三四万九六二人がイギリス領ギアナにはいった。彼らは主に黒人奴隷退去後の農園の労働者となった。黒人たちは、一八三八年に年季奉公制が終わると、放棄された農園を購入し、ムラをつくった。一八四八年末までに、約四〇〇の農園が黒人によって購入された。初め、農業労働者として入植したポルトガル人は、都会に集まって商業に従事したが、しばしば黒人と紛争を起こして、人種問題の種をまいた。一八六〇年代には金が発見されて、景気が上昇した一時期があった。十九世紀後半の注目すべき事件は、一八九九年に新しい憲法が公布され、ベネスエラと国境紛争が生じたことであった。ベネスエラは、オリノコ地方の東部一三万八〇〇〇平方キロの割譲を要求し、この問題は現在にいたるまで解決していない。

ガイアナの成立

一九一七年、インド政府の圧力で、インド人の移住が禁止された。当時イギリス領ギアナのインド人人口は一二万七〇〇〇人で、海岸地方で稲作農民となったが、そこから都会の商業や自由業などに転出する者も少なくなかった。政治改革への要求が強まって、二八年には、イギリス直轄植民地として認められ、オランダ時代以来の行政機構のかわりに、独自の行政・立法府が設立された、婦人参政権も認められた。二八年以後の世界不況期に経済が停滞し、プランテーションでストが続発した。

第二次世界大戦後おこなわれた一九四九年の総選挙で、インド系の歯科医チェディ・ジャガンが労働運動の代表者として登場し、夫人とともに人民進歩党(PPP)を創立した。五三年の総選挙では、マルクス主義をかかげるPPPが勝利をおさめ、社会主義化の恐れが生じたので、イギリス政府は戒厳令をしき、憲法を停止した。PPPは分裂して、黒人系の指導者フォーブス・バーナムのもとに、人民国民会議(PNC)が創設された。六三年から翌年にかけて、経済危機のためストが盛んになり、政情は不安定化した。総選挙ではふたたびPPPが勝利をおさめたが、バーナムが大統領となって連立内閣をつくり、社会主義化政策を進めた。基幹産業のボーキサイト生産を国有化し、流通、通信、電気などを国の統制下においたが、一九八〇年代にかけて、ボーキサイト、砂糖、米の生産が低化し、石油価格が高騰したため、経済危機はますます強まった。そのあいだに、バーナム政権下で、六六年五月二十六日独立が認められ、七〇年二月二十三日、ガイアナ協同共和国と国名を改めた。八〇年におこなわれた総選挙では、PNCが国会の五三議席中四一議席を獲得し、大統領権限を強化した新憲法を公布した。

第二次バーナム政権下でも、経済不況は続いた。一九八二年において、ボーキサイト、米、砂糖の輸出は、それぞれ三三、一四、五〇％ずつ減少し、生活基本物資の不足がひどくなって、外貨準備は底をついた。八五年八月、バーナム大統領の死去にともなって副大統領ヒュー・デズモンド・ホイトが昇格し、同年十二月の選挙で再選された。政権は、八六年以後、従来の社会主義路線を変更し、世界銀行やIMFとの関係も修復して、国際金融機関の助言を受け入れ、経済の構造改革に踏み切ったが、自由開放経済への転換はインフレを招き、国民生活はさらに窮乏した。

一九九二年十月の総選挙で、ホイト政権は敗北して、ふたたびPPPのジャガンが大統領に就任した。前政権の路線を踏襲したが、経済の低迷はいぜんとして続いた。技術者や知識人の海外流出もガイアナの問題のひとつである。ジャガンは九七年三月に死去し、夫人のジャネットがその後九九年まで大統領を務めた。現在ガイアナは、ハイティとともに、ラテン・アメリカの最貧国のひとつである。

一九九九年八月、健康問題を理由に辞任を表明したジャネット・ジェーガン大統領の後任にバラット・ジャグデオ財務相が就任した。二〇〇一年三月の総選挙で与党PPPが過半数を獲得し、ジャグデオが大統領に再任された。〇六年八月の総選挙でも与党が過半数を維持し、ジャグデオがふたたび大統領に選出された。

3　スリナム

オランダ人植民地の成立

スリナムも、十七・十八世紀にヨーロッパ諸勢力の交錯する地域であった。一六五〇年、イギリスのカリブ総督のパラムのウイロビー卿が、小アンティル諸島からの植民地拡大の計画をいだき、アンソニー・ラウスに命じてマロニ、スリナム両河間のギアナ海岸の植民をおこなわせた。ウイロビー卿自身、一六五二年にバルバドス島の植民者のうちから三〇〇人を選んでスリナムにいき、砂糖、綿、タバコ、インディゴ、ショウガなどの生産を始めさせた。一六五四年、ペルナンブーコが陥落して、それまでブラジル北東

ガイアナの首都ジョージタウンの市役所　19世紀のカリブ海イギリス植民地の建築スタイルを示している。

部を支配していたオランダ人が退去したとき、富裕なユダヤ人の集団がスリナムに亡命し、プランテーションの生産向上に貢献した。一六六三年におけるスリナムのイギリス人人口は約四〇〇〇人だった。彼らはキャプテン・ウイリアム・バイアムを総督に選び、それから数年間が植民地の最盛期だった。一六六七年までに、イギリス人は約五〇〇のプランテーションを建設した。一六六七年三月六日、第二回イギリス・オランダ戦争の末期に、アブラハム・クレインセンの艦隊がスリナムを占領した。ジョン・ハーマンの指揮するイギリス海軍は、同年十月八日スリナムを奪回したが、本国ではすでにブレーダの和約が結ばれたあとだった。結局、スリナムは、ニュー・アムステルダム（のちのニュー・ヨーク）と交換され、一七七五～八二年と一八〇四～一六年の短い期間イギリスに占領されただけで、一九七五年の独立まで、オランダの統治下におかれた。

十八・十九世紀を通じ、スリナム植民地は、奴隷を使役したプランテーションの生産によって維持された。主な生産物は砂糖、綿、コーヒーだった。奴隷は、オランダの西インド会社によって毎年二五〇〇人以上供給され、一八一四年の奴隷貿易廃止後も、毎年一〇〇〇人程度が密輸入されたと推定される。プランテーションにおける奴隷の扱いは苛酷であり、そのため反乱や奥地への逃亡がたえなかった。逃亡者たちはマルーンと呼ばれ、その子孫は現在約五万人いて、スリナムの木材産業で重要な役割をはたしつつある。

奴隷制廃止後、代替労働力として、ポルトガル人、ジャヴァ人、バルバドス島人など、約五四〇〇人がスリナムにはいった。中国からの移民も、一八七〇年に中国政府の禁令がでるまで続いた。中国移民がとだえたあと、オランダ政府は、イギリス政府と条約を結び、インド人の移民を受け入れた。一八七三年にカルカッタから第一回の移民が到着し、それから一九一八年イギリス政府の禁令がでるまで、四五年間に三万四〇〇〇人以上のインド人がスリナムに移住した。さらに、一八九一年から一九三九年までのあいだに、三万二〇〇〇人以上のジャヴァ人が到着し、その子孫が現在のスリナムの人口の一五%を占めている。

十九世紀前半まで、スリナムはオランダの西インド総督によっておさめられたが、一八六五年に、一三人よりなる植民地会議が統治することになった。構成員は、農園主や商人から互選と指名によって選ばれ、一八八六年にはその数がふやされた。

二十世紀のスリナム

世紀が変わると、中産階層のクレオールやヒンドゥー教徒のあいだに政治意識が高まり、種々の要求を掲げ始めた。一九二二年、オランダ政府は、スリナムを植民地でなくオランダ王国の領土の一部としたが、第二次世界大戦中、本国との関係が希薄になったため、自立への気運が高まった。戦後の一九四九年、住民の要求によって普通選挙が実施され、五四年十二月二十九日のオランダ王国憲章で、スリナムは、本国およびアンティル諸島と対等な立場を認められたオランダ王国の自治領と規定されたが、その後一九七五年十一月に共和国として独立した。

普通選挙が実施されると、インド系、インドネシア系、クレオール系、それにイスラム系、ヒンドゥー系などの宗教色が絡み合って、複雑な政治地図ができあがった。最初に政治をリードしたのは、穏健なクレオール系のスリナム国民党(NPS)だった。その指導者ヨハン・ペンヘルは、カリスマ性をもった人物で、一九六九年まで政界を支配した。その年の選挙ではヒンドゥー系の政党が勝利をおさめたが、大統領の座はNPSにゆずった。新政権は、民族統合のために努力したが、政治情勢の不安からオランダに移る者たちがたえなかった。

第二次世界大戦後のスリナムは、ボーキサイトと木材の輸出で経済的にはしばらく好調だった。それらの産物は主としてアメリカ合衆国とオランダに輸出された。また、オランダを通じてEECに加盟していたため、ドルの開発資金をうることができ、オランダ政府の援助や借款もえられた。しかし一九七〇年代に、経済不振、民族的対立が深刻化し、それに軍部の不満が重なって、八〇年二月二十五日にクーデタが発生して、軍のデシ・ボータッセが実権をにぎり、軍が任命したシナ・セン大統領が就任した。一九八二年十二月にゼネストがおこなわれたとき、軍は指導者一五人を逮捕、処刑した。オランダは、年額一五億ドルの援助を打ち切った。それ以後、経済は回復せず、大統領は頻繁に交替して政局は安定しなかったので、一九八七年十一月の総選挙では軍の支持する政権は大敗し、野党の連立政権が登場したが、九〇年十二月にまたボータッセのクーデタで倒された。翌年五月の民主的総選挙で新大統領フェネティアーンが就任したが、慢性的な外貨不足と経済不況が続き、九六年五月の議会選挙では与党が議席の過半数をわった。同年九月の大統領選挙では、軍の支持するジュール・ウェイデンボスが選出された。

経済状況の悪化への民衆の不満の高まるなか、一年前倒しで実施された二〇〇〇年五月の総選挙で野党連合「民主主義と発展のための新戦線」が過半数を獲得し、八月にフェネティアーンが大統領に返り咲いた。〇五年五月の総選挙では与党連合が過半数を維持できなかったが、一部野党との連合により政権を維持し、八月にフェネティアーンが大統領に再任された。一〇年五月の総選挙では若年層の支持をえたボータッセ率いる野党連合「メガ・コンビネーション」が最多議席を獲得し、八月にボータッセが大統領に就任した。

4　フランス領ギアナ

フランス革命まで

イギリス人と同じように、フランス人もはじめエル・ドラードの夢にかられてギアナ地方に進出した。一五六八年、ガスパル・ド・ソステーユが一二六家族のスペイン人を率いてこの地方に植民しようとして失敗した。その後一五九六年には、ウォルター・ローリの部下ロレンス・キーミスが、ポート・ハワードと命名したこの地方の湾に植民地をつくろうとし、一六〇四年にはダニエル・ド・ラ・ラヴァルディエルが、現在フランス領ギアナの首都カイエンヌがある場所に定住しようとした。このほかにも十七世紀中オランダ人やフランス人がこの地方に植民を試みた例は少なくないが、いずれも原住民の抵抗が主な原因で失敗している。一六五四年、オランダ人が一時占拠していたブラジル北東部のペルナンブーコから退去したとき、かなりの数のユダヤ系商人が行をともにし、その一部がカイエンヌに定着した。一六六〇年代にフランス人はまたギアナ植民を開始し、原住民と友好関係を保って成功するかと思われたが、第二次イギリス・オランダ戦争に巻き込まれ、カイエンヌは攻撃・略奪を受けた。フランスは、ブレーダの和約(一六六七年)に違反するとして抗議を申し入れたが、ギアナはニュー・アムステルダムと交換され、カイエンヌもオランダが領有を主張した。フランスがオランダからカイエンヌを奪回したのは、一六七六年になってからだった。

十八・十九世紀におけるフランス領ギアナの経営は概して低調だった。ギアナは流刑地となり、多数の囚人が本国から連行されたが、その多くは熱帯病のために死亡し、開発のための労働力にはならなかった。一七九四年に、国民議会が奴隷制を廃止したとき、解放された奴隷たちは、プランテーションでの労働を忌避して、奥地の密林地帯に逃亡した。ナポレオン戦争中、フランス領ギアナは、ポルトガル、イギリス軍に一八〇八年から八年間占領されたが、一八一六年パリ条約でフランスの海外領土として認められた。

現代まで

一八四八年に奴隷制が最終的に廃止されると、スリナムやガイアナにおけると同じように、アジアからの移民が誘致された。一八五〇年代にゴールド・ラッシュが起こったが、短期間しか続かなかった。一八四八年の政令によって、ギアナの住民には市民権、投票権が与えられた。今世紀になって、一九四六年、ギアナ(フランス語でギュイヤン)はフランスの海外県となり、一九七四年には広域行政区《レジョン》に昇格した。その間、ジュスタン・カタイのもとで社会党の自治運動が起こったが、一九六一年の選挙で彼が落選して立ち消えになった。現在フランス領ギアナは、国民議会上院に一名、下院に二名の議員を送っている。人口の寡少を補うために、ヨーロッパの流民を招く計画が一九五〇年に立てられたが、成功しなかった。現在チェコ、ハンガリー、ポーランドからの移民が一〇〇人前後残っている。一九八九年以来、隣のスリナムから、内戦を逃れてマルーンが逃亡してきている。その数は約一万人で、人口の約七%にあたり、フランス領ギアナの経済や社会治安に不安を与えている。これと関連しているのが、カイエンヌの内陸五〇キロのところにある、クウルウのヨーロッパ宇宙開発機構のギアナ宇宙センターの保安問題である。これは大型人工衛星の発射基地である。

産業としては、国内消費のためのトウモロコシ、キャッサバ、バナナ、米などの農産物、およびラム酒製造のためのサトウキビ栽培がおこなわれる程度であり、輸出産業としては、エビ、魚などの漁業と、それにともなう水産加工業および林業がある。

サルコジ政権下の二〇一〇年一月十日、同じくフランス海外県のマルティニクとともに自治権拡大の是非を問う住民投票が実施され、マルティニクと同様に仏領ギアナでも反対が六十九・八%と多数を占めた。

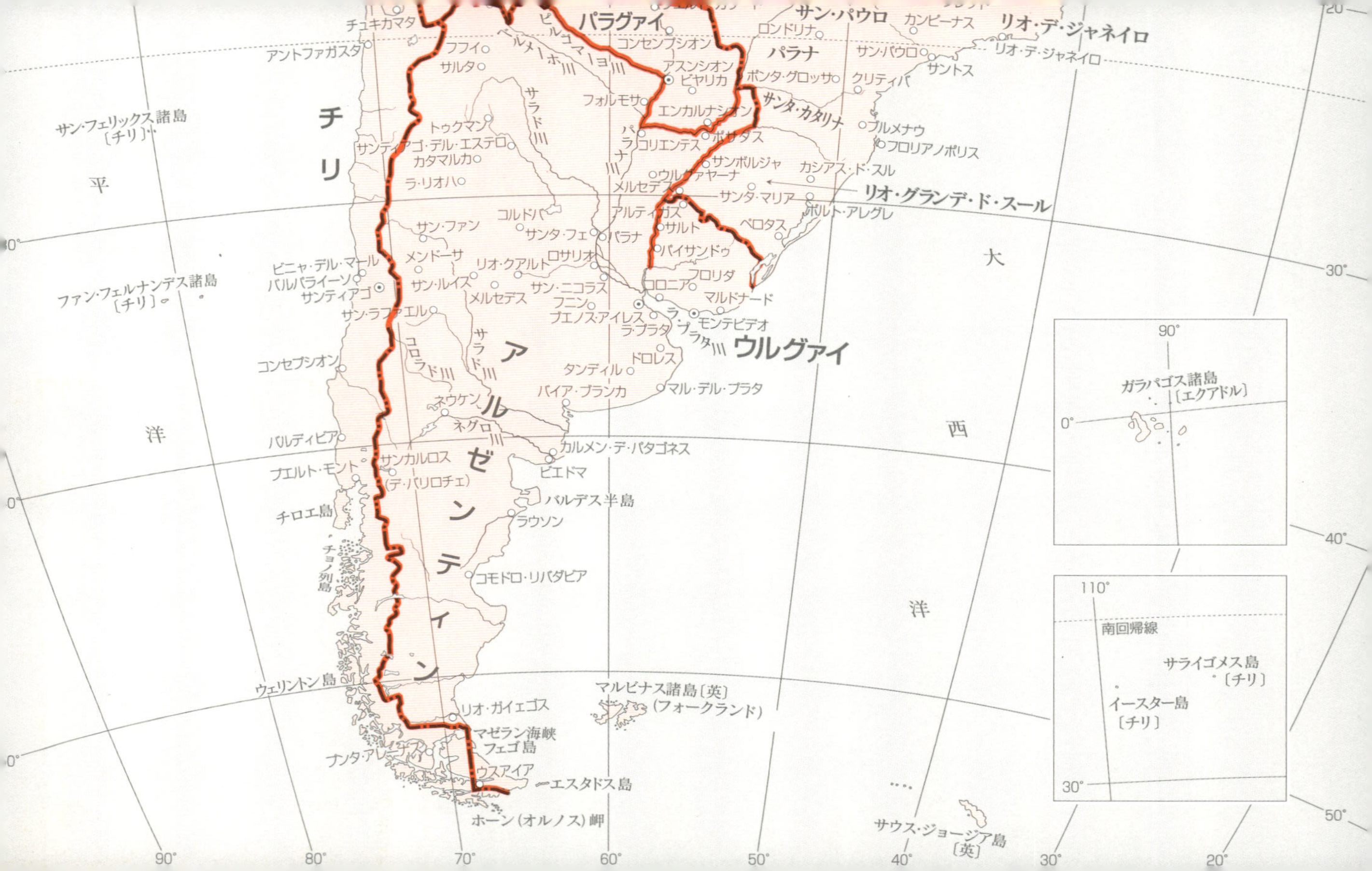

チリ
アルゼンチン
パラグァイ
ウルグァイ
サン・パウロ
リオ・デ・ジャネイロ
パラナ
サンタ・カタリナ
リオ・グランデ・ド・スール
太西洋
平洋
サン・フェリックス諸島〔チリ〕
ファン・フェルナンデス諸島〔チリ〕
チュキカマタ
アントファガスタ
フフイ
サルタ
トゥクマン
サンティアゴ・デル・エステロ
カタマルカ
ラ・リオハ
コルドバ
サン・ファン
サンタ・フェ
パラナ
メンドーサ
リオ・クアルト
ロサリオ
ビニャ・デル・マール
バルパライーソ
サンティアゴ
サン・ルイス
メルセデス
サン・ニコラス
フニン
ブエノス・アイレス
ラ・プラタ
サン・ラファエル
コンセプシオン
タンディル
ドロレス
バイア・ブランカ
マル・デル・プラタ
ネウケン
バルディビア
カルメン・デ・パタゴネス
ビエドマ
サンカルロス（デ・バリロチェ）
プエルト・モント
チロエ島
バルデス半島
ラウソン
チョノ列島
コモドロ・リバダビア
ウェリントン島
リオ・ガイエゴス
マゼラン海峡
フェゴ島
プンタ・アレーナス
ウスアイア
エスタドス島
ホーン（オルノス）岬
マルビナス諸島〔英〕（フォークランド）
サウス・ジョージア島〔英〕
コンセプシオン
アスンシオン
ビヤリカ
フォルモサ
エンカルナシオン
コリエンテス
ポサダス
サンボルジャ
ウルグアヤーナ
メルセデス
サンタ・マリア
アルティガス
サルト
パイサンドゥ
ペロタス
ポルト・アレグレ
カシアス・ド・スル
フロリダ
コロニア
マルドナード
モンテビデオ
ロンドリナ
ポンタ・グロッサ
クリティバ
ブルメナウ
フロリアノポリス
カンピーナス
サン・パウロ
サントス
リオ・デ・ジャネイロ
ピルコマヨ川
ベルメホ川
サラド川
パラナ川
コロラド川
ネグロ川
ラ・プラタ川
ガラパゴス諸島〔エクアドル〕
南回帰線
サライゴメス島〔チリ〕
イースター島〔チリ〕

新版 世界各国史 全28巻

四六判 平均500頁 税込定価3465円〜4200円

1 日本史 宮地正人編

2 朝鮮史 武田幸男編

3 中国史 尾形勇・岸本美緒編

4 中央ユーラシア史 小松久男編
モンゴル・中国(内モンゴル・チベット・新疆ウイグル)・カザフスタン・クルグズスタン・タジキスタン・ウズベキスタン・トルクメニスタン

5 東南アジア史 Ⅰ 大陸部
石井米雄・桜井由躬雄編
ベトナム・カンボジア・ラオス・タイ・ミャンマー

6 東南アジア史 Ⅱ 島嶼部
池端雪浦編 インドネシア・フィリピン・マレーシア・シンガポール・ブルネイ

7 南アジア史 辛島昇編
インド・パキスタン・ネパール・ブータン・バングラデシュ・スリランカ・モルディヴ

8 西アジア史 Ⅰ アラブ
佐藤次高編 イラク・シリア・レバノン・イスラエル・ヨルダン・クウェイト・サウジアラビア・バハレーン・カタール・アラブ首長国連邦・オマーン・イエメン・エジプト・リビア・チュニジア・アルジェリア・モロッコ

9 西アジア史 Ⅱ イラン・トルコ
永田雄三編 アフガニスタン・イラン・トルコ

10 アフリカ史 川田順造編
サハラ以南のアフリカ諸国

11 イギリス史 川北稔編
連合王国・アイルランド

12 フランス史 福井憲彦編

13 ドイツ史 木村靖二編

14 スイス・ベネルクス史
森田安一編

15 イタリア史 北原敦編

16 スペイン・ポルトガル史
立石博高編

17 ギリシア史 桜井万里子編

18 バルカン史 柴宜弘編
ルーマニア・モルドヴァ・ブルガリア・ユーゴスラヴィア連邦・マケドニア・スロヴェニア・クロアチア・ボスニア=ヘルツェゴヴィナ・アルバニア・ギリシア

19 ドナウ・ヨーロッパ史
南塚信吾編
オーストリア・チェコ・スロヴァキア・ハンガリー

20 ポーランド・ウクライナ・バルト史
伊東孝之・井内敏夫・中井和夫編
ポーランド・ウクライナ・ベラルーシ・リトアニア・ラトヴィア・エストニア

21 北欧史
百瀬宏・熊野聰・村井誠人編
デンマーク・ノルウェー・スウェーデン・フィンランド・アイスランド

22 ロシア史 和田春樹編
ロシア連邦・グルジア・アルメニア共和国・アゼルバイジャン

23 カナダ史 木村和男編

24 アメリカ史 紀平英作編

25 ラテン・アメリカ史 Ⅰ
メキシコ・中央アメリカ・カリブ海
増田義郎・山田睦男編

26 ラテン・アメリカ史 Ⅱ
南アメリカ 増田義郎編

27 オセアニア史 山本真鳥編
オーストラリア・ニュージーランド・太平洋諸国

28 世界各国便覧

新版《しんぱん》 世界各国史《せかいかっこくし》 26

ラテン・アメリカ史《し》 II

2000年 7 月25日　1 版 1 刷　発行
2012年 1 月31日　1 版 2 刷　発行

編　者　増田《ますだ》 義郎《よしお》
発行者　野澤伸平
発行所　株式会社 山川出版社
〒101-0047　東京都千代田区内神田 1-13-13
電話　03(3293)8131(営業)　8134(編集)
http://www.yamakawa.co.jp/
振替　00120-9-43993
印刷所　図書印刷株式会社
製本所　株式会社 ブロケード
装　幀　菊地信義

 ISBN 978-4-634-41560-7

執筆者紹介(執筆順)

増田義郎《ますだ よしお》
1928年生まれ。東京大学文学部卒業
東京大学名誉教授
主要著書：『コロンブス』(岩波新書 1979)，『新世界のユートピア』(中公文庫 1989)，『インディオ文明の興亡』(講談社 1977)，『マゼラン』(原書房　1993)，『物語ラテン・アメリカの歴史』(中公新書 1998)，『ペルー　太平洋とアンデスの国』(共著，中央公論新社　1999)

網野徹哉《あみの てつや》
1960年生まれ。東京大学大学院総合文化研究科博士課程中退
現在，東京大学大学院総合文化研究科准教授
主要著書・論文：『世界の歴史18　ラテンアメリカ文明の興亡』(共著，中央公論新社 1997)，「17世紀アンデス社会考――流動する時代」(友枝啓泰ほか編『アンデス文化を学ぶ人のために』世界思想社 1997)，「アメリカ古代帝国の生成――インカをめぐる諸問題」(岩波講座世界歴史第５巻『帝国と支配――古代の遺産』岩波書店 1998)

故山田睦男《やまだ むつお》
1941年生まれ。東京大学教養学部教養学科アメリカ分科卒業，フロリダ大学歴史学部大学院卒業(M.A.)
元国立民族学博物館地域研究企画交流センター教授
主要編・著書：『概説ブラジル史』(編著，有斐閣 1985)，『ラテンアメリカの巨大都市――第三世界の現代文明』(共著，二宮書店 1994)，*Ciudad y campo en America Latina.* (org., Osaka : Japan Center for Area Studies, National Museum of Ethnology 1997.), Miyajima Takashi, Kajita Takamichi, Yamada Mutsuo (eds.), *Regionalism and Immigration in the Context of European Integration,* Osaka : Japan Center for Area Studies, National Museum of Ethnology, 1999.

今井圭子《いまい けいこ》
1943年生まれ。東京大学経済学部経済学科卒業，経済学博士
上智大学名誉教授
主要編・著書：『アルゼンチン鉄道史研究』(アジア経済研究所 1985)，『民族問題の現在』(編著，彩流社 1996)，『ラテンアメリカ研究への招待』(共著，新評論 1997)，『民主化と経済発展――ラテンアメリカの ABC 3 国の経験』(共著，上智大学国際関係所 1997)

恒川惠市《つねかわ けいいち》
1948年生まれ。コーネル大学 Ph.D.(政治学)
現在，政策研究大学院大学教授
主要著書・論文：『企業と国家』(東京大学出版会 1996)，「開発経済学から開発政治学へ」(『開発と政治』岩波書店 1998)，「ラテンアメリカの工業化と政治変動」(岩波講座世界歴史第26巻『経済成長と国際緊張』岩波書店 1999)

辻　豊治《つじ とよはる》
1947年生まれ。上智大学大学院外国語学研究科博士課程中退
現在，京都外国語大学教授

主要論文：「アプリスモと反米ナショナリズム」(『南北アメリカの500年　4．危機と改革』青木書店 1993)，「ベラスコ改革の帰趨」(『南北アメリカの500年　5．統合と自立』青木書店 1993)，「解説」(『インディアスと西洋の狭間で――マリアテギ政治・文化論集』現代企画室 1999)

松下　洋《まつした　ひろし》
1941年生まれ。東京大学教養学科国際関係論分科卒，アルゼンティン国立クージョ大学博士課程修了（歴史学博士）
現在，神戸大学国際協力研究科教授
主要著書：*Movimiento Obrero Argentino 1930-45, Sus proyecciones en los orígenes del peronismo,* Buenos Aires, Siglo Veinte, 1983.,『ラテンアメリカ現代史　2　アンデス・ラプラタ地域』(共著，山川出版社 1985)，『ペロニズム・権威主義と従属――ラテンアメリカ政治外交研究』(有信堂 1987)，“Un análisis de reformas obreras en la primera presidencia de Menem : la perspectiva de opción estratégica,” en Senén González, Santiago y Fabián Bosoer comps., *El sindicalismo en tiempos de Menem,* Buenos Aires, Ediciones Corregidor, 1999.

付　　録

■索　引

人名索引

●ア－オ

アイェンデ　333, 408, 421, 425-427, 431
Allende Gossens, Salvador　1908-73
アギーレ，A.　258, 259
Aguirre, Atanasio　1804-75
アギーレ，F.　53
Aguirre, Francisco de　1500?-80
アギーレ，L.　63
Aguirre, Lope de　1511?-61
アギーレ・セルダ　332
Aguirre Cerda, Pedro　1879-1941
アグアーヨ　471
Aguayo, Jerónimo de
アゼヴェド　368
Azevedo, Aluígio　1857-1913
アダムズ　181
Adams, John　1735-1826
アタワルパ・インカ　44-46, 55, 64, 68, 93, 120
Atahualpa Inka　1498?-1533
アタワルパ，J.　119
Atahualpa, Juan
アバスカル・イ・ソウサ　185, 189, 192, 193
Abascal y Souza, José Fernando　1748-1821
アビラ　110
Avila, Francisco de　1573-1647
アブレウ　368
Abreu, João Capistrano de　1853-1927
アベヤネーダ　263
Avellaneda, Nicolás　1836-85
アメサガ　353
Amezaga, Juan José　1881-1956
アモリン　482
Amorim, Celso Luis Nunes
アヤ・デ・ラ・トーレ　303, 305, 321, 322, 327, 406
Haya de la Torre, Víctor Raúl　1895-1979
アヤラ，エウセビオ　348
Ayala, Eusebio　1875-1942
アヤラ，エリヒオ　342
Ayala, Eligio　1880-1930
アヨラ，I.　311
Ayora, Isidro　1879-1978
アヨラ，J.　60
Ayolas, Juan de　1510?-38?
アラエス　472
Arrais de Alencar, Miguel　1916-
アラニャ，G.　369
Aranha, José Pereira da Graça　1868-1931
アラニャ，O.　373
Aranha, Oswaldo　1894-1960
アランブル　432, 433, 436
Aramburu, Pedro Eugenio　1903-70
アリアガ　127
Arriaga, Antonio de
アルヴァレス　131
Alvares Correia, Diogo(別称 Caramurú)　?-1557
アルガーニャ　457
Argaña, Luis María
アルゲーダス　304
Arguedas, José María　1911-69
アルサガ　186, 187
Alzaga, Martín de　1756-1810
アルセ　240
Arce, Aniceto　1824-1906
アルソガライ　447
Alsogaray, Julio
アルタミラノ　325
Altamirano, Luis　1876-1938
アルティガス　187
Artigas, José Gervasio　1764-1850
アルバラード　50
Alvarado, Alonso de　1508?-55
アルバレス　453

Alvarez Armelino, Gregorio Conrado 1925-
アルバレス・カブラル 58, 59
Alvares Cabral, Pedro 1467-1516
アルファーロ 222
Alfaro, Eloy 1842-1912
アルフォンシン 443-446, 448
Alfonsín Foulkes, Raúl Ricardo 1926-
アルベアール 341
Alvear, Marcelo Torcuato de 1868-1942
アルベルディ 255, 256
Alberdi, Juan Bautista 1810-84
アルベルト 375
Alberto Lins do Barros, João 1897-1955
アルマグロ 42, 43, 47-49, 52, 66, 97
Almagro, Diego de 1475-1538
アルマグロ(子) 49
Almagro, Diego de 1520-42
アレグリーア 304
Alegría, Ciro 1909-67
アレサンドリ 333, 421
Alessandri Rodríguez, Jorge 1896-1986
アレサンドリ・パルマ 244, 325, 326, 333, 427
Alessandri Palma, Arturo 1868-1950
アレム 338
Alem, Leandro Nicebro 1842-96
アロセメナ・ゴメス 398
Arosemena Gómez, Otto 1925-84
アロセメナ・モンロイ 397
Arosemena Monroy, Carlos Julio 1919-
アロヨ・デル・リオ 317
Arroyo del Río, Carlos Alberto 1893-1969
アロンソ 254
Alonso, Mariano Roque 1792-1853
アンシェッタ 141, 155
Anchieta, José de 1534-97
アンスレス 50
Ansúrez, Pedro ?-1542
アンダゴーヤ 42
Andagoya, Pascual de 1495-1548
アンダースン 422
Anderson, Jack Northman 1922-
アントニオ・カルロス ⟶ アンドラーダ・エ・シルヴァ, A. C.
アンドラーダ・エ・シルヴァ, A. C. 282
Andrada e Silva, Antônio Carlos Ribeiro de 1773-1845
アンドラーダ・エ・シルヴァ, J. B. 183, 274, 276, 278, 282
Andrada e Silva, José Bonifácio de 1763-1838
アンドラーデ 218
Andrade, Ignacio 1840-1925
アンヘロス 445
Angelos, Eduardo
イェラス・カマルゴ 394
Lleras Camargo, Alberto 1906-90
イェラス・レストレポ 395
Lleras Restrepo, Carlos 1908-94
イカサ 304
Icaza, Jorge 1906-78
イグレシアス 237
Iglesias, Miguel de 1830-1909
イサベル1世 141
Isabel I 1451-1504(位1474-1504)
イサベル・ペロン 437, 438, 440
Perón, María Estela Martínez de (通称 Isabel) 1931-
イディアルテ・ボルダ 335
Idiarte Borda, Juan Bautista 1844-97
イバーニェス・デル・カンポ 304, 325, 326, 333
Ibáñez del Campo, Carlos 1877-1960
イリア 434, 435
Illia, Arturo Umberto 1900-83
イリゴーイェン 339-342
Yrigoyen, Hipólito 1852-1933
ヴァスコ・ダ・ガマ 58
Vasco da Gama 1469?-1524
ヴァスコンセロス 279
Vasconcelos, Bernardo Pereira de 1795-1850
ヴァーノン 174

Vernon, Edward 1684-1757
ヴァルガス 243, 305, 306, 363, 367, 371-381, 458-463, 465
Vargas, Getúlio Dornelles 1883-1954
ヴァルトゼーミュラー 35-37
Waldseemüller, Martin 1470?-1518?
ヴィエイラ，A. 144, 153, 155, 156
Vieira, Antônio 1608-97
ウィタケル 373
Whitaker, José Maria 1878-1970
ヴィラ・ロボス 369
Villa-Lobos, Heitor 1887-1959
ウィリマン 337
Williman, Claudio 1863-1934
ウイロビー卿 497
Lord Willoughby of Parham, Francis 1613-66
ヴェスプッチ 33-37, 59
Vespucci, Amerigo (Americus Vespucius) 1454-1512
ウェッブ 293
Webb, James W.
ヴェルゲイロ 277, 281
Vergueiro, Nicolau de Pereira de Campos 1778-1859
ヴェルネイ 165
Verney, Luís Antônio 1713-92
ウォーナー 493
Warner, Thomas ?-1649
ヴォルテール 165, 179
Voltaire(本名 François Marie Arouet) 1694-1778
ウリブル 342, 343
Uriburu, José Félix 1868-1932
ウルキサ 251, 253, 255-257, 259-261, 290
Urquiza, Justo José de 1801-70
ウルタード・ラレーア 400
Hurtado Larrea, Osvaldo 1939-
ウルタード・デ・メンドーサ，G. 54
Mendoza, García Hurtado de
エイルウィン 430, 431
Aylwin Azócar, Patricio 1918-
エスコバール 270, 402
Escobar, Pablo 1949-93
エスティガリビア 348
Estigarribia, José Félix 1888-1940
エチェニケ 229
Echenique, José Rufino 1808-87
エバ・ペロン(エビータ) 352, 353
Eva Perón(本名 María Eva Duarte de Perón) 1919-52
エヤウリ 269
Ellauri, José Eugenio 1834-94
エルナンデス 303
Hernández, José 1834-86
エレディア 61
Heredia, Nicolás de
エレーラ 345, 354
Herrera, Luis Alberto de 1873-1959
エレーラ・イ・オベス 269, 335
Herrera y Obés, Julio 1846-1912
エレーラ・カンピンス 393
Herrera Campins, Luis 1925-
エンリケ(航海王子) 136
Henrique o Navegador 1394-1460
オイヒンス 189, 193, 195, 225
O'Higgins, Bernardo 1778-1842
オスピーナ・ペレス 315
Ospina Pérez, Mariano 1891-1976
オスマン 209
Haussmann, George Eugène 1809-91
オドリーア 329, 406
Odría, Manuel Apolinario 1897-1974
オバンド 215
Obando, José María 1795-1861
オバンド・カンディーア 411
Ovando Candía, Alfredo 1917-82
オビエド 457
Oviedo, Lino
オヘーダ 34, 37, 38, 489
Ojeda, Alonso de 1466?-1516
オラヤ・エレーラ 314
Olaya Herrera, Enrique 1880-1937
オランダ 381
Holanda, Sérgio Buarque de 1902-82

オリベ　252, 253, 257
Oribe, Manuel　1796-1857
オルダス　491
Ordaz, Diego de　1480-1532?
オレヤーナ　52, 491
Orellana, Francisco de　1511?-46
オンガニーア　435, 436, 441
Onganía, Juan Carlos　1914-95

●カ―コ

カアマーニョ　217
Caamaño, José María Placido 1838-1901
ガイェゴス　312
Gallegos, Rómulo　1884-1969
ガイゼル　470-472
Geisel, Ernesto　1908-
ガイタン　314-316
Gaitán, Jorge Eliecer　1903-48
カウポリカン　54
Caupolicán　?-1558
カシアス公爵　282, 296
Caxias, Duque de(本名 Luís Alves de Lima e Silva)　1803-80
ガスカ　66
Gasca, Pedro de la　1485-1567
カスティーヤ　229, 230
Castilla, Ramón　1797-1867
カスティーヨ　349, 350
Castillo, Ramón S.　1873-1944
カスティリョ　372
Castilhos, Júlio de　1860-1903
カステリ　187
Castelli, Juan José　1764-1812
カステロ・ブランコ　466-468
Castelo Branco, Humberto de Alencar　1900-67
カストロ, C.　218, 219, 307
Castro, Cipriano　1858-1924
カストロ, F.　386, 397, 465, 469
Castro Ruz, Fidel　1926-
カストロ, J.　213
Castro, Julián　1810-75
カストロ・アルヴェス　294
Castro Alves, Antônio de　1847-71
カストロ・ヒホン　397
Castro Jijón, Ramón　1915-
カーター　412, 427, 471
Carter, Jimmy(本名 James Earl, Jr.) 1924-
カタイ　503
Catayée, Justin　?-1960
カバイェーロ　270
Caballero, Bernardino　1839-1912
カバロ　447
Cavallo, Domingo Felipe　1946-
ガビリア　403
Gaviria Trujillo, César Augusto 1947-
カボート　59
Caboto, Sebastiano　1480-1557
カマーチョ　240
Camacho, Heriodro
ガマーラ　225, 228, 229
Gamarra, Agustín　1785-1841
カマラン　154
Camarão, Felipe Antônio　1580-1648
カミニャ　59
Caminha, Pêlo Vez de
ガライ　60
Garay, Juan de　1528-83
カラヴェラス伯爵　277
Caravelas, Conde de
カラタユー　120
Calatayud, Alejo
カラムルー ──→ アルヴァレス
ガラン　402
Galán, Luis Carlos　1943-89
カリスト・トゥパク・インカ師　123-125
Fray Calixto Túpac Inca　1710?-?
ガルシア・カラスコ　188
García Carrasco, Francisco Antônio 1742-1813
ガルシア・デ・カストロ　82
García de Castro, Lope　?-1576
ガルシア・ペレス　418, 419, 421
García Pérez, Alan　1949-
ガルシア・マルケス　384
García Márquez, Gabriel　1927-
ガルシア・メサ　413
García Meza, Luis　1930-
ガルシア・モレーノ　217

García Moreno, Gabriel　1821-75
ガルシラーソ・デ・ラ・ベガ　82, 96, 125, 129
Garcilaso de la Vega, El Inka　1539-1616
ガルティエリ　442, 443
Galtieri, Leopoldo Fortunato　1926-
カルデナス，L.　243
Cárdenas del Río, Lázaro　1895-1970
カルデナス，V. H.　414
Cárdenas, Víctor Hugo
カルデラ　312, 392, 401
Caldera Rodríguez, Rafael　1916-
カルドーゾ　483-487
Cardoso, Fernando Henrique　1931-
ガルベス　89
Gálvez, José de　1720-87
カルボ　219
Calvo, Carlos　1822-1906
カルロス１世　47, 56, 491
Carlos Ⅰ　1500-58(位1516-56)
カルロス３世　89, 163
Carlos Ⅲ　1716-88(位1759-88)
カルロス４世　181, 184
Carlos Ⅳ　1748-1819(位1788-1808)
カレーラ　189, 193
Carrera, José Miguel de　1785-1821
ガロ　158
Garro, José de　1623-1702
カンディア　50
Candia, Pedro de　?-1542
カンポス　373, 378
Campos, Francisco Luís da Silva　1891-1968
カンポス・サレス　360
Campos Sales, Manuel Ferraz de　1841-1913
カンポラ　436, 437
Cámpora, Héctor José　1909-80
キスキス　46
Quizquiz　?-1534
ギド　434
Guido, José María　1910-75
キーミス　492, 501
Keymis, Lawrence
キロガ　249
Quiroga, Juan Facundo　1793-1835
クエスタス　335
Cuestas, Juan Lindolfo
グスマン　420
Guzmán Reynoso, Abimael　1931-
グスマン・ブランコ　214, 217, 218
Guzmán Blanco, Antonio　1829-99
グティエレス　61
Gutiérrez, Felipe de
クーニャ　303, 368
Cunha, Euclides da　1866-1909
クバス　457
Cubas Grau, Raúl
クビシェッキ　463, 466
Kubitschek de Oliveira, Juscelino　1902-76
グラール　463-467
Goulart, João Belchior Marques　1919-76
クリンゲル　375
Klinger, Bertaldo
クリントン　487
Clinton, Bill(本名 William Jefferson Clinton)　1946-
クレインセン　498
Crijnssen, Abraham
クレスポ　218
Crespo, Joaquín　1841-98
グロベ　305, 326
Grove Vallejo, Marmaduke　1879-1954
クロムウェル　9, 174
Cromwell, Oliver　1599-1658
クワドロス　464, 465
Quadros, Jânio da Silva　1917-
ケイロス　284
Queirós, Eusébio de　1812-68
ゲバラ　410, 411
Guevara, Ernesto(愛称 Che)　1928-67
ゲーラ　34, 37
Guerra, Cristóbal　?-1509

ゴイス・モンテイロ ⟶ モンテイロ
コエリョ・ペレイラ　134, 140
Coelho Pereira, Duarte　?-1553?
コクレイン　183, 196
Cochrane, Thomas　1775-1860
コウティーニョ　169
Coutinho, Azeredo　1742-1821
コサ　34, 37, 38
Cosa, Juan de la　1449?-1510
コスタ・エ・シルヴァ　469
Costa e Silva, Artur da　1902-69
ゴドイ　181, 184
Godoy, Manuel de　1767-1851
ゴメス，J. V.　218, 307, 309, 312
Gómez, Juan Vicente　1854-1935
ゴメス，L.　316
Gómez, Laureano　1889-1965
コリャトパ　117
Collatopa, Don Antonio
コルテス　42
Cortés, Fernando　1485-1547
コルデーロ　221
Cordero Crespo, Luis　1833-1912
コロール・デ・メロ　479, 480
Collor de Mello, Fernando Afonso 1949-
コロンブス(クリストバル・コロン)　5, 6, 33-36, 38, 489
Columbus, Christophorus (Cristóbal Colón)　1451-1506
ゴンサルヴェス・ディアス　294
Gonçalves Dias, Antônio　1823-64
ゴンサーレス　457
González, Luis Angel
ゴンサーレス・ビデラ　332, 333
González Videra, Gabriel　1898-1980
ゴンサーレス・プラーダ　207
González Prada, Manuel　1844-1918
コンスタン　292, 296, 357
Constant Botelh de Magalhães, Benjámim　1836-91
コンセリェイロ　360
Conselheiro, Antônio　1828-97
コント　292
Comte, Isidore Auguste Marie François Xavier　1798-1857

●サーソ

サ　135
Sá, Mem de　1500?-72
サアベドラ，B.　323
Saavedra, Juan Bautista　1870-1939
サアベドラ，C.　186, 187
Saavedra, Cornelio de　1761-1829
サイリ・トゥパク　96
Sayri Túpac　1535-60
サ・エ・ベナヴィデス ⟶ ベナヴィデス
サエンス・ペーニャ　339
Sáenz Peña, Roque　1851-1914
サモラ　213
Zamora, Ezequiel　1817-60
サラビア　335, 336
Saravia, Aparicio　1855-1904
サラマンカ　323, 347
Salamanca, Daniel　1863-1935
サリーナス・イ・コルドバ師　83, 84
Fray Salinas y Córdoba　1592-1653
サルガード　377
Salgado, Plínio　1895-1975
サルネイ　446, 476-480
Sarney Costa, José　1930-
サルミエント　262, 263
Sarmiento, Domingo Faustino 1811-88
サンギネッティ　454, 455
Sanguinetti Cairolo, Julio María 1936-
サンタ・クルス　224, 225, 227, 228, 231
Santa Cruz, Andrés　1792-1865
サンタンデル　199, 212, 215
Santander, Francisco de Paula 1792-1840
サンチェス・セロ　305, 327
Sánchez Cerro, Luis Miguel　1894-1933
サンチェス・デ・ロサーダ　414
Sánchez de Lozada Bustamante, Gonzalo　1930-
サントス　161
Santos, Felipe dos
サントス・アタワルパ　120-122, 125
Santos Atahualpa, Juan　1710?-56
サンペール　403

Samper Pizano, Ernesto 1950-
サン・マルティン 194-197, 199, 200, 202, 227, 245
San Martín, José de 1778-1850
ジェファソン 181
Jefferson, Thomas 1743-1826
ジェームズ1世 493
James I 1566-1625(位1603-25)
シスネロス 186
Cisneros, Baltasar Hidalgo de 1755-1829
シナ・セン 500
Chin-A-Sen, Henck
シャエレル 342
Schaerer, Eduardo 1873-1941
ジャガン 496, 497
Jagan, Cheddi Berret 1918-97
シュナイダー 422
Schneider, René 1913-70
ジュノー 181, 183
Junot, Andoche 1771-1813
ジョアン3世 132
João III 1502-57(位1521-57)
ジョアン4世 152, 155
João IV 1604-56(位1640-56)
ジョアン6世 181, 182, 273, 286
João VI 1767-1826(位1816-26)
ジョアン・アルベルト ⟶ アルベルト
ジョゼ1世 163
José I 1714-77(位1750-77)
ジョゼ・ボニファシオ ⟶ アンドラーダ・エ・シルヴァ, J. B.
シルヴェイラ 471
Silveira, Antônio Francisco Azeredo da 1917-
シレス 323
Siles, Hernando 1881-1942
シレス・スアソ 331, 412, 413
Siles Zuazo, Hernán 1914-
スクレ 199, 200, 202, 224, 225
Sucre, Antonio José de 1795-1830
ストラングファド子爵 181
Strangford, Viscount of(本名 Percy Clinton Sydney Smyth) 1780-1855
ストロエスネル 356, 386, 387, 455, 456
Stroessner, Alfredo 1912-
スペルンダ伯爵 122, 123
Superunda, Conde de(本名 José Antonio Manso de Velasco) 1688-1767
スミス 175
Smith, Adam 1723-90
セルソ 303, 368
Celso, Afonso 1860-1938
セルナ 196, 197, 202
Serna e Hinojosa, José de la 1770-1832
セレグニ 453
Seregni, Líber 1917-
センディク 438, 439
Sendic Antonaccio, Raúl 1925-89
ソウザ, M. A. 132, 134, 135
Sousa, Martim Afonso de 1500-64
ソウザ, T. 135, 136
Sousa, Tomé de 1502?-79
ソサ 41, 42
Sosa, Lope de ?-1519
ソステーユ 501
Sostelle, Gaspar de
ソリス 59
Solís, Juan Díaz de ?-1516

●ター ト

タヴォラ 373
Távora, Juares do Nascimento Fernandes 1898-1975
ダビラ・エスピノーサ 326
Dávila Espinosa, Carlos Guillermo 1887-1955
チモ 117
Chimo, Don Carlos
チャベス, H. 389, 401, 402
Chávez Frías, Hugo
チャベス, F. 356
Chávez, Federico 1875-?
チャールズ2世 154
Charles II 1630-85(位1660-85)
チョンチョル 424
Chonchol Chait, Jacques 1926?-
ディアス, E. 154
Dias, Henrique ?-1662
ディアス, F. 138

Dias, Fernão
ディ・テラ　487
Di Tella, Guido
ティトゥ・クシ　96
Titu Cusi Yupanqui　1531?-71
ティラデンテス　169
Tiradentes(本名 Joaquím José da Silva Xavier)　1746-92
デオドロ ⟶ フォンセカ，M. D.
デ・クエヤル ⟶ ペレス・デ・クエヤル
テヘドール　262
Tejedor, Carlos　1817-1903
デミチェリ　451
Demicheli, Alberto　1896-1980
テーラ　345
Terra, Gabriel　1873-1942
デ・ラ・マドリ　475
De la Madrid Hurtado, Miguel　1934-
デルフィン・ネット　475
Delfim Neto, Antônio　1928-
ドゥトラ　458
Dutra, Eurico Gaspar　1883-1974
トゥパク・アマル・インカ　96, 106, 127
Túpac Amaru Inca　?-1572
トゥパク・アマル2世　91, 126-128, 193
Túpac Amaru II(本名 José Gabriel Condorcanqui)　1738-81
トゥパク・カタリ　128, 129
Túpac Catari(本名 Julián Apaza)　1750?-81
トゥパク・ユパンキ　28
Túpac Yupanqui　?-1493
トゥパク・ワルパ(トパルカ)　46
Túpac Huallpa　?-1533
ドゥラン・バイェン　404
Durán Ballén, Sixto　1921-
トゥルバイ・アヤラ　396
Turbay Ayala, Julio César　1916-
ドノーソ　384
Donoso, José　1924-96
トミチ　422
Tomic Romero, Radomiro　1914-
ドラゴ　219
Drago, Luis María　1859-1921
トルーマン　458
Truman, Harry Shippe　1884-1972
ドレゴ　247-249
Dorrego, Manuel　1787-1828
トレス，C.　395
Torres Restrepo, Camilo　1929-66
トレス，J. J.　398, 411
Torres, Juan José　1921-76
トレド　66, 70-73, 85, 100, 103-109, 124
Toledo y Figueroa, Francisco Alvarez de　1515?-82
トレド，P.　375
Toledo, Pedro Manuel de　1860-1935
トロ　324
Toro, David　1898-
トロ・サンブラーノ　188
Toro Zambrano y Ureta, Mateo de　1727-1811

●ナーノ

ナッソー・ジーヘン　153
Nassau Siegen, Johan Maurits van　1604-79
ナブコ　294
Nabuco, Joaquím　1849-1910
ナポレオン1世　10, 180-184, 191, 227
Napoléon I (Napoleon Bonaparte)　1769-1821(位1804-15)
ナポレオン3世　293
Napoléon III　1808-73(位1852-70)
ナリーニョ　192
Nariño, Antonio　1765-1823
ニクエサ　38, 39
Nicueza, Diego de　?-1511?
ニーナ・ロドリゲス　369
Nina Rodrigues, Raimundo　1862-1906
ニーニョ　34
Niño, Pedro Alonso　1468-1505
ヌニェス　219-221
Núñez, Rafael　1825-94
ヌニェス・デ・バルボア ⟶ バルボア
ヌニェス・ベラ　66
Núñez Vela, Blasco　1490-1546
ネヴェス　476
Neves, Tancredo de Almeida

1910-85
ノゲロル・デ・ウリョア　65
Noguerol de Ulloa, Francisco
ノブレガ　135, 137, 155
Nóbrega, Manoel da　1517-?
ノロニャ　130
Noronha, Fernão de　1460?-1505?

●ハ―ホ

バイアム　498
Byam, Captain William
バイビアン, A.　232
Ballivian, Adolfo　1831-74
バイビアン, J.　228, 231
Ballivian, José　1804-52
パウリュ　48
Paullu Inka　?-1549
バエ　329
Valle, Hernando de la
パエス　198, 211-213, 218
Páez, José Antonio　1790-1873
バカ・デ・カストロ　49
Vaca de Castro, Cristóbal　1492?-1566
ハーコート　493
Harcourt, Robert
パス・エステンソーロ　330-332, 410, 412, 413
Paz Estenssoro, Víctor　1907-
パス・サモーラ　413, 414
Paz Zamora, Jaime　1939-
バスティダス　34, 37
Bastidas, Rodrigo de　1460-1526
パストラーナ, A.　403
Pastrana, Andrés
パストラーナ, M.　394
Pastrana Borrero, Misael　1923-
パチェコ　240
Pacheco, Gregorio　1823-94
パチャクテク・インカ　28
Pachacutec Inka　1391?-1473?
バッイェ　455
Batlle, Jorge　1927-
バッイェ・イ・オルドーニェス　302, 306, 336-338, 340, 354
Batlle y Ordóñez, José　1856-1929
バッイェ・イ・グラウ　269
Batlle y Grau, Lorenzo　1810-87
バッイェ・ベレス　354
Batlle Berres, Luis　1897-1964
パッソス　360
Passos, Pereira
パティーニョ　241, 242
Patiño, Simón Ituri　1862-1947
パトロン・コスタス　349
Patrón Costas, Robustiano　1883-1953
バーナム　496
Burnham, Linden Forbes Sampson 1923-85
バプティスタ　240
Baptista, Mariano　1832-1907
ハーマン　498
Herman, John
バリェウンブロソ侯爵　126
Valleumbroso, Marqúes de(本名 Rodrigo Esquivel y Jaraba)
バリエントス・オルトゥーニョ　332, 410, 411
Barrientos Ortuño, René　1919-69
バルガス・ヨサ　384, 419, 420
Vargas Llosa, Mario　1936-
バルコ　403
Barco Vargas, Virgilio　1921-
バルディビア　52-54, 97
Valdivia, Pedro de　1500?-1553
パルド　236, 238
Pardo, Manuel　1834-78
バルドミール　345, 353
Baldomir, Alfredo　1884-1948
バルバセナ伯爵　281
Barbacena, Conde de
バルベルデ　68
Valverde, Vicente de　?-1541
バルボア　39-42
Balboa, Vasco Núñez de　1475?-1519
バルボーザ・デ・オリヴェイラ　357, 358, 361, 370
Barbosa de Oliveira, Rui　1840-1923
バルマセーダ　242, 243, 325
Balmaceda, José Manuel　1840-91
パレハ　235

Pareja y Septién, José Manuel 1813-65
バレーラ，F. 261
Varela, Felipe 1821-70
バレーラ，J. P. 269
Varela, José Pedro 1845-79
バレンシア 394
Valencia, Guillermo León 1908-71
バンセル 411-414
Bánzer Suárez, Hugo 1926-
パンド 242
Pando, José Manuel 1851-1917
ビオラ 442
Viola, Roberto Eduardo 1924-94
ピエロラ 238, 239
Pierola, Nicolás de 1839-1913
ピサロ，F. 38, 42-50, 52, 55, 56, 64,66, 94, 97, 121
Pizarro, Francisco 1475?-1541
ピサロ，G. 49, 51, 53, 66
Pizarro, Gonzalo 1502-48
ピサロ，H. 48, 50
Pizarro, Hernando 1478?-1578
ビデラ 440-442, 445
Videla, Jorge Rafael 1925-
ビニョーネ 443
Bignone, Reynaldo Benito 1928-
ピノチェト 387, 400, 427, 428, 430, 431
Pinochet Ugarte, Augusto 1915-
ヒメネス・インカ 122, 125
Jiménez Inca, Francisco
ヒメネス・デ・ケサーダ 56-58
Jiménez de Quesada, Gonzalo 1509?-79
ビヤロエル 324
Villarroel, Gualberto 1908-46
ヒロ 257
Giro, Juan Francisco 1791-1860
ヒロン 49, 66
Girón, Francisco Hernández ?-1554
ピンソン 34
Pinzón, Vicente Yáñez 1463?-1514
ファルコン 213, 214
Falcón, Juan Crisóstomo 1820-70
ファレス・セルマン 265
Juárez Celman, Miguel 1844-1909
フィゲイレド 470, 472-475
Figueiredo, João Baptista de Oliveira 1918-99
プエイレドン 195
Pueyrredón, Juan Martín de 1777-1850
フェーダーマン 56, 57
Federmann, Nikolaus 1505?-46?
フェネティアーン 500, 501
Venetiaan, Ronald 1936-
フェブレス・コルデーロ 403
Febres Cordero Rivadeira, León 1931-
フェリペ2世 72, 85, 148, 151
Felipe II 1527-98(位1556-98)
フェルナンデス・アロンソ 240
Fernández Alonso, Severo 1849-1925
フェルナンデス・エンシソ 38-40
Fernández de Enciso, Martín
フェルナンド2世 38, 40
Fernando II 1452-1516(位1479-1516)
フェルナンド6世 123
Fernando VI 1713-59(位1746-59)
フェルナンド7世 184, 185, 189, 191
Fernando VII 1784-1833(位1808, 1814-33)
フェレイラ 453
Ferreira Aldunate, Wilson 1919-88
フォンセカ，H. R. 361
Fonseca, Hermes Rodrígues da 1855-1923
フォンセカ，J. R. 40
Fonseca, Juan Rodríguez de 1451-1524
フォンセカ，M. D. 296, 297, 357, 358
Fonseca, Manuel Deodoro da 1823-92
ブカラン，アサド 398, 400
Bucaram Elmhalin, Asaad 1916-81
ブカラン，アブダラ 404
Bucaram Ortiz, Abdalá

フジモリ　388, 389, 404, 419-421
Fujimori, Alberto Kenya　1938-
ブスタマンテ・イ・リベーロ　328, 329
Bustamante y Rivero, José Luis 1894-
フスト　342-344, 349
Justo, Agustín Pedro　1878-1943
ブッシュ，G.　324
Busch, Germán　1904-39
ブッシュ，G. H. W.　474, 480
Bush, George Herbert Walker 1924-
フッテン　58
Hutten, Philipp von　?-1546
プトレマイオス　35
Ptolemaios Klaudios
プラサ・ラソ　318, 319
Plaza Lasso, Galo　1906-87
ブラス・ペレイラ・ゴメス　362
Brás Pereira Gomes, Wenceslau 1868-1962
プラッツ　426, 427
Prats González, Carlos　1915-74
プラード　235
Prado, Mariano Ignacio　1826-1901
プラード・イ・ウガルテチェ　328, 329, 405, 406
Prado y Ugarteche, Manuel　1889-1967
ブランコ　405
Blanco Galdós, Hugo　1934-
フランコ，I.　480
Franco, Itamar Augusto Cautiero 1931-
フランコ，M.　342
Franco, Manuel　1871-1919
フランコ，R.　348, 355
Franco, Rafael　1897-?
フランシア　188, 254, 290
Francia, José Gaspar Rodríguez de 1766-1840
プリエト・ビアル　226, 228
Prieto Vial, Joaquín　1786-1854
ブリゾラ　466, 472, 479
Brizola, Leonel de Moura　1922-
フリードマン　428, 451
Friedman, Milton　1912-
ブルネス・プリエト　228
Bulnes Prieto, Manuel　1799-1866
フレイ・モンタルバ　334, 394, 408, 409, 422, 424, 428
Frei Montalva, Eduardo　1911-82
フレイ・ルイス＝タグレ　431
Frei Ruiz-Tagle, Eduardo　1942-
フレイレ　303, 381
Freyre de Mello, Gilberto　1900-87
フレイレ・セラーノ　225, 226, 228
Freire Serrano, Ramón　1787-1851
プレステス，L. C.　363, 377, 472
Prestes, Luís Carlos　1898-1990
プレスレス，J.　363, 372
Prestes, Júlio　1882-1946
フローレス，J. J.　212, 216, 221
Flores, Juan José　1800-64
フローレス，V.　257, 258, 260, 269, 290
Flores, Venancio　1803-68
フローレス・ヒホン　221
Flores Jijón, Antonio　1833-1915
フロンディシ　433, 434
Frondizi, Arturo　1908-95
ペイショト　358, 360
Peixoto, Floriano Vieira　1839-95
ヘイズ　270
Hayes, Rutherford Birchard 1822-93
ヘイン　151
Hein(Heyn), Piet　1577-1629
ペイン　181
Paine, Thomas　1737-1809
ペサーニャ　361
Peçanha, Nilo　1867-1924
ペスエラ　193, 196
Pezuela, Joaquín de la　1761-1830
ヘスティード　439
Gestido, Oscar Daniel　1901-67
ペセ　235
Pézet, Juan Antonio　1810-79
ベタンクール，B.　396, 402
Betancur Cuartas, Belisario 1923-
ベタンクール，R.　309, 312, 390, 391
Betancourt, Rómulo　1908-81

ベタンソス　94
Betanzos, Juan de　1510?-76
ペッソア，E.　362
Pessoa, Epitácio da Silva　1865-1942
ペッソア，J.　372
Pessoa, João　1878-1930
ペティオン　198
Pétion, Alexandre Sabes　1770-1818
ペドラリアス・ダビラ　40-43
Pedrarias Dávila　1441-1531
ペドロ1世　182, 183, 210, 272-274, 276-279
Pedro I　1798-1834(位1822-31)
ペドロ2世　272, 276, 277, 279, 280, 282, 284, 285, 289, 292, 293, 296, 297, 357, 362
Pedro II　1825-91(位1831-89)
ペナ　361
Pena, Afonso　1847-1909
ベナヴィデス　154
Benavides, Salvador Correia de Sá e　1602-81
ベナルカサール(ベラルカサール)　55-57
Benalcázar, Sebastián de　1490-1551
ペニャローサ(愛称チャーチョ)　256
Peñaloza, Angel Vicente (Chacho)　1798-1863
ベー・ビイェーガス　452
Vegh Villegas, Alejandro
ベラウンデ　329, 406, 407, 418
Belaúnde Terry, Fernando　1912-
ベラスコ，J. M.　228
Velasco, José Miguel de　1795-1859
ベラスコ，L.　106
Velasco, Luis de　1539-1616
ベラスコ・アルバラード　398, 406, 415, 417
Velasco Alvarado, Juan　1910-77
ベラスコ・イバラ　317, 318, 397, 398
Velasco Ibarra, José María　1893-1979
ベリオ　58, 490
Berrio, Antonio de
ベルスー　231, 232
Belzú, Manuel Isidro　1808-65
ベルナルデス　363
Bernardes, Arthur da Silva　1875-1955
ペレイラ　293
Pereira, Lafayette Rodrigues
ペレス　324, 393, 401
Pérez, Carlos Andres　1922-
ペレス・デ・クエヤル　420
Pérez de Cuellar, Javier　1920-
ペレス・デ・ケサーダ　58
Pérez de Quesada, Hernán　?-1544
ベレス・デ・コルドバ　120, 126
Vélez de Córdova, Juan
ペレス・ヒメネス　312, 313, 391
Pérez Jiménez, Marcos　1914-
ペレーダ・アスブン　412
Pereda Asbún, Juan　1931-
ベロ　257, 259, 290
Berro, Bernardo Prudencio　1800-68
ペロン　304, 306, 350-353, 355, 432-434, 436, 437, 444
Perón, Juan Domingo　1895-1974
ベロン・デ・アストラーダ　251
Berón de Astrada, Genaro　?-1839
ペンヘル　500
Pengel , Johan Adolf　1916-
ホイト　496, 497
Hoyte, Hugh Desmond　1929-
ボオルケス　119
Boorques, Pedro　?-1666
ボカユーヴァ　357
Bocaiúva, Quintino　1836-1912
ホセ1世(ジョゼフ・ボナパルト)　184
José I (Joseph Bonaparte)　1768-1844(位1808-13)
ボベス　191
Boves, José Tomás　1782-1814
ポベダ　400
Poveda Burbano, Alfredo　1926-
ポマ・デ・アヤラ　116
Poma de Ayala, Guamán　1534?-1615
ポライ　420
Polay, Víctor

ボリーバル 190-192, 194, 197-202, 211, 215, 224, 225, 229
Bolívar, Simón 1783-1830
ホール 212
Hall, Francisco
ボルダベリー 439, 440, 451
Bordaberry Arocena, Juan María 1928-
ポルターレス・パラスエロス 217, 226, 227, 233, 234, 243
Portales Palazuelos, Diego 1793-1837
ボルハ 404
Borja Cevallos, Rodrigo 1935-
ボルヘス 384
Borges, Jorge Luis 1899-1986
ポンセ・エンリケス 319
Ponce Enríquez, Camilo 1912-
ポンバル侯 163, 165, 167, 169
Pombal, Marquês de(本名 Sebastião José de Carvalho e Melo) 1699-1782

●マーモ

マウアー子爵 286, 297
Mauá, Visconde de(本名 Irineu Evangelista de Sousa) 1813-89
マジリ 467
Mazzilli, Pascoal Ranieri 1910-75
マセラ 445
Massera, Emilio
マゼラン(マガリャンエス) 40, 53, 59
Magellan, Ferdinand(Fernão de Magalhães) 1480?-1521
マット・デ・トゥルネル 304
Matto de Turner, Crolinda 1854-1909
マティエンソ 75
Matienzo y Peralta, Juan de 1520?-80?
マヌエル1世 141
Manuel I 1469-1521(位1495-1521)
マリア1世 167, 169
María I 1734-1816(位1777-1816)
マリアテギ 303, 322
Mariátegui, José Carlos 1894-1930
マリア・バルバラ 166
Maria Barbara
マリゲラ 469
Marighela, Carlos 1904-69
マルコ・デル・ポント 189
Marco del Pont, Francisco Casimiro 1770?-1819
マルティネス，ロサス・ファン 189
Martínez, Rozas Juan 1759-1813
マルティンス 182
Martins, Domingos
マルティン・フランシスコ 289
Martín Francisco
マルーフ 476
Maluf, Paulo Salim 1931-
マロキン 221, 309
Marroquín, José Manuel 1827-1908
マワ 404
Mahuad Witt, Jamil
マンコ・インカ 46-50, 96
Manco Inka(Manco II) 1516?-45
マンコ・カパック 119
Manco Cápac, Gabriel
ミトレ 256-262
Mitre, Bartolomé 1821-1906
ミランダ 190, 191
Miranda, Francisco 1750-1816
ミンチャンサマン 29
Minchansaman
ムリヨ 185
Murillo, Pedro Domingo ?-1809
メヂシ 469
Médici, Emílio Garrastazu 1905-85
メネム 445, 447-450, 454, 486
Menem, Carlos Saúl 1930-
メルカディヨ 51
Mercadillo
メルカトル 36
Mercator, Gerardus(Gerhard Kremer) 1512-94
メルガレホ 231, 232
Melgarejo, Mariano 1820-71
メロ 216
Melo, José María 1800-60
メンデス 451
Méndez, Aparicio 1904-

メンドーサ, A. H.　49, 54
Mendoza, Andrés Hurtado de
メンドーサ, P.　60
Mendoza, Pedro de　1487-1537
モナガス　213
Monagas, José Tadeo　1784-1868
モライス・エ・バロス　360
Morais e Barros, Prudente José de 1841-1902
モラーレス・ベルムデス　417
Morales Bermúdez Cerruti, Francisco　1921-
モリニゴ　348, 355, 356
Morínigo, Higinio　1897-
モリヨ　198, 199
Morillo, Pablo　1778-1837
モレーノ　187
Moreno, Mariano　1778-1811
モンテイロ　375
Monteiro, Pedro Aurélio de Góis 1889-1956
モント　233, 234
Montt Alvarez, Jorge　1846-1922
モント・トーレス　243
Montt Torres, Manuel　1809-80
モンロー　272
Monroe, James　1758-1831

●ヤ—ヨ

ヨアキム(フィオーレの)　122
Joachim de Floris (Gioacchino da Fiore)　1135?-1202

●ラ—ロ

ラウス　497
Rous, Anthony
ラウタロ　54
Lautaro (Latur)　1535?-57
ラカイェ　454
Lacalle Herrera, Luis Alberto 1941-
ラゴス　431
Lagos, Ricardo　1938-
ラス・カサス　103, 156
Las Casas, Bartolomé de　1474-1566
ラセルダ　460
Lacerda, Carlos Frederico Werneck-de　1914-77
ラヌーセ　436
Lanusse, Alejandro Agustín　1918-
ラバイェ　248, 249
Lavalle, Juan Galo de　1797-1841
ラバイェハ　246, 251, 252
Lavalleja, Juan Antonio　1786-1853
ラマーリョ　131, 138
Ramalho, João　1490?-1580?
ラ・マル　225
La Mar y Cortázar, José de　1776-1830
ラ・ラヴァルディエル　501
La Ravardière, Daniel de la Touche de
ランプレイア　487
Lampreia, Luís Felipe
リー　493
Leigh, Charles　?-1605
リオス　43
Ríos, Pedro de los
リオ・ブランコ男爵　294, 360, 369, 370
Rio Branco, Barão de (本名 José Maria de Silva Paranhos Junior) 1845-1912
リカルド・レイテ　374
Ricardo Leite, Cassiano　1895-1970
リナーレス　232
Linares, José María　1810-61
リニエ　186, 187
Liniers y Bremond, Jacques (Santiago de)　1753-1810
リバダビア　247, 248
Rivadavia, Bernardino　1780-1845
リバロラ　270
Rivarola, Cirilo Antonio　1836-78
リベラ　250-253, 290
Rivera, José Fructuoso　1785-1854
リマ　280
Lima, Pedro de Araujo　1793-1870
リマイリャ　117
Limaylla, Don Gerónimo Lorenzo
リマ・エ・シルヴァ　277
Lima e Silva, Francisco de
リンカーン　289

Lincoln, Abraham　1809-65
ルイス　43
Ruiz, Bartolomé
ルイス・ペレイラ・デ・ソウザ　363, 371, 374
Luís Pereira de Sousa, Washington 1870-1957
ルケ　42, 43
Luque, Fernando de　?-1534
ルシンチ　401
Lusinchi, Jaime　1924-
ルセナ　131
Lucena, Vasco
ルソー　179
Rousseau, Jean-Jacques　1712-78
ルミニャウイ　46, 55
Rumiñahuy　?-1534
ルーラ・ダ・シルヴァ　479, 484
Lula da Silva, Luís Inâcio　1945-
レイェス　309, 310
Reyes, Rafael　1849-1921
レオニ　309, 392
Leoni, Raúl　1906-72
レーガン　474, 477
Reagan, Ronald Wilson　1911-
レギーア　305, 320, 322, 327
Leguía y Salcedo, Augusto Bernardino　1864-1932
レチン・オケンド　324, 331
Lechín Oquendo, Juan　1915-
レビングストン　436
Levingston, Roberto Marcelo 1920-
レペ　34
Lepe, Diego de　?-1513?
レンヒホ　226
Rengijo Cárdenas, Manuel　1793-1846
ロアイサ，G.　68
Loayza, Gerónimo de　?-1575
ロアイサ，M. G. O.　54
Loayza, Martín García Oñez de
ロカ，J. A.(父)　207, 262, 265
Roca, Julio Argentino　1843-1914
ロカ，J. A.(子)　344
Roca, Julio Argentino　1873-1942
ロカ，V. R.　216
Roca Rodríguez, Vicente Ramón 1792-1858
ロカフェルテ　212
Rocafuerte, Vicente　1783-1847
ロサス，ファン・マヌエル　205, 248-253, 255-257, 290
Rosas, Juan Manuel de　1793-1877
ローズヴェルト　13
Roosevelt, Franklin Delano　1882-1945
ロド　302
Rodó, José Enrique　1872-1917
ロドリゲス・アルヴェス　360-362
Rodrígues Alves, Francisco de Paula　1848-1919
ロドリゲス，アントニオ　131
Rodrígues, Antônio
ロドリゲス，アンドレス　456
Rodríguez, Andrés　1923-
ロドリゲス・ララ　398, 400
Rodríguez Lara, Guillermo　1923-88
ロナルディ　353, 432
Lonardi, Eduardo　1896-1956
ロハス　60
Rojas, Diego de　?-1544
ロハス・パウル　217
Rojas Paúl, Juan Pablo　1829-1905
ロハス・ピニーヤ　316, 317, 394
Rojas Pinilla, Gustavo　1900-75
ロペス，C. A.　254, 258, 290
López, Carlos Antonio　1787-1862
ロペス，F. S.　254, 258-260, 290, 291, 293, 294, 348
López, Francisco Solano　1826-70
ロペス，J. H.　215
López, José Hilario　1798-1869
ロペス・プマレホ　314
López Pumarejo, Alfonso　1886-1959
ロペス・ホルダン　261
López Jordán, Ricardo　1822-89
ロペス・ポルティヨ　474
López Portillo, José　1920-
ロペス・ミケルセン　395, 396
López Michelsen, Alfonso　1913-
ロボ　357

●ワ

事項索引

●ア―オ

●カ―コ

●サ－ソ

●ター ト

●ナ―ノ

●ハ―ホ

●ヤ—ヨ

●ラ—ロ

●ワ

■年　表

〔略号〕 **LA**:ラテン・アメリカ　**An**:アンデス地域　**L**:ラ・プラタ地域　**Co**:コロンビア　**V**:ベネスエラ　**E**:エクアドル　**Pe**:ペルー　**Bo**:ボリビア　**Ch**:チリ　**Ar**:アルゼンティン　**U**:ウルグァイ　**Pa**:パラグァイ　**Br**:ブラジル　**G**:ガイアナ　**S**:スリナム

年代			事　　項
前10000頃			南アメリカ大陸各地に魚尾型尖頭石器の狩猟民文化
前1000頃			中央アンデスにチャビンの神殿文明誕生
紀元1000年紀前半			モチェ，ナスカ，ティワナクなどの文明興る
1000年紀中頃			ワリ文明の拡大
900頃			ペルー北海岸シカン文化最盛期に入る
1200頃			チムー王国の成立
1430年代			クスコのインカの拡大開始
1470頃			クスコのインカのチムー王国征服
1492			コロンブス，バハマ諸島のグァナハニ島に上陸
1493		*5-4*	教皇アレクサンデル6世，新大陸の布教・領有権をスペイン国王に付与
1494		*6-7*	トルデシヤス条約により，スペインとポルトガルの境界線画定
1498		*8*	コロンブスはじめて南アメリカ本土のオリノコ河口地域に接触
1500	**Br**	*4-22*	カブラルの船団，ブラジル北東岸に接触
1503		*2-14*	スペイン，植民地との貿易を統括する通商院をセビーヤに設置。*12-20* スペイン王室，エンコミエンダ制を公認
1507		──	ヴァルトゼーミュラーの世界地図にはじめてアメリカ大陸が描かれる
1508		*7-28*	教皇ユリウス2世，大勅書によりスペインにパトロナート(国王教会管轄権)を付与
1512		*12-27*	スペイン，ブルゴス法公布，エンコミエンダ制の細則を定める
1513		*9-25*	ヌニェス・デ・バルボア「南の海」(太平洋)を望見
1516	**L**	──	ディアス・デ・ソリス，ラ・プラタ地域を探検
1524		*8-1*	スペイン，インディアス顧問会議を設置
	Pe	*11*	ピサロ，第1回ペルー遠征航海(～25)
1525頃		──	インカのワイナ・カパック皇帝没し，その子ワスカールとアタワルパのあいだに皇位継承をめぐって内戦発生
1526	**Pe**	──	ピサロ，第2回ペルー遠征航海(～28)
1530	**Br**	──	ポルトガル，マルティン・アフォンソ・デ・ソウザをブラジルに派遣(～33)。黒人奴隷の輸入が始まる

1531	**Pe**	*1-20*	ピサロ，第3回ペルー遠征航海
1532	**Pe**	*11-15*	ピサロ，カハマルカに到着。*11-16* インカ皇帝アタワルパを捕える
	Br	*1-22*	マルティン・アフォンソ・デ・ソウザ，ブラジル南東部に初の恒久的入植地サン・ヴィセンテを建設
1533	**Co**	*1-21*	ペドロ・デ・エレディア，カルタヘナ市を建設
	Pe	*8-29*	アタワルパを処刑。*11-15* ピサロ，クスコ入城
1534	**E**	*8-28*	ベナルカサルら，キート市を建設
	Br	——	ポルトガル，ブラジルにカピタニア制を導入
1535	**Pe**	*1-18*	ピサロ，リマ市を建設
	Ch	*7-3*	アルマグロ，チリ征服へ出発(～36)
1536	**Pe**	*4*	マンコ・インカの軍，クスコ市を包囲(～37)
	Ar	*2*	ペドロ・デ・メンドーサ，ヌエストラ・セニョーラ・マリーア・デル・ブエン・アイレ(ブエノス・アイレス市)を建設(1541年に一時放棄)
	Br	——	ブラジル北東部にペルナンブーコ市を建設
1537	**Co**	*3-22*	ケサーダ，ボゴタ盆地のチブチャ王国征服に着手
	Pe	*4*	アルマグロ，クスコを占領。ピサロ兄弟を捕える
	Pa	*8-15*	サラサール，アスンシオン市を建設
1538	**Co**	*8-6*	ヒメネス・デ・ケサーダ，ボゴタ市を建設
	Pe	*4-26*	ラス・サリナスの戦いでピサロ軍が勝利。*7-8* アルマグロを処刑
1539	**Bo**	——	チャルカスにチュキサカ市(現スクレ)を建設
1541	**Pe**	*7-26*	ピサロ，アルマグロ派により暗殺される
	Ch	*2-12*	バルディビア，サンティアゴ市を建設
1542		*11-20*	スペイン，「インディアス新法」を公布，インディオ奴隷化を禁止
	Pe	*11-20*	ペルー副王領を設置
	Pa	*3-11*	カベサ・デ・バカ，ラ・プラタ総督としてアスンシオン着
1543	**Br**	——	サントス市を建設
1544	**Pe**	*5-15*	ペルー初代副王ブラスコ・ベラ，リマに到着。ゴンサーロ・ピサロによる反乱が発生(～48)
1545	**Pe**	*4*	ポトシに銀山を発見。
1546	**Pe**	*1-18*	ゴンサーロ・ピサロ，アニャキートで副王軍を撃破。副王戦死
1548	**Pe**	*4-9*	ラ・ガスカ，ハキハワナでゴンサーロ・ピサロを破り処刑
	Bo	*10-20*	ラ・パス市を建設
1549		*2-22*	スペイン，エンコミエンダ賦役を廃止
	Co	——	ボゴタにアウディエンシアを設置
	Br	*3-29*	初代総督トメ・デ・ソウザ着任，サルヴァドール(バイーア)市を建設
1551	**Pe**	*9-12*	第2代副王アントニオ・デ・メンドーサ，リマに着任。リマに大学設置の勅令が発布される
1553	**Pe**	*11-12*	エルナンデス・ヒロン，クスコで反乱(～54)
1554	**Ch**	——	アラウコ族の反乱発生(～57)
	Br	*1-25*	サン・パウロ市の前身となる先住民教化集落ピラティニンガを建設
1555	**Ch**	——	アラウコ族首長ラウタロ，コンセプシオン市を破壊
1556	**Br**	——	フランス人，リオ・デ・ジャネイロ湾口近くに南極フランス植民地を

			建設
1559		——	スペイン，水銀を国家専売品目に指定
	Bo	9	チャルカスにアウディエンシアを設置
1560		9-26	ウルスアとアギーレ，アマゾン・オリノコ川の探検に出発(~61)
1563	E	8-29	キートにアウディエンシアを設置
	Pe	——	ペルーのワンカベリカで水銀鉱山を発見
1564		10-18	スペイン，新大陸貿易に定期護送船団方式(フロータス/ガレオネス)を導入
1565	Br	3-1	リオ・デ・ジャネイロ市建設
1567	V	7-25	ディエゴ・デ・ロサーダ，カラカス市を建設
1569	Pe	11-30	ペルー第5代副王トレドが着任(~81)
1570	Pe	——	リマに異端審問所を設置
	Br	——	インディオの奴隷化を原則禁止
1572	Pe	9-24	最後のインカ皇帝トゥパク・アマル，クスコで公開処刑。ポトシ銀山で水銀アマルガム法を導入
1574	Pe	1	トレド，チャコ地方のチリグアノ人討伐に出発，失敗に終わる。2-7 副王トレド，ポトシのミタ制を組織
1580		——	スペインのフェリペ2世，ポルトガル国王を兼任
	Ar	6-11	ファン・デ・ガライ，ブエノス・アイレス市を再建
1591		11-1	スペイン，植民地の土地所有権の検認を指示，コンポシシオンの導入へ
1595		4-7	ウォルター・ローリ卿，第1回ギアナ探検に出発
1598	Ch	12-23	アラウコ人の大攻勢，チリ総督オニェス・デ・ロアイサを殺害
1604		8-19	スペイン，ロンドン条約でインディアスの独占的領有を断念
1605	Br	——	ポルトガル，外国船のブラジルへの入港・寄港を禁止
1607	Pa	——	イエズス会，パラグァイ管区を創設，グァラニー人の布教に着手
1609	Pe	——	ペルーで偶像崇拝根絶巡察始まる。インカ・ガルシラーソ『インカ皇統記』第1部を刊行
	Ch	9-8	サンティアゴにアウディエンシアを設置
1612	Br	——	フランス人，ブラジル北部マラニャオンに侵入
1615	Br	——	ポルトガル，アマゾン河口からフランス人を撃退
1616	Br	——	アマゾン河口にベレン市を建設
1617		11-11	ローリ卿，第2回ギアナ探検に着手(~18)
1621		——	オランダ，西インド会社設立(~74)
1624	Br	5	オランダ西インド会社，サルヴァドール占領(~25)
1630	Br	2	オランダ西インド会社，ペルナンブーコ占領(~54)
1637	Br	——	オランダ，ブラジル占領地に総督ナッソー・ジーヘンを派遣
1640		12-1	ポルトガルで反スペイン反乱，独立回復へ
1642	Br	——	ポルトガル，海外領審議会を設置し，植民地支配を強化
1649	Br	3-10	ポルトガル，ブラジル総合貿易会社を設立，護送船団貿易を組織
1653	Br	——	マラニャオン地方のイエズス会士を追放
1654	Br	1-26	オランダ人が降伏し，ブラジル占領に終止符
1661	Br	8-6	オランダとのハーグ講和条約に調印

1664		*8-27*	フランス，西インド会社を設立
1669	**Br**	——	アマゾン中流域にマナオス市を建設
1678		——	スペイン，コレヒドール職に売官制を導入
1680		*5-18*	スペイン，「インディアス法集成」を公布
	U	——	ポルトガル，コロニア・ド・サクラメントを建設
	Br	——	インディオ奴隷を禁止
1681	**Br**	——	サン・パウロ，カピタニアの首都に
1687		——	スペイン，アウディエンシア判事職に売官制を導入
1693	**Br**	——	ミナス地方で金鉱発見
1700		*11-15*	スペイン国王にフェリペ５世が即位(～46)，ブルボン朝の始まり
1701		*9*	スペイン王位継承戦争が勃発(～13)
1705	**Br**	——	ミナス地方でゴールドラッシュ始まる
1713		*4-11*	ユトレヒト条約締結によりスペイン王位継承戦争が終結，イギリスがアシエント権を獲得
1717		——	スペイン，通商院をセビーヤからカディスに移動
	Co/V/E	*5-27*	ヌエバ・グラナダ副王領を設置
1720	**Br**	——	ブラジル総督の官職名，副王に格上げされる
1726	**U**	——	モンテビデオ市の建設始まる
1728	**V**	——	カラカス王立ギスプコア会社設立(～80)
1739	**Co/V/E**	*8-20*	ヌエバ・グラナダ副王領が復活
1750	**Br**	*1-13*	スペインとポルトガルのあいだでマドリード条約を締結，トルデシヤス線以西のポルトガル領が承認される
1756		*8-29*	七年戦争が勃発(～63)
1759		*8-10*	ナポリ王カルロ７世，スペイン国王カルロス３世として即位(～88)
	Br	——	イエズス会，ブラジルから追放
1763	**Br**	——	副王府がバイーアのサルヴァドールからリオ・デ・ジャネイロへ移動
1765		——	スペイン，カディスによる植民地貿易独占体制を廃止
	Ar	*1-23*	イギリス，マルビナス(フォークランド)諸島を占領(～74)
1767		*3-17*	イエズス会，スペイン植民地から追放
1776		——	スペイン植民地で，アルカバラの徴税請負制を廃止
	L/Bo	*8-1*	リオ・デ・ラ・プラタ副王領を設置(78年まで設置続く)
1777	**Pe**	*6*	全権巡察吏アレチェ，ペルーに着任
	Br	*3*	ポルトガルのポンバル首相が失脚。スペインとのあいだでサン・イルデフォンソ条約を締結
1778		*10-12*	スペイン，自由貿易勅令を公布
	Ch	——	チリ，軍事総督領に
	Ar	——	ブエノス・アイレス港で貿易自由化
1780	**Pe**	*11-4*	トゥパク・アマル２世の反乱が勃発(～82)
1781	**Co/V/E**	——	ヌエバ・グラナダでコムネーロスの反乱が勃発
1782	**L/Bo**	*1-28*	ラ・プラタ副王領にインテンデンシア制を導入
1784	**Pe**	*11-4*	ペルー副王領にインテンデンシア制を導入
1786	**V**	*7-6*	カラカスにアウディエンシア設置
1787	**Pe**	*5-3*	クスコにアウディエンシア設置

1789	**Br**	***5***-*10*	ミナス地方で独立の陰謀が発覚
1792	**Br**	***4***-*21*	ミナス革命の首謀者ティラデンテスを処刑
1794	**Co**	***9***-*5*	ナリーニョ，フランスの『人権宣言』の翻訳を刊行
1797		***11***-*18*	スペイン，植民地に中立国船舶との貿易を許可
1799		***6***-*5*	フンボルト，中南米探検旅行を開始(～1804)
1804		***12***-*26*	スペイン，植民地における教会財産の強制的借り上げを命令(コンソリダシオン法)
1806	**L**	***6***-*25*	南アフリカのイギリス海軍，ラ・プラタ地域に向かう。***6***-*27* イギリス軍，ブエノス・アイレス市を一時占拠。***8***-*12* 市の民兵，イギリス軍を破りブエノス・アイレス市を奪還
1807	**L**	***1***-*14*	イギリス軍が再び侵攻。***2***-*3* イギリス軍，モンテビデオ市を占領。***7***-*7* イギリス軍，ブエノス・アイレス市から撤退。***7***-*9* イギリス軍，モンテビデオ市から撤退
	Br	***11***-*29*	ナポレオンの侵入を前にジョアン6世，ブラジルへ出発
1808		***6***-*6*	ジョゼフ・ボナパルト，ホセ1世としてスペイン国王に即位
	U	***9***-*21*	モンテビデオ市に自治市会を設置
	Br	***1***-*22*	ジョアン6世ら，バイーアに入港。***3***-*7* 王室，リオ・デ・ジャネイロ市に移転
1809	**E**	***8***-*10*	キート市に自治市会を設置
	Bo	***7***-*16*	ラ・パス市に政治委員会を設置
1810	**Ch**	***9***-*18*	サンティアゴ市で自治市会を開催し，政治委員会の設立を決議
	Co	***7***-*20*	ボゴタ市に自治市会を設置，クンディナマルカ共和国成立(～14)
	V	***4***-*19*	カラカス市に自治市会を設置
	Ar	***5***-*25*	ブエノス・アイレス市会，自治市会を設置。***12***-*18* 自治市会を拡大評議会に改組
	Br	***2***-*19*	イギリスと通商条約を締結
1811	**L**	***2***-*12*	副王エリオ，ブエノス・アイレスの評議会に宣戦布告
	V	***7***-*5*	第1次ベネスエラ共和国，独立を宣言(ベネスエラ・アメリカ連邦)
	E	***12***-*11*	エクアドル，独立を宣言
	U	***2***-*15*	アルティガス，バンダ・オリエンタル地方の独立運動に着手
	Pa	***1***-*19*	ベルグラーノ将軍，パラグアリの戦いで王党派に敗北。***5***-*14* 独立派の蜂起。***5***-*15* パラグァイ，事実上の独立宣言
1812		***3***-*19*	スペイン，カディス憲法を制定
	V	***7***-*30*	第1次ベネスエラ共和国が崩壊
	E	***2***-*12*	憲法を制定
1813	**V**	*8*	第2次ベネスエラ共和国成立
	Ar	***1***-*31*	ブエノス・アイレス市で憲法制定会議を開催。***6***-*11* 憲法制定会議，アルティガスによる派遣代議員を拒絶
	Pa	***9***-*30*	共和制を宣言
1814		——	フェルナンド7世，スペイン国王に復位
	U	***6***-*23*	独立派，バンダ・オリエンタル地方を解放
	Pa	***10***-*23*	フランシア，議会より最高独裁官に任命される
1815	**V**	——	ボリーバル，ジャマイカ・ハイティに亡命(～17)

	Br	12-16	ブラジルをポルトガル本国と同格にし，連合王国を称す
1816	Ar	7-9	トゥクマン市の国民議会，リオ・デ・ラ・プラタ連合州の独立を宣言
	U	6-12	ポルトガル軍，バンダ・オリエンタル制圧のためリオから出発
	Br	3-20	ジョアン6世，マリア女王の死によりポルトガル国王に
1817	Ch	2-12	サン・マルティン，チャカブコの戦いでスペイン軍を撃破
	Ar	1-17	サン・マルティン，アンデス越えの遠征に着手
	U	1-20	ポルトガル軍，モンテビデオ市を攻略
1818	Ch	1-1	独立を宣言。4-5 サン・マルティン，マイプーの戦いでチリを解放し独立を達成
1819	Co/V/E	12-17	グラン・コロンビア共和国成立
	Co	8-7	ボリーバル，ボヤカーの戦いでスペイン軍を撃破
	Ar	4-22	共和国初の憲法を公布
1820	E	8-19	スクレ，スペイン軍を撃破
	Ar	2-1	セペーダの戦いでカウディーヨ軍勝利，中央政府崩壊。2-23 ピラール条約締結
	U	1-20	アルティガス，ポルトガル軍に敗北
1821	Co/V/E	8-30	ククタ会議でグラン・コロンビア共和国憲法制定
	U/Br	7-18	バンダ・オリエンタル，ポルトガル(ブラジル)に併合
	V	6-24	ボリーバル，カラボボの戦いで勝利，ベネスエラを解放
	Pe	7-9	サン・マルティン，リマ入城。7-28 独立を宣言
	Ar	9-19	リバダビア，内政改革に着手
	Br	4-26	ジョアン6世，ポルトガルへ帰国，首都がリスボアに再び移動
1822	An	7-26	ボリーバルとサン・マルティン，グァヤキルで会談(～27)
	E	5-24	スクレ，キートを解放。5-29 キート，グラン・コロンビアに統合
	Pe	9-10	憲法を制定
	Ar	7-1	ブエノス・アイレス州でエンフイテウシス制を導入
	Br	6-3	摂政ペドロ，憲法制定議会を召集。9-7 イピランガ(サン・パウロ)で独立を宣言。10-12 立憲君主制を宣言。12-1 ペドロ1世の戴冠式
1823		12-2	モンロー米大統領，モンロー宣言を発表
	Ch	1-28	オイヒンス，フレイレに追放される
	Br	5-3	憲法制定議会開催。11-3 皇帝ペドロ，憲法制定議会を解散
1824	Pe	12-9	スクレ，アヤクーチョの戦いにおいて副王軍に勝利，南米における独立戦争の終結
	Br	3-25	1824年憲法を公布。7-2 赤道同盟の反乱発生
1825	Bo	8-6	独立を宣言。8-25 ボリビア共和国に改名
	Ar	2-2	イギリスと友好通商航海条約締結
	U	4-19	ラバイェハ，バンダ・オリエンタルの独立を求め反乱を開始
	Br	12-2	皇太子ペドロ2世誕生。12-10 ブラジル，アルゼンティンに宣戦
1826	LA	6-22	ボリーバルの提唱でパナマ会議が開催される(～7-15)
	Bo	11-19	ボリーバル憲法を公布。12-9 スクレ，終身大統領に就任
	Ar	1-1	アルゼンティン，ブラジルに宣戦。2-7 リバダビア，大統領に選出
	Br	3-10	ジョアン6世死去
1827	Pe	8-22	ホセ・デ・ラ・マル，大統領に就任

	Ar	6-27	リバダビア，大統領を辞任
	Br	3-13	イギリスとのあいだで奴隷貿易停止条約を批准
1828	**Bo**	4-18	スクレ，反乱により大統領を辞任，キートへ亡命
	U	8-27	ブラジルとアルゼンティン間の講和条約によりウルグァイの独立確定
1829	**Bo**	5-24	サンタ・クルス，大統領に就任
	Ch	11-9	保守派と自由主義派の抗争
	Ar	12-8	ロサス，ブエノス・アイレス州知事に就任
1830	**Co/V/E**	4-27	ボリーバル，グラン・コロンビア大統領辞任。8-16 グラン・コロンビア，エクアドル/ヌエバ・グラナダ/ベネスエラ3国に分裂。12 ボリーバル，サンタ・マルタで死去
	E	5-13	正式に独立。9-22 フローレス，初代大統領に就任(～35)
	Ch	4-17	ポルターレス率いる保守派，自由主義派との抗争に勝利
	U	7-18	共和国憲法制定。11-16 リベラ，大統領に就任(～34)
1831	**V**	3-25	パエス，初代大統領に就任(～35)。10-23 憲法を制定
	Ch	9-18	プリエト，大統領に就任
	Ar	1-4	ブエノス・アイレス州/サンタ・フェ州/エントレ・リオス州とのあいだで連邦条約成立
	Br	4-7	皇帝ペドロ1世が退位，3名による摂政政府を設置。8-13 グァルダ・ナシオナル(国軍)を創設
	G	——	イギリス領ギアナが成立
1832	**Co**	2-29	憲法を制定
1833	**Ch**	5-25	1833年憲法を制定
	Ar	1-6	イギリス，マルビナス(フォークランド)諸島を占領
1834	**Pe**	7-19	憲法を制定
	Br	8-12	1824年憲法の修正令が成立。9-24 ペドロ1世死去
	G	——	奴隷制を廃止，以降労働力としてインド人移民を導入
1835	**Pe/Bo**	6-15	ペルー・ボリビア連合が成立
	E	6-22	ロカフェルテ，大統領に就任
	Ar	4-13	ロサス，ブエノス・アイレス州知事に再任。12-16 保護関税法制定
1836	**Pe/Bo/Ch**	11-11	ペルー・ボリビア連合，チリと開戦(～39)
	U	7-18	リベラ，オリベ政権にたいする反乱を開始
1837	**Ar**	5-19	アルゼンティン，ボリビアに宣戦布告
1838	**Ar**	3-28	フランス，ブエノス・アイレス港を封鎖(～40. 10-31)
	U	10-24	オリベ，大統領を辞任，アルゼンティンへ亡命
1839	**Pe/Bo**	1-20	ペルー・ボリビア連合崩壊
	U	2-10	リベラ大統領，アルゼンティンに宣戦布告
1840	**Pa**	9-20	フランシア死去
	Br	5-13	ペドロ2世の成年宣言。7-23 ペドロ2世，皇帝就任を宣言
1841	**Pe/Bo**	11-18	ペルーとボリビアのあいだでインガビの戦い，ボリビアが勝利
	Br	7-18	ペドロ2世の戴冠式
1842	**Pa**	11-25	パラグァイ，独立を正式に宣言
	Br	5-17	サン・パウロの自由党反乱。6-10 ミナス県の自由党反乱
1843	**U**	2-16	オリベ，モンテビデオ市の包囲開始

1844	Pa	*3-13*	憲法制定。*5-14* カルロス・アントニオ・ロペス，大統領に就任
1845	E	*3-6*	自由主義派，フローレス大統領にたいして反乱
	Pe	*4-16*	カスティーヤ，大統領に就任
	Ar	*7-28*	サルミエント，『ファクンド』を刊行。*8-16* 英・仏海軍，アルゼンティン諸港を封鎖(～48)
	Pa	*12-4*	ロペス大統領，アルゼンティンに宣戦布告(～46. *9-15*)
1847	An	*12-11*	リマでラテン・アメリカ会議(アンデス5カ国が参加)開催
1848	Br	――	ペルナンブーコで反中央集権派の反乱(プライエイラの乱)(～49. *3*)
1849	Co	*5-7*	ロペス自由党政権が発足(～53)
	Ar	*11-24*	イギリス，アルゼンティン諸港の封鎖を解除
1850	Ar	*8-31*	フランス，アルゼンティン諸港の封鎖を解除
	Br	*9-4*	法相ケイロス，奴隷交易禁止令(ケイロス法)を制定
1851	Ar/U/Br	*5-29*	エントレ・リオス州/ブラジル/ウルグァイのあいだで対ロサス攻守同盟が成立
	Pe	*5-27*	南米最初の鉄道，リマ―カヤオ間に開通
	Ch	*9-18*	モント，初の文民大統領に(～61)
	Ar	*5-1*	ウルキサ，ロサス政府への反抗開始。*7-18* アルゼンティン連合，ブラジルに宣戦布告
	U	*10-8*	オリベ敗れ，モンテビデオ市の包囲が解かれる
1852	Ar	*2-3*	ウルキサ軍，カセーロスの戦いでロサス軍に勝利。*9-11* ブエノス・アイレス州，ウルキサ主宰のアルゼンティン連合から離脱
1853	Co	*5-28*	憲法を制定
	Ar	*5-25*	アルゼンティン連合，憲法を公布し連邦共和国体制を樹立
1854	V	*3-24*	モナガス大統領，奴隷解放を宣言
	Pe	*1-7*	カスティーヤの反乱。*12-3* 奴隷制を廃止
	Ar	*3-5*	ウルキサ，大統領に就任(～60)
	U	*3-12*	コロラド党のフローレス，大統領に選出
	Br	*4-30*	ブラジル初の鉄道，リオのマウアー―ペトロポリス間に開通
1855	Pe	*7-28*	第2次カスティーヤ政権成立
	U	*9-10*	ブランコ党のクーデタ，フローレス大統領が辞任
1857	Ar	*8-30*	アルゼンティン初の鉄道，ブエノス・アイレス市に開通
1859	V	*2-20*	自由主義者が連邦制を宣言，保守派との内戦に発展(～63)
	Ar	*10-23*	セペーダの戦いでブエノス・アイレス州敗北。*11-11* 講和条約でブエノス・アイレス州の編入を規定
1861	Co	*7-18*	クーデタによりモスケーラ政権成立(～63)
	V	*9-10*	パエス，第3次政権成立
	E	*3-10*	ガルシア・モレーノ政権下で憲法を制定
	Ch	*9-18*	自由党ペレス政権が成立(～71)
	Ar	*9-17*	パボンの戦いでブエノス・アイレス州がアルゼンティン連合に勝利
1862	Pa	*9-10*	ロペス大統領死去。*10-16* フランシスコ・ソラノ・ロペス，大統領に就任(～70)
	Ar	*2-10*	ペニャロサ(チャチョ)の反乱。*10-12* ミトレ，大統領に就任
1863	Co	*5-8*	ヌエバ・グラナダ，憲法制定によりコロンビアと改名，連邦制を導入

			し地方分権を強化
	U	*4-19*	フローレスの反乱始まる
1864	**Pa/Br**	***11**-12*	パラグァイ軍がブラジル船を拿捕，パラグァイ戦争に発展
	V	*4-13*	ファルコン大統領のもとで連邦制を導入
	Br	***10**-12*	ブラジル，ウルグァイへの侵略を開始
1865	**An**	***11**-14*	リマでアンデス6カ国会議を開催，対スペイン集団防衛条約を締結
	L/Br	***3**-18*	パラグァイ，アルゼンティンに宣戦布告。***5**-1* アルゼンティン/ウルグァイ/ブラジル間で三国同盟締結。***5**-9* アルゼンティン，パラグァイに宣戦布告
	U	*2-20*	フローレス，大統領に就任(～68)
1866	**Pe**	***1**-13*	ペルー，エクアドル/ボリビア/チリと同盟を結びスペインに宣戦布告。***2**-7* カヤオ沖アバダオ島の会戦にてスペイン軍を撃退。***5**-2* スペイン軍によるカヤオ侵攻を再び撃退し，勝利を決定的に
1868	**Ar**	***10**-12*	サルミエント，大統領に就任(～74)
1869	**Ar**	***10***	『ラ・プレンサ』創刊
	Pa	***1**-5*	アスンシオン市が陥落
1870	**V**	***4**-27*	グスマン・ブランコ，長期独裁を開始(～88)
	Pa	***3**-1*	ロペス大統領，ブラジル軍との交戦中に戦死，パラグァイ戦争が終結。***11**-25* 新憲法を公布
1871	**Br**	***9**-28*	ヴェントレ・リブレ法を制定，奴隷から生まれた子供は自由人に
1872	**Pe**	***8**-2*	パルド，初の文民大統領に就任(～76)
	Ar	***11**-28*	ホセ・エルナンデスの『マルティン・フィエロ』刊行
	G	***8**-2*	イギリス，英領ギアナとして植民地に
1873	**Pe**	***8**-21*	ペルー，中南米諸国で初めて日本と平和友好通商航海仮条約を締結
	Br	***1**-26*	連邦共和国クラブを結成。***4**-18* サン・パウロ共和党を結成
1874	**Ar**	***9**-24*	アベヤネーダの大統領就任にたいして，ミトレらが反乱(～***12**-7*)
1875	**E**	***8**-6*	ガルシア・モレーノ大統領暗殺
	U	***1**-15*	エヤウリ大統領失脚。***1**-22* バレーラ，大統領に就任
1876	**Ar**	***10**-19*	移民法(アベヤネダ法)制定
	U	***3**-10*	ラトーレ大佐，大統領に就任(～80)，軍政始まる(～90)
1879	**Pe/Bo/Ch**	***2**-14*	チリ，ボリビアのアントファガスタ市を占領。***4**-5* チリがボリビアとペルーに宣戦布告し，「太平洋戦争」が勃発(～83)
	Pe	***8**-14*	スペインと講和条約を締結し，国交を回復
1880	**Ar**	***6**-1*	ブエノス・アイレス州で中央政府にたいする反乱勃発(～*30*)。***9**-21* ブエノス・アイレス市が連邦の首都となり，国家統合が完成。***10**-12* ロカ，大統領に就任(～86)
1881	**Pe/Bo/Ch**	***1**-17*	チリ軍，リマ市を占領
	Br	——	選挙法改正により直接選挙を導入
1883	**Pe/Ch**	***10**-20*	チリとペルーのあいだでアンコン講和条約を締結
1884	**Bo/Ch**	***4**-4*	ボリビアとチリのあいだで休戦協定を締結，ボリビアは海への出口を失う
1885	**Br**	***9**-28*	サライヴァ・コテジッペ法が成立，60歳以上の奴隷を解放
1886	**Co**	***8**-5*	憲法制定，コロンビア共和国が成立し中央集権制へ移行

	Ch	***4**-18*	バルマセーダ，大統領に就任(～91)
1887	**Pa**	***7**-2*	自由党成立。***9**-11* コロラド党成立
1888	**Br**	***5**-10*	奴隷解放法案，下院を通過。***5**-13* ブラジル，アウレア法により奴隷制度を完全に廃止
1889	**Ar**	***9**-1*	青年市民同盟の結成
	Br	***11**-15*	陸軍のコンスタンがクーデタで共和制を宣言，フォンセカが大統領に就任(～91)。***11**-17* 皇帝一族はヨーロッパへ亡命。***12**-3* 共和国憲法の起草委員会が発足
1890	**Ar**	***4**-13*	政治的民主化をめざす市民同盟を結成。***7**-26* 市民同盟の武装蜂起。***8**-6* 軍民クーデタでファレス・セルマン政権崩壊，ペイェグリーニが大統領に昇格(～92)
	U	***3**-1*	エレーラ・イ・オベス，大統領に就任(～94)，軍政に終止符
	Br	***1**-7*	信仰の自由を認め，教会と国家の分立を定める
1891	**Ch**	***1**-7*	議会の反乱勃発。***9**-19* 内戦の末バルマセーダ大統領が自殺，議会派の勝利に終る
	Ar	***6**-29*	市民同盟が分裂し，急進市民同盟(急進党)を結成
	Br	***1**-21*	内閣総辞職。***2**-24* 共和国第1憲法を公布。***11**-3* フォンセカ大統領，武力で議会を解散。***11**-23* フォンセカ大統領辞職し，副大統領ペイショトが大統領に昇格(～94)。***12**-5* ペドロ2世，フランスで死去
1893	**Ar**	***7**-29*	急進党，ラ・プラタ市など各地で武装蜂起(～***9**-29*)
	Br	***2**-15*	リオ・グランデ・ド・スル州で連邦主義者の反乱(～94. ***7**-10*)
1894	**Br**	***11**-15*	初の直接選挙でサン・パウロ共和党のモライス，大統領に当選(～98)
1895	**V/G**	***6***	ベネスエラと英領ギアナのあいだで国境紛争が発生
	E	***6**-5*	グァヤキルの自由党急進派による武装蜂起。***9**-1* 革命軍，キートに入城。アルファーロ自由党政権が成立
	Pe	***9**-8*	ピエロラ，大統領選に勝利(～99)
1896	**Br**	***11**-21*	カヌードスの反乱発生(～97. ***10**-1*)
1897	**V/G**	***2**-2*	米国の調停でイギリスとベネスエラ，国境紛争の仲裁条約に調印
	U	***3**-10*	ブランコ党のサラビア指導による武装蜂起が発生。***9**-18* コロラド/ブランコ2党間にクルス協定が成立，両党による共同統治へ
1898	**Br**	***11**-15*	サン・パウロ共和党のカンポス・サレス，大統領に就任(～1902)
1899	**Co**	***10**-18*	保守党政権と自由主義急進派との内戦が始まる(～1903. ***6**-1*)
	V	***10**-22*	シプリアーノ・カストロ，カラカスに入城し独裁政権樹立(～1908)
	Pe	***4**-3*	ペルーへの最初の日本人移民790人，佐倉丸でカヤオ港に到着
1900	**U**	——	ホセ・エンリケ・ロド，『アリエル』を刊行
1902	**Ch/Ar**	***5**-28*	チリとアルゼンティン，五月条約を締結
	V	***12**-13*	対外債務の不払いにたいし，イギリス・ドイツ・イタリアが武力干渉(～1903. ***12**-13*)
	Ar	***11**-23*	「居留法」を制定し，外国人の政治活動を制限。***12**-29* 外相ドラゴ，「ドラゴ条項」により債務取り立てのための武力行使に反対
	Br	***11**-15*	ロドリゲス・アルヴェス，大統領に就任(～06)
1903	**Bo/Br**	***11**-17*	ボリビアとブラジル，ペトロポリス条約を締結し国境を画定

	Co	***11**-3*	パナマ，コロンビアから分離，独立
	U	***3**-1*	コロラド党のバッイェ・イ・オルドーニェス，大統領に就任(～07)
1904	Bo/Ch	***10**-20*	ボリビアとチリ，講和条約締結
	Br/G	***6**-6*	ブラジルと英領ギアナとの国境が確定
	Co	***8**-7*	レイエス，大統領に就任
	U	***1**-1*	ブランコ党のサラビアによる反政府反乱が発生(～***9**-24*)
	Pa	***12**-13*	自由党のガオナ，大統領に就任(～05)
1905	Ar	***2**-4*	急進党による反乱が発生
1906	Br/S	***5**-5*	蘭領ギアナとの国境が確定
	Br	***11**-15*	元ミナス・ジェライス州知事のペナ，大統領に就任(～09)
1907	Bo/Pa	***1**-7*	ボリビアとパラグァイ，ソレール＝ピニーヤ協定を締結して国境線を画定
	E	***1**-1*	アルファーロ，大統領に就任(～11)
1908	V	***4**-27*	ファン・ビセンテ・ゴメスが大統領に就任し長期独裁を開始(～35)
	E	***6**-25*	グァヤキル―キート間に鉄道が開通
	Pe	***9**-24*	レギーア，大統領に就任(～12)
	Pa	***7**-2*	アルビーノ・ハラによる反乱で政府が崩壊
	Br	***6**-18*	第1回日本人移民791人を乗せた笠戸丸，サントスに入港
1909	Pe/Br	***9**-8*	ペルーとブラジルとの国境が確定
	U/Br	***10**-30*	ウルグァイとブラジルとの国境が確定
	Br	***6**-14*	ペナ大統領が病死，ペサーニャ副大統領が昇格就任(～10)
1910	Co	***7**-15*	レストレポ，大統領に選出
	Br	***7**-20*	インディオ保護局(SPI)を設置。***11**-15* フォンセカ，大統領に就任(～14)
1911	U	***3**-1*	バッイエ・イ・オルドーニェス，大統領に再任(～15)。***7**-17* 銀行を国有化
1912	Pe	***9**-24*	ビイングルスト，大統領に就任(～14)
	Ar	***2**-10*	ロケ・サエンス・ペーニャ選挙法を制定
	U	***10**-21*	電力産業を国有化
	Pa	***3***	自由党急進派によるクーデタ発生
	Br	***10**-22*	内陸部住民によるコンテスタードの乱が発生(～16. ***8***)
1913	Bo	***8**-6*	イスマエル・モンテス，大統領に就任(～17)
	Ar	***12**-2*	ブエノス・アイレス市に地下鉄が開通
1914	V	――	マラカイボ油田を発見
	Br	***11**-15*	ブラス・ペレイラ・ゴメス，大統領に就任(～18)
1915	U	***11**-15*	ラテン・アメリカで初めての8時間労働法を議会が可決。***12**-16* 郵便・電信・電話事業を国営化
	Br	***7**-14*	サン・パウロに日本帝国総領事館を開設
1916	Ar	***10**-12*	急進党のイリゴーイェン，大統領に就任(～22)
	Br	***1**-1*	最初のブラジル民法を公布
1917	U	***10**-15*	新憲法が成立(18. ***1**-3* 公布)
	Br	***10**-26*	対独宣戦により第一次世界大戦に参戦
	G	――	英領植民地へのインド人移住が打ち切られる

1918	Ar	*3*	コルドバ大学で学生によるストライキ。*6-21* 学生連盟がコルドバ宣言を発表。*7* コルドバ市で第1回学生会議を開催。*10-9* コルドバ大学改革令を公布
	Br	*11-11*	ロドリゲス・アルヴェス，大統領に当選。*11-15* モレイラ副大統領が大統領代理に昇格(～19)
1919	Pe	*7-4*	軍民クーデタによりレギーア独裁政権成立(～30)。*8-2* サン・マルコス大学でアヤ・デ・ラ・トーレを中心とする改革運動が始まる
	Ar	*1-7*	ブエノス・アイレス市のバセーナ冶金工場で労働争議が激化，政府による厳しい弾圧(悲劇の一週間)
	Br	*4*	ペッソア，大統領に当選(*7-28* 就任)(～22)
1920	Co/E	*4-4*	コロンビアとエクアドル間の国境が確定
	V	*6-20*	石油法を制定
	Pe	*1-18*	憲法を制定し，先住民共同体の公認や労働者の擁護などを規定
	Ch	*12-23*	急進党のアレサンドリ，大統領に就任(～24)
1921	Pe	*1-22*	アヤ・デ・ラ・トーレら，ゴンサレス・プラダ人民大学を創設
1922	Co/Pe	*3-24*	サロモン゠ロサーノ条約によりコロンビアとペルー間の国境が確定
	Ar	*10-12*	急進党保守派のアルベアール，大統領に就任(～28)
	Br	*2-11*	サン・パウロで現代芸術週間の催し(～*17*)，ブラジル近代美術の端緒に。*3-25* ブラジル共産党を結成。*7-5* コパカバーナ要塞で下級将校による反乱が発生，テネンティズモの端緒に。*9-7* 独立100周年。*11-15* ベルナルデス，大統領に就任(～26)
1923	U	*3-1*	共和国初の直接選挙をへて，セラートが大統領に就任(～27)
1924	Pe	*5-7*	アヤ・デ・ラ・トーレ，アメリカ革命人民連合(APRA)を結成
	Ch	*9-10*	軍部の介入によりアレサンドリ大統領が辞任
	Ar	*8-23*	急進党，イリゴーイェン支持の進歩派と保守派に分裂
	Br	*7-4*	サン・パウロでイジドロ将軍が蜂起。*10* リオ・グランデ・ド・スルでもプレステス少佐らが蜂起
1925	E	*7-9*	クーデタにより自由党政権が崩壊，アヨラ政権が発足(～31)
	Ch	*1-22*	イバーニェスによるクーデタ後，アレサンドリが大統領に復帰。*10-4* 憲法を制定，大統領の権限を強化
	Br	*4*	サン・パウロとリオ・グランデ・ド・スルの反乱部隊が合流。*5* 反乱軍，マット・グロッソに侵攻
1926	Br	*9-7*	憲法を改正。*11-15* ワシントン・ルイス，共和党最後の大統領に就任(～30)，ヴァルガスが蔵相に就任
1927	Ch	*7-21*	イバーニェス，大統領に就任(～31)
	Br	*2*	プレステスらの反乱部隊がボリビアに亡命
1928	Bo/Pa	*12-5*	ボリビアとパラグァイのあいだにバンガルディア要塞事件が発生
	V	*2*	カラカスで反ゴメス運動が展開される
	Pe	*9-16*	マリアテギ，ペルー社会党を結成。*11* マリアテギ，『ペルーの現実解釈のための七つの試論』を刊行
	Ar	*10-12*	イリゴーイェン，大統領に就任(～30)
	Br	*1*	ヴァルガス，リオ・グランデ・ド・スル州統領に当選
1929		*10-24*	ニュー・ヨーク株式市場の株価大暴落を発端とする世界大恐慌，ラテ

			ン・アメリカ諸国にも深刻な影響を及ぼす
	LA	5-18	ウルグァイのモンテビデオでラテン・アメリカ労働組合会議を開催(～5-26)。6-1 アルゼンティンのブエノス・アイレスで第1回ラテン・アメリカ共産党会議を開催(～12)
	Pe/Ch	6-3	チリの占領下にあったタクナのペルー返還が決定
	V	——	ロムロ・ガイェゴス,『ドーニャ・バルバラ』を刊行
	Pe	5-17	ペルー労働総同盟(CGTP)を結成
	Br	5-1	労働総同盟(CGT)を結成。6 ミナス/リオ・グランデ・ド・スル/パライバの3州のあいだに自由同盟が成立
1930	Co	8-7	自由党のオラヤ・エレーラ,大統領に就任(～34)
	Pe	4	マリアテギ死去。5-20 ペルー共産党を結成。8-22 サンチェス・セロによるクーデタ,レギーア政権が倒壊
	Bo	6	クーデタによりシレス政権が倒壊
	Ar	9-6	ウリブル将軍によるクーデタ,イリゴーイェンが辞任
	Br	3-1	ジュリオ・プレステス,大統領に当選。10-3 ヴァルガスによる武力革命勃発。10-24 ワシントン・ルイス大統領が亡命。11-3 ヴァルガス,暫定大統領に就任。11-11 大統領令第1号を布告,1891年憲法を停止し大統領に強権を付与
1931	Bo/Pa	7-2	チャコ地方の領有をめぐり,ボリビアとパラグァイが断交
	E	8	クーデタによりアヨラ政権が倒壊。10-15 バケリソ・モレーノ,大統領に就任
	Pe	12-8	サンチェス・セロ,大統領に就任(～33)
	Bo	3-5	共和党のダニエル・サラマンカ,大統領に就任(～34)
	U	3-1	コロラド党のテーラ,大統領に就任(～38)
1932	Bo/Pa	6-15	ボリビアとパラグァイ間にチャコ戦争が勃発(～35)
	E	8-27	クーデタによりボンファス,大統領に就任
	Pe	7-7	アプラによるトルヒーヨの反乱,軍によるトルヒーヨの虐殺が発生
	Ch	6-4	軍部と社会主義グループによるクーデタ,社会主義共和国を宣言。12-24 第2次アレサンドリ政権が成立(～38)
	Ar	2-20	民政移管選挙により,フストが大統領に就任(～38)
	Br	1-19	サン・パウロで反ヴァルガス統一戦線結成。7-9 サン・パウロで反ヴァルガス「護憲革命」が勃発。9-27 革命軍が降伏。10-7 親ファシズムのインテグラリスタ党を結成
1933	LA	12	米国,ラテン・アメリカへの善隣外交政策を表明
	Pe	4-30	サンチェス・セロ暗殺。ベナビデス政権が成立(～39)
	Ch	4-19	チリ社会党が成立
	Ar	5-1	イギリスとロカ=ランシマン協定を締結
	U	3-31	テーラ大統領,クーデタにより独裁権を手中に
	Br	11-15	憲法制定議会を開会
1934	Co/Pe	5-24	コロンビアとペルー,レティシア地方をめぐりリオ会議開催
	Co	2-10	ロペス・プマレホ自由党政権が成立(～38)
	E	9-1	ベラスコ・イバラ,大統領に就任(～35)
	U	5-18	新憲法を公布

	Br	***1**-25*	サン・パウロ大学を創立。***7**-16* 共和国第2憲法を公布。***12**-17* ヴァルガス，大統領に選出
1935	Bo/Pa	***6**-12*	チャコ戦争の休戦協定に調印。***6**-14* 停戦が実現。***7**-1* ブエノス・アイレス市で平和会議を開催
	Ar	***3**-21*	アルゼンティン中央銀行を設立
	Br	***3**-12*	プレステス，民族解放同盟(ANL)を結成。***7**-13* ANLの本部を閉鎖し，幹部を検挙。***11**-23* ナタール市の守備隊が蜂起，レシフェ市，リオ・デ・ジャネイロ市でも次々と蜂起。***11**-25* 戒厳令を発令。***11**-28* リオの反乱軍を鎮圧。***12**-3* ヴァルガス，国家安全保障法を改正し強権を手中に
1936	Bo	***5**-17*	クーデタにより，トロ政権が成立(〜37)
	Ch	***3**-26*	反アレサンドリ勢力による人民戦線が成立
	Pa	***2**-17*	軍によるクーデタ(2月革命)でアラヤ自由党政権が崩壊。***2**-18* 亡命中のフランコが帰国し，大統領に就任(〜37)
	Br	***3**-22*	ヴァルガス，戒厳令を戦時令に
1937	Bo	***3**-13*	スタンダード石油会社を国有化。***7**-13* クーデタにより，ブッシュ政権が成立(〜39)
	V	***6***	ペレス・ヒメネス政権にたいして反独裁愛国戦線が成立
	Pa	***8**-13*	フランコ大統領が失脚
	Br	***11**-10*	軍部が議会を閉鎖，「新国家」体制の成立。***12**-2* 政党解散令によりインテグラリスタ党が解散
1938	LA	***12**-9*	リマで第8回米州会議を開催，「リマ宣言」を採択
	Bo/Pa	***7**-21*	ボリビアとパラグァイ，平和条約を締結
	Ch	***12**-24*	人民戦線派のアギーレ・セルダ，大統領に就任(〜41)
	U	***6**-19*	コロラド党のバルドミール，大統領に当選(〜43)
	Ar	***2**-20*	保守連合のオルティス，大統領に就任(〜40)
	Br	***5**-11*	インテグラリスタ残党がリオで蜂起，大統領官邸を襲撃するも失敗
1939		***9**-1*	第二次世界大戦勃発(〜45)
	Pe	***12**-28*	プラード・イ・ウガルテチェ，大統領に就任(〜45)
	U	***12**-14*	ドイツの戦艦グラフ・フォン・シュペー号がモンテビデオ港に入港。***12**-17* 乗組員下船後自爆
1940	Pe	***5**-13*	リマで日系移民にたいする排日暴動が発生
	E	***9**-1*	自由党のアロヨ・デル・リオ，大統領に就任(〜44)
	Bo	***3**-10*	ペニャランダ，大統領選に勝利
	Ar	***7**-3*	カスティーヨ，大統領に就任(〜43)
	Pa	***8**-15*	新憲法を公布
1941	E/Pe	***7**-5*	エクアドルとペルーのあいだに国境紛争が発生
	Bo	***1**-25*	パス・エステンソーロを中心に国民革命運動(MNR)を結成
1942	LA	***1**-29*	米州外相会議を開催，「リオ宣言」を採択
	E/Pe	***1**-29*	エクアドルとペルー，リオ・デ・ジャネイロ議定書を締結
	Bo	***12**-21*	カタビ鉱山にて虐殺事件が発生
	U	***2**-21*	バルドミール大統領，クーデタにより独裁権を掌握。***5**-25* 新憲法を公布

1943	**Bo**	***12**-20*	軍の民族主義派とMNRによるクーデタ，ビヤロエル少佐が大統領に就任(～46)
	Ar	***6**-4*	軍事クーデタによりカスティーヨ大統領失脚。***6**-6* ラミレス将軍，大統領に就任。***10**-27* ペロン，国家労働局長に就任
1944	**E**	***5**-28*	5月革命によりベラスコ・イバラ政権が成立(～47)
	Ar	***2**-24*	ファレル，大統領に就任(～46)。***7**-8* ペロン，副大統領に就任
1945	**LA**	***2**-21*	メキシコ市で米州特別会議を開催(～***3**-3*)，「チャプルテペック憲章」を採択
	V	***10**-18*	クーデタにより民主行動党(AD)ベタンクールが暫定大統領に
	E	***3**-6*	ベラスコ・イバラ政権下で憲法を制定
	Pe	***7**-28*	ブスタマンテ，大統領に就任(～48)
	Bo	***5**-10*	第1回インディオ全国大会を開催
	Ch	——	詩人ガブリエラ・ミストラル，ノーベル文学賞を受賞
	Ar	***9**-19*	反ペロン派による「憲法と自由の行進」。***10**-9* 軍部のクーデタによりペロンを公職から追放，幽閉。***10**-17* 五月広場における労働者のデモ，同日夜ペロン釈放
	Br	***4**-7*	反ヴァルガス派が民主連合(UDN)を結成，後にヴァルガス派はブラジル労働党(PTB)と社会民主党(PSD)を結成。***10**-30* ヴァルガスが大統領を辞任
1946	**Co**	***5**-5*	保守党のオスピーナ・ペレス，大統領に当選
	E	***8**-11*	新憲法を制定
	Bo	***7**-21*	保守勢力による反ビヤロエル反乱
	Ch	***11**-3*	急進党のゴンサレス・ビデラ，大統領に就任(～52)
	Ar	***6**-4*	ペロン，大統領に就任(～55)
	Pa	***6**-9*	青年将校によるクーデタ。***7**-20* 政党活動を全面的に自由化
	Br	***1**-31*	ヴァルガス派のドゥトラ前陸相，大統領に就任(～51)。***9**-18* 新憲法を公布，州権を強化し報道・信仰の自由を規定
1947	**LA**	***9**-2*	米州19カ国，米州相互援助条約(リオ条約)を締結
	V	***12**-14*	民主行動党(AD)のガイェゴス，大統領に当選(48. ***2**-5* 就任)
	E	***8**-23*	クーデタによりベラスコ・イバラ失脚
	Ar	***1**-1*	ペロン政権，第1次五カ年計画に着手。***7**-9* ペロン，トゥクマン市で「共和国の経済的独立宣言」を発表
	Pa	***3**-8*	コンセプシオン市で軍が蜂起し，内戦の火蓋が切られる。***8**-19* 政府軍が反乱を鎮圧
	Br	***5**-7*	ブラジル共産党を非合法化
1948	**LA**	***3**-30*	コロンビアのボゴタで第9回米州会議を開催，「ボゴタ憲章」を採択し米州機構(OAS)が成立(51. ***12**-13* 発効)
	Co	***4**-9*	自由党左派ガイタンの暗殺，ボゴタ暴動に発展(ボゴタソ)
	V	***11**-24*	ペレス・ヒメネスを中心とするクーデタ，ガイェゴスは失脚
	E	***9**-1*	自由党のプラサ・ラソ，大統領に就任(～52)
	Pe	***10**-3*	アプラ党急進派がカヤオ海軍基地で蜂起，鎮圧後アプラを非合法化。***10**-27* アレキーパでオドリーア将軍が蜂起。***10**-29* ブスタマンテ大統領を追放

	Ar	*2-18*	イギリス系鉄道の国有化を定めたアンデス協定に調印
	Pa	*6-3*	クーデタによりモリニゴ大統領が失脚
	Br	*1*	国会・州議会から共産党議員を排除
1949	Ar	*5-1*	新憲法を制定
	Pa	*9-10*	コロラド党のチャベス，大統領に就任(～54)
1950	Co	*6-29*	保守党のゴメス，大統領に就任(～53)
	Pe	*7-14*	高等軍事研究所(CAEM)の設立
1951	Bo	*5-6*	国民革命運動(MNR)のパス・エステンソーロ，大統領に当選。*5-16* ウリオラゴイティーア大統領の辞職後，軍事評議会が成立
	Ar	*11-11*	ペロン，大統領に再選(52. *6-4* 就任)
	U	*12-16*	憲法改正を承認，大統領制を廃止
	Br	*1-31*	ヴァルガス，大統領に就任(～54)
1952	E	*6-1*	ベラスコ・イバラ，大統領に当選
	Bo	*4-9*	MNR の蜂起によりボリビア革命が勃発。*4-17* パス・エステンソーロ，大統領に就任(～56)。*10-31* 鉱山国有化法を制定，収用された鉱山は鉱山公社に移管
	Ch	*9*	イバーニェス，大統領に就任(～58)
	Ar	*7-26*	エバ・ペロン死去
	U	*3-1*	国民行政委員会が正式に発足
1953	Co	*6-13*	軍事クーデタによりロハス・ピニーヤが大統領に就任(～57)
	V	*4-19*	ペレス・ヒメネス，大統領に就任(～58)
	Bo	*8-2*	農地改革法の公布
	Br	*10-3*	石油公社ペトロブラスを設立
1954	LA	*3-1*	ベネスエラのカラカスで第10回米州会議を開催，「カラカス宣言」を採択
	Pa	*5-4*	コロラド派軍人のクーデタ，チャベス大統領が失脚。*8-15* ストロエスネル陸軍総司令官，大統領に就任(～89)
	Br	*4*	野党国民民主連合(UDN)が大統領不信任案を提出，否決。*8-5* トネレイロ事件発生，反ヴァルガス派のラセルダが襲撃されバス空軍少佐が死亡。*8-24* ヴァルガスが自決，カフェー・フィーリョ副大統領が暫定大統領に就任
	S	*12-29*	オランダ国憲章の下で軍事・外交を除く自治権を獲得
1955	Ar	*9-16*	コルドバ市を拠点とする軍事クーデタ勃発。*9-20* ペロン大統領が辞職。*9-23* ロナルディ，暫定大統領に就任。*10-3* ペロン，パラグァイへ移送。*11-13* アランブル将軍，大統領に就任(～58)
	Br	*10-3*	ミナス・ジェライス州知事クビシェッキ，大統領に当選。*11-9* ルス下院議長が暫定大統領に就任。*11-11* クーデタによりラモス上院副議長が政権を掌握
1956	Bo	*6-17*	MNR のシレス・スアソ，大統領に当選(～60)
	Ch	*2*	左派連合の人民行動戦線(FRAP)が成立
	Ar	*5-1*	廃止された1949年憲法に代わり，1853年憲法が復活。フリオ・コルタサル，『石蹴り遊び』を刊行
	Br	*1-31*	クビシェッキ，大統領に就任(～61)。*11-3* 新首都ブラジリアの建

			設に着手
1957	**Co**	***3***-*20*	自由・保守両党による国民戦線が成立(～74)，大統領の交代制を導入。***12***-*1* 国民投票で国民戦線への支持が多数派に
	Ch	***7***	キリスト教民主党(PDC)を結成
1958	**Co**	***8***-*7*	自由党のイェラス・カマルゴ，大統領に就任(～62)
	V	***1***-*23*	ペレス・ヒネメス政権が崩壊
	Ch	***9***-*3*	保守派のアレサンドリ，大統領に就任(～64)
	Ar	***5***-*1*	急進党非妥協派のフロンディシ，大統領に就任(～62)
	U	***11***-*30*	ブランコ党，総選挙で第一党に
	Pa	***2***-*9*	ストロエスネル，大統領に再選
1959	**LA**	***8***-*12*	サンティアゴで第5回米州外相会議を開催，「サンティアゴ宣言」を採択
	V	***2***-*13*	ベタンクール，大統領に就任(～64)
	Br	***12***-*15*	北東部開発管理庁(SUDENE)を設置
1960	**LA**	***2***-*18*	ラテン・アメリカ8カ国，自由貿易連合(LAFTA)条約に調印
	V	***3***-*5*	農地改革法を制定
	E	***9***-*1*	ベラスコ・イバラ，大統領に就任(～61)
	Bo	***8***-*6*	パス・エステンソーロ，大統領に就任(～64)
	Br	***4***-*21*	リオ・デ・ジャネイロからブラジリアへ遷都
1961	**LA**	***6***-*2*	ラテン・アメリカ自由貿易連合(LAFTA)発足。***8***-*17* 米州諸国，「進歩のための同盟」の「プンタ・デル・エステ憲章」に調印
	E	***11***-*8*	アロセメナ・モンロイ，大統領に就任(～63)
	Br	***1***-*31*	クワドロス，大統領に就任。***8***-*25* クワドロス大統領が辞職。***9***-*7* グラール副大統領，大統領に昇格(～64)
1962	**Co**	***8***-*7*	保守党のレオン・バレンシア，大統領に就任(～66)
	Pe	***6***-*10*	大統領選挙でアヤ・デ・ラ・トーレが首位に。***7***-*18* 軍事クーデタによりプラード大統領は失脚，軍事評議会が成立
	Ar	***3***-*29*	軍事クーデタによりフロンディシ大統領失脚
	Br	***10***-*26*	ウジミナス製鉄所が操業を開始
1963	**E**	***7***-*11*	クーデタによりアロセメナ大統領が失脚，軍事評議会が成立(～66)
	Pe	***7***-*28*	人民行動党(AP)のベラウンデ，大統領に就任(～68)
	Ar	***10***-*12*	急進党人民派のイリア，大統領に就任(～66)
	Pa	***2***-*10*	ストロエスネル，大統領に3選
	Br	***1***-*6*	1946年憲法にたいする国民投票，議院内閣制より大統領制を選択。***10***-*6* レシフェ州で3万人の農民が農地改革を求めてデモ，軍隊により弾圧
1964	**V**	***3***-*11*	民主行動党(AD)のラウル・レオニ，大統領に就任(～69)
	E	***7***-*1*	農地改革法を制定
	Pe	***5***-*1*	農地改革法を制定
	Bo	***8***-*6*	パス・エステンソーロ，大統領に再任。***11***-*4* 軍事クーデタによりパス・エステンソーロ大統領が辞任，革命政権は崩壊。***11***-*5* バリエントス，大統領に就任(～69)
	Ch	***11***-*3*	キリスト教民主党(PDC)のフレイ，大統領に就任(～70)

	U	***9***-*8*	キューバとの国交を断絶
	Br	***3***-*31*	ミナス・ジェライス州での軍の蜂起を機に革命勃発，グラール大統領はウルグァイに亡命。***4***-*1* マジリ下院議長，暫定大統領に就任。***4***-*15* カステロ・ブランコ元帥，大統領に就任(〜67)。***5***-*13* キューバと国交を断絶
	G	***12***	フォーブス・バーナムの人民国民会議(PNC)が政権を掌握
1965	Bo	***5***-*26*	複数大統領制のもとでオバンド・カンディーア，バリエントスとともに大統領に就任
	Pe	——	バルガス・リョサ，『緑の家』を刊行
	Ar	***3***-*14*	議会選挙でペロン派が第一党に
	Br	***10***-*27*	軍政令第2号を発令,政党の解散,議会の閉鎖などの強権を大統領に付与,大統領も国会による間接選挙に。***11***-*20* 二大政党制の採択により，与党国家革新同盟(ARENA)と野党ブラジル民主運動(MDB)が発足
1966	Co	***8***-*7*	自由党のイェラス・レストレポ，大統領に就任(〜70)
	E	***3***-*29*	イェロビ・インダブル，暫定大統領に就任。***11***-*1* アロセメナ・ゴメス，暫定大統領に就任(〜68)
	Bo	***8***-*6*	バリエントス，大統領に就任(〜69)
	Ar	***6***-*28*	オンガニーア将軍によるクーデタ，イリア大統領失脚。***7***-*2* 政党の解散を発令
	U	***11***-*27*	総選挙でコロラド党が勝利，同時に憲法改正を承認，国民執政委員会を廃止し大統領制に復帰へ
	G	***5***-*26*	ガイアナ，イギリスから独立，バーナム人民国民会議政権は維持
1967	LA	***2***-*14*	中南米非核武装地域条約(トラテロルコ条約)を締結
	Co	——	ガルシア・マルケス，『百年の孤独』を刊行
	E	***5***-*25*	憲法を制定
	Bo	***10***-*9*	チェ・ゲバラ，ボリビアで捕えられ処刑
	U	***3***-*1*	ヘスティード，大統領に就任。***12***-*6* ヘスティード大統領が死去，パチェーコ・アレコが大統領に昇格
	Pa	***8***-*10*	憲法を改正
	Br	***1***-*24*	新憲法を公布，中央の権限を強化。***3***-*15* コスタ・エ・シルヴァ，大統領に就任(〜69)。***9***-*4* 反政府組織が「拡大戦線」を結成
1968	LA	***8***-*24*	コロンビアのメデインで第2回ラテン・アメリカ司教会議を開催，「解放の神学」の端緒に
	E	***9***-*1*	ベラスコ・イバラ，大統領に就任(〜72)
	Pe	***10***-*3*	ベラスコ将軍らによる軍事クーデタ，ベラウンデを追放
	Pa	***2***-*12*	ストロエスネル，大統領に4選
	Br	***6***-*26*	リオで10万人のデモ行進。***12***-*13* 軍政令第5号を発令，立法府の機能を停止し行政府が代行
1969	An	***5***	カルタヘナ協定によりアンデス共同市場(ANCOM)が発足(***10***-*17* 発効)
	V	***3***-*11*	キリスト教社会党(COPEI)のカルデラ，大統領に就任(〜74)
	Pe	***2***-*6*	米国系石油会社の無償接収。***6***-*24* 農地改革法を制定
	Bo	***4***-*27*	バリエントス大統領が事故死，シレス・サリーナスが後継大統領に。

		9-26	軍事クーデタによりオバンド・カンディーアが大統領に就任(〜70)，左派軍事政権が成立
	Ar	5-29	コルドバ市を中心に大規模な反政府暴動が発生(コルドバソ)
	Br	8-30	コスタ・エ・シルヴァ大統領の病気による休職を発表，陸海空3相が政務を代行。10-30 メヂシ将軍，大統領に就任(〜74)
1970	Co	8-7	保守党のパストラーナ，大統領に就任(〜74)
	E	6-22	ベラスコ・イバラ大統領，議会を解散し独裁へ
	Bo	10-6	トーレス将軍による左派軍事政権が成立
	Ch	9-4	人民連合のアイェンデ，大統領選で首位に。11-3 決選投票で勝利したアイェンデが大統領に就任，社会主義政権が成立(〜73)
	Ar	5-29	アランブル元大統領の誘拐，殺害事件発生。6-8 オンガニーア大統領が辞任。6-18 レビングストン准将，大統領に就任(〜71)
	Br	10-9	アマゾン横断道路が着工。11 第1次国家開発計画を国会で可決
	G	2-23	イギリス連邦下の立憲君主制から共和制に移行し，ガイアナ協同共和国に
1971	Bo	8-22	バンセル・スァレス，大統領に就任(〜78)，右派軍事政権が成立
	Ch	2-19	農地改革法を発表。7-15 銅山国有化法を制定。パブロ・ネルーダ，ノーベル文学賞を受賞
	Ar	3-23	軍事クーデタによりレビングストン大統領失脚。3-26 ラヌーセ将軍，大統領に就任(〜73)
	U	11-28	総選挙でコロラド党勝利
1972	E	2-15	ロドリゲス・ララ将軍，軍事クーデタにより政権を掌握(〜76)
	Pe	7-8	キューバとの国交を回復
	Ar	2-19	中国との国交を回復
	Br	4-21	独立150年祭が開幕，初代皇帝ペドロ1世の遺骨がリオへ
1973	LA	11-14	コロンビアのボゴタでラテン・アメリカ18カ国外相会議を開催
	V	12-9	民主行動党(AD)のペレス，大統領に当選
	E	11-18	石油輸出機構(OPEC)への加盟が承認される
	Ch	9-11	軍事クーデタにより人民連合政府は崩壊，アイェンデは死去。9-12 軍事評議会が発足，議長にピノチェト陸軍総司令官が就任
	Ar	5-25	カンポラが大統領に就任，ペロニスタ政権が誕生。7-13 カンポラ，大統領を辞任。10-12 ペロン，大統領に就任(〜74)
	U	2-8	陸・空軍が蜂起，国家安全保障審議会の設置を要求(2-23 設置)。6-27 ボルダベリー大統領，国会と地方議会を閉鎖し国家評議会を設置。12-1 共産党，社会党などを非合法化
	Pa	2-11	ストロエスネル，大統領に5選
1974	Co	8-7	自由党のロペス・ミケルセン，大統領に就任(〜78)
	Ch	12-17	ピノチェト軍事評議会議長，大統領に就任(〜90)
	Ar	7-1	ペロン大統領死去，夫人のイサベル・ペロンが大統領に昇格(〜76)
	Br	3-15	ガイゼル将軍，大統領に就任(〜79)。8-15 ブラジル，中国と国交を回復し台湾政府と国交を断絶
1975	LA	10-16	ラテン・アメリカ経済機構(SELA)を設立
	Co	3-6	キューバとの国交を回復

	Pe	8-29	モラーレス・ベルムデス，無血クーデタにより政権を掌握
	Ch	12-9	国連総会において，人権問題に関するチリ非難決議を採択
	Br	6-27	西ドイツとの原子力開発協定に調印
	S	11-25	スリナム，オランダから独立
1976	V	1-1	石油を国有化し，石油公社ペトロベンに移管
	E	1-11	アルフレド・ポベダ将軍，クーデタにより政権掌握(～79)
	Pe	7-1	リマで反政府暴動発生，非常事態を宣言
	Ch	10-30	チリ，アンデス・グループ(ANCOM)から脱退
	Ar	3-24	軍事クーデタによりイサベル・ペロン失脚。3-26 軍事評議会，ビデラ陸軍総司令官を大統領に任命
	U	6-12	軍事クーデタによりボルダベリー大統領が失脚，デミチェリが大統領に昇格。9-1 メンデス，大統領に就任(～81)
	Br	5-25	日本の川崎製鉄，ツバロン製鉄所の建設基本協定に調印。8-23 クビシェッキ元大統領が交通事故で死去。9-9 ガイゼル大統領が訪日
	G	——	ジャガン人民進歩党(PPP)総裁，政府の基本政策支持を表明
1977	Ch/Ar	5-2	ビーグル海峡をめぐるチリとアルゼンティンの国境紛争にたいして，イギリスが仲裁案を発表
	E	10-18	アストラ製糖工場の労働争議に政府が介入，120人の労働者を虐殺
	Pe	2-6	「トゥパク・アマル計画」を発表
	Ch	3-12	政党禁止令を布告
	Br	3-12	1952年締結の米・ブラジル軍事援助協定の破棄を通告。4-1 国会を閉鎖，憲法改正を含む強権立法を公布(四月の小包)
1978	Bo/Ch	3-18	ボリビアとチリが国交を断絶
	Ch/Ar	1-11	アルゼンティン政府がビーグル海峡をめぐる仲裁案を拒否。12-2 ローマ法王が調停の意向を表明，特使を両国へ派遣
	Co	8-7	自由党のトゥルバイ，大統領に就任(～82)
	E	1-15	国民投票で新憲法を承認。7-16 大統領選を実施，決着は決選投票に持ち越される
	Pe	6-18	憲法制定議会選挙でアプラ党が第一党に(7-28 招集)
	Bo	7-5	ペレーダ・アスブン将軍，大統領に当選するも無効に。7-21 ペレーダ・アスブン，クーデタにより政権掌握。11-24 パディーヤ・アランシビア将軍，クーデタにより政権掌握
	Pa	2-12	ストロエスネル，大統領に6選
	Br	7-3	周辺8カ国によるアマゾン協力条約を締結。10-13 憲法改正案が国会を通過，1968年発令の軍政令第5号を廃止に。12-7 ラジオ・テレビの事前検閲を廃止，言論の自由化が進展
	G	11-18	「人民寺院」の集団自殺事件が発生
1979	Ch/Ar	1-8	チリとアルゼンティン両国の外相，交渉再開の協定に調印
	V	3-12	エレーラ・カンピンス，大統領に就任(～84)。6-4 総選挙でキリスト教社会党(COPEI)が圧勝
	E	4-29	大統領選の決選投票でロルドス・アギレーラが当選(8-10 就任)
	Pe	7-12	新憲法を制定，大統領の権限を強化し選挙制度を改正。8-2 アプラ党の指導者アヤ・デ・ラ・トーレ死去

	Bo	8-5	民政移管後の大統領選挙で，ゲバラ・アルセが暫定大統領に。11-1 クーデタによりナトゥシュ大佐が大統領に就任。11-16 辞任，ゲイレルが暫定大統領に(～80)
	Ar	11-15	新労働法を制定
	Br	3-15	フィゲイレード将軍，大統領に就任(～85)。8-28 政治犯の恩赦法を制定。11-21 政党法を改正し，二大政党制から多党制へ
1980	LA	8-12	ラテン・アメリカ統合連合(ALADI)の設立を定めるモンテビデオ条約に調印(81. 3-18 発足)
	E	1-2	中国と国交を樹立
	Pe	5-17	左翼ゲリラ組織「センデロ・ルミノソ」，武装闘争を開始。5-18 民政移管にともなう大統領選で，人民行動党(AP)のベラウンデ・テリーを大統領に選出。7-28 ベラウンデ政権が成立(～85)
	Bo	7-17	クーデタによりゲイレル大統領辞任。7-18 ガルシア・メサ，大統領に就任(～81)
	Ch	9-11	新憲法草案にたいする国民投票を実施，承認
	U	11-30	新憲法草案，国民投票で否決
	Pa	9-17	ソモサ前ニカラグァ大統領，亡命先のアスンシオン市で暗殺
	G	10	人民国民会議(PNC)のバーナム，大統領に就任(～85)
	S	2-25	デシ・ボータッセ国軍総司令官によるクーデタ，ヘンク・アロン政権が崩壊。8-13 ボーターセによるクーデタ，軍事評議会を解散しシナ・セン首相が大統領に就任
1981	E/Pe	1-28	エクアドルとペルーのあいだに国境紛争が再発
	Co	3-23	キューバとの国交を断絶
	E	5-25	ロルドス大統領が事故死，ウルタード副大統領が昇格(～84)
	Bo	8-4	クーデタによりガルシア・メサ大統領が辞任。9-4 トレリオ・ビヤ，大統領に就任(～82)
	Ch	3-11	新憲法を制定
	Ar	3-29	軍事評議会の指名によりビオラ退役将校が大統領に就任。11-20 リエンド内相が暫定大統領に。12-11 軍事評議会，ガルティエリを大統領に指名(12-22 就任)
	U	8-2	国家評議会，アルバレス退役将校を大統領に指名(9-1 就任)
	Br	9-23	フィゲイレ(ー)ド大統領が心臓発作に，シャーベス副大統領が代行
1982	LA	——	ラテン・アメリカ諸国で債務危機が表面化
	Co	3-15	総選挙で与党自由党が勝利。8-7 保守党のベタンクール，大統領に就任(～86)。10-21 ガルシア・マルケス，ノーベル文学賞を受賞
	Pe	12-29	ゲリラ攻勢の活発なアヤクーチョ県など7県に非常事態を宣言
	Bo	7-21	ビルドソ・カルデロン，大統領に就任。10-5 国会がシレス・スアソを大統領に選出(～85)
	Ar	4-2	アルゼンティン軍がマルビナス(フォークランド)諸島を占領。4-25 南ジョージア島沖でイギリス軍と開戦。6-14 アルゼンティンが敗北して戦争終結。6-17 ガルティエリ大統領が辞任。7-1 ビニョーネ退役将校，大統領に就任(～83)
	Br	6-7	ブラジリアで第1回先住民全国会議を開催。11-15 総選挙を実施，

			野党中道勢力が伸張。*11-26* 債務問題でIMFに支援を要請。*11-30* レーガン米大統領が来訪，13億3000万ドルの緊急融資を発表。*12-15* IMF，48億ドルの信用供与でブラジル政府と合意
	S	*3-31*	軍事評議会議長のボータッセ，政権を掌握
1983	Pe	*11-13*	地方選挙で野党アプラ党が第一党に，リマ市長に左翼連合(IU)のバランテス議長が当選
	Bo	*2-5*	旧ナチス戦犯アルトマンを追放
	Ch	*8-6*	反軍政統一組織民主同盟を結成，ピノチェト退陣を要求。*10-11* 労働者や学生による軍政開始以来最大の反政府デモ
	Ar	*5-31*	中央銀行がデノミを発表。*6-20* ブエノス・アイレスで人権抑圧に抗議する2万人のデモ。*10-30* 民政移管の大統領選で急進党のアルフォンシンが当選(*12-10* 就任)
	Pa	*2-6*	ストロエスネル，大統領に7選(*8-15* 就任)
	Br	*4-4*	サン・パウロで失業者のデモが暴動化，略奪に発展(～*6*)。*12-2* 国会で新国家安全保障法を可決
1984	LA	*1-11*	エクアドルのキートで中南米カリブ地域経済会議を開催，「キート宣言」を採択。*6-21* コロンビアのカルタヘナでラテン・アメリカ債務国会議を開催，「カルタヘナ合意」を採択
	Ch/Ar	*1-23*	チリ・アルゼンティン両国の外相がバチカンで平和友好宣言に調印。*11-29* 平和友好条約を調印しビーグル海峡3島の領有権をめぐる紛争に終止符
	Co	*5-25*	ベタンクール，左派ゲリラ組織M19と人民解放軍(EPL)との停戦協定に調印(*5-28* 発効)
	V	*2-2*	民主行動党(AD)のルシンチ，大統領に就任(～89)
	E	*5-6*	保守派のフェブレス・コルデーロ，決選投票で大統領に当選(～88)
	Ch	*11-6*	反政府抗議行動にたいし戒厳令を再発動
	U	*11-25*	民政移管にともなう大統領選，コロラド党のサンギネッティが当選
	Br	*1-25*	大統領の直接選挙を求める国民集会がサン・パウロ市で開かれる。*4-25* 大統領直接選挙を定めた憲法改正案，国会で否決に。*8-11* 与党社会民主党(PDS)，マルフを大統領候補に指名。*8-12* 野党第一党ブラジル民主運動党(PMDB)，ネヴェスを大統領候補，前PDS総裁サルネイを副大統領候補に指名
1985	LA	*12-16*	ウルグァイのモンテビデオでラテン・アメリカ債務国会議を開催，「モンテビデオ宣言」を採択
	Co	*11-6*	左翼ゲリラM19，最高裁判所を占拠
	Pe	*4-14*	アプラ党のアラン・ガルシアが大統領選に圧勝，中道左派民族主義路線を展開(*7-28* 就任)。*12-10* IMFにたいする債務返済全面停止を宣言
	Bo	*7-14*	大統領選の決選投票で，パス・エステンソーロが当選(～89)
	Ar	*6-14*	アルフォンシン政権，新経済政策「アウストラル・プラン」を発表。*11-3* 下院選挙で与党急進党が勝利
	U	*3-1*	サンギネッティが大統領に就任(～90)，民政に移管
	Br	*1-15*	間接選挙でネヴェスが圧勝，大統領に選出。*3-15* 入院中のネヴェ

			スにかわりサルネイ副大統領の代行で民政に移管。4-21 ネヴェス大統領が死去。4-22 サルネイが大統領に就任(～90)。11-15 主要都市の市長選挙を1966年以来初めて実施
	G	8-6	バーナム大統領が急死，ホイト首相兼副大統領が昇格。12 総選挙を実施，人民国民会議(PNC)が圧勝，ホイトも再選
1986	LA	12-17	コンタドーラ・グループ4カ国とその支援グループ4カ国とのあいだでリオ・グループを結成
	Co	5-25	野党自由党のビルヒリオ・バルコ，大統領に当選(～90)
	Ch	7-2	ピノチェト退陣を求める48時間ゼネスト
	Ar	4-16	アルフォンシン大統領，南部パタゴニアへの遷都計画を発表
	U	12	人権侵害で有罪となった治安関係者にたいする恩赦法を制定
	Br	2-28	政府，クルザード計画を発表。6-25 キューバとの国交を回復
1987	LA	11-27	メキシコのアカプルコで中南米8カ国首脳会議を開催，「アカプルコ合意」を採択
	Co	9	左翼ゲリラ6組織，シモン・ボリーバル・ゲリラ調整機構を結成。10 愛国連合(UP)の党首パルド暗殺
	E	1-16	タウラ空軍基地で，空軍部隊による大統領拉致事件が発生
	Pe	7-28	ガルシア大統領，金融機関の国有化を発表。10-11 銀行国有化法を公布
	Ar	4-16	コルドバ市で人権裁判に抗議する軍部の蜂起。9-6 中間選挙でペロニスタ党が躍進
	U	4-16	恩赦法を国民投票で承認
	Br	2-1	憲法制定議会を招集。2-20 サルネイ大統領，外国の民間銀行にたいして利払いの無期限停止を宣言。6-12 新クルザード計画を発表
	S	9	国民投票で新憲法を承認。11-25 民政移管にともなう国民議会選挙で，野党連合「民主主義と発展のための連合戦線」(FDD)が圧勝
1988	E	5-31	ゼネストにたいし，憲法を停止し非常事態を宣言。8-10 中道左派民主左翼党(ID)のロドリゴ・ボルハ，大統領に就任(～92)
	Pe	12-16	第16回アプラ党大会を開催(～12-20)
	Bo	12-28	麻薬取締法を公布，政府管理下の伝統的栽培地域を除きコカ栽培は93年までに全て禁止に
	Ch	10-5	ピノチェト政権の存続を問う国民投票を実施，不信任が多数派に
	Ar	10-31	マルビナス戦争当時の3軍の各司令官に禁固12年の判決
	Pa	2-14	ストロエスネル，大統領に8選
	Br	6-24	与党PMDB内の進歩派が離党，新党ブラジル社会民主党(PSDB)を結成。10-5 新憲法を公布。11-15 主要都市で市長選を実施，左派の労働者党(PT)が躍進
	S	1-25	シャンカル，8年ぶりの文民大統領に就任
1989	An	5	ベネスエラのカルタヘナでアンデス諸国首脳会議を開催，「カルタヘナ宣言」を採択。12-7 エクアドルのガラパゴス島でアンデス諸国首脳会議を開催，「ガラパゴス宣言」と「統合の指針に関わる戦略構想」を採択
	Co/E/Pe	10-10	コロンビア・エクアドル・ペルーの3カ国，ペルーのイカで麻

			薬サミットを開催
	Co	8-18	自由党の大統領候補ルイス・ガラン，麻薬組織により射殺。バルコ大統領が非常事態を宣言，麻薬組織との全面戦争へ。9-26 政府と左翼ゲリラM19のあいだに和平協定が成立。10 バルコ大統領，ゲリラ恩赦法案を議会に提出。11-27 国営アビアンカ航空機爆破事件で111人が死亡。12-6 大統領府治安取締局本部ビル爆破事件で数百人が死傷
	V	2-1	民主行動党(AD)のペレス，大統領に就任(～93)。2-15 政府，金利自由化・財政赤字削減の新経済政策を発表。2-27 ガソリン・公共料金・基礎食料品の値上げにたいしてカラカスなど各地で暴動。6-15 世界銀行が対ベネスエラ融資7億5500万ドルを認める
	E	9	石油施設の完全国有化法案を議会で可決，90年までの国有化を決定
	Pe	8-20	日本人ペルー移住90周年記念式典を開催。9 ガソリン，バスをはじめとする公共料金を値上げ。11-12 統一地方選挙を実施，アプラは大幅に後退
	Bo	8-5	パス・サモーラ，決選投票で大統領に当選(～93)。8-6 革命左翼運動(MIR)と国民民主連合(ADN)の連合政権が発足
	Ch	7-30	憲法改正をめぐる国民投票，賛成派が過半数を占め承認へ。12-14 民政移管にともなう大統領選を実施，キリスト教民主党のエイルウィン，大統領に当選
	Ar	5-14	野党ペロニスタ党のメネム，大統領に当選(7-8 就任)。10 ガルティエリ元大統領ら300人近くを赦免に。10 アルゼンティンとイギリス，マドリードで大使級会談を開催
	U	11-26	大統領選・総選挙を実施，決選投票で野党ブランコ党のラカイェが大統領に
	Pa	2-2	ロドリゲス将軍によるクーデタ，翌日ストロエスネルが失脚。5-1 ロドリゲス，大統領に当選(～93)
	Br	1-15	新経済政策「ベラン計画」を発表，新通貨としてクルザード・ノーヴォを採用。11-15 29年ぶりの大統領直接選挙を実施，国家再建党(PRN)のコロールが首位に。12-17 決選投票でコロールが勝利
	S	7	政府とブッシュ・ネグロ系の反政府ゲリラが和平協定に調印
1990	LA	6-27	ブッシュ米大統領，「米州のための経済構想」(EAI)を発表。7 エクアドルのキートで第1回先住民大陸会議を開催。10 ベネスエラのカラカスで第4回中南米首脳会議を開催，「カラカス宣言」を採択
	An	5-22	ペルーのクスコ，マチュ・ピチュでアンデス諸国首脳会議を開催。11-29 ボリビアのラ・パスでアンデス諸国首脳会議を開催。
	Co/Pe/Bo	2-15	ブッシュ米大統領とコロンビア・ペルー・ボリビア3国首脳，コロンビアのカルタヘナで麻薬サミットを開催，「カルタヘナ宣言」を採択
	Co	5-27	自由党のガビリア・トルヒーヨ，大統領に当選(～94)。12-9 制憲議会選挙でM19が躍進
	E	6	国会選挙で与党民主左翼党(ID)が大敗，第二党に転落
	Pe	6-10	カンビオ90の日系候補フジモリ，決選投票でバルガス・ヨサを破り大

			統領に当選(7-28 就任)。8-8 政府，経済緊縮政策を発表
	Ch	3-11	エイルウィンが大統領に就任，軍政に幕。5 軍政下の人権侵害をめぐり，政府が「真相和解委員会」を発足
	Ar	11	国営アルゼンティン航空，電信電話公社を売却。12 ビデラ，ビオラ両元大統領らに恩赦
	U	3-1	ラカイェ，大統領に就任(～95)。9 航空，通信・電話公社の民営化法案を議会に提出
	Br	3-15	コロール，大統領に就任(～92)。3-16 新経済政策「コロール計画」を発表，クルゼイロを新通貨に
	S	12-24	フラーノーフスト軍総司令官，無血クーデタにより政権を掌握。12-29 ヨハン・クラーフ国民党党首，暫定大統領に就任
1991	LA	7-18	メキシコのグァダラハラで第1回イベロアメリカ会議を開催，「グァダラハラ宣言」を採択
	L/Br	3-26	ラ・プラタ地域三国とブラジル，パラグァイのアスンシオン市でメルコスール(南米共同市場)設立協定に調印(アスンシオン条約)
	Co/V	4-2	コロンビア・ベネスエラ・メキシコのあいだで自由貿易圏創設に合意
	E/Pe	8	エクアドルとペルーのあいだに国境紛争が再燃
	Co	6-19	メデイン・カルテルの首領エスコバルが当局に自首。7-4 政府が7年ぶりに戒厳令の解除を発表。10-27 7月に公布した新憲法下で初めての総選挙を実施，与党自由党が勝利
	Pe	7-1	デノミを実施，100万インティが1新ソルに
	Bo	7-29	麻薬関係者をアメリカへ引き渡さないとする大統領令を公布，大物麻薬マフィアが投降
	Ch	3-4	真相和解委員会，大統領に調査結果を提出(レティグ報告)
	Pa	5-26	地方選挙を実施，与党コロラド党が敗北。12-1 制憲議会議員選挙を実施，与党コロラド党が50%以上の得票を確保
	Br	2	「コロール計画II」を実施。5-8 カルドーゾ・デ・メロ経済相が辞任。10-24 ウジミナス製鉄所の民営化が実現
	S	5-25	総選挙を実施，民主4政党による連合「民主主義のための新戦線」が勝利。9-16 フェネティアーン，大統領に就任
1992	Co	7-22	エスコバル，メデイン市内の刑務所から脱獄。11-8 ゲリラ鎮圧を理由に非常事態を宣言。12 民営化の是非を問う国民投票を実施，反対が多数を占め否決
	V	2-4	軍の一部によるクーデタが発生，首謀者のウーゴ・チャベス空軍中佐ら1000人以上を逮捕。11-27 軍の一部によるクーデタが再び発生，国軍が鎮圧し再び未遂に終わる。12-6 地方選挙を実施，与党民主行動党(AD)が大敗
	E	5-17	大統領選挙・総選挙を実施。7-5 決選投票でドゥランが大統領に当選(8-10 就任)。9 ドゥラン大統領，石油輸出国機構からの脱退方針を表明(11 正式に脱退)
	Pe	4-5	フジモリ大統領，憲法を停止し議会を解散。9-12 センデロ・ルミノソの指導者グスマンを逮捕。11-22 制憲議会選挙でフジモリ大統領を事実上信任

	Bo	4	公営企業の民営化法を公布
	Ar	1-1	アウストラルにかえて新通貨ペソを導入
	Pa	6-22	新憲法が発効
	Br	6-3	リオ・デ・ジャネイロで国連環境開発会議(地球サミット)を開催(〜14)。8-24 議会調査委員会，コロール大統領らの不正蓄財疑惑に関する最終報告書を提出。9-29 下院，コロール大統領の職務停止と告発を決定。12-29 コロール大統領が辞任，フランコ大統領代行が大統領に就任
	G	10-5	総選挙を実施，人民進歩党(PPP)が勝利，ジャガンが大統領に当選(10-9 就任)
	S	4	憲法を改正，軍の任務を国防に限定
1993	Co	12-2	エスコバル，メデイン市内で射殺
	V	5-21	ペレス大統領，公金横領疑惑で職務停止に。6-4 国会，ベラスケスを暫定大統領に選出。12-5 大統領選挙と総選挙を実施，カルデラ元大統領が大統領に当選
	E	2	小さな政府をめざす国家近代化法案を国会に提出(12 成立)
	Pe	8-26	新憲法を採択。10-31 国民投票で新憲法を承認
	Bo	6-6	大統領選挙を実施，決選投票の末国民革命運動党(MNR)のサンチェス・デ・ロサーダが当選(8-6 就任)
	Ch	11	76年ワシントンで起きたレテリエル元外相暗殺事件の公判で，人権侵害として初めて軍人に有罪判決がくだされる。12-11 大統領選を実施，与党連合のエドゥアルド・フレイが当選
	Ar	10-3	下院選挙を実施，与党ペロニスタ党が勝利。10-22 大統領の連続再選を含む憲法改正案を上院で可決。12 大統領の任期を6年から4年に短縮することで，急進党と憲法の改正に合意
	Pa	5-9	民政移管にともなう大統領選挙を実施，コロラド党のワスモシが当選。8-15 ワスモシ，39年ぶりの文民大統領に就任
1994	LA	6	コロンビアのカルタヘナで第4回イベロアメリカ首脳会議を開催，「カルタヘナ宣言」を採択。12-9 米国のマイアミで米州サミットを開催，キューバを除く各国首脳が参加
	An	11	エクアドルのキートでアンデス共同市場(ANCOM)の担当閣僚会議を開催
	Pe/Bo/Pa	9	パラグァイのプエルト・スァレスで，ペルー/ボリビア/パラグァイの3カ国首脳会談を実施，自由貿易地域の創設をめざす「プエルト・スァレス宣言」を発表
	Co	5	大統領選挙を実施，決選投票で自由党のサンペールが当選(8-7 就任)
	V	2-2	カルデラ，大統領に就任。5-18 最高裁，ペレス前大統領の逮捕を決定，同日収監
	E	6-10	新土地保有法を制定，農民の反発にたいして非常事態を宣言
	Pe	10	フジモリ大統領，大統領選への再出馬を表明
	Bo	3	最高裁から有罪判決を受けていたガルシア・メサ大統領，逃亡先のブラジルで逮捕
	Ar	4-10	制憲議会選挙を実施，改憲派が改憲に必要な3分の2以上の議席を獲

			得。8-23 憲法改正を承認
	U	11-27	大統領選挙を実施，野党コロラド党のサンギネッティ元大統領が当選
	Br	7-1	新通貨レアルを導入。10-3 大統領選挙を実施，中道3党連合のカルドーゾ元蔵相が圧勝
	G	10	ジャガン大統領，大統領の権限縮小を含む憲法改正案を提出
1995	LA	10-16	アルゼンティンのサン・カルロス・デ・バリローチェで第5回イベロアメリカ首脳会議を開催
	L/Br	1-1	メルコスール(南米共同市場)が発効
	E/Pe	1-26	エクアドルとペルーの両軍，国境地帯コンドル山脈で衝突。1-27 エクアドルが非常事態令を布告。2-17 停戦協定を締結。7-26 係争地を非武装化。12-27 国境地帯で両軍が再び衝突
	Co	8-1	大統領選の資金疑惑をめぐり，下院に特別委員会を設置。12-14 下院特別委，大統領の関与の証拠無しとする報告を承認
	E	11-26	政治改革を内容とする憲法改正にたいして国民投票を実施，反対多数で否決
	Pe	4-9	大統領選挙を実施，フジモリを再選(7-28 就任)
	Bo	4-18	サンチェス大統領，労働総同盟によるゼネストにたいし戒厳令を布告
	Ar	5-14	大統領選挙を実施，メネムを再選(7-8 就任)。9-27 アルゼンティンとイギリス，マルビナス(フォークランド)諸島周辺海域の油田の共同開発に合意。10-23 メネム大統領，メージャー英首相と首脳会談を実施
	U	3-1	サンギネッティ，大統領に就任
	Br	1-1	カルドーゾ，大統領に就任。11-8 石油事業の国家独占を廃止する憲法改正条項を議会で可決
	S	7	カリブ共同体共同市場(CARICOM)に加盟
1996	LA	9	ボリビアのコチャバンバでリオ・グループ首脳会議を開催。10 南北アメリカ32カ国，アルゼンティンのサン・カルロス・デ・バリローチェで米州国防相会議を開催。11 チリのサンティアゴで第6回イベロアメリカ首脳会議を開催。12 ボリビアのサンタ・クルスで米州サミットを開催
	E	7	大統領選の決選投票で，エクアドル・ロルドス党のブカランが当選(8 就任)
	Pe	8	フジモリ大統領の3選に道を開く憲法解釈法案を議会で可決。12-17 リマの日本大使公邸を左翼ゲリラ「トゥパク・アマル革命運動」(MRTA)のメンバーが襲撃，約700人の人質を取って公邸に立てこもる
	Ch	6	メルコスールとの自由貿易協定に調印。11 カナダとの自由貿易協定に調印
	U	12	大統領の権限強化を含む選挙制度改革法案を国民投票で承認
	S	5-23	総選挙を実施，与党連合の後退にたいし，野党国民民主党(NDP)が勢力を拡大。9-5 NDPのウェイデンボスを新大統領に選出
1997	LA	8-23	パラグァイのアスンシオンで第11回リオ・グループ首脳会議を開催，「アスンシオン宣言」を採択。11-8 ベネスエラのマルガリータ島で

			第7回イベロアメリカ首脳会議を開催，「マルガリータ宣言」を採択
	Co	10-26	左翼ゲリラによる妨害のなかで，統一地方選挙を実施。11-25 麻薬犯罪人を外国へ引き渡すことを認める憲法改正案を下院で可決
	V	10-12	ベネスエラ訪問中のクリントン米大統領と麻薬対策などで合意
	E	2-6	臨時国会でブカラン大統領の罷免動議を可決，アラルコン国会議長を暫定大統領に選出。2-9 国会，アルテアガ副大統領を暫定大統領に選出。2-11 暫定大統領を選出する投票でアラルコンが再び当選
	Pe	4-22	軍特殊部隊の突入により日本大使公邸人質事件が解決。11-25 アジア太平洋経済協力会議(APEC)への加盟を承認される
	Bo	6	大統領選を実施。7-3 チェ・ゲバラの遺骨を発見。8-5 決選投票で民族民主行動党(AND)のバンセル元大統領が当選
	Ar	10-18	クリントン米大統領とメネム大統領，アルゼンティンがNATO非同盟の主要同盟国となることを共同発表。10-26 下院の中間選挙を実施，与党ペロニスタ党は過半数割れに
	Pa	10-30	与党コロラド党の次期大統領候補オビエドの自宅を軍部隊が包囲し発砲
	Br	6-4	上院における最終票決で，大統領の再選禁止条項をみなおす改憲案を可決。10-23 電気通信公社テレブラスの民営化形態を発表。11-17 増税を含む財政健全化の大統領令を公布
	G	3-6	ジャガン大統領が死去，ハインズ首相が暫定大統領に就任。12-15 大統領選と総選挙を実施，与党人民進歩党(PPP)のジャネット・ジャガン前首相が大統領に当選，総選挙でもPPPが勝利
	S	4-28	オランダ，かつての軍事独裁者デシ・ボータッセ国民民主党(NDP)党首の起訴の意向を表明
1998	LA	4-18	チリのサンティアゴで米州サミットを開催(～19)，米州自由貿易圏(FTAA)の創設に向け交渉開始で合意。7 アルゼンティンのウスワイアでメルコスール首脳会議を開催，「平和地帯宣言」を採択。10-18 ポルトガルのポルトで第8回イベロアメリカ首脳会議を開催，「ポルト宣言」を採択。11 ウルグァイのモンテビデオで中南米統合連合(ALADI)外相理事会を開催，キューバの加盟を承認
	E/Pe	10-26	エクアドルとペルー，ブラジリアで国境紛争終結の合意文書に調印
	Co	6-21	保守党のアンドレス・パストラーナ，決選投票で大統領に当選。(8-7 就任)。10 パストラーナ大統領が米国を公式訪問，クリントン大統領と麻薬撲滅のための2国間協定を締結
	V	12-6	大統領選を実施，ウーゴ・チャベス元陸軍中佐が当選
	E	7-12	キート市長で人民民主党のジャミル・マワ，決選投票で大統領に当選(8 就任)
	Pe	8-27	96年の憲法解釈法の廃止を求める法案を否決。10 リマ市長選でアンドラーデ市長がフジモリ派候補を破り再選
	Ch	3-11	ピノチェト元大統領，陸軍総司令官を退任し終身上院議員に就任。10-16 訪英中のピノチェト，ロンドンの入院先で逮捕。11-25 英国上院，ピノチェト逮捕は有効と決定。12-9 ピノチェトのスペインへの身柄引き渡しの開始を決定。12-17 上院，ピノチェトの再審理

			を決定
	Ar	***10***	メネム大統領，イギリスを公式訪問。***12-1*** メネム大統領，日本・アルゼンティン修好100周年記念式典への出席のため来日
	Pa	***3***	最高軍事法廷，96年のクーデタの指揮の罪によりオビエド前陸軍司令官に10年の実刑。***5-10*** 大統領選を実施，与党コロラド党のラウル・クバスが当選(***8-15*** 就任)。***8-18*** クバス大統領，服役中のオビエドの刑期を3カ月に減刑したうえで釈放
	Br	***7-13***	包括的核実験禁止条約(CTBT)の批准文書と核拡散防止条約(NPT)への加入文書に署名。***10-4*** 大統領選を実施，カルドーゾを再選。***10-28*** カルドーゾ大統領，財政健全化策として87億レアルの歳出削減を表明
1999	**LA**	***11-15***	キューバのハバナで第9回イベロアメリカ首脳会議を開催，「ハバナ宣言」を採択
	Co	***1-9***	政府と左翼ゲリラ組織コロンビア革命軍(FARC)との和平協議，初日に決裂。***7-17*** 政府とFARC，19日からの交渉再開を無期限延長
	V	***2-2***	チャベス，大統領に就任。***4-25*** 制憲議会の召集の是非を問う国民投票を実施，賛成が多数に。***7-25*** 制憲議会選挙を実施，与党連合が圧勝。***8-5*** チャベス大統領，大統領の任期延長・再選容認を含む新憲法案を提示。***11-16*** 制憲議会，大統領権限を強化する内容の新憲法案を採択。***12-16*** 新憲法をめぐる国民投票を実施，賛成が多数
	E	***2-12***	通貨スクレの変動相場制への移行を発表。***3-9*** マワ大統領，ゼネストへの対抗措置として全土に非常事態を宣言。***3-10*** 労働者統一戦線，予定どおりゼネストに突入
	Pe	***1-3***	新首相にホイワイ国会議長を任命。***6-30*** 日本人ペルー移住100周年記念式典を開催。***7-14*** フジモリ大統領，センデロ・ルミノソの最高幹部オスカル・ラミレスらの逮捕を発表
	Ch	***3-24***	イギリス上院，ピノチェト逮捕は適法と判断，身柄引き渡し手続きへ。***12-12*** 大統領選を実施，中道左派のラゴスと右派のラビンとの決選投票へ
	Ar	***1-20***	司法当局，軍政時代の乳児誘拐事件でビニョーネ元大統領を逮捕。***3-9*** チャールズ英国皇太子，アルゼンティンを公式訪問。***7-8*** NATOへの準加盟を申請。***10-24*** 大統領選と下院議会選挙を実施，野党連合のフェルナンド・デ・ラ・ルアが大統領に当選(***12-10*** 就任)
	U	***10-31***	大統領選と上下両院議会選挙を実施，左派連合のタバレ・バスケスが大統領選で首位を確保し決選投票へ。***11-28*** 決選投票で与党コロラド党のバッイェが当選(2000.***3-1*** 就任)
	Pa	***3-23***	アルガーニャ副大統領，アスンシオン市内で暗殺。***3-28*** クバス大統領が辞任，ゴンサレス上院議長が後任大統領に就任。***3-29*** オビエド元陸軍司令官，アルゼンティンに亡命
	Br	***1-13***	通貨レアルの7.5%切り下げを実施。***1-18*** 通貨レアルの変動相場制への移行を発表
	G	***8-8***	ジャネット・ジャガン大統領が健康上の問題を理由に辞任を表明，後任にバラト・ジャグデオ蔵相が就任

2000	V	7-30	大統領にチャベスが当選，国会でもチャベス派が多数に。11-7「授権法」が成立，期限付きで国会審議を経ない法律制定が可能に
	E	1-9	マワ大統領が通貨スクレの「ドル化」政策を発表。1-21 首都キートでマワ大統領の退陣を求める軍部若手将校と先住民団体が国会や大統領官邸を占拠。1-22 ノボア副大統領が大統領に昇格
	Pe	4-9	大統領選挙を実施，決選投票へ。5-28 決選投票にトレドが参加せず，フジモリが再選。9-14 モンテシノス国家情報局顧問によるスキャンダルが発覚。11-19 日本訪問中のフジモリ大統領，辞意を表明
	Ch	1-16	大統領選の決選投票で与党連合のラゴスが当選。3-2 ストロー英内相がピノチェト元大統領の釈放を決定
	S	8-12	フェネティアーン元大統領，大統領に就任
2001	Pe	4-8	大統領選挙を実施，決選投票へ。6-3 決選投票でトレドが当選
	Ar	12-1	預金引き出し制限を発表。12-19 相次ぐ暴動や略奪を前に全土に非常事態を宣言。12-23 すべての対外債務の支払い停止を発表
	G	3-19	総選挙を実施，与党人民進歩党(PPP)が過半数の議席を獲得，ジャグデオ大統領が再選される
2002	V	4-12	軍部によるクーデタが勃発，チャベス大統領を拘束。4-13 チャベス派が大統領宮殿を占拠。4-14 チャベス，オルチラ島から帰還
	Co	5-26	大統領選挙を実施，ウリベが当選(8-7 就任)
	E	10-21	大統領選挙を実施，ノボアとグティエレスによる決選投票へ。11-24 決選投票でグティエレスが当選(03.1-15 就任)
	Bo	6-30	大統領選挙を実施，決選投票へ。8-4 決選投票でサンチェス・デ・ロサダ元大統領が当選(8-6 就任)
	Ar	1-6	固定相場と変動相場を併用する二重為替制度を導入。2-11 変動相場制に一本化
	Br	10-6	大統領選挙を実施，決選投票へ。10-27 決選投票でルラが当選
2003	Ar	1-16	IMF と債務返済繰り延べで合意。4-27 大統領選挙を実施，決選投票へ。5-14 メネムが決選投票を辞退，キルチネルの当選確定
	Pa	4-27	大統領選挙を実施，ドゥアルテが当選(8-15 就任)
2004	V	8-16	大統領の罷免の是非を問う国民投票を実施，罷免反対が多数
	Bo	7-18	天然ガス資源問題をめぐる国民投票を実施，5つの提案すべてで支持が反対を上回る
	U	10-31	大統領選挙を実施，左派連合拡大戦線のバスケス候補が当選
2005	V	12-4	国会議員選挙を実施，野党のボイコットにより与党連合が圧勝
	Pe	11-6	日本を出国したフジモリ元大統領，チリのサンティアゴに到着，翌日未明に司法当局により拘束される
	Bo	12-18	大統領選挙を実施，モラレスが当選(06.1-22 就任)
	Ch	8-20	議会が憲法改正案を承認，軍事独裁時代の負の遺産を清算。12-10 大統領選挙を実施，バチェレとピニェラによる決選投票へ
	S	5-25	総選挙を実施，与党連合は過半数の議席を得られず，一部野党との連合により政権を維持。8-12 フェネティアーン，大統領に再任
2006	V	12-3	大統領選挙を実施，チャベス現大統領が3選を果たす
	Co	5-28	大統領選挙を実施，ウリベ大統領が再選される

	E	10-15	大統領選挙を実施，ノボアとコレアによる決選投票へ。11-26 決選投票でコレアが当選(07.1-15 就任)
	Pe	4-9	大統領選挙を実施，決選投票へ。6-4 決選投票でガルシア元大統領が当選(7-28 就任)
	Bo	5-1	炭化水素資源の国有化を発表。7-2 制憲議会選挙を実施，モラレス大統領派が過半数の議席を確保。8-6 制憲議会が開会
	Ch	1-15	大統領選挙の決選投票でバチェレが当選，初の女性大統領に。12-10 ピノチェト元大統領がサンティアゴ市内の病院で死去
	Pa	8-16	ストロエスネル元大統領，亡命先のブラジルで死去
	Br	10-1	大統領選挙を実施，決選投票へ。10-29 決選投票でルラが再選
	G	8-28	総選挙で与党人民進歩党が過半数，ジャグデオが大統領に再選
2007	V	1-31	国会，「授権法」を再び可決。12-2 大統領の無制限再選を可能にする改憲案の是非を問う国民投票を実施，僅差で否決される
	E	9-30	制憲議会選挙を実施，コレア派が多数に
	Pe	7-11	チリ最高裁判所，フジモリ元大統領の身柄引き渡し要請を却下，ペルー政府が異議申し立て。9-21 チリ最高裁判所，フジモリ元大統領の身柄引き渡しの判決。9-23 フジモリ元大統領，ペルーに移送
	Bo	12-9	制憲議会，新憲法草案を条項ごとに採択，賛成多数で可決
	Ar	10-28	大統領選挙を実施，キルチネル現大統領夫人のクリスティーナ・フェルナンデス上院議員が当選(12-10 就任)
2008	Co/E	3-1	コロンビア軍，エクアドル領内のFARC拠点を襲撃，主要幹部の殺害を発表。3-3 エクアドル，コロンビアとの国交断絶を宣言。3-4 米州機構，越境攻撃をエクアドルの主権侵害とする決議を採択。3-7 リオ・グループの首脳会談を開催，両国は一応の和解に達する
	Co	7-2	人質となっていたベタンクール元大統領候補らの救出成功を発表
	E	9-28	大統領の権限を強化する新憲法案の是非を問う国民投票を実施，賛成が多数を占める
	Bo	2-28	議会，憲法草案の是非を問う国民投票法案を可決，野党議員はボイコット。8-10 大統領と県知事の信任投票を実施，いずれも信任
	Pa	4-20	大統領選挙を実施，左派野党連合候補のルゴが当選(8-15 就任)
2009	Bo	12-6	新憲法に基づく大統領選挙でモラレスが再選
	Ar	6-28	前倒しで実施された議会選挙で大統領派が上下院で過半数を失う
	U	11-29	大統領選挙の決選投票で元左翼ゲリラのムヒカが当選
2010	V	9-26	国会議員選挙を実施，チャベス支持派の与党が大幅に議席を減らす
	Co	6-20	大統領選挙の決選投票でサントス前国防相が当選
	Ch	1-17	大統領選挙の決選投票でピニェラが当選。2-27 チリ中部沿岸で大規模な地震が発生
	Ar	10-27	ネストル・キルチネル前大統領，死去
	Br	10-31	大統領選挙でルセフが当選，同国初の女性大統領に（11.1-1 就任）
	S	5-25	議会選挙でかつての軍事独裁者ボータッセ率いるメガ・コンビネーションが最多議席を獲得。8-12 ボータッセが大統領に就任
2011	Pe	6-5	大統領選挙の決選投票でウマラがケイコ・フジモリを破り当選

（佐藤　徹）

■ 参考文献

なるべく手にはいりやすい最近の文献をあげるように努めた。I，II，IVのA，BおよびFの参考文献は，世界各国史25『ラテン・アメリカ史I　メキシコ・中央アメリカ・カリブ海』にあげた文献と重複するものがあることをお断りしておく。

以下に構成を示す。

I ラテン・アメリカ史全体に関するもの

(1) 国本伊代『概説ラテン・アメリカ史』新評論 1992
(2) 網野徹哉・高橋均『ラテン・アメリカ文明の興亡』(世界の歴史18) 中央公論社 1997
(3) 高橋均『ラテン・アメリカの歴史』(世界史リブレット26) 山川出版社 1998
(4) 歴史学研究会編『南北アメリカの500年』全5巻 青木書店 1992-93
(5) 増田義郎『物語ラテン・アメリカの歴史』(中公新書) 中央公論社 1998
(6) ジェーン・フランコ(吉田秀太郎訳)『ラテン・アメリカ 文化と文学——苦悩する知識人』新世界社 1978
(7) Bethell, Leslie (ed.), *The Cambridge History of Latin America*, 11vols., Cambridge : Cambridge University Press, 1984-
(8) Salomon, Frank and Schwarz B., Stuart (eds.), *The Cambridge History of the Native Peoples of the Americas*, Vol.III. South America, 2 vols., Cambridge : Cambridge University Press, 1999.
(9) Bakewell, Peter, *A History of Latin America*, Malden / Oxford: Blackwell, 1977.
(10) Williamson, Edwin, *The Penguin History of Latin America*, Harmondsworth : The Penguin Books, 1992.
(11) Keen, Benjamin, *A History of Latin America*, 5th ed., Boston and Toronto : Houghton Mifflin, 1996.
(12) Brading, David A., *The First America : the Spanish Monarchy, Creole Patriots, and the Liberal States, 1492-1867*, Cambridge : Cambridge University Press, 1991.
(13) Franco, Jean, *An Introdution to Spanish American Literature*, 3rd

ed., Cambridge : Cambridge University Press, 1994.
⒁ Black, Jan Knippers (ed.), *Latin America. Its Problems and Its Promise*, 3rd ed., Boulder : West View Press, 1998.
⒂ Early, Edwin, *The History Atlas of South America*, New York : MacMillan, 1998.

⑴は先史時代から現代までの，ラテン・アメリカ全史の簡潔な要約。⑵も同様だが，アンデス地方を中心とした土着住民に多くのページを費やしている点が特色。⑶は近・現代のラテン・アメリカ史の政治学的分析。⑷はコロンブス500年の機会に，南北アメリカ史を専攻する研究者たちが集まってつくった論文集。通史ではないが，さまざまな問題点が指摘されている。⑸はラテン・アメリカの歴史を，人物中心にエピソード風に描いたもの。初心者向き。⑹はイギリスのラテン・アメリカ文学研究の第一人者が書いた明快な文化史だが，文学の比重が大きい。⒀と併せて読むとよい。⑺はラテン・アメリカ史の集大成だが，通史というよりは各時代の歴史上の主題に関する論文集である。⑻とともに参照さるべきだろう。⑻は北アメリカ，メソアメリカ，南アメリカの３部よりなり，最近の研究成果が要約されている。⑼⑽⑾は，いずれも１冊本の便利な通史。⑼は植民地時代に厚く，現代は30年代で止めている。それに対して⑽は３分の２が近・現代を扱っている。⑾は「従属学説」によって書かれた「ラテン・アメリカ文明史」と銘打っている。同じ著者による英訳資料集 *Latin American Civilization. History and Society, 1492 to the Present*, 7th ed., Boulder : Westview Press, 2000. もある。⑿は植民地時代から19世紀半ばまでのラテン・アメリカ思想史。自己形成の問題が扱われている。⒁は29人の研究者によって書かれた，ラテン・アメリカ研究の問題点についてのエッセイ集。最近の研究動向を知るのに便利。⒂は歴史地図帳だが，地図の説明が簡潔明快で，通史の入門書としても読むことができる。

II　ラテン・アメリカの近・現代史に関するもの

⑴　斉藤広志・中川文雄『ラテンアメリカ現代史 I　総説・ブラジル』(世界現代史33) 山川出版社　1978
⑵　中川文雄・松下洋・遅野井茂雄『ラテンアメリカ現代史 II　アンデス・ラプラタ地域』(世界現代史34) 山川出版社　1985
⑶　細野昭雄・恒川惠市『ラテン・アメリカ危機の構図』有斐閣　1988

⑷ A・G・フランク(大崎正治訳)『世界資本主義と低開発』柘植書房 1988
⑸ 後藤政子『新現代のラテン・アメリカ』時事通信社 1993
⑹ Burns, E. Bradford, *Latin America. A Concise Interpretative History*, 6th ed., Englewood Cliffs : Prentice Hall, 1994.
⑺ Bushnell, David and Macaulay Neill, *The Emergence of Latin America in the Nineteenth Century*, 2nd ed., New York / Oxford : Oxford University Press, 1994.
⑻ Chevalier, Francois, *L'Amérique Latine de l'independence à nos jours*, Paris : Presses Universitaires de France, 1977.
⑼ Conniff, Michael L., *Populism in Latin America*, Tuscalosa : University of Alabama Press, 1999.
⑽ Halperín Donghi, Tulio, *Historia Contemporánea de América Latina*, Madrid : Alianza Editorial, 1969.
⑾ Ozhorn, P. D. and Ducatenzeiler, G. (eds.), *What Kind of Democracy ? What Kind of Market ?*, University Park, Pennsylvania : Pennsylvania University Press, 1998.
⑿ Skidmore, Thomas & Smith, Peter H., *Modern Latin America*, 4th ed., New York / Oxford : Oxford University Press, 1997.
⒀ Wiarda, Howard J. & Kline, Harvey (eds.), *Latin American Politics and Development*, 4th ed., Boulder : Westview Press, 1996.

⑴⑵は，1970年代から80年代前半までの現代史。各地域の専門家による執筆だが，政治経済が中心で，文化には薄く，60年代のラテン・アメリカ文学の「ブーム」のような重要な現象にも言及がない。⑶は80年代末までのラテン・アメリカの「危機」について，経済学，政治学の二人の専門家が鋭く論じている。その後の時期については，⑺⑼⑾～⒀などで補うことができる。⑷は，従属論の代表的分析家の作品。ラテン・アメリカを世界経済体制の中に位置づけている。⑸はラテン・アメリカ現代論。フジモリ政権やチリ革命に対する左派の見方を知ることができる。⑹は副題にあるように，アメリカ合衆国の研究者の立場からの歴史の解釈だが，とくに19世紀後半から20世紀前半にかけてが詳しい。文化史や社会史も扱われている。⑺は独立以後のラテン・アメリカの国家形成を知るのに便利な本。⑻はフランス人研究者のラテン・アメリカ現代史への視点を示す。⑼は1930年代から60年代にかけてのラテン・アメリカで盛んになったポピュリズム

の意義と限界を論じている。⑽はアルゼンティン出身の歴史学者による特色ある近・現代史。文体が晦渋で読みにくいが，英訳(*The Contemporary History of Latin America*, Durham & London : Duke University Press, 1993.)は，それをうまく解きほぐしている。⑾は80年代以降に詳しい。⑿は国別に独立以来の発展を跡づけ，アメリカ合衆国や世界との関係，および未来について論じている。⒀は政治動向を中心に，独立以来現在までの歴史を叙述したものだが，各国史とともに，ラテン・アメリカ全体の特長も分析している。

III　各国史(ベネスエラ，コロンビア，エクアドル，ペルー，ボリビア，チリ，アルゼンティン，ウルグァイ，パラグァイ，ブラジル)

A　アンデス諸国(ベネスエラ，コロンビア，エクアドル，ペルー，ボリビア，チリ)

⑴　歴史学研究会編『近代化の分かれ道』(南北アメリカの500年第2巻)青木書店　1993
⑵　モロン・モンテロ，ギリェルモ『ベネズエラ史概説』ラテン・アメリカ協会　1993
⑶　マリアテギ，ホセ・カルロス(原田金一郎訳)『ペルーの現実解釈のための七試論』柘植書房　1988
⑷　歴史学研究会編『危機と改革』(南北アメリカの500年第4巻)青木書店　1993
⑸　歴史学研究会編『統合と自立』(南北アメリカの500年第5巻)青木書店　1993
⑹　大串和雄『軍と革命――ペルー軍事政権の研究』東京大学出版会　1993
⑺　遅野井茂雄『現代ペルーとフジモリ政権』アジア経済研究所　1995
⑻　増田義郎・柳田利夫『ペルー　太平洋とアンデスの国――近代史と日系社会』中央公論新社　1999
⑼　エイサギルレ，ハイメ(山本雅俊訳)『チリの歴史』新評論　1998
⑽　ピント，アニーバル(丸谷吉男・吉田秀穂訳)『チリ経済の栄光と挫折』新世界社　1974
⑾　ロバート・モス(上智大学イベロアメリカ研究所訳)『アジェンデの実験』時事通信社　1974
⑿　ガルセス，ジョアン E.(後藤政子訳)『アジェンデと人民連合』時事通信社　1979
⒀　吉田秀穂『チリのアジェンデ政権期の理論と政策』アジア経済研究所

1979
(14) TePaske, John J. (Coordinator), *Research Guide to Andean History : Bolivia, Chile, Ecuador and Peru*, Durham : Duke University Press, 1981.
(15) Arellano Moreno, Antonio, *Breve historia de Venezuela*, Caracas : Italgráfica, S.R.L., 1974.
(16) Ewell, Judith, *Venezuela : A Century of Change*, Stanford : Stanford University Press, 1984.
(17) McGreevey, William P., *An Economic History of Colombia*, Cambridge : Cambridge University Press, 1971.
(18) Tirado Mejía, Alvaro, *Introducción a la historia económica de Colombia*, Medellin : Editorial la Carreta, 1976.
(19) Arrubla, Mario et al., *Colombia hoy*, Bogotá : Siglo Veintiuno, 1978.
(20) *Manual de Historia de Colombia*, Bogotá : Instituto Colombiano de Cultura, 1984.
(21) Dix, Robert H., *Colombia : The Political Dimensions of Change*, New Haven : Yale University Press, 1967.
(22) Dix, Robert H., *The Politics of Colombia*, New York : Praeger, 1987.
(23) Ayala Mora, Enrique (ed.), *Nueva Historia del Ecuador*, 15 tomos, Quito : Corporación Editora Nacional/ Grijalbo Ecuatoriana, 1983.
(24) Cueva, Agustín, *El proceso de dominación política en Ecuador*, México : Editorial Diógenes, 1974.
(25) Drekonja, Gerhard et al., *Ecuador hoy*, Bogotá y México : Siglo Veintiuno, 1978.
(26) Martz, John D., *The Politics of Petroleum in Ecuador*, New Brunswick : Transaction Press, 1987.
(27) Basadre, Jorge, *Historia de la República del Perú. 1822-1933*, ed. rev., 17 tomos, Lima : Editorial Universitaria, 1970.
(28) Mejía Baca, Juan (ed.), *Historia del Perú*, 12 tomos, Lima : Editorial Juan Mejía Baca, 1980.
(29) Pease G.Y., Franklin, *Peru hombre e historia : Entre el siglo XVI y XVIII*, Lima : Edubanco, 1992.
(30) Pease G.Y., Franklin, *Peru hombre y historia : La República*, Lima

: Edubanco, 1993.
(31) Werlich, David, *Peru : A Short History*, London / Amsterdam : Feffer & Simons, 1978.
(32) Lowenthal, Abraham F., *The Peruvian Experiment*, Princeton : Princeton University Press, 1975.
(33) McClintock, Cynthia and Lownthal, Abraham F., *The Peruvian Experiment Reconsidered*, Princeton : Princeton University Press, 1983.
(34) Thorp, Rosemary and Geoffrey Bertram, *Peru 1890-1977. Growth and Policy in an Open Economy*, New York, Columbia University Press, 1978.
(35) Starn, Orin, Deregori, Carlos Ivan and Kirk, Robin (eds.), *The Peru Reader*, Durham / London : Duke University Press, 1995.
(36) Klein, Herbert S., *Bolivia : The Evolution of a Multiethnic Society*, 2nd ed., New York : Oxford University Press, 1992.
(37) Villalobos R., Sergio et al., *Historia de Chile*, Santiago : Editorial Universitaria, 1974.
(38) Kinsbruner, Jay, *Chile : A Historical Interpretation*, New York / London : Harper & Row, 1973.
(39) Collier, Simon and William F. Sater, *A History of Chile, 1808-1994*, New York : Cambridge University Press, 1997.
(40) Loveman, Brian, *Chile : A Legacy of Hispanic Capitalism*, New York : Oxford University Press, 1979.
(41) Ramírez Necochea, Hernán, *Historia del imperialismo en Chile*, Habana : Edición Revolucionaria, s/f.
(42) Petras, James, *Politics and Social Forces in Chilean Development*, Berkeley / London : University of California Press, 1972.
(43) Valenzuela, J., Samuel and Valenzuela, Arturo (eds.), *Military Rule in Chile : Dictatorship and Oppositions*, Baltimore : Johns Hopkins University Press, 1986.
(44) Cariola Sutter, Carmen y Osvaldo Sunkel, *La historia económica de Chile 1830-1930 : Dos ensayos y una bibliografía*, Madrid : Ediciones Cultura Hispánica, 1982.
(45) Dornbusch, Rudiger and Labán, Raúl (eds.), *The Chilean Economy*

: Policy Lessons and Challenges, Washington : The Brookings Institution, 1994.

日本で，アンデス地域の政治的大変動として注目されてきたのは，ペルーの軍事革命政権の成立，チリ革命，フジモリ改革などであり，出版もこの３点に集中している。⑴は19世紀のアンデス諸国の政治・経済を概観して，輸出経済の形成と発展という枠組みで論じている。⑵は先スペイン期から1970年代までのベネスエラの政治史。⑶はペルーのマルクス主義思想家による1920年代当時のペルーの現状分析で，この国特有の先住民問題や土地制度に注目しながらユニークな解釈を展開している。⑷⑸にはペルーの1920年代の民族主義運動登場の背景，1968年に始まるベラスコ改革についての論文が収録されている。⑹は政治学者による本格的なペルー軍事政治の研究である。⑺は1980年以降のフジモリ政権初期の解説。⑻は先史文明からフジモリ時代までのかなり詳細な通史と，第二次世界大戦以後の日系社会の歴史と現状の説明よりなる。⑼は，先史時代から19世紀後半までの，政治，経済，社会，文化にわたる「チリ国民史」。⑽は独立から人民連合成立までのチリ経済史であり，一次産品(銅，小麦，硝石)輸出の盛衰を軸にチリ経済の変動をとらえた。II-⑷の従属論と併せ読むと，チリ経済の問題点が理解できよう。アイェンデ政権に関する文献も少なくないが，⑾は政権に批判的な立場からのジャーナリストによる分析で，反民主主義的な体質から内部分解していったとしている。⑿はアイェンデの唯一の生き残った側近による貴重な証言。政権の成立から崩壊までの経過を内部から詳細に描き出している。⒀はキリスト教民主党前政権との人民連合の政策の継承と対立の両面から分析した理論的研究書。

⒁はアンデス諸国の歴史研究ガイド。植民地時代史から現代にいたるまでの各国の古文書，歴史書の所在を示す。⒂は⑵のモロンの書とともに，簡便な通史として役立つ。⒃は1870年以降１世紀にわたるベネスエラの歴史を，石油価格の変動と石油政策に関連づけて分析した好著。⒄は植民地期から1960年代の農地改革までを扱ったコロンビア経済史で，とくに独立直後の保護貿易への動きに注目している。⒅は19世紀の貴金属，タバコの経済から20世紀のコーヒー経済へ移行するコロンビア経済の変化を跡づけている。⒆㉕の『今日の〜』シリーズは，現代に焦点を当てて，政治史・労働史・社会史などを概観する啓蒙書である。⒇は教科書的なコロンビア史概説。㉑および㉒は20世紀コロンビア政治史の鋭い分析。㉓は平易だが水準の高いエクアドル史。㉔は20世紀エクアドル史を，グァヤキルの経済

勢力とキートの政治勢力の対抗を軸にして分析している。(26)は第二次世界大戦後の石油ブームとエクアドル政治の関連を分析している。(27)は現代ペルーの代表的歴史学者による浩瀚な近現代史。一方，(28)は多数の研究者によるペルー通史。第IV巻とVII巻が1968年の軍事政権成立までのペルー史としてよくまとまっている。(29)(30)はIV-A-(14)とともに3巻のペルー史をなす。(31)はベラスコ軍事政権までのペルー現代史。(32)および(33)は革命軍事政権の実験を分析・評価している。(34)は19世紀からベラスコ改革にいたるペルーの輸出経済から工業経済への転換を，経済政策と関連づけながら記述し，工業化自体も対外依存性が強い点を強調している。(35)は最近のペルーの政治，社会，文化を知るのに便利な論文集。(36)は長年ボリビア史を研究している歴史学者の信頼できる通史。(37)は4人の研究者による簡潔なチリ通史。(38)は経済の動きを中心としたチリ史の概説書。征服期からピノチェト時代までを扱っている。(39)は最新のチリ通史。独立から1994年までを扱っている。植民地時代の小麦経済，独立以降の小麦・硝石から銅経済への変遷と重ね合わせてチリの政治史を辿っている。社会主義政権の崩壊については，政権内部および極左との対立に焦点を当てている。(40)は征服期から現代までを扱うが，1930年代以来，国家部門の拡大が進み，その頂点がアイェンデ政権であって，ピノチェト政権は1930年以前への回帰であったとしている。(41)(42)はチリの諸問題を，封建勢力と帝国主義勢力の連携と支配の中に位置づけるマルクス主義の立場からの分析を示す。(43)はピノチェト時代の分析と解釈。(44)は独立以来現代までのチリの経済史を，豊富な資料を示しながら概述している。(45)はチリの新自由主義政策の分析。

B　アルゼンティン，ウルグァイ，パラグァイ

(1) Levene, Ricardo (ed.), *Historia de la nación argentina* (*desde los orígenes hasta la organización definitiva en 1862*), 15 tomos, 3ª ed., Buenos Aires : Academia Nacional de Historia, 1963.
(2) Academia Nacional de Historia, *Historia argentina contemporánea, 1862-1930*, 7 tomos, Buenos Aires : Academia Nacional de Historia, 1963-67.
(3) Floria, Carlos Alberto y García Belsunce, César A., *Historia de los Argentinos*, 2 tomos, Buenos Aires : Editorial Kapelusz, 1975.
(4) Palacio, Ernesto, *Historia de la Argentina*, 2 tomos. 3ª ed., Buenos Aires : A. Peña Lillo editor, 1965.

(5) Rock, David, *Argentina 1516-1982, From Spanish Colonization to the Falklands War*, London : I. B. Tauris, 1986.
(6) Shurmann Pacheco, Mauricio y Coolinghan Sanguinetti, *Historia del Uruguay*, 2ª ed., Montevideo : Libberos Editores, 1957.
(7) Cardozo, Efraim, *Breve historia de Paraguay*, Buenos Aires : Eudeba, 1965.

日本語で読めるラ・プラタ地域史としては，II-(2)があり，独立以後を扱う。19世紀前半におけるラ・プラタ三国の歴史のなかで，その評価をめぐってもっとも論議を呼んでいるのは，アルゼンティンのロサスである。彼の評価が，それ以後の歴史記述，ひいてはアルゼンティンの歴史全体の評価にも深くかかわるからである。ロサスの解釈は，大別すると，正統派もしくは自由主義的解釈と修正学派に分けられる。前者は，ロサスの独裁的，国粋主義的支配が国の発展を遅らせたと見なし，ロサス以後の西欧化路線を高く評価する。これに対して後者は，彼の民族主義を高く評価し，それ以後の歴史を国民性喪失のプロセスとして把握しようとする。この立場を先鋭化した見方は，しばしばロシスモ(ロサス主義)とも呼ばれている。前者の立場に立った通史としては，(1)がもっとも代表的であり，(2)はその続編として刊行された。(3)もこの立場に依拠した平易な通史として定評をえている。他方，修正主義の史家による通史も数多いが，近隣諸国の協力をえたウルキサによりロサスが打倒されたことを「国家的敗北」と規定する(4)はその好例といえよう。(5)はイギリスの歴史学者による通史で，20世紀の諸問題の起源をスペインの植民地時代に求めている。ウルグァイの平易な通史としては，(6)が定評をえている。パラグァイに関しては(7)が基本的事実をおさえた平易な通史といえよう。

C　ブラジル

(1) 山田睦男編『概説ブラジル史』有斐閣　1990
(2) フレデリック・モーロ(金七紀男・冨野幹雄訳)『ブラジル史』(文庫クセジュ) 白水社　1980
(3) アンドウゼンパチ『ブラジル史』岩波書店　1983
(4) プラド，カイオ(山田睦男訳)『ブラジル経済史』新世界社　1972。原題：Prado Jr., Cáio, *História econômica do Brasil*.
(5) Burns, E. Bradford, *A History of Brasil*. 3rd ed., New York : Columbia University Press, 1993.

(6)　Bandechhi, Pedro Brasil, *Dicionário de história do Brasil : moral e civismo*. 4ª ed., São Paulo : Edições Melhoramentos, 1973.
(7)　Fundação Getúlio Vargas-Cpdoc, *Dicionário histórico-biográfico brasileiro : 1930 -1983*. Coordenação Israel Beloch e Alzira Alves de Abreu. 4 volumes, Rio de Janeiro : Ed. Forense- Universitária : FGV/CPDOC : Financiadora de Estudos e Projetos-FINEP, 1984.
(8)　IBGE, *Séries estatísticas retrospectivas. Vol. 1. Repertório estatístico do Brasil*, Quadro retrospectivos (original publicado em 1941), Rio de Janeiro : IBGE, 1986.
(9)　IBGE, *Séries estatísticas retrospectivas. Vol. 3. Estatísticas históricas do Brasil : Séries econômicas, demográficas e sociais de 1550 a 1985*, Rio de Janeiro : IBGE, 1987.
(10)　Pôrto, Angela, Fritsch, Lilian de, e Padilha, Sylvia F., *Processo de modernização do Brasil, 1850-1930 : Economia e sociedade, uma bibliografia*, Rio de Janeiro : Fundação Casa de Rui Barbosa, 1985.
(11)　ブアルケ・デ・オランダ，セルジオ(池上岑夫訳)『真心と冒険——ラテン的世界』新世界社　1971。原題：Buarque de Holanda, Sérgio, *Raízes do Brasil*.
(12)　ジルベルト・フレイレ(松本幹雄訳)『熱帯の新世界——ブラジル文化論の発見』新世界社　1979。原題：Freire, Gilberto. *A New World of Tropics*.
(13)　斉藤功・松本栄次・矢ヶ崎典隆編著『ノルデステ——ブラジル北東部の風土と土地利用』大明堂　1999
(14)　山田睦男・細野昭雄・高橋伸夫・中川文雄共著『ラテンアメリカの巨大都市——第三世界の現代文明』二宮書店　1994
(15)　冨野幹雄・住田育法(共著)『ブラジル——その歴史と経済』啓文社　1990
(16)　C. N. デグラー(儀部景俊訳)『ブラジルと合衆国の人種差別』亜紀書房　1986
(17)　山田睦男「ブラジル北東部の空間占拠と開発過程——農業と牧畜の分離と地域問題の形成」『ラテンアメリカ研究』筑波大学ラテンアメリカ特別研究プロジェクト　第4号　1982

(1)はブラジル史を専攻する多数の著者が分担している概説書であるが，史学動向，地域論，世界の中のブラジル，日系社会と対日関係なども独立

の章として扱われている。⑵は地理的背景も説明され，簡潔であるが，バランスのとれた入門書。⑶はわが国で最初のブラジル史概説書である。⑷は題名にもかかわらず，概史としても読める。モノカルチャー経済の形成と対外従属や後進性を関連して説明している。⑸は最近物故したアメリカにおけるブラジル史の権威による概史であり，文学や芸術なども歴史資料として利用している。⑹は固有名詞や事象を調べるのに良い歴史事典であり，⑺は現代史に関する大部の歴史，伝記事典である。⑻は時系列による統計資料集，⑼は経済，人口，社会に関する1550年から1985年までの統計資料集，⑽は経済と社会の近代化に関する書誌。⑾は権威ある歴史学者の出世作であり，ブラジル文化論となっている。⑿は世界的に著名なフレイレのブラジル論であり民族主義的な視角が感じられる。⒀では，長年北東部で現地調査をしてきた筑波大学の地理学者が北東部を論じ，歴史も含まれている。⒁も併せて読む価値があろう。⒂は歴史と現状に関する入門書。⒃は両国の奴隷制度と人種関係の違いとその原因を探求しようとしている。ブラジルでは，南北戦争後の南部でつくられたような奴隷制擁護論は出現したことがなかったという指摘，またムラートが数的に劣勢なブラジルの白人の同盟者として受け入れられたことが，黒人の血が一滴でも混じれば黒人と見なされる米国と異なる人種概念をつくったという説明は，興味深い。⒄では，かなりの章—第VI，VII，VIII，IX，X章—がブラジルに関連している。メキシコ市，ブラジル南東部，ブエノス・アイレス市で7年にわたり調査をおこなった筑波大学の地理，経済，歴史専攻者による共同研究である。

IV　各章に関するもの

A　第Ⅰ部第1章　先スペイン期の南アメリカ

⑴　関雄二『アンデスの考古学』（世界の考古学①）同成社　1997
⑵　増田義郎『インディオ文明の興亡』（世界の歴史 7）講談社　1977
⑶　増田義郎・島田泉編『古代アンデス美術』岩波書店　1991
⑷　ルイス・G・ルンブレラス（増田義郎訳）『アンデス文明』岩波書店　1977
⑸　フランクリン・ピース・G・Y，増田義郎『図説インカ帝国』小学館　1988
⑹　ペドロ・デ・シエサ・デ・レオン（増田義郎訳）『インカ帝国史』（大

航海時代叢書第II期第15巻）岩波書店　1979
(7)　インカ・ガルシラーソ・デ・ラ・ベガ（牛島信明訳）『インカ皇統記』（大航海時代叢書エクストラシリーズ第１，２巻）岩波書店　1985-86
(8)　ホセ・デ・アコスタ（増田義郎訳）『新大陸自然文化史』（大航海時代叢書第Ｉ期第４巻）岩波書店　1966
(9)　Willey, Gorden R., *An Introduction to American Archaeology*, Vol. 2, *South America*, Englewood Cliffs : Prentice Hall, 1971.
(10)　Bruhns, Karen Olsen, *Ancient South America*, Cambridge : Cambridge University Press, 1994.
(11)　Salomon, Frank and Schwartz, Stuart B.(eds.), *The Cambridge History of the Native Peoples of the Americas, Volume* III *South America, Part 1*, Cambridge : Cambridge University Press, 1999.
(12)　Lavallée, Danièle et Lumbreras, Luis G., *Les Andes de la prêhistoire aux Incas*, Paris : Gallimard, 1985.
(13)　Keating, R.(ed.), *Peruvian Prehistory*, Cambridge : Cambridge University Press, 1988.
(14)　Bonavia, Duccio, *Perú Hombre e Historia, I. De los orígenes al siglo XV*, Lima : Edubanco, 1991.
(15)　Moseley, Michael, *The Incas and Their Ancestors*, London : Thames and Hudson, 1992.
(16)　Pozorski, J. H. and Pozoroski, T.(eds.), *The Origins and Development of the Andean State*, Cambridge : Cambridge Universsity Press, 1987.
(17)　Stone-Miller, Rebecca, *Art of the Ande from Chavín to Inca*, London : Thames and Hudson, 1994.
(18)　Laurencichi Minelli, Laura, *The Inca World. The Development of Pre-Columbian Peru, A. D. 1000-1534*, Norman : University of Oklahoma Press, 2000.
(19)　Rostoworowski de Diez Canseco, María, *Historia del Tawantinsuyu*, Lima : Instituto de Estudios Peruanos, 1988.
(20)　Niles, Susan A., *The Shape of Inca History*, Iowa City : Iowa University Press, 1999.
(21)　Pease G. Y., Franklin, *Perú Hombre e Historia, II Entre el siglo XVI y el XVIII*, Lima : Edubanco, 1992.

(22) Murra, John V., *The Economic Organization of the Inka State*, Greenwich / Corn : Jai Press, 1980.

ここでは個別文化の研究は省略し，概説的な文献だけに限る。(1)は中央アンデスの先史時代史。考古学の立場に終始し，諸説を綿密に検討しているが，全体の筋書きがあまりはっきりみえてこないのが欠陥。(2)は人間の登場からインカ帝国をへてスペイン植民地時代の終わりまでの過程を，一貫した歴史としてとらえている。(3) は各時代の美術だけでなく，考古学についての論考を集めている。中央アンデスに止まらず，チリ，アルゼンティン，エクアドルについても専門家が執筆している。(4)はやや古くなったが，いまなお中央アンデスの考古学概説として基本的な文献。(5)インカ帝国に関する二百数十枚の特撮写真に平明な解説をつけている。(6)インカ帝国研究のためには，征服当時のスペイン人の記録類が重要な資料になるが，シエサの書は，その中でもインカの口述資料提供者を使ってもっとも早く書かれた史料の一つとして重要である。(7)は著者がスペイン人の貴族とインカ皇女とのあいだに生まれた子であるため，独特の情報源をもっていたことが特色。(8)は長年ペルーに在住したイエズス会士の書で，著者は時代に先行する比較文化的視点をもっていた。(9)は古くなったが，南アメリカ大陸全体を見通した概説書として，現在でも大きな価値をもっている。その後の時間的空白は，(10)と(11)によって補うことができる。(12)は美術史的性格が強いが，アンデス地域全体を扱っている。(13)は時代ごとに専門家が執筆したペルー考古学概論。それに対して(14)(15)は，一人の著者による概説。(15)はインカからはじめて時代をさかのぼる，という手法で書かれている。(16)はチャビンからインカ帝国にいたるまでの中央アンデス政治史。(17)は美術史。(18)はワリ(中期ホライズン)以後の国家形成を論じている。(19)はペルー史研究の権威によるインカ帝国史。英訳がある(*History of the Inca Realm*, Cambridge : Cambridge University Press, 1999.)。最近アメリカ人の研究者によるインカ文明の研究がさかんに出るが，一例として(20)をあげておく。インカ時代の建造物の調査を，インカ史の史料と結び合わせ，ワイナ・カッパク皇帝時代の歴史を再検討している。最後にあげておきたいのは，インカ史と植民地時代史を一貫したものとして扱うことを主張してきたペルーの歴史学者フランクリン・ピース・G・Yの著書(21)である。彼がⅣ-D-(5)で述べた構想が，具体的なヒストリオグラフィーとして結実している。(22)はいわゆる「垂直統御」のモデルを打ち出す以前に，ムラがクロニスタの記録を詳細に分析して構成したインカ国家の経済組織

論。

B　第Ⅰ部第2章　ヨーロッパ人の南アメリカ侵入

(1)　増田義郎『インカ帝国探検記』(中公文庫) 中央公論社　1975
(2)　マリアンヌ・マン＝ロト (染田秀藤訳)『イスパノアメリカの征服』(文庫クセジュ) 白水社　1984
(3)　ウィリアム・プレスコット (石田茂一・真木昌夫訳)『ペルー征服』(講談社学術文庫) 講談社　1980
(4)　ナタン・ワシュテル (小池祐二訳)『敗者の想像力』岩波書店　1984
(5)　サーグン，コルテス，ヘレス，カルババハル (伊藤昌輝訳)『征服者と新世界』(大航海時代叢書第Ⅱ期第12巻) 岩波書店　1966
(6)　ペドロ・ピサロ (増田義郎訳)『ペルー王国記』(大航海時代叢書第Ⅱ期第16巻) 岩波書店　1984
(7)　Kirkpatrick, F. A., *The Spanish Conquistadores*, London : A. & C. Black, 1934.
(8)　Morales Padrón, Francisco, *Historia del descubrimiento y conquista de América*, quinta edición revisada y aumentada, Madrid : Gredos, 1990.
(9)　Hemming, John, *The Conquest of the Incas*, London : MacMillan, 1970.
(10)　Garcia, Albert, *La découverte et la conquête du Pérou d'après les sources originales*, Paris : C. Klincksieck, 1975.
(11)　Guillén, Edmundo, *Versión Inca de la conquista*, Lima : Milla Batres, 1974.
(12)　Guillén, Edmundo, *Versión peruana de la conquista*, Lima : Milla Batres, 1979.
(13)　Oliva de Coll, Josefina, *La resistencia indígena ante la conquista*, México : Siglo Veintiuno, 1974.
(14)　Porras Barrenechea, Raúl, *Pizzaro*, Lima : Editorial Pizzaro, 1978.
(15)　Busto Duthurburu, José Antonio del, *Francisco Pirraro. El marqués gobernador*, 2da ed., Lima : Studium, 1978.
(16)　Means, Philip A., *Fall of the Inca Empire and the Spanish Rule in Peru : 1530-1780*, New York : Charles Scribner Sons, 1932.

(1)は征服者の残した史料と，征服の経路の実地調査にもとづいてまとめ

た簡潔なスペイン人のインカ征服記。(2)はアメリカ大陸全体の征服を扱っている。(3)はニュー・イングランドの文人ウィリアム・プレスコットの名著 *History of the Conquest of Peru*, New York, 1847. の翻訳だが，本文だけを訳し，厖大な注は割愛している。(4)は征服が与えたトラウマについて明快に論じているが，フランス流の「幾何学の精神」が気になる。(5)には征服者のひとり，フランシスコ・デ・ヘレスの『ペルーおよびクスコ地方征服に関する真実の報告』およびガスパール・デ・カルバハルの『アマゾン川の発見』が含まれている。(6)は征服者ピサロの従兄弟によるインカ征服記だが，同時にインカ文化に関する民族誌的情報が多く含まれているので有名。(7)はアメリカ大陸のスペイン人征服者に関する古典的な概説書。(8)は征服に関するスペイン人の見方を代表している。(9)はプレスコット以来はじめて史料批判をおこなって書かれた決定版。征服された者たちの立場にも十分注意をはらっている。(10)も綿密な史料批判をおこなって書いたインカ征服記。ミメオグラフ版なのであまり知られていない。(11)は征服された者の視点をあらわす史料を集めて，注釈をほどこしている。(12)はそれら史料にもとづいて書かれた，インカ人の視点からのスペイン人の征服。(13)ペルーだけでなく，コロンビア，ベネスエラ，チリ，アルゼンティンなどについても，原住民の抵抗を要約している。(14)(15)は，ペルーの歴史学者の書いたピサロ伝。(14)はピサロに関する多くの論考を合成して編纂したもの。(16)はクスコ占領後のビルカバンバのインカ王朝について詳説し，現在でも役に立つ。なお，第Ⅰ部第1章の参考文献A-(21)も参照。

C　第Ⅰ部第3章　アンデス世界と植民地社会

(1)　ピコン・サラス，マリアーノ(村江四郎訳)『ラテンアメリカ文化史　二つの世界の融合』サイマル出版会　1991
(2)　増田義郎『新世界のユートピア』(中公文庫)中央公論社　1989
(3)　ラス・カサス(染田秀藤訳)『インディアスの破壊に関する簡潔な報告』(岩波文庫)岩波書店　1976
(4)　ルイス・ハンケ(染田秀藤訳)『スペインの新大陸征服』平凡社　1979
(5)　染田秀藤　『ラス・カサス伝』岩波書店　1990
(6)　J・H・エリオット(藤田一成訳)『スペイン帝国の興亡――1469-1716』岩波書店　1982
(7)　染田秀藤編『ラテンアメリカ史――植民地時代の実像』世界思想社　1990
(8)　チャールズ・ギブソン(染田秀藤訳)『イスパノアメリカ――植民地時

代』平凡社　1981
(9)　ペドロ・ピサロ他(増田義郎訳)『ペルー王国史』(大航海時代叢書第II期第16巻)　岩波書店　1984
(10)　Burkholder, Mark A. and Johnson, Lyman L. (eds.), *Colonial Latin America*, 2nd edition Oxford : Oxford University Press, 1993.
(11)　Lockhart, James and Schwarts, Stuart, *Early Latin America : A History of Colonial Spanish America and Brazil*, Cambridge : Cambridge University Press, 1983.
(12)　MacAlister, Lyle N., *Spain and Portugal in the New World*, Minneapolis : University of Minnesota Press, 1984.
(13)　Haring, C.H., *The Spanish Emipre in America*, New York / London : A Harvest/ HBJ Book, 1975.
(14)　Lockhart, James, *Spanish Peru, 1532-1560 : A Colonial Society*, Madison : University of Wisconsin Press, 1968.
(15)　Lockhart, James, *The Men of Cajamarca ; A Social and Biographical Study of the First Conquerors of Peru*, Austin : University of Texas Press, 1972.
(16)　Varón Gabai, Rafael, *Francisco Pizarro and His Brothers ; The Illusion of Power in Sixteenth-Century Peru*, Norman : University of Oklahoma Press, 1997.
(17)　Cook, Alexandra Parma and Cook, Noble David, *Good Faith and Truthful Ignorance : A Case of Transatlantic Bigamy*, Durham / London : Duke University Press, 1991.
(18)　Bakewell, Peter, *Miners of the Red Mountain : Indian Labor in Potosí, 1545-1650*, Albuquerque : University of New Mexico Press, 1985.
(19)　Andrien, Kenneth J., *The Kingdom of Quito, 1690-1830*, Cambridge : Cambridge University Press, 1995.
(20)　McFarlane, Anthony, *Columbia Before Independence*, Cambridge, Cambridge University Press, 1993.

(1)はラテン・アメリカの文化史の流れを知るうえで，日本語で読むことのできる貴重な文献である。(2)はルネサンスの思想と新世界の問題をわかりやすく，かつ詳細に論じている。ラス・カサスの思想は，アンデスの地にもはっきりとその刻印を残したが，(3)(4)(5)はラス・カサス関連の日本語

で書かれた代表的な著作である。(2)と併せて参考にするとよい。またアンデス植民地社会史の背景としてのイベリア半島の歴史的展開を知るうえで(6)には古典的な価値がある。アンデス植民地社会の全貌をつかむためには，(7)(8)がよい。とくに(8)は植民地社会の基本的な枠組みを簡潔に提示しており初学者にはとても勉強になる。(9)はアンデスの16・17世紀を学ぶための貴重な一次史料である。征服者ペドロ・ピサロによって書かれたインカ史，および征服の歴史，またホセ・デ・アリアガによる17世紀アンデスのインディオの宗教的実践についての克明な記述など，当時の社会の実相に迫るための重要な情報を提供してくれる。(10)(11)(12)はともに植民地社会の構造を把握するためには必須の文献であり，(13)はとりわけ制度史的側面の研究としていまだに価値を減じてはいない。(14)は今日のラテン・アメリカ植民地社会研究の第一人者による記念碑的な成果。膨大な公証人文書を利用したその著作は，初期アンデス社会の，とりわけスペイン人社会の細部を鮮明にする。(15)は「カハマルカの戦い」に臨んだスペイン人征服者一人ひとりの相貌を，やはり古文書を用いて浮き彫りにした作品。(16)はペルーの新世代の歴史家による，ピサロ一家に関する極めて細密な分析。伝記的側面のみならず，社会経済史的研究としても重要である。(17)はある征服者の「重婚」裁判記録をもとに，新世界に渡った一スペイン人の波乱の生涯を描き出したとてもユニークな研究。(18)はアンデス社会の心臓部ポトシの実態を明らかにした労作。アンデスに関する経済史的研究には不可欠の書物である。(19)はアンデス植民地社会の周辺領域の一つエクアドル地方に関しての貴重な社会経済史的研究。(20)はコロンビアの植民地時代を扱う。

D　第Ⅰ部第4章　伝統文化の変容と抵抗

(1)　ホセ・デ・アコスタ(増田義郎訳注)『新大陸自然文化史』(大航海時代叢書第Ⅰ期3，4)　岩波書店　1966

(2)　Poma de Ayala, Felipe Guaman, *El primer nueva corónica y buen gobierno*, 3 tomos, México : Siglo Veintiuno, 1980.

(3)　染田秀藤・友枝啓泰編『アンデス文化を学ぶ人のために』世界思想社　1997

(4)　Andrien, Kenneth J. and Adorno, Rolena (eds.), *Transatlantic Encounters : Europeans and Andeans in the Sixteenth Century*, Berkeley : University of California Press, 1991.

(5)　Pease G.Y., Franklin, *Del Tawantinsuyu a la historia del Perú*,

Lima : Instituto de Estudios Peruanos, 1978.
(6) Pease G.Y., Franklin, *Perú, hombre e historia, II. Entre el siglo XVI y el XVIII*, Lima : Edubanco, 1992.
(7) Stern, Steve, *Peru's Indian Peoples and the Challenge of the Spanish Conquest : Huamanga to 1640*, Madison : University of Wisconsin Press, 1982.
(8) Spalding, Karen, *Huarochirí : An Andean Society under Inca and Spanish Rule*, Stanford, : Stanford University Press, 1984.
(9) Ramírez, Susan E., *The World Upside Down, Cross Cultural Contact and Conflict in Sixteenth-century Peru*, Stanford : Stanford University Press, 1995.
(10) MacCormack, Sabine, *Religion in the Andes : Vision and Imagination in Early Colonial Peru*, Princeton : Princeton University Press, 1991.
(11) Duviols, Pierre, *La destrucción de las religiones andinas : conquista y colonia*, México : UNAM, 1977.
(12) Mills, Kenneth, *Idolatry and its Enemies : Colonial Andean Religion and Extirpation, 1640-1750*, New Jersey : Princeton University Press, 1997.
(13) Silverblatt, Irene, *Moon, Sun and Witches : Gender Ideologies and Class in Inca and Colonial Peru*, Princeton : Princeton University Press, 1987.
(14) 斎藤晃『魂の征服――アンデスにおける改宗の政治学』平凡社 1993
(15) Cook, Noble David, *Demografic Collapse : Indian Peru, 1520-1620*, Cambridge : Cambridge University Press, 1981.
(16) Bowser, Frederick P., *The Aflican Slave in Colonial Peru, 1524-1650*, Stanford : Stanford University Press, 1974.
(17) Glave, Luis Miguel, *Trajinantes : caminos indígenas en la sociedad colonial, siglos XVI-XVII*, Lima : Instituto de Apoyo Agrario, 1989.
(18) Zulawski, Ann, "*They Eat from Their Labor*" *: Work and Social Change in Colonial Bolivia*, Pittuburgh, University of Pittuburgh Press, 1995.
(19) Olivia Harris, Brooke Larson et al.(eds.), *La participación indígena en los mercados surandinos : estrategias y reproducción social, siglos*

XVI a XX, La Paz : Centro de Estudios de la Realidad Ecőnómica y Social, 1987.

(20) Loayza, Francisco A., *Juan Santos el invencible*, Lima : Editorial Domingo Miranda, 1942.

(21) Loayza, Francisco A., *Fray Calixto Tupak Inka : documentos originales... desde el año de 1746 a 1760*, Lima : Editorial Domingo Miranda, 1946.

(22) Lorandi, Ana María, *De quimeras, rebeliones y utopías : la gesta de Inca Pedro Bohorques*, Lima : Pontificia Universidad Católica del Perú, 1997.

(23) Flores Galindo, Alberto (ed.), *Túpac Amaru II-1780 ; Antología*, Lima : Retablo de Papel Ediciones, 1976.

(24) Flores Galindo, Alberto, *Buscando un inca : identidad y utopía en los Andes*, Lima : Editorial Horizonte, 1986 [1983].

(25) Stern, Steve J. (ed.), *Resistance, Rebellion, and Consciousness in the Andean Peasant World : 18th to 20th Centuries*, Madison : University of Wisconsin Press, 1987.

(26) Walker, Charles, *Smoldering Ashes : Cuzco and the Creation of Republican Peru, 1780-1840*, Durham : Duke University Press, 1999.

(27) 真鍋修三『トゥパク・アマルの反乱に関する研究——その社会経済史的背景の考察』神戸商科大学経済研究所　1996

(28) Gisbert, Teresa, *Iconografía y mitos indígenas en el arte*, La Paz : Editorial Gisbert y Cía, 1980.

(29) Zamora, Margarita, *Language, Authority, and Indigenous History in the Comentarios Reales de los Incas*, Cambridge : Cambridge University Press, 1988.

(30) González Echevarría, Roberto, *Myth and Archive : a Theory of Latin American Narrative*, Cambridge : Cambridge University Press, 1990.

(1)はイエズス会のペルー管区長としてアンデスにあったすぐれた聖職者が書いた，アンデス(メキシコも含まれる)の歴史・自然誌に関する豊かな情報を含む記録であり，卓見に満ちている。一方(2)は16世紀から17世紀にかけてペルー副王領に生きたインディオの筆になる先スペイン期・植民地期のアンデス史の記録である。先住民の側から見た征服観，あるいはイン

ディオ独自の世界観が，彼自身がものしたとされるユニークな「挿画」の数々とともに鮮明になる。(3)はアンデスをフィールドとする日本人研究者たちが，さまざまな角度からアンデス社会を論じている。また(4)は斬新な視点からアンデス社会にアプローチした歴史・人類学的論文を収録した書物であり，貴重な示唆に富んでいる。(5)(6)はペルーを代表する歴史家によるもの。とりわけ(5)ではアンデス史研究の方法をめぐる多彩な論点が提示されており，大いに参考になる。(7)(8)はアンデス植民地社会史研究の記念碑的労作。(7)はアヤクーチョ地方を，(8)はワロチリ地方をそれぞれ研究対象とし，スペイン人の征服以前に存在したインディオ社会が，征服・植民地化によっていかに変容したかを，インディオの抵抗の諸様相を視野に入れつつ膨大な史料を基に描き出している。(9)も一貫してペルー北海岸地方のインディオ社会を研究してきた著者による書物。ペルー北部地方のインディオ社会の特殊性が浮かびあがっている。(10)はアンデス心性史を総括する重要な研究であり，扱うテーマも多岐にわたっている。17世紀にアンデス中部山岳地方で展開された偶像崇拝根絶巡察は，(10)をはじめ，多くの研究者の関心をひいてきたが，(11)はこのキャンペーンの制度史的な側面を明らかにした基本的な文献である。また(12)は巡察が残した審問記録の詳細な分析にもとづく労作であり，(13)は同史料を「インディオ女性」の視点から分析した刺激的な研究である。この巡察に関して日本語で著されたものに(14)がある。征服前後の人口動態に関してはこれまでさまざまな議論がなされていたが，(15)は植民地時代に各地方で実施された巡察の記録にもとづく，信頼のおける人口動態史研究である。またアンデス地方の黒人については，(16)が古典的な価値をもっており，このテーマの研究に欠かすことはできない。植民地時代のインディオ人口の流動性については，近年研究者が注視しはじめているが，アンデス世界を縦横無尽に移動した「運搬業者」の存在形態を照らし出した(17)はその意味で先駆的な業績といえ，また(18)はボリビアのインディオ労働者に焦点を定め，彼らの流動性と活力を論じている。植民地時代のインディオの経済への参入については(19)が多くの研究者の最新の知見を集め，参考になる。またこの本を英語で編纂したものが，Larson, Brooke, Olivia Harris, et al.(eds.), *Ethnicity, Markets, and Migration in the Andes : at the Crossroads of History and Anthropology*. Duke University Press, 1995.である。植民地時代のアンデスのインディオの反乱についても多くの研究が蓄積されてきた。(20)(21)は古い本だが，反植民地権力を標榜するインディオの18世紀の抵抗の実態を照射する貴重な

史料を含む研究書であり，依然価値がある。(22)は17世紀にアルゼンティン地方においてインディオの騒擾を指導し，「インカ」を名乗ったスペイン人に関するユニークな研究である。トゥパク・アマルの反乱の研究史は膨大であるが，(23)はオリジナルな研究論文を集め有用である。(23)の編者は(24)において，インディオの抵抗の精神が形成されるに際して，いにしえの「インカ王権」のイメージが果たした持続的な役割を見事に明らかにした。(25)はトゥパク・アマルの反乱をはじめ，18世紀のインディオの抵抗運動の諸相をさまざまな視点から分析した論文集であり，近年の研究動向を知るうえでも欠かせない。(26)はトゥパク・アマル反乱から独立に至るまでのアンデス社会の動態を，一次史料にもとづいて新しい視点から解析した重厚かつオリジナルな業績である。トゥパク・アマル反乱に関する日本語による研究としては(27)が重要である。また(28)は(24)で扱われたテーマとも関係して，インカのイコノグラフィーが植民地時代において歴史的にいかに生成したかを明らかにした貴重な研究。インカ・ガルシラーソ・デ・ラ・ベガの著作は，インディオの抵抗運動の形成において大きな影響を放射しつづけたが，インカ・ガルシラーソをめぐる分析としては(29)(30)などが参考になる。

E　第Ⅰ部第5章　植民地時代のブラジル

(1) 鈴木茂「ラテン・アメリカの奴隷制社会」歴史学研究会・富田虎男・清水透編『「他者」との遭遇』(南北アメリカの500年第1巻)第3章第1節　青木書店　1992

(2) De Queiros, Katia M. Eng. tr. by Goldhammer, Arthur, *To be a Slave in Brazil, 1550-1888*, New Brunswick : Rutgers University Press, 1986.

(3) Conrad, Robert Edger, comp., *Children of God's Fire: A Documentary History of Black Slavery in Brazil*, Princeton : Princeton University Press, 1983.

(4) Freire, Gilberto, *Casa-grande e senzala*, Rio de Janeiro : José Olympio, 1933. 英訳：*Masters and Slaves : A Study in the Development of Brazilian Civilization*, Tr. by Samuel Putnam. 2nd ed., New York : Alfred Knopf, 1946.

(5) 山田睦男「ラテン・アメリカの植民地時代都市――メヒコ市とサルヴァドール市の比較に関する試論」『海外事情』1982年1月号

(6) 山田睦男「ラテン・アメリカ世界の形成過程における都市と外部空間——植民地時代ブラジルとメキシコの比較から」『歴史人類』（筑波大学歴史人類学系）第14号（1986年3月），pp. 29-52
(7) Buarque de Holanda, Sérgio, *Caminhos e fronteiras*. 2ª ed., Rio de Janeiro : J. Olympio, Departamento de Cultura da Guanabara, 1975.
(8) Lockhart, James and Schwartz, Stuart, *Early Latin America: A History of Colonial Spanish America and Brazil*, New York : Cambridge University Press, 1983.
(9) Hans Staden 著（西原享訳）『蛮界抑留記——原始ブラジル漂流記録』帝国書院，1961．ポルトガル語による復刻版：Staden, Hans. *Duas viagens ao Brasil*, tr. de Guiomar de Carvalho Franco. São Paulo : Editôra da Universidade de São Paulo, Editôra Itatiáia, 1974.
(10) Dutra, Francis, *A Guide to the History of Brazil, 1500-1822 : The Literature in English*, Santa Barbara : ABC-Clio, 1980.
(11) Lang, James, *Portuguese Brazil : The King's Plantation*, New York : Academic Press, 1979.
(12) Bethell, Leslie (ed.), *Colonial Brazil*, Cambridge / N.Y. : Cambridge University Press, 1987.
(13) Alden, Dauril, *Royal Government in Colonial Brazil*, Berkley / Los Angels : California Universuty Press, 1968.
(14) Canny, Nicholas P. (ed.), *Colonial Identity in the Atlantic World, 1500-1800*, Princeton, N.J. : Princeton University Press, 1989.
(15) Barman, Roderick J., *Brazil : The Forging of a Nation, 1798-1852*, Stanford : Stanford University Press, 1988.
(16) Graham, Richard (ed.), *Brazil and the World System*, Austin : University of Texas Press, 1991.
(17) Boxer, C. R., *The Golden Age of Brazil, 1695-1750 : Growing Pains of a Colonial Society*, Berkley / Los Angels : University of California Press, 1962.
(18) Diffie, Bailey. *A History of Colonial Brazil 1500-1792*, Malabar, Florida : R. E. Krieger Pub. Co., 1987.
(19) Buarque de Holanda, Sérgio, dir., *A época colonial: Administração, economia, sociedade (História Geral da Civilização Brasileira I)* 2 tomos. 4ª ed., Rio de Janeiro e São Paulo : DIFEL, Difusão Editorial,1977.

奴隷制廃止の100周年を迎え奴隷制に関する関心が内外で高まった。(1)はアメリカ大陸の中のブラジル植民地の奴隷制の位置づけをおこなう。(2)は植民地時代から奴隷制廃止までの奴隷制の変化，奴隷交易と廃止運動を扱う。(3)奴隷制の歴史，教会の役割や人種関係にも言及する。(4)はペルナンブーコの農園主の家系を背負う著者が米国の社会学の影響を受けブラジル社会の特質を奴隷制農園における人種・性関係から説明した出世作。ヴァルガス期の民族主義の一翼を構成した古典的著作。(5)(6)では都市史専攻の著者がメキシコとブラジルの比較を試みている。(7)は海岸から始まった入植が内陸に拡大する過程を分析している。(8)もより包括的な視点からであるが，スペイン系アメリカとブラジルの植民地を比較している。(9)は1556年に刊行された，沿岸地方でのインディオ，トゥピナンバ族に約10カ月捕らわれていたドイツ人船員の生活の回顧録であり，食人の描写を含む。原本の挿絵なども復刻されている。(10)は1821年までのブラジルについての基本書誌，地図を含む。(11)は経済情勢，植民地統治機構，社会的分断などを描く。(12)は政治史中心で，リオへ総督府が移された1763年で植民地時代を二分している。(13)はポルトガルの統治機構を主題としている。(14)はスペイン系アメリカ，ケベック，英領北米植民地，アイルランド，英領カリブ海などとともにブラジルにおける植民地人のアイデンティティ形成を論じる。(15)は植民地時代末期から19世紀中葉までの政治体制，ナショナリズムなどの発展をたどる。(16)は植民地経済との関連でブラジル植民地を描く。(17)はポルトガル人の海外活動の権威によるゴールド・ラッシュ期の研究。(18)はスペイン系アメリカの植民地史に関しても先駆的な研究を成し遂げた研究者によるブラジル植民地の研究だが，政治史，経済史中心。(19)はブラジルでの正統的歴史研究を代表する歴史学者による歴史叢書である。

F　第II部　南アメリカ諸国の独立

(1)　加茂雄三『ラテン・アメリカの独立』(世界の歴史23) 講談社　1978

(2)　ホセ・ルイス・サルセド＝バスタルド（上智大学イベロアメリカ研究所訳)『シモン・ボリバール』春秋社　1986

(3)　Lynch, John, *The Spanish American Revolutions 1808-1826*, London : Weidenfeld and Nicolson, 1973.

(4)　Graham, Richard, *Independence in Latin America*, 2nd ed., New York : McGraw-Hill, 1994.

(5)　Domínguez, Jorge I., *Insurrection or Loyalty : The Breakdown of*

the Spanish American Empire, Cambridge : Harvard University Press, 1980.

(6) Bethell, Leslie (ed.), *The Independence of Latin America*, Cambridge : Cambridge University Press, 1987.

(7) Humphreys, R. A.and Lynch, John (eds.), *The Origins of Latin American Revolutions, 1808-1826*, New York : A. Knopf, 1965.

(8) Lynch, John (ed.), *Latin American Revolutions 1808-1826*, Norman / London : University of Oklahoma Press, 1994.

(9) Vargas Ugarte, Rubĕn, *Emancipaciŏn (1816-1825). Historia general del Perú 6*, Lima : Carlos Milla Batres, 1971.

(10) Anna, Timothy E., *The Fall of the Royal Government in Peru*, Lincoln / London : University of Nebraska Press, 1979.

(11) Halperín Donghi, Tulio, *Politics, Economics, and Society in Argentina in the Revolutionary Period*, Cambridge : Cambridge University Press, 1975.

(12) Barman, R. J., *Brazil : The Forging of a Nation, 1798-1852*, Stanford : Stanford University Press, 1988.

(13) Masur, Gerhard, *Simŏn Bolívar, ediciŏn actualizada*, Caracas : Grijalbo, 1987.

(14) Kaufman, William W., *British Policy and the Independence of Latin America*, New Haven : Yale University Press, 1951.

(15) Robertson, W. S., *France and Latin American Independence, 1939*, reprint, New York : Octagon, 1967.

(16) Whitaker, A. P., *The United State and the Independence of Latin America*, Baltimore : Johns Hopkins Univesity Press, 1941.

日本では，ラテン・アメリカの独立革命を扱った概説書はまだ出ていない。(1)はラテン・アメリカの近・現代史だが，最初の137ページは独立運動を扱っている。(2)はベネスエラの文筆家(政治家でもある)によって書かれたボリーバルの伝記。(3)はラテン・アメリカの独立運動に関する概説書としてもっともすぐれている。(4)小冊子だが，独立運動を取り囲む世界システムの動向にも目をくばりながら，各地域の独立運動をわかりやすく分析している。(3)と併せて推薦できる。(5)はスペイン語圏における独立運動の要約。(6)はケンブリッジ大学出版局のラテン・アメリカ史シリーズ(参考文献Ⅰ-(7)参照)第3巻から，独立に関係ある章をまとめたもの。参考文

献に関する詳しい手引きが付されている。(7)は独立運動に関する当時から現代までの文章26編を集め，解説を付している。(8)は独立革命を触発した条件について考察した論集。(9)(10)はペルー，(11)はアルゼンティン，(12)はブラジルの独立過程を考察する。(13)はやや散文的だが，詳細なボリーバルの伝記として広く読まれている。もとは英語(2nd ed., Albuquerque : University of New Mexico Press, 1969.)だが，現在ではベネスエラ版のほうが手に入りやすい。最後に，手に入れにくい本ばかりだが，ラテン・アメリカの独立運動と先進地域との関係を扱った研究書3冊(14)(15)(16)をあげておいた。

G　第III部第4章　アルゼンティン，ウルグァイ，パラグァイ

(1) Clemente, Hebe, *Rosas en la historia nacional*, Buenos Aires : Editorial la Pléyade, 1970.

(2) Lynch, John, *Argentine Dictator : Juan Manuel de Rosas, 1829-1852*, London : Oxford University Press, 1981.

(3) Burgin, Miron, *Aspectos Económicos del Federalismo Argentino*, Buenos Aires : Ediciones Solar / Hachette, 1969.

(4) Gálvez, Manuel, *Vida de Sarmiento*, Buenos Aires : Editorial Tor, 1957.

(5) Campobassi, José S., *Sarmiento y su época*, 2 tomos, Buenos Aires : Editorial Losada, 1975.

(6) Shumway, Nicolas, *The Invention of Argentina*, Berkeley : University of California Press, 1991.

(7) Matsushita, Marta Elena Pena de, *El Romanticismo político hispanoamericano*, Buenos Aires : Editorial Docente, 1985.

(8) Scobie, James R., *Revolution on the Pampas : A Social History of Argentine Wheat, 1860-1910*, Austin : University of Texas Press, 1964.

(9) Solberg, Carl E., *Immigration and Nationalism : Argentina and Chile, 1890-1914*, Austin / London : University of Texas Press, 1970.

(10) McGann, Thomas, *Argentina, the United States, and the Inter-American System, 1880-1914*, Cambridge : Harvard University Press, 1957.

⑾ Ferns. H. S., *Britain and Argentina in the Nineteenth Century*, Oxford : Clarendon Press, 1960.
⑿ Rosa, José María, *La guerra del Paraguay y las Montoneras Argentinas*, Buenos Aires : Editorial Huemul, 1964.
⒀ Warren, Harris Gaylord, *Paraguay and the Triple Alliance, The Postwar Decade, 1869-1878*, Austin : University of Texas Press, 1978.

ロサスに関する研究は数多いが，彼の評価の変遷をたどった⑴は，彼の歴史的意義を理解するのに便利である。⑵は英国の著名なラテン・アメリカ史家によるロサス分析。一次資料に基づき,綿密に実証している点が高く評価されている。⑶は，連邦主義と中央集権主義との政治的対立の背後にあった経済的要因を分析した古典的名著(原著は，英語で1946年刊)。また，ロサスの評価はロサス以後の歴史評価とも関連するが，なかでも，19世紀後半の西欧化の推進者だったサルミエントをめぐって評価は大きく分かれており，一般にロサスを高く評価する史家は，サルミエントに厳しく，ロサスの反対派はサルミエントの治績を高く評価する傾向にある。⑷は前者の好例であり，⑸は後者の視点からする代表的な著作。なお，19世紀の政治思想史に関する書物としては，その全体的流れを簡潔に捉えた⑹や，アルベルディを中心に19世紀中葉の政治的ロマン主義の意義を追った⑺などがある。19世紀後半以降のアルゼンティンの経済発展に関しては，⑻が外国移民によるパンパの発展メカニズムを巧みに説明し，⑼はチリと比較したアルゼンティンの文化的民族主義の特色を外国移民の流入形態の相違から説明している。⑽は汎米会議における米アの対立関係をアルゼンティンの国内要因から明らかにしており，⑾は19世紀の英ア関係を一次資料に依拠してあとづけた，カナダ人研究者による古典的名著。この時期のパラグァイに関しては，フランシスコ・ソラノ・ロペスがアルゼンティンのロサスと同様に，歴史解釈の点で論争の的となっているが，ここでは，パラグァイ戦争をアルゼンティンにおけるカウディーヨの反乱とからめて分析した⑿をあげるにとどめたい。パラグァイ戦争後の同国の混乱については⒀が一次資料を基にした手堅い研究となっている。

H　第III部第5章　ブラジル

⑴ 鈴木茂「〝文明〟と〝進歩〟への接近――ブラジルにおける奴隷制廃止」歴史学研究会・野村達郎・松下洋編『19世紀民衆の世界』(南北アメリカの500年第3巻) 青木書店　1993

(2) ゴルヴィツァー，ハインツ(瀬野文教訳)『黄禍論とはなにか？』草思社 1999
(3) Graham, Richard (ed.), *The Idea of Race in Latin America, 1870-1940*, Austin : University of Texas Press, 1990.
(4) Schwarcz, Lília Moritz., *O espetáculo das raças : cientistas, instituições e questão racial no Brasil, 1870-1930*, São Paulo : Companhia das Letras, 1993.
(5) Bonfim, Manoel., *A America Latina : Males de origem. Prefácios de Darcy Ribeiro, Franklin de Oliveira e Azevedo Amaral*, Rio de Janeiro : Topbooks, 1993.
(6) Conrad, Robert Edgar., *World of Sorrow : The African Slave Trade to Brazil*, Baton Rouge : Louisiana State University Press, 1986.
(7) 三橋利光『コント思想と「ベル・エポック」のブラジル』勁草書房 1996
(8) Needell, Jeffrey D., *A Tropical Belle Epoque : Elite Culture and Society in Turn-of-the-Century Rio de Janeiro*, Cambridge / N. Y. : Cambridge University Press, 1987.
(9) 山田睦男「ラテンアメリカにおける都市の変容と民衆」歴史学研究会・野村達郎・松下洋編『19世紀民衆の世界』(南北アメリカの500年第3巻) 青木書店 1993
(10) Freyre, Gilberto, *Sobrados e mucambos*, Rio de Janeiro : Jose Olympio, 1936.
(11) J. フランコ『ラテンアメリカの文学——文化と文学』新世界社 1974
(12) Haring, C. H., *Empire in Brazil : A New World Experiment with Monarchy*, New York : W.W. Norton, 1958.
(13) Viotti da Costa, Emília, *The Brazilian Empire. Mythes and Histories*, rev. ed., Chapel Hill / London : University of North Carolina Press, 2000.
(14) Barman, Roderick J., *Citizen Emperor Pedro II and the Making of Brazil*, Stanford : Stanford University Press, 1999.
(15) Buarque de Holanda, Sérgio, dir., *O Brasil monárquico.* (*História Geral da Civilização Brasileira II*), 5 tomos. 4ª ed., Rio de Janeiro e São Paulo : DIFEL, Difusão Editorial, 1977.
(16) Hahner, June E., *Emancipating the Female Sex : The Struggle for*

Women's Rights in Brazil, 1850-1940, Durham / London : Duke University Press, 1990.

⒄ Bandeira, Môniz, *Presença dos Estados Unidos no Brasil : Dois séculos de história*, 2ª ed., Rio de Janeiro : Civilização Brasileira, 1978.

⒅ Ferrez, Gilberto, *A fotografia no Brasil : 1840-1900*, Rio de Janeiro : Fundação Nacional de Arte-Fundação Nacional Pro-Memória, 1985.

⑴は19世紀の奴隷制と廃止運動などを分析している。⑵ブラジルをはじめ，19世紀のラテン・アメリカ人をとらえた人種主義の世界的風潮を理解するのに好適な参考書である。⑶はラテン・アメリカ独自の人種概念と人種関係を主題としている。⑷は奴隷制廃止前後の半世紀における人種差別，廃止運動，混血，政策の分析。他方，⑸は1905年に刊行された評論だが，当時の人種決定論に反対し，先駆的な後進性の従属論的説明を提示し，衝撃を与えた。⑹は19世紀の奴隷交易，農園における奴隷制コーヒー経済などの分析。⑺は，19世紀後半のラテン・アメリカの中でも実証主義がもっとも強い影響を与えた国であるブラジルの事例を徹底検証したもので，学術的にも高度な研究である。⑻は19世紀末のリオの社会史，エリート文化，社会科学の発達なども述べられているが，⑺と関連して読まれるべきであろう。⑼もブラジルのリオやサン・パウロの都市の形態と民衆の生活の変化を，メキシコやアルゼンチンの首都と比較して描いている。⑽は帝政期の都市社会を，商人などの住む二階屋ソブラードと貧民の住む掘っ建て小屋モカンボの対比によって描いた。フレイレのブラジル社会史に関する三部作の第２作とされる。⑾は経済的後進性や政治的圧迫の中で闘わざるをえない知識人としての文学者を主題としている。19，20世紀が中心になっている。⑿はラテン・アメリカでは，ほとんど唯一成功した事例であるブラジルの帝政の研究である。⒀は帝政に関する実証的な研究。⒁は市民的な皇帝ペドロ２世の功績が描かれる。⒂は現代の代表的な歴史学者の企画による19世紀史。⒃は女性解放運動の歴史，教育，雇用，参政権などを求める運動を描き，資料も採録されている。⒄は独立後20世紀までのブラジルにおける米国の存在と影響を分析している。⒅はおもに第二帝政期の各地の様相を写真で伝える。

Ⅰ　第Ⅳ部第４章　アルゼンティン，ウルグァイ，パラグァイ

⑴ Vanger, Milton, *José Batlle y Ordóñez of Uruguay, The Creator of*

His Times, Cambridge : Harvard University Press, 1963.
(2) Nahum, Benjamín, *Historia Uruguaya*, Tomo 6, *La época batllista*, Montevideo : Ediciones de la Banda Oriental, 1975.
(3) Rodríguez Fabregat, E., *Batlle y Ordóñez, El reformador*, Buenos Aires : Claridad, 1942.
(4) Panizza, Francisco E., *Uruguay : Batllismo y después*, Montevideo : Ediciones de la Banda Oriental, 1990.
(5) Gálvez, Manuel, *Vida de Hipólito Yrigoyen*, Buenos Aires : Editorial Tor, 1953.
(6) Goodwin, Paul B., *Los ferrocarriles británicos y la U. C. R., 1916-1930*, Buenos Aires : Ediciones La Bastilla, 1974.
(7) Rock, David, *Politics in Argentina, 1890-1930. The Rise and Fall of Radicalism*, London : Cambridge University Press, 1975.
(8) Potash, Robert A., *The Army and Politics in Argentina, 1928-1945, Yrigoyen to Perón*, Stanford : Stanford University Press, 1969.
(9) Ciria, Alberto, *Partidos y poder en la Argentina moderna (1930-46)*, Buenos Aires : Editorial Jorge Alvarez, 1968.
(10) Ciria, Alberto, *Perón y el justicialismo*, Buenos Aires : Sigloveinteuno editores, 1971.
(11) Page, Joseph A., *Perón : A Biography*, New York : Random House, 1983.
(12) Navarro Gerassi, Marysa, *Los Nacionalistas*, Buenos Aires : Editorial Jorge Alvarez, 1968.
(13) Zuleta Alvarez, Enrique, *El Nacionalismo argentino*, 2 tomos, Buenos Aires : Ediciones La Bastilla, 1975.
(14) Germani, Gino, *Política y sociedad en una época de transición*, Buenos Aires : Editorial Paidós, 1962.
(15) Murmis, Miguel y Portantiero, Juan Carlos, *Estudios sobre los orígenes del peronismo*, Buenos Aires : Siglo Veinteuno Argentina Editores, 1971.
(16) Matsushita, Hiroshi, *Movimiento obrero argentino, 1930-1945 : sus proyecciones en los orígenes del peronismo*, Buenos Aires : Siglo Veinte, 1983.
(17) 松下 洋『ペロニズム・権威主義・従属――ラテンアメリカ政治外交

研究』有信堂　1987
(18) Luna, Félix, *Argentina, Perón a Lanusse, 1943-1973*, Buenos Aires : Editorial Planeta Argentina, 1973.
(19) Lewis, Paul H., *Paraguay under Stroessner*, Chapell Hill : University of North Carolina Press, 1980.
(20) Grow, Mitchel, *The Good Neighbor Policy and Authoritarianism in Paraguay*, Lawrence : Regents Press of Kansas, 1981.

本章では20世紀前半のラ・プラタ地域における変革を扱っているが，変革に深くかかわった3人を中心に文献を紹介したい。まず第一が，ウルグァイを福祉国家に変貌させたバッイェだが，(1)は米国の研究者による彼の改革に関する代表的な研究書で，(2)はバッイェの治績の全体像を知るのに便利である。(3)は彼の信奉者による伝記で，(1)(2)(3)とも彼を好意的に捉えている。(4)はマルクス主義政治学者による20世紀ウルグァイの政治研究であり，バッイェの改革が階級同盟にとどまり，工業化への志向を欠いた点に問題があったとしている。第二がアルゼンティンのイリゴーイェンで，彼の評価も史家の政治的立場によって相違し，民族主義主義者の間でも，批判派と支持派とに分かれている。(5)は彼を高く評価する民族主義者による伝記であり，一方，(6)はイリゴーイェンの民族主義的改革が微温的であったことをそのイギリスの鉄道政策の分析を通して明らかにしている。彼が普通選挙制度を勝ち取るに至った経緯については，(7)が詳しい。イリゴーイェン政府に対する軍部の動向については，アメリカの研究者による(8)が緻密な実証的研究をおこなっている。なお，同じ著者による1945年以降の軍部史が現在刊行中である。

第三の人物がペロンである。一介の職業軍人にすぎなかった彼が，独裁的な支配体制を確立する経緯については多説あるが，1930～43年に至るまでの政治史としては(9)が優れている。同じ著者による(10)も，ペロンが多様な政治思想の影響を受けていたことを明らかにしている。(11)はペロンの伝記のなかでは，もっとも客観的なものといえよう。1930年代のアルゼンティン民族主義については,スペイン生まれの著者による(12)がロシスモ(参考文献G参照)を含め，アルゼンティン民族主義の特徴を描写している。(13)はアルゼンティン民族主義の流れを克明に追った,浩瀚な書物で1930年代の民族主義を理解するためにも有益である。ペロニズムについて学界でもっとも論争を呼んでいるのは，ペロンを支持したのが新労働者か旧労働者かに関してであり，(14)は農村から都市に移動して間もない新労働者の支持

を重視し，彼らが都会生活になじめず，操作されやすい大衆だったとする。これに対して，旧来の労働者の支持を重視するのが⒂で，1930年代の保守派支配の下で，労働者が厳しい搾取を余儀なくされていたことから，彼らがペロンを支持したのは合理的だったとして，上からの操作性を否定する。⒃は30年代の労働者の民族主義的覚醒と政治不介入主義の放棄＝政治参加への方向転換が，ペロンと旧来の労働者とを結びつけたとする。その要旨がペロニズムをめぐる解釈論などとともに⒄に収録されている。1955年のペロン政権の崩壊からペロニスタ政権の復活する73年に至るまでの激しい政治的動揺は，⒅に要約されている。なお，改革者とはいえないが，パラグァイのストロスネルも，前三者に劣らず重要で，彼に関する研究書としては，⒆が最良のものといえよう。また，⒇は第二次世界大戦中における米国とパラグァイとの関係を分析した数少ないパラグァイ外交に関する研究書である。

J　第Ⅳ部第５章　ブラジル

⑴ Freyre, Gilberto, *Ordem e progresso : Processo de destintegração das sociedades patriarcal e semipatriarcal no Brasil sob o regime de trabalho escravo para o trabalho livre ; e da monarquia para a república*, 2 tomos, Rio de Janeiro : José Olympio, 1959.
⑵ Boris, Fausto, dir., *O Brasil republicano* (*História Geral da Civilização Brasileira III*), 4 volumes. (1930-1964), São Paulo : DIFEL, Difusão Editorial, 1977. 6ª. ed., Rio de Janeiro : Editôra Civilização Brasileira, 1996.
⑶ Da Cunha, Euclides, *Os Sertões. 1903*, 6a. ed., Rio de Janeiro : Francisco Alves, 1923.
⑷ Môniz, Edmundo, *A Canudos : A guerra social*, 2da ed., Rio de Janeiro : Elo, 1987.
⑸ 住田育法「ヴァルガス革命」山田睦男編『概説ブラジル史』第６章
⑹ 石井康史「近代都市リオの成立とサンバそしてカーニヴァル」歴史学研究会・野村達郎，松下洋編『危機と改革』（南北アメリカの500年第４巻）第４章第３節　青木書店　1993
⑺ Dulles, John W. F., *Vargas of Brazil : A Political Biography*, Austin / London : University of Texas Press, 1967.
⑻ Skidmore, Thomas, *Politics in Brazil, 1934-1964*, New York :

Oxford University Press, 1967.
(9) Carone, Edgard, *O Estado Nôvo (1937-1945)*, Rio de Janeiro e São Paulo : DIFEL, 1977.
(10) Silva, Hélio, *1930-A revolução traida*, (O Ciclo de Vargas, volume III), 2ª ed., Rio de Janeiro : Civilização Brasileira, 1972.
(11) Silva Seitenfus, Ricardo Antônio, *O Brasil de Getúlio Vargas e a formação dos blocos : 1930-1942 : O processo do envolvimento brasileiro na II Guerra Mundial*, São Paulo : Companhia Editora Nacional, 1985.
(12) 半田知雄『移民の生活の歴史――ブラジル日系人の歩んだ道』サンパウロ人文科学研究所　1970

共和革命はやや二次的な扱いを受けているが，なかでも(1)はジルベルト・フレイレの3部作の最終部であり，帝政から第一共和制への移行を奴隷労働から自由労働への転機，家父長制社会の崩壊過程として描いている。(2)は共和革命後の歴史。(3)はカヌードスの乱を鎮圧した連邦軍の従軍記者による記録文学で，ブラジル文学の古典と見なされてきた。(4)は現代のカヌードス研究の一例である。

両大戦間期からの最大の焦点は，ヴァルガス期である。(5)は現代に直接影響を及ぼしたヴァルガス期を紹介する。(6)はリオの改造の結果一層周辺化された大衆が補償的に作り出したサンバなどがヴァルガスの新国家によって体制化され，国民文化の表象とされる過程を分析している。(7)は米国の歴史学者によるヴァルガスの伝記で当時までの未発掘資料も多く利用している。(8)はヴァルガス期から軍事革命までの政治史であり，(9)は新国家期の堅実な歴史，(10)はヴァルガス革命に関する批判的研究，(11)は第二次世界大戦との関連でヴァルガス政権を分析している。我々の観点からは，海外最大の日系社会を見過ごせない。(12)は画家でもあり日系社会とともに生活してきた著者(故人)が広い人間関係と視覚的記憶を駆使して，1908年から1960年代までの日本人移民の経験を生き生きと伝える好著である。

K　第Ⅴ部第4章　アルゼンティン，ウルグァイ，パラグァイ

(1) O'Donnell, Guillermo, *Modernization and Bureaucratic Authoritarianism : Studies in South American Politics*, Berkeley : Institute of International Studies / University of California Press, 1973.
(2) O'Donnell, Guillermo, *Bureaucratic Authoritarianism, 1966-1973*

in Comparative Perspective, Berkeley : University of California Press, 1988.

(3) Cavarozzi, Marcelo, *Autoritarismo y democracia (1955-1983)*, Buenos Aires : Centro Editor de América Latina, 1983.

(4) Porzecanski, Arturo, *Uruguay's Tupamaros*, New York : Praeger, 1973.

(5) Hodges, Donald C., *Argentina, 1943-1976, the National Revolution and Resistance*, Albuquerque : University of New Mexico Press, 1976.

(6) Comisión Nacional sobre la Desaparición de Personas, *Nunca más*, Buenos Aires : Editorial Universitaria de Buenos Aires, 1986.

(7) Brysk, Alison, *The Politics of Human Rights in Argentina : Protest, Change, and Democratization*, Stanford : Stanford University Press, 1994.

(8) 朝日新聞外報部『狂ったシナリオ——フォークランド紛争の内幕』朝日新聞社　1982

(9) Gillespie, Charles Guy, *Negotiating Democracy : Politicians and Generals in Uruguay*, Cambridge : Cambridge University Press, 1991.

(10) Smith, William C., *Authoritarianism and the Crisis of the Argentine Political Economy*, Stanford : Stanford University Press, 1989.

(11) Palermo, Vicente y Marcos Novaro, *Política y poder en en gobierno de Menem*, Buenos Aires : Grupo Editorial Norma, 1996.

(12) O'Donnell, Guillermo, *Contrapuntos, Ensayos escogidos sobre autoritarismo y democratización*, Buenos Aires : Editorial Paidós, 1997.

(13) McGuire, James W., *Peronism without Perón : Unions, Parties, and Democracy in Argentina*, Stanford : Stanford University Press, 1997.

(14) Gaudio, Ricardo y Andrés Thompson, *Sindicalismo peronista/ Gobierno Radical*, Buenos Aires : Fundación Friedrich Ebert, 1990.

(15) Senén González, Santiago y Fabián Bosoer, comps., *El sindicalismo en tiempos de Menem*, Buenos Aires : Corregidor, 1999.

(16) Iturrieta, Aníbal ed., *El Pensamiento Político Argentino Contemporáneo*, Buenos Aires : Grupo Editor Latinoamericano, 1994.

(17) Pion-Berlin, David, *Through Corridors of Power ; Institutions and Civil-Military Relations in Argentina*, University Park, Pennsylvania : Pennsylvania State University Press, 1997.

⑱ Escudé, Carlos, *Foreign Policy Theory in Menem's Argentina*, Gainesville : University Press of Florida, 1997.

⑲ Biggins, Alan (ed.), *Argentina, World Bibliographic Series*, vol.130, Oxford : Clio Press, 1991.

⑳ Abante Brun, Diego (ed.), *Paraguay en transición*, Caracas : Editorial Nueva Sociedad, 1993.

本章では，1960年代から70年代にかけて，アルゼンティンやウルグァイで生じた官僚主義的権威主義と呼ばれる厳しい軍政が，国内外の批判を浴びて崩壊し，80年代にはパラグァイを含めた三国が民主化してゆく過程を扱っている。この時期の軍政が従来の軍政とは異質なことに注目し，それを官僚主義的権威主義と命名したのは，アルゼンティンの政治学者オドネルであった。彼は⑴において，南米では経済発展が政治の民主化を促進せずに，むしろ権威主義体制を生み出しやすいことを明らかにして国際的にも大きな反響を呼んだ。⑵はこの点をさらに掘り下げたもので，原著はスペイン語。オドネルは，軍部や労働組合,中産階級といった社会勢力の政治行動の分析を通して，官僚主義的権威主義論を提唱したが，⑶は政党や議会のあり方などを基にして，権威主義体制成立のプロセスを明らかにしている。こうした権威主義体制が成立したのはそれに先立って，都市ゲリラの跳《ちょう》梁《りょう》跋《ばっ》扈《こ》があり，その鎮圧に当たる過程で軍部が政治介入を深めたためだが，ウルグァイの都市ゲリラ，トゥパマーロスに関しては簡単ながら⑷を参照されたい。アルゼンティンに関しては⑸が詳しい。軍政時代の人権抑圧，とくに行方不明者については，アルゼンティンでは，⑹がこの問題に関する公式文書となっている。軍政時代の人権擁護の運動に関しては⑺がまとまっている。アルゼンティンの民主化はマルビナス(フォークランド)紛争での敗北が引き金になった点で他の中南米諸国と異なっていたが，この紛争に関してはここでは国際関係やアルゼンティンの国内問題を巧みに織り込んだ邦語文献の⑻をあげるにとどめたい。ウルグァイの民主化については，政党間の交渉を軸に民主化過程を明らかにした⑼が優れている。民主化後の政治過程については，アルゼンティンではアルフォンシン政権の推移を扱った⑽が詳しい。メネム政権に関しては，政党や圧力団体などについて詳細な研究をおこなった⑾は，今日のアルゼンティン政治研究としてもっとも包括的でかつ高水準のものといえよう。また，メネム政権のもとでアルゼンティンは，広範な民営化などにより大きな変化をとげるが，その過程で明らかとなったのは大統領の権限の強大化であった。

前述のオドネルは，こうした形態を「委任型民主主義」として厳しく批判している⑿。民政移管後の政治状況に関しては個別分野の研究も進んでいるが，労働問題に関しては⒀がペロニスタ党との関係を中心に詳細な研究をおこなっている。また，アルフォンシン期の労働運動については⒁が，メネム期については⒂がある。現代アルゼンティンの思想状況については⒃が，また，民政移管後の新たな政軍関係については⒄が合理的選択制度論を用いて分析している。メネム大統領の下でアルゼンティンの外交政策も大きな変化を遂げたが，⒅はメネムの対米協調外交を市民の福利増進につながる現実外交として正当化している。⒆はアルゼンティンの植民地時代から現在(ただし，1990年)までの膨大な文献目録。若干の論文を含め，1350点が紹介されている。⒇は民政移管後のパラグァイに関する研究書でさまざまな分野から民政移管の意義を複数の研究者が論じている。

L　第V部第5章　ブラジル

(1)　Carone, Edgard, *A Quarta República (1945-1964)*, São Paulo / Rio de Janeiro : DIFEL, 1980.

(2)　山田睦男「現代ブラジルの権威主義体制とイデオロギー」星野妙子，米村明夫編『ラテンアメリカ』地域研究シリーズ13，第2章第7節。アジア経済研究所　1993（初出：『アジア経済』第17巻　第1/2号　1976年2月）

(3)　Schneider, Ronald M., *The Political System of Brazil : Emergence of a 'Modernizing' Authoritarian Regime, 1964-1970*, New York / London : Columbia University Press, 1971.

(4)　Skidmore, Thomas, *The Politics of Military Rule, 1964-85*, New York : Oxford University Press, 1990.

(5)　Stephan, Alfred. *Authoritarian Brazil*, New Haven : Yale University Press, 1970.

(6)　堀坂浩太郎「中進国ブラジルの対外政策――現実路線の自主外交」細野昭雄，畑恵子編『ラテンアメリカの国際関係』第16章，新評論　1993

(7)　Selcher, Wayne A., *The Afro-Asian Dimension of Brazilian Foreign Policy 1956-1972*, Gainesville : University Press of Florida, 1974.

(8)　日伯修好100周年記念シンポジウム『日本ブラジル21世紀への新展開――アジアとラテン・アメリカのかけ橋に』ラテン・アメリカ協会　1995

(9)　ジョゼ・H・ロドリゲス(富野幹雄・住田育法共訳)『ブラジルの軌跡

――発展途上国の民族の願望』新世界社　1982。原題：Rodrigues, José Honório, *Aspirações nacionais*. 英訳に *The Brazilians : Their Character and Aspirations*, tr. by Ralph Edward Dimmick. Austin / London : University of Texas Press, 1967.
⑽ McDonough, Peter, *Power and Ideology in Brazil*, Princeton : Princeton University Press, 1981.
⑾ Cano, Wilson, *Desquilibrios regionais e concentração industrial no Brasil : 1930-1970*, São Paulo : Global ; Campinhas : Ed. Da Universidade Estadual de Campinas, 1985.
⑿ Guimarães, Roberto Pereira. *The Ecopolitics of Development in the Third World : Poltics and Environment in Brazil*, Boulder : L. Rienner, 1991.
⒀ 斉藤広志『新しいブラジル――歴史と社会と日系人』サイマル出版会　1983
⒁ Saito, Hiroshi, organizador, *A presença japonêsa no Brasil*, São Paulo : T.A. Queiroz, 1980.
⒂ 共同通信社『世界年鑑』1985～2000(各巻)

⑴は第二次大戦後から軍事革命までのポプリスモ期を表す第四共和国の歴史である。20世紀後半の重要な主題としては，長期軍政の現象とその後の民政移管がある。⑵は軍政期から民政移管にかけてのブラジルの政治を権威主義体制理論とイデオロギーの視点から解釈しようとしたものである。⑶は米国の退役軍人であり，政治学者でもある著者がブラジルの将官，政治家などと面接し，豊富な資料をえて書いており，軍政期の分析として重要な研究である。⑷は軍政期の全体的な総括であり，⑸も権威主義理論により，軍政期の政治構造を分析している。ナショナリズモと政治も検討されるべきであるが，⑹は1970年代から顕著なブラジルの自主外交路線を分析している。⑺もポプリズモ期から軍政期にかけて確立した自主外交を支えるアジア，アフリカ外交を分析している。それに関連して，⑻は日伯関係の現状と展望を語る。より広い背景として，⑼は植民地時代以来ブラジル人が論じてきた国民性と未来像に関して，歴史学の視点から論じ，今なお参考になる。⑽はイデオロギーを射程に入れた政治分析である。他方，開発に関連して⑾は第二次大戦後今日まで，サン・パウロ市が工業生産，金融活動，情報生産，文化活動などにおいてブラジルの中心になっているが，同市への工業力の集中の過程と要因，その帰結としての地域間格差の

拡大を分析している。今日開発に付随する環境破壊が憂慮されているが，⑿は開発政策，環境政策などの観点からブラジルの事例を分析している。日系社会に関連して，⒀の著者(故人)は，少年期からブラジルに住み，日本社会に向けてブラジルに関する多くの著作を著した。現代史概説としても読めるが，日本社会論のほか，ブラジル社会の自己像をえることができる。⒁は同じ著者によるブラジルにおける日系社会の調査にもとづくポルトガル語での数少ない研究の代表作である。⒂は近年の動向を把握するのに便利。

M　第Ⅴ部第6章　ガイアナ，スリナム，仏領ギアナ

ギアナ3国の歴史に関する日本語のまとまった概説書はまだない。いちばん簡便な文献は，Deveze, Michel, *Les Guyanes* 〈*Que sais-je ? No. 1315*〉, Paris, 1968. であろう。ギアナの歴史を扱った本には次のものがある。

(1) Williamson, J. A., *English Colonies in Guiana and on the Amazon 1604-1668*, Oxford, 1923.
(2) Young, Allan, *British Guiana—the Approaches to Local Self-Government*, London, 1958.
(3) Swan, Michael, *British Guiana, the Land of Six Peoples*, London, 1957.
(4) Warren Nystrom, J., *Surinam*, Amsterdam, 1942.
(5) Resse, Alix, *Guyane français, terre de l'espace*, Paris, 1964.

比較的最近のものでは，以下の4点をあげておく。

(6) Dew, E., *The Difficult Flowering of Surinam. Ethinicity and Politics in a Plural Society*, The Hague, 1978.
(7) Lutchman, *From Colonialism to Co-operative Republic : Aspects of Political Development in Guyana*, Rio Piedras, 1974.
(8) Dodney, W., *A History of the Guyanese Working People, 1881-1905*, Baltimore, 1981.
(9) Spinner, T., *A Political and Social History of Guyana, 1945-1983*, Boulder and London, 1984.

■ 歴代元首一覧

スペイン(ボリビア独立まで)

カスティーリャ＝レオン王国国王

1474-1504　Isabel I　イサベル1世
1504-16　Juana　ファナ〔摂政アラゴン王フェルナンド2世〕
1504-06　Felipe I　フェリペ1世〔共同統治〕
1506-16　Fernando V　フェルナンド5世(アラゴン王フェルナンド2世)

スペイン王国国王

ハプスブルク家
1516-56　Carlos I　カルロス1世(神聖ローマ皇帝カール5世)
1556-98　Felipe II　フェリペ2世
1598-1621　Felipe III　フェリペ3世
1621-65　Felipe IV　フェリペ4世
1665-1700　Carlos II　カルロス2世
ブルボン(ボルボン)家
1700-24　Felipe V　フェリペ5世
1724　Luis I　ルイス1世
1724-46　Felipe V　フェリペ5世〔復位〕
1746-59　Fernando VI　フェルナンド6世
1759-88　Carlos III　カルロス3世
1788-1808　Carlos IV　カルロス4世
1808　Fernando VII　フェルナンド7世
ボナパルト家
1808-13　José I (Joseph Bonaparte)　ホセ1世(ジョゼフ・ボナパルト)
ブルボン家
1814-33　Fernando VII　フェルナンド7世〔復位〕

ヌエバ・グラナダ副王領

副　王

1719-23　Jorge de Villalonga(Conde de Cueva)　ホルヘ・デ・ビヤロンガ(クエバ伯)
1739-49　Sebastián de Eslava y Lazaga　セバスティアン・デ・エスラバ・イ・ラサガ
1749-53　José Alonso Pizarro(Marqués del Villar)　ホセ・アロンソ・ピサロ(エル・ビヤール侯)
1753-61　José Solís Folch de Cardona　ホセ・ソリス・フォルシュ・デ・カルドナ

1761-72　Pedro Messía de la Zerda (Marqués de la Vega de Armijo)　ペドロ・メシーア・デ・ラ・セルダ(ラ・ベガ・デ・アルミホ侯)
1773-76　Manuel de Guiror y Portal de Huarte y Edozain　マヌエル・デ・ギロール・イ・ポルタル・デ・ワルテ・イ・エドサイン
1776-82　Manuel Antonio Flores Maldonado Martínez de Angulo y Bodquín　マヌエル・アントニオ・フローレス・マルドナード・マルティネス・デ・アングロ・イ・ボドキン
1782　Juan de Torreszal Díaz Pimienta　ファン・デ・トレスサル・ディアス・ピミエンタ
1782　Juan Francisco Gutiérrez de Piñeres　ファン・フランシスコ・グティエレス・デ・ピニェーレス
1782-89　Antonio Caballero y Góngora　アントニオ・カバイェーロ・イ・ゴンゴラ
1789　Francisco Gil de Taboada Lemos y Villamarín　フランシスコ・ヒル・デ・タボアーダ・レモス・イ・ビヤマリン
1789-97　José Manuel Ignacio Timoteo de Ezpeleta y Galdeano Dicastillo y del Prado　ホセ・マヌエル・イグナシオ・ティモテオ・デ・エスペレタ・イ・ガルデアノ・ディカスティーヨ・イ・デル・プラード
1797-1803　Pedro de Mendinueta y Múzquiz　ペドロ・デ・メンディヌエタ・イ・ムスキス
1803-10　Antonio Amar y Borbón　アントニオ・アマール・イ・ボルボン
1812　Benito Pérez Brito de los Ríos Fernández Valdelomar　ベニト・ペレス・ブリート・デ・ロス・リオス・フェルナンデス・バルデロマール
1816-18　Francisco de Montalvo y Ambulodi Arriola y Casabante Valdespino　フランシスコ・デ・モンタルボ・イ・アンブロディ・アリオラ・イ・カサバンテ・バルデスピーノ
1818-19　Juan José de Sámano y Urribarri de Rebollar y Mazorra　ファン・ホセ・デ・サマノ・イ・ウリバーリ・デ・レボヤール・イ・マソーラ

グラン・コロンビア共和国

大統領

1819-30　Simón Bolívar　シモン・ボリーバル
1830　Joaquín Mosquera　ホアキン・モスケーラ
1830-31　Rafael Urdaneta　ラファエル・ウルダネタ
1831　Domingo Caycedo　ドミンゴ・カイセド副大統領
1831-32　José María Obando　ホセ・マリア・オバンド副大統領

ヌエバ・グラナダ共和国

大統領

1832　José Ignacio de Márquez　ホセ・イグナシオ・デ・マルケス副大統領

1832-37　Francisco de Paula Santander　フランスコ・デ・パウラ・サンタンデール
1837-41　José Ignacio de Márquez　ホセ・イグナシオ・デ・マルケス
1841-45　Pedro Alcántara Herrán　ペドロ・アルカンタラ・エラン
1845-49　Tomás C. de Mosquera　トマス・C・デ・モスケーラ
1849-53　José Hilario López　ホセ・イラリオ・ロペス
1853-54　José María Obando　ホセ・マリア・オバンド
1854　José María Melo　ホセ・マリア・メロ
1854　Tomás Herrera　トマス・エレーラ暫定大統領
1854-55　José de Obaldía　ホセ・デ・オバルディーア副大統領
1855-57　Manuel María Mallarino　マヌエル・マリア・マヤリーノ
1857-61　Mariano Ospina Rodríguez　マリアノ・オスピーナ・ロドリゲス
1861-63　Tomás C. de Mosquera　トマス・C・デ・モスケーラ

コロンビア

大統領

1863-64　Tomás C. de Mosquera　トマス・C・デ・モスケーラ
1864-66　Manuel Murillo Toro　マヌエル・ムリーヨ・トロ
1866-67　Tomás C. de Mosquera　トマス・C・デ・モスケーラ
1868-70　Santos Gutiérrez　サントス・グティエレス
1870-72　Eustorgio Salgar　エウストルヒオ・サルガール
1872-74　Manuel Murillo Toro　マヌエル・ムリーヨ・トロ
1874-76　Santiago Pérez　サンティアゴ・ペレス
1876-78　Aquileo Parra　アキレオ・パーラ
1878-80　Julián Trujillo　フリアン・トルヒーヨ
1880-82　Rafael Núñez　ラファエル・ヌニェス
1882　Francisco Javier Zaldúa　フランシスコ・ハビエル・サルドゥア
1882　Clímaco Calderón　クリマコ・カルデロン〔未就任〕
1882-84　José Eusebio Otálora　ホセ・エウセビオ・オタロラ〔未就任〕
1884-86　Rafael Núñez　ラファエル・ヌニェス
1886-87　José María Campo Serrano　ホセ・マリア・カンポ・セラーノ〔未就任〕
1887　Eliseo Payán　エリセオ・パヤン副大統領
1887-94　Rafael Núñez　ラファエル・ヌニェス
1894-96　Miguel Antonio Caro　ミゲル・アントニオ・カロ副大統領
1896　Guillermo Quintero Calderón　ギイェルモ・キンテーロ・カルデロン〔未就任〕
1896-98　Miguel Antonio Caro　ミゲル・アントニオ・カロ副大統領
1898-1900　Manuel Antonio Sanclemente　マヌエル・アントニオ・サンクレメンテ
1900-04　José Manuel Marroquín　ホセ・マヌエル・マロキン
1904-09　Rafael Reyes　ラファエル・レイェス
1909　Jorge Holguín　ホルヘ・オルギン〔未就任〕

1909-10　Ramón González Valencia　ラモン・ゴンサレス・バレンシア副大統領
1910-14　Carlos Eugenio Restrepo　カルロス・エウヘニオ・レストレポ
1914-18　José Vicente Concha　ホセ・ビセンテ・コンチャ
1818-21　Marco Fidel Suárez　マルコ・フィデル・スァレス
1921-22　Jorge Holguín　ホルヘ・オルギン〔未就任〕
1922-26　Pedro Nel Ospina　ペドロ・ネル・オスピーナ
1926-30　Miguel Abadía Méndez　ミゲル・アバディーア・メンデス
1930-34　Enrique Olaya Herrera　エンリケ・オラヤ・エレーラ
1934-38　Alfonso López Pumarejo　アルフォンソ・ロペス・プマレホ
1938-42　Eduardo Santos　エドワルド・サントス
1942-45　Alfonso López Pumarejo　アルフォンソ・ロペス・プマレホ
1945-46　Alberto Lleras Camargo　アルベルト・イェラス・カマルゴ〔未就任〕
1946-50　Mariano Ospina Pérez　マリアノ・オスピーナ・ペレス
1950-53　Laureano Gómez　ラウレアーノ・ゴメス
1953-57　Gustavo Rojas Pinilla　グスタボ・ロハス・ピニーヤ
1957-58　軍事政府
1958-62　Alberto Lleras Camargo　アルベルト・イェラス・カマルゴ
1962-66　Guillermo León Valencia　ギイェルモ・レオン・バレンシア
1966-70　Carlos Lleras Restrepo　カルロス・イェラス・レストレポ
1970-74　Misael Pastrana Borrero　ミサエル・パストラーナ・ボレーロ
1974-78　Alfonso López Michelsen　アルフォンソ・ロペス・ミケルセン
1978-82　Julio César Turbay Ayala　フリオ・セサル・トゥルバイ・アヤラ
1982-86　Belisario Betancur Cuartas　ベリサリオ・ベタンクール・クァルタス
1986-90　Virgilio Barco Vargas　ビルヒリオ・バルコ・バルガス
1990-94　César Augusto Gaviria Trujillo　セサル・アウグスト・ガビリア・トルヒーヨ
1994-98　Ernesto Samper Pizano　エルネスト・サンペール・ピサーノ
1998-2002　Andrés Pastrana Arango　アンドレス・パストラーナ・アランゴ
2002-10　Álvaro Uribe Vélez　アルバロ・ウリベ・ベレス
2010-　Juan Manuel Santos Calderón　ファン・マヌエル・サントス・カルデロン

ベネスエラ

大統領

1830-35　José Antonio Páez　ホセ・アントニオ・パエス
1835　Andrés Narvarte　アンドレス・ナルバルテ暫定大統領
1835　José María Vargas　ホセ・マリア・バルガス
1835　Santiago Mariño　サンティアゴ・マリーニョ
1835　José María Carreño　ホセ・マリア・カレーニョ暫定大統領
1835-36　José María Vargas　ホセ・マリア・バルガス
1836-37　Andrés Narvarte　アンドレス・ナルバルテ
1837　José María Carreño　ホセ・マリア・カレーニョ

1837-39	Carlos Soublette　カルロス・スーブレット
1839-43	José Antonio Páez　ホセ・アントニオ・パエス
1843-47	Carlos Soublette　カルロス・スーブレット
1847-51	José Tadeo Monagas　ホセ・タデオ・モナガス
1851-55	José Gregorio Monagas　ホセ・グレゴリオ・モナガス
1855-58	José Tadeo Monagas　ホセ・タデオ・モナガス
1858	臨時政府
1858-59	Julián Castro　フリアン・カストロ
1859	臨時政府
1859	Pedro Gual　ペドロ・グァル暫定大統領
1859-61	Manuel Felipe de Tovar　マヌエル・フェリペ・デ・トバル
1861	Pedro Gual　ペドロ・グァル暫定大統領
1861-63	José Antonio Páez　ホセ・アントニオ・パエス
1863-68	Juan Crisóstomo Falcón　ファン・クリソストモ・ファルコン
1868	José Tadeo Monagas　ホセ・タデオ・モナガス
1868-69	臨時政府
1869	José Ruperto Monagas　ホセ・ルペルト・モナガス大統領代理
1869	Guillermo Tell Villegas　ギイェルモ・テル・ビイェガス大統領代理
1869-70	José Ruperto Monagas　ホセ・ルペルト・モナガス
1870	Juan Vicente González Delgado　ファン・ビセンテ・ゴンサレス・デルガード大統領代理
1870	Esteban Palacios　エステバン・パラシオス大統領代理
1870-77	Antonio Guzmán Blanco　アントニオ・グスマン・ブランコ
1877-78	Francisco Linares Alcántara　フランシスコ・リナーレス・アルカンタラ
1879	José Gregorio Monagas　ホセ・グレゴリオ・モナガス
1879	Antonio Guzmán Blanco　アントニオ・グスマン・ブランコ
1879	José Rafael Pacheco　ホセ・ラファエル・パチェーコ大統領代理
1879-84	Antonio Guzmán Blanco　アントニオ・グスマン・ブランコ
1884-86	Joaquín Crespo　ホアキン・クレスポ
1886	Manuel Antonio Díez　マヌエル・アントニオ・ディエス大統領代理
1886-88	Antonio Guzmán Blanco　アントニオ・グスマン・ブランコ
1888-90	Juan Pablo Rojas Paúl　ファン・パブロ・ロハス・パウル
1890-92	Raimundo Andueza Palacio　ライムンド・アンドゥエサ・パラシオ
1892	Guillermo Tell Villegas　ギイェルモ・テル・ビイェガス暫定大統領
1892-98	Joaquín Crespo　ホアキン・クレスポ
1898	Manuel Guzmán Alvarez　マヌエル・グスマン・アルバレス暫定大統領
1898-99	Ignacio Andrade　イグナシオ・アンドラーデ
1899-1908	Cipriano Castro　シプリアーノ・カストロ
1908-10	Juan Vicente Gómez　ファン・ビセンテ・ゴメス
1910	Ramón Ayala　ラモン・アヤラ暫定大統領
1910-14	Juan Vicente Gómez　ファン・ビセンテ・ゴメス

1914-15 Victrino Márquez Bustillos ビクトリーノ・マルケス・ブスティーヨス暫定大統領
1915-29 Juan Vicente Gómez ファン・ビセンテ・ゴメス
1929-31 Juan Bautista Pérez ファン・バウティスタ・ペレス
1931 Pedro Itriago Chacín ペドロ・イトリアーゴ・チャシン大統領代理
1931-35 Juan Vicente Gómez ファン・ビセンテ・ゴメス
1935-41 Eleazar López Contreras エレアサール・ロペス・コントレーラス
1941-45 Isaías Medina Angarita イサイーアス・メディーナ・アンガリータ
1945-48 軍事政府
1948 Rómulo Gallegos ロムロ・ガイェゴス
1948-52 軍事政府
1952-58 Marcos Pérez Jiménez マルコス・ペレス・ヒメネス
1958-59 軍事政府
1959-64 Rómulo Betancourt ロムロ・ベタンクール
1964-69 Raúl Leoni ラウル・レオニ
1969-74 Rafael Caldera Rodríguez ラファエル・カルデラ・ロドリゲス
1974-79 Carlos Andrés Pérez カルロス・アンドレス・ペレス
1979-84 Luis Herrera Campins ルイス・エレーラ・カンピンス
1984-89 Jaime Lusinchi ハイメ・ルシンチ
1989-93 Carlos Andrés Pérez カルロス・アンドレス・ペレス
1993 Octavio Lepage オクタビオ・レパヘ大統領代理
1993-94 Ramón José Velásquez ラモン・ホセ・ベラスケス暫定大統領
1994-99 Rafael Caldera Rodríguez ラファエル・カルデラ・ロドリゲス
1999-2002 Hugo Rafael Chávez Frías ウーゴ・ラファエル・チャベス・フリーアス
2002 Pedro Francisco Carmona Estanga ペドロ・フランシスコ・カルモナ・エスタンガ暫定大統領
2002- Hugo Rafael Chávez Frías ウーゴ・ラファエル・チャベス・フリーアス

エクアドル

大統領

1830-35 Juan José Flores ファン・ホセ・フローレス
1835-39 Vicente Rocafuerte ビセンテ・ロカフェルテ
1839-43 Juan José Flores ファン・ホセ・フローレス
1843 臨時政府
1843-45 Juan José Flores ファン・ホセ・フローレス
1845 臨時政府
1845-49 Vicente Ramón Roca ビセンテ・ラモン・ロカ
1849-50 Manuel de Ascásubi マヌエル・デ・アスカスビ
1850-51 Diego Noboa ディエゴ・ノボア
1851-56 José María Urbina ホセ・マリア・ウルビーナ

1856-59 Francisco Robles フランシスコ・ロブレス
1859 臨時政府
1859-60 Guillermo Franco ギイェルモ・フランコ
1860-61 臨時政府
1861-65 Gabriel García Moreno ガブリエル・ガルシア・モレーノ
1865-67 Jerónimo Carrión ヘロニモ・カリオン
1867-68 Pedro José de Arteta y Calisto ペドロ・ホセ・デ・アルテタ・イ・カリスト暫定大統領
1868-69 Javier Espinoza ハビエル・エスピノーサ
1869-75 Gabriel García Moreno ガブリエル・ガルシア・モレーノ
1875 Francisco Javier León フランシスコ・ハビエル・レオン暫定大統領
1875-76 Antonio Borrero アントニオ・ボレーロ
1876-83 Ignacio de Veintimilla イグナシオ・デ・ベインティミヤ
1883-84 臨時政府
1884-88 José María Plácido Caamaño y Cornejo ホセ・マリーア・プラシド・カアマーニョ・イ・コルネホ
1888-92 Antonio Flores Jijón アントニオ・フローレス・ヒホン
1892-95 Luis Cordero Crespo ルイス・コルデーロ・クレスポ
1895 Vicente Lucio Salazar ビセンテ・ルシオ・サラサール暫定大統領
1895-1901 Eloy Alfaro エロイ・アルファーロ
1901-05 Leónidas Plaza Gutiérrez レオニダス・プラサ・グティエレス
1905-06 Lizardo García リサルド・ガルシア
1906-11 Eloy Alfaro エロイ・アルファーロ
1911 Carlos Freile Zaldumbide カルロス・フレイレ・サルドゥンビデ暫定大統領
1911 Emilio Estrada エミリオ・エストラーダ
1911-12 Carlos Freile Zaldumbide カルロス・フレイレ・サルドゥンビデ暫定大統領
1912 Francisco Andrade Marín フランシスコ・アンドラーデ・マリン暫定大統領
1912-16 Leónidas Plaza Gutiérrez レオニダス・プラサ・グティエレス
1916-20 Alfredo Baquerizo Moreno アルフレド・バケリソ・モレーノ
1920-24 José Luis Tamayo ホセ・ルイス・タマヨ
1924-25 Gonzalo S. de Córdova ゴンサロ・S・デ・コルドバ
1925-26 軍事政府
1926-31 Isidro Ayora イシドロ・アヨラ
1931 Luis Larrea Alba ルイス・ラレア・アルバ暫定大統領
1931-32 Alfredo Baquerizo Moreno アルフレド・バケリソ・モレーノ暫定大統領
1932 Carlos Freile Larrea カルロス・フレイレ・ラレア暫定大統領
1932 Alberto Guerrero Martínez アルベルト・ゲレーロ・マルティネス暫定大統領
1932-33 Juan de Dios Martínez Mera ファン・デ・ディオス・マルティネス・メラ
1933-34 Abelardo Montalvo アベラルド・モンタルボ暫定大統領

1934-35	José María Velasco Ibarra ホセ・マリア・ベラスコ・イバラ
1935	Antonio Pons アントニオ・ポンス暫定大統領
1935-37	Federico Páez フェデリコ・パエス
1937-38	Alberto Enríquez Gallo アルベルト・エンリケス・ガヨ
1938	Manuel María Borrero マヌエル・マリア・ボレーロ暫定大統領
1938-39	Aurelio Mosquera Narváez アウレリオ・モスケーラ・ナルバエス
1939	Carlos Alberto Arroyo del Río カルロス・アルベルト・アロヨ・デル・リオ暫定大統領
1939-40	Andrés Córdoba Nieto アンドレス・コルドバ・ニエト暫定大統領
1940	Julio Enrique Moreno フリオ・エンリケ・モレーノ暫定大統領
1940-44	Carlos Alberto Arroyo del Río カルロス・アルベルト・アロヨ・デル・リオ
1944	臨時政府
1944-47	José María Velasco Ibarra ホセ・マリア・ベラスコ・イバラ
1947	Carlos Mancheno Cajas カルロス・マンチェーノ・カハス
1947	Mariano Suárez Veintimilla マリアノ・スァレス・ベインティミーヤ暫定大統領
1947-48	Carlos Julio Arosemena Tola カルロス・フリオ・アロセメナ・トラ
1948-52	Galo Plaza Lasso ガーロ・プラサ・ラソ
1952-56	José María Velasco Ibarra ホセ・マリア・ベラスコ・イバラ
1956-60	Camilo Ponce Enríquez カミロ・ポンセ・エンリケス
1960-61	José María Velasco Ibarra ホセ・マリア・ベラスコ・イバラ
1961-63	Carlos Julio Arosemena Monroy カルロス・フリオ・アロセメナ・モンロイ暫定大統領
1963-66	軍事政府
1966	Clemente Yerovi Indaburu クレメンテ・イェロビ・インダブル暫定大統領
1966-68	Otto Arosemena Gómez オットー・アロセメナ・ゴメス
1968-72	José María Velasco Ibarra ホセ・マリア・ベラスコ・イバラ
1972-76	Guillermo Rodríguez Lara ギイェルモ・ロドリゲス・ララ
1976-79	軍事政府
1979-81	Jaime Roldós Aguilera ハイメ・ロルドス・アギレーラ
1981-84	Oswaldo Hurtado Larrea オスバルド・ウルタード・ラレーア
1984-88	León Febres Cordero Rivadeira レオン・フェブレス・コルデーロ・リバデイラ
1988-92	Rodrigo Borja Cevallos ロドリゴ・ボルハ・セバーヨス
1992-96	Sixto Durán Ballén シスト・ドゥラン・バイェン
1996-97	Abdalá Bucaram Ortiz アブダラ・ブカラン・オルティス
1997	Rosalía Arteaga ロサリーア・アルテアガ暫定大統領
1997-98	Fabián Ernesto Alarcón Rivera ファビアン・エルネスト・アラルコン・リベーラ暫定大統領
1998-2000	Jorge Jamil Mahuad Witt ホルヘ・ジャミル・マワ・ウィット

2000　国家評議会（国家救済統治委員会）
2000-03　Gustavo Noboa Bejarano　グスタボ・ノボア・ベハラノ
2003-05　Lucio Edwin Gutiérrez Borbúa　ルシオ・エドウィン・グティエレス・ボルブーア
2005-07　Luis Alfredo Palacio González　ルイス・アルフレド・パラシオ・ゴンサレス
2007-　Rafael Vicente Correa Delgado　ラファエル・ビセンテ・コレア・デルガード

ペルー

ペルー総督

1532-41　Francisco Pizarro　フランシスコ・ピサロ
1541-44　Cristóbal Vaca de Castro　クリストバル・バカ・デ・カストロ

ペルー副王

1544-46　Blasco Núñez Vela　ブラスコ・ヌニェス・ベラ
1547-50　アウディエンシア統治
1551-52　Antonio de Mendoza　アントニオ・デ・メンドーサ
1552-56　アウディエンシア統治
1556-60　Andrés Hurtado de Mendoza (Marqués de Cañete)　アンドレス・ウルタード・デ・メンドーサ（カニェーテ侯）
1561-64　Diego López de Zúñiga y Velasco (Conde de Nieva)　ディエゴ・ロペス・デ・スニガ・イ・ベラスコ（ニエバ伯）
1564-69　Lope García de Castro　ロペ・ガルシア・デ・カストロ〔アウディエンシア長官〕
1569-81　Francisco de Toledo y Figueroa　フランシスコ・デ・トレド・イ・フィゲロア
1581-83　Martín Enríquez de Almansa　マルティン・エンリケス・デ・アルマンサ
1583-85　アウディエンシア統治
1585-89　Fernando Torres de Portugal y Mesía Venegas y Ponce de León (Conde de Villadompando)　フェルナンド・トーレス・デ・ポルトゥガル・イ・メシーア・ベネガス・イ・ポンセ・デ・レオン（ビヤドンパンド伯）
1589-96　García Hurtado de Mendoza y Manrique (Marqués de Cañete)　ガルシア・ウルタード・デ・メンドーサ・イ・マンリケ（カニェーテ侯）
1596-1604　Luis de Velasco (Marqués de Salinas)　ルイス・デ・ベラスコ（サリーナス侯）
1604-07　Gaspar de Zúñiga Acevedo y Fonseca (Conde de Monterrey)　ガスパール・デ・スニガ・アセベード・イ・フォンセカ（モンテレイ伯）

1607-15 Juan Manuel de Mendoza y Manrique Hurtado y Padilla (Marqués de Montesclaros) ファン・マヌエル・デ・メンドーサ・イ・マンリケ・ウルタード・イ・パディーヤ(モンテスクラーロス侯)
1615-21 Francisco de Borja y Aragón (Príncipe de Esquilache) フランシスコ・デ・ボルハ・イ・アラゴン(エスキラチェ大公)
1621-22 アウディエンシア統治
1622-29 Diego Fernández de Córdoba y López de las Roelas Benavides y Melgarejo (Marqués de Guadalcázar) ディエゴ・フェルナンデス・デ・コルドバ・イ・ロペス・デ・ラス・ロエラス・ベナビデス・イ・メルガレホ(グァダルカサル侯)
1629-39 Luis Jerónimo Fernández de Cabrera Bobadilla Cerda y Mendoza (Conde de Chinchón) ルイス・ヘロニモ・フェルナンデス・デ・カブレーラ・ボバディーヤ・セルダ・イ・メンドーサ(チンチョン伯)
1639-48 Pedro de Toledo y Leyva (Marqués de Mancera) ペドロ・デ・トレド・イ・レイバ(マンセーラ侯)
1648-55 García Sarmiento de Sotomayor Enríquez de Luna (Conde de Salvatierra) ガルシア・サルミエント・デ・ソトマヨール・エンリケス・デ・ルナ(サルバティエーラ伯)
1655-61 Luis Enríquez de Guzmán y Coresma (Conde de Alba de Liste) ルイス・エンリケス・デ・グスマン・イ・コレスマ(アルバ・デ・リステ伯)
1661-66 Diego de Benavides y de la Cueva (Conde de Sebastián) ディエゴ・デ・ベナビデス・イ・デ・ラ・クエバ(セバスティアン伯)
1666-74 Pedro Antonio Fernández de Castro Andrade y Portugal (Conde de Lemos) ペドロ・アントニオ・フェルナンデス・デ・カストロ・アンドラーデ・イ・ポルトゥガル(レモス伯)
1674-78 Bartolomé de la Cueva Enríquez Arias de Saavedra Pardo Tavera y Ulloa (Conde de Castellar) バルトロメ・デ・ラ・クエバ・エンリケス・アリアス・デ・サアベドラ・パルド・タベーラ・イ・ウヨア(カステヤール伯)
1678-81 Melchor Liñán de Cisneros メルチョール・リニャン・デ・シスネーロス
1681-89 Melchor de Navarra y Rocaful (Duque de la Plata) メルチョール・デ・ナバーラ・イ・ロカフル(ラ・プラタ公)
1689-1705 Melchor Portocarrero Lasso de la Vega (Conde de Monclova) メルチョール・ポルトカレーロ・ラッソ・デ・ラ・ベガ(モンクローバ伯)
1705-10 Manuel Oms de Santa Pau Olim de Semanat y de la Nuza (Marqués de Castell dos Ruíz) マヌエル・オンス・デ・サンタ・パウ・オリン・デ・セマナ・イ・デ・ラ・ヌサ(カステル・ドス・ルイス侯)
1710-16 Diego Ladrón de Guevara ディエゴ・ラドロン・デ・ゲバラ
1716-20 Carmine Niccolo Caracciolo (Príncipe de Santa Buono) カルミネ・ニコロ・カラッチオロ(サンタ・ブオノ大公)
1720-24 Diego Morcillo Rubio de Auñón ディエゴ・モルシーヨ・ルビオ・デ・アウニョン

1724-36　José de Armendáriz y Perurena Garrués de Usechi y Urquijo(Marqués de Castellfuerte)　ホセ・デ・アルメンダリス・イ・ペルレーナ・ガルエス・デ・ウセチ・イ・ウルキホ(カステルフエルテ侯)

1736-45　José Antonio de Mendoza Camaño y Sotomayor(Marqués de Villagarcí)　ホセ・アントニオ・デ・メンドーサ・カマーニョ・イ・ソトマヨール(ビヤガルシー侯)

1745-61　José Antonio Manso de Velasco y Sánchez de Samaniego(Conde de Superunda)　ホセ・アントニオ・マンソ・デ・ベラスコ・イ・サンチェス・デ・サマニエゴ(スペルンダ伯)

1761-76　Manuel de Amat y Junient Planella Aimeric y Santa Pau　マヌエル・デ・アマ・イ・フニエン・プラネーヤ・アイメリク・イ・サンタ・パウ

1776-80　Manuel de Guirior y Portal de Huarte y Edozain(Marqués de Guirior)　マヌエル・デ・ギリオール・イ・ポルタル・デ・ワルテ・イ・エドサイン(ギリオール侯)

1780-84　Agustín de Jáuregui y Aldecoa　アグスティン・デ・ハウレギ・イ・アルデコア

1784-89　Teodoro Francisco de Croix(Conde de Croix)　テオドーロ・フランシスコ・デ・クロワ(クロワ伯)

1790-96　Francisco Gil de Taboada Lemos y Villamarín　フランシスコ・ヒル・デ・タボアーダ・レモス・イ・ビヤマリン

1796-1801　Ambrosio O'Higgins(Marqués de Osorno)　アンブロシオ・オイヒンス(オソルノ侯)

1801-06　Gabriel de Avilés y del Fierro(Marqués de Avilés)　ガブリエル・デ・アビレス・イ・デル・フィエーロ(アビレス侯)

1806-16　José Fernando Abascal y Souza(Marqués de la Concordia)　ホセ・フェルナンド・アバスカル・イ・ソウサ(ラ・コンコルディア侯)

1816-21　Joaquín de la Pezuela y Sánchez Muñoz de Velasco　ホアキン・デ・ラ・ペスエラ・イ・サンチェス・ムニョス・デ・ベラスコ

1821-24　José de la Serna e Hinojosa　ホセ・デ・ラ・セルナ・エ・イノホサ

大統領

1821-22　José de San Martín　ホセ・デ・サン・マルティン〔ペルー護民官〕

1822-23　José de la Mar　ホセ・デ・ラ・マル〔統治評議会議長〕

1823　José de la Riva Agüero　ホセ・デ・ラ・リバ・アグエーロ

1823-24　José Bernardo de Tagle　ホセ・ベルナルド・デ・タグレ

1824-27　Simón Bolívar　シモン・ボリーバル〔独裁者〕

1827-29　José de la Mar　ホセ・デ・ラ・マル

1829-33　Agustín Gamarra　アグスティン・ガマーラ

1833-35　Luis José de Orbegoso　ルイス・ホセ・デ・オルベゴソ

1835-39　ペルー・ボリビア連合

1839-41　Agustín Gamarra　アグスティン・ガマーラ

1841-43 Manuel Menéndez マヌエル・メネンデス
1843 Justo Figueloa フスト・フィゲロア副大統領
1843-44 Manuel Ignacio Vivanco マヌエル・イグナシオ・ビバンコ
1845-51 Ramón Castilla y Marquesado ラモン・カスティーヤ・イ・マルケサード
1851-55 José Rufino Echenique ホセ・ルフィーノ・エチェニケ
1855-62 Ramón Castilla y Marquesado ラモン・カスティーヤ・イ・マルケサード
1862-63 Miguel San Román ミゲル・サン・ロマン
1863-65 Juan Antonio Pézet ファン・アントニオ・ペセ
1865-67 Mariano Ignacio Prado マリアーノ・イグナシオ・プラード
1867-68 Pedro Díez Canseco ペドロ・ディエス・カンセコ大統領代理
1868-72 José Balta ホセ・バルタ
1872-76 Manuel Pardo マヌエル・パルド
1876-79 Mariano Ignacio Prado マリアーノ・イグナシオ・プラード
1879-81 Nicolás de Piérola ニコラス・デ・ピエロラ
1881 Francisco García Calderón フランシスコ・ガルシア・カルデロン大統領
代理
1881-83 Lizardo Montero リサルド・モンテーロ
1883-85 Miguel Iglesias ミゲル・イグレシアス
1885-86 臨時政府
1886-90 Andrés Avelino Cáceres アンドレス・アベリーノ・カセレス
1890-94 Remigio Morales Bermúdez レミヒオ・モラーレス・ベルムデス
1894-95 Andrés Avelino Cáceres アンドレス・アベリーノ・カセレス
1895 臨時政府
1895-99 Nicolás de Piérola ニコラス・デ・ピエロラ
1899-1903 Eduardo López de Romaña エドゥアルド・ロペス・デ・ロマーニャ
1903-04 Manuel Candamo マヌエル・カンダモ
1904 Serapio Calderón セラピオ・カルデロン副大統領
1904-08 José Pardo y Barreda ホセ・パルド・イ・バレーダ
1908-12 Augusto Bernardino Leguía y Salcedo アウグスト・ベルナルディーノ・
レギーア・イ・サルセド
1912-14 Guillermo Billinghurst ギイェルモ・ビイングルスト
1914-15 Oscar R. Benavides オスカル・R・ベナビデス
1915-19 José Pardo y Barreda ホセ・パルド・イ・バレーダ
1919-30 Augusto Bernardino Leguía y Salcedo アウグスト・ベルナルディーノ・
レギーア・イ・サルセド
1930 Manuel Ponce マヌエル・ポンセ
1930-31 Luis Miguel Sánchez Cerro ルイス・ミゲル・サンチェス・セーロ
1931 Leonicio Elías レオニシオ・エリーアス
1931 Gustavo A. Jiménez グスタボ・A・ヒメネス
1931 David Samánez Ocampo ダビッド・サマネス・オカンポ
1931-33 Luis Miguel Sánchez Cerro ルイス・ミゲル・サンチェス・セーロ

1933-39 Oscar R. Benavides オスカル・R・ベナビデス
1939-45 Manuel Prado y Ugarteche マヌエル・プラード・イ・ウガルテチェ
1945-48 José Luis Bustamante y Rivero ホセ・ルイス・ブスタマンテ・イ・リベーロ
1948-56 Manuel A. Odría マヌエル・A・オドリーア
1956-62 Manuel Prado y Ugarteche マヌエル・プラード・イ・ウガルテチェ
1962-63 軍事政府
1963-68 Fernando Belaúnde Terry フェルナンド・ベラウンデ・テリー
1968-75 Juan Velasco Alvarado ファン・ベラスコ・アルバラード
1975-80 Francisco Morales Bermúdez フランシスコ・モラレス・ベルムデス
1980-85 Fernando Belaúnde Terry フェルナンド・ベラウンデ・テリー
1985-90 Alan García Pérez アラン・ガルシア・ペレス
1990-2000 Alberto Kenya Fujimori アルベルト・ケンヤ・フジモリ
2000-01 Valentín Demetrio Paniagua Corazao バレンティン・デメトリオ・パニアグア・コラサオ
2001-06 Alejandro Celestino Toledo Manrique アレハンドロ・セレスティーノ・トレド・マンリケ
2006-11 Alan Gabriel Ludwig García Pérez アラン・ガブリエル・ルドウィグ・ガルシア・ペレス
2011- Ollanta Moisés Humala Tasso オリャンタ・モイセス・ウマラ・タッソ

ボリビア

大統領

1825-28 Antonio José de Sucre アントニオ・ホセ・デ・スクレ
1828 José María Pérez de Urdininea ホセ・マリア・ペレス・デ・ウルディニネア
1828 José Miguel de Velasco ホセ・ミゲル・デ・ベラスコ
1828 Pedro Blanco ペドロ・ブランコ
1829 José Miguel de Velasco ホセ・ミゲル・デ・ベラスコ
1829-39 Andrés de Santa Cruz y Calahumana アンドレス・デ・サンタ・クルス・イ・カラウマーナ
1839-41 José Miguel de Velasco ホセ・ミゲル・デ・ベラスコ
1841-47 José Ballivián ホセ・バイビアン
1847 Eusebio Guilarte エウセビオ・ギラルテ
1847-48 José Miguel de Velasco ホセ・ミゲル・デ・ベラスコ
1848-55 Manuel Isidoro Belzú マヌエル・イシドーロ・ベルスー
1855-57 Jorge Córdoba ホルヘ・コルドバ
1857-61 José María Linares ホセ・マリア・リナーレス
1861-64 José María de Achá ホセ・マリア・デ・アチャー
1864-71 Mariano Melgarejo マリアーノ・メルガレホ

1871-72	Agustín Morales　アグスティン・モラーレス
1872-73	Tomás Frías　トマス・フリーアス大統領代理
1873-74	Adolfo Ballivián　アドルフォ・バイビアン
1874-76	Tomás Frías　トマス・フリーアス大統領代理
1876-80	Hilarion Daza Grosole　イラリオン・ダサ・グロソレ
1880-84	Narciso Campero　ナルシーソ・カンペーロ
1884-88	Gregorio Pacheco　グレゴリオ・パチェコ
1888-92	Aniceto Arce　アニセト・アルセ
1892-96	Mariano Baptista　マリアーノ・バプティスタ
1896-99	Severo Fernández Alonso　セベーロ・フェルナンデス・アロンソ
1899-1904	José Manuel Pando　ホセ・マヌエル・パンド
1904-09	Ismael Montes　イスマエル・モンテス
1909-13	Heliodoro Villazón　エリオドーロ・ビヤソン
1913-17	Ismael Montes　イスマエル・モンテス
1917-20	José N. Gutiérrez Guerra　ホセ・N・グティエレス・ゲーラ
1921-25	Bautista Saavedra　バウティスタ・サアベドラ
1925-26	José Cabina Villanueva　ホセ・カビーナ・ビヤヌエバ
1926-30	Hernando Siles　エルナンド・シレス
1930-31	Carlos Blanco Galindo　カルロス・ブランコ・ガリンド
1931-34	Daniel Salamanca　ダニエル・サラマンカ
1934-36	José Luis Tejado Sorzano　ホセ・ルイス・テハード・ソルサーノ
1936-37	David Toro　ダビッド・トロ
1937-39	Germán Busch　ヘルマン・ブッシュ
1939	Carlos Quintanilla　カルロス・キンタニーヤ
1940-43	Enrique Peñaranda y del Castillo　エンリケ・ペニャランダ・イ・デル・カスティーヨ
1943-46	Gualberto Villarroel　グァルベルト・ビヤロエル
1946-47	Tomás Monje Gutiérrez　トマス・モンヘ・グティエレス
1947-49	Enrique Hertzog　エンリケ・エルツォグ
1949-51	Mamerto Urriolagoitía　マメルト・ウリオラゴイティーア
1951-52	軍事政府
1952	臨時政府
1952-56	Víctor Paz Estenssoro　ビクトル・パス・エステンソーロ
1956-60	Hernán Siles Zuazo　エルナン・シレス・スアソ
1960-64	Víctor Paz Estenssoro　ビクトル・パス・エステンソーロ
1964-65	René Barrientos Ortuño　レネ・バリエントス・オルトゥーニョ
1965-66	René Barrientos Ortuño/Alfredo Ovando Candía　レネ・バリエントス・オルトゥーニョ／アルフレド・オバンド・カンディーア
1966	Alfredo Ovando Candía　アルフレド・オバンド・カンディーア
1966-69	René Barrientos Ortuño　レネ・バリエントス・オルトゥーニョ
1969	Luis Adolfo Siles Salinas　ルイス・アドルフォ・シレス・サリーナス

1969-70	Alfredo Ovando Candía アルフレド・オバンド・カンディーア
1970	Rogelio Miranda ロヘリオ・ミランダ
1970-71	Juan José Torres Gonzales ファン・ホセ・トーレス・ゴンサレス
1971-78	Hugo Bánzer Suárez ウーゴ・バンセル・スァレス
1978	Juan Pereda Asbún ファン・ペレーダ・アスブン
1978-79	David Padilla Arancibia ダビッド・パディーヤ・アランシビア
1979	Walter Guevara Arze バルテル・ゲバラ・アルセ暫定大統領
1979	Alberto Natusch Busch アルベルト・ナトゥッシュ・ブッシュ
1979-80	Lidia Guéyler Tejada リディア・ゲイレル・テハーダ暫定大統領
1980-81	Luis García Meza ルイス・ガルシア・メサ
1981-82	Celso Torrelio Villa セルソ・トレリオ・ビヤ
1982	Guido Vildoso Calderón ギド・ビルドソ・カルデロン
1982-85	Hernán Siles Zuazo エルナン・シレス・スアソ
1985-89	Víctor Paz Estenssoro ビクトル・パス・エステンソーロ
1989-93	Jaime Paz Zamora ハイメ・パス・サモーラ
1993-97	Gonzalo Sánchez de Lozada Bustamante ゴンサロ・サンチェス・デ・ロサーダ・ブスタマンテ
1997-2001	Hugo Bánzer Suárez ウーゴ・バンセル・スァレス
2001-02	Jorge Fernando Quiroga Ramírez ホルヘ・フェルナンド・キローガ・ラミーレス
2002-03	Gonzalo Sánchez de Losada Sánchez Bustamante ゴンサロ・サンチェス・デ・ロサーダ・サンチェス・ブスタマンテ
2003-05	Carlos Diego Mesa Gisbert カルロス・ディエゴ・メサ・ヒスベルト
2005-06	Eduardo Rodríguez Veltzé エドゥアルド・ロドリゲス・ベルツェ
2006-	Juan Evo Morales Ayma ファン・エボ・モラーレス・アイマ

チ リ

大統領

1817-23	Bernardo O'Higgins ベルナルド・オイヒンス(最高指導者)
1823-26	Ramón Freire Serrano ラモン・フレイレ・セラーノ(最高指導者)

この期間中，断続的に7人の指導者が立つ

1826	Manuel Blanco Encalada マヌエル・ブランコ・エンカラーダ
1826-27	Agustín Eyzaguirre Arechavala アグスティン・エイサギーレ・アレチャバラ暫定大統領
1827	Ramón Freire Serrano ラモン・フレイレ・セラーノ
1827-29	Francisco Antonio Pinto Díaz フランシスコ・アントニオ・ピント・ディアス
1829-30	Francisco Ramón Vicuña Larraín フランシスコ・ラモン・ビクーニャ・ラライン

1830	Francisco Ruiz Tagle Portales	フランシスコ・ルイス・タグレ・ポルターレス
1830-31	José Tomás Ovalle Bezanilla	ホセ・トマス・オバイェ・ベサニーヤ
1831	Fernando Errázuriz Aldunate	フェルナンド・エラスリス・アルドゥナテ副大統領
1831-41	Joaquín Prieto Vial	ホアキン・プリエト・ビアル
1841-51	Manuel Bulnes Prieto	マヌエル・ブルネス・プリエト
1851-61	Manuel Montt Torres	マヌエル・モント・トーレス
1861-71	José Joaquín Pérez Mascayano	ホセ・ホアキン・ペレス・マスカヤーノ
1871-76	Federico Errázuriz Zañartu	フェデリコ・エラスリス・サニャルトゥ
1876-81	Aníbal Pinto Garmendia	アニーバル・ピント・ガルメンディア
1881-86	Domingo Santa María González	ドミンゴ・サンタ・マリア・ゴンサレス
1886-91	José Manuel Balmaceda Fernández	ホセ・マヌエル・バルマセーダ・フェルナンデス
1891	Manuel Baquedano González	マヌエル・バケダーノ・ゴンサレス副大統領
1891	臨時政府	
1891-96	Jorge Montt Alvarez	ホルヘ・モント・アルバレス
1896-1901	Federico Errázuriz Echaurren	フェデリコ・エラスリス・エチャウレン
1901	Aníbal Zañartu Zañartu	アニーバル・サニャルトゥ・サニャルトゥ副大統領
1901-06	Germán Riesco Errázuriz	ヘルマン・リエスコ・エラスリス
1906-10	Pedro Montt Montt	ペドロ・モント・モント
1910	Elías Fernández Albano	エリーアス・フェルナンデス・アルバーノ副大統領
1910	Emiliano Figueroa Larraín	エミリアーノ・フィゲロア・ラライン副大統領
1910-15	Ramón Barros Luco	ラモン・バーロス・ルコ
1915-20	Juan Luis Sanfuentes Andonaegui	ファン・ルイス・サンフエンテス・アンドナエギ
1920-24	Arturo Alessandri Palma	アルトゥーロ・アレサンドリ・パルマ
1924-25	軍事政府	
1925	Arturo Alessandri Palma	アルトゥーロ・アレサンドリ・パルマ
1925	Luis Barros Borgoño	ルイス・バーロス・ボルゴーニョ
1925-27	Emiliano Figueroa Larraín	エミリアーノ・フィゲロア・ラライン
1927-31	Carlos Ibáñez del Campo	カルロス・イバーニェス・デル・カンポ
1931	Pedro Opaso Letelier	ペドロ・オパソ・レテリエール副大統領
1931	Juan Esteban Montero Rodríguez	ファン・エステバン・モンテーロ・ロドリゲス副大統領
1931	Manuel Trucco Franzani	マヌエル・トルッコ・フランサーニ副大統領
1931-32	Juan Esteban Montero Rodríguez	ファン・エステバン・モンテーロ・ロドリゲス

1932　軍事政府
1932　Carlos Guillermo Dávila Espinosa　カルロス・ギイェルモ・ダビラ・エスピノーサ
1932　Bartolomé Blanche Espejo　バルトロメ・ブランチェ・エスペホ暫定大統領
1932　Abraham Oyandel Urrutia　アブラアム・オヤンデル・ウルティア副大統領
1932-38　Arturo Alessandri Palma　アルトゥーロ・アレサンドリ・パルマ
1938-41　Pedro Aguirre Cerda　ペドロ・アギーレ・セルダ
1941-42　Jerónimo Méndez Arancibia　ヘロニモ・メンデス・アランシビア副大統領
1942-46　Juan Antonio Ríos Morales　ファン・アントニオ・リオス・モラーレス
1946　Alfredo Duhalde Vázquez　アルフレド・ドゥアルデ・バスケス副大統領
1946　Juan Antonio Iribarren Cabezas　ファン・アントニオ・イリバーレン・カベサス大統領代理
1946-52　Gabriel González Videla　ガブリエス・ゴンサレス・ビデラ
1952-58　Carlos Ibáñez del Campo　カルロス・イバーニェス・デル・カンポ
1958-64　Jorge Alessandri Rodríguez　ホルヘ・アレサンドリ・ロドリゲス
1964-70　Eduardo Frei Montalva　エドゥアルド・フレイ・モンタルバ
1970-73　Salvador Allende Gossens　サルバドール・アイェンデ・ゴセンス
1973-74　軍事政府
1974-90　Augusto Pinochet Ugarte　アウグスト・ピノチェト・ウガルテ
1990-94　Patricio Aylwin Azócar　パトリシオ・エイルウィン・アソカル
1994-2000　Eduardo Frei Ruiz-Tagle　エドゥアルド・フレイ・ルイス＝タグレ
2000-06　Ricardo Froilan Lagos Escobar　リカルド・フロイラン・ラゴス・エスコバル
2006-10　Verónica Michelle Bachelet Jeria　ベロニカ・ミチェル・バチェレ・ヘリア
2010-　Miguel Juan Sebastián Piñera Echenique　ミゲル・ファン・セバスティアン・ピニェラ・エチェニケ

リオ・デ・ラ・プラタ副王領

副　王

1776-78　Pedro de Ceballos　ペドロ・デ・セバーヨス
1778-84　Juan José de Vértiz y Salcedo　ファン・ホセ・デ・ベルティス・イ・サルセド
1784-89　Nicolás Francisco Cristóbal del Campo (Marqués de Loreto)　ニコラス・フランシスコ・クリストバル・デル・カンポ(ロレト侯)
1789-95　Nicolás Antonio de Arredondo　ニコラス・アントニオ・デ・アレドンド
1795-97　Pedro Melo de Portugal y Villena　ペドロ・メロ・デ・ポルトゥガル・イ・ビイェーナ
1797-99　Antonio Olaguer y Feliú Heredía López y Donec　アントニオ・オラゲール・イ・フェリウー・エレディーア・ロペス・イ・ドネ

1799-1801 Gabriel de Avilés y del Fierro(Marqués de Avilés) ガブリエル・デ・アビレス・イ・デル・フィエーロ(アビレス侯)
1801-04 Joaquín del Pino y Rosas Romero Negrete ホアキン・デル・ピノ・イ・ロサス・ロメロ・ネグレテ
1804-07 Rafael de Sobremonte Núñez Castillo Angulo y Bullón Ramírez de Arellano(Marqués de Sobremonte) ラファエル・デ・ソブレモンテ・ヌニェス・カスティーヨ・アングロ・イ・ブヨン・ラミレス・デ・アレヤーノ(ソブレモンテ侯)
1807-09 Santiago Antonio María de Liniers y Bremond サンティアゴ・アントニオ・マリア・デ・リニエ・イ・ブレモン
1809-10 Baltasar Hidalgo de Cisneros y la Torre バルタサル・イダルゴ・デ・シスネーロス・イ・ラ・トーレ

アルゼンティン

大統領

1826-27 Bernardino Rivadavia ベルナルディーノ・リバダビア
1827-28 Vicente López y Planes ビセンテ・ロペス・イ・プラネス

ブエノス・アイレス州知事

1829-32 Juan Manuel de Rosas ファン・マヌエル・デ・ロサス
1832-33 Juan Ramón Balcarce ファン・ラモン・バルカルセ
1833-34 Juan José Viamonte ファン・ホセ・ビアモンテ
1835-52 Juan Manuel de Rosas ファン・マヌエル・デ・ロサス

大統領

1854-60 Justo José de Urquiza フスト・ホセ・デ・ウルキサ
1860-62 Santiago Derqui サンティアゴ・デルキ
1862-68 Bartolomé Mitre バルトロメ・ミトレ
1868-74 Domingo Faustino Sarmiento ドミンゴ・ファウスティーノ・サルミエント
1874-80 Nicolás Avellaneda ニコラス・アベヤネーダ
1880-86 Julio Argentino Roca フリオ・アルヘンティーノ・ロカ
1886-90 Miguel Juárez Celman ミゲル・ファレス・セルマン
1890-92 Carlos Pellegrini カルロス・ペイェグリーニ
1892-95 Luis Sáenz Peña ルイス・サエンス・ペーニャ
1895-98 José Evaristo Uriburu ホセ・エバリスト・ウリブル
1898-1904 Julio Argentino Roca フリオ・アルヘンティーノ・ロカ
1904-06 Manuel Quintana マヌエル・キンターナ
1906-10 José Figueroa Alcorta ホセ・フィゲロア・アルコルタ
1910-13 Roque Sáenz Peña ロケ・サエンス・ペーニャ
1913-16 Victorino de la Plaza ビクトリーノ・デ・ラ・プラサ

1916-22　Hipólito Yrigoyen　イポリト・イリゴーイェン
1922-28　Marcelo Torcuato de Alvear　マルセロ・トルクァト・デ・アルベアール
1928-30　Hipólito Yrigoyen　イポリト・イリゴーイェン
1930-32　José Félix Uriburu　ホセ・フェリクス・ウリブル
1932-38　Agustín Pedro Justo　アグスティン・ペドロ・フスト
1938-42　Roberto M. Ortiz　ロベルト・M・オルティス
1942-43　Ramón S. Castillo　ラモン・S・カスティーヨ
1943　Arturo Rawson　アルトゥーロ・ローソン
1943-44　Pedro Pablo Ramírez　ペドロ・パブロ・ラミレス
1944-46　Edelmiro J. Farrell　エデルミロ・J・ファレル
1946-55　Juan Domingo Perón　ファン・ドミンゴ・ペロン
1955　Eduardo Lonardi　エドゥアルド・ロナルディ
1955-58　Pedro Eugenio Aramburu　ペドロ・エウヘニオ・アランブル
1958-62　Arturo Frondizi　アルトゥーロ・フロンディシ
1962-63　José María Guido　ホセ・マリア・ギド暫定大統領
1963-66　Arturo Umberto Illia　アルトゥーロ・ウンベルト・イリア
1966-70　Juan Carlos Onganía　ファン・カルロス・オンガニーア
1970-71　Roberto Marcelo Levingston　ロベルト・マルセーロ・レビングストン
1971-73　Alejandro Agustín Lanusse　アレハンドロ・アグスティン・ラヌーセ
1973　Héctor José Cámpora　エクトル・ホセ・カンポラ
1973-74　Juan Domingo Perón　ファン・ドミンゴ・ペロン
1974-76　María Estela (Isabel) Martínez de Perón　マリーア・エステラ・(イサベル)・マルティネス・デ・ペロン
1976-81　Jorge Rafael Videla　ホルヘ・ラファエル・ビデラ
1981　Roberto Eduardo Viola　ロベルト・エドゥアルド・ビオラ
1981　Tomás Liendo　トマス・リエンド暫定大統領
1981-82　Leopoldo Fortunato Galtieri　レオポルド・フォルトゥナート・ガルティエリ
1982-83　Reynaldo Benito Bignone　レイナルド・ベニト・ビニョーネ
1983-89　Raúl Ricardo Alfonsín　ラウル・リカルド・アルフォンシン
1989-99　Carlos Saúl Menem　カルロス・サウル・メネム
1999-2001　Fernando de la Rúa　フェルナンド・デ・ラ・ルア
2001　Federico Ramón Puerta　フェデリコ・ラモン・プエルタ大統領代理
2001-02　Adolfo Rodríguez Saá Páez Montero　アドルフォ・ロドリゲス・サア・パエス・モンテーロ暫定大統領
2002　Eduardo Óscar Camaño　エドゥアルド・オスカル・カマーニョ大統領代理
2002-03　Eduardo Alberto Duharde Maldonado　エドゥアルド・アルベルト・ドゥアルデ・マルドナード
2003-07　Néstor Carlos Kirchner Ostoic　ネストル・カルロス・キルチネル・オストイ
2007-　Cristina Elisabet Fernández de Kirchner　クリスティーナ・エリサベト・フェルナンデス・デ・キルチネル

ウルグァイ

大統領

1830-34	Fructuoso Rivera	フルクトゥオソ・リベラ
1834-38	Manuel Oribe	マヌエル・オリベ
1838-42	Fructuoso Rivera	フルクトゥオソ・リベラ
1842-51	Joaquín Suárez	ホアキン・スァレス
1852-53	Juan Francisco Giro	ファン・フランシスコ・ヒロ
1853	Bernardo Prudencio Berro	ベルナルド・プルデンシオ・ベロ
1854-55	Venancio Flores	ベナンシオ・フローレス
1855-58	Manuel Basilio Bustamente	マヌエル・バシリオ・ブスタメンテ
1858-60	Gabriel A. Pereira	ガブリエル・A・ペレイラ
1860-64	Bernardo Prudencìo Berro	ベルナルド・プルデンシオ・ベーロ
1864-65	Atanasio Aguirre	アタナシオ・アギーレ
1865-68	Venancio Flores	ベナンシオ・フローレス
1868-72	Lorenzo Batlle y Grau	ロレンソ・バッイェ・イ・グラウ
1872-75	José Eugenìo Ellauri	ホセ・エウヘニオ・エイァウリ
1875-76	Pedro Varela	ペドロ・バレーラ
1876-80	Lorenzo Latorre	ロレンソ・ラトーレ
1880-82	Francisco Vidal	フランシスコ・ビダル
1882-86	Máximo Santos	マクシモ・サントス
1886-90	Máximo Tajes	マクシモ・タヘス
1890-94	Julio Herrera y Obés	フリオ・エレーラ・イ・オベス
1894-97	Juan Idiarte Borda	ファン・イディアルテ・ボルダ
1897-1903	Juan Lindolfo Cuestas	ファン・リンドルフォ・クエスタス
1903-07	José Batlle y Ordóñez	ホセ・バッイェ・イ・オルドーニェス
1907-11	Claudio Williman	クラウディオ・ウィリマン
1911-15	José Batlle y Ordóñez	ホセ・バッイェ・イ・オルドーニェス
1915-19	Feliciano Viera	フェリシアノ・ビエラ
1919-23	Baltasar Brum	バルタサル・ブルム
1923-27	José Serrato	ホセ・セラート
1927-31	Juan Campísteguy	ファン・カンピステギ
1931-38	Gabriel Terra	ガブリエル・テーラ
1938-43	Alfredo Baldomir	アルフレード・バルドミール
1943-47	Juan José Amezaga	フアン・ホセ・アメサガ
1947	Tomás Berreta	トマス・ベレタ
1947-51	Luis Batlle Berres	ルイス・バッイェ・ベレス
1951-52	Andrés Martínez Trueba	アンドレス・マルティネス・トルエバ
1952-67	国民執政委員会	
1967	Oscar Daniel Gestido	オスカール・ダニエル・ヘスティード

1967-72 Jorge Pacheco Areco ホルヘ・パチェーコ・アレコ
1972-76 Juan María Bordaberry Arocena ファン・マリア・ボルダベリー・アロセーナ
1976 Alberto Demicheli アルベルト・デミチェリ
1976-81 Aparicio Méndez アパリシオ・メンデス
1981-85 Gregorio Conrado Alvarez Armelino グレゴリオ・コンラド・アルバレス・アルメリーノ
1985-90 Julio María Sanguinetti Cairolo フリオ・マリア・サンギネッティ・カイロロ
1990-95 Luis Alberto Lacalle Herrera ルイス・アルベルト・ラカイェ・エレーラ
1995-2000 Julio María Sanguinetti Cairolo フリオ・マリア・サンギネッティ・カイロロ
2000-05 Jorge Luis Batlle Ibáñez ホルヘ・ルイス・バッリェ・イバニェス
2005-10 Tabaré Ramón Vázquez Rosas タバレ・ラモン・バスケス・ロサス
2010- José Alberto Mujica Cordano ホセ・アルベルト・ムヒカ・コルダノ

パラグァイ

国家元首

1813-14 Fulgencio Yegros / José Gaspar Rodríquez de Francia フルヘンシオ・イェグロス／ホセ・ガスパール・ロドリゲス・デ・フランシア〔執政官〕
1814-40 José Gaspar Rodríguez de Francia ホセ・ガスパール・ロドリゲス・デ・フランシア〔最高独裁官〕
1841-44 Carlos Antonio López / Mariano Roque Alonso カルロス・アントニオ・ロペス／マリアーノ・ロッケ・アロンソ〔執政官〕

大統領

1844-62 Carlos Antonio López カルロス・アントニオ・ロペス
1862-70 Francisco Solano López フランシスコ・ソラノ・ロペス
1870 Facundo Machaín ファクンド・マチャイン
1870-71 Cirilo Antonio Rivarola シリロ・アントニオ・リバロラ
1871-74 Juan Salvador Jovellanos ファン・サルバドール・ホベヤーノス
1874-77 Juan Bautista Gill ファン・バウティスタ・ヒル
1877-78 Higinio Uriarte イヒニオ・ウリアルテ
1878-80 Cándido Bareiro カンディド・バレイロ
1880-86 Bernardino Caballero ベルナルディーノ・カバイェーロ
1886-90 Patricio Escobar パトリシオ・エスコバール
1890-94 Juan Gualberto González ファン・グァルベルト・ゴンサレス
1894 Marcos A. Morínigo マルコス・A・モリニゴ
1894-98 Juan Bautista Egusquiza ファン・バウティスタ・エグスキサ
1898-1902 Emilio Aceval エミリオ・アセバル

1902 Andrés Héctor Carballo アンドレス・エクトル・カルバヨ
1902-04 Juan Antonio Escurra ファン・アントニオ・エスクーラ
1904-05 Juan Bautista Gaona ファン・バウティスタ・ガオナ
1905-06 Cecilio Báez セシリオ・バエス
1906-08 Benigno Ferreira ベニグノ・フェレイラ
1908-10 Emiliano González Navero エミリアーノ・ゴンサレス・ナベロ
1910-11 Manuel Gondra マヌエル・ゴンドラ
1911 Albino Jara アルビーノ・ハラ
1911-12 Liberato Marcial Rojas リベラート・マルシアル・ロハス
1912 Pedro Peña ペドロ・ペーニャ
1912 Emiliano González Nevero エミリアーノ・ゴンサレス・ナベロ
1912-16 Eduardo Schaerer エドゥアルド・シャエレール
1916-19 Manuel Franco マヌエル・フランコ
1919-20 José Patricio Montero ホセ・パトリシオ・モンテーロ
1920-21 Manuel Gondra マヌエル・ゴンドラ
1921 Félìx Paiva フェリクス・パイバ
1921-23 Eusebio Ayala エウセビオ・アヤラ
1923-24 Eligio Ayala エリヒオ・アヤラ
1924 Luis Alberto Riart ルイス・アルベルト・リアル
1924-28 Eligio Ayala エリヒオ・アヤラ
1928-31 José Patricio Guggiari ホセ・パトリシオ・グッジャーリ
1931 Emiliano González Navero エミリアーノ・ゴンサレス・ナベロ
1932 José Patricio Guggiari ホセ・パトリシオ・グッジャーリ
1932-36 Eusebio Ayala エウセビオ・アヤラ
1936-37 Rafael Franco ラファエル・フランコ
1937-39 Félìx Paiva フェリクス・パイバ
1939-40 José Félìx Estigarribia ホセ・フェリクス・エスティガリビア
1940-48 Higinio Morínigo イヒニオ・モリニゴ
1948 Juan Manuel Frutos ファン・マヌエル・フルトス
1948-49 Juan Natalicio González ファン・ナタリシオ・ゴンサレス
1949 Raimundo Rolón ライムンド・ロロン
1949 Felipe Molas López フェリペ・モラス・ロペス
1949-54 Federico Chávez フェデリコ・チャベス
1954 Tomás Romero Pereira トマス・ロメロ・ペレイラ
1954-89 Alfredo Stroessner アルフレド・ストロエスネル
1989-93 Andrés Rodríguez アンドレス・ロドリゲス
1993-98 Juan Carlos Wasmosy ファン・カルロス・ワスモシ
1998-99 Raúl Cubas ラウル・クバス
1999-2003 Luis Ángel González Macchi ルイス・アンヘル・ゴンサレス・マッキ
2003-08 Óscar Nicanor Duarte Frutos オスカル・ニカノール・ドゥアルテ・フルートス

2008-　Fernando Armindo Lugo Méndez　フェルナンド・アルミンド・ルゴ・メンデス

ポルトガル(ブラジル独立まで)

ポルトガル王国国王

アヴィス家

1495-1521　Manuel I　マヌエル1世
1521-57　João III　ジョアン3世
1557-78　Sebastião　セバスティアン
1578-80　Henrique　エンリケ〔摂政〕
1580-1640　スペイン支配

ブラガンサ家

1640-56　João IV　ジョアン4世
1656-83　Afonso VI　アフォンソ6世
1683-1706　Pedro II　ペドロ2世
1706-50　João V　ジョアン5世
1750-77　José I　ジョゼ1世
1777-86　Pedro III　ペドロ3世
1777-1816　Maria I　マリア1世〔摂政ジョアン王子〕(1807　ブラジルへ避難)
1816-26　João VI　ジョアン6世(1821　ポルトガルへ帰国)

ブラジル

皇　帝

ブラガンサ家

1822-31　Pedro I　ペドロ1世(ポルトガル王ペドロ4世)
1831-89　Pedro II　ペドロ2世〔1831-40　三人の摂政による統治〕

大統領

1889-91　Manuel Deodoro da Fonseca　マヌエル・デオドーロ・ダ・フォンセカ
1891-94　Floriano Vieira Peixoto　フロリアーノ・ヴィエイラ・ペイショト
1894-98　Prudente José de Morais Barros　プルデンテ・ジョゼ・デ・モライス・バーロス
1898-1902　Manuel Ferraz de Campos Salles　マヌエル・フェラス・デ・カンポス・サレス
1902-06　Francisco de Paula Rodrigues Alves　フランシスコ・デ・パウラ・ロドリゲス・アルヴェス
1906-09　Afonso Pena　アフォンソ・ペナ
1909-10　Nilo Peçanha　ニロ・ペサーニャ
1910-14　Hermes Rodrigues da Fonseca　エルメス・ロドリゲス・ダ・フォンセカ

1914-18　Wenceslau Brás Pereira Gomes　ウェンセスラウ・ブラス・ペレイラ・ゴメス
1918-19　Delfin Moreira　デルフィン・モレイラ
1919-22　Epitácio Pessoa　エピタシオ・ペッソア
1922-26　Artur da Silva Bernardes　アルトゥール・ダ・シルヴァ・ベルナルデス
1926-30　Washington Luis Pereira de Sousa　ワシントン・ルイス・ペレイラ・デ・ソウザ
1930-45　Getúlio Dornelles Vargas　ジェトゥリオ・ドルネレス・ヴァルガス
1945-46　José Linhares　ジョゼ・リニャーレス暫定大統領
1946-51　Eurico Gaspar Dutra　エウリコ・ガスパル・ドゥトラ
1951-54　Getúlio Dornelles Vargas　ジェトゥリオ・ドルネレス・ヴァルガス
1954-55　João Café Filho　ジョアン・カフェー・フィーリョ暫定大統領
1955　Carlos Coimbra da Luz　カルロス・コインブラ・ダ・ルス暫定大統領
1955-56　Nereu de Oliveira Ramos　ネレウ・デ・オリヴェイラ・ラモス暫定大統領
1956-61　Juscelino Kubitschek de Oliveira　ジュッセリーノ・クビシェッキ・デ・オリヴェイラ
1961　Jânio da Silva Quadros　ジャニオ・ダ・シルヴァ・クワドロス
1961-64　João Belchior Marques Goulart　ジョアン・ベルショール・マルケス・グラール
1964　Pascoal Ranieri Mazzilli　パスコアル・ラニエリ・マジリ暫定大統領
1964-67　Humberto de Alencar Castelo Branco　ウンベルト・デ・アレンカール・カステロ・ブランコ
1967-69　Artur da Costa e Silva　アルトゥール・ダ・コスタ・エ・シルヴァ
1969-74　Emílio Garrastazú Médici　エミリオ・ガラスタス・メヂシ
1974-79　Ernesto Geisel　エルネスト・ガイゼル
1979-85　João Baptista de Oliveira Figueiredo　ジョアン・バプティスタ・デ・オリヴェイラ・フィゲイレド
1985-90　José Sarney Costa　ジョゼ・サルネイ・コスタ
1990-92　Fernando Collor de Mello　フェルナンド・コロール・デ・メロ
1992-95　Itamar Augusto Cautiero Franco　イタマール・アウグスト・カウティエロ・フランコ
1995-2002　Fernando Henrique Cardoso　フェルナンド・エンリケ・カルドーゾ
2002-11　Luiz Inácio Lula da Silva　ルイス・イナシオ・ルラ・ダ・シウヴァ
2011-　Dilma Vana Rousseff　ジウマ・ヴァナ・ルセフ

ガイアナ

国家元首(立憲君主制)

1966-70　イギリス国王

大統領

1970-80 Arthur Chung アーサー・チャン
1980-85 Linden Forbes Sampson Burnham リンドン・フォーブス・サンプスン・バーナム
1985-92 Hugh Desmond Hoyte ヒュー・デズモンド・ホイト
1992-97 Cheddi Berret Jagan チェッディ・ベレット・ジャガン
1997 Sam Hinds サム・ハインズ暫定大統領
1997-99 Janet Jagan ジャネット・ジャガン
1999- Bharrat Jagdeo バラト・ジャグデオ

スリナム

大統領

1975-80 Johan Ferrier ヨハン・フェリエール
1980-82 Henk Chin-A-Sen ヘンク・シナ・セン
1982-88 Frederic Ramdat Misier フレデリック・ラムダ・ミシエル
1988-90 Ramsewak Shankar ラムセワク・シャンカル
1990-91 Johan Kraag ヨハン・クラーフ暫定大統領
1991-96 Ronald Venetiaan ロナルド・フェネティアーン
1996-2000 Jules Albert Wijdenbosch ユール・アルバート・ウェイデンボス
2000-10 Runald Ronald Venetiaan ルナルド・ロナルド・フェネティアーン
2010- Desiré Delano Bouterse デシレ・デラノ・ボータッセ

（佐藤　徹）

■南アメリカ史用語解説　※は解説中にある項目

アイユ ayllu　中央アンデスに古くからあった，共同体を構成する親族集団。ふつう上・下の二つの部分に二分され，土地を共有した。

アウディエンシア audiencia　植民地時代，スペイン領アメリカの主要都市に置かれた統治機関。行政，司法をつかさどり，一定の範囲内で立法権ももっていた。

アシエンダ hacienda　農牧業をおこなう土地，およびその経営を意味するが，スペイン領アメリカでは，社会経済的な単位となった。しばしば広大な面積と，ペオンと呼ばれる労働者を擁した。その所有者をアセンダードという。

アシエント asiento　スペイン領アメリカへの奴隷の輸入にかんして，国王と商人などが結んだ契約。

アルカルデ・マヨル alcalde mayor　コヒレドール※に同じ。

インディアス顧問会議 Consejo de Indias　スペインのアメリカ植民地(インディアスと呼ばれた)統治のため，1524年に設けられた，スペイン国王にたいする最高の諮問機関。

インテンデンシア intendencia　18世紀，ボルボン王朝のスペイン王室が，フランスのアンタンダンスにならって定めた地方行政区。国王に直属する強力な権限をもった行政官インテンデンテが配置された。

エンコミエンダ encomienda　王室が，征服地の住民をスペイン人征服者，または植民者に割り当て，その保護とキリスト教化を委託するかわりに，課税を許す制度。その受託者をエンコメンデーロ encomendero という。

オイドール oidor　アウディエンシア※の議員。

オブラーヘ obraje　スペイン領植民地に設けられた織物工場。住民の強制労働による場合が多かった。

ガウチョまたは**ガウショ** gaúcho　ブラジル南部，ウルグァイ，アンゼンティンのパンパ※などで，牛の放牧に従事する牧童。

カウディーヨ caudillo　地方または国の政治で勢力をもつボス。

カシーケ cacique　首長。もともとカリブ海のアラクワ語だったが，大陸部でも広く使われるようになった。

カスタス castas　純粋は白人または原住民でない，さまざまな混血者の総称。

ガチュピン gachupín　本国生まれのスペイン人の蔑称。

カピタン・ヘネラル capitán general　スペイン植民地時代に一定地域に配置された軍事総司令官。

カビルド cabildo　スペイン領アメリカの市会。本書では市参事会と訳した場合もある。

ガレオネス galeones　南アメリカのペルー副王*領向けの貿易のため，スペインから毎年パナマ地方に派遣された商船団。フロータス参照。

キロンボ quilombo　ブラジル奥地の逃亡黒人奴隷の集落。

クラカ curaca　アンデス地方の共同体の首長。サパインカ*に服属したが，スペイン植民地時代にも生きのび，新しい支配者のもとで社会的役割を果たした。

クリオーヨ criollo　植民地生まれの白人。それにたいしてスペイン生まれの白人をペニンスラール*と呼んだ。

クレオール creole　西インドの，白人と黒人の混血者。また，アフリカ生まれの黒人にたいして，西インド生まれの黒人がこの名で呼ばれた。

グレミオ gremio　商人のギルド。

コフラディア cofradía　教会の信者の会。日本の講にあたる。

コレヒドール corregidor　アウディエンシア*に直属する地方行政官。地方によってはアルカルデ・マヨール* alcalde mayor と呼ばれた。町に住んでスペイン系市民のカビルド*を監督した。原住民の集落には，これとは別に，「インディオのコレヒドール」が置かれた。

コロネル coronel　もともと軍隊の士官の階級だが，ブラジル史では，内陸部の大地主，またはボスを意味する。

コロノ colono　小作人。

コンスラード consulado　一定地域の商人の貿易を統括し，商取引にかんする訴訟を扱う法廷。

コンパドラスゴ compadrazgo　カトリック信者の間の代親制。いわゆるゴッド・ファーザー。肉親の父母が子供のために代親を定め，肉親と代親がそれぞれコンパドレ，コマドレと呼び合う。代親は子からはパドリーノ，パドリーナと呼ばれる。

サパインカ Sapa Inka　インカ皇帝。サパは「唯一の」という意味。

サンボ zambo　黒人とアメリカ大陸原住民の間の混血者。

シマロン cimarrón　スペイン語で逃亡した黒人奴隷をいう。英語ではマルーン maroon，フランス語ではマロン marron。

垂直統御 vertical control　アメリカの人類学者ジョン・V・ムラが唱えた概念。中央アンデスにおける国家規模の大社会を，アンデスの大きな高度差から生まれる多様な生態系を高地から垂直に統御する政治体系として説明する。

チョロ cholo　メスティソ※と同義。だたし，インディオと呼ばれる原住民であっても，ヨーロッパ風の文化(衣裳，言語，習慣など)の影響を受けた者たちもチョロと呼ばれる。

通商院　スペイン語でカサ・デ・コントラタシオン Casa de Contratación。スペインとアメリカ大陸との渡航，通商などを管理するため，1503年セビーヤに設けられた王室の機関。のちカディスに移された。

テネンテ tenente　軍隊の下級士官の意味だが，ブラジル史では，とくに1920，30年代の革新的な青年将校たちをさす。

ドクトリーナ doctrina　植民地時代初期に，改宗したてで，まだ教区に属さない原住民の教化のために設けられた村。

パトロナート・レアル patronato real　16世紀のローマ教皇がスペイン国王に与えたアメリカ大陸の教会管轄権。

パンパ pampa　草原を意味するケチュア語から出たことば。アルゼンティン，ウルグァイなどの大草原をさす。パンパは，西部の乾燥パンパと，東部の湿潤パンパに分かれるが，ふつうパンパというときには後者をさす。

副王　スペイン語でビレイ virrey。スペイン国王の名代としてアメリカ大陸の植民地を治めた長官。はじめメキシコとペルーに置かれ，18世紀にヌエバ・グラナダ(現コロンビアなど)，ラ・プラタ(現アルゼンティン)にも置かれた。

フロータス flotas　毎年スペインからメキシコのベラクルスに派遣された商船団。ガレオネス参照。

ベシーノ vecino　スペイン人植民者の市民。ベシーノの間からカビルド※の役員が互選された。

ペニンスラール peninsular　本国生まれのスペイン人。クリオーヨ参照。

ポングアヘ ponguaje　ポンゴ pongo の身分，または職。ポンゴは，ケチュア語のプンコ punco から出た「使役者，召使い」を意味することばだが，ペルー，エクアドル，ボリビア，チリにおいては，農地を貸与され

るかわりに，地主のため労力を提供する義務を負った農民を意味した。

ムラート mulato　白人と黒人の混血者。

ミタ mita　スペイン植民地時代におこなわれた，輪番制強制労働。ミタはケチュア語で「輪番」を意味するが，インカ時代のミタは，現物給与を支給され，社会保障的な性格をもっていた。

メスティソ mestizo　白人とアメリカ大陸原住民との混血者。

ヤネーロ llanero　ベネスエラ，オリノコ下流の平原に住む牛飼いの牧童。パンパ※のガウチョ※にあたる。

レパルティミエント repartimiento　もともと分配，割り当てという意味。1)アメリカ大陸植民の初期に，王室から植民者に与えられた原住民の割り当て。エンコミエンダ※とほどんど同義。2)王室が植民者の希望者に与えた，原住民の労働者の割り当て。3)植民地政府の役人が，原住民に強制的に割り当てた物品の販売。この意味では，レパルト・デ・コメルシオ reparto de comercio，またはレパルト・デ・エフェクトス reparto de efectos(商品の割り当て)とも呼ばれた。

■ 写真引用一覧

1 ……José Manuel Rubio Recio, *Gran enciclopedia de España y America*, tomo 3, Madrid, Gela. S.A. : Espasa-Calpe/Argantonio, 1985.

2 ……『古代アンデス シパン王墓の奇跡』(黄金王国モチェ発掘展カタログ)TBS 1999

3 ……G. Gasparini and L. Margolies, *Inca Architecture*, Bloomington : Indiana University Press, 1980.

4 ……Frutos Asenjo García, *Vasco Nuñez de Balboa*, El descubrimiento del Mar del Sur, Silex, 1991.

5 ……Alberto Tauro, *Enciclopedia Ilustrada del Perú*, Lima : Peisa, 1988.

6 ……*Cuzco*, Lima : Primera Edición, 1977.

7 ……John Hemming, *The Conquest of the Incas*, London and Basingstoke : Macmillan, 1970.

8 ……Felipe Guaman Poma de Ayala, *Nueva Coronica y Buen Gobierno*, Venezuela: Biblioteca Ayacucho, 1980.

9 ……Roberto Levillier, *Don Francisco de Toledo, Supremo Organizador del Perú, Su Vida, Su Obra, 1515-1582*, Tomo 3, Buenos Aires : Espasa-Calpe S. A., 1942.

10……P. A. Means, *Fall of the Inca Empire and the Spanish Rule in Peru : 1530-1780*, New York : Gordian Press, 1971.

11……J. Alden Mason, *The Ancient Civilizations of Peru*, Harmondsworth : Penguin Books Ltd, 1957.

12……Franklin Pease G. Y., *Peru Hombre e Historia entro elsiglo XVI y el XVIII*, II, Lima : edubanco, 1992.

13……A. Tauro, *Enciclopedia Ilustrada del Perú*, Lima : Peisa, 1988.

14……*Perey Lau : suad ilustrações*, Rio de Janeiro : Fundação IBGE, 1969.

15……Claude Gay, *Album d'un voyage dans la Rêpublque du Chili*, S. A. Santiago : Editorial Antartica, 1982.

16……Alberto Tauro, *Euciclopedia Illustrada del Perú*, Lima : Peisa, 1988.

17……*Historia General de España y Amêrica, Hispanoamêrica En El Siglo XX*, Tomo XVIII, Madrid : Ediciones Rialp, S. A., 1992.

18……Guillermo Morôn, *Breve Historia de Venezuela*, Madrid : Espasa-Calpe, S. A., 1979.

19……*The Cambridge Encyclopedia of Latin America and the Caribbean*, Cambridge University Press, 1985.

20……M. A. Fuentes, *Lima-Apuntes Histôricos, Descriptivos, Estadisticos y de Costumbres*, Paris : Libreria de Firmin Didot hermanos, hijos y Ca, 1867.

21……*Historia General de España y Amêrica, Reformismo y Progreso en Amêrica (1840-1905)*, Tomo XV, Madrid : Ediciones Rialp, S. A., 1989.

22……Rubên Vargas Ugarte, S. J., *Historia General del Perú. La Repûblica*, Lima : Editor Carlos Milla Batres, 1971.

23……中川文雄・松下洋・遅野井茂雄『ラテンアメリカ現代史II』(世界現代史34) 山川出版社 1985

24……B. A. Tenenbaum (ed.), *Encyclopedia of Latin American History and Culture,*

vol.3, New York : Charles Scribner's Sons, 1996.

25……*Buenos Aires anteayer, Testimonios gráficos de una ciudad, 1854-1910*, Manrique Zago ediciones.

26……E. Bradford Burns, *A History of Brazil*, Third Edition, Columbia University Press, 1993.

27……Alberto Tauro, *Enciclopedia Ilustrada del Perú*, Lima : Peisa, 1988.

28……M. S. Pachemo, M. L. C. Sangnine Hi, *Historia del Uruguay*, Montevideo : A. Monteverde & Cia, 1957.

29……D. Rock, *Argentina 1516-1982*, London : I. B. Tauris & Co. Ltd., 1986.

30……Carlos F. Ruckauf (Presidente del Sanado), *Peron-Evita Album Fotografica*, El Senado de la Nación Argentina, 1996.

31……B. A. Tenenbaum (ed.), *Encyclopedia of Latin American History and Culture*, vol.5, New York : Charles Scribner's Sons, 1996.

32……Fundação Bienal de São Paulo (ed.), *Tradição e Ruptura*, São Paulo S. A. : Banco do Commercio e ludustria, 1984.

33……Mario Hernández Sánchez-Barba, *Gran encyclopedia de España y America*, tomo 6, Madrid : Gela. S. A., 1984.

34……Simon Collier, Thomas E. Skidmore, The Late Harold Blakemore (ed.), *The Cambridge Encyclopediaa of Latin America and the Caribbean*, Cambridge University Press, 1985.

35……Fredrick B. Pike, *The Modern History of Peru*, New York : Frederick A. Praeger, 1967.

36……Domingo Tamariz L., *Historia del Poder*, Lima : Jaime Campodonigo, 1995.

37……A. McAdam, V. Sukup, C. O. Katiz, *Raúl Alfonsín, La Democracia a Pesar de Todo*, Buenos-Aires : Corregidor, 1999.

38……Boris Fausto, *História do Brasil*, São Paulo : Edusp, 1997.

39……Simon Collier, Thomas E. Skidmore, The Late Harold Blakemore (ed.), *The Cambridge Encyclopedia of Latin America and the Caribbean*, Second Edition, Cambridge University Press, 1992.

40……C. Simonetli, M. C. C. Pereira, S, Cavasin (ed.), *Open Home, The Youth Department*, São Paulo : Casa Aberta, 1992.

口絵 p.1 上——義井豊提供
p.1 下——義井豊提供
p.2 上——(株)学習研究社提供
p.2 下——義井豊提供
p.3 上——世界文化フォト提供
p.3 下——世界文化フォト提供
p.4 上——世界文化フォト提供
p.4 下——増田義郎提供

p.7——**1**, p.280
p.13——著者(増田)撮影
p.25 上——**2**, p.165
p.25 下——**2**, p.165
p.31 上——**3**, p.106
p.31 下——©Craig Morris
p.38——**4**, 表紙
p.43——**5**, pp.192-193
p.46——**6**
p.51——**7**, p.1653
p.57——Museo de América
p.67——**8**, p.424
p.69——**9**, 表紙
p.74——山本紀夫提供
p.78——Museo de América
p.84——Museo de América
p.101——**8**, p.399
p.107——**10**, pp.26-27
p.112——**11**, p.38
p.126——**12**, pp.320-321
p.127——**13**, p.2125

p.146 上——**14**
p.146 下——**14**
p.161——**14**
p.179——**15**
p.191——**16**, pp.312-313
p.195——**16**, p.1889
p.199——**17**, p.56
p.214——**18**, p.196
p.222——**19**, p.238
p.230——**20**, pp.4-5
p.237——**21**, p.487
p.239——**22**, pp.160-161
p.243——**21**, p.379
p.248——増田義郎提供
p.249——**23**, p.270
p.259——**24**, p.454
p.267——**25**, p.48
p.273——**26**, 口絵
p.283 上——**26**, 口絵
p.283 下——**26**, 口絵
p.308——**17**, p.312
p.315——**17**, p.466
p.318——**17**, p.301
p.321——**27**, p.939
p.330——**17**, p.289
p.336——**28**, p.515
p.339——**29**, pp.190-191
p.343——**29**, pp.190-191
p.351 上——**30**, p.29
p.351 下——**30**, 裏表紙
p.356——**31**, p.182
p.359 上——**32**, p.156
p.359 下——**32**, p.137
p.372——**32**, p.150
p.391——**33**, p.216
p.396——**34**, p.250
p.399——増田義郎提供
p.407——**35**, pp.172-173
p.409——**19**, p.250
p.415——**33**, p.228
p.419——**36**, p.404
p.422——**19**, p.250
p.427——**34**, p.64
p.437 上——**30**, pp.376-377
p.437 下——**30**, pp.376-377
p.445——**37**, p.112
p.459——**38**, p.413
p.464——**39**, p.291
p.473——**39**, p.294
p.482 上——**39**, p.295
p.482 下——**40**, p.50
p.490——**39**, p.319
p.498——**39**, p.318

■ 図表出典一覧

p.220—— W. P. McGreevey, *Historia Económica de Colombia, 1845-1930*, Bogotá, Eds. Tercer Mundo, 1982, p.211.

p.241—— C. L. Tabolara, Apuntes para una historia del movimiento obrero en Bolivia, *En Historia del movimiento obrero en América Latina*, coordinado por P. González Casanova, México : Siglo XXI, p.313.

p.279—— Fundacão National de Material Escolár, *Atlas histórico e geográfico Brasileiro*, Rio de Janeiro, 1967,pp28-29.

p.308—— Franklin Tugwell, *La política del petróleo en Venezuela*, Caracas, Monte Avila Editores C. A., 1975, Apendice.

p.321—— W. E. Dunn, *Peru : A Commercial and Industrial Handbook*, Washington, D. C. : Government Printing Office, 1925, pp.276-78. および C. Malpica y G. Espinoza, *El problema de la tierra*, Lima : Biblioteca Amauta, 1970, p.283. から作成。

p.399—— Gerhard Drekonja et al., *Ecuador hoy*, Bogotá : Siglo XXI, 1978, p.316.

p.409—— 吉田秀穂『チリのアジェンデ政権期の理論と政策』アジア経済研究所 1979, p.92.

p.431—— Victor Bulmer-Thomas,「1996 年 ECLAC——ラテンアメリカ経済速報」『ラテンアメリカレポート』 1997, vol.14, No.1, pp56-70.